Oldenburger Jahrbuch

Band 120, 2020

Oldenburger Jahrbuch

Band 120, 2020

Geschichte, Kunstgeschichte, Archäologie,
Naturkunde, Bibliographie

Herausgegeben vom
Oldenburger Landesverein e.V.

ISENSEE VERLAG
OLDENBURG

Der OLV dankt für die Förderung dieses Bandes:

oldenburgische landschaft

Schriftleiter des Oldenburger Jahrbuches

Teil I	Geschichte:	Dr. Kerstin Rahn
		Dr. Wolfgang Henninger
		Dr. Sven Mahmens
		Dr. Martin Schürrer
Teil II	Kunstgeschichte:	Prof. Dr. Rainer Stamm
Teil III	Archäologie:	Dr. Jana Esther Fries
Teil IV	Naturkunde:	Dr. Christina Barilaro
Koordination:		Jürgen Herold

Umschlag: *Vgl. Abbildungen 1, 4 (Stadtmuseum Oldenburg) und 7 im Beitrag „Mehr als trockene Blümchen: Ein Blumenalbum aus dem Besitz von Großherzogin Cäcilie im Fokus der Forschung in Oldenburg" von Anke Haase und Maria Will, S. 315-332*

ISBN 978-3-7308-1739-1

Bibliografische Information der Deutschen Bibliothek

Die Deutsche Bibliothek verzeichnet diese Publikation in der Deutschen Nationalbibliografie; detaillierte bibliografische Daten sind im Internet über <http://dnb.d-nb.de> abrufbar.

© Oldenburger Landesverein e.V.
Gedruckt bei Isensee in Oldenburg.

Inhaltsverzeichnis

Teil I: GESCHICHTE

Aufsätze

Peter Sieve:
Das Güter- und Rentenverzeichnis der Krapendorfer Kirche von 1463 9

Herta Hoffmann:
Doppelhochzeit in den Häusern Oldenburg-Delmenhorst
und Schleswig-Holstein-Sonderburg 1634 / 1635 37

Marion Baschin:
Der Oldenburger Arzt Wilhelm Heinrich Schüßler (1821–1898) und die
Schüßler-Salze – aus Oldenburg in andere Apotheken des Reichs 51

Franz-Reinhard Ruppert:
Kirche, Schule, Post und Wohnbebauung statt Linoleumfabrik.
Stadtmagistrat und Bürger wenden sich 1884 gegen einen stadtkernnahen
Standort für eine zweite Linoleumfabrik in Delmenhorst 73

Dietmar von Reeken:
Außenseiter in einem konservativen Land?
Die politische Linke in Oldenburg in der frühen Weimarer Republik –
Forschungsüberblick und Forschungsperspektiven 85

Michael Hirschfeld:
Wir Katholiken machen keine Revolution mit,
sondern erkennen nur gesetzmäßige Zustände an.
Die Zentrumspartei in der Frühphase des Freistaats Oldenburg (1919–1923) ... 95

Albrecht Eckhardt:
Ministerialrat Gustav Zimmermann (1881–1957). Demokratischer Politiker
und leitender Beamter in der Weimarer Republik und in der NS-Zeit 117

Martin Schürrer:
Beschlagnahmt – umkämpft – umstritten. Das Schicksal der jüdischen
Archivalien Oldenburgs im Kontext (west-)deutscher Archivgeschichte 149

Kleine Beiträge

Kurt Dröge:
Trauscheine mit Bildschmuck – Zu einer Urkunde von Pastor Bultmann
aus der Oldenburger Lambertikirche 175

Teil II: KUNST- und LITERATURGESCHICHTE

Ralph Hennings:
Das Lutherbild der Christuskirche in Oldenburg 185

Oliver Glißmann:
Die Schulung zur Linie. Der Zeichner und Amtmann Eberhard von Schüttorf.
Ein Beitrag zur Malerei in Oldenburg um 1800 203

Detlef Roßmann:
Maigret in Wilhelmshaven 219

Marcus Kenzler:
Das „neue deutsche Kunstschaffen". Die Gauausstellungen Weser-Ems
als Spiegel nationalsozialistischer Kunstpolitik 229

Bücherschau 247

Auge, Oliver / Nina Gallion / Thomas Steensen (Hgg.): Fürstliche Witwen und Witwensitze
in Schleswig-Holstein (*Sven Mahmens*) 247

Auge, Oliver / Katja Hillebrand (Hgg.): Klosterbuch Schleswig-Holstein und Hamburg.
Klöster, Stifte und Konvente von den Anfängen bis zur Reformation (*Sven Mahmens*) 249

Verein der Freunde, Förderer und Ehemaligen des Gymnasium Antonianum e.V. (Hg.):
Festschrift 300 Jahre Gymnasium Antonianum Vechta (*Wolfgang Henninger*) 250

Budde, Gunilla (Hg.): Feldpost für Elsbeth. Eine Familie im Ersten Weltkrieg
(*Helmut Henschel*) 251

Deuter, Jörg: Zweimal Prager Frühling [1912 + 1968]. Über eine Ausstellung, die nicht sein
durfte, und über Bohumil Kubišta und die Maler der „Brücke" (*Jürgen Weichardt*) 252

Dohe, Sebastian: Der Briefwechsel von J. H. W. Tischbein und Herzog Peter Friedrich Ludwig
nach den Oldenburger Quellen 1801–1824 (*Bernd Müller*) 253

Fleßner, Alfred: Die Volkskrankheit. Tuberkulosebekämpfung in der NS- und in der
Besatzungszeit im Bezirk Oldenburg-Bremen (*Marion Baschin*) 254

Förster, Karin: Das reformatorische Täufertum in Oldenburg und Umgebung (1535-1540).
Unter der besonderen Berücksichtigung des Täufertheologen David Joris (*Philip Haas*) 256

Greinert, Melanie: Zwischen Unterordnung und Selbstbehauptung. Handlungsspielräume
Gottorfer Fürstinnen (1564–1721) (*Gerd Steinwascher*) 258

Heinze, Anna (Hg.): Mythologische Malerei im Barock und von Michael Ramsauer
(*Jürgen Weichardt*) 259

Hemken, Christina / Karl-Heinz Ziessow: 1942/1943 – Der lokale Horizont von Entrechtung
und Vernichtung (*Romy Meyer*) 261

Hirschfeld, Michael (Hg.): Im Einsatz für die Heimat. 100 Jahre Heimatbund für das
Oldenburger Münsterland 1919–2019 (*Martin Schürrer*) 263

Kathe, Andreas / Martin Pille (Hg): Oldenburger Münsterland. Eine kleine Landeskunde
(*Martin Schürrer*) 264

Krämer, Rosemarie / Heinz Hoffer / Günter G. A. Marklein: Zwischen Sturmflut und
Oberwasser. Aus der Geschichte des I. Oldenburgischen Deichbandes (*Rolf Uphoff*) 265

Küster, Konrad: Arp Schnitger. Orgelbauer – Klangarchitekt – Vordenker 1648-1719
(*Peter Golon*)... 267

Pauly, Margarethe (Hg.): Die Lebenserinnerungen des Hofgärtners Gottlieb Bosse (1799–1885)
(*Wolfgang Henninger*) 268

Sander, Antje: Die Zeit der Häuptlinge. Ein Lese- und Bilderbuch (*Nadine Rüdiger*) 269

de Taube, Robert: Das offene Versteck. Bericht eines jüdischen Landwirts aus Ostfriesland, der
in Berlin im Versteck der Menge den Deportationen nach Auschwitz entkam (*Romy Meyer*) ... 271

Vortmann, Jürgen: Auswanderer aus dem alten Amt Cloppenburg (*Martin Schürrer*) 272

Wiegand, Christian: Kulturlandschaftsräume und historische Kulturlandschaften landesweiter
Bedeutung in Niedersachsen. Landesweite Erfassung, Darstellung und Bewertung
(*Carola Becker*) 273

Teil III: ARCHÄOLOGIE

Daniela Nordholz:
Feuer, Müll und ein Hausgrundriss:
Ausgrabungen am Rand von Großenkneten 277

Annette Siegmüller:
Prospektionen auf der Wurt Isens in Nordbutjadingen:
landschaftsarchäologische Untersuchungen.................................. 283

Klaus Steinkamp:
Vom Stadttor bis zur Ratskapelle:
Cloppenburger Siedlungsgeschichte im archäologischen Befund 301

Teil IV: NATURKUNDE

Anke Haase, Maria Will:
Mehr als trockene Blümchen: Ein Blumenalbum aus dem Besitz von
Großherzogin Cäcilie im Fokus der Forschung in Oldenburg 315

Eva Maria Breuer, Maria Will:
Carl Ludwig Ritter von Blume – Leben und Wirken eines
niederländischen Botanikers im 19. Jahrhundert 333

Teil V: BIBLIOGRAPHIE 351

Peter Sieve

Das Güter- und Rentenverzeichnis der Krapendorfer Kirche von 1463

Einer der besten Kenner des spätmittelalterlichen Niederkirchenwesens, Enno Bünz, hat bei seinen Forschungen die Beobachtung gemacht, dass bislang nur wenige frühe „Zinsregister oder Urbare von Pfarrkirchen" veröffentlicht worden sind.[1] Dabei sind diese Quellen sowohl für die Geschichte der kirchlichen Vermögensverwaltung als auch für die örtlichen Personen- und Flurnamen von erheblicher Bedeutung, wie sich etwa an dem vor einigen Jahren in dieser Zeitschrift edierten Einkünfteverzeichnis der Lastruper Kirche von 1519 zeigen ließ.[2]

Das älteste erhaltene Güter- und Rentenverzeichnis eines kirchlichen Fonds im Oldenburger Land ist im Archiv der Pfarrei St. Andreas in Cloppenburg (seit 2009 Depositum im Offizialatsarchiv Vechta) überliefert. Es wurde 1463 auf Initiative des Pfarrers und der vier Kirchräte zu Krapendorf zusammengestellt und bis ins 16. Jahrhundert weitergeführt. In einem kleinen pergamentenen Büchlein von 42 Seiten sind handschriftlich die Ländereien und Renten des Kirchenfonds und des Lichterfonds eingetragen.[3] Kurze Auszüge daraus hat Gustav Rüthning im achten Band des „Oldenburgischen Urkundenbuches" 1935 veröffentlicht, wobei er bereits anregte, dass das Verzeichnis „einmal in einer besonderen Ausgabe herauszugeben wäre".[4]

Dort, wo heute die barocke St.-Andreas-Kirche in Cloppenburg steht, befand sich schon lange vor der Gründung der Stadt eine Pfarrkirche. Sie gehörte zur Bauerschaft Krapendorf, die erst 1855 nach Cloppenburg eingemeindet wurde, und war der Mittelpunkt einer der ältesten Pfarreien im nördlichen Teil des mittelalterlichen Bistums Osnabrück. Wahrscheinlich ging ihre Gründung auf das 9. Jahrhundert zurück, als im Zuge der Sachsenmission auch die Kirchen in Freren und in Emsbüren

---

1 Enno Bünz, Die mittelalterliche Pfarrei. Ausgewählte Studien zum 13.-16. Jahrhundert (= Spätmittelalter, Humanismus, Reformation, Bd. 96), Tübingen 2017, S. 18.
2 Peter Sieve, Ein Einkünfteverzeichnis der Lastruper Kirche von 1519, in: Oldenburger Jahrbuch 113 (2013), S. 9-28.
3 Offizialatsarchiv Vechta, Dep. Pfarrarchiv Cloppenburg St. Andreas, Güter- und Rentenverzeichnis der Kirche 1463 ff.
4 Gustav Rüthning, Oldenburgisches Urkundenbuch, Bd. 8: Urkundenbuch der Kirchen und Ortschaften von Südoldenburg, Oldenburg 1935 (künftig: Old. UB 8), S. 107-108 (Nr. 173).

Anschrift des Verfassers: Peter Sieve M. A., Tannenweg 5, 49377 Vechta, psieve@web.de

gestiftet wurden, deren Patron ebenfalls der Apostel Andreas ist.[5] Erstmals erwähnt wird sie in einer Liste der im „Nordland" gelegenen Kirchen des Klosters Corvey aus dem 12. Jahrhundert. In ihrer unmittelbaren Nachbarschaft erbauten die Grafen von Tecklenburg 1297 die Cloppenburg, bei der sich bald darauf eine kaufmännische Siedlung entwickelte, die 1435 Stadtrechte erhielt. Das Kloster Corvey blieb bis 1803 Patronatsherr der Pfarrkirche zu Krapendorf.[6]

In einer Fehde zwischen den Hochstiften Osnabrück und Münster, bei der es um Herrschaftsrechte im Dammer Raum ging, wurde die Krapendorfer Kirche samt ihrem Glockenturm am 8. Oktober 1425 niedergebrannt. Nur zwei Jahre später war sie bereits wieder aufgebaut und konnte am 26. Oktober 1427 erneut konsekriert werden.[7] Auf einem Merian-Stich der Stadt Cloppenburg von 1647 ist zu sehen, dass die damalige Kirche, die 1722/29 durch den jetzigen barocken Bau ersetzt wurde, über einen polygonalen Chor verfügte, der das Langhaus an Höhe deutlich übertraf. Reinhard Karrenbrock nimmt an, dass der Choranbau bald nach 1425 errichtet worden sein dürfte. Die Pfarrkirche muss damals bereits über ein beachtliches Vermögen verfügt haben. Darauf weist auch die Tatsache hin, dass um 1440 für den Hochaltar ein aufwendiges neues Sandsteinretabel angeschafft wurde. Fragmente dieses Altaraufbaus mit plastisch gestalteten Szenen aus dem Alten und Neuen Testament gehören heute dem Landesmuseum in Oldenburg. Sie lassen erkennen, dass das Bildprogramm zwei Jahrzehnte später für den Hochaltar der Pfarrkirche in Molbergen, der sich noch heute an Ort und Stelle befindet, kopiert worden ist.[8] 1522 erhielt die St.-Andreas-Kirche eine neue Glocke und ein neues Sakramentshäuschen.[9]

Woher die Geldmittel kamen, die diese Baumaßnahmen ermöglichten, darüber gibt das eingangs erwähnte Güter- und Rentenverzeichnis Aufschluss, das nachfolgend ediert werden soll. Eine inhaltliche Auswertung schließt sich an die Textausgabe an.

Edition

In einen ledernen Umschlag sind drei Lagen mit gehefteten Pergamentblättern eingenäht. Die erste und zweite Lage (Format ca. 16,5 x 13 cm) weisen eine durchgehende Blattzählung von 1 bis 13 auf, die etwa aus dem 17. Jahrhundert stammt. Die erste Lage (Bl. 1 bis 8) hat ursprünglich aus zwanzig Seiten bestanden, von denen aber vier herausgeschnitten sind (nach Bl. 2 und nach Bl. 5). Die zweite Lage besteht aus zehn Seiten, enthält also neben zwei Doppelblättern ein Einzelblatt (Bl. 12). Daran schließt sich die dritte Lage an, die deutlich kleiner als der Rest des Heftes ist (Format

---

5 Wolfgang Seegrün, Die Urkunde von 819. Eine Auswertung, in: Saxlinga – Kirchspiel – Gemeinde. 1175 Jahre Emsbüren, hg. v. Christine Hermanns, Emsbüren 1994, S. 11-18, darin S. 15-16.
6 Karl Willoh, Geschichte der katholischen Pfarreien im Herzogtum Oldenburg, Köln 1898/99, Bd. 4, S. 196-294.
7 Peter Sieve, Die osnabrückisch-münstersche Fehde von 1425 und die Zerstörung der Pfarrkirche in Krapendorf, in: Jahrbuch für das Oldenburger Münsterland 1998, S. 54-63.
8 Reinhard Karrenbrock, Der spätmittelalterliche Altaraufsatz der St. Andreaskirche in Krapendorf, in: Jahrbuch für das Oldenburger Münsterland 1998, S. 64-80.
9 Wilhelm Berning, Das Bistum Osnabrück vor Einführung der Reformation (1543) (= Das Bistum Osnabrück, Bd. 3), Osnabrück 1940, S. 243.

Das Güter- und Rentenverzeichnis der Krapendorfer Kirche von 1463

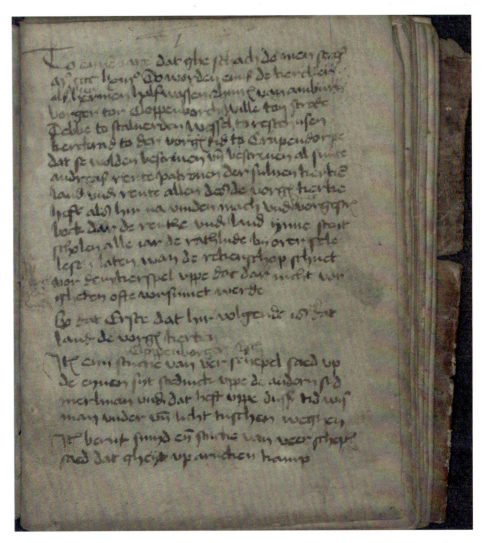

Abb. 1: Erste Seite des Güter- und Rentenverzeichnisses der Krapendorfer Kirche von 1463 (Foto: Offizialatsarchiv Vechta)

ca. 11 x 9 cm). Sie umfasst sechzehn Seiten und zeigt eine eigene, moderne Paginierung mit Bleistift, bei der die erste Seite allerdings nicht mitgezählt ist.
Der Inhalt des Heftes lässt sich in zwei Teile mit je drei Unterabschnitten gliedern. Der erste Teil (die ersten beiden Lagen) enthält *land und rente* des Kirchenpatrons St. Andreas, der zweite Teil (die dritte Lage) die Renten *to behof der lucht des hilgen lichames*. Für den Druck wurden die Groß- und Kleinschreibung, die Interpunktion sowie die Verwendung der Buchstaben „u" und „v" sowie „i" und „j" dem heutigen Gebrauch angepasst. Römische Ziffern wurden beibehalten, wobei das durchgestrichene ł für ½ steht. Textkritische Kommentare finden sich in den Anmerkungen.

Erster Teil: Ländereien und Renten des Kirchenfonds

Teil I, Blatt 1r bis 7r: Am Beginn steht das Verzeichnis von *land und rente* des hl. Andreas, das laut der Einleitung 1463 auf Beschluss des Pastors Hermann Halfwassen und der vier Kirchräte aufgezeichnet worden ist. Darin sind 72 nicht nummerierte Einzelposten aufgelistet. Die Zwischenüberschriften für den Cloppenburger Esch und den Krapendorfer Esch wurden bei den ersten 42 Posten offenbar erst eingefügt, als die Liste schon geschrieben war (Bl. 1r bis 4v). Abgesetzt davon folgen 30 weitere Posten in den verschiedenen Bauerschaften des Kirchspiels, die nur teilweise mit Zwischenüberschriften versehen sind (Bl. 5r bis 7r). An verschiedenen Stellen wurden nachträglich weitere neun Posten ergänzt. Dazu gehört ein längerer Zusatz über drei Grundstücke auf dem Cloppenburger Esch (zu Bl. 1v), der auf der vorderen Umschlag-Innenseite ergänzt wurde. Diese Nachträge wurden wohl etwa bis zum Ende des 15. Jahrhunderts vorgenommen. – Im nachfolgenden Textabdruck haben die einzelnen Posten eingeklammerte Nummern erhalten. Dabei wurden die Nachträge nicht fortlaufend gezählt, sondern mit Buchstaben-Zusätzen versehen, so dass sie auch ohne die Erläuterungen in den Anmerkungen leicht als später eingefügt zu identifizieren sind.

> *To eynen jare dat ghe schach, do men scref M° CCCC LXIII°, do worden eyns de kercher, als her Hermen Halfwassen, Hinr. van Amburen, borger tor Cloppenborch, Wille ton Strode, Tebbe to Stalverden, Wessel to Restehusen, kerckrad to der vorg. tid to Crapendorpe, dat se wolden bescriven und bescreven al sunte Andreas rente, patronen der sulven kerken, land und rente allen, des de vorg. kerke heft, als hir na vinden mach, und duet vorgescr. bock, dar de renthe und land ynne steit, scholen alle jar de rathlude by orer sele lesen laten, wan de rekenschop schuet, vor dem kerckhern und[10] kerspel, uppe dat dar nicht vorgheten ofte vorsumet werde.*
>
> *[...] dat erste, dat hir volgende, is dat land de vorg. kerken.*

Cloppenborger esch

(K-1) *Item eyn stucke van ver schepel saed, up de eynen syt Stedinck, uppe de andern syd Merlman, und dat heft uppe dusse tid Wisman under, und licht tuschen weghen.*

(K-2) *Item Bernt Smyd eyn stucke van veer schepel saed, dat gheyt up Arneken kamp.*

(K-3) *Item Rekerman recht teghen over eyn stucke van ver schepel saed.*[11]
Item desse III stucke hyr na bescreven weren up den Cloppenborger esshe vorkomen.[12]

(K-3a) *Item eyn stucke, belegen buten der stuck b[...]en, und geyt up des drosten dwerschlant und Radeken kamp, up de ene syd de Stedinghessche, up de ander [...] Brockman.*

---

10 Die Worte *kerckhern und* sind am Rand nachgetragen.
11 Es folgt am Rand der Buchstabe *A*, mit dem auf den folgenden Nachtrag verwiesen wird.
12 Dieser Absatz und die folgenden drei Grundstücksbeschreibungen sind weiter vorn auf der Umschlag-Innenseite des Heftes nachgetragen. Darüber steht: *A verso folio.*

(K-3b) *Item eyn stucke landes tusschen den wegen na Buren, IIII sc. zaet, up de ene syd na der stad de Stedingessche, up de ander Abel Teyleman.*

(K-3c) *Item eyn stucke landes van III sc. saed by den [...]en bome, up de ene syd int oisten de richter, up de ander syd Johan Overwater.*

(K-4) *Item eyn stucke, dat Hinr. van Amburen under heft, dat schuet up der Burer hake, van dren schepel saed, by der eyner syd Wempe, by der andern sid Arnd Wicbord.*

(K-5) *Item Hinr. van Amborn dre stucke in eyner voer van teyn schepel sad, by der eyner sid Wisman, bi der andern sid Holthane, und schuet uppe der Restehus kerckwech.*

(K-6) *Item Diderick van Dortmunde achte schepel saed in eyner [...]ck vor theghen Mutinges hues, und schuet up der Restehus kerckwech, uppe de eynen syd Toeleke, uppe der andern sid sunte Johannes to Molbergen.*

(K-7) *Item Hinr. van Amburen eyn stucke van veer schepel saed tuschen Dunckstorpes lande und Helmerck Wynters graven.*

(K-8) *Item Herbord Bley eyn stucke van twen schepel saed, dat ander stucke nogest Mutinges kampe.*

(K-9) *Item Helman dre schepel saed in der Aslage.*

(K-10) *Wilke Bodeker dre schepel saed in eyner voer tuschen myns hern lande, dat eyn is eyn half brede.*

(K-11) *Item Helman sees schepel saed in der Aslage, by de eynen syd myns hern, by der andern sit Arneke Scroder.*

(K-12) *Item Toeleke veer schepel saed in der Aslage, by der eynen syd Johan Sintener, by der andren sid Merlman.*

(K-13) *Item Wempe vif schepel saed in der Aslage, by der eynen syd Goedeke Stapelveld, Rixe by der andern sid.*

(K-14) *Item Diderick van Dortmunde sees schepel saed nogest dem Roedenbusche, by myns hern lande.*

(K-15) *Item Hinr. van Amburen sees schepel saed in der Aslage. Item vortmer inder sulven voer twe stucke van teyn schepel saed, dat bowet Corte Gerd, dat lanth dat heet de Oiter wech.*

(K-16) *Item Merlman veer schepel saed, gheheten Rekermans bulle.*

(K-17) *Item Corte Gerd achte schepel saed in der Aslage, by beyden syden Wismam.*

(K-18) *Item de Landesmansche heft under sees schepel saed, de oer ghesaet sint vor VI gulden, van dem kerckwege uppe Diderikes kamp Kromers, by der eyner sid Gode Stapelveld, by der ander sid Diderick van Dortmunde.*

(K-19) *Item Tebbe Smedes eyne breyde van sees schepel saed, by beyden siden Diderick Cremers, van dem Beyter kerckwege dael.*

(K-20) *Item Gerd Wynters twe schepel saed by dem Beyter kerckwege entlanck.*

(K-21) *Item Corte Gerd dre schepel saed, dat garden stucke.*

(K-22) *Item tendest dem stucke dar licht eyn garde, de rentet alle jar twe schepel roggen eder eynen Os. schili[n]g.*

(K-23) *Item Gerd Wynters seven schepel saed in der Aslage in der sulven vor, Diderick van Dortmunde dre schepel saed in der nogesten voer, by der annewenden up dat osten in der Aslage.*

(K-24) *Item eynen kamp bi Hemmeken burn, belegen by dem Gardeler kerckwege, twe schepel saed, dat renthet eyn punt wasses vor de insaed.*

(K-25) *Item Diderick Helman sees schepel saed, eyn breyde achter dem Molenkampe, tuschen Meynerde van Kneten und Reyneke van Drebber.*[13]

(K-26) *Item de olde Closterman van Beten eyn stucke van dren schepel saed, dat geyt uppe den Molenkamp, by der eynen sid Johan Sluter, by der andern sid de kerckher.*

(K-27) *Item Tebbe Smedes eyn stucke van veer schepel saed, by der eynen sid Hummelinch, Frederick van Dinckla up der ander syd.*

(K-28) *Item Tebbe Smedes eyn stucke van twen schepel saed, dat dar gheyt up Drebbermans blocke achter dem Molenkampe, up der eynen sid meyger Johan, uppe de andern sid Drebberman.*

(K-29) *Item Wobbeke van Kneten eyn stucke van eynen schepel sades tuschen den Steynberge und den Helwege, bi der eynen sid Johan Sluter, bi der andern Diderick Hummelingh.*

(K-30) *Item eyn erve to Hemmeken burn, dar sunte Andreas den teghden anne heft, dat dinget hebbet de ammetlude steyde vor XVIII schepel roggen jarlikes.*

Crapendorper esch

(K-31) *Item Hermen Holthane ver stucke van achte schepel roggen nogest Sluter Hinrikes kampe, gheheten der Kanneschen kamp.*

(K-32) *Item Assel to Crapendorpe eyn stucke van anderhalven schepel saede in der Middelwant, by beyden siden de kercher.*

(K-33) *Item dre stucke in eyner voer, de twe heft Holthane, van sees schepel roggen, dat ander heft Sluter Hinr., van dren schepelen, ghelegen up dem Haverkampe, up der eyner sid de stad, up der ander sid de meyger van Crapendorpe.*

(K-34) *Item twe stucke in eyner voer, dat stucke bowet Albert de Grise, de gerden buwet Hermen Piper dar valt in to samende achte scepel roggen, up dem Haverkampe, up beyden siden der stad land.*

(K-35) *Item Hermen Piper uppe dem sulven Haverkampe twe stucke van twen schepel roggen to samende, dar licht eyn stucke entuschen, up der eynen syden des kerckhern, up der andern sid de staed, dat dar entuschen licht, dat hort to Hemmelsburn.*

(K-35a) *Item eyn stucke landes van twen schepel sad, dat Toleke plach under to hebben, by des kericheren lande, by der Kannesschen kampe.*[14]

(K-36) *Item suncte Andres heft eynen acker van veer schepel saed up dem Sudesche, by des kerckhern dren breden.*

(K-37) *Item suncte Andres heft noch eynen block van eynen schepel saede, belegen bi den kerckweghe, up der eynen sid de meyger, up der andern sid Albert vorg. van mins hern weghe.*

---

13 Randvermerk (17. Jh.): *16. Hellman. 6 schpl..*
14 Diese Grundstücksbeschreibung ist unten auf der vorigen Seite nachgetragen.

(K-38)   *Item suncte Andres heft eyn stucke, gheheten de krum acker, van twen schepel saed, dat darde stucke van des kerckhern busche na der kercken word.*

(K-39)   *Item suncte Andres heft eyn stucke up dem Ellenberge van twen schepel saed, de meyger up der eynen sid, de kerckher up der andern.*

(K-40)   *Item suncte Andres heft eyne breden, gheheten sunte Andraes breden, af jonsid den Ellenberge, van veer schepel saed.*

(K-41)   *Item suncte Andres heft eynen acker van dren schepel saed, belegen up overen Gottelen.*

(K-42)   *Item suncte Andres heft eyn block van eynen schepel saed, dat darde stucke van dem Stenyck by dem Knemer wege na Crapendorpe.*

(K-42a) *Item eynen garden, belegen bi den kerckehove nogest der kosterie, den nu tor tid de coster bowet, jarlikes vor twelff penninge.*[15]

(K-42b) *Item I stucke landes by Buren van 1½ schepel zaet, tusschen Brumsteden int westen und meyer to Crapendorp int osten.*[16]

Stapelvelde

(K-43)   *Item Albert to Nuttel eyn stucke van ver schepel saed, und gheyt uppe den Nynbusch.*[17]

(K-44)   *Item Tobe Buddeke derdehalf schepel saed belegen up der Sypen.*

(K-45)   *Item Tyde van Stapel[vel]de eyn stucke van twen schepel saed, belegen vor der Osterhake.*

(K-46)   *Item Gebbeke eyne breden van ver schepel saed, belegen in der Hengelwant. Item de sulve Gebbeke dre schepel saed, belegen dar sulves.*

(K-47)   *Item eyn twygert van dren schepel saed uppe dem Witbusche, und uppe der twicht anderhalf schepel saed de vorg. Gebbeke.*

(K-48)   *Item Tobe Buddeke eyne breden van ver schepel saed in der Hengelwant.*

(K-49)   *Item eynen garden, dar Tiden hues to Stapelvelde nu uppe steyt, dar he jarlikes eyn pund wasses vor gift.*

(K-50)   *Item in Penninges hues to Stapelvelde jarlikes eyn molt roggen van tegetloese.*

Knem

(K-51)   *Item Wille ton Strode eyn block tendest den Hogen kampe van twen schepel roggen, de Rape up der eynen sid, Tide van Stapelvelde uppe de andern sid.*

(K-52)   *Item de meyer van Knem eyn stucke van anderhalven schepel roggen in dem Dallau, up der eynen sid Hinrick, uppe*[18] *der andern sid Closterman.*[19]

(K-53)   *Item in dem Grunt hues to Lastorpe umme dat ander jar sees schepel roggen und sees schepel havern.*

---

15 Nachgetragen wohl noch im 15. Jh.
16 Nachgetragen im 16. Jh.
17 Diese Eintragung ist durchgestrichen.
18 Das Wort *uppe* steht hier versehentlich zweimal.
19 Diese Eintragung ist durchgestrichen; daneben Randbemerkung: *Anno 622 verkauft.*

(K-54)   *Item in Abel Tesen hues to Armerke jarlikes twelf penninge na utwisinge des hovet breves.*
(K-54a) *Item Hanneken gelt, dat is belecht in den Waerler tegeden.*[20]
(K-54b) *Item Wessel Klone V sc. ute synen erve.*[21]

Varne

(K-55)   *Item in Hermen Middelsmans hues to Varne eyn molt roggen jarlikes.*
(K-56)   *Item eyn stucke, dat de vorg. Hermen under heft, van dren schepel saed, [...] geyt up dat norden van sinen kampe.*
(K-57)   *Item eyne breden to Varne van sees schepel saed, sunte Andreas brede up dem Sande.*
(K-58)   *Item dre blocke to Varn up dem Nortkampe to dorpe, word vif schepel saed.*
(K-59)   *Item sees stucke up der Linderden in eyner voer dwarslant to*[22] *Smertem, word van eyns molt saed.*
(K-60)   *Item to Smertem eynen acker van dren schepel roggen, tuschen des meyers lande und der Bokeschen breden, und geyt up den Molen kamp, dat nu tor tid Rawert heft.*
(K-61)   *Item eynen acker, gheheten de Hoed acker, drier schepel saed, tuschen Helman und Rawerde.*
(K-62)   *Item to Amburn eyn stucke van twen schepel saed uppe dat osten, dat verde stucke van der olden strate.*
(K-63)   *Item Tebbe to Amburn eyn stucke van twen schepel saed, ghelegen uppe den Haerkampe nogest den utersten stucke to velde wort.*[23]

Stalverden

(K-64)   *Item in Lippeldes erve twe molt roggen, dat eyne molt den kerckhern, dat ander sunt Andreas, dat nu tor tid Gerdaler Meynert bowet.*[24]
(K-65)   *Item Toben erve to Restehus, dat nu de junge Wessel heft, jarlikes twe molt roggen rente.*
(K-66)   *Item Hanneken hues to Restehus jarlikes twe molt roggen.*
(K-67)   *Item Hanneken hues to Dwergete eyn molt roggen jarlikes. Uppe de dre vorscr. erve is eyn hovet bref, dede utwiset de vorscr. rente.*[25]
(K-68)   *Item eyn halfe tegede in der burschop to Varle, de nu tor tid dinget is jarlikes vor twe molt roggen.*[26]
(K-69)   *Item eynen kamp to Buren, dat is gheheten Osterweden kamp, belegen bi der Varler lickwege.*

20 Diese Eintragung ist nachträglich eingefügt.
21 Nachgetragen wohl noch im 15. Jh.
22 Das Wort *to* steht hier versehentlich zweimal.
23 Daneben eine gestrichene unleserliche Randbemerkung; darüber eine neuere Randbemerkung: *Nunc temporis Lange Wessels Dirich, gibt davon 4 sch. rogg. – Ao. 1617.*
24 Daneben Randnotiz: *Stalvorden.*
25 Hiernach folgt eine vollständig ausradierte Eintragung.
26 Durch Überschreibungen ist die Eintragung geändert in: *Item de halfe tegede und ok de derde deel in der burschop to Varle, de nu tor tid dinget is jarlikes vor III molt roggen.*

(K-70)   *Item by der andern sid jegen over der strate, belegen in Willen kampe, van anderhalven schepel garst saed.*
(K-71)   *Item eyn erve Wicbordes to Beten, dar he nu vor gift viftehalf molt roggen.*[27]
(K-72)   *Item eyn erve to Beten, dat nu tor tid Brun van Beten bawet, dar he vor gift ses und twintich schepel roggen.*
(K-72a) *Item ghesat VII schepel saet landes, dat gheyt up Ludeken kamp van Kneten, und dat steyt vor VII swaer marck.*[28]

Ergänzende urkundliche Nachrichten (bis 1493)

Teil I, Bl. 7v bis 8v: An das Verzeichnis schließen sich urkundliche Nachrichten über Renten der Kirche an. Die erste Nachricht, die dieselbe Handschrift wie das davor stehende Verzeichnis aufweist, betrifft die Verpflichtung des Hinrick Gronebarch, der Kirche vier Scheffel Roggen jährlich zu liefern als Entgelt für zwei Grundstücke, die er unberechtigterweise aus Kirchenbesitz entfremdet hatte (Bl. 7v). 1467 wollte Gerd Rippe sein Erbe zu Kneheim der Kirche vermachen, doch da seine Erben damit nicht einverstanden waren, gaben sich die Ratleute mit der ersatzweisen Schenkung von vier Ackerstücken zufrieden (Bl. 8r). Am 13. Januar 1493 bürgten zwei Einwohner von Vahren und Stapelfeld für die Rentenzahlung des Hermann zu Vahren, der aus der Kirchenkasse acht schwere Mark geliehen hatte, wofür er ihnen sein Erbe zum Unterpfand setzte (Bl. 8v).

Item to eyner tid dat geschach, dat Hinr. Hesterberch gaf twe stucke landes sunte Andreas und der hilgen kerken, so underwant sick Hinr. Groneba[r]ch der vorg. twier stucke und vorkofte se, und so wart de vorg. Hinr. Gronebarch myt rechte angelanget van den raetluden der vorgescr. kerken to Crapendorpe, so alz se do mit rechte vorvolget worden, so willkorden de vorg. Hinr. Gronebarch und Berte syn husfruwe vor borgemester und rade veer schepel roggen jarlikes ut eren hues alzo lange, dat se de ofte oer erve de vorg. twe stucke weder by sunte Andreas und de vorg. kerken brochten.

Knehem

Item Gherd Ryppe to Knehem hefft ghegeven sunte Andrese by sunden lyve syn erve dar sulves eweliken na syner husvrouwen Geseken dode, in orkunde schal se gheven alle jar dem guden heren sunte Andrese eyn schepel roggen. Dar weren an und over Wylle ton Strode, Hinrick Ryppe, Ryppe ton Strode, Wylke Klosterman, de he Gherd vorg. dar to esschede, do he de gifte dede und des se [...] wal wyllen to stan, war des behoff und noet ys. Radlude to der tyd Canne van Stalvorde, Dirick Hummeling, Tabbe to Smerten, de meyger van Knehem. In dem jare uns heren M°CCCCLXVII°.[29]

---

27 Daneben Randnotiz: *Bethen*.
28 Nachgetragen wohl noch im 15. Jh.
29 Diese ganze Eintragung ist durchgestrichen (vgl. die nachfolgende Eintragung).

Item alz dat erve, so vorg. steit, gegeven was, so wolden des syne erven nicht to laten, sunder se hebbet myt guden vryen wyllen to ewygen tyden van den erve gegeven den guden heren sunte Andrese unde[30] syner kerken raidluden ver stucke lande, twe up den Tuler kampe, by der eynen syd des meyers land dar sulves, by der andern syd Wylke Klosterman vornoten, de krumme twyert up den Westerkampe, dat verde dat halve stucke by den Brinckhoffte.

Anno Domini XC° und dre so sint ghekomen und yrschenen uppe den anderen sondach neist den hilligen dre konyncghen Thobe to Varn, Frederick to Stapelvelde und hebn gelavet vor Herman to Varn sunte Andreze und zinen radluden vor I hovetsummen, nomptliken VIII zware marck, und vor jarlix renthe und vor alle gebreck jarlix upt Vechter market de renthe wth to geven up zunte Dionisii sunder vor toch und sunder weder sprake. Myt dusdanen underschede, dat Herman to Varn hefft gesath vor eyn recht underpand Toben to Varn und Ffredericke to Stapelvelde zin erve und zin anynghe gud. Offt se des in jenigen scaden quemen, so mogen ze syck ut zin erve und gud weder holden, so he zulven gewilkort hefft vor syck und zine erve. Datum ut supra.

Fragment eines Ländereien-Verzeichnisses (1554)

Teil I, Bl. 9r u. 9v: Im Jahr 1554 beschlossen der Pastor, die vier Kirchräte und der Küster zu Krapendorf, die Ländereien der Kirche auf dem Cloppenburger Esch erneut verzeichnen zu lassen, doch wurde diese Verzeichnung nach nur sieben Eintragungen bereits wieder abgebrochen.

Anno Domini dusenth vyffhundert vofftich unnd vier up donnerstag na Antonii, was de achteinde dach des monats Januarii, gingen wy, her Heinrick Schriver, pastor, tosampt Johan Wickberts, borger in der Cloppenburgk, Dirick van Smerten, Wessell to Amburen und Naber tho Bethen, alle raitlude to Crapendorp, und Wilcken Santman de junger, koster darsulvest, alle dat lant, so up den Cloppenborger essche der structuir und kerck tokumpt, und is durch antzeigung der lude, so idt under der ploech datmaill hadden, alsus van uns besichtiget, und vort tor gedachtnis in dit register vorteikenth.
Vor erst Gert Soest hefft ein stucke an der essch hake, vornoten sindt an der eine halve myn gnediger her, an der anderen Johan Crampe, ist van IIII sch. saedt.
Item mester Lammert I stucke van III sch., varnoten Johan to Varen und Cort Scharpekantz.
Item Ludeke van Ginck I stucke tusschen wegen van IIII sch., varnoten Johan tor Marle und Ludeke sulvest.
Item Sagerman I stucke vor der Buhrner hake van II sch. saedt, varnoten Hinrick Rekerman und de hillige lichnam, habet Diricus sub aratro.
Item Gert van Caplen III stucke in der langen want in einer vahr van VIII sch. saedt, dar varnoten Carsten van Caplen und Tebbe Rekerman.

---

30 Das Wort *unde* ist am Rand nachgetragen.

> *Item Bernt Rode II stucke by Burenn vann IIII sch. saedt, varnoten Johan van Amburen und Borchert Wilckens.*
> *Item Abell Kremer darsulvest II stucke, darvor he gifft III sch. roggen, varnoten sindt Johan van Amburen und Fredrich Smidt.*[31]

Teil I, Bl. 10r bis 13v: Diese Seiten sind größtenteils leer geblieben, wenn man davon absieht, dass viel später, vermutlich im 19. Jahrhundert, jemand die *Rente Corporis Christi* dort eintragen wollte, aber über die Überschrift nicht hinausgekommen ist (Bl. 10r). Auf einem der leeren Blätter ist noch der Schatten einer ausgelöschten älteren Schrift zu erkennen (Bl. 12r). Die letzte Seite enthält schließlich zwei Eintragungen aus dem 16. und dem 17. Jahrhundert (Bl. 13v). Oben steht: *1544 hic codex provisoribus ecclesiæ sublatus est restitutus per I. C. P. C.*, und von derselben Hand in teils griechischen Großbuchstaben: *ΑΕΙ ΣΠΕΥΔΕ ΒΡΑΔΕΩΣ* (Eile mit Weile). Darunter steht: *Quicquid in hoc libro et appendice de corporis Christi proventu continetur curavit Gerardus Covers pastor legibiliter describi anno 1650*, und ganz unten von derselben Hand: *Destruit impietas, pietas quod struxit avorum* (Die Gottlosigkeit zerstört, was die Gottesfurcht der Vorfahren aufgebaut hat). – Auf den Vermerk von 1544 wird noch zurückzukommen sein. Die Notiz von Pfarrer Covers dürfte sich darauf beziehen, dass er 1650 für die Kirche ein 756 Seiten starkes Lagerbuch anschaffen ließ, in das unter anderem Verzeichnisse der Ländereien des Kirchen- und des Lichterfonds eingetragen wurden.[32]

Zweiter Teil: Renten des Lichterfonds

Das kleinere eingenähte Heft mit gesonderter Seitenzählung zeigt auf der ersten, nicht mit einer Seitenzahl versehenen Seite die Aufschrift: *Deß hailigen Lichnambs Buch. Anno [1]611.* Der Inhalt des Heftes ist aber viel älter.
Teil II, S. 1 bis 9: Die Auflistung der Renten *to behof der lucht des hilgen lichames* enthält 28 Einzelposten. Die ersten zwölf sind mit einer Ausnahme von derselben Hand geschrieben wie das Verzeichnis der Einkünfte der Kirche von 1463 (S. 1 bis 5). Die letzte dieser ältesten Eintragungen betrifft das spätere Erbe Rump zu Vahren, das teils dem Allerheiligsten, teils dem Pastor gehörte. Die weiteren Eintragungen sind spätere Ergänzungen, wie sich anhand der unterschiedlichen Handschriften erkennen lässt (S. 5 bis 9). – Wie beim Verzeichnis des Kirchenfonds werden auch hier die einzelnen Posten mit eingeklammerten Nummern versehen.

> *Item dit is de rente, de ghegeven und ghekoft is to behof der lucht des hilgen lichames in der kerken to Cropendorpe.*
> (L-1)   *Item eyn stucke van twen scepel saet up dem Kloppenborger esche, Hermen Lansman gegeven, und gheyt up Kremer Dirkes kam[p] tuschen Dirk Kremer und meyer Johanne.*
> (L-2)   *Item II stucke van IIII scepelsat, Hermen Lansman gegeven, tuschen myns heren lande und meyer Johanne.*

---

31 Hier bricht die Liste ab.
32 Offizialatsarchiv Vechta, Dep. Pfarrarchiv Cloppenburg St. Andreas, Lagerbuch der Kirche 1650 ff.

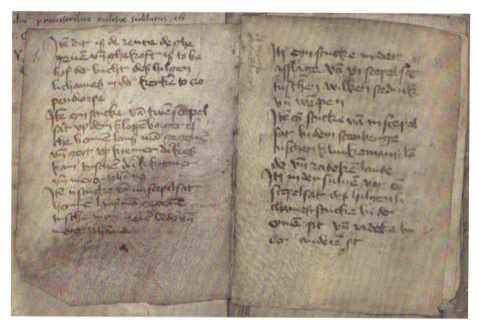

Abb. 2: Erste Seiten des Rentenverzeichnisses des Krapendorfer Lichterfonds von etwa 1466 (Foto: Offizialatsarchiv Vechta)

(L-3)   *Item eyn stucke in der Asslage van VI scepel sat, tuschen Wilken Stedink und Wempen.*[33]

(L-4)   *Item eyn stucke van III scepel sat bi dem Stenberge, tuschen Klinkemans lande und Radeken lande.*

(L-5)   *Item in der sulven var eyn scepelsat, des hilgen lichames stucke bi der eynen sit und Radeke by der anderen sit.*

(L-6)   *Item eyn stucke van dren scepel sat up dem Smertemer esche, dat geyt up den meyger hoff, up den groten Vlaghe by Tebbe Helmans lande.*[34] *Und Tebben Helmans, dar zint ynne jarliker ewiger rente II scepel roggen.*

(L-7)   *Item eyn stucke up dem Knemer esche van II scepelsat, und geyt up de Dillen tuschen eynen stucke van dem Westerhove und eynen stucke van des Brawen erve.*

(L-8)   *Item Johan meyer to Smerthen hefft gegeven alle jar I schepel roggen den hilligen sacramente uth dem vrigen meyer hove.*[35]

(L-9)   *Item II scepel roggen rente ofte XII d. in Vrederikes erve to Varne.*

(L-10) *Item eyn stucke van II scepelsat up dem Cloppenborger esche, und geyt up Mutinges kamp, up de eynen sit sunte Andreas und up de anderen sit Johan, Tebben Smedes zone.*

(L-11) *Item II scepel roggen rente in Meynerdes erve to Stalvorden.*

---

33 Daneben Randnotiz: *Hinrick Gronenberch.*
34 Bis hierher ist die Eintragung durchgestrichen.
35 Diese Eintragung ist unten auf der Seite nachgetragen.

Das Güter- und Rentenverzeichnis der Krapendorfer Kirche von 1463 — 21

(L-12) *Item in Snades*[36] *erve to Varne, wat dat renten mach, de helfte des hilgen lichames und de helfte hort dem kerkheren.*[37]

(L-13) *Item Hencke Rape to Stapelvelde hefft ghegeven I schepel roggen jarlinx uthe synen erve eweliken tor lucht vor dat hillige sacrament to Crapendorpe.*

(L-14) *Item de junghe meyger van Varlbusche gaff in synen lesten eyn stucke landes van twyer scepel saet, myt holte und sadachtich, dat verde stucke by dussyd den Oyter wege dor den busch, scheten up Ludeken schure.*

(L-15) *Item Diderick van Varne, de hefft gegeven XII d. in eyn stucke, belegen up der Kerckwant by ener breden, de hort myns heren.*

(L-16) *Item Gerd ton Eholte uth synen erve des jares eyn scepel roggen.*

(L-17) *Item eyn stuck landes van twen scepels sath, dat geit van den Stenbergen upp den Helweech, Taleken Winters up der enen sith, Dirick Bodeker upp der anderen sith, gegeven van Kannen van Stalvorden.*

(L-18) *Item eyn stucke landes schut up dat Sall und eyn stucke up den Hulsbusch, dat hebbet de bur to Amburen ghegeven den hilgen licham.*

(L-19) *Item eyn stucke landes gekofft to Beten in der Waterowe, sees schepels saet, by der ener sith Bernt Rekerman und by der anderen sit by den weghe Ffrederik Closterman beleghen.*[38]

(L-20) *Item eyn stucke van dren scepels saden, geyt dale van*[39] *Hemmeken buren na Beten, belegen tusscen Dirick Bodeker und des hilligen lichames lande.*

(L-21) *Item II schepel roggen, de Asselen ghegeven hefft, in eynen kampe belegen of ghinsyt eren hus.*

(L-22) *Item VI sc. saed landes up Beter essche, belegen in der Vater ouwe, varnoten by der einersit Dyrick Klosterman und by der anderen sit Berent Rekerman.*[40]

(L-23) *Item II schepel roggen, de ghyft Hinrick to Nuttele vor III*[41] *stuck landes, belegen by der oisteren by den kerrick wege.*[42]

(L-24) *Item Hille to Nutte[le] II schepel roggen vor eyn stucke,*[43] *dat licht by der westersyd den kerrick wege.*

(L-25) *Ithem to ewigen tyden I schepel roggen in veer stucke landes, gheheten dat Droppel lant, und wt Toben Budden erve to Stapelvelde.*[44]

(L-26) *Item Johan Budde heft entffangen II golt g. van wegen Tobe Budden, de dar zynt [...] egenen den hilligen sacrament to ewigen tiden, dar he des jars aff gyfft II sc. roggen.*

(L-27) *Item Hinrick to Nuttel gyfft IIII sc. roggen uth [...] stucke landes, belegen up den Nutt[...] essche by beyden zyden [...] kerckweghe.*[45]

(L-28) *Wessel Pagenkamp gyfft den hilgen sacrament alle jar to ewigen tyden eyn sc. rogen in den Smyt kamp, we den kamp heft, sal dat nicht uth kopen konen.*

---

36 Oder *Svades*?
37 Darüber Randnotiz (17. Jh.): *NB. Rump.*
38 Darunter Randnotiz (17. Jh.): *Beten 6 schpl.*
39 Verbessert aus *uppn.*
40 Daneben Randnotiz: *Beten.*
41 Verbessert aus *eyn.*
42 Diese Eintragung ist durchgestrichen.
43 Die Worte *eyn stucke* sind durchgestrichen, darüber steht *III.*
44 Darüber Randnotiz: *Buddeke.*
45 Diese Eintragung ist durchgestrichen.

Stiftung der Familie Averwater (1514)

Teil II, S. 9 bis 13: Es schließt sich der Text einer Urkunde von 1514 an. Michael Averwater stiftete mit Zustimmung seiner Geschwister für sein eigenes Seelenheil und dasjenige seiner Eltern zwei Ackerstücke auf dem Haverkamp (Krapendorfer Esch), um ein Licht vor dem Allerheiligsten zu finanzieren. Für den Fall, dass die Einnahmen aus den Ländereien den Bedarf für zwei Pfund Wachs übersteigen sollten, bestimmte der Stifter die zusätzliche Anschaffung eines Leuchters, der in der Mauer zwischen dem St.-Annen-Altar und der Sakristei eingelassen werden sollte. Ob es sich bei diesem Text um das Autograph des Stifters oder um eine Abschrift handelt, ist unklar.

> *In dem jare als men screff dusent V^c hunderth unde XIIII unses hern, do gaff ick, Michael Averwater, na rade myner sellygen olderen unde erer seylen salycheyt, yn ewygerdechtnysse na eren dode, unde myt wyllen mynes broders, Joste Averwaters, unde Agathen, myner suster, II stucke landes, belegen uppe dem Haverkampe, de Hermanno sellyger unde syner vrouwen Haseken Averwaters unde synen erven egen ys unde was, unde ys van VII scepels saeth, als ik anders nycht enweth, unde ys belegen by Hinrickes Rekermans kampe unde Gerth Kramers, recht uph by der beyden kampe negest belegen vor genompt de beyden stucke, unde de beyden stucke hebbe wy geven in de er der hylligen drevoldycheyt unde des hyllygen lychames unde unser leven vrouwen unde sunthe Johannis baptisten unde sunthe Annen unde Katharinen der hyllygen junckfrouwen, unde dath also ys ge geven, dath men schal alle jare lanck dar aff nemen de renthe van den lande, als men den min meyst kantse aff krygen unde holden don, alle jar lanck I lucht aff yn ewycheyt, unde dath uph eynen sunderingen lucht thee, unde be sunderingen schal de lucht syn van II punt wasses, unde wath dar mer averlopt dan de II punth wasses, dar schal men aff tugen eyn luchter, den schal men houwen yn der muren by sunthe Annen olter unde der ger kameren, unde wan de rede ys, so schal men dath vor dan nemen, dath de lucht dessto rother werde, unde den koster I kleinheyt geven dar aff [...] myt reden sy, dath he de lucht ensteke als inder octaven unde dage der hyllygen III voldycheyt unde alle unser leven vrouwen dage, als de kamen, unde de octaven unde sunthe Johannis baptisten unde sunthe Annen unde sunthe Katharinen dage unde octaven etc., myt myner egen handt gescreven Michaelis Averwater in eyn tuechnysse etc.*

Weitere Einkünfte des Lichterfonds (nach 1514)

Teil II, S. 13 bis 15: Die restlichen Eintragungen des Rentenverzeichnisses wurden sicher nach 1514 vorgenommen. Zwei davon sind durchgestrichen und eine stark abgerieben.

> *Item Meyneke van Kneten hefft ghegeven eyn punt wasses alle jar den hilligen lichame uth den campe up den Ellenberghe.*
> *Eylert to Stapelvelt [...] X horniken gulden, dar men des jars aff gyfft V ß.*
> *Wessel up der Nyenstat [...] V hoerniken gulden, dar men des jars aff gyfft II½ ß.*[46]

---

46   Diese Eintragung ist durchgestrichen. Darunter steht: *vor dith ys gherekent* (Zusammenhang unklar).

Item de hilghe licham hefft up den Nuttel essche III stucke landes, belegen by Hinrickes kerchweghe up de wester syd, dar men alle jar affbort V sc. roggen, und dat land hefft Hinrick ghekofft vor I summen geldes und hefft id weder gheg. den hilgen sacrament to behoff der ewigen lucht.
Ffrederick to Stalvorden [... ...] Emeder gulden, dar men [...] aff g[...] XIIII ß. up [...] dach alle jar [... ...].[47]
Johan to Amburen ys [...]dich [... ...] Philippus gulden [...]komende van der [...] Overwaterschen dar [... ... ...].[48]

Auswertung

In spätmittelalterlichen Kirchspielen gab es normalerweise drei kirchliche Fonds: einen für die Kirche (die Kirchenfabrik), einen für den Pfarrer (die Pfarrpfründe) und einen für den Küster. Dabei waren für die Verwaltung des Pfarrfonds und des Küstereifonds die jeweiligen Inhaber selbst verantwortlich. Was das Kirchspiel Krapendorf betrifft, liegen die ältesten Beschreibungen dieser beiden Fonds aus dem Jahr 1613 vor, als der Pfarrer Wolterus Molanus und der Küster Winandus Sandmann ihre jeweiligen Einkünfte auflisteten.[49] In vielen größeren Kirchspielen kamen zu den genannten Fonds gesonderte Vikariefonds hinzu. Im Kirchspiel Krapendorf gab es aber trotz seiner beachtlichen Ausdehnung keine Vikarie. Dafür hielt sich der Pfarrer einen Kaplan, den er selbst besolden musste, worüber Pfarrer Molanus 1613 genaue Auskunft gab. Unabhängig von der Pfarrpfründe und dem Küstereifonds war die Kirchenfabrik. Als deren eigentlicher Eigentümer galt der Patron der jeweiligen Pfarrkirche. Die Vermögensverwaltung war dabei Sache eines Gremiums von Laien aus der Gemeinde, die in Krapendorf als Ratleute oder als Kirchräte, später auch als Kirchgeschworene bezeichnet wurden. Deutlich wird dies erstmals in einer Urkunde des Pfarrarchivs Cloppenburg aus dem Jahr 1449, derzufolge *Tebbe Smedes, Johan Strotman to Knehem, Meinhard to Stalvorden, Wolteke to Varne, in der tid ratlude des guden heren sunte Andreas, hovetheren der kerken to Crapendorpe, [...] mid wille unde vulbort des ganzen gemenen kerspels to Cropendorpe* einem Bremer Domvikar eine Leibrente verkauft haben.[50] Die Anfertigung des Güter- und Rentenverzeichnisses der Krapendorfer Kirche von 1463 beruhte laut der Einleitung auf einem Beschluss, den der Pfarrer Hermann Halfwassen zusammen mit den Ratleuten der Kirche gefasst hatte. Von diesen vier Ratleuten war damals einer Bürger der Stadt Cloppenburg, während die drei anderen in den Bauerschaften des Kirchspiels wohnten. Beachtenswert ist dabei, dass sowohl die bürgerlichen als auch die bäuerlichen Ratleute selbst zu den Abgabepflichtigen der Kirche gehören konnten.[51]

---

47 Diese Eintragung ist durchgestrichen.
48 Die Eintragung ist stark abgerieben.
49 Niedersächsisches Landesarchiv, Abt. Oldenburg (künftig: NLA OL), Erw 93 Nr. 92, S. 25-26 (auch Bistumsarchiv Münster, GV Hs. 204, S. 59-66); danach Willoh (wie Anm. 6), Bd. 4, S. 206, 238 u. 285-286.
50 Old. UB 8 (wie Anm. 4), S. 94-95 (Nr. 158).
51 Über die Ratleute in spätmittelalterlichen Kirchspielen des Niederstifts Münster vgl. Werner Freitag, Pfarrer, Kirche und ländliche Gemeinschaft. Das Dekanat Vechta 1400–1803 (= Studien zur Regionalgeschichte, Bd. 11), Bielefeld 1998, S. 59-62, 64-65 u. 119-125. Grundsätzlich hierzu vor allem Heinrich Schmidt, Kirche und Kirchgeschworene in Zwischenahn um 1500. Zur Interpretation eines Kopialbuches, in: Frühe Neuzeit. Festschrift für Ernst Hinrichs, hg. v. Karl-Heinz Ziessow, Bielefeld 2004, S. 27-48.

Neben der Kirchenfabrik gab es in Krapendorf noch einen davon abgesonderten Fonds *to behof der lucht des hilgen lichames in der kerken to Cropendorpe*, dessen Einkünfte in einer Art Anhang zu dem Verzeichnis von 1463 aufgelistet sind. Aus zwei Urkunden des Pfarrarchivs Cloppenburg von 1466 und 1483 geht hervor, dass dieser Fonds von dem Pfarrer Hermann Halfwassen zusammen mit zwei Laien verwaltet wurde, wobei sie gemeinsam als *vorwarer* des Lichtes des Allerheiligsten fungierten.[52] Da der älteste Teil des Verzeichnisses dieses Fonds nur elf Roggenrenten umfasst, von denen eine nachweisbar 1466 angekauft wurde, ist anzunehmen, dass er erst kurz zuvor errichtet worden war. Der kirchliche Brauch, vor dem Allerheiligsten ein Licht brennen zu lassen, hatte sich im Spätmittelalter überall durchgesetzt. So hatte auch die Krapendorfer Kirchenfabrik einen Kamp und einen Garten für Jahresrenten von je einem Pfund Wachs verpachtet (K-24 und K-49). Dass dann zusätzlich ein Lichterfonds in Krapendorf errichtet wurde, ist wohl mit dem allgemeinen wirtschaftlichen Aufschwung des 15. Jahrhunderts zu erklären. Solche speziellen Lichterfonds scheinen aber selten gewesen zu sein. Wilhelm Berning, der beste Kenner des vorreformatorischen kirchlichen Lebens in der Diözese Osnabrück, weiß zu berichten, dass es zum Unterhalt des Ewigen Lichtes in den Kirchen der Bischofsstadt an St. Marien eine Heilig-Leichnams-Gesellschaft und an St. Johann eine Liebfrauen-Bruderschaft gab.[53]

Der Vollständigkeit halber ist hier zu erwähnen, dass im spätmittelalterlichen Kirchspiel Krapendorf eigenständige Kapellen in Cloppenburg, Bethen und Garrel existiert haben, für deren Vermögensverwaltung wiederum jeweils gesonderte Laiengremien verantwortlich waren. 1448 einigten sich der Pfarrer von Krapendorf und die *ratlude der cappellen to Beten* darüber, wie die Opfergaben, die *Unser leven frowen to Beten* dargebracht wurden, aufgeteilt werden sollten.[54] Im Stadtarchiv Cloppenburg ist ein Doppelblatt überliefert, auf dem der *kerck rat tor Cloppenborch* 1498 die Namen von etwa dreißig Personen mit ihren Geld- und Roggenschulden verzeichnet hat.[55] Und schließlich war auch die Kapelle in dem zweieinhalb Wegstunden von der Pfarrkirche entfernten Dorf Garrel, wo einmal pro Monat die Messe gelesen wurde, mit einem von örtlichen Laien verwalteten Fonds ausgestattet.[56]

---

52 Old. UB 8 (wie Anm. 4), S. 113 (Nr. 179) u. 141-142 (Nr. 216).
53 Berning (wie Anm. 9), S. 246-247. – Zur Illumination des Osnabrücker Doms vgl. Ralf-Maria Guntermann, Turmbau und Totengedenken. Die Domfabrik zu Osnabrück im späten Mittelalter (= Das Bistum Osnabrück, Bd. 5), Osnabrück 2003, S. 60-65.
54 Gustav Rüthning, Oldenburgisches Urkundenbuch, Bd. 5: Urkundenbuch von Süd-Oldenburg, Oldenburg 1930, S. 293-294 (Nr. 730).
55 Die mehrfach überarbeitete und insgesamt durchgestrichene Liste zeigt die (nicht ganz verständliche) Überschrift: *Anno Domini XCVIII uptn dinxedach na unses Hern lichames dage rekende de kerck rat tor Cloppenborch als Dyrick Bodeker affgenck und Berndt van Amburen Johan Overwater untfengen se wedder also dat unse leve vrouwe to foren behelt XLV mr III ß IIII d.* Zuerst werden die Geldschulden aufgelistet, wobei teilweise *lanthur* (Landheuer) als Grund angegeben ist, teilweise aber auch reine Kapitalbeträge verzinst wurden. Es folgen die Getreideschulden, die man auf 5 Malter und 2 Scheffel Roggen berechnete. Am Schluss der Liste ist vermerkt: *Item den kerck rade to Beten gegeven VII scepel roggen van tynse*; NLA OL Best. 262-12 Urk. Nr. 15. Ein Namenvergleich mit dem ältesten Krapendorfer Schatzungsregister von 1498 zeigt, dass die drei Ratleute und der überwiegende Teil der Schuldner Bürger der Stadt Cloppenburg waren; Joachim Hartig (Bearb.), Die Register der Willkommschatzung von 1498 und 1499 im Fürstbistum Münster (= Westfälische Schatzungs- und Steuerregister, Bd. 5), Teil 1: Die Quellen, Münster 1976, S. 544-549.
56 Willoh (wie Anm. 6), Bd. 5, S. 1-7.

Das 1463 angelegte Güter- und Rentenverzeichnis der Krapendorfer Kirche führt beim Kirchenfonds 72 Posten mit 12 Nachträgen und beim Lichterfonds 11 Posten mit 24 Nachträgen auf. Wenn man alle 119 Posten zusammenfassend in den Blick nimmt, entfallen davon 89 auf Ackerland und drei auf Gartenland. Siebzehnmal sind Einkünfte aus Häusern bzw. Erben, von denen zwei im direkten Besitz der kirchlichen Fonds waren, und dreimal Zehntrechte aufgeführt. Schließlich finden sich sieben reine Geldanlagen, die allerdings nur unter den nachgetragenen Posten erscheinen. Diese Gruppen sollen nachfolgend im Einzelnen betrachtet werden. Zugleich werden sie verglichen mit einer *Annotatio dehren ahn der Pfarkirchen zu Crapendorff gehörigen Landereyen*, die 1706/07 aufgezeichnet, später ergänzt und bei der bischöflichen Visitation des Jahres 1713 präsentiert wurde.[57]

Einkünfte aus Ackerland und Gärten

Ein Großteil des kirchlichen Grundbesitzes bestand aus Ackerland oder, um den damaligen Begriff zu benutzen, Bauland. Dieses lag verstreut zwischen den Feldern der Bürger auf dem Cloppenburger Esch und zwischen den Feldern der Bauern auf dem Krapendorfer Esch und in den Bauerschaften. Die Lage der einzelnen Grundstücke wurde üblicherweise dadurch beschrieben, dass man die Besitzer der benachbarten Äcker nannte. Teilweise dienten auch Flur- und Wegenamen zur Lokalisierung. Meistens wurden die einzelnen Felder als „Stücke" bezeichnet, deren Größe zwischen einem und sieben Scheffelsaat schwanken konnte. Daneben gab es „Breden" und „Blöcke" von ebenso unterschiedlicher Größe, und manchmal werden „Kämpe" genannt.

Das kirchliche Bauland wurde gegen jährliche Roggen-Abgaben an Bürger und Bauern verpachtet. Die Höhe dieser Abgaben ließ sich normalerweise nicht beziffern, weil eine Festlegung in Anbetracht der saisonal unterschiedlichen Ernteerträge kaum möglich war. Fixe Abgaben wurden daher nur selten vereinbart. So waren ein Kamp in Hemmelsbühren (K-24) und ein Garten in Stapelfeld, auf dem im 15. Jahrhundert ein Haus errichtet wurde (K-49), für jährlich je ein Pfund Wachs verheuert. Die beiden anderen zum Kirchenland gehörenden Gärten (K-22 und K-42a) waren für eine Jahresrente von je einem Schilling verpachtet.

Unter den wenigen Urkunden des Pfarrarchivs Cloppenburg aus dem 15. Jahrhundert gibt es nur zwei, die sich konkret mit dem im 1463 angelegten Verzeichnis aufgeführten Bauland in Verbindung bringen lassen. 1460 verkauften Diderick Hellmann und seine Ehefrau Wobbeke mit ihren fünf Kindern *dem hilgen heren sunte Andrese, hovetheren der kercken to Cropendorpe, unde sinen ratluden* für eine nicht genannte Geldsumme *twe stucke landes unde ene halve breden up den Cloppenborger esche van viftein schepel sat*.[58] Diese Grundstücke finden sich im Verzeichnis von 1463 mit sehr ähnlicher Lagebeschreibung wieder; sie waren damals an den Verkäufer Hellmann verpachtet (K-9, K-11 und K-25). Und 1466 verkauften Radeke und seine Ehefrau Grete

---

57 Offizialatsarchiv Vechta, Altes Archiv, Cloppenburg-Krapendorf A 2.
58 Old. UB 8 (wie Anm. 4), S. 103-104 (Nr. 171).

deme werden hilgen sacramente tor lucht in der Krapendorfer Kirche ein Stück Land von drei Scheffelsaat Größe *tuschen den Steenberge und den graven*,[59] das unter den ersten Posten des Verzeichnisses des Lichterfonds genannt wird (L-4).
Die einzelnen Felder anhand ihrer Beschreibung in späteren Verzeichnissen der Kirchenländereien weiterzuverfolgen, erweist sich als unmöglich. Zu groß war offenbar die Fluktuation bei der Umgrenzung und Verpachtung dieser Äcker, als dass sie sich mit heutigen Parzellen eindeutig identifizieren ließen. Außerdem wurden immer wieder Grundstücke verkauft oder vertauscht. Viele im 15. Jahrhundert genannte Flurnamen lassen sich aber auf den Flurkarten des 19. Jahrhunderts wiederfinden, so etwa „Haberkamp" und „Kannen Kamp" auf dem Krapendorfer Esch oder „Auf'm Sande" und „Nordkamp" in der Bauerschaft Vahren.[60]

Einkünfte aus Häusern und Erben

Einkünfte aus Bauernhöfen, die im 15. Jahrhundert schlicht als Häuser oder Erben bezeichnet wurden, brachten meist deutlich mehr ein als verheuerte Ackerländereien. Die Höhe der Abgaben von Höfen war zwar festgelegt, konnte aber gegebenenfalls der sich wandelnden wirtschaftlichen Lage angepasst werden. Diese Abgaben lassen sich in den kirchlichen Einkünfteregistern oft über Jahrhunderte verfolgen. So sind etliche 1463 genannte Einkünfte des Kirchenfonds aus Häusern und Erben auch noch im Verzeichnis der Ländereien der Krapendorfer Kirche von 1713, wo die Pachteinnahmen und die Rentengelder gesondert aufgeführt sind, nachzuweisen. An Roggenpacht lieferten damals Albers zu Bethen 3 Malter (K-71), Kläne zu Bethen 1 Malter (K-72), Tebben und Deben zu Resthausen je 1 Malter (K-65 und K-66),[61] Möller zu Dwergte 1 Malter (K-67), Warnken zu Vahren 1 Malter (K-55), Döpke zu Stapelfeld 1 Malter (K-50) und Greten daselbst 5 Scheffel (K-54b). Unter den Rentengeldern ist Ortmann zu Ermke mit einem Kanon von 6 Stüver aufgeführt (K-54).[62]
Das Verzeichnis von 1713 enthält außerdem genaue Beschreibungen zweier Höfe, die beide je zur Hälfte der Pastorat und der Kirche gehörten, jedoch *ohne Leibaigenthumb*: Das Vollerbe Uffmohrde zu Stalförden lieferte an den Pfarrer und die Kirche jährlich je ein Malter Roggen, und der Kotten Rump zu Vahren lieferte an den Pfarrer und an die Kirche *ad perpetuum lumen* jährlich am St.-Andreas-Tag je acht Scheffel Roggen.[63] Im Verzeichnis von 1463 sind diese beiden Höfe ebenfalls schon aufgeführt, und zwar als *Lippeldes erve* zu Stalförden (K-64) und als *Snades erve to Varne* (L-12). Jedoch ist dort nicht erkennbar, dass sie als Erbpachtstellen einen anderen Status als die übrigen abgepflichtigen Höfe hatten. Der Hof in Stalförden war, wie aus der ältesten erhaltenen Urkunde des Pfarrarchivs Cloppenburg hervorgeht, 1431 von

---

59 Old. UB 8 (wie Anm. 4), S. 113 (Nr. 179).
60 Hans Hochgartz, Aus der Markengeschichte, in: Beiträge zur Geschichte der Stadt Cloppenburg. Bd. 2: Cloppenburg nach 1900 – eine Stadt im Wandel, hg. v. der Stadt Cloppenburg, Cloppenburg 1988, S. 366-381.
61 Vgl. auch Cl. Pagenstert, Die ehemaligen Kammergüter in den Ämtern Cloppenburg und Friesoythe, Vechta 1912, S. 44-45.
62 Vgl. auch Pagenstert (wie Anm. 61), S. 92.
63 Vgl. auch Willoh (wie Anm. 6), Bd. 4, S. 207; Pagenstert (wie Anm. 61), S. 115-116.

dem Knappen Lippold von Sütholte *den hilgen hern sunte Andrese unde den kerckhern van Crapendorpe to ewigen tiden* geschenkt worden, damit von den Erträgen künftig an jedem St.-Michaels-Tag ein Seelenamt für die Verstorbenen seiner Familie gehalten werde.[64] Denselben Status wie die Höfe in Stalförden und Vahren hatte als Erbpachtstelle auch das Halberbe Banemann zu Schmertheim, das jedoch nur dem Pfarrfonds zu Krapendorf abgabepflichtig war, wie 1447 gerichtlich festgestellt wurde.[65] Bemerkenswert in diesem Zusammenhang ist noch, dass laut dem oben edierten Verzeichnis 1467 der Versuch eines Bauern in Kneheim, seinen Hof der Kirche zu schenken, am Widerspruch seiner Verwandten scheitern konnte.

Einkünfte aus Zehntrechten

Im Spätmittelalter befanden sich viele Zehntrechte in weltlichen Händen und unterschieden sich als Vermögensobjekte kaum von hörigen Bauernhöfen. Im Niederstift Münster lässt sich beobachten, dass die Verwalter der Kirchenfonds vielerorts versuchten, Zehnten für ihre Kirche zu erwerben. So gelangte etwa die Kirche in Barßel im 15. und 16. Jahrhundert durch Aufkäufe in den Besitz fast aller Zehnten innerhalb des Kirchspiels.[66] Da die Kirchräte in aller Regel selbst Bauern waren, konnten sie auf diesem Weg unter Umständen erreichen, dass ihre Zehntpflicht der eigenen Kirche zugute kam.

Im Güter- und Rentenverzeichnis der Krapendorfer Kirche von 1463 ist ein halber Zehnte *in der burschop to Varle* verzeichnet, der damals mit zwei Malter Roggen jährlich abgegolten wurde (K-68, vgl. auch K-54a). Dieser Zehnte hatte sich vorher als Lehen der Bischöfe von Osnabrück im Besitz der Quakenbrücker Burgmannenfamilie von Bockraden befunden. 1412 belehnte Bischof Otto von Hoya den Johann von Bockraden mit verschiedenen Hofzehnten und Höfen vornehmlich in den Kirchspielen Ankum und Alfhausen, aber auch *cum decima to Varle in parr[ochia] Krapendorpe*. Mit demselben Besitzkomplex ließ sich 1426 und 1442 Clawes von Bockraden belehnen,[67] der in den geistlichen Stand trat und als Domthesaurar in Osnabrück 1446/47 den kostbaren Cordula-Schrein stiftete.[68] Die Besitzrechte am *tegeden to Varlo* scheinen

---

64 Old. UB 8 (wie Anm. 4), S. 77 (Nr. 134).
65 Old. UB 8 (wie Anm. 4), S. 90-92 (Nr. 154 u. 156); vgl. auch Willoh (wie Anm. 6), Bd. 4, S. 207; Pagenstert (wie Anm. 61), S. 115.
66 Peter Sieve, Urkundenabschriften über die Zehnten der Barßeler Kirche 1474 bis 1558, in: Oldenburger Jahrbuch 93 (1993), S. 103-111.
67 Hermann Rothert (Bearb.), Die mittelalterlichen Lehnbücher der Bischöfe von Osnabrück (= Osnabrücker Geschichtsquellen, Bd. 5), Osnabrück 1932, S. 109, 131 u. 160. – Bereits im ältesten Lehnregister aus der Zeit des Bischofs Johann Hoet (reg. 1350-1361) findet sich eine Eintragung über die Belehnung der *Jutta, filia Henrici de Smerten, [...] cum decima trium dom[or]um in villa Varen in parr. Cropendorpe*; ebd. S. 32. Aus mehreren Gründen ist es wahrscheinlich, dass hier eine Verschreibung vorliegt und der Zehnte von Varrelbusch gemeint ist. Erstens wurde der Name der Jutta von Smerten in der Eintragung nachträglich durch *Joh. et Otto de Bockroden* ersetzt, und zweitens wird in den späteren Osnabrücker Lehnregistern ein Zehnte in Vahren nicht mehr erwähnt. Vor allem aber ist der Zehnte dieses Dorfes bereits im 13. Jahrhundert als Besitz des Klosters Gertrudenberg nachweisbar; Niedersächsisches Landesarchiv, Abt. Osnabrück, Rep. 8, Nr. 51.
68 Sabine Wehking (Bearb.), Die Inschriften der Stadt Osnabrück (= Die Deutschen Inschriften, Bd. 26), Wiesbaden 1988, S. 47.

sich schon vor seinem Tod in seiner Verwandtschaft aufgesplittert zu haben. Jedenfalls gelang es den Kirchräten zu Krapendorf nach und nach, alle Teile dieses Zehnten zu erwerben, wobei sie auch die Lehnsherrschaft des Bischofs ablösen konnten. Zur gleichen Zeit änderte sich auch der Name der Bauerschaft, vermutlich um Verwechslungen mit dem nahegelegenen Vahren zu vermeiden. 1489 verkauften Lambert von Wulften, Bürger zu Friesoythe, und seine vier Kinder den *veirden deil des tegeden to Varlerbusche* den *sunte Andreß vorstendern to Crapendorp und eren nakomelingen*.[69] Spätestens 1530 befand sich der Zehnte zur Gänze im Besitz des Krapendorfer Kirchenfonds, als Pfarrer und Ratleute mit den Bauern in Varrelbusch über einen fixierten jährlichen Betrag handelseinig wurden: Künftig sollten die drei Bauern jährlich drei Malter Roggen als Sackzehnten abliefern, und zwar *Wessel to Varlenbusch 18 schepel, Henrik 9 schepel und Johan 9.*[70] Das war aber vielleicht nur die Bestätigung einer bereits früher getroffenen Vereinbarung, denn im Register von 1463 war die Eintragung über den Zehnten schon vorher dahingehend abgeändert worden, dass nun drei statt zwei Malter Roggen zu liefern waren. Als in den folgenden Jahrhunderten durch die Neukultivierung von Ackerland die Leistungskraft der Bauernhöfe zunahm, entsprach die fixierte Höhe des Zehnten irgendwann nicht mehr den realen Möglichkeiten. Nach langwierigen Versuchen der Pastöre und Provisoren, eine Änderung zu erreichen, gelang es schließlich 1698 dem Pfarrer Michael Steding *theils mitt guethen Wörtheren, theils durch Vorstellungh vernünfftiger Uhrsachen, die Zehendtmänner* dazu zu bewegen, *von Praestierungh des Sackzehendten abzustehen, wegen dem Zehendten jahrlichs mitt den Provisoren zu dingen oder selbigen in natura außfolgen zu laeßen.*[71] Wie sehr sich das gelohnt hat, zeigt die Tatsache, dass der Jahresertrag des Varrelbuscher Zehnten von 1730 bis 1749 zwischen sechseinhalb und zehn Malter schwankte.[72]

Das Verzeichnis von 1463 nennt ferner zwei Hofzehnten. Zum einen musste *Penninges hues to Stapelvelde* jährlich einen Malter Roggen als Zehntlöse liefern (K-50). Und zum anderen hatte die Kirche den Zehnten eines Hofes zu Hemmelsbühren, bei dem es sich um den landesherrlichen Meierhof handeln muss,[73] für 18 Scheffel Roggen jährlich an die Amtleute zu Cloppenburg verpachtet (K-30). Dazu passt die Angabe der Renteirechnung des Amtes Cloppenburg von 1471/72, der Rentmeister habe im Dezember 1471 für *endel myns gnedigen heren lande, dar de hilge her sünte Andres hovether to Crapendorp jarlinx des thenden innehefft*, 1 Malter und 6 Scheffel Roggen verausgabt.[74]

Eigenartig ist, dass zwei sehr ertragreiche Bauerschaftszehnten der Kirche, nämlich diejenigen aus Stapelfeld und aus Stalförden, in dem Verzeichnis von 1463 fehlen. Der Zehnte aus Stapelfeld stand dabei je zur Hälfte der landesherrlichen Kammer und der Kirche zu Krapendorf zu.[75] Bereits in der erwähnten Renteirechnung von 1471/72

---

69 Old. UB 8 (wie Anm. 4), S. 156-157 (Nr. 234).
70 Old. UB 8 (wie Anm. 4), S. 246-247 (Nr. 331).
71 So steht es in der Annotation von 1706/07 (wie Anm. 57).
72 Karl Kemper, Zur Geschichte der Bauerschaft Varrelbusch, in: 1935-1985. 50 Jahre St. Marien Varrelbusch. Festschrift und Familienchronik, hg. v. der kath. Pfarrgemeinde Varrelbusch, Cloppenburg 1985, S. 61-117, darin S. 72.
73 Vgl. Pagenstert (wie Anm. 61), S. 28.
74 NLA OL Erw. 80 Best. 271-12 Nr. 4 (S. 17).
75 Willoh (wie Anm. 6), Bd. 4, S. 205-206; Pagenstert (wie Anm. 61), S. 29-31 u. 112.

heißt es bezüglich des Ertrags von sieben Malter Roggen aus dem halben Zehnten zu
Stapelvelde: de andere helffte hort den hilgen heren sünte Andrese, hovether to Crapendorpe.[76]
Der Zehnte zu Stalförden war im Vollbesitz der Kirche zu Krapendorf.[77]

Einkünfte aus Geldanlagen

Reine Geldanlagen werden nur selten unter den spätmittelalterlichen Einkünften der
Krapendorfer Kirche genannt. Einzelne Ländereien dienten aber offenbar nur als Unterpfand für verliehene Gelder, so auf dem Cloppenburger Esch sechs Scheffelsaat
Bauland für ein Kapital von sechs Gulden (K-18) und sieben Scheffelsaat Bauland
für ein Kapital von sieben schwerer Mark (K-72a). Ein Bauer in Ermke im Kirchspiel
Molbergen hatte *na utwisinge des hovet breves* jährlich zwölf Pfennig zu zahlen (K-54).
Laut den im Verzeichnis selbst enthaltenen urkundlichen Nachrichten stellte ein
Bauer zu Vahren 1493 zwei Bürgen für die pünktliche Zinszahlung wegen seines von
der Kirche geliehenen Kapitals.
Im Pfarrarchiv Cloppenburg ist eine Pergamenturkunde von 1483 überliefert, der
zufolge Reineke von Drebber und seine Frau Fenne dem Lichterfonds der Krapendorfer Kirche für ein Kapital von drei Osnabrücker Mark eine jährliche Rente von
zwei Schillingen verkauft hatten, wofür sie ihr Haus in Cloppenburg und ihr ganzes
Erbe zum Unterpfand setzten.[78] Diese Schuldverschreibung müsste im Güterverzeichnis des Lichterfonds eigentlich wiederzufinden sein, wird dort aber nicht erwähnt. Dafür werden im älteren Teil andere Renten aufgeführt, die jährlich alternativ
in Form von zwei Scheffel Roggen oder zwölf Pfennig abgegolten werden konnten
(L-9, L-15 und L-26). In den nach 1514 ergänzten Posten des Verzeichnisses kommen
schließlich mehrere reine Geldrenten vor.

Erkenntnisse aus den Kirchenrechnungen von 1541 bis 1545

Im Pfarrarchiv Cloppenburg sind neben dem Güter- und Rentenverzeichnis von 1463
und einigen Urkunden aus der Zeit ab 1431 auch die Kirchenrechnungen aus den
Jahren 1541 bis 1545 erhalten geblieben. Es handelt sich um ein Papierheft im Umfang
von 32 Seiten, wovon zwei unbeschriftet und nicht paginiert sind.[79] Für jedes Jahr
sind die Ausgaben *(uthgifft)* und die Einnahmen *(upböringe an gelde und roggen)* aufgeführt. Darauf folgen die Schlussabrechnungen, welche die *raithlude sancti Andree tho
Crapendorp* stets kurz vor Mittwinter *vor unsen pastor und gemeinen kerspells luden* und
in Gegenwart von drei Vertretern der weltlichen Obrigkeit ablegten. Bei dieser Gelegenheit schieden zugleich jeweils zwei Ratleute aus dem vierköpfigen Gremium aus,
und zwei andere rückten für sie nach.[80] Um einen Eindruck davon zu gewinnen, wie

---

76 NLA OL Erw. 80 Best. 271-12 Nr. 4 (S. 4).
77 Willoh (wie Anm. 6), Bd. 4, S. 205-206; Pagenstert (wie Anm. 61), S. 42-43 u. 116.
78 Old. UB 8 (wie Anm. 4), S. 141-142 (Nr. 216).
79 Offizialatsarchiv Vechta, Dep. Pfarrarchiv Cloppenburg St. Andreas, Kirchenrechnungen 1541-1545.
80 Old. UB 8 (wie Anm. 4), S. 277-278 (Nr. 372).

die Einkünfte des Kirchenfonds erhoben und verwendet wurden, soll ein näherer Blick auf die Rechnungen geworfen werden, wobei eine vollständige Auswertung den Rahmen dieser Arbeit sprengen würde. Die folgende Tabelle veranschaulicht zunächst die Höhe der jährlichen Ausgaben und Einnahmen:

Jahr	Ausgaben	Einnahmen (Roggen, Geld und angerechnetes Geld vom Vorjahr)	Anteil des Roggens an den Einnahmen
1541	46 Emder Gulden 3 d	85 ½ Emder Gulden	17 Malter 8 ½ Scheffel
1542	34 Emder Gulden 5 ß 4 d	108 ½ Emder Gulden 4 ß	33 Malter 8 ½ Scheffel
1543	86 Emder Gulden 1 ß 4 d	159 Emder Gulden 6 ß 8 d	20 Malter 8 Scheffel
1544	70 ½ Emder Gulden 2 ß 5 d	143 Emder Gulden 5 ß 4 d	50 Malter 11 ½ Scheffel
1545	47 ½ Emder Gulden 3 ß 8 d	Angabe fehlt	28 Malter 11 ½ Scheffel

Dabei ist zu beachten, dass mit den Ernteerträgen auch die Getreidepreise schwankten: In den Jahren 1541, 1542 und 1544 lag das Malter Roggen bei zwei Emder Gulden, 1543 dagegen bei drei Emder Gulden. Im Übrigen ist in der Rechnung von 1541 vermerkt: *To wetem, dat de upböringe des roggen so geringe is vor de volgende jare, dat vellen met wetten der amptlude quitgeschulden, de verarmet im vörigen Oldenborgeschen krige, ock verbrant und sus.* Demnach müssen die Ernteerträge vor der Oldenburger Fehde von 1538 deutlich über dem Stand von 1541 gelegen haben.[81]

Anhand der Jahresrechnung von 1544, als sich die Landwirtschaft von den Kriegsfolgen offenbar weitgehend erholt hatte, können die Roggen-Einnahmen einer genaueren Einzelbetrachtung unterzogen werden. Die Zehnten der Kirche finden sich hier alle wieder, indem vom *Stapelvelder tegeden* elfeinhalb Malter, vom *Stalvorder tegeden* zehneinhalb Malter, von *Johan to Varlebussch* anderthalb Malter, von *Lubbe to Varlebussch* und von *Lubbecken Johan* je neun Scheffel eingenommen wurden. Auch einige Renten von Bauernhöfen sind zu identifizieren. *Wigbert to Beten* lieferte dreieinhalb und *Dress* anderthalb Malter Roggen (K-71 und K-72). Je einen Malter Roggen erhielt der Fonds von *Johan to Stalvorden* (K-64), von *Wichman Rape* (K-55), von *Dobbeman to Stapelvelde* (K-50), von *Wessels Johan to Rhestehusen* und *Tebbe to Restehusen* (K-65 und K-66) sowie aus *Dwerchte* (K-67). Bei schlechten Ernten oder anderen Problemen konnten diese Abgaben ermäßigt oder angeschrieben werden. Zum Beispiel lieferte *Herman to Dwerchte* 1541 nur siebeneinhalb Scheffel, in den Folgejahren aber stets einen Malter Roggen.

Regelmäßig ist unter den Abgabepflichtigen auch eine *Anna van Basten* aufgeführt, die von 1541 bis 1543 je einen Malter, 1544 und 1545 je neun Scheffel Roggen lieferte. Diese Frau verfügte nach dem Steuerregister von 1535 als Einwohnerin von Cloppenburg über ein erhebliches Vermögen.[82] Auch die Kirchenrechnungen verraten

---

81 Vgl. Hans-Joachim Behr, Franz von Waldeck, Fürstbischof zu Münster und Osnabrück, Administrator zu Minden (1491-1553). Sein Leben in seiner Zeit (= Westfälische Biographien, Bd. 9), Teil 1: Darstellung, Münster 1996, S. 210-250.
82 NLA OL Best. 111-2 Ab. Nr. 34 Bl. 50v.

ihren herausgehobenen Status, denn 1544 wurde bei den Ausgaben vermerkt, dass der Pastor und die Kirchgeschworenen sich *in der frouwen von Basten huse* getroffen hatten, um über die letzte landesherrliche Schatzung abzurechnen.
Was die Ratleute bei ihren Dienstverrichtungen verzehrten, ließen sie sich regelmäßig aus der Kirchenkasse erstatten. In erster Linie war es natürlich ihre Aufgabe, für die Instandhaltung und Verbesserung des Kirchengebäudes und seines Inventars zu sorgen. Die diesbezüglichen Ausgabe-Posten in den Rechnungen können hier, so aufschlussreich sie im Einzelnen sind, nicht näher behandelt werden. Auch für die Erhebung der Einkünfte waren die Ratleute zuständig. 1542 heißt es etwa: *Item wy raitlude hebbet to vellen tyden vor und nha tosamende gewesen, umme schult intofordern und andere gebreck, dat wy by den anderen mosten wesen, so dat wy hebbet vertert an beir und kost* 2 Emder Gulden und 3 Schilling. Ein anderes Beispiel: 1543 wurden, *alss de Stapelvelder den tegeden betaleden*, die Kosten für eine halbe Tonne Bier und für Butter und Speck berechnet.[83]
Das erhaltene Fragment der Kirchenrechnungen stammt just aus der Zeit, als Fürstbischof Franz von Waldeck im Niederstift Münster die lutherische Reformation einführen ließ. Am 6. Juli 1543 fand im Amtshaus zu Vechta die entsprechende Unterweisung der Pastoren der Ämter Vechta und Cloppenburg durch den Lübecker Superintendenten Hermann Bonnus statt.[84] Tatsächlich finden sich in den Krapendorfer Kirchenrechnungen Spuren davon wieder: Bei den Ausgaben des Jahres 1543 ist vermerkt, dass die Ratleute *unsen pastorn, als se weren ter Vechte,* und *dem renthemester, als he was myt den papen tor Vechte,* je einen Emder Gulden gegeben hatten. Zum Zeitpunkt der Schlussabrechnung im Dezember 1543 amtierte als Krapendorfer Pastor noch ein gewisser Tebbe, dessen Familienname nicht überliefert ist, während bei der Schlussabrechnung 1544 Johann Kock als Pastor anwesend war. Bei den Ausgaben des Jahres 1544 berechneten die Ratleute einen Betrag *vor beir, dar wy mede welckommeden unsen pastor*. Kurz zuvor hatten sie bereits Auslagen für Kost und Bier sowie für Holz und Nägel veranschlagt, *als wy leten maken den predicanten ene beddestede und schorstein up'n huse*. Bemerkenswert ist dabei, dass unmittelbar nach der Reformation in Krapendorf ein Geistlicher bereits als Prediger bezeichnet wurde. Ob hier allerdings wirklich der neue Pastor gemeint war, bleibt zweifelhaft, denn an anderer Stelle der Rechnung von 1544 heißt es, *dem predicanten Hieronymo* seien 5 Malter Roggen gegeben worden.
Aus demselben Jahr stammt die bereits erwähnte Notiz auf der letzten Seite des ersten Teils des hier edierten Verzeichnisses. Sie lässt sich nun wie folgt auflösen: *1544 hic codex provisoribus ecclesiæ sublatus est restitutus per J(oannem) C(ock) p(astorem) C(rapendorpiensem)*. Hatte es zwischen den Kirchräten und dem neuen Pastor eine Meinungsverschiedenheit über den Aufbewahrungsort der Handschrift gegeben?
Ein kleiner Exkurs zur Person dieses Pfarrers soll hier eingeschaltet werden. In der Reformationsgeschichte Westfalens von Hermann Hamelmann heißt es, der erste Verkünder der evangelischen Lehre im Emsland (!) habe *Johannes Cotius* geheißen

---

83 Vgl. hierzu auch die Auswertung der Kirchenrechnungen von Lohne 1583 bis 1616 bei Freitag (wie Anm. 51), S. 61-62 u. 64-65, und die Zitate aus der Kirchenrechnung von Meppen 1577/78 bei Herm. Wenker, Die Pfarrkirche zu Meppen von 802-1902, Meppen 1902, S. 42-45.
84 Tim Unger, Das Niederstift Münster im Zeitalter der Reformation. Der Reformationsversuch von 1543 und seine Folgen bis 1620 (= Quellen und Beiträge zur Kirchengeschichte des Oldenburger Landes, Bd. 2), Vechta 1997, S. 22-44.

und sei ein Bruder des Meppener Rentmeisters Hermann gewesen.[85] Sicher belegt ist, dass zum Zeitpunkt der Kirchenreform im Niederstift Münster 1543 als Rentmeister in Cloppenburg Hermann Kock amtierte.[86] Dieser zog aber schon ein Jahr später fort, und in der Krapendorfer Kirchenrechnung von 1544 ist vermerkt, dass die Kirchräte dem *Herman Cock, affgetredenen renthemester, vor kalck, böke und uth gelachten gelde to nuth und behoiff unser kercken na luith und inhalt egener ingelachter hantschrifft* 18 Emder Gulden und 15 Schilling gegeben hatten. Später dann wurde Hermann Kock, der in Münster an der Königsstraße ein repräsentatives Wohnhaus besaß, Rentmeister des Emslandes.[87] Da Hamelmanns wertvolles Werk für die Frühzeit der Reformation, die er nicht mehr selbst miterlebt hat, aufgrund der mangelhaften Mitteilungen seiner Gewährsleute oft unzuverlässig ist, kann man annehmen, dass sich seine Angabe über den Bruder des Meppener Rentmeisters auf den Pastor von Krapendorf bezieht. Dass die Glaubensspaltung auch für die Verwendung der Kircheneinkünfte Folgen hatte, zeigt eine Urkunde des Pfarrarchivs Cloppenburg aus dem Jahr 1546. Aus ihr geht hervor, dass die oben erwähnte Anna von Basten von ihren Voreltern *etlich landt, dat Wynlandt genompt,* geerbt hatte, aus dessen Erträgen der Wein finanziert worden war, der den Kommunikanten in der Krapendorfer Kirche früher an Ostern und Weihnachten verabreicht wurde. Bei diesem Wein muss es sich um nicht konsekrierten Ablutionswein gehandelt haben, da die Kommunion unter beiderlei Gestalt im Spätmittelalter nicht üblich war. Seit der Einführung der Reformation benötigte man aber ganzjährig Wein in der Kirche. Weil sich die Kosten nun nicht mehr aus den Erträgen des sogenannten Weinlandes bestreiten ließen, verhandelte Anna von Basten darüber mit den *kerckgeswornen und raitluden tho Crapendorpe.* Da sie nicht nur über das Weinland verfügte, sondern für eine Jahresrente von neun Scheffel Roggen auch noch andere Ländereien der Kirche gepachtet hatte, gestanden die Ratleute ihr zu, dass künftig sechs Scheffel von dieser Rente für die zusätzliche Anschaffung von Wein verwendet werden sollten. Diese Vereinbarung wurde *mit medeweten irhes pastors heren Johan Kockes sampt gantze kerspels Krapendorp* am 15. März 1546 von dem Cloppenburger Drosten Wilke Steding und seinem Rentmeister urkundlich bestätigt. Bemerkenswerterweise traf man dabei auch für den Fall, dass künftig *die Christlige Reformation, so hir upgerichtet worde, affgestalt* und wieder *na Papistischer wise der kerckendenst* abgehalten werde, genaue Vorkehrungen, nicht ohne hinzuzufügen, dass Gott dies verhüten möge.[88]

Anhang: Kirchenfonds im Niederstift Münster 1535

Die Belagerung der von den Wiedertäufern besetzten Stadt Münster 1534/35 verursachte enorme Kosten, zu deren Bestreitung die münsterschen Landstände mehrfach Sondersteuern ausschreiben lassen mussten. Nach dem Ende des Krieges beschloss

---

85 Hermann Hamelmann, Geschichtliche Werke. Kritische Neuausgabe, Bd. II: Reformationsgeschichte Westfalens, hg. v. Klemens Löffler, Münster 1913, S. 60.
86 Unger (wie Anm. 84), S. 36.
87 Clemens Steinbicker, Die Buchdruckerfamilie Tzwivel in Münster, in: Ex officina literaria. Beiträge zur Geschichte des westfälischen Buchwesens, hg. v. Joseph Prinz, Münster 1968, S. 35-54, darin S. 44.
88 Old. UB 8 (wie Anm. 4), S. 292-293 (Nr. 387).

Das Güter- und Rentenverzeichnis der Krapendorfer Kirche von 1463 —————— 33

ein Ausschuss des Landtags am 1. Oktober 1535 in Horstmar, eine kombinierte Kopf- und Rentenschatzung zu erheben. Unter anderem wurde jede Kirche im Fürstbistum dazu verpflichtet, die Hälfte ihrer Jahresrente abzugeben.[89] Da die Register dieser Besteuerung erhalten geblieben sind, kann man für jede Kirche die Höhe ihres damaligen Vermögens errechnen. Auch wenn die Rentenerträge von Jahr zu Jahr stark schwankten, bietet sich damit die Möglichkeit, aussagekräftige Zahlen zu ermitteln und in Relation zueinander zu setzen.

Als Steuerzahler der Kirchenfonds sind im Amt Cloppenburg meist *de kerckrhede* und im Amt Vechta meist *de kerckraedt* angegeben, während im Emsland an entsprechender Stelle stets nur *renthe der kercken* steht. Es fällt auf, dass im Emsland die Steuersummen gerundet sind, während sie in den Ämtern Vechta und Cloppenburg genau ausgerechnet wurden.

Als Rechnungswährung diente in den Steuerregistern von 1535 die Mark zu 12 Schillingen bzw. 144 Pfennigen. Meistens werden aber die tatsächlich benutzten Goldmünzen genannt, wobei der Goldgulden zu 32 Schillingen und der Emder Gulden zu 25 Schillingen berechnet wurde. Um eine leichtere Vergleichbarkeit zu erreichen, habe ich die in den Registern genannten Steuerbeträge, die in den folgenden Tabellen in der dritten Spalte stehen, auf einen Nenner gebracht, wofür sich als Leitwährung der Goldgulden anbot. Pfennigbeträge konnten gerundet werden. Der anschließend durch Verdopplung ermittelte jährliche Ertrag der Kirchenfonds steht in der vierten Spalte.

Besteuerung der Kirchen im Amt Cloppenburg 1535[90]

Seite	Kirche	Steuerbetrag	errechnete Jahresrente
Bl. 68v	Altenoythe	24 E.G.	37 Gg. 16 Sch.
Bl. 70r	Barßel	19 E.G.	29 Gg. 22 Sch.
Bl. 12v	Essen	22 Gg.	44 Gg.
Bl. 62v	Friesoythe (Kapelle)	19 E.G.	29 Gg. 22 Sch.
Bl. 49v	Krapendorf	41 E.G.	64 Gg. 2 Sch.
Bl. 38r	Lastrup	20 Gg.	40 Gg.
Bl. 31r	Lindern	9 E.G.	14 Gg. 2 Sch.
Bl. 27r	Löningen	20 ½ Gg.	41 Gg.
Bl. 41v	Markhausen	2 E.G.	3 Gg. 4 Sch.
Bl. 41r	Molbergen	15 E.G.	23 Gg. 14 Sch.
Bl. 76v	Ramsloh	1 E.G.	1 Gg. 18 Sch.
Bl. 72v	Scharrel	2 E.G. 10 Sch.	3 Gg. 24 Sch.
	Utende	fehlt	

89 Karl-Heinz Kirchhoff, Forschungen zur Geschichte der Stadt Münster. Ausgewählte Aufsätze und Schriftenverzeichnis, hg. v. Franz Petri / Peter Schüller / Heinz Stoob / Peter Johanek, Warendorf 1988, S. 14-15.
90 NLA OL Best. 111-2 Ab. Nr. 34.

Besteuerung der Kirchen im Amt Vechta 1535[91]

Seite	Kirche	Steuerbetrag	errechnete Jahresrente
Bl. 48v	Bakum	11 ½ Gg. 9 ½ Sch.	23 Gg. 19 Sch.
Bl. 48v	Cappeln	9 ½ Gg.	19 Gg.
Bl. 48r	Dinklage	6 ½ Gg. 4 Sch.	13 Gg. 8 Sch.
Bl. 48r	Emstek	9 Gg. 8 Sch.	18 Gg. 16 Sch.
Bl. 48v	Goldenstedt	10 ½ Gg.	21 Gg.
Bl. 47v	Langförden	3 Gg. 6 Mk.	10 Gg. 16 Sch.
Bl. 48r	Lohne	2 ½ Gg. 12 ½ Mk. 23 Pf.	14 Gg. 16 Sch.
Bl. 48r	Lutten	12 ½ Mk.	9 Gg. 12 Sch.
Bl. 47r	Oythe[92]	16 Mk. 1 Sch. 11 Pf.	12 Gg. 4 Sch.
Bl. 48r	Steinfeld	2 ½ Gg. 1 ½ Pf.	5 Gg.
Bl. 49r	Twistringen	2 Gg. 14 Sch.	4 Gg. 28 Sch.
Bl. 49r	Vechta	29 ¼ Gg. 13 Mk. 2 ½ Sch. 5 Pf.	68 Gg. 14 Sch.
Bl. 48v	Vestrup	7 Mk. 5 Sch. 1 Pf.	5 Gg. 18 Sch.
Bl. 47v	Visbek	28 Gg. 19 Sch. 3 Pf.	57 Gg. 6 Sch.

Besteuerung der Kirchen im Amt Emsland 1535[93]

Seite	Kirche	Steuerbetrag	errechnete Jahresrente
Bl. 74v	Aschendorf	10 Gg.	20 Gg.
Bl. 88v	Berßen	1 ½ Gg.	3 Gg.
Bl. 89r	Bokeloh	4 ½ Gg.	9 Gg.
Bl. 63v	Dörpen [Kapelle]	6 Gg.	12 Gg.
Bl. 66r	Fresenburg [Kapelle]	7 Gg.	14 Gg.
Bl. 59v	Haren	5 Gg.	10 Gg.
Bl. 83v	Haselünne	10 Gg.	20 Gg.
Bl. 70r	Heede	7 Gg.	14 Gg.
Bl. 95r	Herzlake	2 ½ Gg.	5 Gg.
Bl. 53r	Hesepe	6 Gg.	12 Gg.
Bl. 92v	Holte	5 Gg.	10 Gg.
Bl. 59r	Landegge [Kapelle]	22 Sch.	1 Gg. 12 Sch.

91 NLA OL Best. 111-1 Ab. Nr. 6.
92 Der *kerckraidt tho Oythe* zahlte *van de helffte orer kercken renthe* 16 Mk. 1 Sch. 11 Pf. sowie zusätzlich *van dem theynden orer renthe des voriger lanthschattinge* 3 Mk. 2 ½ Sch. 3 ½ Pf.
93 Nordrhein-Westfälisches Landesarchiv, Abt. Westfalen, Fürstentum Münster, Landesarchiv 487a Nr. 28 (eine Abschrift verdanke ich Herrn Dr. Reinhard Cloppenburg, Meppen).

Bl. 65r	Lathen	9 ¾ Gg.	18 Gg. 16 Sch.
Bl. 82r	Lorup	2 ½ Gg.	5 Gg.
Bl. 52v	Meppen	20 Gg.	40 Gg.
Bl. 71r	Rhede	10 ½ Gg.	21 Gg.
Bl. 81v	Sögel	6 Gg.	12 Gg.
Bl. 64v	Steinbild	2 ½ Gg.	5 Gg.
Bl. 77r	Werlte	5 Gg. 8 Sch.	10 Gg. 16 Sch.
Bl. 57r	Wesuwe	3 ½ Gg.	7 Gg.

Anhand dieser Übersicht lässt sich die große Bandbreite der finanziellen Ausstattung der Pfarrkirchen im Niederstift Münster detailliert nachvollziehen. Wenn man wohlhabende Kirchenfabriken dadurch definiert, dass ihr Jahresetat bei über 35 Goldgulden lag, dann gehörten im Amt Cloppenburg fünf Pfarrkirchen zu dieser Kategorie, im Amt Vechta zwei und im Emsland nur eine. Es kann nicht weiter überraschen, dass darunter die St.-Vitus-Kirchen in Visbek und Meppen waren, die beide aus klösterlichen Gründungen der altsächsischen Missionszeit hervorgegangen sind. Übertroffen wurde deren Vermögen aber von den Kirchen in Vechta und in Krapendorf.

Herta Hoffmann

„Doppelhochzeit" in den Häusern Oldenburg-Delmenhorst und Schleswig-Holstein-Sonderburg 1634/1635

Vorgeschichte

Sophie Catharine wurde am 28. Juni 1617 auf Gut Beck bei Minden in Westfalen geboren. Ihr Vater, Herzog Alexander von Schleswig-Holstein-Sonderburg (1573–1627), hatte 1605 mit der Mitgift seiner Ehefrau Dorothea von Schwarzburg-Sondershausen (1579–1639) das Gut Beck erworben. Dort kamen ihre elf Kinder zur Welt.[1]

Aufgrund der engen verwandtschaftlichen Beziehungen – Dorothea von Schwarzburg-Sondershausen war eine Cousine des Grafen Anton Günther von Oldenburg und Delmenhorst – stand dieser nun als 33-jähriger Patenonkel am 24. August 1617 mit dem Baby Sophie Catharine auf dem Arm und musste sich, so der Oldenburger Chronist Johann Justus Winckelmann, anzügliche Bemerkungen der Taufgesellschaft über seine Ehelosigkeit gefallen lassen. Er habe geschickt gekontert, indem er geantwortet habe, dass er auf das *Fürstl. Fräulein* warten und sie heiraten werde, wenn sie *groß* sei. Mit dieser privaten „Story" in seiner Chronik konnte Winckelmann seinen Lesern die Hochzeit des fürstlichen Paares mit einem Altersunterschied von fast 34 Jahren als Teil einer göttlichen Vorsehung präsentieren, die sich 1635 erfüllte:[2]

> *Bey welcher Fürstl. Kindtauf dieses merklich fürgefallen / in dem H. Graf Anthon-Günther das Fürstl. Fräulein auf seinen Armen gehabt / und von dem anwesenden Fürstl. Umstand vexiret worden / S. Liebden sollten sich auch einmal in den Heyl. Ehstand begeben / damit Sie dergleichen Früchten geniessen möchten u. hat der Herr Graf geantwortet: Er wollte diesem Fürstl. Fräulein auswarten / wan es groß were / wollte Er es heurathen u. Ob nun zwar*

---

1 Inge Adriansen, Die Herzöge von Sonderburg, in: Carsten Porskrog Rasmussen/Elke Imberger/Dieter Lohmeier/Ingwer Momsen (Hg.), Die Fürsten des Landes. Herzöge und Grafen von Schleswig, Holstein und Lauenburg, Neumünster 2008, S. 233 f.
2 Hermann Lübbing übernimmt diese Geschichte Winckelmanns, ohne sie zu hinterfragen: Hermann Lübbing, Graf Anton Günther von Oldenburg. Ein Lebens- und Zeitbild, Oldenburg 1967, S. 96.

Anschrift der Verfasserin: Dr. Herta Hoffmann, Bismarckstr. 46, 27749 Delmenhorst, hertahoffmann@hotmail.com

dieses / als eine Scherzrede / angenommen / so hat der Allmächtige Gott / durch seine sonderbare Versehung / es also geschicket / daß dieses Fürstl. Fräulein hernachmals im Jahr 1635 Herrn Grafen Anthon-Günthern zu Oldenburg Ehlich beygeleget worden.[3]

Eine schöne Geschichte, die der Chronist seinen Lesern erzählt!
Die Entstehung des Hauses Schleswig-Holstein-Sonderburg, in das Sophie Catherine hineingeboren wurde, geht auf das Jahr 1564 zurück, als der dänische König Friedrich II. für seinen Bruder Hans (1545–1622), genannt der Jüngere, eine standesgemäße Versorgung suchte. Deshalb musste der König eigene Gebiete im Heiligen Römischen Reich Deutscher Nation abtreten. So entstand ein neues Herzogtum, das in Schleswig die Ämter Sonderburg und Norburg und in Holstein das Amt Plön und das Kloster Ahrensbök umfasste und somit eine Nebenlinie der Dynastie auf dem dänischen Thron darstellte. Nach dem Tod des Herzogs Hans wurde sein Besitz unter den fünf Söhnen in winzige „Herzogtümer" aufgeteilt.[4] Herzog Alexander erbte als „Herzogtum" Schloss und Stadt Sonderburg, den südlichen Teil Alsens und das Gut Sandberg auf der Halbinsel Sundewitt und zog mit seiner großen Familie auf das Schloss Sonderburg.
Schon von der Zeit als Gutsherr auf Gut Beck mit Schulden belastet, wurde Herzog Alexander durch die hohen Kosten für die fürstliche Hofhaltung auf Schloss Sonderburg und die ständigen Kriegsbelastungen noch tiefer in die Verschuldung gezogen.[5] Er starb 1627 und setzte, um eine weitere Erbteilung zu vermeiden, seinen ältesten Sohn Johann Christian als Haupterben ein, mit der Bestimmung, dass dieser nicht heiraten dürfe, bevor die Schulden reduziert seien. Herzoginwitwe Dorothea gelang ein Kompromiss: Johann Christian konnte 1633 Schloss Sonderburg übernehmen, die Schulden betrugen 128.000 Reichstaler. Für diese Schulden mussten Zinsen gezahlt werden und die Brüder Johann Christians hatten bis zu ihrer Heirat Anspruch auf jährliche Zahlungen von jeweils 1.000 Reichstalern, eher mit dem Einkommen eines Obersten vergleichbar und zu wenig für einen Fürstensohn. Dazu musste der Unterhalt für Mutter und Schwester gezahlt werden.[6] Eine Heirat von Herzog Johann Christian von Schleswig-Holstein-Sonderburg lag wohl in weiter Ferne.

---

3 Johann Justus Winckelmann, Oldenburgische Friedens- und der benachbarten Oerter Kriegshandlungen. Eine warhafte Beschreibung der Grafschaften Oldenburg und Delmenhorst, Herschaften Jhever und Kniphausen, Statt- Buttjhadinger- und Würder Landen, Neudruck der Ausgabe von 1671, Osnabrück 1977, S. 110.
Die Schreibung des Namens ist unterschiedlich, man findet auch: Winkelmann. Die Chronik von Johann Justus Winckelmann wurde von der Landesbibliothek Oldenburg digitalisiert und ist auf der Internetseite der Landesbibliothek einsehbar.
4 Inge Adriansen, Herzog Hans der Jüngere, in: Rasmussen/Imberger/Lohmeier/Momsen (wie Anm. 1), S. 210, 230 f.
5 Ausführlich zur wirtschaftlichen Situation von Herzog Alexander: Gerhard Rösche, Die Herzöge von Holstein als Gutsherren auf Haus Beck, in: Beiträge zur Heimatkunde der Stadt Löhne, Heft 2, Löhne 1970, S. 5-34. Einer seiner Gläubiger war Graf Anton Günther.
6 Lübbing (wie Anm. 2), S. 234 f.; Carsten Porskrog Rasmussen, Die Herzöge von Beck und die jüngeren Glücksburger Herzöge, in: Rasmussen/Imberger/Lohmeier/Momsen (wie Anm. 1), S. 344.

Das Entscheidungsjahr 1633

Jagdschloss Hatten bei Oldenburg, 1. Februar 1633: Ein gesunder Junge wurde geboren. Die Mutter, Freifräulein Elisabeth von Ungnad, war nicht verheiratet. Der Vater, Graf Anton Günther von Oldenburg und Delmenhorst, erkannte das Kind als seinen Sohn an und ließ ihn Anton von Aldenburg nennen. Zu einer Hochzeit konnte es aus politischen und gesellschaftlichen Gründen nicht kommen, denn Elisabeth von Ungnad war nicht ebenbürtig.
„Dass eine sportlich-schöne Erscheinung wie Graf Anton Günther, im Vollbesitz seiner Manneskraft und mit gesundem Empfinden, über drei Jahrzehnte hindurch die Gefilde der Venus gemieden hätte, ist mehr als unwahrscheinlich. Aber er muss die Kunst beherrscht haben, über seine Liebeserlebnisse zu schweigen. Skandalgeschichten fanden am Oldenburger Hof keinen Nährboden, bis Elisabeth von Ungnad auftauchte."[7] Soweit Hermann Lübbing im Jahr 1967. Gerd Steinwascher formuliert es 2017 nüchterner: „Warum heiratete der Graf erst jetzt? Aus dynastischer Sicht beging er einen unverzeihlichen Fehler. Wir wissen nichts über sein Gefühlsleben, über seine sexuellen Neigungen. Deshalb ist es auch müßig, darüber zu spekulieren."[8]
Ich wage es zu spekulieren: Graf Anton Günther war in den äußerst gefährlichen Vorkriegs- und Kriegszeiten politisch viel zu sehr beschäftigt, um sich in Ruhe mit einer standesgemäßen Hochzeit zu beschäftigen. Nach dem Tod seines Vaters, Graf Johann VII., im November 1603 musste Anton Günther mit gerade einmal 20 Jahren politische Verantwortung übernehmen, zunächst mit dem Vormund König Christian IV. von Dänemark an seiner Seite und ein knappes Jahr danach allein. Vier Jahre später mündete der Konflikt zwischen Katholiken und Protestanten in die Gründung der protestantischen „Union" (12. Mai 1608), worauf sich nach einem Jahr die katholische „Liga" (10. Juli 1609) zusammenfand. Der mühsam ausgehandelte Augsburger Religionsfrieden von 1555 war sichtbar brüchig geworden. Folgerichtig wandten sich die führenden Fürsten in der „Union" an Graf Anton Günther und warben um Unterstützung der protestantischen Bündnispartner. Graf Anton Günther sah sich jedoch der Neutralitätspolitik seines Großvaters und Vaters verpflichtet und damit den traditionell guten Beziehungen zum katholischen Kaiserhaus.[9] Es war eine Reisediplomatie, die Graf Anton Günther sehr häufig unterwegs sein ließ, damit die Grafschaften Oldenburg und Delmenhorst aus den drohenden Kriegshandlungen, die ab 1621 immer weiter Richtung Nordwestdeutschland rückten, herausgehalten würden.[10] Dennoch quartierten sich kaiserliche Truppen ab 1627 in den Grafschaften Oldenburg und Delmenhorst ein und verlangten ständige Verpflegung und hohe Kriegs-

---

7 Lübbing (wie Anm. 2), S. 96.
8 Gerd Steinwascher, Graf Anton Günther von Oldenburg. Wirken und Mythos eines Oldenburger Herrschers, in: Oldenburger Jahrbuch 117, 2017, S. 41.
9 Gerd Steinwascher, Die Grafschaft Oldenburg und ihre Beziehungen zu Kaiser und Reich von Johann V. bis zur Zeit des Grafen Anton Günther – eine oldenburgische ‚Erfolgsstory', in: Peter Aufgebauer/Christine van den Heuvel (Hg.), Herrschaftspraxis und soziale Ordnungen im Mittelalter und in der frühen Neuzeit, Hannover 2006, S. 87-102.
10 Steinwascher (wie Anm. 8), S. 29-35. Zum 12-Punkte-Papier der Oldenburgischen Neutralitätspolitik s. Herta Hoffmann, Sibylla Elisabeth, Gräfin von Oldenburg und Delmenhorst (1576–1630) – Handlungsspielräume einer adligen Frau in der Frühen Neuzeit, Oldenburg 2019, S. 284-287.

kontributionen. Die kaiserliche Besatzung auf dem Schloss Delmenhorst, von General Tilly ab 1629 erzwungen, zeigte die Grenzen der oldenburgischen Außenpolitik.[11] Gräfin Sibylla Elisabeth von Oldenburg und Delmenhorst starb nach elfjähriger Regentschaft noch während der Besatzung durch Tillys Truppen mit 54 Jahren auf dem Schloss Delmenhorst (9. Juli 1630). Mit dem Abzug der kaiserlichen Truppen im April 1631 ergab sich dann eine gewisse Atempause. Eröffneten sich nun neue Perspektiven, den überaus langwierigen Erbteilungsstreit zwischen Oldenburg und Delmenhorst zu beenden?

Seit 1577 regierte mit dem jüngeren Bruder von Graf Johann VII., Graf Anton II., die jüngere Linie des Grafenhauses auf dem Schloss Delmenhorst. Seine Herrschaft umfasste außer Delmenhorst die Kirchspiele Hude, Ganderkesee, Schönemoor, Hasbergen, Stuhr und den Südteil Stedingens mit den Kirchspielen Berne, Bardewisch, Süderbrok (Altenesch), soweit sie südlich der Ollen lagen, und dazu das Wüstenland, außerdem das Amt Harpstedt, das Amt Varel und die Vorwerke Havendorfer Sand (Stadland) und Roddens (Butjadingen) sowie die Hälfte der herrschaftlichen Einnahmen. Problematisch wurde die Situation, als Anton II. ab 1590 eine gleichmäßige Teilung der Grafschaft Oldenburg-Delmenhorst forderte, was die Zerstückelung von Butjadingen und Stadland bedeutet hätte. Anton Günther erbte diesen Streit und führte ihn nach dem Tod seines Onkels, Anton II., im Oktober 1619 mit dessen Witwe Sibylla Elisabeth weiter, mit schon recht hoffnungsvollen Zwischenergebnissen in den harten Verhandlungen, die mit der anstehenden Volljährigkeit des jungen Grafen, Christian IX., im Jahr 1633 wohl neuen Schwung bekamen. Gerd Steinwascher vermutet hinter dem Vertrag vom 4. April 1633 auch die mangelnden diplomatischen Erfahrungen des 20-jährigen Grafen in Delmenhorst, denn dieser Vertrag war keine „umfassende Erbfolgeregelung", weil die Herrschaften Jever und Kniphausen ausgeklammert wurden.[12] Die Verhandlungen hatte allerdings Herzog August von Braunschweig-Lüneburg vorangetrieben, der seit dem Tod des Grafen Anton II. Vormund der elf Kinder und engster Vertrauter und Berater seiner Schwester Gräfin Sibylla Elisabeth und nach ihrem Tod seit 1630 außerdem Regent der Grafschaft Delmenhorst war, bis Christian am 26. September 1633 volljährig wurde. Ohne den Einfluss von Herzog August sind die Entscheidungen im Frühjahr 1633 undenkbar, wie auch im Vertrag selbst betont wird.

Winckelmann spricht im Zusammenhang mit der Erbteilungsregelung von den *beyderseits angewendeten schweren Kosten und andern daraus erwachsenden Ungelegenheiten*[13], die eine Heirat des Grafen Anton Günther bis dahin verhindert hätten. Dieser habe angesichts der unsicheren Situation *bedenken getragen*, sich zu verheiraten. Damit weist er klar darauf hin, dass beide Häuser, Oldenburg und Delmenhorst, ein großes Interesse gehabt haben müssen, schnell ein Ende der Verhandlungen zu erreichen.

Mitten in den Vertragsverhandlungen war Graf Anton Günther Vater geworden. Es muss ihm bewusst geworden sein, dass er nun mit bald 50 Jahren zwar noch zeugungsfähig war, aber dass er vielleicht nicht mehr viel Zeit hatte, legitime Nachkom-

---

11   Hoffmann (wie Anm. 10), S. 322-344.
12   Gerd Steinwascher, Der Ovelgönner Vergleich zwischen Graf Anton Günther von Oldenburg und Graf Christian IX. von Delmenhorst aus dem Jahre 1646, in: Oldenburger Jahrbuch 118, 2018, S. 56.
13   Winckelmann (wie Anm. 3), S. 261.

men in die Welt zu setzen. Was auch immer ihn von der Suche nach einer geeigneten Braut abgehalten hatte, der Krieg und/oder der Erbteilungsstreit, es war allerhöchste Zeit für eine Entscheidung.

Und was war los auf Schloss Delmenhorst? Dort saßen die älteste Schwester des jungen Grafen, Sophia Ursula, die nichts sehnlicher wünschte, als endlich mit 32 Jahren ihren langjährigen Verlobten zu heiraten, und zwei weitere ältere Schwestern, Anna und Clara, die mit knapp 28 bzw. 27 Jahren auch nicht mehr lange warten wollten. Welche Verantwortung für den mit Schulden belasteten Bruder![14]

Sophia Ursula und ihr Verlobter Graf Albert Friedrich zu Barby-Mühlingen mussten aufgrund der heftigen Kämpfe um Magdeburg herum ihre Hochzeit immer wieder aufschieben.[15] Graf Christian IX. hatte aber schon 1631 eine großzügige Aussteuer und 5.000 Reichstaler Ehegeld schriftlich festgelegt.[16] Am 17. März 1633 konnte die Hochzeit stattfinden, wie wir dem Reisetagebuch des Herzogs August von Braunschweig-Lüneburg entnehmen können.[17] Er muss angesichts der lang erwarteten Heirat zwischen Sophia Ursula und Albert Friedrich darauf gedrängt haben, dass die Verhandlungen über die Erbteilung endlich in einen Vertrag mündeten. Wie sollte sonst das Geld für die Aussteuer und das Ehegeld beschafft werden?

Über die wichtige Rolle des Herzogs geben zwei Briefe von Graf Anton Günther an diesen Aufschluss. Am 16. März 1633 bedankte sich Anton Günther für die Einladung zur Hochzeit in Delmenhorst. Er wolle gerne mit seinen Schwestern kommen.[18] Zehn Tage nach der Hochzeit reiste Herzog August nach Oldenburg: *alda die Erbteilungs Sache hinwieder vorgenommen*, so schreibt er in sein Reisetagebuch. *Den 6. Aprilis endlich verglichen und unterschrieben* und im Nachtrag: *Den 4 April auf den Abendt, Ist ein stadtlich Panket gehalten worden, und die groben Stücke zum öffteren gelöset worden: dan damaln Alles biß zum ingrossieren, vergliechen war.*[19] Am 6. April fuhr er zurück nach Delmenhorst. Der Erfolgsdruck, nun endlich die Probleme zu lösen, muss enorm gewesen sein. Ein stattliches Bankett und die Anwesenheit des Herzogs waren notwendig.

Für eine weitere Vermittlung bedankte sich Graf Anton Günther im zweiten erhaltenen Brief vom 27. April 1633. Da er aufgrund von *Unpässligkeit* nicht zu Verhandlungen *an bewussten ortten* reisen könne, bitte er Herzog August seine *Sache* zu vertreten.[20] Diese

---

14 Die Schwestern Catherina Elisabeth, Sibylla Maria, Dorothea und Sidonia hatte die Mutter, Gräfin Sibylla Elisabeth, noch zu ihren Lebzeiten in den Reichsstiften Gandersheim, Herford und Quedlinburg untergebracht: Hoffmann (wie Anm. 10), S. 141-148.
15 Niedersächsisches Landesarchiv – Abteilung Wolfenbüttel (im Folgenden NLA WO), 1 Alt 5 Nr. 526, fol. 193-200: Briefwechsel zwischen Herzog August von Braunschweig-Lüneburg, Graf Albert Friedrich zu Barby-Mühlingen und Graf Christian IX. von Oldenburg und Delmenhorst über die noch nie in einem solchen Ausmaß erlebte Kriegführung der kaiserlichen Truppen im Gebiet um Magdeburg.
16 NLA WO, 1 Alt 5 Nr. 526, fol. 195r und v.
17 August der Jüngere, Herzog zu Braunschweig und Lüneburg: Diarium 1594-1635. Herzog August Bibliothek (HAB): Cod. Guelf. 42. 19. Aug. 2°. (http://diglib.hab.de/mss/42-19-aug-2f/start.htm), fol. 57v. Am 13. März 1633 war Herzog August von seiner Residenz Hitzacker kommend in Delmenhorst eingetroffen. Die fürstliche Nachfolge in Wolfenbüttel trat er im Dezember 1635 an. Dort residieren konnte er allerdings erst ab 1643, als die kaiserlichen Truppen Wolfenbüttel verließen.
18 NLA WO, 1 Alt 5 Nr. 526, fol. 201r und v.
19 HAB August der Jüngere, Diarium (wie Anm. 17), fol. 57v und 58r. „ingrossieren" bedeutet „in Reinschrift festhalten".
20 NLA WO, 1 Alt 5 Nr. 526, fol. 202r und v.

Anfrage mag den Forderungen der schwedischen Regierung an die protestantischen Reichsfürsten gegolten haben, ihre Neutralität aufzugeben und „Farbe zu bekennen" (Heilbronner Bund).[21] Betraf die Bitte um Vermittlung eventuell auch die Hochzeit seiner Schwester Catherine, der mit 51 Jahren „ein spätes Eheglück beschieden" wurde, als sie am 4. Juni 1633 den verwitweten Herzog August von Sachsen-Lauenburg heiraten konnte?[22] Jedenfalls verzeichnet Herzog August in seinem Reisetagebuch Anfang Mai Verhandlungen in Braunschweig und er traf am 29. Mai den dänischen König. Außerdem hielt er sich am 27. Mai in Lauenburg auf.[23]

Über die Hochzeit von Catherine schreibt Hermann Lübbing: „Wie schon ihre jüngere Schwester Magdalene vor 21 Jahren bekam auch sie gemäß dem Testament des Grafen Johann ein ‚Heiratsgeld' von 20.000 Rtl. Auch jetzt musste wieder die Hälfte der Summe von der Grafschaft Oldenburg einschließlich des Stad- und Butjadingerlandes, die andere Hälfte von der Herrschaft Jever auf Grund einer ‚Prinzessinsteuer' aufgebracht werden. Ob die testamentarisch außerdem zugesicherten 5.000 Rtl. für Kleidung, Schmuck, Kleinodien und Silbergeschirr aus den Einnahmen der gräflichen Vorwerke entnommen wurden, ob sie aus Weserzollgeldern oder aus anderen Quellen zusammenflossen, lässt sich bei der unübersichtlichen Finanzwirtschaft jener Zeit nicht feststellen. Für die Landeingesessenen bedeutete die ‚Fräuleinsteuer' eine unerwünschte zusätzliche Belastung neben den normalen Kontributionsgeldern."[24]

Fassen wir zusammen: Im Jahr 1633 war die Finanzlage in den Häusern Oldenburg und Delmenhorst nach Ende der Einquartierung der kaiserlichen Truppen düster. Sophia Ursula und Catherine hatten ein Anrecht zu heiraten, was ihre Brüder und deren Untertanen viel Geld kostete. Auf dem Schloss Delmenhorst warteten zwei weitere Gräfinnen auf ihre Verheiratung. Graf Anton Günther hatte einen illegitimen Sohn bekommen und machte sich sicher nun verstärkt Gedanken über legitime Erben. Auch Graf Christian IX. stand in Delmenhorst, so war es zu vermuten, am Beginn familienpolitischer Entscheidungen. Die politische Lage sah weiterhin nicht nach Frieden aus, denn nach der Schlacht in Lützen bei Leipzig (16. November 1632) wurde trotz des Todes des schwedischen Königs der Krieg in Deutschland von schwedischen Truppen mit äußerster militärischer Härte und mit allen Grausamkeiten gegen die Zivilbevölkerung weitergeführt. Es gab also einen enormen Druck, sich endlich wenigstens in der Grafschaft Oldenburg und Delmenhorst zu einigen, was am 4. April 1633 mit den Unterschriften von Herzog August, Graf Anton Günther und Graf Christian besiegelt wurde.[25] In weiteren Urkunden stimmten die

---

21 Lübbing (wie Anm. 2), S. 82.
22 Ebd., S. 90.
23 HAB August der Jüngere, Diarium (wie Anm. 17), fol. 58r und v. Die Mutter von Herzog August und Gräfin Sibylla Elisabeth war Herzogin Ursula von Sachsen-Lauenburg.
24 Lübbing (wie Anm. 2), S. 90. Niedersächsisches Landesarchiv Abteilung – Oldenburg (im Folgenden NLA OL), Best. 20 Urk Nr. 785 und 787.
25 Zu den Einzelheiten des Vertrages zur Erbteilung und des Ergänzungsvertrages über die Geldzahlungen an Graf Christian und seine Schwestern, s. NLA OL, Slg 80 Best. 296 Nr. 2-11, fol. 651-688. Abschrift der Urkunden vom 4. April 1633: NLA OL, Best. 20 Urk Nr. 780 und 781: Das Stad- und Butjadingerland blieb gemeinschaftlicher Besitz und die Einkünfte von dort wurden gleichmäßig geteilt. Christian erhielt das Land Würden, zwei Vorwerke und Ausgleichszahlungen für die bis dahin entgangenen Einkünfte und Nutzungsrechte. Beiden Grafen stand die volle Landeshoheit zu, sie sollten gemeinsam dem Kaiser und dem Herzog von Braunschweig den Lehnseid leisten, s. auch: Lübbing (wie Anm. 2), S. 92 f.

jeweiligen Schwestern dem Erbteilungsvertrag zu, in dem auch ihre finanziellen Ansprüche geregelt wurden, mit dem entsprechenden Verzicht auf das väterliche Erbe.[26] Der Weg zur Doppelhochzeit im Hause Delmenhorst (1634) und im Hause Oldenburg (1635) war frei.

Die Hochzeit zwischen Johann Christian, Herzog zu Schleswig-Holstein-Sonderburg, und Anna, Gräfin zu Oldenburg und Delmenhorst, am 4. November 1634

Ein Fund im Niedersächsischen Landesarchiv – Abteilung Wolfenbüttel kann weitere Zusammenhänge erhellen: Es ist der eigenhändig von Gräfin Anna von Oldenburg und Delmenhorst geschriebene Privatbrief an Herzog August vom 9. Januar 1634, das einzige Schreiben, das aus dieser Zeit von Anna erhalten ist.[27] Anna wurde am 28. März 1605 als viertes von elf Kindern auf Schloss Delmenhorst geboren. Als Vormund hatte Herzog August die Pflicht, sich um seine Nichte zu kümmern. Anna bestätigt in diesem Brief ihre Kenntnis, dass Herzog Johann Christian von Schleswig-Holstein bei ihrem Onkel *meiner wenigkeit halber eine christliche ehewerbung gethan* und dass Herzog August dies *gnädig bewilliget* habe. Dafür sage sie ihm *großen Danck*. Sie habe keinen Zweifel, dass er auch die nötigen Mittel für die Hochzeit bereitstellen werde.

In einem Postskriptum berichtet Anna ihrem Onkel, dass Herzog Johann Christian mit seinem Bruder Ernst Günther mit 25 Pferden und Gefolge in Delmenhorst angekommen sei. Anna schreibt weiter, dass einiges verhandelt würde, ob auch die *bewußte sache*, wisse sie nicht. Jedenfalls wolle ein Teil der Delegation nach Oldenburg reisen. Was immer die *bewußte sache* sein mag, es ist doch nicht ganz gewagt zu vermuten, dass Verhandlungen über die Eheschließung der einzigen Schwester von Herzog Johann Christian mit Graf Anton Günther geführt wurden. Es gab jedenfalls für Herzog Johann Christian einen ersichtlichen Grund, seine Hochzeit mit Anna auch noch in Oldenburg zu besprechen, und zwar im Zusammenhang mit der Verheiratung seiner Schwester.

Am 10. Februar 1634 informierte Graf Christian IX. seinen Onkel über die *Ehewerbung* des Herzogs Johann Christian von Schleswig-Holstein. Selbstverständlich habe er, Christian, aufgrund dieser verwandtschaftlichen Beziehungen der Heirat des Herzogs Johann Christian mit seiner Schwester Anna ohne zu *consideriren* zugestimmt, aber nun bäten er und Anna um den *gueten anrath* des Onkels, denn die Hochzeit werde ihm und seinen *armen leuten etwas schwer fallen*.[28]

Im Ehevertrag vom 3. Mai 1634 gibt Herzog August von Braunschweig-Lüneburg seine *pflegtochter* dem Herzog Johann Christian zur Ehefrau.[29] Die Kosten für das fürstliche *beylager* auf dem Schloss Delmenhorst werden zwischen Ehemann und

---

26 NLA OL, Best. 20 Urk Nr. 784 (Aemilia), Nr. 786 (Graf Albrecht Friedrich von Barby und seine Ehefrau Sophia Ursula), Nr. 788 (die noch unverheirateten Schwestern Anna, Clara und Juliane), Nr. 789 (die Stiftsdamen Catharina Elisabeth, Sibylla Maria, Dorothea und Sidonia).
27 NLA WO, 1 Alt 5 Nr. 526, fol. 209v-211.
28 NLA WO, 1 Alt 5 Nr. 526, fol. 212r und v.
29 NLA OL, Best. 21 Urk Nr. 163, Abschrift: NLA WO, 1 Alt 5 Nr. 526, fol. 213r-224v.

Bruder halbiert. Die *Heimführung* nach Sonderburg wolle Herzog August ausrichten. Im Namen seines *Pflegsohnes* Christian sicherte Herzog August 10.000 Reichstaler Ehegeld zu. Aus dem Erbvergleich von 1633 kämen noch 3.000 Reichstaler dazu. Weihnachten 1635 sollte die erste Hälfte von 6.500 Reichstalern ausgezahlt werden, der zweite Teil werde an Weihnachten 1636 folgen. Herzog August erklärte sich außerdem für die Aussteuer zuständig: Kleidung, Schmuck, Pferde, Wagen. Die Kleinodien, die Kleider und der Schmuck würden in zwei Inventarien festgehalten. Als Widerlage, d.h. als Gegenleistung des Bräutigams, verspricht dieser ebenfalls 13.000 Reichstaler in Gestalt des im Fall der Witwenschaft an Anna überschriebenen Gutes Gammelgard, in der Nähe von Sonderburg. Zum eigenen Gebrauch erhalte die künftige Herzogin Anna ab sofort 200 Reichstaler im Jahr, als Witwenpension werden ihr 2.600 Reichstaler zugesagt. Sollte das Gut Gammelgard diese Summe nicht einbringen können, so müssten andere Ämter und Güter diesen Mangel ausgleichen. Die Situation auf Gut Gammelgard, so auch eine bequeme Wohnsituation für Anna, würden die Abgesandten des Herzogs August überprüfen.

Es ist zu vermuten, dass die hohe Verschuldung des Herzogs Johann Christian der Hintergrund dieser Bestimmung ist. Einwände von Seiten des Bräutigams ließen nicht lange auf sich warten. In einem Brief an seinen zukünftigen Schwager Christian, datiert in Sonderburg am 2. Juli 1634, möchte Herzog Johann Christian Korrekturen am bereits besiegelten Ehevertrag vornehmen. Interessant ist, dass der Brief in Wolfenbüttel und nicht in Oldenburg archiviert ist, dieser (oder seine Abschrift) muss also postwendend an Herzog August gegangen sein.[30] Er, Johann Christian, bitte darum, dass dem Ehevertrag eine *geringe Correctur* im Archiv beigelegt werde: Die Abfindung der Braut aus dem Erbteilungsvertrag von 1633, also 3.000 Reichstaler, müssten vom Ehegeld unterschieden werden. Zweifellos war diese Summe Eigentum von Anna, aber sie wurde von Johann Christian verwaltet. Die Absicht ist klar: Wenn das Ehegeld 10.000 Reichstaler betrug, dann galt das auch für die Widerlage, die in der neuen Form von ihm bestätigt wurde. Johann Christian „versüßte" diese Forderung mit dem Hinweis, dass dann Weihnachten 1635 und 1636 jeweils nur 5.000 Reichstaler gezahlt werden müssten, was die Untertanen von Graf Christian nicht *zu hart* belasten würde. Das Eigentum seiner Braut aus dem Erbteilungsvertrag erwarte er in Kürze! Wie begrenzt die Handlungsspielräume von Herzog Johann Christian waren, zeigt der Schluss seines Briefes, in dem er auf die *übrigen Linien* des Hauses Schleswig-Holstein verweist, auf die er Rücksicht nehmen müsse. Fünf jüngere Brüder hatte Johann Christian insgesamt, die 1634 noch nicht verheiratet waren und deshalb aus dem abgeteilten „Herzogtum" Schleswig-Holstein-Sonderburg versorgt werden mussten. Wie wichtig war es, wenigstens die Schwester Sophie Catherine bald zu verheiraten! Aber das würde bares Geld kosten und zwar eine Menge, wie der Ehevertrag zwischen Graf Anton Günther und Herzogin Sophie Catherine zeigt, der im nächsten Abschnitt vorgestellt wird.

Leider gibt es keine Berichte über die Hochzeit auf Schloss Delmenhorst. Die Chronik von Winckelmann berichtet, dass sie am 4. November 1634 stattfand.[31] Herzog Au-

---

30 NLA WO, 1 Alt 5 Nr. 526, fol. 225r-226r.
31 Winckelmann (wie Anm. 3), S. 139.

gust nahm nicht daran teil, aber am 9. Dezember traf er in Sonderburg ein, wo er bis zum 14. Dezember blieb.[32] Diese Reise hing sicher mit der *Heimführung* seiner Nichte zusammen, die er organisiert hatte. Wollte er nach dem Rechten sehen, wie es der Ehevertrag nahelegt? Trat er außerdem als Ehevermittler im Auftrag des Grafen Anton Günther auf?

Die Hochzeit zwischen Anton Günther, Graf zu Oldenburg und Delmenhorst, und Sophie Catherine, Herzogin zu Schleswig-Holstein-Sonderburg, am 30. Mai 1635

Diese „Hochzeit des Jahres" ist im Gegensatz zur Eheschließung zwischen Johann Christian und Anna bestens dokumentiert. Schon die Konzepte für die Einladungsschreiben, die Gratulationen und Dankschreiben umfassen eine umfangreiche Akte.[33] Aufschluss über die „Doppelhochzeit" kann ein Konzeptschreiben an Herzog August zu Sachsen-Lauenburg geben, der zwei Jahre zuvor Anton Günthers Schwester Catherine geheiratet hatte. Dort heißt es, dass Herzog Johann Christian mit Ehefrau und Fräulein Schwester *uff mein begehren* einen Besuch abgestattet hätten.[34] Auch wenn das Konzeptschreiben keine Unterschrift trägt, so wird hier deutlich, dass es sich um einen Brief des Grafen Anton Günther an seinen Schwager handeln muss. Es sei eine *Christliche Ehe zwischen hertzgl. Freulein und mir veranlasset* worden. Er müsse sich entschuldigen, dass Herzog August von Sachsen-Lauenburg erst jetzt die Einladung bekomme, aber tatsächlich sei der Ehevertrag erst vor kurzem vollendet worden und er selbst sei erst gestern wieder von Delmenhorst hier angekommen.[35] Wenn der Herzog mit seiner Gemahlin bei *solchem meinem Freudentag gegenwertig* sein werde, würde ihn das sehr erfreuen.

In diesem Brief wird die enge Verbindung zwischen den Häusern Oldenburg und Delmenhorst deutlich: Parallel zu den Verhandlungen der Beamten über den Ehevertrag pflegte man den persönlichen Kontakt. Johann Christian hielt sich im Mai 1635 mit seiner Ehefrau Anna auf deren elterlichem Schloss auf, mit dabei die Schwester Sophie Catherine, die bald ihre Hochzeit feiern sollte. Offensichtlich wurden die letzten Details der Eheschließung in Oldenburg und Delmenhorst besprochen, denn der Ehevertrag ist ungewöhnlich knapp vor der Hochzeit datiert, und zwar am 28. Mai.[36]

In dem Vertrag sagt Herzog Johann Christian als Bruder ein Heiratsgut von 12.000 Reichstalern zu, innerhalb eines Jahres nach dem ehelichen Beilager zu bezahlen. Dazu kamen Schmuck, Kleider, Kleinodien und Silbergeschirr. Als Widerlage werden in dem

---

32 HAB August der Jüngere, Diarium (wie Anm. 17), fol. 60r.
33 NLA OL, Best. 20-3 Nr. 736: Einladung fürstlicher Personen zur Vermählung Graf Anton Günthers; Gratulationen, Dankschreiben des Grafen, 1635.
34 Ebd., fol. 5.
35 Von den etwas langwierigen Verhandlungen berichten auch die oldenburgischen Räte am 25. Mai, also fünf Tage vor der Hochzeit: NLA OL, Best. 20-3 Nr. 733: Abschluss der Ehepakten zwischen Graf Anton Günther und Herzogin Sophie Catherina, fol. 7r und v.
36 NLA OL, Best. 20-3 Nr. 733, fol. 22r-27v (Entwurf); NLA OL Slg 80 Best. 296 Nr. 2-11, fol. 779-803 (Abschrift).

Vertrag wie üblich ebenfalls 12.000 Reichstaler festgelegt. Sophie Catherine erhielt wie ihre verstorbene Schwiegermutter das Amt Neuenburg als Witwensitz, aus dem sie jährlich 400 Reichstaler beziehen sollte. Es wird eigens betont, dass dieses Amt Neuenburg nicht mit Schulden belastet sei und dass es 2.800 Reichstaler als Witwenrente garantiere. Unterschrieben wurde der Ehevertrag neben Herzog Johann Christian und Graf Anton Günther auch von Graf Christian IX., dem nach dem Erbteilungsvertrag von 1633 die volle Landeshoheit zustand. Dieser versicherte außerdem in einem Brief an seinen Vetter Graf Anton Günther, dass er dem Ehevertrag zustimme.[37]

Sophie Catherine war also vom Ehevertrag her eindeutig bessergestellt als Anna, es drängt sich aber die Frage auf, wie Johann Christian sein Versprechen halten konnte. Graf Anton Günther musste bereits am 4. August 1635 einem Zahlungsaufschub zustimmen: 6.000 Reichstaler im Jahr 1638 und 6.000 Reichstaler im Jahr 1639.[38] Angesichts der hohen Verschuldung und der Kriegskontributionen, die vom dänischen Königshaus zur Verteidigung der abgeteilten Fürstentümer erhoben wurden, musste Johann Christian am 28. Januar 1638 erneut um Verlängerung der Fristen bitten und seine Zahlungsunfähigkeit eingestehen. In dem Schreiben an Graf Anton Günther wird deutlich, dass dieser seinen Schwager wohl mit aller Deutlichkeit gemahnt hatte und zu *fernerer dilation nicht wol geneigt* sei.[39] Für den 28. Oktober 1638 vermerkt Winckelmann in seiner Chronik, dass Herzog Johann Christian dem Grafen Anton Günther, der ja schon Herzog Alexander Geld geliehen hatte, das Haus und Gut Beck mit allem Zubehör *wegen etlicher darauf geliehenen auch andern Schuldposten / Erb- und eigenthümlich eingeräumet / und würcklich abgetreten* habe.[40] So kam das Geburtshaus von Sophie Catherine in den Besitz ihres Mannes und ihr konnte nun rechtlich abgesichert der Witwensitz Neuenburg übertragen werden.

Ist das kollektive Gedächtnis der Oldenburger von der „Hochzeit des Jahres" noch geprägt von dem Bild der jungen Herzogin, die ihre innigen Gefühle in einem Gedicht an den noch unbekannten Bräutigam Anton Günther zum Ausdruck bringt? Hermann Lübbing: „Er trat mit der Auserkorenen seines Verstandes, die er offenbar seit ihrer Taufe nicht wieder gesehen hatte, in Briefwechsel und trug sein Ansinnen vor. Wie mag er wohl überrascht gewesen sein, dass ihm ein Mädchenherz mit heißem Verlangen entgegenschlug."[41] Hermann Lübbing nimmt Bezug auf die Geschichte von Winckelmann, die zu Beginn des Aufsatzes zitiert wurde. Dem ist entgegenzuhalten, dass der Text ohne Datum ist und dass ein „Fräulein Sophie", wie es dort heißt, wohl eine etwas unbestimmte Namensbezeichnung ist. Das Gedicht kann von Sophie Catherine stammen, es kann ein Standardtext sein, vielleicht eine Schreibübung der jungen Frau.[42]

Die Quellensituation zur Hochzeit von Graf Anton Günther und Herzogin Sophie Catherine muss man aus Delmenhorster Sicht beneiden: ein detaillierter Bericht über

---

37 NLA OL, Best. 20-3 Nr. 733, fol. 29r und v.
38 Ebd., fol. 31r und v.
39 Ebd., fol. 33r und v. Auch Graf Anton Günther musste Schulden machen, s. NLA OL, Best. 20-4 B Nr. 17 a und b: Aufnahme von Anleihen durch Graf Anton Günther und deren Abtragung.
40 Winckelmann (wie Anm. 3), S. 321. Rasmussen (wie Anm. 6), S. 346.
41 Lübbing (wie Anm. 2), S. 98.
42 NLA OL, Best. 20-3 Nr. 732: Poetische Epistel der Herzogin Sophie Catherine an ihren Bräutigam Graf Anton Günther. Dort ist auch ein Aufsatz von Karl Sichart archiviert, der in der Zeitschrift für Niedersachsen, Heft 12, 1912 erschienen ist.

sechzig Seiten mit Gästelisten, Übernachtungsräumen, Sitz- und Tanzordnung und genauen Angaben zum Festessen und zur Musik.[43]

Auch Delmenhorst fehlt nicht: Am 29. Mai setzte sich von dort der Zug der Brautmutter, der Herzoginwitwe Dorothea, in Bewegung, samt der Braut Sophie Catherine und den Söhnen Johann Christian, Alexander Heinrich, Ernst Günther und August Philipp. Unter den „Frauenzimmern" wird eine adlige Dame aufgezählt, wohl unschwer als Herzogin Anna zu identifizieren. Mit Gefolge seien es 64 Personen und 65 Pferde gewesen, so heißt es in dem Bericht. Die Braut sei vorher von Delmenhorst aus ihrer Mutter entgegengezogen.[44]

Am 30. Mai reiste laut der Akte Graf Christian mit den *Fräulein Schwestern* aus Delmenhorst an. Namentlich genannt werden die Äbtissin von Gandersheim (d.h. Graf Christians Schwester Catharina Elisabeth), Fräulein Sibilla Maria und Fräulein Clara. Mit Gefolge hatte Graf Christian IX. insgesamt 39 Personen bei sich, dazu 43 Pferde.[45]

Werfen wir einen Blick in den großen Saal des Schlosses Oldenburg! Dort standen drei Tafeln und zwölf Tische, darunter aber nur eine fürstliche Tafel mit 22 Personen:

> das Hochzeitspaar,
> der Erzbischof von Bremen,
> die Herzöge Hans (Johann) Christian, Alexander Heinrich, Ernst Günther und August (die vier Brüder der Braut),
> ein Gesandter aus dem Haus Sachsen-Lauenburg (Schwester Catherine und Schwager August waren also trotz herzlicher Einladung nicht gekommen),
> der junge Prinz zu Anhalt,
> Graf Christian zu Delmenhorst,
> die fürstliche Witwe zu Anhalt (Anton Günthers jüngere Schwester Magdalene, verh. von Anhalt-Zerbst, seit 1621 verwitwet),
> *Herzog Hanns Christians gemalin* (also Anna, geb. Gräfin zu Oldenburg und Delmenhorst),
> Fräulein Anna Sophia zu Oldenburg (Anton Günthers älteste Schwester),
> die Äbtissin zu Gandersheim,
> Fräulein Elisabeth (Anton Günthers zweitälteste Schwester),
> *fünf Delmenhorstische Fräulein,*
> General Baudissin (wahrscheinlich als Gesandter des dänischen Königs),
> Georg Schultz (vermutlich der Abgesandte des ostfriesischen Grafenhauses).[46]

Zu den drei am 29. Mai eingetroffenen Fräulein aus Delmenhorst hatten sich also noch zwei dazugesellt, es ist anzunehmen, dass es Sidonia und Juliane waren.[47]

---

43 NLA OL, Best. 20-3 Nr. 739. Ausführlich wiedergegeben und erläutert von Lübbing (wie Anm. 2), S. 98-104. Das Beilager wird in NLA OL, Best. 20-3 Nr. 741 beschrieben (ein Blatt vorhanden).
44 NLA OL, Best. 20-3 Nr. 739, fol. 6r-7r.
45 Ebd. fol. 11r und v.
46 Ebd., fol. 21v, s. auch Winckelmann (wie Anm. 3), S. 98.
47 Zu den Lebenswegen der neun Töchter von Graf Anton II. und Gräfin Sibylla Elisabeth von Oldenburg und Delmenhorst, s. Hoffmann (wie Anm. 10), S. 130-154.

Die Einladungen an die fürstlichen Häuser im Deutschen Reich mögen zahlreich gewesen sein, tatsächlich war aber im Wesentlichen der engste Familienkreis anwesend. Sicher hat die unsichere militärische Situation dazu beigetragen. Nicht einmal Herzog August von Braunschweig-Lüneburg war vor Ort. Hier lag der Grund allerdings in seiner Eheschließung mit Herzogin Sophia Elisabeth von Mecklenburg-Güstrow am 15. Februar 1635 in Schwerin, seiner dritten Ehefrau, mit der er Ende des gleichen Jahres das Erbe der ausgestorbenen Wolfenbütteler Linie antrat.[48]

Warum saß die Brautmutter, Herzogin Dorothea, nicht mit an der fürstlichen Tafel? Wollte sie lieber für sich sein? *Die Herzogin zu Holstein, der Hochzeiterin Frau Mutter, hat absonderlich im gemach über der brücken tafel gehalten und bey sich gehabt, 2 Edeljungfern, 1 Cammer frau.*[49] An den weiteren Tafeln und Tischen waren die nichtfürstlichen Gäste platziert: die Elite der Oldenburger Hofgesellschaft und die Amtsträger aus der gesamten Grafschaft. Hermann Lübbing stellt fest, dass ein großer Teil zum Dienst kommandiert worden sei.[50] Da der Saal bei weitem nicht ausreichte, gab es außerdem Tische in den Hofstuben. Als Ergebnis wird festgehalten: *Summa so eine malzeit gespeiset worden – 643 Personen.*[51] Es war schon ein pompöses, perfekt inszeniertes Fest, das am 30. Mai 1635 auf dem Schloss in Oldenburg gefeiert wurde. Die These von Karl Sichart, dass der Jubel im Lande über die Vermählung „allgemein und aufrichtig" gewesen sei, ist nicht nachzuvollziehen angesichts der teuren Hochzeitsgeschenke, die die Ämter und Vogteien der Grafschaft leisten mussten.[52] „An diesen Geschenken erkennt man die überlegene Wirtschaftskraft und den Wohlstand der Wesermarschen und des Jeverlandes ..."[53] – auch an dieser Vermutung von Hermann Lübbing muss angesichts der hohen Kriegssteuern der Bevölkerung für eigene Soldaten und fremde Söldner gezweifelt werden.

Fazit

Die Hochzeit zwischen Graf Anton Günther von Oldenburg und Delmenhorst und Herzogin Sophie Catherine von Schleswig-Holstein im Jahr 1635 war kein singuläres Ereignis, sondern sie muss im Zusammenhang mit dem Erbteilungsvertrag von 1633 und der Hochzeit zwischen Herzog Johann Christian von Schleswig-Holstein-Sonderburg und der Gräfin Anna von Oldenburg und Delmenhorst im Jahr 1634 gesehen werden. Johann Christian wäre es nicht möglich gewesen, seine Schwester Sophie Catherine zu verheiraten, wenn nicht Herzog August von Braunschweig-Lüneburg seiner Nichte und Pflegetochter Anna eine großzügige Mitgift mitgegeben hätte. Das Ehegeld Annas und der gegenseitige Austausch von materiellen Kostbarkeiten waren Voraussetzung für die „Doppelhochzeit". Wäre Graf Anton Günther in der Lage ge-

---

48 HAB August der Jüngere, Diarium, (wie Anm. 17), fol. 60v. Am 16. April 1635 endet das Reisetagebuch des Herzogs August.
49 NLA OL, Best. 20-3 Nr. 739, fol. 21v.
50 Lübbing (wie Anm. 2), S. 99.
51 NLA OL, Best. 20-3 Nr. 739, fol. 26r.
52 NLA OL, Best. 20-3 Nr. 732. Lübbing (wie Anm. 2), S. 104.
53 Ebd.

wesen, sich eine andere Braut aus einem vermögenderen Haus zu holen? Angesichts seiner persönlichen Situation mit einem gerade erst geborenen unehelichen Sohn und einem drohenden Skandal ist die Frage eindeutig mit „nein" zu beantworten. Die Zeit drängte, auch angesichts seines fortgeschrittenen Alters.

Also hatten zwei Männer, Herzog Johann Christian und Graf Christian IX., die gleichen Interessen: die schnelle Verheiratung ihrer Schwestern, die unverheiratet eine finanzielle Belastung für sie darstellten. Dabei kamen ihnen die Sorgen des alternden Landesherren Anton Günther ohne legitime Erben sehr entgegen. Sophie Catherine war bei ihrer Hochzeit knapp 18 Jahre alt. Anton Günther war mit 49 Jahren Vater geworden. Eine Garantie für viele gemeinsame Nachkommen? Es war die Tragik des Paares, dass sich dieser Wunsch nicht erfüllte. Der gesellschaftliche Makel, dass sie ihre dynastische Pflicht als Ehefrau nicht erfüllen konnte, muss besonders schwer auf Sophie Catherine gelastet haben.

Johann Christian und Anna hatten zusammen vier Kinder, zwei Söhne und zwei Töchter. Der ältere Sohn starb mit zehn Jahren und so erbte der jüngere Christian Adolf (1641–1702) das Sonderburger Herzogtum, doch zunächst musste Herzogin Anna nach dem Tod von Herzog Johann Christian 1653 die Regentschaft übernehmen, bis ihr Sohn 1662 volljährig wurde.

Ihm gelang es angesichts unnachgiebiger Steuerforderungen aus Kopenhagen nicht, die ererbte finanzielle Schieflage zu überwinden. Im Jahr 1667 wurde das Sonderburger Herzogtum für bankrott erklärt und vom dänischen König übernommen. Somit war Herzog Christian Adolf abgesetzt.[54]

Seine beiden Schwestern Dorothea Auguste (1636–1662) und Christiane Elisabeth (1638–1679) waren verheiratet. Zur jüngeren Tochter Christiane Elisabeth, Ehefrau von Herzog Johann Ernst II. von Sachsen-Weimar, hatte Herzogin Anna ein enges Verhältnis. Sie war oft in Weimar zu Besuch, wie die Akten im Landesarchiv Thüringen – Hauptstaatsarchiv Weimar beweisen, und dort starb sie im Kreise ihrer Familie, Tochter und Enkel, am 12. Dezember 1668. Wohin sollte sie auch gehen? Gut Gammelgard gehörte ihr nicht mehr.

In der Stadtkirche St. Peter und Paul, im Volksmund „Herderkirche" genannt, wurde sie bestattet.[55] Im Schloss Sonderburg steht in der Fürstengruft ein Sarg mit ihrem Namen neben dem Sarg von Herzog Johann Christian. Hier bleibt ein historisches Geheimnis um ihre tatsächliche letzte Ruhestätte.

---

54 Adriansen (wie Anm. 1), S. 239-241.
55 Landesarchiv Thüringen – Hauptstaatsarchiv Weimar, 6-12-3001 Fürstenhaus, Signatur: D 34. Bis jetzt habe ich kein Bild von Anna gefunden.

Marion Baschin

Der Oldenburger Arzt Wilhelm Heinrich Schüßler (1821-1898) und die Schüßler-Salze – aus Oldenburg in andere Apotheken des Reichs

Das Institut für Geschichte der Medizin der Robert Bosch Stiftung (IGM) verdankt sein Entstehen der Sammlung des homöopathischen Arztes Richard Haehl (1873–1932). Dieser sammelte zu Beginn des 20. Jahrhunderts „alles", was mit dem Begründer der Homöopathie Samuel Hahnemann (1755–1843) sowie dessen Therapie in Verbindung stand und präsentierte diesen Schatz in seinem Privathaus in Stuttgart als „Hahnemann-Museum" der Öffentlichkeit. Diese Sammlung veräußerte er 1926 an den schwäbischen Industriellen Robert Bosch (1861–1942), der sich zeitlebens dafür einsetzte, dass neben der Schulmedizin auch komplementäre Heilweisen, insbesondere die Homöopathie, zum Wohle der Patienten genutzt und erforscht werden sollten. Bosch vermachte die Sammlung dem von ihm gestifteten und später nach ihm benannten Robert-Bosch-Krankenhaus. In diesem bestand zunächst eine medizinhistorische Forschungsstelle, ehe das IGM 1980 an seinem heutigen Standort in Stuttgart eingerichtet wurde.[1] Aufbauend auf der Sammlung zur Homöopathiegeschichte wurden die Sozialgeschichte der Medizin sowie die Geschichte des Pluralismus in der Medizin Forschungsschwerpunkte, welche durch den gemeinsamen Fokus auf die Patientengeschichte verbunden werden. Die Sammlung Haehls wurde gepflegt und systematisch erweitert, so dass sich im IGM heute ein weltweit einzigartiges „Homöopathie-Archiv" befindet, welches neben den Nachlässen von Samuel Hahnemann und dessen Schüler Clemens von Bönninghausen (1785–1864) weitere Unterlagen von homöopathischen Organisationen

---

1 Thomas Faltin, Homöopathie in der Klinik. Die Geschichte der Homöopathie am Stuttgarter Robert-Bosch-Krankenhaus von 1940 bis 1973, Stuttgart 2002, S. 198-210, oder Robert Jütte, Institut für Geschichte der Medizin der Robert Bosch Stiftung. Verzeichnis der Veröffentlichungen und Tagungen 1980–2005, Stuttgart 2005, S. 4-12.

Anschrift der Verfasserin: Dr. Marion Baschin, Institut für Geschichte der Medizin der Robert Bosch Stiftung, Straußweg 17, 70184 Stuttgart, E-Mail: marion.baschin@igm-bosch.de

und Institutionen, Ärzten und Heilpraktikern verwahrt und für die Forschung zugänglich macht.²

Der Arzt Wilhelm Heinrich Schüßler (1821–1898) hatte ursprünglich homöopathisch therapiert. Die durch ihn begründete Biochemie hat daher ihre Wurzeln in der Lehre Hahnemanns, von der sich Schüßler gleichwohl abgrenzte. Davon abgesehen, dass die Behandlung mit den so genannten „Schüßler-Salzen" heutzutage eine beliebte Form der komplementären Selbstbehandlung darstellt, führte dieser Zusammenhang zwischen den Lehren Hahnemanns und Schüßlers dazu, dass im IGM ein Forschungsprojekt durchgeführt wurde, das sich mit einer Reihe von Fragen rund um den Arzt Wilhelm Schüßler, die von ihm verwendeten „Funktionsmittel" sowie deren Herstellung auseinandersetzte. Bei den durchgeführten Recherchen wurde eine weitere Parallele zwischen diesen beiden komplementären Therapieansätzen deutlich: Kaum eine Einrichtung hatte bis dahin systematisch Unterlagen zu dem Arzt Schüßler oder der Biochemie gesammelt. Wiederum war es eine Privatperson, die aufgrund eigener Interessen eine umfangreiche Dokumentation zusammengetragen hatte. Auch diese Sammlung ist mittlerweile Teil der Bestände des IGM. Aus diesem Forschungsprojekt ging eine Monographie hervor, die weitere Quellen zur Geschichte der Lehre nach Schüßler benennt und zu Nachforschungen anregen will.³

Im Folgenden werden als Kontext der Arzt Wilhelm Schüßler und dessen biochemische Heilmethode vorgestellt. Dann wird eine Episode beleuchtet, die in Oldenburg spielte und als „Selbstdispensierstreit der Biochemie" bezeichnet werden kann. In einem weiteren Teil wird der Blick auf die Hersteller der biochemischen Mittel im deutschen Staatsgebiet bis etwa 1925 geweitet. Zusammenfassend folgen einige Bemerkungen dazu, welche Relevanz diese Betrachtungen auch für gegenwärtige Fragen haben.

Die Biochemie nach Schüßler wird insgesamt in historischer Perspektive betrachtet. Es geht darum, diese als eine „Methode" oder einen „Ansatz" zu begreifen, die bzw. der damals wie heute zur Linderung von Beschwerden eingesetzt wurde und wird. Insofern ist die Frage nach der Wirksamkeit der Mittel oder „Wissenschaftlichkeit" dieser Lehre ausgeklammert. Vielmehr sollen in dem Beitrag Mechanismen des Pluralismus in der Medizin und Aspekte des „medizinischen Marktes" verdeutlicht werden, in welchem die Nachfrage von Seiten der Betroffenen eine nicht zu unterschätzende Rolle spielt.

---

2 Zum Aufbau des Archivs Martin Dinges, Bilanz von 25 Jahren Sammlungs- und Forschungstätigkeit des Instituts für Geschichte der Medizin der Robert Bosch Stiftung in Stuttgart, in: Zeitschrift für Klassische Homöopathie 60 (2016), S. 4-14. Die Übersicht zu den Beständen ist online unter IGM, Homöopathie-Archiv. Bestandsverzeichnisse, https://www.igm-bosch.de/best%C3%A4nde.html (Zugriff: 03.03.2020), zu finden.

3 Die Sammlung ist als Bestand NEG verzeichnet. Auf der Monographie: Marion Baschin, Wilhelm Schüßler und seine biochemischen Arzneimittel, Essen 2019, fußt der vorliegende Beitrag. Ebenda, S. 1-16, für die Darstellung von Forschungsstand und herangezogenen Quellen. Der vorliegende Beitrag geht auf einen Vortrag zurück, der im Januar 2020 im Rahmen der „Historischen Abende des Staatsarchivs" in Oldenburg gehalten wurde. Ich danke dem Oldenburger Landesverein e. V. sowie den Kollegen Herrn Dr. Henninger und Herrn Dr. Schürrer im Niedersächsischen Landesarchiv in Oldenburg für die Einladung sowie die Organisation dieser Veranstaltung.

Der Oldenburger Arzt Wilhelm Heinrich Schüßler (1821–1898)

1. Kontext

Wilhelm Heinrich Schüßler wurde am 21. August 1821 im heutigen Bad Zwischenahn geboren.[4] Verhältnismäßig spät nahm er 1852 sein Medizinstudium in Paris auf. Dies war der prekären finanziellen Situation der Familie geschuldet. Das Studium setzte er in Berlin und Gießen fort. Er promovierte an der Universität in Gießen und begab sich anschließend nach Prag. Nachdem Schüßler alle Anforderungen hinsichtlich der medizinischen Staatsprüfung erfüllt hatte, legte er diese im August 1857 in Oldenburg ab. Im folgenden Jahr erhielt er die Zulassung als Arzt und konnte in Oldenburg seine Praxis eröffnen. Von Beginn an therapierte Schüßler nach den Grundsätzen der Lehre Samuel Hahnemanns. Das bedeutete aber nicht, dass er diese unkritisch übernahm. Vielmehr vertiefte er sich in das Studium der homöopathischen Arzneimittellehre und publizierte hierzu Artikel.

Wilhelm Schüßler befasste sich neben der Homöopathie mit weiteren wissenschaftlichen Forschungen seiner Zeit. Besonders beeinflusst wurde er von der Gewebechemie des deutschen Physiologen Jakob Moleschott (1822–1893), der Zellularpathologie Rudolf Virchows (1821–1902) und dem Chemiker Justus von Liebig (1803–1873).[5] Nach einer Zeit reiflicher Überlegungen und zahlreicher Versuche wagte es Schüßler, im März 1873 seinen Aufsatz *Eine abgekürzte homöopathische Therapie* in der *Allgemeinen homöopathischen Zeitung* zu publizieren.[6] Wie er zuvor an den Apotheker Albert Marggraf (1809–1880) in Leipzig geschrieben hatte, der ihm die Mittel herstellte, war er sich sicher, *daß man mit Kalk, Natrium, Kalium, Magnesia und Eisen in ihren Verbindungen mit Phosphorsäure, Schwefelsäure und Chlor sämtliche Krankheiten, welche überhaupt heilbar sind, auf diesem Wege heilen kann.*[7]

Gegenüber diesem Schreiben nahm er im Artikel in der *Allgemeinen Homöopathischen Zeitung* die Verbindungen der Mineralsalze mit Fluor sowie den Wirkstoff Silicea auf. Diese zwölf Mittel nannte Schüßler *Functionsmittel*.[8] Krankheiten waren seiner Ansicht nach Störungen, die im Gewebe vorkamen und durch einen Mangel der ent-

---

4 Ausführlicher Hugo Platz, Dr. Schüßler und seine biochemische Heilmethode. Ein Gedenkbuch zu seinem 100. Geburtstag, Leipzig 1921; Yorck Winter, Die Biochemie des Oldenburger Arztes Wilhelm Heinrich Schüßler (1821–1898), Göttingen 1970; Günther Lindemann, Dr. med. Wilhelm Heinrich Schüßler. Sein Leben und Werk, Oldenburg 1992, und Jürgen Ulpts, Die Geschichte der Naturheilweise Biochemie, Oldenburg 1998. Eine historisch-wissenschaftlichen Ansprüchen genügende Biographie fehlt allerdings bis heute. Zentrale Dokumente zu Leben und Nachlass Schüßlers enthält die Akte NLA OL, Best. 262-1 A Nr. 5017.

5 Robert Jütte, Geschichte der Alternativen Medizin. Von der Volksmedizin zu den unkonventionellen Therapien von heute, München 1996, S. 222-223; Peter Emmrich, Die „Biochemie" Wilhelm Heinrich Schüßlers und ihre Bedeutung in der ärztlichen Praxis, Frankfurt an der Oder 2016 (Masterarbeit), S. 9-16; Lindemann, Schüßler (wie Anm. 4), S. 49-53.

6 Wilhelm Schüßler, Eine abgekürzte homöopathische Therapie, in: Allgemeine Homöopathische Zeitung 86 (1873), S. 91-92.

7 Dieses Zitat aus dem Brief nach Lindemann, Schüßler (wie Anm. 4), S. 55. Zu der Korrespondenz und den Bestellungen Schüßlers Platz, Schüßler (wie Anm. 4), S. 28-29.

8 1895 strich Schüßler Calcium sulfuricum/Calcarea sulfurica aus seiner Liste. Wilhelm Schüßler, Eine Abgekürzte Therapie. Anleitung zur biochemischen Behandlung der Krankheiten, Oldenburg/Leipzig ^{22}1895. Seine Schüler nahmen es wieder auf und es zählt heute zu den „relevanten Mitteln der Biochemie". Im Laufe der Zeit wurden zwölf weitere Ergänzungsmittel der biochemischen Therapie hinzugefügt. Pschyrembel, Wörterbuch Naturheilkunde und alternative Heilverfahren mit Homöopathie, Psychotherapie und Ernährungsmedizin, Berlin/New York ^{2}2000, S. 47.

sprechenden Mineralstoffe ausgelöst wurden.⁹ Daher musste das fehlende Mineralsalz dem Körper in Form der biochemischen Mittel zugeführt werden. Sein *Bestreben, wie er es in den ersten Sätzen seines grundlegenden Werkes Eine Abgekürzte Therapie* formulierte, sei es gewesen, *eine scharf begrenzte Therapie zu schaffen*.¹⁰ Die Kritik an seiner Entwicklung ließ nicht lange auf sich warten.¹¹ Die erste Auflage von 1874 überarbeitete und korrigierte Schüßler ständig. Noch kurz vor seinem Tod im März 1898 redigierte er die 25. Auflage, die posthum erschien und seither in unveränderten Neuauflagen nachgedruckt wird.¹²

In den einzelnen Auflagen vollzog Schüßler nach und nach offiziell den Bruch mit der Homöopathie, was nicht zuletzt mit der heftigen Kritik aus deren Reihen zu erklären ist.¹³ In der populär gehaltenen Schrift *Die Heilung der Diphtheritis* verwendete Schüßler 1879 erstmals den Begriff *biochemisch* im Titel. Ab 1881 ist die Benennung seines Verfahrens als *biochemisch* in der *Abgekürzten Therapie* enthalten, so dass Schüßler sichtbar die Begründung einer „eigenen" Heilweise vollendete.¹⁴ Später erläuterte er, er habe die Bezeichnung Biochemie gewählt, *weil meine Mittel, Kranken verabreicht, die in lebenden Geweben vorhandenen chemischen Störungen vermöge chemischer Affinität ausgleichen.* Seine Mittel bezeichnete er in diesem Zusammenhang als *biochemische Funktionsmittel*.¹⁵ Dazu zählte er die Wirkstoffe Calcium fluoratum, Calcium phosphoricum, Ferrum phosphoricum, Kalium chloratum, Kalium phosphoricum, Kalium sulfuricum, Magnesium phosphoricum, Natrium chloratum, Natrium phosphoricum, Natrium sulfuricum, Silicea und bis 1895 Calcium sulfuricum.

Diese Substanzen bzw. deren Anwendung zu einem therapeutischen Zweck sind keineswegs Erfindungen Schüßlers, sondern sie waren teilweise bereits in den zeitgenössischen homöopathischen Arzneimittellehren aufgeführt oder waren Teil der allgemeinen Arzneimittellehre.¹⁶ So findet sich beispielsweise der Wirkstoff Calcium

---

9 Wilhelm Schüßler, Allopathie, Biochemie und Homöopathie, Oldenburg 1887, S. 20.
10 Wilhelm Schüßler, Eine Abgekürzte Therapie gegründet auf Histologie und Cellular-Pathologie, Oldenburg 1874, S. 5; Reinhard Schaub, Homöopathie – Biochemie nach Dr. Schüßler. Eine Gegenüberstellung, Zell am See 2006.
11 Allerdings ist hier nicht der Raum, um auf die Auseinandersetzung einzugehen. Vgl. Platz, Schüßler (wie Anm. 4), oder Winter, Biochemie (wie Anm. 4).
12 Schüßler, Therapie (wie Anm. 10). Schüßler wollte seine Schrift schnell und weit verbreiten. Er hatte seinen Artikel in Sonderexemplaren drucken lassen. Platz, Schüßler (wie Anm. 4), S. 31, sowie S. 42-43.
13 Platz, Schüßler (wie Anm. 4), S. 101, zum Austritt Schüßlers aus dem Zentralverein homöopathischer Ärzte, leider ohne Quellenangabe für das Zitat.
14 Wilhelm Schüßler, Die Heilung der Diphtheritis auf biochemischem Wege. Ein Wort an gebildete Laien, Oldenburg 1879; Lindemann, Schüßler (wie Anm. 4), S. 82, gibt die Verwendung des Begriffes durch Schüßler um 1876 an. Wilhelm Schüßler, Entgegnung auf den in No. 15 u. 16 dieser Zeitung enthaltenen Artikel des Herrn Dr. v. Villers, in: Allgemeine Homöopathische Zeitung 101 (1880), S. 153, legte 1880 dar, dass er seine Heilweise nun *biochemisch* benannt habe und daher auf das *Prädicat ‚Homöopath' Verzicht geleistet habe* (Hervorhebung des Wortes *Homöopath* in kursiv bereits im Original). In der programmatischen Schrift Schüßler, Allopathie (wie Anm. 9), von 1887 verwendet er den Begriff „Biochemie" endgültig als Kennzeichen für seine Heilweise als eigenständiger Lehre im Gegensatz zu Allopathie und Homöopathie, indem er, S. 20-21, konstatierte: *Die Biochemie ist mit der Homöopathie nicht identisch.*
15 Wilhelm Schüßler, Dr. med. v. Villers' Beleuchtung der biochemischen Therapie, Oldenburg/Leipzig ²1924, S. 7-8. In den Quellen erscheinen tatsächlich beide Schreibweisen *Functionsmittel* und *Funktionsmittel*.
16 Beispielsweise in den grundlegenden homöopathischen Pharmakopöen Carl Gruner (Hg.), Homöopathische Pharmakopöe, Leipzig ⁵1878, oder Willmar Schwabe (Hg.), Pharmacopöea homoeopathica polyglottica, Leipzig 1872. Ausführlicher Baschin, Schüßler (wie Anm. 3), S. 35-46.

phosphoricum bereits in der Pharmakopöe des Königreichs Hannovers von 1861. Das amtliche preußische Arzneibuch führte zwei der späteren Funktionsmittel auf. Während die seit den 1880er Jahren herausgegebene renommierte *Real-Encyclopädie der gesammten Pharmacie* alle zwölf Substanzen enthält, sind im Deutschen Arzneibuch bis 1910 sechs Salze als Wirkungsstoffe beschrieben.[17] Insofern waren die von Schüßler als „Funktionsmittel" verwendeten Substanzen Teil der anerkannten pharmazeutischen Materia medica und in den entsprechenden Arzneibüchern enthalten oder fanden in die gängigen Pharmakopöen teilweise noch zu seinen Lebzeiten Eingang.

2. Der Selbstdispensierstreit in Oldenburg

Bereits Samuel Hahnemann, der Begründer der Homöopathie, hatte versucht, ein Recht auf Selbstdispensieren durchzusetzen, d. h., dass die Ärzte selbst die homöopathischen Mittel herstellen und abgeben durften. Er misstraute den Apothekern, die seinen Wirkstoffen und deren Aufbereitung weitgehend ablehnend gegenüberstanden. Doch war Hahnemann nicht erfolgreich und nur wenige deutsche Staaten gestatteten unter bestimmten Voraussetzungen die Selbstgabe der Mittel durch Ärzte.[18]
Im Großherzogtum Oldenburg gab es dazu keine eigenen rechtlichen Regelungen. Im Hinblick auf die Apothekenbindung bzw. den Verkehr mit Arzneimitteln bestimmte aber seit 1875 eine reichsweite Verordnung, dass die Selbstabgabe von Arzneimitteln verboten war und mit einigen Ausnahmen Medikamente nur durch Apotheken verkauft werden durften. Diese Regelung nannte die homöopathischen Mittel nicht explizit, allerdings waren die Herstellung und die Abgabe der Darreichungsform in Tropfen, Pillen oder Verreibungen den Apotheken vorbehalten.[19]
Wilhelm Schüßler praktizierte seit 1858 in Oldenburg als Arzt. Zunächst war er als Homöopath tätig, seit Mitte 1872 wandte er in seiner Praxis nur noch diejenigen Mittel an, die später als Schüßler-Salze oder biochemische Funktionsmittel bekannt werden sollten. Als er sich niederließ, gab es nur wenige Apotheken, die als zuverlässige

---

17 Pharmakopöe für das Königreich Hannover, Hannover 1861, http://www.digibib.tu-bs.de/?docid=00000714, (Zugriff: 15.03.2019); Pharmacopoea Borussica, Edition Septima, Berlin 1862, http://www.digibib.tu-bs.de/?docid=00000864 (Zugriff: 15.03.2019); Real-Encyclopädie der gesammten Pharmacie. Handwörterbuch für Apotheker, Ärzte und Medicinalbeamte. Sieben Bände, Wien 1886-1891, Band 1 http://www.digibib.tu-bs.de/?docid=00035592, Band 2 http://www.digibib.tu-bs.de/?docid=00035594, Band 4 http://www.digibib.tu-bs.de/?docid=00035811, Band 5 http://www.digibib.tu-bs.de/?docid=00035598, Band 6 http://www.digibib.tu-bs.de/?docid=00035600, Band 7 http://www.digibib.tu-bs.de/?docid= 00035813 (Zugriff: 15.03.2019); Deutsches Arzneibuch. Fünfte Ausgabe, Berlin 1910, http://www.digibib.tu-bs.de/?docid=00000849 (Zugriff: 15.03.2019).
18 Michael M i c h a l a k, Das homöopathische Arzneimittel. Von den Anfängen zur industriellen Fertigung, Stuttgart 1991. Zu der nachfolgenden Angelegenheit befinden sich die Quellen im Niedersächsischen Landesarchiv – Abteilung Oldenburg (NLA OL) in Best. 262-1 A Nr. 2711 *Handel mit Waren, deren Verkauf den Apotheken vorbehalten ist*. Üblicherweise würde man unter dieser Überschrift keine Hinweise auf die Biochemie vermuten. Allerdings verbirgt sich ganz am Ende dieser Archivalie eine gesonderte Akte zur *Selbstherstellung der Mineralstoffe*. Diese ist von 1886. Interessanterweise enthält sie ergänzenden Dokumente zu den Schriftstücken, die in Best. 136 Nr. 4428 *Das Selbstdispensieren der Ärzte 1869* enthalten sind, vor allem ein handschriftliches Stück von Schüßler selbst.
19 Marion B a s c h i n, Die Geschichte der Selbstmedikation in der Homöopathie, Essen 2012, S. 25-26.

Produzenten homöopathischer Medikamente eingestuft wurden.[20] Die von Schüßler gebrauchten Arzneien enthalten zwölf bzw. elf Salze mineralischen Ursprungs. Die Ausgangssubstanzen gehören im Sinne der Arzneimittelverordnung nicht zu den *stark wirkenden Arzneimitteln*, weswegen ein Handverkauf durch Apotheken möglich war. Dennoch waren diese ungefährlichen Wirkstoffe, im Sinne ihrer Verwendung zur Heilung von Krankheiten, als apothekengebundene Arzneien zu sehen.[21] Offenbar wurde die Selbstabgabe der Mittel durch Schüßler infolge der unklaren oder schwer durchzusetzenden Rechtslage in Oldenburg mehr oder weniger geduldet.

Erst im Jahr 1886 regte sich Widerstand. Landphysikus Ritter (1841–?)[22] hatte im Januar des Jahres dem Departement des Innern die Berichte der zehn Amtsärzte des Großherzogtums vorgelegt. Bei dieser Gelegenheit hielt er es[23]

> *noch besonders für nöthig Großherzogliches Staatsministerium, Departement des Innern, gehorsamst darauf hinzuweisen, daß die Arznei-Pfuscherei in der Stadt Oldenburg in letzter Zeit eine wesentliche Zunahme aufzuweisen hat. Zunächst soll gutem Vernehmen nach der Kaufmann Hitzegrad in der Achternstraße den Vertrieb der sogenannten Schweizerpillen, wegen dessen er früher bereits gerichtlich bestraft ist, mit großem Erfolg fortsetzen; auch die sog. Homöopathen Plate (Oldenburg), welcher ebenfalls bereits wegen Arzneiabgabe bestraft ist, und Dr. Schüßler, approbirter Arzt, geben vor wie nach Arzneien in einer Form ab, welche nur in Apotheken erlaubt ist. Sodann aber hat ein junger approbirter Arzt Dr. Cornelius, welcher vom Publikum ebenfalls zu den Homöopathen gerechnet wird, selbst aber diese Bezeichnung verabscheut und einen eigenen für sein Verfahren hat, in letzter Zeit angefangen, seine Patienten mit selbst verfertigten Arzneien zu versorgen, und soll einen großen Vertrieb auch mit der Post haben.*

Es ist interessant, dass Wilhelm Schüßler von den Behörden seiner Heimatstadt nach wie vor als *Homöopath* gesehen wurde, obwohl 1885 die elfte Auflage der *Abgekürzten Therapie* vorlag und der Untertitel eindeutig von der *biochemischen Behandlung der Krankheiten* sprach. Der unmittelbare Stein des Anstoßes war offenbar die Niederlassung eines weiteren Arztes, der seine Arzneien selbst abgab. Jedenfalls konnte dieses Vorgehen in den Augen des Landphysikus keinesfalls weiter geduldet werden.

Die Herren Schüßler und Cornelius (?–1935) wurden daher im April 1886 durch den Amtsassessor aufgefordert, eine Erklärung abzugeben und dafür zum Rathaus zu kommen. Im Verlauf des Gesprächs wurde unter anderem die Aussage Schüßlers protokolliert:

---

20 Baschin, Geschichte (wie Anm. 19), S. 158-171.
21 Ebd., S. 22-32.
22 Friedrich Albrecht Ritter hatte als Landphysikus eine Schrift über das Hospitalwesen des Herzogtums Oldenburg vorgelegt. Im NLA OL befindet sich ein Foto von ihm (Slg 400, Nr. 557-A), wobei das Geburtsjahr genannt wird.
23 Dies und das folgende aus NLA OL, Best. 262-1 A Nr. 2711, Fasz. 1, sowie Best. 136 Nr. 4428, Fasz. 3 und Fasz. 4. Zu dem Laienhomöopathen August Plate (1818–1890) Ulpts, Geschichte (wie Anm. 4), S. 13-15. Ich danke an dieser Stelle Herrn Dr. Nistal, Oldenburg, für den Hinweis darauf, dass in der ursprünglichen Präsentation der Name des Kaufmanns falsch wiedergegeben worden war, so dass hier der korrekte Name *Hitzegrad* genannt werden konnte.

Der Oldenburger Arzt Wilhelm Heinrich Schüßler (1821–1898)

Ich muß in dieser Beziehung bemerken, daß ich nicht Homöopath bin, sondern meine eigene, die sog. biochemische Methode habe.

Es sind nur 12 verschiedene Salze, welche ich in der Weise verabreiche, daß ich sie zunächst durch einen bestimmten Zusatz von Milchzucker zerkleinere, molekularisire, und dann in Wasser mit einem Zusatz von 20 % Weingeist auflöse.

Die vorgemerkten Salze sind z. B. Natrum phosphoricum, Kieselerde, Kalium phosphoricum u. s. w. Das Produkt meiner Zusammensetzung ist ein den künstlichen Mineralwässern völlig analoges Mittel. Ich glaube nicht, daß ich mich durch die Dispensation derselben mit der Gesetzgebung irgendwie in Widerspruch setze.

In einer schriftlichen Erklärung hieß es außerdem:[24]

Seit 28 Jahren dispensire ich selbst. Vor 27 Jahren hat das damalige Obergericht als Berufungsinstanz mich von der Anklage wegen unbefugten Selbstdispensierens freigesprochen. Mehrere Denunciationen, welche später gegen mich eingereicht wurden, haben mir nicht geschadet. Ich habe bis jetzt geglaubt, die betr. Behörden wollten mein Selbstdispensieren dulden. Die im Jahre 1875 erlassene Verordnung, betr. den Verkehr mit Arzneien, berührt, wie ausdrücklich in Böttgers Commentar zu derselben steht, die selbstdispensierenden Ärzte nicht, Sie ist nur, wie Böttger sagt, gegen Kaufleute, Droguisten u. s. w. gerichtet. In Preußen besteht die vor 40 Jahren der homöopathischen Ärzte bewilligte Dispensierfreiheit fort, trotz der oben erwähnten Verordnung. In Oldenburg ist, soweit mir bekannt, kein Dispensierverbot erlassen worden. Ich dispensire Mineralsalze, die denen homogen sind, welche im lebenden Organismus als Functionsmittel enthalten sind. Die erwähnten Salze, in Wasser gelöst, sind den künstlichen Mineralwässern ohne natürliche Vorbilder analog, die Jeder verabreichen darf.

Die Aussagen Schüßlers sind in verschiedenerlei Hinsichten interessant. Sie belegen die anhaltende Selbstdispensierung des Arztes, weswegen er hin und wieder mit den Behörden in Konflikt geraten war, ohne dass dies weitere Konsequenzen nach sich gezogen hätte. Er leitete aus einem nicht bestehenden ausdrücklichen Verbot eines Selbstdispensierens die Möglichkeit einer Duldung seiner Tätigkeit ab. Den Kommentar zu den *reichsrechtlichen Bestimmungen über den Verkehr mit Arzneimitteln* legte er stark zu seinen Gunsten aus, wenn er behauptete, diese gelte für selbstdispensierende Ärzte nicht. Wohl heißt es darin, dass das *Dispensirrecht der Aerzte* durch die Verordnung nicht berührt werde und den betreffenden Landesbestimmungen überlassen sei.[25] Dennoch wird darauf verwiesen, dass sich nach dem

---

24 NLA OL, Best. 262-1 A Nr. 2711 Fasz. Ad. 3.
25 Offenbar hatte Schüßler nur die Einleitung des Kommentars gelesen. Hermann Böttger, Die reichsrechtlichen Bestimmungen über den Verkehr mit Arzneimitteln, Berlin 1882, https://iiif.lib.harvard.edu/manifests/view/drs:6766410$11i beziehungsweise http://pds.lib.harvard.edu/pds/view/6766410?357n=1&imagesize=1200&jp2Res=.5&printThumbnails=no (Zugriff: 27.02.2019), S. 2-3. Dennoch mussten auch in Preußen Ärzte das Recht auf Selbstdispensieren gesondert erwerben. Eine solche Prüfung hatte Schüßler nie abgelegt.

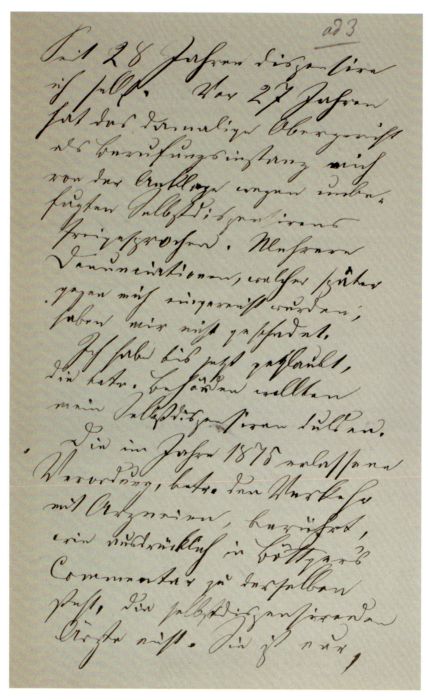

Abb. 1: Schreiben Schüßlers (NLA OL, Best. 262-1 A Nr. 2711 Fasz. Ad. 3)

Preußischen Allgemeinen Landrecht Ärzte einer eigenen Zubereitung und Abgabe von Arzneien an solchen Orten zu enthalten hätten, wo Apotheken seien. Die Stadt Oldenburg verfügte um 1885 über drei Apotheken. Insofern beruhte Schüßlers Versuch, aus dem Kommentar die Möglichkeit einer Selbstdispensierung abzuleiten, auf schwachen Argumenten.[26]

Vielversprechender schien daher der Ansatz Schüßlers, seine verwendeten Mittel als Ausnahme von der Verordnung zu deklarieren. Da gerichtliche Entscheidungen, die in dem Kommentar von Böttger ebenfalls aufgeführt waren, deutlich machten, dass auch homöopathische Arzneimittel unter die gesetzlichen Regelungen fielen,[27] blieb Schüßler kaum etwas anderes übrig, als seine Arzneien klar von den homöopathischen abzugrenzen und den Versuch anzutreten, diese unter eine der Ausnahmeregelungen zu setzen. Dies würde bedeuten, dass die Abgabe der Arzneien weiterhin straffrei und ohne weitere Prüfung durchgeführt werden könnte. In diesem Zusammenhang ist Schüßlers Beschreibung seiner Mittel als *Mineralsalze, die denen homogen sind, welche im lebenden Organismus als Functionsmittel enthalten sind,* bzw. *Salze, in Wasser gelöst, die den künstlichen Mineralwässern ohne natürliche Vorbilder analog sind, die Jeder verabreichen darf,* zu sehen. Schüßler selbst begründete in der *Abgekürzten Therapie* die Auswahl seiner Mittel damit, dass diese als anorganische Substanzen im Körper als Funktionsmittel zu sehen seien. Daher nannte er seine Mittel auch so.[28] Eine Auflösung von solchen Mineralsalzen könnte man als „Mineralwasser" interpretieren. In der Tat waren *künstlich bereitete Mineralwässer* nach dem Verzeichnis A der Verordnung zu den Ausnahmen zu zählen.[29] Der Arzt August Cornelius schloss sich den Ausführungen Schüßlers an. Er verwies zudem auf das Problem, dass keine Apotheke vor Ort eine zuverlässige Herstellung der Mittel und deren Bezug gewährleiste, weswegen man momentan aus Stuttgart die Salze kommen lasse.

Ein von Seiten der Behörden angefordertes Gutachten machte jedoch den Versuch zunichte, die Arzneimittel als *künstlichen Mineralwässern analog* einzuordnen. Dies geschah mit der Begründung, dass den Gemischen Milchzucker und Alkohol beigefügt sei, welche als *Substanzen niemals in Mineralwässern enthalten seien.*

Daher wurden den beiden Herren mitgeteilt, dass man ihrem Ansuchen auf Selbstdispensieren nicht stattgeben könne und sie die Abgabe der Wirkstoffe einzustellen hätten. Infolgedessen stellte Schüßler einen Antrag auf Selbstdispensierung beim Oldenburgischen Staatsministerium, wobei er lediglich die von ihm in der *Abgekürzten Therapie* genannten Mittel selbst abgeben wollte. Er fügte außerdem hinzu, dass er seinen Patienten nur *Heilmittel* verabreichen könne, *von deren Güte* er überzeugt sei.

---

26 Böttger, Bestimmungen (wie Anm. 25), S. 66.
27 Ebd., S. 46-55.
28 Dazu die Aussagen in Schüßler, Therapie (wie Anm. 6), S. 91, und Schüßler, Therapie (wie Anm. 10), S. 3-4.
29 Im Kommentar Böttger, Bestimmungen (wie Anm. 25), S. 20, wurde gesagt, dass *flüssige Arzneimischungen* auch die homöopathischen Medikamente in Form von Tinkturen, Verdünnungen und Lösungen umfasse. In der späteren Ausgabe Hermann Böttger, Die reichsgesetzlichen Bestimmungen über den Verkehr mit Arzneimitteln, Berlin ²1890, waren ausdrücklich *Salze, welche aus natürlichen Mineralwässern bereitet oder den solchergestalt bereiteten Salzen nachgebildet sind,* in Verzeichnis A, Absatz 4 unter die Ausnahmen gezählt.

Auch diesem Antrag schloss sich der Arzt Cornelius an. Daraufhin wurde ausgerechnet der Arzt, der mit seiner Beschwerde über die unerlaubte Abgabe der Mittel durch Schüßler und Cornelius den Stein ins Rollen gebracht hatte, mit einem Gutachten beauftragt.

Wie kaum anders zu erwarten, stand er den Bitten ablehnend gegenüber. Davon abgesehen, dass der Arzt keinen wirklichen Unterschied zwischen Biochemie und Homöopathie sah und daher *keine wesentliche Veränderung der Sache* stattgefunden habe, wies er auch darauf hin, dass ein Ausnahmefall bei Schüßler als approbiertem Arzt nicht vorliege und seine Wirkstoffe eben nicht als Mineralwässer einzustufen seien. Zudem könne man Schüßler das Recht auf Selbstdispensieren auch nicht ausnahmsweise gestatten, da sonst alle Ärzte dieses Recht fordern würden, denn mit der Selbstabgabe seien große monetären Vorteile verbunden. Schließlich könne man auf diese Weise das Publikum mit günstigen Behandlungen locken.

Während das Gutachten erstellt wurde, wurde das Vorgehen gegen Schüßler und Cornelius ausgesetzt. Die Anhänger der Biochemie reichten in der Zwischenzeit eine unterstützende Petition beim Staatsministerium ein. Trotz der ablehnenden Haltung des Landphysikus wollte das Staatsministerium zumindest prüfen, ob ein Selbstdispensieren nicht doch gestattet werden könnte. Daher wurde die Frage an das Medizinalkollegium weitergeleitet. Doch dieses lehnte das Ansinnen ebenfalls ab bzw. forderte im Falle einer Zustimmung die Abgabefreiheit der Medikamente für alle Ärzte.

Auch diese erneute Ablehnung des Gesuches wurde Schüßler und Cornelius im November 1886 eröffnet. Die vehementen Hinweise der beiden, sie seien keine Homöopathen, sondern Biochemiker, waren letztendlich nicht erfolgreich. Im Dezember erhielten die beiden eine endgültige negative Antwort:[30]

> *Abschrift Auf Ihre Eingabe vom (ad 1) 5ten (ad 2) 9ten Mai d.[es] J[ahre]s. wird erwiedert, daß Ihrem Antrage zu bestimmen: daß das Selbstdispensiren der in (ad 1) Ihrer „abgekürzten Therapie" (ad 2) der „abgekürzten Therapie" des Dr. Schüssler (ad 1 u 2) aufgeführten Mineralstoffe in einer Form, welche zu ihrer Verabreichung erforderlich ist, approbirten Aerzten erlaubt sei, nicht stattgegeben werden kann, da die Frage, ob in dem fraglichen Selbstdispensiren eine Uebertretung der Kaiserlichen Verordnung vom 4. Januar 1875 betreffend den Verkehr mit Arzneimitteln, zu befinden ist, der Entscheidung der Gerichte unterliegt. Liegt eine Uebertretung nicht vor, so bedarf es einer Erlaubniß des Staatsministeriums nicht; liegt dagegen eine Uebertretung vor, so ist die Verwaltung nicht in der Lage, von den Vorschriften der Kaiserlichen Verordnung Ausnahme zu gestatten.*

Eine wirkliche Klärung des Problems enthielt diese Antwort nicht. Das Staatsministerium forderte vielmehr eine gerichtliche Entscheidung darüber, ob die Behauptung Schüßlers, dass die Mittel als *analog zu künstlichen Mineralwässern* und damit unter die Ausnahmen der gesetzlichen Regelung zu zählen seien, zutreffend sei. In dieser Hin-

---

30 NLA OL Best. 262-1 A Nr. 2711, Fasz. 10, sowie Best. 136 Nr. 4428, Fasz. 13.

sicht redete sich die Behörde um eine eindeutige Entscheidung herum. Allerdings war klar, dass ein Recht auf Selbstdispensierung nicht gewährt wurde, sofern die Mittel von der gesetzlichen Regelung über den Verkehr mit Arzneien betroffen waren. Schüßler und Cornelius war es hingegen möglich, das Schreiben dahingehend zu verstehen, dass sie die Mittel weiter verabreichen konnten, weil sie ihrer Meinung nach mit der Abgabe nicht gegen die geltende Regelung verstießen. In ihren Augen waren die Mittel unter die Ausnahmen zu zählen und daher war keine besondere Erlaubnis für deren Zubereitung und Abgabe nötig. Da aber weder Schüßler oder Cornelius noch der Stadtmagistrat von Oldenburg eine gerichtliche Entscheidung über die Beschaffenheit der biochemischen Mittel und die Frage, ob diese unter die gesetzlichen Regelungen fielen oder nicht, anstrebten, blieb die Angelegenheit unbeantwortet. Vielmehr duldeten die Behörden die Abgabe weiterhin. Die Akten brechen jedenfalls an dieser Stelle ab.

Als unmittelbare Folge für die anderen biochemischen Ärzte in Oldenburg ergab sich die Problematik, dass die Situation nicht eindeutig geklärt war. 1895/96 wurde daher erneut über das Selbstdispensierungsrecht verhandelt und alle Ärzte wurden dazu aufgefordert, die Mittel ausschließlich in den Apotheken dispensieren zu lassen. Ein Gutachten bestätigte ferner, dass die Rechtsprechung allgemein mittlerweile die biochemischen Mittel gemäß der *Kaiserlichen Verordnung vom 27. Januar 1890 betreffend den Verkehr mit Arzneimitteln* als Gemische unter Ziffer 5 zählte und diese nach § 1 nur in Apotheken feilgehalten oder verkauft werden dürften.[31] Nach dem Tod von Wilhelm Schüßler im März 1898 wurde gegen den biochemischen Arzt Cornelius im Oktober des Jahres eine Anklage wegen der unerlaubten Abgabe von Arzneien erhoben.[32] Cornelius und ein weiterer Arzt wurden im Mai 1899 durch das Schöffengericht verurteilt. Ein erneutes Gesuch im Jahre 1901 wurde vom Staatsministerium abgelehnt.[33] Ebenso wurden alle späteren Anträge von homöopathischen oder biochemischen Ärzten, selbst dispensieren zu dürfen, abschlägig beschieden.[34]

Der Streit um das Recht auf Selbstdispensierung und damit eine Auseinandersetzung mit staatlichen Behörden zwangen Schüßler 1886 sowie seine Nachfolger in späteren Jahren, über die Herstellung der Mittel Auskunft zu geben. Die Unterlagen, die im Zusammenhang mit diesem Streit entstanden sind, zeigen einerseits, wie Schüßler sich und seine Mittel verstanden wissen wollte. Andererseits hatten die Parameter der gesetzlichen Vorgaben großen Einfluss auf die Argumentation. Der Verlauf zeigt, dass die biochemischen Mittel als Arzneimittel gesehen wurden. Die Behörden duldeten das Vorgehen Schüßlers nur, wobei seine Argumentation auf dünnem Boden stand, da bereits zu seinen Lebzeiten Zubereitungen, wie er sie verwendete, unter die geltenden Regelungen für Arzneien fielen. Dies bekamen seine Nachfolger umso mehr zu spüren, da ihnen das Verabreichen der Wirkstoffe nachdrücklich untersagt wurde und entsprechende Strafen verhängt wurden. Da die biochemischen Mittel bzw. deren Ausgangsstoffe Teil des anerkannten Arzneimittelschatzes waren

---

31 Baschin, Geschichte (wie Anm. 19), S. 30-31.
32 NLA OL, Best. 262-1 A Nr. 2711, Fasz. 13 und 14.
33 NLA OL, Best. 136 Nr. 4428, Fasz. 32.
34 NLA OL, Best. 136 Nr. 4428, Fasz. 35 (Antrag von 1916), Fasz. 37 bis 47 (Anträge aus den 1930er Jahren).

und gleichsam aufgrund ihrer speziellen Herstellungsweise als Arzneien eingestuft wurden, ist dies konsequent.[35]

Im vorliegenden Fall hatten die gezeigten Vorgaben spezifische Auswirkungen auf Formulierungen und Darstellungen in der 14. Auflage der *Abgekürzten Therapie*, die 1887 in Oldenburg erschien, weil sich Schüßler unbedingt das Recht sichern wollte, die Mittel selbst abzugeben. Schüßler bemühte sich in dieser Fassung, seine Biochemie zum einen eindeutig von der Homöopathie abzugrenzen.[36] Zum anderen versuchte er in diesem Text, seine biochemischen Mittel in ihrer Beschaffenheit als unter die Ausnahmen der *Kaiserlichen Verordnung* zählend darzustellen. In den nachfolgenden Auflagen, die 1888 und 1889 erschienen, wurden diese Passagen wieder umgearbeitet.[37] Insbesondere in den späteren Auflagen der *Abgekürzten Therapie* sprach sich Schüßler gegen Gemische seiner Salze[38] sowie die Anwendung von Mineralwässern aus und distanzierte sich von der Mineralwassertherapie.[39] Aufgrund der Einmaligkeit der Aussagen eignet sich diese 14. Auflage daher kaum als Legitimation für Salzgemische oder nachgebildete Mineralquellsalze.[40] Vielmehr sind diese Äußerungen Schüßlers in dem Kontext der Frage der Selbstdispensierung zu sehen. Für Schüßler war die Angelegenheit damit erledigt. Nahezu 30 Jahre nach seinem Tod flammte die Problematik der Selbstabgabe der biochemischen Mittel erneut auf. Auch in diesem Kontext wurde versucht, die biochemischen Mittel als „künstlichen Mineralwässern" nachgebildet darzustellen. Da die Biochemie in dieser Zeit eine gewaltige Anhängerschaft gewonnen hatte und die Produktion der Mittel sowie deren Verkauf durch Vereine ein wichtiger Wirtschaftsfaktor geworden war, wurde die Angelegenheit zu einer der schwersten Auseinandersetzungen in der biochemischen Bewegung. Um die Selbstgabe weiter zu erhalten,

---

35 Diese Einschätzung hat bis heute Gültigkeit. So hat das Verwaltungsgericht Köln in einem Urteil 2017 (VG Köln Urteil vom 20.05.2017 Az: 7 K 2241/14, Rdnr. 34) festgestellt, dass ein nach einem Homöopathischen Arzneibuch hergestelltes Präparat aufgrund der im Arzneimittelgesetz vorgenommenen Definition des homöopathischen Arzneimittels und der darin liegenden Wertung des Gesetzgebers immer ein Funktionsarzneimittel sei. Homöopathika sind danach *Arzneimittel kraft gesetzlicher Erstreckung*. Dies ist auf die Schüßler-Salze, welche entsprechend den homöopathischen Mitteln aufbereitet werden, direkt übertragbar.
36 Wilhelm Schüßler, Eine Abgekürzte Therapie. Biochemische Behandlung der Krankheiten. Mit einem Anhange, Krankengeschichten enthaltend, Oldenburg [14]1887, S. 13.
37 Die 15. Auflage der *Abgekürzten Therapie* konnte bisher in keiner Bibliothek gefunden werden. Nach Gisela Gefken, Dr. med. Wilhelm Heinrich Schüßler. Ein Literaturverzeichnis, Oldenburg 1998, S. 15, ist sie „vermehrt". Nach einer englischen Übersetzung der 15. Auflage (Wilhelm Schüssler, Abridged Therapeutics founded upon Histology & Cellular Pathology. With an Appendix Giving Special Directions or the Application of the inorganic Cell Salts, and Indications of the Underlying Condition of Morbid States of Tissue. Biochemic Method of Successfully Treating Disease. Authorised Translation by M. Docetti Walker, New York/London [15]1888, https://archive.org/stream/9415217.nlm.nih.gov/9415217#page/n17/mode/2up (Zugriff: 24.07.2018), S. 10, entspricht diese im Aufbau dem Text der 16. Auflage von 1889. Die kritischen Passagen sind weder in der Übersetzung noch in der 16. Auflage zu finden.
38 Diese war wohl in der 15. Auflage enthalten, wie die Rezension in: Homöopathische Monatsblätter 13 (1888), S. 86, belegt: *Wie in der Hauptsache eine Aenderung gegen die letzten Auflagen nicht vorgenommen worden ist. Ein neuer Zusatz warnt vor dem Verabfolgen zweier Mittel in Mischung, weil wie Herr Dr. Schüßler sagt, die Mittel sich zersetzen und andere chemische Verbindungen eingehen könnten.*
39 Diesbezügliche eindeutige Aussagen sind ab Wilhelm Schüßler, Eine Abgekürzte Therapie. Anleitung zur biochemischen Behandlung der Krankheiten, Oldenburg [18]1891, S. 13, zu finden.
40 Genau dieses Vorgehen in Walter Hayn, Biochemischer Hausarzt, Leipzig 1929, S. 11-12, wo sich der Autor auf jene Äußerungen beruft.

ging man so weit, „neue Schüßler-Mittel", auch „Mineral-Quellsalz-Pastillen" genannt, einzuführen.[41]
Insgesamt bestand bereits wenige Jahre nach dem Tod von Schüßler eine große Unsicherheit in Bezug auf die von ihm verwendeten Mittel. Die wechselnden Aussagen dazu in seinen Publikationen tragen mit Sicherheit zu den entstehenden Unklarheiten bei. Eine systematische Durchsicht zeigt, dass Schüßler in den frühen Auflagen der *Abgekürzten Therapie* zu der Frage, welche Potenzen zu verwenden seien, gar nicht immer eine klare Aussage machte und, wenn dies der Fall war, eindeutig von C-Potenzen sprach. Ab den späten 1880er Jahren war dann von D-Potenzen die Rede. Auch haben sich die heute als „typisch" geltenden Potenzen erst nach und nach durchgesetzt, ohne dass es hierfür bisher eine Erklärung gibt. Schüßler selbst scheint keinerlei Gedanken darauf verwendet zu haben, dass er in seinen Angaben von Verreibungen in C-Potenzen auf D-Potenzen wechselte. Großen Wert legte er lediglich darauf, dass die in Wasser unlöslichen Stoffe in höheren Stufen verabreicht werden sollten, damit diese *durch die erwähnten Epithelzellen treten* könnten.[42] Allerdings verfuhr Schüßler nicht dogmatisch, denn er stellte es jedem Arzt, *der biochemische Mittel anwenden will*, frei, *nach seinem Ermessen die Dosis [zu] wählen*. Dafür spricht auch, dass Schüßler Krankengeschichten anderer Ärzte bis einschließlich wenigstens zur 16. Auflage in der *Abgekürzten Therapie* publizierte, die zum Teil auch andere Potenzen bzw. ausdrücklich Dezimalverreibungen verwendeten.[43] Bis heute befinden sich die Herstellungsvorschriften der Schüßler-Mittel im Homöopathischen Arzneibuch (HAB). Abweichend von der Homöopathie werden jedoch meistens nur die 3., 6. und 12. Dezimalpotenz gebraucht.

3. Hersteller biochemischer Mittel

Am 2. Januar 1858 erhielt Dr. Wilhelm Schüßler die Erlaubnis, sich in Oldenburg mit einer Praxis als Arzt, Wundarzt und Geburtshelfer niederzulassen.[44] Er behandelte von Beginn an rein homöopathisch. Über die ersten Lieferanten fehlen die Angaben, wobei es um 1860 insgesamt nur sehr wenige Apotheken gab, die von den homöopathischen Ärzten als zuverlässige Produzenten der Mittel geschätzt wurden. So nannte Veit Meyers (1815–1872) *Homöopathischer Führer für Deutschland und das Ausland* von 1856 die Apotheker Guido Dörre (?–1910) in Clingen in Schwarzburg-Sondershausen, W. G. Günther (keine Daten) in Berlin, Wilhelm Lehrmann (?–1869) in Schöningen bei Braunschweig und Matheides (keine Daten) in Hamburg.[45] Außerdem galten die Herren Carl Gruner (1798–1875) aus Dresden, Friedrich Petters (1809–1866) aus Dessau, Albert Marggraf aus Leipzig sowie Friedrich August Günther (1802–1865) aus Langensalza als gute Adressen für den Bezug homöopathischer Mit-

---

41 Hierzu Baschin, Schüßler (wie Anm. 3), S. 134–146.
42 Schüßler, Therapie (wie Anm. 39), und die weiteren Auflagen.
43 Die 17. Auflage liegt nicht vor, ab der 18. Auflage (Schüßler, Therapie [wie Anm. 39]) sind keine Krankengeschichten mehr enthalten. In anderen Publikationen äußerte sich Schüßler beispielsweise über Versuche anderer Ärzte mit den Schüßler-Salzen positiv. Schüßler, Beleuchtung (wie Anm. 15).
44 Lindemann, Schüßler (wie Anm. 4), S. 36.
45 Veit Meyer, Homöopathischer Führer für Deutschland und das Ausland, Leipzig 1856, S. 65.

tel.[46] Als direkte belegte Bezugsquellen Schüßlers können aufgrund zusammengetragener Nachweise die Apotheken Lehrmann in Schöningen, Marggraf in Leipzig, Zahn & Seeger in Stuttgart sowie Mayer in Bad Cannstatt gelten.

Aus dem Jahr 1861 stammt der erste Beleg für eine Bezugsquelle Wilhelm Schüßlers. In einem Artikel in der *Allgemeinen Homöopathischen Zeitung* schrieb der oldenburgische Arzt, er habe das verwendete Mittel Lachesis in C 200 von Lehrmann in Schöningen erhalten.[47] Schöningen ist eine Stadt in Niedersachsen etwa 40 Kilometer von Braunschweig entfernt. Über die Apotheke ist bisher nicht viel bekannt.[48] Das Ende der geschäftlichen Beziehungen dürfte noch vor dem Tod des Apothekers 1869 eingeläutet worden sein, denn ausweislich der von Hugo Platz (1876–1945) verwendeten Briefe erhielt Wilhelm Schüßler die gewünschten Mittel ab 1867 von dem Apotheker Marggraf in Leipzig.[49]

Wilhelm Schüßler und Albert Marggraf lernten sich vermutlich 1861 bei der Hauptversammlung des *Centralvereins Homöopathischer Ärzte* kennen. Marggraf arbeitete zu dieser Zeit noch in Leipzig bei den Vereinigten Dispensieranstalten. Es könnte sein, dass Schüßler daher schon ab 1861 aus Leipzig Mittel von Marggraf bezog. Albert Marggraf machte sich 1864 mit einer eigenen Offizin selbstständig. Der erste Brief von Schüßler an ihn, den Platz in seinem Buch erwähnt, datiert von 1867. Da der Ton der Briefe jedoch recht vertraut ist, hat Schüßler mit großer Wahrscheinlichkeit schon zuvor bei Marggraf Mittel bestellt.[50] Zu dessen Tod 1880 kondolierte Schüßler mit der Bemerkung, dass dieser ihm *etwa 20 Jahre Arzneien geliefert* habe.[51] Auch dies legt den früheren Beginn der Geschäftsbeziehungen nahe. Schüßler nannte Marggraf außerdem im Jahr 1870 in einer Publikation in der *Allgemeinen Homöopathischen Zeitung* als seinen Lieferanten.[52] Zwischen beiden Herren entwickelte sich eine langjährige Freundschaft, und Marggraf trug wesentlich zur raschen Verbreitung der neuen Heilweise bei, indem er Schüßlers Artikel *Eine abgekürzte homöopathische Therapie* vom März 1873 als Sonderdruck den Sendungen an seine Kunden beilegte.[53] Marggraf veräußerte seine Apotheke 1879 mit Wirkung ab dem 1. Januar 1880 an Willmar Schwabe (1839–1917). Die Apotheke wurde dann von William Steinmetz (1855–1908) verwaltet. Es gibt auch Briefe, die Schüßler direkt an Steinmetz richtete, und er bezog noch bis Ende 1882 von dort.[54] In dieser Apotheke wurde höchstwahrscheinlich zunächst nach dem *homöopathischen Dispensatorium* von Carl Caspari (1798–1828) und der durch Marggraf 1864 überarbeiteten Version des Werkes zubereitet. Steinmetz hielt sich vermutlich eher an die *Pharmacopoea homoeopathica polyglottica* von Schwabe, die seit 1872 verfügbar war.

---

46 Baschin, Geschichte (wie Anm. 19), S. 160.
47 Schüßler, Heilung (wie Anm. 14).
48 Klaus Rose, 333 Jahre Rats-Apotheke Schöningen 1620–1953, Schöningen 1953.
49 Die Meldung über den Tod in: Neue Zeitschrift für homöopathische Klinik 18 (1869), S. 80.
50 Platz, Schüßler (wie Anm. 4), S. 12.
51 Ebd., S. 112.
52 Wilhelm Schüßler, Noch einmal Diphtheritis und Plumbum. Und zwar Plumbum jodatum, in: Allgemeine Homöopathische Zeitung 80 (1870), S. 145-146.
53 Platz, Schüßler (wie Anm. 4), S. 31. Dieser Sonderdruck wurde 1903 in der Zeitschrift für Biochemie noch einmal abgedruckt.
54 Platz, Schüßler (wie Anm. 4), S. 112.

Über die Lieferanten ab 1883 sind die Angaben lückenhaft. Die Firma Zahn & Seeger in Stuttgart schrieb in einer Anzeige, Dr. Schüßler *stets* beliefert zu haben.[55] Der Briefbeleg, der später durch die Firma verwendet wurde, stammt aus dem Jahr 1886, auch hier legt die Formulierung jedoch eine bereits seit längerem bestehende Geschäftsbeziehung nahe. Aus diesem Jahr stammt zudem die Aussage des Arztes Cornelius vor dem Stadtmagistrat zu Oldenburg während der Auseinandersetzung um das Selbstdispensieren.[56] Cornelius äußerte:

> *Es ist rein zufällig, daß wir hier keine Apotheke haben, aus welcher wir die von uns in Anwendung gebrachten Arzneimittel in zuverlässiger Weise beziehen könnten, wie dies vielerwärts anderswo der Fall ist. Uebrigens beziehen wir die von uns verwendeten Salze auch aus Apotheken, augenblicklich z. B. aus Stuttgart.*

Ab der 11. Auflage der *Abgekürzten Therapie* aus dem Jahr 1884 schrieb Schüßler nur noch von der Verwendung der 6. Verreibung, während er zuvor die *6. Centesimal-Verreibung* empfahl. In Auflage 14, die 1887 erschien, ist dann erstmals von Dezimalverreibungen die Rede.[57] Auffällig ist in diesem Zusammenhang, dass die württembergischen Apotheken, zu denen diejenige von Zahn & Seeger gehörte, nach der Pharmakopöe von Gruner arbeiten mussten. Diese war gesetzlich vorgeschrieben und sah bei der Zubereitung der Mittel die Dezimalpotenzierung vor.[58] Eventuell hing der Wechsel von C- zu D-Potenzen daher mit der neuen Bezugsquelle zusammen. Die Hirsch-Apotheke war 1874 von Zahn & Seeger gekauft worden. Aus dieser frühen Zeit liegen keine Preislisten vor, so dass unklar ist, ob die Schüßler-Mittel von Anfang an geführt wurden. Die Apotheke wechselte 1894 den Besitzer. Daraufhin kam es offenbar zu Unsicherheiten bei den homöopathischen Ärzten und Laien, *ob die Herren Käufer von Homöopathie etwas verstehen*.[59] Eventuell war dies ein Grund für Schüßler, seine Bezugsquelle erneut zu wechseln.
Denn auch die Homöopathische Central-Apotheke von Hofrat Virgil Mayer (1834–1889) in Cannstatt inserierte als *langjährige und regelmäßige Bezugsquelle des Dr. med. Schüßler* und warb damit, dass Dr. Schüßler *eine Reihe von Jahren seinen gesamten Arzneibedarf regelmäßig* von ihr bezogen hätte. 1896 empfahl Dr. Schüßler einem Geschäftsfreund diese Firma für *gute Präparate*. Dieses Schreiben wurde ebenfalls in Werbeanzeigen verwendet.[60]

---

55 Vgl. den abgedruckten Brief in den Werbeanzeigen der Apotheke zum Beispiel in: Zeitschrift für Biochemie 6 (1907), S. 8.
56 NLA OL, Best. 262-1 A Nr. 2711, Fasz. 3, Vernehmung am 19. April 1886.
57 Ausführlicher Baschin, Schüßler (wie Anm. 3), S. 46-89.
58 Verfügung des Ministeriums des Inneren, betreffend die Einrichtung und den Betrieb homöopathischer Apotheken und Dispensatorien. Vom 25. Juli 1883, in: Regierungsblatt für das Königreich Württemberg No 19, 31. Juli 1883, S. 187-196.
59 Die entsprechende Anzeige in: Homöopathische Monatsblätter 19 (1894), S. 112.
60 Beispielsweise Zeitschrift für Biochemie 5 (1906), S. 15, sowie in den weiteren Jahren: *Nebenbei der naturgetreu wiedergegebene und amtlich beglaubigte Text einer Postkarte, die der im Jahr 1898 verstorbene Herr. Dr. med. Schüssler, der eine Reihe von Jahren seinen gesamten Arzneibedarf regelmässig aus unten angeführter Firma deckte, am 5. Juni 1896 an einen Geschäftsfreund derselben, Herrn Dr. K. in H. schrieb.*

Anhand von Werbeanzeigen in biochemischen Zeitschriften oder Büchern konnten insgesamt rund 50 Apotheken oder Firmen nachgewiesen werden, welche biochemische Mittel anboten.[61] Die aus diesen Unterlagen gewonnenen Ergebnisse belegen, dass zu den drei ältesten Herstellern der Apotheker Albert Marggraf gehörte, bei dem Schüßler seine benötigten Wirkstoffe im Rahmen der Entwicklung der Therapiemethode bezogen hatte. Marggraf ahnte früh, dass der Handel mit biochemischen Mitteln ein lukratives Geschäft sein könnte und bot sie ab August 1873 an. Doch war er bald nicht mehr allein. Im Oktober 1873 offerierte der württembergische homöopathische Apotheker Zennegg (1808–1881) die *Mittel von Dr. Schüßler in Oldenburg in 6. und 12. Verreibung*.[62] Kurze Zeit später warb eine weitere Anzeige in der Dezemberausgabe der *Populären Zeitschrift für Homöopathie* für die Schüßler-Mittel. Willmar Schwabe bot *Apotheken nach Dr. Schüßler mit den von demselben vorgeschlagenen Functionsmitteln in Hochverreibungen* an.[63]

Unabhängig davon gab es nur zwei weitere Apotheken, die sich als gewissenhafte Hersteller homöopathischer Mittel einen Namen gemacht hatten und die mit großer Wahrscheinlichkeit bereits im 19. Jahrhundert die Schüßler-Mittel herstellten. Dies sind Friedrich Mauch (1837–1905) in Göppingen (Nachweis 1879) und Johannes Sonntag (1863–1945) in Regensburg (Nachweis 1891). Als dritte Apotheke kommt allenfalls diejenige von Ferdinand Hess (keine Daten) in Nürnberg in Frage, allerdings liegen aus dieser Einrichtung keine Preislisten vor, um dies eindeutig zu belegen. Bei diesen Apotheken stellt die Biochemie aber auch später nur einen kleineren Produktionszweig dar.

Um 1900 nahmen mehrere Apotheker die Produktion der biochemischen Mittel auf: Johann Schaub (1872–1917) in Delmenhorst, Max Stoy (keine Daten) in Rodenkirchen, Theodor Sönnichsen (1866–1933) in Brake sowie die Löwen-Apotheke in Lübeck. Längerfristig konnte sich davon nur Schaub auf dem Markt halten. Neben Schwabe war die Firma Schaub eine der wenigen, die für die Produktion der Mittel eigene Räumlichkeiten zur Verfügung stellte.

Im Jahr 1919 wurde die Firma Madaus gegründet und entwickelte sich neben Schwabe zu einem der größten Hersteller der biochemischen Mittel.[64] Die Produktion konzentrierte sich jedoch im Zusammenhang mit der Auseinandersetzung um die Freiverkäuflichkeit zunehmend auf die Mineral-Quellsalz-Pastillen. Gleiches gilt für die anderen Hersteller dieser Pastillen, die zum Teil erst in den 1920er Jahre gegründet wurden. Eine größere Einrichtung war außerdem diejenige von Eduard Blell (1877–1948) in Magdeburg, aus der die RAMA-Werke hervorgingen.[65]

Auffällig ist ferner, dass in den Jahren ab 1923 zahlreiche Firmen mit der Herstellung biochemischer Mittel begannen und dafür in den Zeitschriften warben. Zum

---

61 Weitere Informationen zu diesen Quellen und deren Auswertung in: Baschin, Schüßler (wie Anm. 3), S. 12-16. Ebenda befinden sich weitere Ausführungen zu den genannten Produzenten der biochemischen Mittel.
62 Für Marggraf Mitteilungen an die Mitglieder der Hahnemannia 4 (1873), S. 6, für Zennegg Mitteilungen an die Mitglieder der Hahnemannia 5 (1873), S. 5. Ausführlicher Baschin, Schüßler (wie Anm. 3), S. 175-177.
63 Populäre Zeitschrift für Homöopathie 4 (1873), S. 120, und Populäre Zeitschrift für Homöopathie 5 (1874), S. 12.
64 Baschin, Schüßler (wie Anm. 3), S. 223-232, mit weiterer Literatur.
65 Ebd., S. 222-223.

einen mag der wirtschaftliche Druck dieser Zeit bei den Laboratorien dazu geführt haben, diese Mittel in die Produktion aufzunehmen. Zum anderen müssen die 1920er Jahre als „Blütezeit" der Biochemie gelten. Es wurden zahlreiche Vereine gegründet, so dass die Nachfrage wiederum die Aufnahme der Produktion begünstigte. Allerdings ist die Entstehung von pharmazeutischen Betrieben in dieser Zeit nicht ungewöhnlich. Die 1920er Jahre sind vielmehr allgemein eine Zeit des Aufschwungs für solche Firmen und Laboratorien.

Bei der Sichtung von Akten, Bauplänen und Visitationsberichten ist häufig bei den genannten Apotheken nur von „Homöopathie" die Rede. Mit Ausnahme der Offizinen von Schwabe und Schaub sowie der sehr kurz bestehenden Einrichtung von Stoy gab es offenbar kaum eigene Räumlichkeiten für die Biochemie oder die Herstellung biochemischer Mittel in den Apotheken oder Fabriken. Vielfach scheinen die biochemischen Mittel daher in denselben Räumlichkeiten, oft sogar mit denselben Geräten hergestellt worden zu sein. Die Begriffe „Homöopathische/Biochemische Central-Apotheke" oder „Biochemische Zentrale" waren gesetzlich nicht geschützt und konnten daher ohne weiteres verwendet werden, meist mit der Absicht der größeren Reklame.

Rein rechtlich gab es zumindest für Württemberg und ab 1893 reichsweit Regelungen, wie eine homöopathische Apotheke eingerichtet sein sollte, damit sie staatlich anerkannt werden konnte.[66] Diese sah vor allem getrennte Räumlichkeiten und Gerätschaften vor. Außerdem sollte genug Personal vorhanden sein, damit sich ein Vorstand oder Gehilfe ausschließlich um die homöopathische Abteilung kümmern könne.[67]

Für die Biochemie gab es keine vergleichbaren Regeln. Dies könnte zum einen damit zusammenhängen, dass es für diese zunächst weitgehend unbekannte Heilmethode keinen Regelungsbedarf gab. Zum anderen könnte es darauf hinweisen, dass die Regelungen, welche bereits für die Homöopathie galten, einfach übernommen wurden. Häufig wurden die biochemischen Mittel als Teil des homöopathischen Arzneischatzes gesehen und nach allem, was bisher bekannt ist, entspricht die Herstellung den in der Homöopathie üblichen Verfahren, so dass eine analoge Interpretation nahelag. Wie die Beispiele von Stoy, Schwabe und Schaub zeigen, wurden zumindest von deren Seite die Regelungen, welche für die Homöopathie getroffen worden waren, für die Biochemie übernommen und als angemessen betrachtet. Gemäß den Kriterien Schwabes für die Berechtigung, den Titel „Biochemische Central-Apotheke" zu führen, wären diese daher, soweit bisher bekannt, die einzigen in Frage kommenden Kandidaten.[68]

Mit der Ausbreitung der biochemischen Bewegung und der Bekanntheit der Mittel, wurden die Herstellung und der Verkauf dieser Arzneien ein zunehmend interessanter Geschäftszweig. Die Apotheker waren prinzipiell daran interessiert, nachge-

---

66 M. Pistor, Das Apothekenwesen in Preussen nach deutschem Reichs- und preussischem Landrecht, Berlin 1894, http://www.digibib.tu-bs.de/?docid=00033527 (Zugriff: 28.08.2018), S. 200.
67 Zu den Vorschriften die Verfügung des württembergischen Ministeriums des Inneren (wie Anm. 58). Zu homöopathischen Apotheken die Ausführungen bei Baschin, Geschichte (wie Anm. 19), S. 158-183.
68 Zu dem Begriff *Central-Apotheke* nimmt Willmar Schwabe, Homöopathische Central-Apotheken, in: Leipziger Populäre Zeitschrift für Homöopathie 33 (1902), S. 35-36, Stellung.

fragte Produkte im Programm zu haben, zumal sie im Falle von rezeptfreien Mitteln den Umsatz der Apotheken im Handverkauf fördern konnten. Verständlicherweise bemühte sich daher jede Apotheke, auf die Güte und Reinheit ihrer Produkte, sowie die Qualität und eine gewissenhafte Herstellung hinzuweisen. Im Bereich der Werbung war nahezu jede Möglichkeit recht, sich durch besondere Behauptungen von den Konkurrenten abzusetzen und die eigenen Produkte hervorzuheben. Im Bereich der Handverkaufsartikel versuchte man, gegenüber den anderen Konkurrenten stets Vorteile zu betonen und zu finden.

Obgleich Schüßler selbst in der *Abgekürzten Therapie* immer nur von Verreibungen beziehungsweise Pulvern und deren Auflösung in Wasser sprach, stellten die Apotheken die Schüßler-Mittel in allen homöopathischen Arzneidarreichungsformen her.[69] Die Funktionsmittel wurden zunächst nur in Verreibungen angeboten. Noch zu Lebzeiten Schüßlers wurden die Mittel ab 1890 von Schwabe als Tabletten hergestellt.[70] Tabletten und Verreibungen wurden daraufhin die häufigste Form. Nach und nach boten einzelne Apotheken Streukügelchen und flüssige Potenzen an. Diese Darreichungsformen wurden nicht die Norm und waren nur bei größeren Produzenten im Programm. Streukügelchen waren wohl die am wenigsten nachgefragte Form. Pflaster waren früh im Angebot, wurden aber immer mehr von Salben abgelöst. Diese wurden ab etwa 1912 zunächst von Schwabe hergestellt. Auch Seifen und Zahnpasta gab es, wobei diese ab 1922 von BIKA, einer Firma in Stuttgart, und 1924 von Schwabe angeboten wurden. In dieser Hinsicht sah sich das biochemisch interessierte Laienpublikum stets einem „Mehrangebot" gegenüber. Dennoch ist nicht bekannt, dass Schüßler öffentlich gegen die diversen Angebote der Apotheken, gerade im Falle der Tabletten, vorgegangen wäre. Die Apotheken nutzten zunächst Flaschen als Hauptverpackungsmaterial. Kartons wurden später eingeführt, wobei Schwabe eine Vorreiterrolle einnahm. Andere Apotheken verwendeten Dosen.

Ähnlich wie die homöopathischen Mittel standen die Schüßlerschen Funktionsmittel in den Wechselwirkungen von Medizin und Wirtschaft.[71] Angebot und Nachfrage stellen in diesem Bereich ein kaum zu entwirrendes Wechselspiel dar. Denn die Apotheker wären ohne die anhaltende Beliebtheit der Biochemie in der Bevölkerung wie deren Interesse an den Mitteln kaum auf die Idee gekommen, die umstrittenen Wirkstoffe herzustellen. Andersherum sorgte die massive Werbung von Seiten der Apotheker wie deren Unterstützung der Laienbewegung dafür, dass das Interesse erhalten blieb oder sich vermehrte.[72] Zugleich hatten die Apotheker ein weiteres Interesse daran, zusätzliche Produkte auf den Markt zu bringen, um den Absatz zu steigern. Dies führte jedoch auch dazu, dass unter den Herstellern der biochemischen Mittel ein verstärkter Konkurrenzkampf einsetzte, in dessen Verlauf die Frage nach der

---

69 Hierzu Baschin, Schüßler (wie Anm. 3), S. 89-104.
70 Homöopathische Arznei-Tabletten, in: Populäre Zeitschrift für Homöopathie 21 (1890), S. 198-199. Der Brief bei Platz, Schüßler (wie Anm. 4), S. 20.
71 Hierzu Baschin, Geschichte (wie Anm. 19), S. 157-209.
72 Axel Helmstädter/Jutta Hermann/Evemarie Wolf, Leitfaden der Pharmaziegeschichte, Eschborn 2001, S. 150-161. Für den homöopathischen Arzneimittelmarkt skizziert Eberhard Wolff, „Eine gesunde Concurrenz sei für das Publicum stets von Vortheil". Der homöopathische Heilmittelmarkt zwischen Apotheken und Laienvereinen, in: Martin Dinges (Hg.), Homöopathie. Patienten, Heilkundige, Institutionen. Von den Anfängen bis heute, Heidelberg 1996, S. 102-131, die einzelnen Faktoren.

„richtigen" Herstellung der Schüßler-Mittel immer wieder aufgeworfen wurde. Denn selbstverständlich nahm jede Apotheke/Firma für sich in Anspruch, die Mittel *gewissenhaft* und *genau nach den Vorschriften* zu produzieren. In der Auseinandersetzung um den Absatzmarkt ging man bisweilen relativ „großzügig" mit der Auslegung einzelner Aussagen Schüßlers um oder ignorierte sie wie im Falle der Ablehnung von Globuli. Man nutzte zudem die durch verschiedene Aussagen seinerseits begünstigte und nach seinem Tod sich weiter verschärfende Unklarheit und Unkenntnis über die Mittel, um sich einen Vorteil für die selbst hergestellten Arzneien zu verschaffen. Dabei kam der Behauptung, es gäbe ein „besonderes" Herstellungsverfahren, eine wichtige Rolle zu.

So sah sich Willmar Schwabe 1902 genötigt, Folgendes zu erklären: Die Schüßlerschen Funktionsmittel *werden auch ganz nach homöopathischer Vorschrift bereitet*. Angesichts der zunehmenden Konkurrenz auf dem Markt hatte eine württembergische Apotheke versucht, *glaubhaft zu machen, daß es sich um eine ganz eigenartige, complicirte Herstellung dieser 11 Mittel handele*. Dies war aber nach Schwabe nicht der Fall.[73] Später wurde bekannt, gegen welche Apotheke sich der Leipziger Unternehmer gewandt hatte. Die Firma Zahn & Seeger Nachfolger hatte sich nicht nur den Namen *homöopathische Central=Apotheke* beigelegt, obwohl sie nach wie vor „allopathische" Medikamente herstellte und vertrieb und daher in den Augen Schwabes keine *rein homöopathische Officin* war, sondern hatte sich auch als *biochemische [!] Central= Apotheke* bezeichnet. In der 1902 veröffentlichten Preisliste hatten die Inhaber eine *eigenartige Zubereitung* der Mittel beschrieben, wonach der Verdacht aufkommen konnte, *als ob die biochemischen Mittel in einer besonderen Weise, nach einem besonderen Verfahren und nach ganz besonderen, von dem Begründer der biochemischen Heilmethode selbst angegebenen Vorschriften hergestellt würde, so daß es sich um ein Geheimniß der Herstellung handelte*. Allerdings treffe dies nicht zu: *Die sog[enannten] Functionsmittel werden ganz genau nach den Vorschriften Hahnemann's wie alle anderen homöopathischen Mittel angefertigt, weshalb sie auch ganz in derselben Weise wie diese verordnet und angewendet werden*.[74]

Doch behauptete Schwabe zu Unrecht, die biochemischen Mittel würden *ganz in derselben Weise* wie die homöopathischen *verordnet*, denn wie Schüßler selbst dargelegt hatte, verordnet die Homöopathie nach dem Simile-Prinzip, während die Biochemie die Deckung eines Defizits beabsichtigt.

Insbesondere Willmar Schwabe versuchte in diversen Artikeln und Auseinandersetzungen, auf die Diskrepanz zwischen Werbung und Realität aufmerksam zu machen. Er betonte immer wieder, dass zahlreiche Apotheken keineswegs „rein homöopathische/biochemische" Einrichtungen seien, wie dies in den Werbeanzeigen behauptet wurde.[75] Diese Äußerungen sind auf den zunehmenden Konkurrenz-

---

73 Schwabe, Central-Apotheken (wie Anm. 68), S. 36. Schüßler selbst betonte ebenfalls die homöopathische Zubereitung der Gaben, Platz, Schüßler (wie Anm. 4), S. 124, oder Wilhelm Schüßler, Eine Abgekürzte Therapie gegründet auf Histologie und Cellular-Pathologie. Anleitung zur Behandlung der Krankheiten auf biochemischem Wege. Mit einem Anhange, Krankengeschichten enthaltend, Oldenburg [7]1881, S. 41.
74 W[ilhelm] Scharff, Die Firma Zahn & Seeger Nachfolger und ihre neueste Preislisteüber biochemische Mittel, in: Leipziger Populäre Zeitschrift für Homöopathie 33 (1902), S. 45-46.
75 Willmar Schwabe, Pseudohomöopathische Apotheker, in: Populäre Zeitschrift für Homöopathie 18 (1887), S. 161-163 und S. 181-183; Schwabe, Central-Apotheken (wie Anm. 68), sowie Scharff, Firma (wie Anm. 74). Vgl. die Literatur in Baschin, Geschichte (wie Anm. 19), S. 304, sowie Baschin, Schüßler (wie Anm. 3), S. 275-278.

kampf zurückzuführen, der sich sowohl national als auch international abspielte. Soweit man Aufschluss über die Räumlichkeiten und Herstellungsprozesse gewinnen kann, scheint es durchaus in einigen Einrichtungen mit der sonst in der Werbung propagierten Gewissenhaftigkeit und Reinlichkeit bisweilen nicht ganz so genau zugegangen zu sein. Prinzipiell schützte die staatliche Kontrolle aber auch nicht immer vor Betrugsversuchen, worauf in Zeitschriften im Zusammenhang mit homöopathischen Arzneimitteln im Allgemeinen hingewiesen wurde.[76]

4. Schluss

Der Arzt Wilhelm Schüßler, welcher die Biochemie begründete, sowie die von ihm verwendeten Wirkstoffe, die heutzutage besser unter dem Namen „Schüßler-Salze" bekannt sind, bieten die Möglichkeit, verschiedene Aspekte dessen, was mit dem Stichwort „Pluralismus" in der Medizin bezeichnet wird, zu beleuchten. Aufbauend auf einer knappen biographischen Beschreibung von Schüßler sowie dessen therapeutischem Ansatz wurde im Zuge des geschilderten „Selbstdispensierstreits" in Oldenburg deutlich, dass das Verhältnis zwischen therapeutischer Tätigkeit, Apotheken und Staat nicht immer reibungslos war. Davon ausgehend wurde beschrieben, wie sich letztendlich immer mehr Apotheker dazu bereitfanden, die biochemischen Wirkstoffe herzustellen und zu verkaufen.

Dieses Thema hat Relevanz über die Biochemie hinaus, denn seit langem stellt sich die Frage, was als Arzneimittel definiert wird und welche Stoffe als so wirksam und gleichermaßen „gefährlich" eingestuft werden, dass deren Verkauf lediglich den Apotheken vorbehalten ist. Verschiedene Länder kommen dazu auch heute zu unterschiedlichen Regelungen. So ist es beispielsweise in anderen europäischen Ländern möglich, Schmerzmittel, wenn auch in geringer Dosierung, in einem normalen Supermarkt zu erwerben. Zweifelsohne muss es im Interesse der Betroffenen liegen, dass eine gesetzliche Regulation stattfindet und ein ungeprüfter Verkauf von Stoffen im Zusammenhang von Gesundheit und Krankheit nicht möglich ist. Doch ist dies ein ständiges Ringen.

Der Verkauf von Wirkstoffen und Medikamenten ist immer auch ein Broterwerb. Gerade als Konsument sollte man hinterfragen, welche Produkte warum oder wie verkauft werden. Dies betrifft insbesondere freiverkäufliche Produkte, die in Apotheken im Bereich Gesundheit und Wellness angeboten werden. Über die Einstufung der jeweiligen Stoffe, deren „Nutzen" oder „Schaden" sowie deren mögliche Risiken wird permanent verhandelt und je nach Stand der (wissenschaftlichen) Erkenntnisse erfolgen die Einstufungen und Beurteilungen.

Dies weist zugleich auf die Bedeutung einer ausgewogenen fachlichen Beratung in Apotheken hin. Dieser kommt eine verantwortungsvolle Rolle zu. Es wird unterstrichen, dass eine Apothekenbindung von Wirkstoffen grundlegend dafür ist, dass solche durch fachkundige Hände vertrieben werden. Der Beitrag verdeutlicht außer-

---

76 Baschin, Geschichte (wie Anm. 19), S. 167. Für die Biochemie Albert Reiff, Wie es gemacht wird, in: Zeitschrift für Biochemie 7 (1908), S. 1-2.

dem die Verantwortung bei einer korrekten Herstellung von Arzneimitteln sowohl in den Apotheken als auch in den Pharmaunternehmen. Das Einhalten von Standards sowie Qualität und Zuverlässigkeit bei der Herstellung ist ein bedeutendes Markenzeichen und kann in der Werbung entsprechend genutzt werden. Insgesamt spielen bei der Frage, was als ein Arzneimittel eingestuft wird, wie gezeigt wurde, viele Faktoren eine Rolle. Unterschiedliche Interessen und Motivationen bestimmen darüber, warum welches Produkt wann und wie hergestellt und verkauft wird.

Als Historiker sieht man sich häufig mit der Frage konfrontiert, wozu denn das Aufarbeiten der Vergangenheit notwendig sei und welchen Nutzen die eigenen Forschungen erfüllen würden. Archivare stehen vor der Frage, warum sie kilometerlange Regale voller Unterlagen aufbewahren und ob dies sinnvoll sei. Dieser Beitrag ist so auch ein Beispiel dafür, wie historische Forschungen in überlieferten und aufbewahrten Materialien Antworten auf in der Gegenwart interessierende und relevante Aspekte geben können. Daher sei an dieser Stelle auf die Überlieferung der biochemischen Vereine als wichtigen Organisationen bei der Verbreitung der Biochemie verwiesen. Es handelt sich hierbei um einen bedeutsamen Gegenstand der lokalen Geschichte und von gesellschaftlichem Einfluss, vor allem in Norddeutschland. Archiven kommt in diesem Teil der Medizingeschichte eine besondere Rolle zu, vor allem, wenn es um die Sicherung von Unterlagen zur Geschichte komplementärer Heilweisen geht, die in erster Linie durch Laien weitergetragen werden und durch die Nachfrage von Betroffenen an Relevanz gewinnen.

Ausgangspunkt der Überlegungen waren konkrete Fragen zu dem Oldenburger Arzt Wilhelm Schüßler und die von ihm verwendeten Arzneimittel, welche er gemäß seiner entwickelten biochemischen Heilmethode verabreichte. Über den eigentlichen Kern hinaus zeigt der Beitrag deshalb, warum es auf Geschichte ankommt. In einem so sensiblen Bereich, wie es das Thema Gesundheit und Krankheit und die damit verbundenen Faktoren, wie die Entwicklung von Therapieansätzen, die Ausübung der ärztlichen oder medizinischen Tätigkeit sowie die Herstellung und der Vertrieb von Arzneimitteln sind, können ein Blick in die Vergangenheit und die Erarbeitung von belegbaren Informationen dazu beitragen, Diskussionen zu versachlichen und aufgeworfene Fragen zu klären.

Franz-Reinhard Ruppert

Kirche, Schule, Post und Wohnbebauung statt Linoleumfabrik

Stadtmagistrat und Bürger wenden sich 1884 gegen einen stadtkernnahen Standort für eine zweite Linoleumfabrik in Delmenhorst

Mit der Gründung der Jutespinnerei und Weberei 1870 bzw. des Produktionsbeginns 1871 begann sich das Landstädtchen Delmenhorst vor 150 Jahren zu einem Industriestandort zu wandeln. 1882 wurde mit dem Bau einer Linoleumfabrik ein weiterer Industriezweig in Delmenhorst ansässig. Mit den Industriearbeitsplätzen stieg die Einwohnerzahl. Nicht im gleichen Maße entwickelte sich der Wohnraum. Der Stadtmagistrat verfolgte die Entwicklung mit Sorge, sah aber für die Erweiterung der von Wiesen und Weiden umgebenen Stadt nur begrenzte Möglichkeiten. *Die Stadt Delmenhorst [...] wird sicher mit der Zeit einer Erweiterung und Ausdehnung bedürfen, es sind ihr aber nach den Himmelsrichtungen Osten, Westen und Süden die Flügel beschnitten, nur nach Norden [...] bleibt ihr Terrain für Privatbauten.*[1] Gemeint war ein Areal nördlich des Stadtkerns und der Delme, begrenzt durch die seit 1867 bestehende Bahntrasse im Norden (Abb. 1).[2] Das etwa zwei Hektar große Grundstück hatte der Korkfabrikant Julius Wieting[3] 1877 gekauft[4] und ganz im Sinne des Stadtmagistrats geplant, *das Grundstück zu Bauplätzen einzurichten und Letztere an Private zu verkaufen.*[5] Der Stadtmagistrat hatte 1878, um das Grundstück zu erschließen, mit Wieting Verhandlungen über den Ankauf des Weges, der späteren

---

1 Stadtarchiv Delmenhorst (im Folgenden StadtA Del): Magistratsakte 1798: Fabrikanlagen der Deutschen Linoleumwerke „Hansa", 1882, 1893, 1917, hier: Schreiben an das Amt Delmenhorst v. 28. Juli 1882.
2 Der Plan ist nicht datiert. Nach dem dargestellten Inventar kann er zeitlich auf ca. 1880 eingeordnet werden.
3 Julius Christian Wilhelm Wieting wurde am 21. Juni 1843 in Delmenhorst geboren und war mit Louise, geb. Buchholz verheiratet (StadtA Del: Melderegister, Bd. Wegzug Mai 1893–April 1894). Er betrieb an der Westerstraße eine Korkfabrik.
4 Vgl. Anm. 1: Die *Berechnung über die Höhe der Kosten für den Ankauf eines Weges über die Wietingschen Grundstücke (die sogenannte Luisenstraße) am 1. August 1882* enthält die Angaben über den Ankauf zweier Grundstücke (Witzlebensche Weiden und Ordemannsche Weiden) zum 1. Mai bzw. 1. November 1877.
5 Wie Anm. 1.

Anschrift des Verfassers: Dr.-Ing. Franz-Reinhard Ruppert, Roonstraße 7, 37441 Bad Sachsa

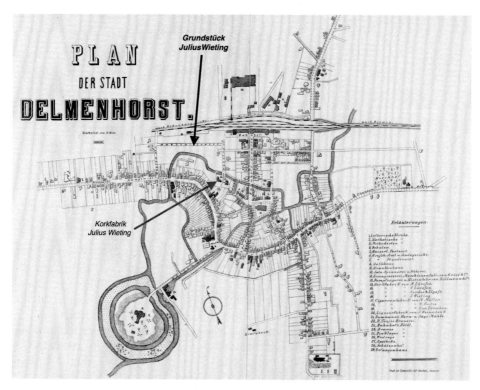

Abb. 1: Plan der Stadt Delmenhorst, ca. 1880, mit der Lage des Grundstücks von Julius Wieting (Stadtarchiv Delmenhorst)

Louisenstraße,[6] geführt, der das Grundstück, abzweigend von der Wietingstraße (Westerstraße), von Osten nach Westen querte. Stattdessen reichte Wieting im Juli 1882 sehr zum Missfallen des Stadtmagistrats beim Amt Delmenhorst ein Gesuch zum Bau und Betrieb einer Korkteppichfabrik (Linoleumfabrik) ein.[7]

Allerdings blieb es bei der Absicht des Fabrikbaus, aber auch der Wohnbebauung. Das Gelände war auch 1884 noch unbebaut,[8] als Julius Wieting im Oktober die Bitte an das Amt Delmenhorst richtet, auf *seinem Lande beim Bahnhofe eine Korkteppichfabrik bauen zu dürfen*.[9] Er beabsichtigte, die zweite Delmenhorster Linoleumfabrik unter seinem Namen zu bauen und zu betreiben.

---

6   Der Weg wird in den Schriftsätzen als *sogenannte Louisenstraße* bezeichnet, da der Name von Wieting privat vergeben worden war. Der Straßenname wurde später für das kommunale Straßennetz übernommen.
7   Franz-Reinhard Ruppert, „Ganz frei von Unannehmlichkeiten wird freilich eine industrielle Anlage für die übrigen Bewohner eines Ortes nur selten sein" – Genehmigungsverfahren für die Delmenhorster Industrieanlagen Jute 1870, Linoleum 1882 und Wolle 1884, in: Delmenhorster Heimatjahrbuch 2020.
8   Archiv Delmenhorster Kreisblatt (im Folgenden Archiv dk): Im Delmenhorster Kreisblatt vom 26. September 1884, S. 2 wird von bisher nicht gut verkäuflichen Bauplätzen beiderseits der Louisenstraße berichtet.
9   StadtA Del: Magistratsakte 1799 Korkfabriken 1884-1925. Darin: Akte betr. die Anlage einer Korkfabrik (Korkteppichfabrik) durch den Fabrikanten Jul. Wieting 1884. Schriftstück Nr. 1: Wieting an das Amt Delmenhorst, 22. Oktober 1884.

Kirche, Schule, Post und Wohnbebauung statt Linoleumfabrik —————— 75

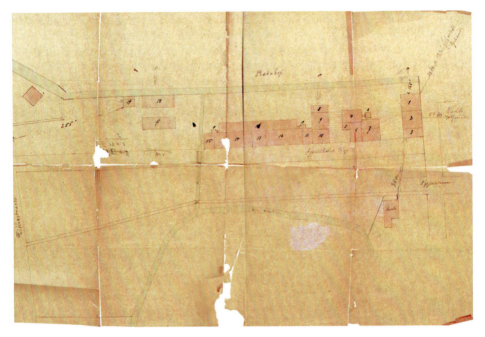

Abb. 2: Der dem Gesuch vom 22. Oktober 1884 beigefügte Lageplan (Grundriß) der Linoleumfabrik im Maßstab 1:500 (Stadtarchiv Delmenhorst, Magistratsakte 1799)

Dem Gesuch ist ein Lageplan beigefügt, auf dem an der nördlichen Seite der Louisenstraße auf einer Fläche von ca. 200 m mal 35 m Fabrik- und Bürogebäude eingezeichnet sind (Abb. 2).[10] Entstehen sollten auf dem Grundstück Büro- und Magazinräume (1-3), Kesselhaus, Dampfmaschine, Korkmühle und -magazin (4-7), ein 100 Fuß hoher Schornstein (S), Fabrikationsräume für das Linoleum und Trockenhäuser (8-16),[11] sowie Gebäude zur Oxidation und zum Kochen sowie Mischen des Leinöls (17-19). Mündlich gab Wieting im Amt Delmenhorst ergänzend zu Protokoll: *die Gebäude werden sämtlich ganz massiv erbaut und mit Schiefer gedeckt, somit genügend feuersicher.*[12] Hinsichtlich des Fabrikationsverfahrens fasste sich das Gesuch knapp. *Die Fabrikation geschieht ganz in derselben Weise wie bei der German Linol. Comp.* Damit verwies Wieting auf die erste Delmenhorster Linoleumfabrik, die 1882 unter dem Namen „German Linoleum Manufactoring Company Ltd." erbaut worden war und 1883 den Betrieb aufgenommen hatte.[13] Zu dieser Gesellschaft hatten sich die im Juni 1882 gegründete Delmenhorster Linoleumfabrik A.G. und die englische Staines

---

10 Die wenig professionelle Zeichnung deutet darauf hin, dass Wieting diesen Plan selbst angefertigt hat. Der Zustand des transparenten Zeichenpapiers, Blattgröße ca. 40 cm mal 60 cm, ist inzwischen äußerst fragil.
11 Dieser Gebäudekomplex hat eine Länge von 80 m.
12 StadtA Del: Magistratsakte 1799 (Anm. 9), Schriftstück Nr. 6: Protokoll über einen Vortrag von Julius Wieting im Amt Delmenhorst am 21. Oktober 1884.
13 Ab 1896 hieß das Werk „Deutsche Linoleumwerke Hansa A.G".

Linoleum Company zusammengefunden, um ein Werk im Norden außerhalb der Stadt an der Ochtumer Chaussee[14] nördlich der Welse[15] unter englischer Führung zu bauen und zu betreiben. Wieting war Gesellschafter der Delmenhorster Linoleumfabrik A.G. und stellvertretender Vorstand. Zunächst hatte diese Gesellschaft beabsichtigt, das Grundstück an der Louisenstraße im Juli 1882 von Wieting zu kaufen, um darauf die Fabrik zu bauen. Die Kaufabsicht stand allerdings unter dem Vorbehalt, dass es Wieting gelänge, die notwendige Konzession für die Linoleumfabrik zu erhalten.[16] Das Gesuch dazu reichte Wieting im Juni 1882 beim Amt Delmenhorst ein.[17] Zu der Konzession kam es nicht, weil bereits im August das Grundstück an der Ochtumer Chaussee angekauft wurde.[18] Damit kam der Kauf des Geländes an der Louisenstraße nicht zu Stande.

Der erneute Versuch Wietings, auf seinem Grundstück eine Linoleumfabrik zu bauen und zu betreiben, wurde am 24. Oktober 1884 durch das Amt Delmenhorst öffentlich bekannt gemacht (Abb. 3).[19] Gesetzliche Grundlage des Genehmigungsverfahrens war die Gewerbeordnung von 1869.[20] Die öffentliche Bekanntmachung des Vorhabens zeigt, dass die geplante Linoleumfabrik von der Genehmigungsbehörde nach der Gewerbeordnung § 16 unter *Anlagen, welche einer besonderen Genehmigung bedürfen*, eingestuft worden war. In der zugehörigen Objektliste werden zwar keine Linoleumfabriken aufgeführt, da es sie bei Inkrafttreten der Gewerbeordnung in Deutschland noch nicht gab. Dem Sinn dieses Paragrafen nach war aber zweifelsfrei eine besondere Genehmigung erforderlich, da nicht auszuschließen war, dass die Fabrik *durch die örtliche Lage oder die Beschaffenheit der Betriebsstätte für die Besitzer oder Bewohner der benachbarten Grundstücke oder für das Publikum überhaupt erhebliche Nachtheile, Gefahren oder Belästigungen herbeiführen* könne. Das scheint dem Amt Delmenhorst um so bewusster gewesen zu sein, als es den Betrieb und die Auswirkungen des ersten Delmenhorster Linoleumwerkes im Norden der Stadt seit fast zwei Jahren beobachten konnte. Die Geruchsintensität der Leinölverarbeitung dürfte dem Amt wie den Bürgern trotz der Entfernung zur Stadt nicht entgangen sein, wie der gleichen Ausgabe des Delmenhorster Kreisblatts, in der die amtliche Bekanntmachung erschien, zu entnehmen ist.

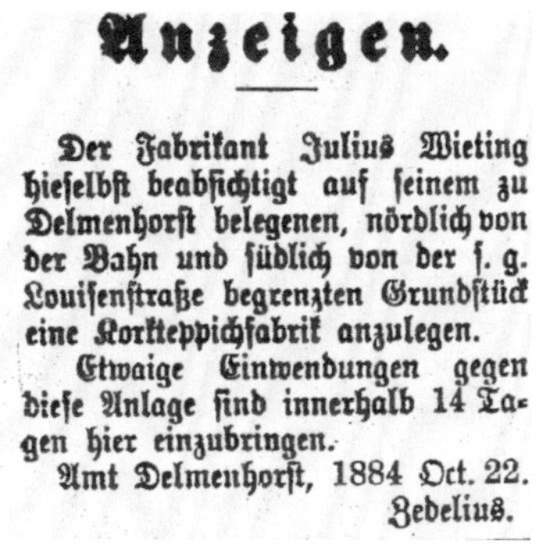

Anzeigen.

Der Fabrikant Julius Wieting hieselbst beabsichtigt auf seinem zu Delmenhorst belegenen, nördlich von der Bahn und südlich von der s. g. Louisenstraße begrenzten Grundstück eine Korkteppichfabrik anzulegen.

Etwaige Einwendungen gegen diese Anlage sind innerhalb 14 Tagen hier einzubringen.

Amt Delmenhorst, 1884 Oct. 22.

Zedelius.

Abb. 3: Amtliche Bekanntmachung der Absicht, eine Korkteppichfabrik zu bauen (Delmenhorster Kreisblatt vom 24. Oktober 1884)

14 Die heutige Stedinger Straße.

15 Die Welse ist ein Nebenfluß der Delme. Das Fabrikgelände lag ca. 1.000 m nördlich des Stadtkerns.

16 Archiv dk: Delmenhorster Kreisblatt vom 23. Juni 1882.

17 Ruppert (wie Anm. 7).

18 Archiv dk: Delmenhorster Kreisblatt vom 1. September 1882.

19 Archiv dk: Delmenhorster Kreisblatt vom 24. Oktober 1884, S. 3. Die Anzeige ist unterzeichnet vom Amtshauptmann Heinrich Bernhard Friedrich August Zedelius.

20 Gewerbeordnung für den Norddeutschen Bund, Fassung vom 21. Juni 1869. Bundesgesetzblatt des Norddeutschen Bundes, 1869, Nr. 26, S. 245-282.

Kirche, Schule, Post und Wohnbebauung statt Linoleumfabrik

Dort wird vom beabsichtigten Bau der Korkteppichfabrik und der Befürchtung der Anwohner berichtet, *daß die Fabrik ebenso wie die an der Welse errichtete Korkteppichfabrik einen widerlichen Geruch verbreiten werde, weshalb sie die Anlage dieser Fabrik auch außerhalb der Stadt wünschen*.[21]

Die amtliche Bekanntmachung war Bestandteil des Genehmigungsverfahrens.[22] Durch sie wurde die Öffentlichkeit einbezogen. Von der Aufforderung, Einwendungen vorzubringen, wurde umgehend Gebrauch gemacht. Der Stadtmagistrat, außer durch die Zeitungsanzeige auch direkt durch das Amt Delmenhorst zu einer Stellungnahme aufgefordert,[23] ersuchte darum, *dem J. Wieting die Concession zur Errichtung einer Korkteppichfabrik auf dem von ihm dazu bestimmten Grundstücke versagen zu wollen*. Die Gründe gegen den Bau der Fabrik wurden vom Stadtmagistrat mit vier Stimmen gegen eine Stimme gutgeheißen. Der Stadtmagistrat wollte aus stadtplanerischen Gründen das Grundstück einer Wohnbebauung vorbehalten. Obwohl, anders als bei dem geplanten Linoleumwerk 1882, nur noch der nördlich der Louisenstraße gelegene Grundstücksteil industriell bebaut werden sollte, wird darin doch eine nicht akzeptable Einschränkung gesehen. Das Grundstück sei aus Gründen der notwendigen Stadterweiterung zu wertvoll, um es auch nur teilweise industriell zu bebauen, denn *es liegt auf der Hand, daß weder Privatleute noch Bauunternehmer Gebäude in der Nähe einer Korkteppichfabrik errichten werden*. Das um so mehr, als der Stadtmagistrat die von der Linoleumfertigung ausgehende Feuergefahr durch die leicht entzündlichen Rohstoffe, wie z.B. Naphta, Terpentin, Leinöl und Korkmehl, als ein besonders gewichtiges Argument in Anbetracht der Stadtnähe und der angrenzenden Bebauung ansähe. Schließlich seien es die zu erwartenden gasförmigen Emissionen *(Ausdünstungen)*,[24] die gegen den stadtnahen Bau der Fabrik sprächen, zumal sie eine Gefahr für die Gesundheit seien. Was beim Bau der ersten Linoleumfabrik befürchtet worden war, hätte sich *in jeder Weise bestätigt. Nicht allein die Anlieger, sondern auch in nicht unbedeutender Entfernung werden Menschen und Vieh von den Ausdünstungen und Niederschlägen der Fabrik belästigt*.[25]

Der Zigarrenfabrikant Heinrich Carl Hoyer aus der benachbarten Mühlenstraße greift im Namen von Nachbarn und Anwohnern (Abb. 4) die Argumente der Feuergefährlichkeit und der Geruchsbelästigung auf, um das Amt Delmenhorst zu bitten, die Konzession zu versagen.[26] Die abstandslose Aneinanderreihung der Fabrikationsgebäude biete keinen ausreichenden Brandschutz, was wider besseres Wissen geplant sei, denn bei der bestehenden Fabrik an der Ochtumer Chaussee *ist seitens der englischen Techniker großes Gewicht darauf gelegt, daß wegen der Feuergefährlichkeit die einzelnen*

---

21 Wie Anm. 19, S. 1.
22 Gewerbeordnung, § 17 (wie Anm. 20).
23 StadtA Del: Magistratsakte 1799 (wie Anm. 9), Schriftstück Nr. 3: Entwurf eines Schreibens an den Stadtmagistrat Delmenhorst vom 24. Oktober 1882.
24 Die „Ausdünstungen", d.h. gasförmige, geruchsintensive Emissionen, entstehen im Fabrikationsprozess beim Erhitzen des Leinöls, beim Mischvorgang und beim Trocknen (Reifen) der fertigen Linoleumbahnen.
25 StadtA Del: Magistratsakte 1799 (wie Anm. 9), Schriftstück Nr. 5: Stadtmagistrat Delmenhorst an das Amt Delmenhorst, 31. Oktober 1884. Die Einwendung ist unterschrieben vom Ersten Bürgermeister Konrad Carl Friedrich Wilhelm Schütte.
26 Feuergefahr und Geruchsbelästigungen nennt auch der Vermessungsinspektors Wiedfeld als Gründe gegen den Bau der Linoleumfabrik. Sein Widerspruch wird in der Akte genannt, liegt darin aber nicht vor. Ihr Inhalt lässt sich aus dem Kontext der Akte mittelbar erkennen.

Gebäude weit von einander entfernt ständen. Die dort gewählte auseinandergezogene Anordnung der Gebäude ließe sich auf dem Grundstück an der Louisenstraße wegen der begrenzten Baufläche nicht verwirklichen. Von den zu erwartenden Geruchsbelästigungen durch gasförmige Emissionen könne man sich bereits jetzt eine konkrete Vorstellung machen. Die *Ausdünstungen* aus der bestehenden Fabrik seien bisweilen so stark, *daß man auf Entfernungen bis zu 10 Minuten*[27] *davon belästigt wird.* Wie die Erfahrungen zeigten, seien Maßnahmen zur Verhinderung der Emissionen, wie z.B. Verbrennen der Gase, technisch nicht ausgereift, jedenfalls nicht genügend wirksam.[28] Tatsache sei: *Die Fabrikation des Linoleums ist mit solch unangenehmen, die Nachbarschaft belästigenden Ausdünstungen verbunden, daß es schon im sanitären Interesse geboten erscheint, die Anlage einer derartigen Fabrik in der Stadt zu verbieten.*[29]

Wieting bekam die Einwendungen zur Kenntnis und äußert sich so umgehend wie erregt in einem 17-seitigen Schreiben an das Amt Delmenhorst. Auf seine Wut und Empörung gibt neben der Emotionalität des Inhalts auch das Schriftbild einen Hinweis.[30] Auch die bedauernde Bemerkung, es täte ihm leid, auf die Behauptungen nicht so antworten zu dürfen, wie die Einwender es verdienten, deutet wohl eher die Emotionalität des Schreibens an, als dass sie dem Austausch sachlicher Argumente dient. Er versucht den Eindruck zu erwecken, Missgunst sei das treibende Agens der Einwendungen gegen sein Vorhaben. Es ist vor allem die vorgebrachte Befürchtung, es seien Geruchsbelästigungen zu erwarten, ähnlich denen, die von der bestehenden Fabrik ausgingen, die Wieting umtreibt. Er selbst habe sich fast täglich zu der Fabrik an der Ochtumer Chaussee begeben, um zu erfahren, *was an dem Gerüchte, welches der ersten Fabrik bzgl. des Gestankes vorausging, Wahrheit sei.* Wenn er *Ausdünstungen* überhaupt wahrgenommen habe, so nur in der Nähe der Fabrik und *jedesmal nur in einem sehr schmalen Streifen der jeweiligen Windrichtung* von *kaum 500 Fuß Breite.* Es sei rätselhaft, wie man überhaupt von Belästigung sprechen könne, denn *der Geruch sei gegen das, was einem hier sonst in Delmenhorst an Gerüchen geboten wird, so unschuldig.* Man sollte meinen, *daß jeder durch die Schlachtereien und Gerbereien, durch das fahren mit dem Miste und der Jauche durch die Straßen [...] an das Schlimmste gewöhnt sein müsste.* Wenn die Einwender also meinten, belästigende Gerüche wahrzunehmen, die ihren Ursprung in der Linoleumfabrik hätten, dann nähmen sie wahr, was sie wahrnehmen wollten, es sei vorurteilsbehaftete Einbildung. Bereits direkt nach seinem Genehmigungsantrag hatte Wieting eine Erklärung von Nachbarn der bestehenden Fabrik beim Amt Delmenhorst eingereicht, dass sie *in keinerlei Weise, sowohl hinsichtlich der Gerüche, als auch in jeder anderen Weise davon belästigt worden* seien.[31]

Eine weitere, befürwortende Unterschriftenliste, mit der er glaubte, seinem Ansinnen Nachdruck verleihen zu müssen, zeigt, dass er offensichtlich den Sinn der Gewerbe-

---

27 Das dürfte ungefähr 800 m bis 1.000 m entsprechen.
28 Thermische Abluftreinigung ist heute Stand der Technik. Im Produktionsprozess der bestehenden Linoleumfabrik in Delmenhorst (Gerflor DLW GmbH) wird sie nach Auskunft der Betriebsleitung als Regenerative Nachverbrennung (RNV-Verfahren) eingesetzt.
29 StadtA Del: Magistratsakte 1799 (wie Anm. 9), Schriftstück Nr. 7: Heinrich Carl Hoyer an das Amt Delmenhorst, dort eingegangen am 29. Oktober 1884. Angefügt an das Schreiben waren zwei Seiten mit 55 Unterschriften.
30 Ebd., Schriftstück Nr. 11: Julius Wieting an das Amt Delmenhorst, dort eingegangen am 12. November 1884.
31 Ebd., Schriftstück Nr. 2 vom 23. Oktober 1884, Eingabe an das Amt Delmenhorst.

Kirche, Schule, Post und Wohnbebauung statt Linoleumfabrik

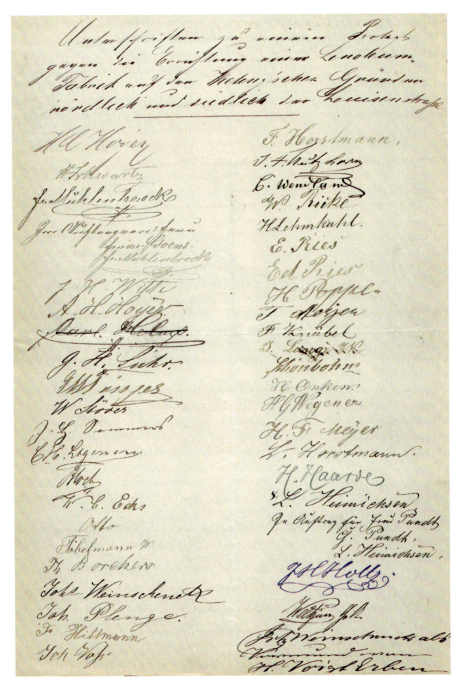

Abb. 4: Unterschriften unter dem von Heinrich Carl Hoyer verfassten Einwand vom 24. Oktober 1884 (Stadtarchiv Delmenhorst, Magistratsakte 1799)

ordnung und den Gehalt eines Genehmigungsverfahrens verkennt. Das um so mehr, als er sich brüstet, mit der Anzahl der Unterschriften die Zahl derjenigen zu übertrumpfen, die sich unter dem von Hoyer verfassten Einwand finden. Denn er behauptet: *Diese Petition ist nur von Grundbesitzern unterschrieben und hat in 1 1/2 Tagen mehr Unterschriften gefunden als die Hoyer'sche in acht.* Er verkennt, dass die Entscheidungen im Genehmigungsverfahren nicht durch Mehrheiten, sondern durch Abwägung von Argumenten herbeigeführt werden und unabhängig von der Anzahl der Einwendungen oder Einwender die Genehmigungsbehörde die Einwendungen vor einer Entscheidung mit den Parteien vollständig erörtern und prüfen muss.[32]

Wietings Zusicherung, er würde bei der geplanten Fabrik alles tun, um Geruchsemissionen zu vermeiden, bleibt unbestimmt. Zwar bekräftigt er, seine dem Amt Delmenhorst gegenüber gemachte Aussage, dass das, was der Fabrikationsprozess *an üblen Ausdünstungen hervorbringen* werde, *beseitigt werden soll*. Er wisse zwar noch nicht wie, doch es sei ihm unzweifelhaft, *daß es unserer heutigen Technik oder Chemie nicht schwerfallen kann.* Falls das wider Erwarten nicht gelänge, zeigt er die Bereitschaft auf, notfalls die beiden Gebäude, in denen die Geruchsemissionen entstehen, *weiter hinaus zu lagern.*[33]

Das Amt Delmenhorst hatte also zu entscheiden, ob die vorgebrachten Gründe, der von der Fabrikation ausgehenden Feuergefahr bzw. des Brandschutzes und belästigende, möglicherweise sogar gesundheitsschädliche Geruchsemissionen, ausreichen, die beantragte Konzession zu verweigern. Es suchte sich sachverständige Unterstützung bei seiner Entscheidungsfindung und holte Stellungnahmen des Fabrikinspektors Meyer,[34] der Eisenbahndirektion[35] und des Amtsarztes Dr. von Harbou[36] ein.

Die Feuergefahr sei kein ausreichender Grund, die Konzession zu versagen, antwortete der Fabrikinspektor Meyer dem Amt Delmenhorst.[37] Zwar sei eine Linoleumfabrik *feuergefährlicher als manche andere,* namentlich was die für die Fabrikation benötigten Rohstoffe betreffe. Andererseits zeige die von der bestehenden Fabrik zu zahlende Versicherungssumme, die nicht höher sei als bei anderen gewerblichen Anlagen, dass die *Gefahr doch so groß nicht sei.* Die Lagerung der leicht brennbaren Rohstoffe solle aber einer besonderen Genehmigung vorbehalten bleiben. Zunächst müsse der Antragsteller Umfang und Art der Lagerung darlegen, das ließe sich aus dem vorliegenden Antrag nicht ersehen.

Die Eisenbahndirektion machte einen Mindestabstand von 38 m zwischen den Bahnschienen und den Fabrikgebäuden zur Bedingung, um den passiven Brandschutz gegenüber Funkenflug aus den Lokomotiven zu gewährleisten.[38]

---

32 Gewerbeordnung, § 19 (wie Anm. 20).
33 StadtA Del: Magistratsakte 1799 (wie Anm. 9), Schriftstück Nr. 13: Julius Wieting an das Amt Delmenhorst, vom 15. November 1884.
34 Der Oberbauinspektor D. Meyer war mit der Verwaltung der Amtsstelle eines Fabrikinspektors bei der oberen Verwaltungsbehörde, dem Departement des Inneren des Staatsministeriums, beauftragt (Hof- und Staatshandbuch des Großherzogthums Oldenburg für 1884, S. 255).
35 Eisenbahndirektion der Großherzoglich Oldenburgischen Eisenbahn (GOE).
36 Dr. Ernst von Harbou war Arzt am Peter-Elisabeth-Krankenhaus und beim Amt Delmenhorst.
37 StadtA Del: Magistratsakte 1799 (wie Anm. 9), Schriftstück Nr. 16: Fabrikinspektor Meyer an das Amt Delmenhorst, 26. November 1884.
38 Ebd., Schriftstück Nr. 15: Eisenbahn-Direktion an das Amt Delmenhorst, 18. November 1884.

Das eigentliche Konfliktpotential in dem Genehmigungsverfahren beinhaltete wegen seiner Subjektivität und Unbestimmtheit der Begriff „Geruchsbelästigung". Mit Blick auf die Erfahrungen mit dem ersten Delmenhorster Linoleumwerk im Norden der Stadt wurde die Frage beantwortet. Der Amtsarzt Dr. von Harbou hielt nach einer Ortsbesichtigung fest, die intensiven gasförmigen Emissionen innerhalb der Gebäude der bestehenden Linoleumfabrik, in denen Leinöl verarbeitet wurde, hätten bei ihm zwar zu schmerzenden und tränenden Augen sowie zum Hüsteln und Räuspern geführt, seien im Freien aber nur noch im geringen Maße wahrnehmbar. *Gesundheitsschädlich in dem Sinne, daß irgendwelche Gefahren für die Nachbarschaft daraus entstehen können, sind die Oeldünste nicht, wohl aber sind sie geeignet, leicht reizbaren oder empfänglichen Individuen den Aufenthalt in ihren Wohnungen und auf ihren Grundstücken in der Nachbarschaft zu verleiden.* Dr. von Harbou kam zu der eindeutigen Empfehlung, *das Verbrennen oder [...] die Verhinderung der Verbreitung der Dünste [...] zu einer conditio sine qua non bei der Gestattung des Betriebes zu machen.*[39]

Die Fabrik an der Ochtumer Chaussee hat wie der Amtsarzt auch der Fabrikinspektor Meyer aus Oldenburg besucht, um sich ein Urteil zu bilden. Er stellt fest, dass die in geschlossenen Gebäuden entstehenden geruchsintensiven Gase im Freien, z.B. nach dem Lüften der Gebäude, in weitaus geringerem Maße wahrnehmbar sind, wobei der Geruch *zwar keineswegs angenehm ist, aber doch nicht unerträglich.* Die Nachbarn hätten ihm sogar erklärt, *eigentlich gar nicht belästigt zu werden.* Dennoch empfehle er, die Konzession *nur unter erschwerten Bedingungen zu geben.* Die Gase müssten, bevor sie ins Freie gelangten, vorbehandelt, d.h. der Geruch müsste beseitigt werden.[40] Der Antragsteller hätte dies zwar von sich aus angeboten, aber kein Verfahren dafür angegeben. Ihm, dem Fabrikinspektor, sei auch kein derartiges Verfahren bekannt. Deshalb forderte er, dem Antragsteller die Verpflichtung aufzuerlegen, die Gebäude, aus denen die Gase emittiert werden, *weiter von der bewohnten Stadt zu verlegen, falls die Gase nicht vorbehandelt werden und die Belästigung der Anwohner nach dem Urtheile unpartheiischer Sachverständiger eine erhebliche werde.*[41]

Zu bedenken gab der Fabrikinspektor aber, dass Delmenhorst *mehr wie ein Fabrikort, als ein einem angenehmen Landaufenthalt bietender Platz angesehen werden muß.* Das als Hinweis zu sehen, das Amt Delmenhorst möge nicht allzu streng sein, was die Definition einer Geruchsbelästigung anbelangt, ist wohl kaum überinterpretiert, zumal hinzugefügt wird, die Lage des geplanten Standortes sei günstig im Hinblick auf die vorherrschenden Windrichtungen, da die Winde die *Dünste öfter von der Stadt entfernen werden,* als dass sie ihr zugetrieben werden.

Das Amt Delmenhorst glaubte, aus den Stellungnahmen keine ausreichenden Gründe erkennen zu können, die beantragte Konzession für den Standort an der Louisenstraße zu versagen. Den Einwendern und dem Stadtmagistrat wurde beschieden, dass die Konzession erteilt werden wird, allerdings verbunden mit Auflagen.[42]

---

39 Ebd., Schriftstück Nr. 14: Amtsarzt Dr. von Harbou an das Amt Delmenhorst, 18. November 1884.
40 Der Arbeitsschutz für die in den Gebäuden arbeitenden Mitarbeiter wird in den Stellungnahmen nicht thematisiert.
41 Vgl. Anm. 37.
42 StadtA Del: Magistratsakte 1799 (wie Anm. 9), Schriftstück Nr. 17: Mitteilungen an den Stadtmagistrat, den Fabrikanten Hoyer, den Vermessungsinspektor Wiedfeld; Bescheid an den Fabrikanten Julius Wieting. Es liegen nur die vom Amtmann Zedelius am 1. Dezember 1884 geschriebenen Entwürfe vor.

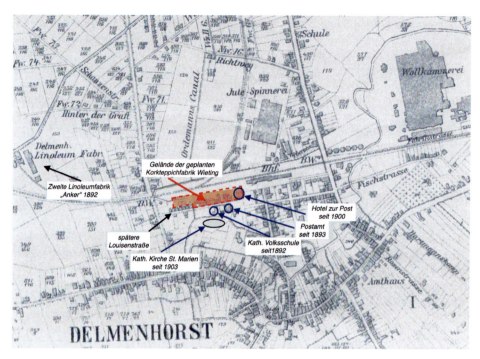

Abb. 5: Plan der Stadt Delmenhorst von 1908 mit projizierter Lage der von Julius Wieting geplanten Korkteppichfabrik (Kartengrundlage: Stadtarchiv Delmenhorst)

Julius Wieting erhielt am 1. Dezember 1884 die beantragte Konzession für den Bau und Betrieb einer Korkteppichfabrik auf seinem Grundstück an der Louisenstraße.[43] Verbunden war die Gestattung mit drei Auflagen: 1. Die Gebäude müssen sämtlich in feuersicherer Bauart errichtet werden, insbesondere auch so, dass die in den Gebäuden lagernden Gegenstände nicht dem Funkenflug der Lokomotiven ausgesetzt sind. 2. Mit Rücksicht auf die Feuergefährlichkeit des Betriebes der Korkteppichfabrik behält sich das Amt Anordnungen hinsichtlich der Lagerungen der Materialien vor. 3. Nach den Ermittlungen des Amtes führt der Betrieb einer Korkteppichfabrik *Nachtheile und Belästigungen für das Publicum mit sich. Deshalb ist dafür zu sorgen, daß diese Gase und Dünste aufgefangen und verbrannt, bzw. in anderer geeigneter Weise für das Publicum unschädlich gemacht werden.*

Das Ziel, die Konzession für die stadtkernnahe Linoleumfabrik an der Louisenstraße zu verhindern, hatten die Bürgerproteste nicht erreicht, dennoch waren sie am Ende erfolgreich. Der Korkfabrikant Julius Wieting machte von der Konzession keinen Gebrauch, die Fabrik wurde nicht gebaut. Der Grund ist unbekannt, naheliegend ist aber, ihn in der zur damaligen Zeit kaum erfüllbaren Auflage des Amtes Delmenhorst

---

43 Ebd.

Kirche, Schule, Post und Wohnbebauung statt Linoleumfabrik ——————— 83

Abb. 6: Blick in die Louisenstraße nach Westen mit dem Postgebäude, dem Turm der St. Marien Kirche (links) und dem Hotel zur Post (rechts), etwa 1908. Auf der rechten Straßenseite wäre die Linoleumfabrik entstanden (Foto: Stadtarchiv Delmenhorst).

zu sehen, die gasförmigen Emissionen zu behandeln. Die zweite Linoleumfabrik entstand erst 1892. Sie wurde unter dem Namen „Anker" bekannt[44] und von der Delmenhorster Linoleum A.G. gebaut. Zu den Aktionären gehörte Julius Wieting.[45]
Die für die industrielle Bebauung vorgesehenen Wiesen an der Louisenstraße wurden ab 1890 von Wieting parzelliert und als Baugrundstücke angeboten (Abb. 5). Außer einer Wohnbebauung entstanden die katholische Volksschule (1892), das Kaiserliche Postgebäude (1893) und das Hotel zur Post (1900). Zwischen der Louisenstraße und dem Stadtkern wurde schließlich südlich der Delme von 1901 bis 1903 die katholische St. Marien Kirche gebaut (Abb. 6).[46] Es darf wohl bezweifelt werden, dass die Kirchengemeinde diesen Platz gewählt hätte, wenn zuvor die zweite Linoleumfabrik, wie von Julius Wieting geplant, gebaut worden wäre.[47]

---

44 Ein drittes Linoleumwerk bauten 1898 die Bremer Linoleumwerke A.G. Delmenhorst als Werk „Schlüssel". Die drei Betriebe wurden 1926 mit anderen Linoleumfabriken zusammengefasst zu den Deutschen Linoleumwerken A.G. (DLW).
45 Edgar Grundig, Delmenhorst – Stadtgeschichte 1848 bis 1945, Bd. IV, Delmenhorst 1960, S. 955.
46 Ebd., S. 741
47 Wieting ist nach dem Verkauf seiner Immobilien und Grundstücke am 30. Oktober 1893 zusammen mit seiner Ehefrau nach Bremen verzogen (StadtA Del: Melderegister, Bd. Wegzug Mai 1893-April 1894, vgl. Anm. 3).

Dietmar von Reeken

Außenseiter in einem konservativen Land?

Die politische Linke in Oldenburg in der frühen Weimarer Republik – Forschungsüberblick und Forschungsperspektiven

Warum „Außenseiter in einem konservativen Land"?[1] Das klassische Bild Oldenburgs in jener Zeit, was auch durch die historische Forschung bestätigt wurde,[2] ist das eines agrarisch geprägten, kleinstädtisch dominierten Landes, das – ohne idyllisieren zu wollen – eher von einer vergleichsweise ruhigen politischen Entwicklung gekennzeichnet war. Diese spiegelte sich z. B. in dem konsensualen Verzicht auf die Landtagswahlen im Jahr 1916 und dem vergleichsweise unspektakulären Verlauf der Revolution wider.[3] Für eine ausgeprägte, gar radikale Linke schien dort wenig Platz zu sein, und wenn, dann höchstens in Teilgebieten, wo vor allem Auswärtige die Situation bestimmten, wie etwa in Wilhelmshaven/Rüstringen. Aber auch dort war die erfolgreiche Sozialdemokratie mehrheitlich eher pragmatisch ausgerichtet.[4]

---

1   Es handelt sich hierbei um die Druckfassung eines Vortrags, den ich im Rahmen der Tagung „Politische Geschichte des Freistaats Oldenburg in der frühen Phase der Weimarer Republik" der Arbeitsgemeinschaft Landes- und Regionalgeschichte in der Oldenburgischen Landschaft am 25.10.2019 in Oldenburg gehalten habe.
2   Vgl. etwa die Darstellung in: Albrecht Eckhardt, Der konstitutionelle Staat (1848–1918), in: Ders./Heinrich Schmidt (Hg.), Geschichte des Landes Oldenburg, Oldenburg 1992, S. 333-402, z. B. S. 370 f., 374 f.
3   Zu dem „Burgfrieden" von 1916 vgl. etwa ebd., S. 394, zur Revolution: Wolfgang Günther, Die Revolution von 1918/19 in Oldenburg, Oldenburg 1979, und jetzt: Benno Schulz (Hg.), 1918/1919. Revolution im Nordwesten. Demokratischer Aufbruch im Nordwesten, Oldenburg 1918. Der Sozialdemokrat Paul Hug sagte denn auch 1919 in der ersten Sitzung der verfassunggebenden Landesversammlung: „Dank den freieren politischen Zuständen in Oldenburg und dem demokratischen Geist, der weite Kreise des Oldenburger Volkes beherrscht, konnte die Revolution von Anbeginn in ruhigen Bahnen verlaufen" (zit. nach: Albrecht Eckhardt, Von der sozialistischen Revolution zur praktischen Tagespolitik und Staatsverwaltung. Das Direktorium des Freistaats Oldenburg in seinen Protokollen 1918/19, Oldenburg 2017, S. 34). Zur Situation in der Hochburg Wilhelmshaven/Rüstringen vgl. Gerd Steinwascher, Wilhelmshaven-Rüstringen. Glanz und Elend einer preußisch-oldenburgischen Doppelstadt im Umfeld des Ersten Weltkriegs, in: Niedersächsisches Jahrbuch für Landesgeschichte 87 (2015), S. 203-228.
4   Nach der Analyse von Albrecht Eckhardt zum Landtag stammte etwa bei den Abgeordneten der Sozialdemokratie „weniger als ein Drittel [...] aus dem Lande selbst" (Albrecht Eckhardt, Von der bürgerlichen Revolution zur nationalsozialistischen Machtübernahme. Der Oldenburgische Landtag und seine Abgeordneten 1848–1933, Oldenburg 1996, S. 20). Christoph Reinders bezeichnete die SPD daher auch als „Immigrationspartei" (Christoph Reinders, Sozialdemokratie und Immigration. Eine Untersuchung der Entwicklungsmöglichkeiten der SPD in einem überwiegend ländlich geprägten Reichstagswahlkreis auf der Grundlage der Wahlbewegung von 1893 bis 1912, in: Wolfgang Günther [Hg.], Parteien und Wahlen in Oldenburg. Beiträge zur Landesgeschichte im 19. und 20. Jahrhundert, Oldenburg 1983, S. 65-116, hier S. 114).

Anschrift des Verfassers: Prof. Dr. Dietmar von Reeken, Carl von Ossietzky Universität Oldenburg, Institut für Geschichte, Ammerländer Heerstr. 114-118, 26129 Oldenburg, dietmar.von.reeken@uol.de

Diesem Bild widerspricht allerdings die Tatsache, dass die Radikalisierung im rechten Lager sehr wohl und sehr bald stattfand, und auch die Wahlergebnisse zeichnen ein deutlich differenzierteres Bild; hierauf wird gleich noch ausführlicher einzugehen sein. Allerdings stellt sich im Hinblick auf die politische Linke auch die Frage, wer damit eigentlich gemeint ist: Der klassische Lagerbegriff „links" ist in der Konkretisierung in Oldenburg gar nicht so einfach – Wolfgang Günther etwa, der viel über diese Epoche gearbeitet hat, sprach im Einklang mit der zeitgenössischen Diktion von der Linken in Oldenburg, wenn er SPD und DDP (bzw. vor 1918 Fortschrittliche Volkspartei) meinte.[5] Nun ließe sich lange darüber diskutieren, wie „links" die Liberalen oder ihr zentraler Protagonist, Theodor Tantzen, waren[6] bzw. wo der Maßstab für „links" liegt (vor 1918 womöglich woanders als danach) – die allgemeine historische Forschung, der ich mich hier anschließe, meint mit der politischen Linken in den ersten Jahren der Weimarer Republik SPD, USPD und KPD (sowie ggf. kleinere linke Abspaltungen). Hierum soll es im Folgenden gehen.

Forschungsüberblick

An allgemeinen historischen Forschungen zu den genannten Parteien, zu den mit ihnen verbundenen Gewerkschaften, zu den sie tragenden sozialistischen Milieus sowie zu einzelnen Repräsentanten mangelt es weiß Gott nicht.[7] Was Oldenburg angeht, sieht es allerdings deutlich anders aus: Zum einen hat sich die allgemeine Geschichtswissenschaft mit Oldenburg in dieser Hinsicht kaum beschäftigt, dafür war hier die Arbeiterbewegung denn doch zu schwach und aus der Reichsperspektive marginal. Die regionalen Schwerpunkte der Forschung lagen deutlich woanders, nämlich dort, wo auch die Arbeiterbewegung stark war, also im Ruhrgebiet, in Sachsen, in den großen Städten.[8] Die regionalgeschichtliche Forschung zu Oldenburg

---

5 Vgl. etwa Wolfgang Günther, Freistaat und Land Oldenburg (1918-1946), in: Eckhardt/Schmidt, Geschichte (wie Anm. 2), S. 403-489, hier S. 403: „Die Linke im Oldenburgischen Landtag, die SPD und die Linksliberalen, ..."; ähnlich Eckhardt, Der konstitutionelle Staat (wie Anm. 2), S. 387: „Im Landtag gab es seit der Jahrhundertwende ein mehr oder minder offenes Bündnis zwischen Linksliberalen und Sozialdemokraten, die man gemeinsam auch als ‚Linke' bezeichnete."
6 Vgl. zu den trotz ihrer Bedeutung für die regionale politische Entwicklung schlecht erforschten Liberalen in Oldenburg etwa: Peter Haupt, Die bürgerlich-liberalen Parteien in der Revolution 1918/19: Der Oldenburger Liberalismus zwischen Monarchie und Republik, in: Günther, Parteien und Wahlen (wie Anm. 4), S. 181-224, und zu Theodor Tantzen: Wolfgang Günther, Art. Theodor Tantzen, in: Hans Friedl u.a. (Hg.), Biographisches Handbuch zur Geschichte des Landes Oldenburg, Oldenburg 1992, S. 730-735 und Martina Neumann, Theodor Tantzen. Ein widerspenstiger Liberaler gegen den Nationalsozialismus, Hannover 1998.
7 Vgl. hierzu aus der Fülle der Literatur die umfangreiche Arbeit von Heinrich August Winkler, Von der Revolution zur Stabilisierung. Arbeiter und Arbeiterbewegung in der Weimarer Republik 1918–1924, Berlin/Bonn 1984. Zum regionalen Rahmen vgl. Gerd Steinwascher, Politik und Gesellschaft in der Weimarer Republik, in: Ders. in Zusammenarbeit mit Detlef Schmiechen-Ackermann und Karl-Heinz Schneider (Hg.), Geschichte Niedersachsens. Bd. 5: Von der Weimarer Republik bis zur Wiedervereinigung, Hannover 2010, S. 19-197.
8 Vgl. etwa: Karsten Rudolph, Die sächsische Sozialdemokratie vom Kaiserreich zur Weimarer Republik (1871–1923), Weimar u.a. 1995. Ausführlich dokumentiert werden die einschlägigen Arbeiten in der Bibliographie zur Geschichte der deutschen Arbeiterbewegung und zur Theorie und Praxis der politischen Linken: https://www.fes.de/bibliothek/themen-und-projekte/bibliographie-zur-geschichte-der-deutschen-arbeiterbewegung/ (letzter Zugriff: 27.05.2020).

kompensierte dies nur sehr bedingt, denn außer den schon erwähnten Arbeiten von Wolfgang Günther und anderen zur Revolution, bei der die Linke sozusagen automatisch in den Blick kommt, und vielen kleinen Beiträgen zu einzelnen Personen vor Ort (etwa in den Heimatbeilagen der Tageszeitungen) sowie manchen Jubiläums- und Festschriften und vereinzelten Arbeiten aus den Organisationen heraus (insbesondere von engagierten Gewerkschaftlern) gibt es kaum systematische historische Studien.[9] Eine der wenigen Ausnahmen ist die Dissertation von Bernhard Parisius über die Arbeiterbewegung im Herzogtum Oldenburg zwischen 1840 und 1890 aus der Mitte der 1980er Jahre, der wir grundlegende Einsichten über die Entstehung der Arbeiterbewegung, über lokale und regionale Entwicklungen, soziale Basis, politische Profile usw. verdanken.[10] Aber Parisius' Perspektive endet eben zeitlich deutlich vor dem Zeitraum, der hier interessiert. Ein zweiter Schwerpunkt – wenn wir denn von Schwerpunkten sprechen wollen – ist die etwa zeitgleich in den späten 1970er und den frühen 1980er Jahren stattfindende Wahlforschung an der Universität Oldenburg. Historiker und Politikwissenschaftler hatten sich in dem Forschungsprojekt „Sozialer und politischer Wandel in Oldenburg/Ostfriesland" zusammengefunden, um, wie es in der Selbstbeschreibung heißt, „die für die historische Entwicklung bedeutsamen Phasen des demographischen, sozialen und politischen Wandels zu untersuchen und darzustellen und [...] eine historische und gegenwartsbezogene Analyse von Parteien und Wahlen als institutionalisierten Formen politischer Partizipation vorzunehmen".[11] Hierbei einen regionalen Schwerpunkt im Nordwesten, also im direkten Umfeld der neugegründeten Universität zu legen, war eine bewusste wissenschafts- und regionalpolitische Entscheidung der Protagonisten. Herausgekommen sind dabei u.a. zwei Sammelbände, beide herausgegeben von Wolfgang Günther, die eine Reihe von Beiträgen enthalten, die für unser Thema wichtig sind[12] – auch hierauf wird gleich zurückzukommen sein. Aber hiermit endet auch schon der Forschungsüberblick – und das ist doch einigermaßen überraschend, aber

---

9   Vgl. etwa aus älterer Sicht: Emil Kraft, Achtzig Jahre Arbeiterbewegung zwischen Meer und Moor. Ein Beitrag zur Geschichte der politischen Bewegungen in Weser-Ems, Wilhelmshaven 1952; als Lokalstudien bzw. Festschriften z.B.: Werner Vahlenkamp, Von den Anfängen bis in die Gegenwart. 125 Jahre Sozialdemokratie in Oldenburg. Ein Lesebuch zur Geschichte, Oldenburg 1994; Ellen Mosebach-Tegtmeier, Der andere Weg. Die Arbeiterwohlfahrt in Rüstringen/Wilhelmshaven vor 1933 und nach 1945. Ein Beitrag zur Sozialgeschichte der Jadestädte, Oldenburg 1988; 100 Jahre SPD Nordenham. Geschichte & Geschichten, Nordenham 1993; 1903–1978. 75 Jahre SPD Ganderkesee. Die Geschichte der Sozialdemokraten einer Gemeinde, Ganderkesee 1978, und SPD-Ortsverein Ganderkesee (Hg.), 100 Jahre SPD Ganderkesee 1903 bis 2003. Die Geschichte der Sozialdemokraten einer Gemeinde, Ganderkesee 2003. Auch die Stadt- und Ortsgeschichten der oldenburgischen Kommunen enthalten jeweils Informationen zur Geschichte der Arbeiterbewegung und ihrer Organisationen; vgl. als Übersicht: Albrecht Eckhardt (Hg.), Oldenburgisches Ortslexikon. 3 Bände, Oldenburg 2011–2012. Die politischen Repräsentanten der Arbeiterbewegung sind, soweit sie Landtagsabgeordnete waren, dokumentiert in: Albrecht Eckhardt/Rudolf Wyrsch (Hg.), Oldenburgischer Landtag 1848–1933/1946. Biografisch-historisches Handbuch zu einem deutschen Landesparlament, Oldenburg 2014.
10 Bernhard Parisius, Vom Groll der „kleinen Leute" zum Programm der kleinen Schritte. Arbeiterbewegung im Herzogtum Oldenburg 1840–1890, Oldenburg 1985.
11 Wolfgang Günther, Einführung des Herausgebers, in: Ders. (Hg.), Sozialer und politischer Wandel in Oldenburg. Studien zur Regionalgeschichte vom 17. bis 20. Jahrhundert, Oldenburg 1981, S. 9–14, hier S. 10.
12 Vgl. ebd. und Ders., Parteien und Wahlen (wie Anm. 4).

tatsächlich sind seitdem zwar immer mal wieder kleinere Beiträge erschienen, und natürlich werden die politischen Kräfte, um die es hier geht, auch in jüngeren Publikationen erwähnt und gewürdigt, größere Forschungsanstrengungen aber gab es nicht.[13]

Ergebnisse und Perspektiven der Forschung

Die Arbeiterbewegung als zentraler sozialer Träger der politischen Linken in Oldenburg entstand vor allem dort, wo sich industrieller Wandel vollzog. Abzulesen ist das an den Ergebnissen der Reichs- und Landtagswahlen im Kaiserreich, die, was die Resultate für die Sozialdemokratie im Land angeht, außerordentlich stark variieren. Hohe SPD-Anteile verzeichneten vor allem Rüstringen, Delmenhorst, Osternburg und die Unterweserorte sowie deren jeweiliges lokales Umfeld. Dagegen gelang es der Linken in den ländlichen Teilen des Herzogtums und dem katholischen Süden kaum, Fuß zu fassen. Dies änderte sich auch im Laufe des Kaiserreichs nicht wesentlich: Nach eingehenderen Wahlanalysen gab es zwar eine verstärkte Politisierung auch in Oldenburg – die allgemeine Forschung spricht ja von der Entstehung eines politischen Massenmarktes –, die SPD aber hatte ihre Stammwählerschaft nach den Forschungen von Christoph Reinders zumindest in ihren Hochburgen wohl schon seit den späten 1890er Jahren dauerhaft an sich gebunden, auch wenn die Ergebnisse je nach konkreter politischer Situation schwanken konnten. 1912 war die SPD in Oldenburg stärkste Partei, wenn auch im Reichsvergleich mit einem unterdurchschnittlichen Ergebnis.[14] Auch im Oldenburger Landtag war die SPD – bei jeweils deutlich niedrigerer Wahlbeteiligung und differierendem Wahlrecht – vertreten, ja 1911 bei der letzten Landtagswahl vor dem Ersten Weltkrieg war sie sogar zur zweitstärksten politischen Kraft nach den Linksliberalen geworden, wobei letztere in den Stichwahlen von der Unterstützung durch die SPD profitierten.[15]

Weniger sichtbar war die Verankerung der SPD auf kommunaler Ebene: Das Wahlrecht legte einem Siegeszug deutliche Fesseln an; doch trotz dieser ungünstigen Rahmenbedingungen gelang es der SPD, in ihren Hochburgen Vertreter in die kommunalen politischen Gremien zu entsenden, ja teilweise sogar Mehrheiten zu erzielen. Dass dies nicht immer in konkrete politische Gestaltungsmacht umgesetzt werden konnte, zeigt das Beispiel aus Rüstringen, wo die zentrale Figur der oldenburgischen Sozialdemokratie, Paul Hug, zwar 1904 zum Gemeindevorsteher von Bant gewählt, von der Regierung aber nicht bestätigt wurde.[16] Die Basis für die Wahlerfolge der

---

13 Vgl. als Beispiel: Hergen Manns, Das Scheitern der Weimarer Republik und die nationalsozialistische Machtübernahme in Wilhelmshaven-Rüstringen. Zwei Städte im Schatten der Reichsmarine, Oldenburg 1998, der ausführlich die Entwicklung und Situation der Arbeiterbewegung in der Doppelstadt darstellt. Zur schwierigen Forschungssituation vgl. auch schon Steinwascher, Politik und Gesellschaft (wie Anm. 7), S. 47 Anm. 82.
14 Vgl. Reinders, Sozialdemokratie (wie Anm. 4).
15 Vgl. etwa Ellen Mosebach-Tegtmeier, Politischer Wandel in Oldenburg. Eine Untersuchung der Wahlen zum 32. Landtag des Großherzogtums Oldenburg 1911, in: Günther, Parteien und Wahlen (wie Anm. 4), S. 133-179, hier S. 173-175.
16 Vgl. Eckhardt, Direktorium (wie Anm. 3), S. 16-18.

Die politische Linke in Oldenburg in der frühen Weimarer Republik —————— 89

SPD stellte zum einen eine effektive, moderne Parteiorganisation dar – 1911 gab es über 7000 Mitglieder in 38 Ortsvereinen –,[17] die auch entsprechende Wahlkämpfe vorbereiten und durchführen konnte, zum anderen eine Verankerung in den Arbeitermilieus vor Ort, die durch gemeinsame Arbeits- und Wohnbeziehungen in den Betrieben und Wohnsiedlungen (z.B. in Bant, in Osternburg, in Delmenhorst usw.) und durch Engagement und alltägliche Praxis in Gewerkschaften und Arbeitervereinen geprägt waren.
Ohne Zweifel war die politische Linke auch in Oldenburg vor dem Beginn des Krieges auf dem Weg, eine entscheidende politische Kraft in der Region zu werden; hierzu trug auch bei, dass sie und ihre Repräsentanten eher gemäßigt waren, weshalb schon seit Ende des 19. Jahrhunderts Kooperationen mit dem liberalen Bürgertum bei Wahlen und in den politischen Vertretungen möglich wurden.[18] Wie sich dies im Zuge der Burgfriedenspolitik und der zunehmenden internen Spannungen während des Krieges darstellte, ist allerdings bislang weitgehend unbekannt. Eine Spaltung der SPD wie im Reich scheint es in Oldenburg 1916/17 nicht gegeben zu haben. Der Verlauf der Revolution allerdings deutet darauf hin, dass auch hier Radikalisierungen stattgefunden haben, zumindest an einzelnen Orten, vor allem in Wilhelmshaven/Rüstringen, wobei diese Radikalisierungen wohl insbesondere bei denjenigen zu verzeichnen waren, die nicht von hier stammten, also etwa bei vielen Soldaten, die hier zeitweise stationiert waren. Die genauen Abläufe in der Region sollen hier nicht geschildert werden; dies ist ja im Zeichen der Erinnerung an 100 Jahre Revolution jüngst ausführlich getan worden.[19] Wichtig ist allerdings im Hinblick auf die weitere politische Entwicklung in den frühen 1920er Jahren zweierlei: Zum einen waren linksradikale Strömungen in der Region nur lokal und auch nur temporär stark oder gar dominant (so wie in den ersten Wochen der Revolution in Wilhelmshaven/Rüstringen); mittel- und langfristig setzte sich vor allem die Mehrheitssozialdemokratie in der Region durch. Selbst in der linksradikalen Hochburg im Norden siegte bei der Aufstellung von Kandidaten für die Wahlen zur Nationalversammlung im Januar 1919 der gemäßigte Hug gegen den radikaleren Kuhnt.[20] Allerdings: Durch die Unruhen und Putschversuche in der Region im Januar und Februar 1919 (wie in Wilhelmshaven oder in Delmenhorst und natürlich im benachbarten Bremen[21]) und – durch die Berichterstattung in den Zeitungen – auch darüber hinaus sowie durch das Vorhandensein institutionalisierter Parteien, also der USPD und dann auch der KPD, war die radikale Variante linker Politik im Bewusstsein und manchmal auch

17 Vgl. Mosebach-Tegtmeier, Politischer Wandel (wie Anm. 15), S. 161.
18 Vgl. etwa ebd., S. 158 zur Zusammenarbeit mit den Linksliberalen seit 1899.
19 Vgl. etwa Schulz, Revolution (wie Anm. 3) sowie jetzt mit pointierten Urteilen: Gerd Steinwascher, Zwischen Revolution und Beharrung – der Übergang zur Weimarer Republik in Wilhelmshaven/Rüstringen und Oldenburg, in: Oldenburger Jahrbuch 119 (2019), S. 81-98.
20 Vgl. Waldemar Reinhardt, Die Stadt Wilhelmshaven in preußischer Zeit, in: Eckhardt/Schmidt, Geschichte (wie Anm. 2), S. 637-659, hier S. 651. Vgl. auch Steinwascher, Politik und Gesellschaft (wie Anm. 7), S. 29, zu den Mehrheitsverhältnissen in Wilhelmshaven.
21 Zu den in Oldenburg aufmerksam rezipierten Ereignissen in Bremen vgl. Karl-Ludwig Sommer, Die Bremer Räterepublik, ihre gewaltsame Liquidierung und die Wiederherstellung „geordneter Verhältnisse" in der Freien Hansestadt Bremen, in: Niedersächsisches Jahrbuch für Landesgeschichte 77 (2005), S. 1-30, und Peter Kuckuk, Bremen in der Deutschen Revolution 1918/1919. Revolution, Räterepublik, Restauration. 2., überarbeitete und erweiterte Auflage, Bremen 2017.

auf der Straße, in den Betrieben, in den Milieus und in den politischen Vertretungen immer präsent, was die weitere Entwicklung mitprägen sollte.
Was hat sich durch Kriegsende, Revolution und Demokratiegründung für die politische Linke verändert? Zum einen gab es zumindest bei der Mehrheitssozialdemokratie einen gewissen Optimismus, die entscheidende Gestaltungsmacht zu werden. Paul Hug formulierte in der Landesversammlung im März 1919 die Überzeugung, dass der Freistaat Oldenburg *mit sozialem Geist und sozialistischer Art erfüllt* werde.[22] Und auch außerhalb der Linken wurde zunächst durchaus anerkannt, dass sich der politische Mainstream nach links verschoben hatte – zwar kritisierte man die Revolution, aber der Zentrumsabgeordnete Feigel etwa stellte in einer Landtagsdebatte im Mai 1919 fest, *daß es durchaus richtig war, wenn im vergangenen Jahre sich in Deutschland eine ziemlich allgemeine Linksorientierung bemerkbar machte.*[23] Allerdings schlug sich diese Linksorientierung in den Wahlen 1919/20 kaum nieder: Zwar waren die beiden Linksparteien SPD und USPD bei den Wahlen zur Nationalversammlung im Januar 1919 mit zusammen 37 % der abgegebenen Stimmen die stärkste politische Kraft, doch ein Vergleich mit den letzten Reichstagswahlen von 1912 zeigt, dass die Linke ihr Potenzial in der Region offenbar weitgehend ausgeschöpft hatte und ein Einbruch in neue Wählerschichten kaum gelungen war, und dies trotz der Veränderungen des Wahlrechts.[24] Die wenige Wochen später stattfindende Landtagswahl bestätigte dieses ernüchternde Ergebnis – bei allerdings deutlich niedrigerer Wahlbeteiligung kamen SPD und USPD zusammen nur auf gut 31 %.[25] Zwar hatte die sogenannte „Weimarer Koalition" eine breite Mehrheit im Landtag – von einer linken Dominanz aber konnte keine Rede sein, übrigens auch nicht im Direktorium des Freistaates Oldenburg, der neuen regionalen Machtzentrale, wie Albrecht Eckhardt herausgearbeitet hat.[26]
Auch die weitere Entwicklung bestätigte dieses Bild – bei den Reichs- und Landtagswahlen der Jahre 1920 bis 1923 kam die Linke nicht über diese Ergebnisse hinaus, zum Teil blieb sie sogar unter 30 %. Innerhalb des linken Lagers gab es allerdings Verschiebungen: 1920 war die USPD bei Reichs- und Landtagswahlen kurzzeitig mit gut 12 % stark und verminderte den Anteil der MSPD erheblich, während die KPD nicht über wenige Prozent hinauskam; in dieser Verschiebung nach links deutete sich wohl Enttäuschung über die ausgebliebenen radikalen Veränderungen nach dem Scheitern des Kapp-Putsches aus.[27] Was die regionale Verteilung anging, so war die Situation im Prinzip dieselbe wie vor 1914: Hochburgen der MSPD waren Warfleth und Ohmstede mit 1919 über 60 %, Altenesch, Nordenham, Eversten, Ham-

---

22 Zit. nach: Eckhardt, Direktorium (wie Anm. 3), S. 34.
23 Rede des Abgeordneten Feigel (Zentrum) am 22. Mai 1919, abgedruckt in: Eckhardt, Landtag (wie Anm. 4), S. 74. In derselben Rede sprach Feigel vom *Unglück der Revolution* (ebd.) und sein Kollege Raschke kurz darauf vom *Geist der Aufsässigkeit*, den die Sozialdemokratie *50 Jahre lang in das Volk hineingetragen hat* (ebd., S. 76).
24 Vgl. Wolfgang Günther, Wahlen, Wahlsystem und politische Partizipation. Die Wahlen von 1912 und 1919 in Oldenburg, in: Ders., Sozialer und politischer Wandel (wie Anm. 11), S. 113-137, hier S. 122-129.
25 Vgl. ebd., S. 123.
26 Vgl. Eckhardt, Direktorium (wie Anm. 3), S. 40 f. Zwar saß dem Direktorium zunächst der radikale Bernhard Kuhnt vor, doch war dieser kaum bei den Sitzungen anwesend, wurde durch gemäßigtere Sozialdemokraten flankiert und bereits am 3. März 1919 abgesetzt.
27 Vgl. die Zahlen in: Günther, Freistaat (wie Anm. 5), S. 415 und 420 f.

melwarden, Brake, Ganderkesee und Bardewisch mit über 50 %. Die USPD punktete vor allem im Umkreis von Rüstringen mit über 30 % in Schortens und Zetel sowie über 20 % in Rüstringen selbst, Bockhorn und Varel.[28] Bei der KPD kann man ab 1920 kaum von „Hochburgen" sprechen, aber prinzipiell war sie in denselben Orten stark wie zuvor die USPD, so etwa in Augustfehn und auch in Osternburg, wo schon im Januar 1919 eine Ortsgruppe gegründet worden war. Dass die linken Kräfte in den ländlichen und katholischen Regionen nach wie vor schwach waren, überrascht nicht und ist ein weiteres Indiz für die Tatsache, dass die Gewinnung neuer sozialer Schichten kaum gelungen war. Die Linke hatte ihre soziale Basis nach wie vor in den Arbeitermilieus, über deren genaue Ausgestaltung wir aber für Oldenburg bislang wenig wissen; die einzige Studie, die sich diesem Thema intensiv gewidmet hat, ist die ungedruckte Dissertation von Detlev Roßmann von 1979, der Arbeiteralltag und KPD-Politik in Osternburg zwischen 1918 und 1933 ausführlich und differenziert untersucht hat.[29] Vergleichbare Untersuchungen zu anderen Orten des Oldenburger Landes wären wünschenswert (wobei Roßmann bei seiner Studie allerdings stark von Erzählungen von Zeitzeugen profitiert hat, die mittlerweile als Quellen nicht mehr zur Verfügung stehen).[30]

Auch die politische Praxis der Linken in den ersten Jahren der Weimarer Republik in Oldenburg ist bislang weitgehend unerforscht. Besonders interessant wäre zu untersuchen, wie auf der kommunalen Ebene die neuen Beteiligungsmöglichkeiten genutzt und welche Perspektiven der Kooperation mit bürgerlichen Kräften entwickelt wurden. Hier hatte die Demokratisierung des Wahlrechts ja am ehesten Veränderungen der Vertretungskörperschaften hervorgerufen, so dass Sozialdemokraten mancherorts erstmals in lokale Vertretungen einzogen und hier das Klima deutlich pluraler gestalteten sowie an anderen Orten sogar Mehrheiten erzielten. Dabei könnte der genaue Blick auf die Arbeit vor Ort auch neue Einsichten in Bruchlinien und Zusammenhänge in und zwischen den politischen Lagern ermöglichen – so etwa, wenn wie in Nordenham Ende 1919 trotz einer Mehrheit von SPD und USPD im Stadtrat nicht der sozialdemokratische Parteisekretär, sondern ein Bürgerlicher zum Bürgermeister gewählt wurde, weil die USPD für ihn stimmte.[31]

Am ehesten sind Einblicke in die politische Praxis im Landtag möglich, nicht zuletzt auch durch die Digitalisierung der Landtagsverhandlungen.[32] Intensivere Analysen stehen hier noch aus; klar ist bislang nur, dass es gerade in den Anfangsjahren in

---

28 Vgl. die Zahlen in: Günther, Wahlen, Wahlsystem (wie Anm. 24), S. 126.
29 Detlev Roßmann, Kulturelle Öffentlichkeit in Oldenburg-Osternburg 1918–1933. Kritische Untersuchungen zum Verhältnis von Arbeiteralltag und Politik der KPD, Diss., Oldenburg 1979. Zur Identifikation „politisch-sozialer Milieus" in Oldenburg insgesamt und deren langfristiger Entwicklung vgl. Karl-Heinz Naßmacher, Kontinuität und Wandel eines regionalen Parteiensystems. Zur politischen Entwicklung Oldenburgs im 20. Jahrhundert, in: Günther, Sozialer und politischer Wandel (wie Anm. 11), S. 221-251.
30 Vgl. etwa zu entsprechenden allgemeinen Forschungen: Theresa Dapp, Kommunistische Milieus in der Weimarer Republik. Ein Forschungsbericht, in: Archiv für Sozialgeschichte 50 (2010), S. 503-544.
31 Wolfgang Günther, Blexen und Nordenham im 19. und 20. Jahrhundert, in: Ders. u.a., Nordenham. Die Geschichte einer Stadt, Oldenburg 1993, S. 331-559, hier S. 500 f.
32 Die Landtagsverhandlungen finden sich jetzt komplett in der Digitalen Sammlung der Landesbibliothek Oldenburg: https://www.lb-oldenburg.de/digitale_sammlungen/Landtagsverhandlungen/landtagsverhandlungen_weimarer_republik.htm (letzter Zugriff: 27.05.2020).

Fortsetzung der Entwicklung im späten Kaiserreich eine Kooperation der Sozialdemokratie mit den bürgerlichen Kräften, vor allem der DDP und dem Zentrum, in Direktorium, Landesregierung und Landtag gab, eine Zusammenarbeit, die im Bewusstsein der demokratischen Kräfte angesichts der Bedingungen der Zeit notwendig war. Das Zentrum etwa lehnte nach der Landtagswahl 1920 eine Regierung ohne die SPD ab, weil ein *Ausschalten der SPD ein sehr gefährliches Experiment* bedeute und *auf die Dauer ohne die Sozialdemokratie nicht zu regieren* sei.[33] Dies galt zumindest in den ersten Jahren der Weimarer Republik, auf jeden Fall noch nach der Landtagswahl 1923, begann sich dann aber zunehmend aufzulösen: 1925 wurde zwar Paul Hug noch mit den Stimmen der nach wie vor formal existierenden Weimarer Koalition zum Landtagspräsidenten gewählt, doch zu einer gemeinsamen politischen Gestaltung waren die linken und bürgerlichen Kräfte nicht mehr in der Lage.[34]

Fazit

Untersucht man aus historisch-politischer Sicht die Möglichkeiten und Belastungen des Demokratieaufbaus in den ersten Jahren der Weimarer Republik, so stellt sich hier eine entscheidende Frage: Warum ist im Verhältnis zwischen einer demokratischen Linken – die KPD blende ich hier zunächst einmal aus – und einem demokratischen Bürgertum, den beiden entscheidenden Kräften für die Stabilität und Weiterentwicklung eines demokratischen Staatswesens, eine zunehmende Entfremdung festzustellen, nachdem man zunächst, ob gewollt oder gezwungenermaßen sei zunächst dahingestellt, eine Kooperation für sinnvoll und notwendig hielt?
Antworten müssten wohl auf beiden Seiten gesucht werden: Die Sozialdemokratie war in den frühen 1920er Jahren noch nicht die SPD nach Godesberg, auch wenn in Oldenburg eine gemäßigte Richtung dominant war. Die allgemeine Forschung hat festgestellt, dass sich die Partei nach anfänglicher Öffnung in Richtung Volkspartei mit ihrem Görlitzer Programm von 1921 bald wieder als Klassenpartei verstand, die für die Interessen des Proletariats eintrat.[35] Und dies wurde noch dadurch verstärkt, dass in der linken Wählerschaft Enttäuschung über die ausgebliebenen radikalen Veränderungen in Wirtschaft, Gesellschaft und Verwaltung verbreitet war – auch in Oldenburg, wo sich bald herausstellte, dass Hugs zitierte Vision einer Prägung des Freistaats durch *soziale(n) Geist und sozialistische Art* nicht Realität wurde. Chancen einer durchgreifenderen Demokratisierung in der Revolution oder wenigstens nach der Niederschlagung des Kapp-Putsches 1920, deren Durchsetzungsmöglichkeiten in der Forschung allerdings unterschiedlich beurteilt werden, waren nach Ansicht vieler in der Wählerschaft nicht genutzt worden – was an der Wahlurne in der Entscheidung zunächst für die USPD als die radikalere Alternative, dann bei einem kleineren Teil auch für die KPD bzw. für das Abwandern in das Nichtwählerlager quittiert

---

33 Oldenburgische Volkszeitung v. 19.6.1920, zit. nach: Wolfgang Günther, Parlament und Regierung im Freistaat Oldenburg 1920–1932, in: Oldenburger Jahrbuch 83 (1983), S. 187-207, hier S. 195.
34 Vgl. ebd., S. 200 f.
35 Vgl. etwa Ursula Büttner, Weimar. Die überforderte Republik 1918–1933. Leistung und Versagen in Staat, Gesellschaft, Wirtschaft und Kultur, Stuttgart 2008, S. 69, 74.

wurde.³⁶ Und eine Kompromissbereitschaft gegenüber den bürgerlichen Kräften hatte natürlich auch nicht gerade dazu beigetragen, aus Sicht der linken Wählerschaft das Profil der SPD als einer sozialistischen Partei zu stärken, im Gegenteil. So war linke Profilierung und Abgrenzung, auch durch den Zusammenschluss mit der Rest-USPD 1922, eher das Gebot der Stunde – ob auch in Oldenburg, ist aufgrund der bisherigen Forschungen noch nicht genau zu sagen. Wie scharf die Abgrenzung nach außen aber auch im Alltag war, zeigt schlaglichtartig ein Werbezettel für das Oldenburger Volksblatt, eine in den ersten Jahren der Weimarer Republik erscheinende sozialdemokratische Tageszeitung, in dem die bürgerliche Pressekonkurrenz als „Feind im eigenen Heim" bezeichnet wurde.³⁷ Möglicherweise trug auch der zunehmende Ausbau der Milieuzusammenhänge und Milieuorganisationen in den 1920er Jahren zu dieser verschärften Abgrenzung bei; aber dies wäre, z.B. auf der Ebene des Vereinswesens, auch für die Oldenburger Hochburgen noch zu untersuchen.

Auf der anderen Seite wich die anfängliche Bereitschaft im Bürgertum zur Akzeptanz der Rolle einer starken linken Kraft im politischen Kräftefeld ebenfalls einer zunehmenden Abgrenzung im Zeichen eines ausgeprägten „Antimarxismus", den Kolb und Schumann als „eigentliche(n) Krankheitskeim im deutschen Parteiensystem der Weimarer Zeit" bezeichnen.³⁸ Hierzu trug sicher auch – und dies wäre am oldenburgischen Beispiel weiter zu erforschen – die Rezeption der gewaltsamen Aufstände und Putschversuche in der Region (z.B. in Wilhelmshaven und Bremen), aber auch die ausgedehnte und emotionalisierende Presseberichterstattung über die Unruhen in anderen Teilen der Republik bei. Die neuere Forschung hat die Rolle der Gewalt in der Weimarer Republik in den letzten Jahren verstärkt erforscht,³⁹ und aus regionaler Perspektive wäre hier zu fragen, inwiefern diese Gewalt gar nicht so sehr selbst erfahren, sondern eher befürchtet bzw. imaginiert wurde. Dies führte möglicherweise zu verstärkten Abgrenzungen bis hin zur Entwicklung von Feindbildern, minimierte die Bereitschaft zur Zusammenarbeit mit einer linken politischen Kraft, die solche Gewalt (vermeintlich) zu befördern schien, und verstärkte die Suche nach Alternativen. Sie kam in Oldenburg auf parlamentarischer Ebene in der Abkehr von der Weimarer Koalition und dem Wunsch nach einem scheinbar überparteilichen Beamtenkabinett sowie in der Hinwendung von Teilen des Bürgertums nach ganz rechts zum Ausdruck. Beides war für die Entwicklung der Demokratie in Oldenburg verhängnisvoll – und beides war möglicherweise schon 1919/20 angelegt.⁴⁰

---

36 Zum Kapp-Putsch in Oldenburg vgl. immer noch: Klaus Lampe, Der Freistaat Oldenburg zwischen Kapp-Putsch und Reichstagswahlen März bis Juni 1920, in: Niedersächsisches Jahrbuch für Landesgeschichte 46/47 (1974/1975), S. 263-197.
37 Vahlenkamp, Sozialdemokratie (wie Anm. 9), S. 76.
38 Eberhard Kolb/Dirk Schumann, Die Weimarer Republik, 8., überarb. u. erw. Aufl., München 2013, S. 185.
39 Vgl. etwa Dirk Schumann, Politische Gewalt in der Weimarer Republik 1918-1933. Kampf um die Straße und Furcht vor dem Bürgerkrieg, Essen 2001, und jetzt Mark Jones, Am Anfang war Gewalt. Die deutsche Revolution 1918/19 und der Beginn der Weimarer Republik, Berlin 2017.
40 Gerd Steinwascher schließt seinen pointierten Beitrag über den Übergang zur Republik im Nordwesten mit dem (vorletzten) Satz: „Nichts deutete darauf hin, dass die politische Entwicklung in Oldenburg sehr bald zu einer reinen Beamtenregierung führen sollte, der Konsens der Demokraten und die Bereitschaft zur politischen Zusammenarbeit verlorenging." (Steinwascher, Revolution [wie Anm. 19], S. 98). In der Forschung käme es darauf an zu prüfen, ob tatsächlich 1919/20 noch nichts darauf hindeutete, die entscheidenden Bruchlinien also erst später entstanden oder ob bereits hier, zumindest subkutan, Risse im demokratischen Konsens vorhanden waren.

Michael Hirschfeld

Wir Katholiken machen keine Revolution mit, sondern erkennen nur gesetzmäßige Zustände an.

Die Zentrumspartei in der Frühphase des Freistaats Oldenburg (1919-1923)

Die alte Zeit fand ihren Abschluss mit dem Weltkriege und die neue beginnt mit der Revolution. Wir Katholiken machen keine Revolution mit, sondern erkennen nur gesetzmäßige Zustände an.[1]

Deutliche Worte fand der kurz zuvor für den Wahlkreis 16 (Weser Ems) gewählte Reichstagsabgeordnete Ökonomierat Theodor Pennemann[2] aus Brual im Emsland in einer Kundgebung auf dem ersten Oldenburger Katholikentag im September 1920 in Cloppenburg. Pennemanns Botschaft bezog sich aber nicht nur auf die Novemberrevolution 1918, die zu diesem Zeitpunkt immerhin knapp zwei Jahre zurücklag. Sie hatte auch den Kapp-Putsch im März 1920 als aktuelleren Bezugsrahmen. Will man sich der Situation annähern, vor der der katholische Bevölkerungsteil nach dem Sturz der Monarchie und am Beginn der Weimarer Republik stand, so bietet eine Analyse der Ansprachen des ersten und im Übrigen auch einzigen Oldenburger Katholikentags dieser Epoche eine geeignete Folie, um die Position der Zentrumspartei auszuloten.

Um nicht den Eindruck zu erwecken, der regionale Katholikentag in Cloppenburg sei eine politische Veranstaltung der Zentrumspartei gewesen, muss man sich zunächst vor Augen führen, was er außerdem noch bot: eine Begrüßungsfeier für und ein

---

1 Festbuch des ersten Oldenburger Katholikentages in Cloppenburg am 25., 26. u. 27. Sept[ember] 1920, Cloppenburg o.J. [1920], S. 72.
2 Zu Pennemann (1861-1932), MdR 1920-1928, vgl. Beatrix Herlemann, Biographisches Lexikon niedersächsischer Parlamentarier 1919-1945 (Veröffentlichungen der Historischen Kommission für Niedersachsen, Bd. 222), Hannover 2004, S. 271 f.; Bernd Haunfelder, Reichstagsabgeordnete der Deutschen Zentrumspartei 1871-1933. Biographisches Handbuch und historische Photographien (Photodokumente zur Geschichte des Parlamentarismus und der politischen Parteien, Bd. 4), Düsseldorf 1999, S. 342; Helmut Lensing, Pennemann, Theodor, in: Emsländische Geschichte, Bd. 7 (1998), S. 212-216.

Anschrift des Verfassers: Apl. Prof. Dr. Michael Hirschfeld, Universität Vechta, Fakultät III, Fach Geschichte, Driverstraße 22, 49377 Vechta

Abb. 1: Der Vizepräsident des Oldenburgischen Landtags und langjährige Bürgermeister von Cloppenburg Ignaz Feigel (1855–1922) bereitete als Vorsitzender des Lokalkomitees den ersten Oldenburger Katholikentag 1920 maßgeblich vor.
Aus: Festbuch des ersten Oldenburger Katholikentages in Cloppenburg, Cloppenburg o.J. [1920], Foto nach S. 64

Pontifikalamt mit dem Bischof von Münster, Johannes Poggenburg, Vorträge und Kundgebungen. Kurz gesagt, er war ein gesellschaftliches Ereignis. Und er versammelte in seiner Organisation und Nachbereitung die lokalen bzw. regionalen Eliten. An der Spitze des vorbereitenden Aktionsausschusses wie auch des Lokalkomitees stand der Cloppenburger Zentrumspolitiker Ignaz Feigel[3], seit 1919 Vizepräsident des Oldenburgischen Landtags und zuvor von 1902 bis 1918 Fraktionsvorsitzender seiner Partei im Landtag. Der oldenburgische Minister Dr. Franz Driver[4] und der langjährige Landesvorsitzende der Partei, Kaufmann Friedrich Taphorn[5] aus Lohne, bildeten mit dem Bischöflich Münsterschen Offizial in Vechta, Prälat Bernard Grobmeyer, das Ehrenpräsidium. Der spätere Gründer des Museumsdorfes Cloppenburg, Studienrat Dr. Heinrich Ottenjann, stand an der Spitze der Presseorganisation und trug dafür Sorge, dass der Ablauf der Versammlungen, die Predigten und Reden alsbald in einem „Festbuch" für die Nachwelt dokumentiert wurden. Damit ist diese Großveranstaltung ein treffendes Beispiel für die enge Verzahnung von Kirche, Gesellschaft und Politik in Gestalt der unter der Devise „Mit Gott für Wahrheit, Recht und Freiheit" handelnden Zentrumspartei.

Ein regionaler Katholikentag war keine oldenburgische Besonderheit. Ebenso fanden in anderen Regionen Deutschlands, so etwa in Berlin, in Thüringen oder im Rheinland, zu dieser Zeit entsprechende Veranstaltungen statt. Sie waren Kopien der seit 1848 jährlich abgehaltenen „Generalversammlungen der deutschen Katholiken". Diese religiöse Festkultur, die allein zu einem Umzug in Cloppenburg 7.000 Menschen auf die Beine brachte, korrespondierte mit dem Anspruch des Zentrums, als Weltanschauungspartei die gesamte Bevölkerung vom Adel bis hin zum

---

3 Zu Feigel (1855–1922) vgl. Hans Hochgartz, Feigel, Georg Ignatz Aloysius, in: Hans Friedl/Wolfgang Günther/Hilke Günther-Arndt/Heinrich Schmidt (Hg.), Biographisches Handbuch zur Geschichte des Landes Oldenburg, Oldenburg 1992, S. 182; Herlemann (wie Anm. 2), S. 106; Karl Sieverding, Ignaz (Ignatz) Feigel (1855–1922). Bürgermeister und Landtagsabgeordneter, in: Maria Anna Zumholz/Michael Hirschfeld/Klaus Deux (Hg.), Biographien und Bilder aus 575 Jahren Cloppenburger Stadtgeschichte, Münster 2011, S. 139–141; Albrecht Eckhardt/Rudolf Wyrsch (Bearb.), Oldenburgischer Landtag 1848–1933/1946. Biographisch-historisches Handbuch zu einem deutschen Landesparlament, Oldenburg 2014, S. 204 f.
4 Zu Driver vgl. Hans Friedl, Driver, Franz, in: Biographisches Handbuch zur Geschichte des Landes Oldenburg (wie Anm. 3), S. 155 f.; Herlemann (wie Anm. 2), S. 92; Eckhardt/Wyrsch (wie Anm. 3), S. 186-188.
5 Zu Taphorn (1818–1940) vgl. Josef Sommer, Taphorn, Johann Joseph Friedrich, in: Biographisches Handbuch zur Geschichte des Landes Oldenburg (wie Anm. 3), S. 735 f.; Eckhardt/Wyrsch (wie Anm. 3), S. 538 f.

Die Zentrumspartei in der Frühphase des Freistaats Oldenburg (1919–1923)

Abb. 2: Nach dem Eröffnungsgottesdienst auf dem Cloppenburger Marktplatz strömten die Teilnehmerinnen und Teilnehmer des ersten Oldenburger Katholikentages zu den einzelnen Versammlungen, 26. September 1920. Aus: Festbuch des ersten Oldenburger Katholikentages in Cloppenburg, Cloppenburg o.J. [1920], Foto nach S. 96

Arbeiter zu repräsentieren. Der Hinweis von Michael Klöcker, dass die „räumliche Erweiterung über das ganze Land hinweg bis in ländliche Regionen hinein … bei den Katholikentagen 1919/20 zu einer bisher so noch nie vollzogenen Mobilisierung des katholischen Deutschlands"[6] führte, trifft den Kern. Für die mit Recht wohl größte Massenkundgebung in Südoldenburg in den Jahren nach dem Ersten Weltkrieg hatte man sich zu diesem Zweck auswärtige Expertise geholt, um „quantitativ und qualitativ Partizipa-

Abb. 3: Unter Federführung von Studienrat Dr. Heinrich Ottenjann, dem späteren Gründer des Museumsdorfes Cloppenburg, wurden die Berichte und Reden des Oldenburger Katholikentages 1920 in einem „Festbuch" dokumentiert. Archiv Dr. Michael Hirschfeld, Vechta

---

6 Michael Klöcker, Regionale Katholikentage nach dem Ersten Weltkrieg: Konservative Massenmobilisierung zwischen „Tradition" und „Moderne", in: Ders., Religionen und Katholizismus. Bildung und Geschichtsdidaktik, Arbeiterbewegung. Ausgewählte Aufsätze, Frankfurt/M. u.a. 2011, S. 433-462, hier S. 452.

tion und Prägung des Kirchenvolkes in erheblichem Ausmaß"[7] verbessern zu können. Dass sie gerade in der Anfangsphase der Weimarer Republik stattfand, kam wohl nicht von ungefähr. Es ging in erster Linie um eine gesellschaftliche und politische Standortbestimmung der Katholiken Oldenburgs in der neuen Staatsordnung. Wie sollte man sich in der ersten Republik eigentlich verhalten? Sollte man sich klar auf den Boden der neuen Reichsverfassung stellen und der Demokratie huldigen, während die römisch-katholische Kirche weiterhin eine Hierarchie war? Sollte man sich zu diesem Zweck mit der schon kurz vor dem Ersten Weltkrieg zur stärksten Partei auf Reichsebene avancierten Sozialdemokratie verbünden, obgleich diese beiden großen Konfessionen sehr kritisch gegenüber stand und ihre Politiker vielfach aus der Kirche ausgetreten waren und sich als Dissidenten bezeichneten? Oder sollte sich das Zentrum den reaktionären Kräften anschließen, die in unterschiedlicher Intensität den neuen Staat ablehnten und die Restauration der Monarchie herbeisehnten? Welche spezifischen Probleme gab es schließlich im Freistaat Oldenburg?

Diesen Fragen soll im Folgenden nachgegangen werden, indem die Historie der katholischen Partei erstmals vom Anfang der Weimarer Republik her aufgerollt wird. Bisher ist der Stellenwert des Zentrums sowohl allgemein als auch auf oldenburgischer Ebene immer vom Beginn der nationalsozialistischen Diktatur 1933 her bewertet worden. Wie auch insgesamt in Oldenburg die Endphase der Weimarer Republik im Fokus der Forschung stand,[8] so war das Zentrum bislang fast ausschließlich in seiner Rolle im Kontext der agrarpolitischen Kontroversen rund um die „Eberborg-Affäre" oder in der Frage seiner Resistenz gegenüber dem Nationalsozialismus von Interesse.[9]

Zum Forschungsstand

Insgesamt gesehen steckt allerdings die Aufarbeitung der Geschichte der Oldenburgischen Zentrumspartei (OZP) im Vergleich zu anderen Parteien[10] noch in den Anfängen. Sieht man einmal von einigen unveröffentlichten Examensarbeiten sowie von Kurzbiogrammen von Zentrumsparlamentariern in einschlägigen Handbüchern ab,[11] bietet zwar die Langzeitstudie von Hubert Gelhaus über das politisch-soziale Milieu in Südoldenburg im 19. und 20. Jahrhundert Ansatzpunkte, stützt

---

7 Ebd., S. 441.
8 Vgl. Klaus Schaap, Die Endphase der Weimarer Republik im Freistaat Oldenburg 1928-1933 (Beiträge zur Geschichte des Parlamentarismus und der politischen Parteien, 61), Düsseldorf 1978; Ders., Oldenburgs Weg ins „Dritte Reich" (Quellen zur Regionalgeschichte Nordwest-Niedersachsens, Heft 1), Oldenburg 1983.
9 Vgl. Maria Anna Zumholz (Hg.), „Krach um Jolanthe". Krise und Revolte in einer agrarisch-katholischen Region 1929–1930 und der Konflikt um die Deutungs- und Erinnerungskultur, Münster 2012; Joachim Kuropka, Zwischen Erosion und Erneuerung: Katholisches Milieu im Oldenburger Münsterland 1919–1939, in: Ders. (Hg.), Grenzen des katholischen Milieus. Stabilität und Gefährdung katholischer Milieus in der Endphase der Weimarer Republik und in der NS-Zeit, Münster 2013, S. 387-405.
10 Vgl. den Sammelband von Wolfgang Günther (Hg.), Parteien und Wahlen in Oldenburg. Beiträge zur Landesgeschichte im 19. und 20. Jahrhundert, Oldenburg 1983, wo Sozialdemokraten und Liberale, nicht aber das Zentrum im Mittelpunkt der Beiträge stehen.
11 Vgl. Eckhardt/Wyrsch (wie Anm. 3); Herlemann (wie Anm. 2).

Die Zentrumspartei in der Frühphase des Freistaats Oldenburg (1919–1923) — 99

sich aber nahezu ausschließlich auf die Regionalpresse.[12] Von der kirchen- und gesellschaftspolitischen Warte aus vermittelt zudem die Überblicksdarstellung von Joachim Kuropka über die katholische Kirche im Oldenburger Land wichtige Impulse.[13] Es folgten einige lokale Blickwinkel von Michael Hirschfeld auf den politischen Katholizismus in Delmenhorst und in Friesoythe sowie eine Studie zur Sozialstruktur der Zentrumsabgeordneten im oldenburgischen Landtag der Weimarer Zeit.[14] Eine Gesamtgeschichte des oldenburgischen Zentrums hingegen ist bis heute ein Desiderat geblieben, vermutlich auch, weil sie sich aufgrund des Fehlens eines zusammenhängenden Quellenbestandes nur mühsam aus der Lokalpresse, aus der „grauen" Literatur und aus vereinzelten Nachlässen bzw. Lebenserinnerungen rekonstruieren lässt.

Dass hierzu durchaus noch neues Material auftaucht, belegen die kürzlich an die Öffentlichkeit gelangten Erinnerungen des Zentrumspolitikers Anton Themann, von denen Peter Sieve einen Auszug über die NS-Zeit ediert und publiziert hat.[15] Vertiefte Erkenntnisse ermöglicht eine systematische Durchsicht der Redebeiträge von Zentrumsabgeordneten während der Sitzungen des Oldenburgischen Landtags, die weniger mühevoll geworden ist, seit die Stenographischen Berichte in digitalisierter Form zugänglich geworden sind.[16] Eine besondere Rolle für die Rekonstruktion der Geschichte des politischen Katholizismus kommt der parteinahen Presse zu, hier vor allem der in Vechta erscheinenden „Oldenburgischen Volkszeitung" (OV), die unter diesem Namen 1895 dezidiert zur Verbreitung der Ideen des politischen Katholizismus neu gegründet worden war.[17] Allerdings ist sie ebenso wie die in Cloppenburg erscheinende „Münsterländische Tageszeitung" und das „Löninger Volksblatt" bisher digital weitestgehend noch nicht erschlossen.[18] Vor allem die OV

---

12 Vgl. Hubert Gelhaus, Das politisch-soziale Milieu in Südoldenburg von 1803 bis 1936, Bd. 2: Die Gründung und die Grundlagen der Weimarer Republik von 1918 bis 1928, Oldenburg 2001, S. 283-335. Zeitlich nicht relevant erscheint die Dissertation von Joseph Nietfeld, Die Zentrumspartei. Geschichte und Struktur, o.O. 1985.
13 Vgl. Joachim Kuropka, Die katholische Kirche im 20. Jahrhundert, in: Rolf Schäfer (Hg.), Oldenburgische Kirchengeschichte, 2. Aufl. Oldenburg 2005, S. 523-641, hier S. 524-535.
14 Vgl. Michael Hirschfeld, Der Aufstieg des Katholizismus in Delmenhorst im Zuge der Industrialisierung um 1900, in: Delmenhorster Heimatjahrbuch 2003/2004, Oldenburg 2003, S. 51-62; Ders., Gesellschaftliche Integration oder konfessionelle Separation? Der politische Katholizismus in Delmenhorst zwischen Kaiserreich und Nationalsozialismus, in: Oldenburger Jahrbuch, 104 (2004), S. 163-185; Ders., Friesoythe vom Ende des Ersten Weltkriegs bis zum Ende des Zweiten Weltkrieg (1918-1945), in: Albrecht Eckhardt (Hg.), Die Geschichte der Stadt Friesoythe, Oldenburg 2008, S. 281-339; Ders., Wählerwerbung durch Berufsvielfalt. Zur Sozialstruktur der oldenburgischen Landtagsabgeordneten der Zentrumspartei in der Weimarer Republik, in: Franz Bölsker/Michael Hirschfeld/Wilfried Kürschner/Franz-Josef Luzak (Hg.), Dona Historica. Freundesgaben für Alwin Hanschmidt zum 80. Geburtstag, Berlin 2017, S. 287-306.
15 Vgl. Peter Sieve (Bearb.), Erinnerungen des Zentrumspolitikers Anton Themann (1886-1965) an NS-Zeit und Gestapo-Haft, in: Oldenburger Jahrbuch, 119 (2019), S. 109-131. Zu Themann vgl. Franz Hellbernd, Themann, Anton, in: Biographisches Handbuch zur Geschichte des Landes Oldenburg (wie Anm. 3), S. 744 f.; Herlemann (wie Anm. 2), S. 361; Eckhardt/Wyrsch (wie Anm. 3), S. 524 f.
16 Vgl. Stenographische Berichte über die Verhandlungen der Versammlung des Landtags des Freistaats Oldenburg (http://digital.lb-oldenburg.de; letzter Zugriff am 25.5.2020).
17 Vgl. Hermann Wegmann, 150 Jahre Oldenburgische Volkszeitung. Festschrift zu ihrem Jubiläum 1834–1984, Vechta 1984, S. 67.
18 Lediglich die Jahrgänge 1918 und 1919 der OV sind bislang von der Landesbibliothek Oldenburg digitalisiert und online frei verfügbar. Vgl. http://digital.lb-oldenburg.de (letzter Zugriff am 25.5.2020)

Abb. 4: Vor den Wahlen zur verfassunggebenden Landesversammlung am 23. Februar 1919 machte die „Oldenburgische Volkszeitung" sich mehrfach zum Sprachrohr des Zentrums. Als Parteiorgan veröffentlichte sie u.a. prominent platziert diesen Aufruf des Landesvorstands an die Wählerinnen und Wähler, der katholischen Partei ihre Stimme zu geben. Oldenburgische Volkszeitung vom 16.2.1919

verstand sich nicht nur im Untertitel als *Centrums-Organ für Nordwestdeutschland*[19], sondern erfasste auch katholische Leserkreise weit über den Kreis Vechta hinaus im Norden des Freistaats, für welche sie in der Rubrik „Aus der Residenz und dem Norden" regelmäßig Informationen mit Schwerpunkt auf dem katholischen Vereinswesen und der Zentrumspartei brachte. Aus der Warte des katholischen Landesteils und kirchlicher Positionen wurden hier sowohl Versammlungen und Wahlkundgebungen des Zentrums auf Landesebene breit dokumentiert als auch die Zeitläufte mit deutlichen Worten kommentiert. Das korrespondiert mit einer Wiederkehr der Zentrumsforschung auf überregionaler Ebene. Nachdem auch hier über Jahre Stillstand geherrscht hatte, hat gerade die Forschung zum Zentrum im Kaiserreich in den letzten Jahren durch Andreas Linsenmann und Markus Raasch neue Impulse erhalten. Beide haben auf den kulturellen Aspekt des Politischen, also den Aspekt der politischen Kultur, als Forschungslücke hingewiesen.[20]

Im Folgenden sollen, ausgehend von dieser Standortbestimmung, in einem systematischen Zugang einige zentrale Gesichtspunkte für das Wirken der Zentrumspartei im

---

19 So bei Wegmann, 150 Jahre Oldenburgische Volkszeitung (wie Anm. 17), S. 69.
20 Vgl. Andreas Linsenmann/Markus Raasch, Einleitung, in: Dies. (Hg.), Die Zentrumspartei im Kaiserreich. Bilanz und Perspektiven, Münster 2016, S. 7–24, hier S. 12. Vgl. auch Markus Raasch, Der Adel auf dem Feld der Politik. Das Beispiel der Zentrumspartei in der Bismarckära (1871–1890), Düsseldorf 2015.

Übergang von der Monarchie zur Republik in Oldenburg aufgegriffen werden. Da ist die Frage nach Kontinuität und Wechsel beim Führungspersonal, aber auch die Hoffnung auf Überwindung der Inferiorität der Katholiken, die als Desiderat angesehen wurde. Hinzu kommt die Rolle der Frauen, die 1919 erstmals das aktive und passive Wahlrecht erhielten und rein zahlenmäßig einen neuen gewichtigen Faktor bei Wahlen darstellten. Ebenso ist die Stellung des katholischen Klerus innerhalb der Partei zu behandeln. Einen Schwerpunkt bildet als inhaltlich zentrales Thema der katholischen Partei die bereits aus der „Kursbestimmung" auf dem Oldenburger Katholikentag ablesbare Wahrung der Interessen von Kirche und Schule vor dem Hintergrund einer neuen Verfassung und weiterer Umgestaltungen des Staatswesens. Mit welcher Grundhaltung das Zentrum dieser politisch unruhigen Zeit entgegentrat, ist ebenfalls zu berücksichtigen. Alle diese Aspekte sollen anhand der beiden wichtigsten Zäsuren am Beginn der Weimarer Republik überprüft werden, des Gründungsjahrs 1919 und des Krisenjahrs 1923.

Erste Standortbestimmung – die Rolle des Zentrums beim Übergang von der Monarchie zur Republik 1918/19

Am Vorabend der Errichtung der Republik erscheint für das oldenburgische Zentrum bestimmend, dass es nahezu das gesamte Kaiserreich über nach außen im Wesentlichen von der Familie von Galen repräsentiert wurde.[21] Der 3. Oldenburgische Wahlkreis mit seiner katholischen südoldenburgischen Mehrheit war das, was man zu dieser Zeit einen Riviera-Wahlkreis nannte. Eine sichere Bank des Zentrums, wobei sowohl Ferdinand Heribert von Galen, der ihn seit Beginn der 1870er Jahre 30 Jahre in Berlin vertrat, als auch sein Sohn Friedrich Matthias von Galen, der ihm 1907 nach kurzer Unterbrechung folgte, keineswegs geneigt waren, ihre Zeit an der damals als Erholungsort der Reichen bekannten Riviera zu verbringen. Für die Gutsherren auf Burg Dinklage war nämlich „ein ungewöhnliches Maß von Interesse und Verständnis für die Fragen des öffentlichen Lebens" prägend, wie ihr Sohn bzw. Bruder, der spätere Kardinal Clemens August von Galen, in seiner „Haus- und Familienchronik"[22] formulierte. Gemeint war eine Mischung aus Prinzipientreue und Pflichtbewusstsein, die sie stets in ihrer Heimat und in der Reichshauptstadt präsent sein ließ. Bezeichnend erscheint, dass diese Ära des Adels in der oldenburgischen Zentrumspolitik exakt mit dem Sturz der Monarchie 1918 durch eine bürgerliche Ära abgelöst wurde. Äußere Ursache war der frühe und plötzliche Tod von Graf Friedrich Matthias genau am 10. November 1918, am Tag nach der Abdankung des Kaisers, übrigens als Opfer der damaligen Pandemie, die als „Spanische Grippe" bezeichnet wurde.

---

21 Vgl. Michael Hirschfeld, Glaube und Adelsstand als Motivation für ein politisches Engagement. Zur Biographie der Reichstagsabgeordneten Ferdinand Heribert (1831–1906) und Friedrich Matthias von Galen (1865–1918), in: Jahrbuch für das Oldenburger Münsterland, 61 (2012), S. 49-72.

22 Clemens August von Galen, Haus- und Familienchronik der Grafen von Galen auf Burg Dinklage und Haus Assen, begonnen im Jahr des Heils 1925, unveröffentlichtes Manuskript, S. 15.

Sein jüngerer Bruder Franz von Galen, der im ersten Nachkriegsjahrzehnt die Burg Dinklage verwaltete, ließ sich erst in der Endphase der Weimarer Republik in die Pflicht nehmen, ein politisches Mandat zu bekleiden, zuletzt als Abgeordneter des Zentrums im Preußischen Landtag.[23] Vielleicht beherzigte er den Ratschlag von Friedrich Matthias, der ihm noch im Mai 1918 aus Berlin geschrieben hatte: *Die Politik ist so dreckig wie nur je, freue dich, dass du nichts damit zu tun hast.*[24] Wahrscheinlicher erscheint es aber, dass die oldenburgische Parteiführung Franz von Galen zumindest in den ersten Nachkriegsjahren schlicht links – oder wie sie es womöglich politisch verstand, rechts – liegengelassen hat. Denn Friedrich Matthias von Galen hatte im Verlauf des Ersten Weltkriegs immer deutlichere Kritik an einem zunehmenden Linkskurs des Zentrums geübt: *Das Unglück ist geschehen, nicht mehr rückgängig zu machen und führt uns zum Sterben, das Los des Zentrums ist besiegelt*, prophezeite er seinem politisch sehr wohl interessierten Bruder Franz von Galen in einem Brief vom Juli 1917 und offenbarte ihm weiter: *Ich bin verzweifelt, sehe gar keine Rettung mehr, die Revolution ist schon da, kommt aber noch ganz anders.*[25]

Veränderungen im Führungspersonal

Für eine solche, im Übrigen durchaus prophetische Verdammung der Revolution war in deren Angesicht kein Platz mehr. Der Wechsel des politischen Systems ließ es offensichtlich geboten erscheinen, auch neue und jetzt bürgerliche Köpfe in die Verantwortung zu ziehen. Vor allem wollte man nicht länger von der Peripherie aus wirken, an der Dinklage aus Sicht der Residenzstadt Oldenburg zweifellos lag. Ein wichtiges Desiderat sah man in der Zurücksetzung der Katholiken von höheren Regierungsämtern in der Monarchie. Auf Reichsebene trat 1919 der am Reichsgericht in Leipzig tätige Jurist Eduard Burlage, gebürtig aus Huckelrieden bei Löningen, wieder auf den Plan, der im Wahlkampf zur Nationalversammlung 1919 verschiedentlich als Redner auftrat und – wie etwa aus Delmenhorst berichtet – erklärte, *er sei bisher Monarchist gewesen, jetzt stelle er sich mit aller Bestimmtheit auf den Boden der Republik*[26].

Vor Ort wurde im Zuge der Novemberrevolution Anfang Dezember 1918 ein regionales Wahlbüro in Vechta eingerichtet,[27] im Grunde eine Art erste Parteizentrale für die sich vor dem Ersten Weltkrieg im Wesentlichen nur im Vorfeld anstehender Wahlen formierenden Parteigremien auf lokaler Ebene und Landesebene. Die beherr-

---

23 Vgl. Joachim Kuropka, Aus heißer Liebe zu unserem Volk und zu unserer hl. Kirche. Franz Graf von Galen als Politiker, in: Oldenburger Jahrbuch, 107 (2007), S. 101-125. Im Erscheinen ist eine Dissertation von Josephine von Weyhe, Franz Graf von Galen (1879–1961). Ein „Miles Christianus" im Spannungsfeld zwischen Katholizismus, Adel und Nation, Münster 2020.
24 Friedrich Matthias von Galen an Franz von Galen v. 23.5.1918, in: LWL Archivamt für Westfalen, Nachlass Galen, Franz von Galen, Privatkorrespondenz.
25 Friedrich Matthias von Galen an Franz von Galen v. 10.7.1917, ebd.
26 Delmenhorster Kreisblatt v. 11.1.1919, zit. nach Hirschfeld, Gesellschaftliche Integration oder konfessionelle Separation? (wie Anm. 14), S. 172.
27 Vgl. OV v. 3.12.1918, dazu auch Norbert Krümpelbeck, Studien zur Organisationsstruktur der Zentrumspartei in Südoldenburg 1917–1925, ungedruckte Prüfungsarbeit Universität Osnabrück, Abteilung Vechta 1980, S. 143.

schende Figur wurde der Vechtaer Rechtsanwalt Dr. Alwin Reinke.²⁸ Er verantwortete nicht nur die veränderte Satzung der Partei juristisch, sondern löste im September 1919 außerdem den aus Altersgründen nicht mehr kandidierenden Fabrikanten Friedrich Taphorn aus Lohne, der fortan Ehrenvorsitzender war, als Landesvorsitzenden ab.²⁹ Reinke genoss im Übrigen auch als führender Vertreter der Heimatbewegung im Oldenburger Münsterland sowie als populärer Heimatschriftsteller eine große Bekanntheit.³⁰ So bewarb die OV in ihrem Anzeigenteil 1919 mehrfach seine Sammlung von „Visbeker Sagen".³¹ Nach Reinkes Memoiren erfolgte die Wahl nur mit knapper Mehrheit und nach langen Diskussionen.³² In der Lokalpresse ist dagegen davon die Rede, die Wahl sei *fast einstimmig* erfolgt.³³ Reinke wurde von einem der führenden Bauern Südoldenburgs, dem Ökonomierat Josef Meyer Hemmelsbühren, protegiert, der nicht nur Gemeindevorsteher in Krapendorf war, sondern außerdem sein Schwiegervater. Vor allem aber repräsentierte Alwin Reinke den Typus des kleinstädtischen Bildungsbürgers, der sowohl auf eine studentische Peregrinatio an verschiedenen deutschen Universitäten (Freiburg/Breisgau, Berlin und Kiel) als auch auf eine berufliche Tätigkeit in der Landeshauptstadt Oldenburg zurückblicken konnte und der zudem einen Erfahrungsschatz aus vierzehn Jahren Parteivorsitz besaß.³⁴ Auch wenn er nie als Mandatsträger in Erscheinung trat, war er die

Abb. 5: Wie eng Zentrumspolitik und katholische Kirche bei der Organisation des ersten Oldenburger Katholikentages 1920 zusammenwirkten, lässt sich daran ablesen, dass der Reichstagsabgeordnete Eduard Burlage (1857–1921) als Präsident dieser kirchlichen Veranstaltung fungierte. Aus: Festbuch des ersten Oldenburger Katholikentages in Cloppenburg, Cloppenburg o.J. [1920], Foto nach S. 40

graue Eminenz der Partei, der „Parteipapst", wie ihn andere nannten, ein Beiname, mit dem Alwin Reinke übrigens auch in seinen Lebenserinnerungen kokettierte.³⁵ Zur zentralen Gestalt der oldenburgischen Zentrumspartei wurde aber Dr. Franz Driver,

---

28 Zu Reinke vgl. Hans Varnhorst, Erinnerungen an Alwin Reinke, in: Heimatblätter. Beilage zur Oldenburgischen Volkszeitung, Jg. 53 (1974), S. 1-5; Raimund Hethey, Reinke, Alwin, in: Biographisches Handbuch zur Geschichte des Landes Oldenburg (wie Anm. 3), S. 586 f.
29 Vgl. OV v. 14.9.1919. Bei Eckhardt/Wyrsch (wie Anm. 3), S. 519, wird Taphorns Vorsitz zeitlich nicht genau datiert.
30 Vgl. Michael Hirschfeld, „Die Heimat ist der festeste Halt, der uns geblieben ist." Gründung und Neugründung des Heimatbundes im Zeitalter der Weltkriege (1919 und 1949), in: Ders. (Hg.), Im Einsatz für die Heimat. 100 Jahre Heimatbund für das Oldenburger Münsterland 1919–2019, Cloppenburg 2019, S. 9-52.
31 Vgl. Anzeigen im Jahrgang 1919 der OV u. Alwin Reinke, Visbeker Sagen, Vechta 1919.
32 Vgl. Alwin Reinke, Aus einem stillen Winkel. Lebenserinnerungen eines alten Mannes, Vechta 1947.
33 OV v. 20.9.1919.
34 Vgl. Alwin Hanschmidt, Prof. Dr. Georg Reinke (1874-1955). Studium und Ausbildung des Wanderers durch das Oldenburger Münsterland, in: Hirschfeld, Im Einsatz für die Heimat (wie Anm. 30), S. 118-135. Zu Alwin Reinke hier S. 121-123.
35 Vgl. Reinke, Aus einem stillen Winkel (wie Anm. 32), S. 84.

der 1919 als erster Katholik in die Regierung eintrat und das Ministerium für Finanzen und Handel übernahm, das im Folgejahr um das Ressort für Justiz erweitert wurde. Im Gegenzug musste er sein Landtagsmandat niederlegen. Bezeichnend erscheint, dass die Familie Driver auf eine ähnlich lange bürgerliche Tradition in Südoldenburg zurückblicken konnte wie die Galens auf eine adelige Tradition.[36] Während Mitglieder der Familie von Galen als Drosten des Amts Vechta tätig waren, bekleideten Angehörige der Drivers über Generationen die Position des Amtsrentmeisters. Aber nicht nur, dass die bürgerliche Tradition nunmehr en vogue war, Franz Driver hatte es auch geschafft, als erster Katholik 1906 Oberverwaltungsgerichtsrat in der Residenzstadt zu werden, er stand also gleichsam auf Augenhöhe mit dem protestantischen Oldenburger Bürgertum. Das war Grund genug, ihn 1919 auf Platz 1 der Zentrums-Landesliste zu setzen. Neben dem promovierten Juristen Driver war man im Vorfeld der Wahl zur verfassunggebenden Landesversammlung bemüht, als Weltanschauungspartei keine Berufsgruppe bevorzugt zu vertreten. Die Landtagsfraktion sollte einen repräsentativen Querschnitt der katholischen Bevölkerung darstellen. Für die Selbständigen konnte der Apotheker Bernard König aus Löningen stehen, der aber zugleich als Interessenvertreter der Landwirte im Raum Löningen/Essen vorgeschlagen worden war.[37] Er war ebenso wie Driver, der Brennereibesitzer Heinrich Enneking aus Borringhausen bei Damme und Bürgermeister Ignaz Feigel aus Cloppenburg bereits vor 1918 Abgeordneter gewesen. Ein Novum stellte erstmals der Exponent der Heuerleute und Pächter dar, es handelte sich um Bernard Willenborg aus Höne bei Dinklage.[38] Auch die katholischen Volksschullehrer waren zum ersten Mal repräsentiert, und zwar auf Betreiben des Katholischen Oldenburgischen Lehrervereins (KOLV) durch den Vechtaer Hauptlehrer Johannes Denis.[39] Neu dazu kamen ebenfalls drei Vertreter aus Nordoldenburg: Speziell die Interessen der Arbeiter vertrat dabei Wilhelm Sante.[40] In der Zentrale des Volksvereins für das katholische Deutschland in Mönchengladbach geschult, hatte er sich seit 1912 als erster hauptamtlicher Sekretär der Katholischen Arbeitervereine und des Volksvereins in Oldenburg einen guten Ruf erworben. Aus Rüstringen war der selbständige Schlossermeister Arthur Raschke[41] vertreten, der die Interessen von Handwerkern und Arbeitern repräsentieren sollte. Der Delmenhorster Textilkaufmann Carl Leffers war dort als Initiator des politischen Katholizismus hervorgetreten und hatte zahlreiche kirchenverbundene, aus entfernten katholischen Regionen zugewanderte Arbeiter angeregt, die oldenburgische Staatsangehörigkeit zu beantragen.[42] Hinzu traten ge-

---

36 Vgl. Harald Schieckel, Beamtenfamilien des Oldenburger Münsterlandes, in: Jahrbuch für das Oldenburger Münsterland 1989, S. 129-141; Ders., Die Beamtenfamilien Driver, Bothe und Farwick in Vechta, in: Wilhelm Hanisch/Franz Hellbernd/Joachim Kuropka (Bearb.), Beiträge zur Geschichte der Stadt Vechta, Bd. 4, Vechta 1991, S. 47-51.
37 Vgl. OV v. 20.2.1919.
38 Zu Willenborg (1880–1967) vgl. Eckhardt/Wyrsch (wie Anm. 3), S. 563.
39 Zu Denis (1871–1935) vgl. ebd., S. 175 f.; Walter Denis, Johannes Denis, in: Hanisch/Hellbernd/Kuropka, Beiträge zur Geschichte der Stadt Vechta (wie Anm. 36), S. 151-157.
40 Zu Sante (1886–1961) vgl. Eckhardt/Wyrsch (wie Anm. 3), S. 457 f.
41 Zu Raschke (1883–1967) vgl. Eckhardt/Wyrsch (wie Anm. 3), S. 432 f.
42 Zu Carl Leffers (1869–1929) vgl. Michael Hirschfeld, Carl Leffers, in: Emsländische Geschichte, 8 (2000), S. 227-230; Ders., Carl Leffers (1869–1929). Katholischer Kaufmann – Kommunal- und Landespolitiker – Kirchlicher Mäzen, in: Delmenhorster Heimatjahrbuch 2002, S. 68-74; Ders., Carl (1869–1929) und

meinsam mit seinem ebenfalls politisch aktiven Bruder Heinrich Leffers[43] soziale Projekte in Delmenhorst, welche die Bindekraft der katholischen Arbeiter erhöhten. Insgesamt ist nicht nur eine breitere räumliche Aufstellung der Mandatsträger zu konstatieren, sondern zugleich eine erstmalige Repräsentanz der unteren sozialen Schichten.

Zustimmung zur Republik als Hoffnung auf Überwindung der Inferiorität

Gerade auch die Zentrumspresse wurde nicht müde, die aus ihrer Sicht verfehlte Politik der großherzoglichen Regierungen in der Retrospektive zu kritisieren. Die Regierung habe aus Fachministern bestanden und die katholische Minderheit in Südoldenburg sei dort bis 1918 nicht repräsentiert gewesen.[44] Als starkes Zeichen wurde in der OV die Entscheidung für parlamentarische Ministerien und in der Folge die Ernennung von Franz Driver zum Finanzminister angesehen. Wenn im Nebensatz darauf verwiesen wurde, dass erstmals seit 115 Jahren ein Katholik Regierungsverantwortung trage, war dies eine Anspielung auf die als glücklich betrachtete Zugehörigkeit zum Fürstbistum Münster, die 1803 mit der Säkularisation geendet hatte, auch signalisierte es zugleich die Hoffnung, an die Zustände unter geistlicher Herrschaft wieder anknüpfen zu können.[45] *Möge das der Anfang zum Besseren sein*[46], kommentierte die Zentrumszeitung. Dass der Ernennung eines katholischen Ministers in Oldenburg ein solcher Stellenwert beigemessen wurde, lag nicht allein an dem Novum selbst, sondern auch an der noch nach mehr als einem Jahrzehnt dem Staatsministerium nachgetragenen Tatsache, dass Willoh 1908 die anstehende Ernennung zum Regierungspräsidenten in Eutin verweigert worden war. Das Gefühl der Zurücksetzung wirkte noch weit über die Zäsur 1918 nach und erhöhte im Zentrum die Sympathien für die Weimarer Republik. Bezeichnend für diese Haltung ist das sehr freimütige Bekenntnis von Ignaz Feigel in einer Landtagsdebatte im Mai 1922: *Ich, für meine Person, kann erklären, dass mir der Übergang zur Demokratie und Republik persönlich nicht schwergefallen ist, denn ich habe unter dem alten Regime Zustände erlebt, die zum Himmel schreien*[47].

Als Voraussetzung für eine stärkere Einbindung der Katholiken in höhere Staatsämter sah man in Zentrumskreisen die Einmütigkeit im politischen Bekenntnis für das Zentrum. Mit Parolen wie *Jede Stimme der christlichen Volkspartei* oder *Der 23. Februar* [Tag der Wahl der verfassunggebenden Landesversammlung 1919] *soll ein Ruhmesblatt in*

Heinrich Leffers (1865–1936), in: Werner Garbas/Frank Hethey (Hg.), Delmenhorster Lebensbilder. Menschen und ihre Beziehungen zu Delmenhorst, Delmenhorst/Berlin o.J. [2004], S. 101-104; Eckhardt/Wyrsch (wie Anm. 3), S. 341 f.
43 Zu Heinrich Leffers (1865–1936) vgl. Michael Hirschfeld, Heinrich Leffers, in: Emsländische Geschichte, 8 (2000), S. 230-234; Eckhardt/Wyrsch (wie Anm. 3), S. 342 f.
44 Vgl. OV v. 20.2.1919.
45 Vgl. OV v. 22.6.1919.
46 OV v. 26.6.1919.
47 Stenographische Berichte (wie Anm. 16), II. Landtag, 6. Versammlung, Sitzung v. 23.5.1922.

der Geschichte der christlichen Volkspartei Oldenburgs werden[48], wurden die Zeitungsleser angefeuert, dem Zentrum ihre Stimme zu geben. Für die überparteiliche Akzeptanz der Zentrumsparlamentarier spricht die Tatsache, dass sowohl Franz Driver bei der Wahl der Minister als auch Ignaz Feigel als zweiter Vizepräsident bei der Wahl des Landtagspräsidiums im Vergleich die meisten, 1922 sogar sämtliche Stimmen erhielten.[49] Die Zustimmung des Landesparlaments ging also weit über die Reihen der elf (1919) bzw. zehn (1920) Abgeordnete stellenden katholischen Fraktion hinaus.

Dennoch blieb die untergeordnete Stellung der Katholiken in Oldenburg das Hauptargumentationsmuster des Zentrums. Als Beispiel wurde die Rolle eines Schlusslichts im Bildungswesen aufgegriffen. So wies Landtagsvizepräsident Feigel darauf hin, dass im katholischen Landesteil nur ein Gymnasium – in Vechta – zur Reifeprüfung führe, und setzte sich nachdrücklich dafür ein, das erst 1914 errichtete Realgymnasium in Cloppenburg zu einer „Vollanstalt" ausbauen und ebenfalls bis zum Abitur führen zu lassen.[50]

Frauen als neue Wählerklientel

Parallel zu den Neuerungen griff die Parteiorganisation vor Ort zunächst auch alte Gepflogenheiten wieder auf. Als die im Vorfeld einer Wahl notwendige Aktivierung des Gemeindeausschusses der Partei in Friesoythe wie gewohnt nur unter Heranziehung von männlichen Honoratioren geschah, mahnte ein anonymer Leserbriefschreiber, die Frauen als neue Wählerklientel nicht zu vergessen und in demokratischer Weise einzubinden, was unbedingt *im Interesse unserer Sache*, also des Zentrums, sei. Anderenfalls *muss man sich nicht wundern, wenn die Wahlen anders ausfallen, als man denkt. Das Volk wird sich diesmal nicht am Gängelbande führen lassen*[51], wurde hier gewarnt. Dass die Gewinnung weiblicher Wähler ein wesentlicher Faktor für den Erfolg war, erkannten die Verantwortlichen schon bald. In der Analyse des Ergebnisses für die Wahlen zur Weimarer Nationalversammlung hieß es in der OV anerkennend: *Vor allem haben unsere Frauen gezeigt, dass sie den Ernst der Stunde begriffen haben*[52]. Als Dr. Alwin Reinke den Leserinnen und Lesern der OV im März 1919 ausführlich eine modifizierte Satzung der Oldenburgischen Zentrumspartei vorstellte, wies er deutlich auf die Neuerung hin, dass ein Drittel der Mitglieder der Gemeindeausschüsse der Partei künftig weiblich sein müsse. Die aus jeweils 20 bis 100 Mitgliedern bestehenden Gemeindeausschüsse könnten sich sogar bis zur Hälfte aus Frauen zusammensetzen.[53] Bei der Wahl zur verfassunggebenden Landesversammlung im Februar 1919 stand aber nur eine Frau auf der Landesliste. Die Positionie-

---

48 OV v. 16.1.1919 u. v. 17.2.1919.
49 Driver wurde 1919 mit 37 Stimmen zum Minister, Feigel am 24.6.1920 mit 42 von 46 Stimmen und am 18.11.1920 mit 35 von 42 Stimmen und am 10.1.1922 mit allen 43 Stimmen zum Landtagsvizepräsidenten gewählt. Vgl. Stenographische Berichte (wie Anm. 16).
50 Vgl. ebd., Landtag 1916–19, Sitzung v. 17.2.1919, ebd., S. 114.
51 MT v. 28.12.1918. Zu diesen und allen weiteren, Friesoythe betreffenden Aspekten vgl. Hirschfeld, Friesoythe (wie Anm. 14).
52 OV v. 16.2.1919.
53 Vgl. Alwin Reinke, Die Satzung der oldenburgischen Zentrumspartei, in: OV v. 22.3.1919.

rung von Maria Brand[54], Mitinhaberin eines gut gehenden Textilgeschäfts in Essen/Oldenburg, auf Platz 13 mag aus heutiger Sicht kritikwürdig erscheinen. Aber 1919 war sie von allen Parteien in Oldenburg die bestplatzierte Frau.[55] Weil sie als Nachrückerin in das Landesparlament einzog, kommt ihr eine Pionierrolle zu, an die bei den folgenden Wahlen des Jahres 1920 die auf Platz 14 nominierte Gattin des Friesoyther Amtshauptmannes Josef Haßkamp, Sophia Haßkamp geborene Diebels (1878–1945), nicht anknüpfen konnte. Die Deutsche Volkspartei (DVP) entsandte erst 1921 mit Auguste Henke, der Ehefrau eines bei der Norddeutschen Wollkämmerei in Delmenhorst tätigen Prokuristen, die erste Frau in das Landesparlament, die SPD sogar erst 1931 mit Ilsa Wübbenhorst.[56] Nicht ganz zufällig erfolgte Anfang 1919 auf Anregung der aus Krimpenfort bei Lohne stammenden Lehrerin und Ärztin Wilhelmine Janssen[57] die Gründung von Ortsvereinen des Katholischen Frauenbundes in Vechta, Cloppenburg und Rüstringen.[58] Erstmals geworben hatte Janssen dafür auf einer Wahlversammlung des Zentrums im Dezember 1918 in Vechta.[59]

Klerus als Stichwortgeber im Hintergrund

Ähnlich wie der „Parteipapst" agierten Geistliche insbesondere im Hintergrund als Organisatoren, Redner und Publizisten für die Zentrumspartei.[60] Im Nebenjob, der zumindest zu Wahlkampfzeiten zu einer Hauptbeschäftigung wurde, waren hier besonders Hilfsgeistliche und in der sogenannten kategorialen Seelsorge tätige Priester aktiv. Beispielsweise war das Amt des Strafanstaltspfarrers in Vechta seelsorgerisch offenbar nicht besonders herausfordernd. Hatte es dem bekannten Regionalhistoriker Karl Willoh Muße zu wissenschaftlicher Arbeit gegeben, bot es seinem seit 1915 amtierenden Nachfolger August Hackmann[61] Freiraum, die Leitung des bereits erwähnten Wahlbüros der Partei zu übernehmen – erst 1930 wurde mit dem Diplom-Landwirt Alois Brendebach[62] ein hauptamtlicher Generalsekretär angestellt – und bei verschiedenen Wahlversammlungen vor der Wahl zur Nationalversammlung im

---

54 Zu Brand (1877–1956) vgl. Eckhardt/Wyrsch (wie Anm. 3), S. 139; Christina Neumann, Maria Brand, in: Maria Anna Zumholz (Hg.), Starke Frauen. Lebensbilder von Frauen aus dem Oldenburger Münsterland im 19. und 20. Jahrhundert, 2. Aufl. Münster 2014, S. 85-89.
55 Vgl. Hirschfeld, Wählerwerbung durch Berufsvielfalt (wie Anm. 14).
56 Zu Henke (1867–1951) u. Wübbenhorst (1885–1966) vgl. Eckhardt/Wyrsch (wie Anm. 3), S. 269 f. u. 568.
57 Zu Janssen (1892–1976) vgl. Maria Anna Zumholz, Wilhelmine Janssen, in: Dies. (Hg.), Starke Frauen (wie Anm. 54), S. 121-129.
58 Vgl. Maria Anna Zumholz, „Das Weib soll nicht gelehrt seyn". Konfessionell geprägte Frauenbilder, Frauenbildung und weibliche Lebensentwürfe von der Reformation bis zum frühen 20. Jahrhundert. Eine Fallanalyse am regionalen Beispiel der Grafschaft Oldenburg und des Niederstifts Münster, seit 1774/1803 Herzogtum Oldenburg, Münster 2016, S. 43 f.
59 Vgl. OV v. 25.12.1918.
60 Vgl. zu diesem Abschnitt auch Hirschfeld, Wählerwerbung durch Berufsvielfalt (wie Anm. 14), S. 291-294.
61 Zu Hackmann vgl. Michael Hirschfeld, August Hackmann, in: Willi Baumann/Peter Sieve (Hg.), Der katholische Klerus im Oldenburger Land. Ein Handbuch, Münster 2006, S. 310-312; Ders., August Hackmann (1871–1949), in: Zumholz/Hirschfeld/Deux, Biographien und Bilder (wie Anm. 3), S. 183-186.
62 Zu Brendebach (1896–1991) vgl. Herlemann (wie Anm. 2), S. 61, u. Eckhardt/Wyrsch (wie Anm. 3), S. 140 f.

Januar 1919 als Redner aufzutreten. Auf Einladung lokaler Wahlkomitees appellierte er – wie etwa aus Lastrup überliefert – an *die heilige Pflicht ..., das Wahlrecht auszuüben, da es um die höchsten Güter, nämlich Schule und Kirche, ginge*[63]. Im September 1919 übernahm er außerdem den Posten des Schriftführers im Landesvorstand, den 22 Jahre lang der sozialpolitisch sehr aktive Lohner Kaplan Anton Stegemann innegehabt hatte, der auch die Werbetrommel für die landesweite Verbreitung des Volksvereins für das katholische Deutschland gerührt hatte.[64] Letzterer sollte nach seiner Maßgabe auch die politische Schulung der Parteimitglieder bewerkstelligen.[65] Als neu ernannter Pfarrer von Lohne fehlte Stegemann jedoch die Zeit, um diesen Posten nebenher weiter auszufüllen. Neben Stegemann und Hackmann ist in diesem Zusammenhang der Vechtaer Kaplan Georg Thole zu nennen, der seit 1904 als Hauptschriftleiter der OV für „eine feste redaktionelle Verankerung der Zeitung in der Bevölkerung"[66] sorgte. Als Zölibatäre hatten die Geistlichen den nötigen Freiraum und konnten, wie von Kaplan Thole überliefert, „oft halbe Nächte"[67] an Zeitungsartikeln sitzen.

Auch bei den erwähnten Parteisprechstunden sollen Priester erschienen sein, sicherlich auch mit dem Anspruch, zentrumskritischen Wählern zu verdeutlichen, wo die Sympathie der Kirche lag. Den ersten Anstoß für das von christlichem Geist getragene Engagement des Heuermanns Anton Themann gab nach dessen Erinnerung der Brief eines Geistlichen, der ihm riet, aktiv zu werden, um die katholischen Heuerleute Südoldenburgs vor dem Marxismus zu bewahren.[68]

Einsatz für die Rechte der Kirche

Flankiert von einer Fülle von Eingaben zu mehreren Massenpetitionen aus Südoldenburg, an denen sich an die 100.000 Katholiken aus dem ganzen Oldenburger Land beteiligten, wurden die Debatten der verfassunggebenden Landesversammlung über die Rechte der Kirchen im neuen Freistaat Oldenburg. Auch in der Lokalpresse war der künftige Kurs des Staates gegenüber der katholischen Kirche ein wichtiges Thema.[69] Gegen den Widerstand liberaler und vor allem sozialdemokratischer Abgeordneter konnte sich die Formulierung in § 17, dass *jede Religionsgesellschaft ... ihre Angelegenheiten selbständig innerhalb der Grenzen des für alle geltenden Gesetzes* ordnet, durchsetzen.[70] Alternativ hatte eine Wiederaufnahme des Wortlauts dieses Paragra-

---

63 MT v. 15.1.1919.
64 Stegemanns Rolle im Zentrum ist bisher noch nicht untersucht worden. Zur Person vgl. Werner R o h e , Pfarrer Anton Stegemann – christlich-sozialer Vorkämpfer des Oldenburger Landes und Gründer der KAB Lohne 1904, in: „Gott segne die christliche Arbeit!" 100 Jahre KAB Lohne (1904–2004), Lohne 2004, S. 49-53; Benno D r ä g e r, Anton Stegemann (1863-1931), in: B a u m a n n / S i e v e, Der katholische Klerus (wie Anm. 61), S. 512-514.
65 So Stegemann auf der Landesausschusssitzung der Zentrumspartei. OV v. 8.3.1919.
66 W e g m a n n, 150 Jahre Oldenburgische Volkszeitung (wie Anm. 17), S. 72.
67 Ebd., S. 75.
68 Vgl. die maschinenschriftlichen Erinnerungen von Anton Themann, in: Offizialatsarchiv Vechta. Für die Bereitstellung von den Untersuchungszeitraum betreffenden Auszügen gilt Archivar Peter Sieve M.A. der Dank des Verfassers.
69 Vgl. z.B. Die Kirchenpolitik in der oldenburgischen Verfassung, in: OV v. 16.4.1919.
70 Zunächst sollte der Passus aus dem oldenburgischen Staatsgrundgesetz v. 1852 übernommen werden, demgemäß die selbständige Ordnung *unbeschadet der Rechte des Staates* geschehe. Vgl. Stenographische Berichte (wie Anm. 16), Verfassunggebende Landesversammlung, Sitzung v. 22.5.1919, ebd., S. 77.

Die Zentrumspartei in der Frühphase des Freistaats Oldenburg (1919–1923)

phen aus dem oldenburgischen Staatsgrundgesetz von 1852 zur Diskussion gestanden, demzufolge die Freiheit der Kirchen durch den Zusatz *unbeschadet der Rechte des Staates* eingeschränkt worden war. Franz Driver, zu diesem Zeitpunkt noch Zentrumsabgeordneter, beklagte, dieser Zusatz habe über Jahrzehnte hinweg dazu geführt, dass der oldenburgische Staat die katholische Kirche *polizeilich in kleinlichster Weise zu bevormunden*[71] versucht habe. Insofern wurde die auf Reichsebene verankerte Trennung von Staat und Kirche als Vorbild für die Neuregelung der Situation in Oldenburg vom Zentrum im Grundsatz überschwänglich begrüßt. Gleichzeitig wollte man aber auch den Staat nicht aus seiner Verantwortung entlassen, wie sich an den Debatten im Landtag über die Erhöhung und Auszahlung der sogenannten Bauschsumme, also der Staatsleistungen an die Kirche, zeigte. Erst durch eine Gesetzgebung auf Reichsebene sollte diese abgeschafft werden. *Wir Katholiken sind nicht in der Lage, unseren Geistlichen das Gehalt geben zu können, das sie zu einem standesgemäßen Leben nötig haben*[72], begründete der Abgeordnete Feigel im Juli 1920 den Antrag auf Erhöhung der Leistungen, dem nach Diskussionen im Landtag auch zumindest für ein Jahr stattgegeben wurde. Als Feigel, der selbst ursprünglich hatte Priester werden wollen, diesen Wunsch aber bedingt durch den frühen Tod seines Vaters nicht realisieren konnte, Monate später unter Verweis auf die noch ausstehende Ausbezahlung der vereinbarten erhöhten Bauschsumme nochmals die *Not vieler Geistlicher*[73] beklagte, erwiderte Staatsminister Graepel schroff, diese Frage gehöre nicht in das Parlament, was die Kirche mit ihrem Geld mache, sei ihre Sache. Mehrere Abgeordnete anderer Fraktionen zeigten sich ebenso entrüstet über die Intensität, mit der seitens des Zentrums auf Catholica insistiert würde. Sie interpretierten den Paragraphen über die eigenständige Ordnung ihrer Angelegenheiten durch die Kirchen in der Weimarer und Oldenburgischen Verfassung als klaren Hinweis auf eine nicht länger notwendige Beschäftigung des Parlaments mit entsprechenden Fragen. Als die Diskussion um Staatsleistungen für die Kirche in Form der Finanzierung der Kirchenbehörde, des Bischöflichen Offizialats in Vechta, im Folgejahr erneut aufflammte, stellte Ignaz Feigel gleich fest, dass die Katholiken *Manns ... und auch willens genug [seien], um diejenigen Ausgaben aus unseren Mitteln zu bestreiten, welche notwendig sind, um unsere Geistlichkeit standesgemäß und würdig zu erhalten*[74]. Allerdings lasse der Staat das Offizialat verhungern und berücksichtige nicht die aus § 8 der Konvention von Oliva von 1830 resultierende Finanzierungsverpflichtung, die unabhängig von der Bauschsumme sei. Feigel konnte äußerst scharfzüngig reagieren, wenn er die kirchlichen Interessen in irgendeiner Weise in Misskredit gebracht sah. Ein Beispiel ist seine Antwort auf eine Provokation des Rüstringer SPD-Abgeordneten Emil Zimmermann, der im Landtag unter Verweis auf die aktuelle Kriminalitätsstatistik den Katholiken eine höhere Straffälligkeit als Protestanten attestiert hatte. Feigel warf daraufhin seinem politischen Kontrahenten vor, *dass hier bei Ihnen weniger die Kenntnis der von Ihnen vorgebrachten Dinge die Veranlassung ist, als der Wunsch, religiösen Anschauungen, mit denen Sie bekanntlich nichts zu tun haben, im Landtag eins auszuwischen*[75].

71 Ebd. Zu dieser Debatte vgl. auch Kuropka, Die katholische Kirche im 20. Jahrhundert (wie Anm. 13), S. 525 f.
72 Stenographische Berichte (wie Anm. 16), II. Landtag, 1. Versammlung, Sitzung v. 29.7.1920, S. 175.
73 Ebd., II. Landtag, 3. Versammlung, Sitzung v. 9.12.1920.
74 Ebd., Sitzung v. 28.4.1921, S. 360.
75 Ebd., II. Landtag, 6. Versammlung, Sitzung v. 10.1.1922, S. 2.

Kampf für die Konfessionsschule

In besonderer Weise fühlte sich das Zentrum bei den Diskussionen über die Zukunft der Volksschulen auf den Plan gerufen. Die Partei werde *nicht schaukeln und kein Jota von unseren Grundsätzen aufgeben. Wir werden fortfahren, für die konfessionelle Schule einzutreten*[76]. Markige Worte des Zentrumsabgeordneten Ignaz Feigel aus einer Debatte Anfang 1921 stellten in den Augen des SPD-Abgeordneten Paul Hug *ein politisches Glaubensbekenntnis, eine Programmrede*[77] dar. So sehr die Vehemenz der Bekräftigung des Status quo des in Oldenburg traditionell verankerten konfessionell gegliederten Schulwesens bei dessen Gegnern für Spott sorgte, so ernst war es der Partei. Dass im Februar 1919 mit Johannes Denis erstmals ein Vertreter der Volksschullehrer auf einem sicheren Listenplatz nominiert wurde, deutet bereits darauf hin, dass die Partei sich für Auseinandersetzungen in der verfassunggebenden Landesversammlung wappnen wollte und auf einen Experten zählte.[78] In der Wahlanalyse im Zentrumsblatt OV hieß es dann auch apodiktisch: *Unsere konfessionelle Schule muss unbedingt gesichert werden. In dieser Frage sind Kompromisse von vornherein ausgeschlossen.*[79] In der Praxis trat Denis vielfach als Schulexperte in Plenarsitzungen hervor. Dabei argumentierte er mit der kirchlichen Tradition sowie dem Elternwillen und bezeichnete die Konfessionsschule als Garantin des konfessionellen Friedens. *Wir sind der Ansicht, dass gerade die konfessionelle Schule die sicherste Gewähr bietet für die Erziehung in unserer Weltanschauung*[80], entgegnete er im April 1922 auf einen Vorstoß des SPD-Landtagsabgeordneten Wilhelm Svenson zur Einführung der Einheitsschule. Wie ernst es dem Zentrum bei dieser Thematik war, hatte sich während der Debatten um die neue Verfassung 1919 gezeigt, als in der Parteipresse ein Junktim zwischen der Garantie auf den Fortbestand der katholischen Schule und der weiteren Zugehörigkeit des katholischen Landesteils zu Oldenburg erfolgte. Damals war in Aussicht gestellt worden, gegebenenfalls *bei einem solchen größeren Staatsgebilde (Rheinland-Westfalen) Anschluss zu suchen, wo uns der Schutz dieser Rechte besser verbürgt erscheint*[81].

Eintreten für Ruhe und Ordnung

Als der Zentrumsabgeordnete Bernard König in seiner Rolle als Alterspräsident – der Apotheker aus Löningen war 62 Jahre alt – am 20. März 1919 die erste ordentliche Sitzung der neugewählten verfassunggebenden Landesversammlung eröffnete, mahnte er zur Besonnenheit. Die Bevölkerung solle *nicht verzweifeln. Mit Ruhe und Ordnung im Inland kehrt das Vertrauen zu unserer Kraft zurück.* Aus diesen Worten spricht eine zweifache Intention: Zum einen erschien es dem Zentrumspolitiker not-

---

76 Ebd., II. Landtag, 3. Versammlung, Sitzung v. 10.2.1921, S. 72.
77 Ebd., S. 74.
78 Denis erhielt auf dem Vertretertag in Oldenburg am 5.2.1919 den 9. Platz auf der Liste. Vgl. OV v. 7.2.1919.
79 OV v. 11.3.1919.
80 Stenographische Berichte (wie Anm. 16), II. Landtag, 6. Versammlung, Sitzung v. 5.4.1922, S. 246.
81 Oldenburgische Zentrumspolitik, in: OV v. 19.2.1919.

wendig, in das Fahrwasser der Novemberrevolution 1918 geratene erhitzte Gemüter zu beruhigen und zum anderen die Autorität des neuen demokratischen Staates zu beschwören.[82] Als er im Juni 1920 den neuen Landtag wiederum als Alterspräsident eröffnete, zeigte König sich erleichtert über das *Zeichen politischen Fortschritts, dass von jetzt an in Ruhe und Ordnung die Erneuerung und Entwicklung unseres so tief gedemütigten und erniedrigten Vaterlandes vor sich gehen kann*[83].

Den Widerstand der Katholiken gegen die Revolution machte auch der Reichstagsabgeordnete Pennemann auf dem eingangs genannten Oldenburger Katholikentag 1920 deutlich. Für Krawalle bzw. gewaltsame Proteste fehlte jedes Verständnis. Das signalisierte die OV auch wenige Monate vor dem Katholikentag ihrer Leserschaft in einem Bericht über Vorfälle in der Industriestadt Delmenhorst. *Was sich am Donnerstag hier zugetragen hat, spottet jeder Beschreibung. Es war nicht eine aus der Not der Zeit und den Entbehrungen hervorgegangene Erregung, auch nicht eine Art Selbsthilfe zur Herabsetzung der teuren Lebens- und Genussmittelpreise, die man verstehen könnte, sondern einfach aus Unverstand und Hass geborener Bandenraub und Plünderung.*[84] Das *Wüten der aufgepeitschten Masse* habe u.a. auch das Textilkaufhaus Leffers erreicht, aus dem sämtliche Ware geplündert worden sei. Die Empörung war in Vechta womöglich auch deshalb groß, weil die aus dem Emsland stammenden katholischen Geschäftsgründer einerseits in sozialen Belangen für die katholische Arbeiterschaft sehr engagiert und darüber hinaus auf Landesebene in der Zentrumspartei aktiv waren.

Zweite Standortbestimmung: das Krisenjahr 1923

Die zweite Schneise, die hier geschlagen wird, führt in das Krisenjahr 1923, in dem das Zerbrechen der Weimarer Koalition eine weitere wichtige Zäsur für den Kurs des Zentrums im Freistaat markierte. Allerdings handelt es sich hier nicht um eine spezifisch oldenburgische Besonderheit, vielmehr setzte nunmehr vor Ort eine Entwicklung ein, die auf Reichsebene schon vorexerziert worden war. Es waren vor allem die Meinungsverschiedenheiten in religiös-gesellschaftspolitischer Hinsicht, in erster Linie in der Schulfrage, welche die anfänglichen Koalitionspartner SPD und Zentrum aneinandergeraten ließen. Aus dem von Wolfgang Günther konstatierten Bemühen des Zentrums, die Weimarer Koalition im Freistaat durch die DVP zu erweitern, einen Rechtsruck der katholischen Partei abzuleiten, wäre wohl etwas zu überspitzt formuliert. Zwar bekräftigte die Landtagsfraktion ihre weitere Unterstützung der sogenannten Einheitsfront unter Tantzens Führung, aber drei Abgeordnete der Partei scherten aus und solidarisierten sich mit der DVP. Letztere provozierte ganz offenbar den Sturz der Regierung, die auch angesichts der wirtschaftlichen Situation ein Gesetz über eine Verlängerung der Wahlperiode bis zum Dezember 1923 eingebracht hatte. Während ein Teil der Zentrumsfraktion, darunter der neue

---

82 Vgl. Stenographische Berichte (wie Anm. 16), verfassunggebende Landesversammlung, Sitzung v. 20.3.1919.
83 Ebd., II. Landtag, 1. Versammlung, Sitzung v. 24.6.1920, S. 1.
84 Unruhen in Delmenhorst, in: OV v. 28.6.1920. Hier auch das folgende Zitat.

Abb. 6: Die Zentrumsfraktion im Oldenburgischen Landtag, 1923. Sitzend von links nach rechts: 1. Conrad Hartong, 2. Bernard König, 3. Heinrich Fröhle, 4. Heinrich Leffers; stehend von links nach rechts: 5. Johannes Denis, 6. Joseph Haßkamp, 7. Bernhard Eckholt, 8. Bernhard Willenborg, 9. Franz Meyer-Holte; es fehlt Wilhelm Sante.

Fraktionsvorsitzende Bernard König[85], die Wahlverschiebung unterstützte, enthielt sich ein anderer Teil der Stimme. Dass der Regierung Tantzen letztlich die notwendige Zweidrittelmehrheit fehlte und sie zurücktrat, ist daher auch der Uneinigkeit innerhalb der Zentrumspartei zuzuschreiben. Die 1919 von katholischer Seite beklagte Einsetzung von Fachministern wurde – eine Ironie der Geschichte – mit dem im April 1923 auf Betreiben der Parteien der Weimarer Koalition im Landtag, also auch des Zentrums, eingesetzten Beamtenkabinett unter Eugen von Finck als Ministerpräsident zur Realität.[86] Die von einigen Zentrumspolitikern geäußerte Hoffnung, dass dort christliche Prinzipien einen stärkeren Platz bekämen als in der Regierung Tantzen, mag zudem vor dem Hintergrund etwas widersprüchlich erscheinen, dass dort zunächst kein katholischer Minister vertreten war.

---

85 Vgl. Stenographische Berichte (wie Anm. 16), II. Landtag, 8. Versammlung, Sitzung v. 28.3.1923, S. 166. König war 1922/23 in Nachfolge des verstorbenen Ignaz Feigel Vorsitzender der Zentrumsfraktion im Landtag.
86 Von Finck wurde mit 29 Stimmen bei 15 Gegenstimmen und einer Enthaltung gewählt. Vgl. ebd. (wie Anm. 16), II. Landtag, 8. Versammlung, Sitzung v. 17.4.1923, S. 168.

Die Wähler goutierten im Übrigen das Verhalten der katholischen Partei: Denn bei den turnusmäßig abgehaltenen Landtagswahlen im Juni 1923 konnte das Zentrum die bisherigen zehn Sitze halten. Erst als zwei Jahre später Bestrebungen zur Rückkehr zu einem politischen Kabinett unter Zentrumsbeteiligung scheiterten, kam es nach langen Auseinandersetzungen zur Bildung einer zweiten Beamtenregierung, die in Allianz der im Landesblock zusammengeschlossenen Rechtsparteien DNVP und DVP mit dem Zentrum unter Einbeziehung des bereits als Minister bewährten Dr. Franz Driver entstand. Vor dem Hintergrund des Traumas der Zurückdrängung der Katholiken aus dem politischen Leben im Zuge des Kulturkampfes lässt sich aber auch Verständnis für den vordringlichen Wunsch aufbringen, weiterhin Einfluss zu behalten und sich nicht in ein Ghetto zurückdrängen zu lassen. *Die Zentrumsfraktion redete immer ein gewichtiges Wörtchen mit.*[87] So brachte Anton Themann, seit 1923 MdL, seinen Eindruck in der Retrospektive sehr treffend auf den Punkt. Auf Länderebene war dies gewissermaßen ein prinzipieller Grundsatz, lag doch die Kultushoheit bei den Ländern und zu den prioritären Anliegen gehörte die Sicherung der Konfessionsschule.

Es ist ganz offensichtlich, dass die Krisensituation der Suche nach neuen, unverbrauchten Aushängeschildern der Partei förderlich war. So wurde der schon erwähnte Franz von Galen, zu diesem Zeitpunkt Verwalter der Familiengüter auf Burg Dinklage, 1924 für die Parteiarbeit angeworben, der sich *als Sohn und Bruder hervorragender Abgeordneter des alten Centrums*[88] auch kurzzeitig in die Pflicht nehmen ließ, bei der Reichspräsidentenwahl 1925 aber eine Unterstützung des Zentrumskandidaten Wilhelm Marx nicht rechtfertigen konnte und seine Funktion daraufhin wieder niederlegte.

Ob die – wie es Hubert Gelhaus ausdrückt – „moralischen Beteuerungen des Zentrums mit seiner Entscheidung im Jahre 1925 die politische Stagnation überwunden und damit aus der Krise geführt zu haben"[89], als gezieltes Ablenkungsmanöver von einer verleugneten Mitverantwortung für den demokratischen Niedergang des Freistaats Oldenburg zu verstehen sind, scheint mir freilich etwas zu einseitig und konstruiert.

Die Reaktion auf die Stärkung der Heuerleute-Bewegung

Der Heuermann Anton Themann aus Düpe bei Steinfeld beobachtete gerade in der Zeit der Inflation 1923 *eine gewisse Depression ..., die Leute zu einem Teil zur politischen Linken*[90] übergehen ließ. Themann, der selbst auf der nur 3,5 Hektar umfassenden Heuerstelle seiner Eltern mitlebte und mitarbeitete, stellte sich gegen das Eindringen einer sozialdemokratischen Heuerleute-Bewegung aus Osnabrück und gründete aus Protest den dann erfolgreichen „Verband landwirtschaftlicher Kleinbetriebe", was auf die Zentrumsgrößen der Region wohl Eindruck gemacht haben muss. Jedenfalls

---

87 Themann, Erinnerungen (wie Anm. 68), unpaginiert.
88 Galen an Strafanstaltspfarrer August Hackmann, Vechta, v. 10.11.1924. Zitiert nach Kuropka, Aus heißer Liebe (wie Anm. 23), S. 104.
89 Gelhaus, Das politisch-soziale Milieu in Südoldenburg, Bd. 2 (wie Anm. 12), S. 284.
90 Themann, Erinnerungen (wie Anm. 68), unpaginiert.

wurde er 1925 (nicht 1924, wie er in seinen Erinnerungen schreibt) als Landtagskandidat aufgestellt und auch gewählt. Wie groß die soziale Distanz zur Parteiführung war, zeigt Themanns Erinnerung: *Als ich dem Parteipapst vorgestellt wurde*, schreibt er in seinen Erinnerungen, habe dieser ihn als *harmlosen Jüngling* betitelt, kurz gesagt, Rechtsanwalt Dr. Reinke aus Vechta, der wie schon erwähnt als Parteipapst bezeichnete Landesvorsitzende, nahm den kleinen Heuermann nicht ganz ernst. Immerhin hatten die Heuerleute erst 1919 politisches Mitbestimmungsrecht auf kommunaler Ebene erhalten. Der Pächter Bernard Willenborg als ihr Standesvertreter im Landtag hatte auf dem Vertretertag der Partei zur Landtagswahl 1923 bereits keinen Listenplatz mehr erhalten.

Einen schweren Stand hatte im Übrigen auch Willy Althaus, ein junger Schlosser aus dem Rheinland. Anfang der 1920er Jahre als Sekretär des Verbandes christlicher Textilarbeiter nach Delmenhorst entsandt und dort zeitweilig in prekäre berufliche Verhältnisse gelangt, eroberte er zwar einen festen Platz als Repräsentant der katholischen Arbeiterschaft vor Ort durch sein Engagement auf den Feldern des Christlichen Gewerkschaftskartells, des Katholischen Arbeitervereins und der Zentrumspartei, war im siebenköpfigen Landesvorstand der OZP ab 1929 aber nur der Vorzeige-Arbeiter.[91]

Stärkung der Rolle des Klerus

Es kommt wohl nicht von ungefähr, dass gerade im Krisenjahr 1923 erstmals seit den Anfängen des Landesparlaments 1848 wieder ein Geistlicher ein Landtagsmandat erhielt: der geistliche Studienrat am Realgymnasium in Cloppenburg Heinrich Wempe.[92] Er sollte gewissermaßen den sozialen Kitt in der Partei herstellen, als Krisenmanager fungieren, was sich auch daran ablesen lässt, dass er 1925 sogar den Fraktionsvorsitz übernahm. Denn es ist schon auffällig, dass auf der Reichsebene und in anderen deutschen Staaten der Typus des Polit-Klerikers schon im Kaiserreich durchaus eine zentrale Rolle in der Zentrumspartei spielte. „Prälaten auf der politischen Bühne"[93] begegneten in der Weimarer Republik zwar in Berlin mit dem langjährigen Reichsarbeitsminister Heinrich Brauns und schließlich mit dem letzten Parteivorsitzenden Ludwig Kaas durchaus noch in Schlüsselpositionen, hatten in der Gesamtzahl aber nach 1918 deutlich abgenommen,[94] was auch an der durch das neue kirchliche Gesetzbuch notwendigen vorherigen Einwilligung des zuständigen Bischofs zur Übernahme eines politischen Mandats gelegen haben dürfte. In Oldenburg haben wir gewissermaßen eine umgekehrte Entwicklung.

---

91 Vgl. Michael Hirschfeld, Soziale Gerechtigkeit als Lebensaufgabe. Willy Althaus. Ein Vorkämpfer der katholischen Arbeitnehmer-Bewegung in Delmenhorst und im Oldenburger Land, Vechta 2000.
92 Zu Wempe vgl. Joachim Kuropka, Heinrich Wempe, in: Baumann/Sieve, Der katholische Klerus (wie Anm. 61), S. 554-557; Eckhardt/Wyrsch (wie Anm. 3), S. 548 f.
93 Rudolf Morsey, Prälaten auf der politischen Bühne. Zur Rolle geistlicher Parlamentarier im 19. und 20. Jahrhundert, in: Ders., Von Windthorst bis Adenauer. Ausgewählte Aufsätze zu Politik, Verwaltung und politischem Katholizismus im 19. und 20. Jahrhundert, hg. v. Ulrich von Hehl/Hans Günter Hockerts/Horst Möller/Martin Schumacher, Paderborn u.a. 1997, S. 232-242.
94 Vgl. Hans-Georg Aschoff, Priester als Parteipolitiker im Deutschen Kaiserreich und in der Weimarer Republik, in: Römische Quartalschrift, 104 (2009), S. 257-285.

Schlussüberlegungen

Abschließend sei noch einmal auf die programmatischen Reden des Oldenburger Katholikentags 1920 eingegangen, in denen sich die Kernpunkte der Neuausrichtung der Zentrumspolitik nach dem Ersten Weltkrieg wiederfinden. Der Kulturpolitiker in der Reichstagsfraktion der Partei, der Münsteraner Kirchenhistoriker Prof. Dr. Georg Schreiber, sprach mehr als eineinhalb Stunden über die sittliche Ausrichtung des deutschen Volkes. Pessimismus und Materialismus geißelte er dabei als Krankheiten der damaligen Gegenwart. Denen stehe das Christentum umso leuchtender entgegen, weil es nicht die Kriegsniederlage und das Ende der Monarchie verschuldet habe. Wenn es auch keinen Kaiser mehr gebe, hätten die Katholiken das Glück, als universale Autorität auf den Papst blicken zu können. Und von der Ideengeschichte zur Realpolitik ging 1920 in Cloppenburg der vorgenannte Reichstagsabgeordnete Theodor Pennemann, wenn er eine gewisse Grundskepsis gegenüber Weimar erkennen ließ. *Die Demokratie ist kein absolutes Gut, aber auch nicht unbedingt zu verwerfen*, ließ er seine Zuhörer wissen und spielte damit auf den für ihn geltenden Primat der katholischen Kirche vor dem Staat an. Als Hierarchie verfasst, garantiere sie religiöse Freiheiten, die in der Demokratie durch Mehrheitsbeschluss oder Kompromiss eingeschränkt oder gar aufgehoben werden könnten. Hier wirkte das Trauma des Kulturkampfes nach – auch wenn Pennemann den Begriff Kulturkampf selbst vermied und von einem *Kampf[e] um kulturelle Fragen*[95] sprach – und die Sorge um den Erhalt der Konfessionsschule als vordringliches Ziel des Zentrums schien merklich durch.

Noch in der 1993 erschienenen Dammer Stadtgeschichte hieß es reichlich verallgemeinernd: „Die Dammer Bürger wählten Zentrum, die Partei des deutschen Katholizismus, und der jeweilige Kandidat dieser Partei konnte in Damme fast immer sämtliche Stimmen auf sich vereinigen".[96] Die Schlussfolgerung, eine weitere Beschäftigung mit dem Zentrum sei „nur mäßig interessant", belegt nicht nur die bis in unsere Tage selbst in wissenschaftlichen Aufsätzen verbreitete Fehlannahme von einem monolithischen Block des politischen Katholizismus. Sie dürfte auch durch die hier geschlagenen Schneisen durch die oldenburgische Zentrumsgeschichte in der Anfangsphase der Weimarer Republik ad absurdum geführt worden sein. Dabei ist schon Joachim Kuropka zu dem differenzierten Urteil gelangt, dass der „eigene Standort der Katholiken im neuen gesellschaftlichen Gefüge ... nicht ohne weiteres bestimmbar, ein Weg aus den *Wirren der Zeit* nicht eindeutig auszumachen"[97] war. Gesellschaftliche Integration oder konfessionelle Separation? Diese Dialektik habe ich als Überschrift für einen 2004 im „Oldenburger Jahrbuch" publizierten Aufsatz über das Zentrum in der oldenburgischen Industriestadt Delmenhorst gewählt.[98] Wenn dieses Begriffspaar hier vor allem mit Blick auf das Kaiserreich und die besondere Situation einer katholischen Diaspora gewählt wurde, so kann es doch auch für die hier zu fassende Folgeepoche gelten.

---

95 Festbuch des ersten Oldenburger Katholikentages (wie Anm. 1), S. 72.
96 Rainer Hehemann, Lokale Politik vom Kaiserreich bis zur Weimarer Republik, in: Klaus J. Bade u.a. (Hg.), Damme. Eine Stadt in ihrer Geschichte, Sigmaringen 1993, S. 439-457, hier S. 443 f.
97 Kuropka, Die katholische Kirche in Oldenburg im 20. Jahrhundert (wie Anm. 13), S. 535.
98 Vgl. Hirschfeld, Gesellschaftliche Integration oder konfessionelle Separation? (wie Anm. 14).

Zahlreiche Indizien deuten auf schwere interne Auseinandersetzungen über den Kurs der katholischen Partei unter den Vorzeichen der Demokratie hin. Das Ende der adeligen Repräsentation des oldenburgischen politischen Katholizismus durch die Familie von Galen 1918 und die Neubesetzung der Vorstandsämter im bürgerlichen Spektrum sind dafür beredte äußerliche Zeichen, während die parteipolitischen Töne auf dem Oldenburger Katholikentag 1920 das Ringen um den Kurs auch im Inneren verdeutlichen. In der Landtagsfraktion ist nicht nur eine breitere räumliche Aufstellung der Mandatsträger zu konstatieren, sondern zugleich eine erstmalige Repräsentanz der unteren sozialen Schichten. Die Identifikation mit der Republik erscheint im oldenburgischen Zentrum zu einem nicht unbeträchtlichen Teil als conditio sine qua non für die Überwindung der politischen und gesellschaftlichen Inferiorität. Um das Ziel der Gleichberechtigung mit der protestantischen Bevölkerungsmehrheit zu realisieren, wurde das Bekenntnis zur Demokratie gern gegeben. Die mit der neuen Staatsordnung verbundene Trennung von Kirche und Staat wurde zugleich, und das ist die besondere Dialektik, zur Herausforderung für die wesentliche Intention, „unsere christlichen Interessen zu verteidigen"[99]. Die Kontroversen um angemessene staatliche Finanzierung der katholischen Kirche und Garantien für das konfessionelle Volksschulwesen markieren diese neuralgischen Punkte sehr deutlich.

Segen und Fluch zugleich war der vergleichsweise geringe Organisationsgrad der Wählerpartei OZP, die eben keine Mitgliederpartei war. Damit fehlte über die Wahlversammlungen hinaus weitgehend eine persönliche Bindung, so dass die Integrationskraft der Parteipresse, aber auch der Geistlichen herhalten musste. Letztere hatten bis 1930 die operative Führung der Parteizentrale und des Presseorgans OV inne. Segen und Fluch zugleich war auch der unbedingte Wille zur politischen Partizipation, wie er sich in Oldenburg besonders deutlich zeigt. Diese zur Kontinuität werden zu lassen, bedeutete zugleich, sich nicht unbedingt auf dem Boden der Republik stehenden Kräften – etwa in der DVP – anzudienen oder um den Preis der Macht über Jahre an einem unpolitischen Ministerium, das ursprünglich nur als Übergangsregelung gedacht war, festzuhalten. Gleichzeitig rangierte die unbedingte Wahrung von konfessionellen Vorrechten, etwa auf dem Schulsektor, eindeutig vor der Wahrung der Demokratie. Der Jenaer Historiker Stefan Gerber hat diese Dialektik mit den Begriffen Pragmatismus und Kulturkritik auf Reichsebene zu fassen versucht.[100]

---

99 So die Leitlinie in der OV v. 16.2.1919.
100 Vgl. Stefan Gerber, Pragmatismus und Kulturkritik. Politikbegründung und politische Kommunikation im Katholizismus der Weimarer Republik (1918–1925), Paderborn 2016.

Albrecht Eckhardt

Ministerialrat Gustav Zimmermann (1881-1957)
Demokratischer Politiker und leitender Beamter in der Weimarer Republik und in der NS-Zeit

Am 18. September 1923 unterzeichnete der oldenburgische Innenminister einen an die Regierung in Eutin sowie die Ämter und die Stadtmagistrate im Landesteil Oldenburg, also die Behörden im Zuständigkeitsbereich der Ordnungspolizei Oldenburg gerichteten Erlass mit dem Betreff *Lageberichte*. Darin heißt es:

> *Die innenpolitische Lage, insbesondere die schwierigen wirtschaftlichen Verhältnisse und die zunehmende Arbeitslosigkeit lassen es dem Ministerium dringend erwünscht erscheinen, über die Lage, über Einzelvorgänge, kritische Erscheinungen, Stimmung der Bevölkerung, Spannungen, Anzeichen von Unruhen und dergleichen mehr dauernd in einwandfreier Weise unterrichtet zu sein. Es wird daher angeordnet, dass dem Ministerium bis auf weiteres an jedem 1. und 15. im Monat, erstmalig sofort, über die dem Tag der Berichterstattung voraufgehenden 14 Tage streng vertraulich Bericht erstattet wird. [...] Es bedarf keines Hinweises, daß beim Vorliegen kritischer Verhältnisse und bei ernsten Anzeichen beunruhigender und bedrohlicher Erscheinungen in jedem Einzelfall sofort und auf dem kürzesten Wege zu berichten ist.*

Am selben Tag gab Ministerialrat Zimmermann diesen von ihm selbst konzipierten Erlass an das Kommando der Ordnungspolizei in Oldenburg zur Kenntnis. Zwar setzten die Berichte im Allgemeinen bereits im selben Jahr ein, doch sind sie entweder sehr lückenhaft erstattet worden oder aber nur zum kleinen Teil erhalten, in der überwiegenden Mehrzahl nur für 1923. Ausnahmen bilden nur der Stadtmagistrat Rüstringen mit gut hundert Berichtsseiten bis 1930 und der Stadtmagistrat Oldenburg mit fast 120 Lageberichten vom 29. September 1923 bis zum 11. Juni 1931 (knapp 620 Seiten).[1]

---

1 Niedersächsisches Landesarchiv – Abteilung Oldenburg (künftig NLA OL), Best. 136 Nr. 2866; Best. 205 Nr. 58-59; Slg 80 Best. 289 Nr. 124-125 (Kopien nach Bestand im Staatsarchiv Bremen). – Eine kommentierte Edition der Oldenburger Lageberichte mit dem Arbeitstitel „Oldenburg zwischen Links und Rechts 1923–1931. Polizeiliche Lageberichte aus der Hauptstadt des Freistaats zu Wirtschaft, Gesellschaft und Politik" ist von Albrecht Eckhardt und Joachim Tautz in Arbeit.

Anschrift des Verfassers: Prof. Dr. Albrecht Eckhardt, Osterkampsweg 62, 26131 Oldenburg

Abb. 1: Gustav Zimmermann (10 Jahre Ordnungspolizei [wie Anm. 33], S. 16)

Ansprechpartner im Innenministerium und Empfänger der Lageberichte war für den gesamten Zeitraum von 1923 bis 1931 Zimmermann als Polizeireferent. Während dieser Zeit gab es zwei Innenminister: Rudolf Weber (1923–1925) und Dr. Franz Driver (Zentrum, 1925–1932). Auch die ersten Monate des im Juni 1932 gewählten NS-Ministerpräsidenten und Innenministers Carl Röver erlebte Zimmermann noch im Amt.

Bevor wir uns dem Leben und der Karriere Zimmermanns zuwenden, sei noch ein kurzer Blick auf die Quellenlage geworfen. In der Abteilung Oldenburg des Niedersächsischen Landesarchivs gibt es einige Ministerialakten, die zum Teil von Rogge ausgewertet worden sind.[2] Eine Personalakte konnte nicht gefunden werden. Sie ist vermutlich 1938 nach Darmstadt abgegeben und dort beim Stadtbrand 1944 vernichtet worden. Einen vollwertigen Ersatz bietet die Akte der Spruchkammer Bergstraße im hessischen Heppenheim von 1946, die im Hauptstaatsarchiv Wiesbaden aufbewahrt wird.[3]

Heimat Kirn an der Nahe

Gustav Karl Anton Zimmermann wurde am 22. Januar 1881 in Rokitzan bei Pilsen (Evangelisches Pfarramt Pilsen) in Böhmen (heute Tschechische Republik) geboren und evangelisch getauft. Über seine Eltern wissen wir bislang nur, dass sie Gustav und Christina Dorothea geb. Dill hießen und beide zuletzt in Kirn wohnten. Seine Mutter stammte *aus einer alten Kirner Familie*. Zimmermann verbrachte einen großen Teil seiner Jugend in Kirn und wurde später so sehr als zu seiner „Heimatstadt" Kirn gehörig angesehen, dass in zwei Zeugnissen von 1946 fälschlich behauptet wird, er sei dort geboren.[4]

Kirn an der Nahe war eine Kleinstadt im Kreis Kreuznach in der preußischen Rheinprovinz.[5] Über die Schulzeit Zimmermanns konnte bisher nichts ermittelt werden. Nach dem Abitur studierte er Jura an einer preußischen Universität und freundete sich mit dem späteren Politiker Wilhelm Heile an. Heile erinnerte sich 1946 an ihre

---

2 Friedrich Wilhelm Rogge, Archivalische Quellen zur politischen Krisensituation während der Weimarer Zeit in den ehemaligen Territorien des Landes Niedersachsen – Ein analytisches Inventar –, Bd. 3: Freistaat Oldenburg (Veröffentlichungen der Niedersächsischen Archivverwaltung 45), Göttingen 1986. – Vgl. auch Friedrich W. Rogge, Weimar: Republik ohne Republikaner? Antidemokratisch-völkische Umtriebe im Oldenburger Land 1922–1930, in: Oldenburger Jahrbuch 84 (1984), S. 207-226.
3 Hessisches Landesarchiv – Hauptstaatsarchiv Wiesbaden, Abt. 520/02 Nr. 3228 (künftig zitiert: HStAW, Bl. ...).
4 Stadtarchiv Oldenburg, Best. 262-1 G Nr. 641, Meldekartei. – Auskünfte der Stadtverwaltung Kirn, Standesamt vom 5.2.2019, Kopie aus dem Sterberegister 1957, Nr. 121. – HStAW, Bl. 2, 15, 16, 20 u.ö.
5 Vgl. Ulrich Hauth, Die Stadt Kirn und ihr Umland – Zur neueren Geschichte einer Region an der Mittleren Nahe – (Heimatkundliche Schriftenreihe des Landkreis Bad Kreuznach 34), Bad Kreuznach 2005.

gemeinsamen Aktivitäten: *Es sind jetzt über vier Jahrzehnte her, seit Du als meine treuester Freund und Mitkämpfer im Kampf um die akademische Freiheit an der Spitze der Opposition der freiheitlichen Studentenschaft von damals gegen den reaktionären Geist des preussischen Kultusministeriums standest. Ich wurde damals religiert*[!]*, Du bekamst das Consilium abeundi.*

Zimmermann selbst schreibt dazu in seiner Rechtfertigung, er sei im Januar 1919 der demokratischen Partei beigetreten, *nachdem ich mich schon vorher immer an freiheitlichen Kundgebungen und Bestrebungen beteiligt hatte, bei denen es galt, für Recht und Freiheit in die Bresche zu springen. So war ich 1904/05 in dem damaligen sog. Kampf um die akademische Freiheit gegen das reaktionäre preussische Kultusministerium Studt, ein Kampf, der bis in die Parlamente hinein ausgetragen wurde, einer der Führer der deutschen Studentenschaft und wurde deswegen auch disziplinar gemassregelt.*[6]

Abb. 2: Walther Dörr (Eckhardt/Wyrsch, Oldenburgischer Landtag [wie Anm. 9], S. 183)

Der aus Diepholz stammende Wilhelm Heile (1881–1969) studierte an der TH Hannover. „1904/05 führte er die Studentenschaft im Kampf um die akademische Freiheit. Trotz einer zurückgenommenen Relegation kehrte er nicht wieder an die TH zurück."[7]

Auf die Frage eines Spruchkammerbeisitzers nach der Zugehörigkeit zu einer studentischen Verbindung erklärte Zimmermann, er sei im Korps Ophania gewesen, das dem Weinheimer S.C. angeschlossen war. *Im übrigen habe ich stets den Kastengeist abgelehnt.*[8]

Das bestätigte auch der frühere Birkenfelder Regierungspräsident Walther Dörr: *Charakteristisch für seine menschliche Natur war bei ihm, der doch vom akademischen Korpsstudententum herkam, seine warmherzige Hinneigung zu den wirtschaftlich gedrückten Schichten des Volkes.*[9]

Über die nächsten Jahre wissen wir nichts. Nach Abschluss seines Studiums legte Zimmermann 1909 das Tentamen (erste Staatsprüfung) und 1914 das Examen (zweite Staatsprüfung, Assessorexamen) ab.[10] Zu einer Anstellung im Staatsdienst kam es

---

6 HStAW, Bl. 57, vgl. 56 (Heile), Bl. 53a.
7 Beatrix Herlemann, Biographisches Lexikon niedersächsischer Parlamentarier 1919-1945 unter Mitarbeit von Helga Schatz (Veröffentlichungen der Historischen Kommission für Niedersachsen und Bremen 222), Hannover 2004, S. 145 f.
8 HStAW, Bl. 63c.
9 HStAW, Bl. 21. – Zu Dörr vgl. Biographisches Handbuch zur Geschichte des Landes Oldenburg. Im Auftrag der Oldenburgischen Landschaft hg. von Hans Friedl u.a., Oldenburg 1992, S. 154 f.; Oldenburgischer Landtag 1848-1933/1946. Biografisch-historisches Handbuch zu einem deutschen Landesparlament. Bearb. von Albrecht Eckhardt und Rudolf Wyrsch. Hg. von Albrecht Eckhardt im Auftrag der Oldenburgischen Landschaft, Oldenburg 2014, S. 182 f., Nr. 131. – Dörr war bis 1919 Rechtsanwalt in Idar und Oberstein, hatte aber offensichtlich auch eine Kanzlei im nahen Kirn.
10 Staatsdienerverzeichnis 1859-1930. Die höheren Beamten des Großherzogtums und Freistaats Oldenburg mit den Landesteilen Oldenburg, Lübeck und Birkenfeld, hg. von Albrecht Eckhardt und Matthias Nistahl, bearb. von Carsten Dickmann, Darius Lewandowski und Armin Münzer (Inventare und kleinere Schriften des Staatsarchivs in Oldenburg 40), Oldenburg 1994, S. 283, Nr. 1340 (dort Angaben zu seiner Beamtenlaufbahn bis 1924).

damals offensichtlich noch nicht. Vermutlich hat er sich dann in Kirn niedergelassen und wird wohl das verheerende Nahehochwasser vom Januar 1918 und das dadurch ausgelöste Eisenbahnunglück mit mehr als 30 Toten aus der Nähe erlebt haben.[11]

Im Januar 1919 trat Zimmermann in Kirn der Deutschen Demokratischen Partei (DDP) bei und wurde im selben Jahr Stadtverordneter und Fraktionsführer seiner Partei. Der schon zitierte Walther Dörr schreibt dazu, er sei mit Zimmermann 1919 persönlich bekannt geworden, als er, Dörr, als demokratischer Kandidat zur Nationalversammlung in einer Wahlversammlung seiner, Zimmermanns, Heimatstadt Kirn auftrat, in der dieser den Vorsitz führte. *Sein sympathisches, von demokratischem Schwung getragenes Wesen – verbunden mit einer ungewöhnlichen Rednergabe – veranlassten mich, ihm 1919 nach meiner Ernennung zum Regierungspräsidenten meiner Birkenfelder Heimat um Übernahme meiner Vertretung in meiner Rechtsanwaltspraxis zu bitten. Durch die daraus sich ergebende nähere Bekanntschaft in meinem Vertrauen zu ihm bestärkt, veranlasste ich 1920 seine Berufung in die Oldenburgische Regierung des Landesteils Birkenfeld, zuerst als Regierungsassessor, bald darauf als Regierungsrat. Seine Mitarbeit wurde mir im Sommer 1921 durch seine Ausweisung aus dem damals besetzten Rheinland entrissen. Auch in seiner Oldenburger Zeit habe ich im Zusammenhang mit seiner Tätigkeit als demokratischer Abgeordneter des Oldenburgischen Landtags und als leitender Verwaltungsbeamter des Landesteils Birkenfeld im Verkehr mit dem Ministerium den Kontakt mit ihm nicht verloren.*[12]

Für die Reichstagswahl vom 6. Juni 1920 hatte die DDP als Spitzenkandidaten für den Wahlkreis 21 Koblenz-Trier, zu dem auch Birkenfeld gehörte, Zimmermann nominiert. Dieser hielt zahlreiche Wahlreden, musste jedoch wegen des kurz zuvor vollzogenen Amtsantritts bei der Regierung Birkenfeld die Kandidatur ablehnen. Auch später noch hat er im Lande Oldenburg wie auch außerhalb, *namentlich auch im Wahlkreis Koblenz-Trier in vielen Vorträgen und Reden für die Demokratische Partei und die damalige Weimarer Koalition gewirkt.*[13]

Laut Staatsdienerverzeichnis[14] wurde Zimmermann seit dem 14. Mai 1920 als Regierungsassessor bei der Regierung in Birkenfeld beschäftigt und zum 23. August desselben Jahres zum Mitglied der dortigen Regierung ernannt.

Der oldenburgische Landesteil war von Ende 1918 bis 1930 von den Franzosen besetzt. Seit 1922 verstärkte sich der französische Druck auf die Rheinlande und führte schließlich 1923 zur Besetzung des Ruhrgebiets. Seit Februar 1923 wurden „nach und nach fast sämtliche führenden Männer des öffentlichen Lebens", darunter auch Dörr, aus dem Birkenfeldischen ausgewiesen.[15]

Ein frühes Opfer dieser Politik war Zimmermann. Er wurde schon am 25. Juli 1921 aus dem besetzten Gebiet ausgewiesen. Vermutlich hatte ihn sein ausgeprägter „Pa-

---

11 Vgl. dazu etwa Albrecht Eckhardt, Das Nahehochwasser vom 15./16. Januar 1918 im Fürstentum Birkenfeld. Aus der Debatte im Oldenburgischen Landtag vom 19. Februar 1918, in: Mitteilungen des Vereins für Heimatkunde im Landkreis Birkenfeld 89 (2015), S. 137-174, besonders 139-141.
12 HStAW, Bl. 21.
13 HStAW, Bl. 15 f., 53a.
14 Wie Anm. 10.
15 H. Peter Brandt, Der Landesteil Birkenfeld, in: Geschichte des Landes Oldenburg. Ein Handbuch. Im Auftrag der Oldenburgischen Landschaft hg. von Albrecht Eckhardt in Zusammenarbeit mit Heinrich Schmidt, Oldenburg 1987, 4. verb. u. erw. Aufl. 1993, S. 591-636, hier S. 621-626, besonders S. 625 f.

triotismus" (Dörr) missliebig gemacht.[16] Zum 27. Oktober 1921 ist in der Meldekartei sein Zuzug in Oldenburg von Birkenfeld, Adlerstraße 26^I, vermerkt.[17]
Am 23. Oktober 1920 hatte Gustav Zimmermann, damals wohnhaft in Birkenfeld, in Kirn die dortige Kaufmannstochter Margarethe Johanna Elisabetha Metz (1897-1970 Kirn) geheiratet. Bei der Geburt des ersten Kindes, einer Tochter, am 25. September 1921 in Kirn wird der Vater als „wohnhaft in Lindenfels im Odenwald" (im Volksstaat Hessen) bezeichnet. Weitere drei Kinder wurden zwischen 1923 und 1928 in Westerstede und Oldenburg geboren. Der einzige Sohn (* 1926) fiel im Zweiten Weltkrieg.[18]
In seiner Heimatstadt Kirn, die er im weiteren Leben oft, vor allem im Urlaub, besuchte, blieb Zimmermann unvergessen. Bei seiner Übersiedlung nach Birkenfeld – die Familie wohnte offenbar weiterhin in Kirn – dankte ihm u.a. die Kirner SPD-Stadtratsfraktion durch ihren Vorsitzenden schriftlich für seine *Mitarbeit und das weitgehende soziale Verständnis, das er immer der Arbeiterschaft entgegengebracht habe*. Bei dem damaligen Vorsitzenden handelte er sich um denselben Karl Reidenbach, der ihm im April 1946 als 1. Beigeordneter der Stadt Kirn und Mitglied des Entnazifizierungsausschusses für den Kreis Kreuznach (er wurde noch im selben Jahr Bürgermeister von Kirn) zusammen mit Heinrich Staab, dem früheren demokratischen Stadtverordneten und jetzigen 2. Beigeordneten der Stadt Kirn, ein positives Zeugnis in seinem Spruchkammerverfahren ausstellte.
Aus Kirn meldete sich im April 1946 auch der Strumpffabrikant Carl Matzenbach, Mitglied des dortigen Stadtausschusses. Er bezeichnete sich selbst als Freimaurer und bescheinigte dem ihm seit der Jugendzeit bekannten Zimmermann, dass er, *seit vielen Jahrzehnten schon, eine besondere soziale Einstellung gegenüber dem Arbeiterstand an den Tag gelegt hat; er trat schützend, mit Wort und Schrift, für die Belange der breiten Massen ein. Seine politische Einstellung war stark nach links gerichtet und nur die kirchlichen Fragen der Sozialdemokratie trennten ihn von die*ser *Partei*. Und das Presbyterium der evangelischen Gemeinde in Kirn erklärte im Juli 1946: *Allzeit hilfsbereit dem Schwachen gegenüber, entsprach diese soziale Haltung seiner christlichen; christlich-sozial war seine Gesinnung und blieb sie. So habe er auch in der Nazi-Zeit den Forderungen nach einem Kirchenaustritt nicht nachgegeben.*[19]

Ministerialrat in Oldenburg

Seine Versetzung als Regierungsrat an das Ministerium des Innern und der sozialen Fürsorge in Oldenburg durch Ministerpräsident Theodor Tantzen[20] in seiner Funktion als Innenminister erfolgte am 26. Januar 1922 rückwirkend zum 1. Januar 1922.

---

16 NLA OL, Best. 136 Nr. 265 Bl. 91; Patriotismus: HStAW, Bl. 21. – Die Ausweisung wurde 1925 aufgehoben (NLA OL, Best. 136 Nr. 263 Bl. 209).
17 Stadtarchiv Oldenburg, Best. 262-1 G Nr. 641, Meldekartei.
18 Auskünfte und Kopien der Stadtverwaltung Kirn, Standesamt vom 5.2.2019; Stadtarchiv Oldenburg, Best. 262-1 G Nr. 641, Meldekartei; HStAW, Bl. 15.
19 HStAW, Bl. 53a, (15), 16 f., 20.
20 Zu ihm vgl. unter zahlreichen Veröffentlichungen: Biographisches Handbuch (wie Anm. 9), S. 730-735; Eckhardt/Wyrsch, Oldenburgischer Landtag (wie Anm. 9), S. 515-518, Nr. 574, S. 798; Martina Neumann, Theodor Tantzen, ein widerspenstiger Liberaler gegen den Nationalsozialismus (Veröffentlichungen der Historischen Kommission für Niedersachsen und Bremen XXXIX, 8), Hannover 1998; Herlemann, Biographisches Lexikon (wie Anm. 7), S. 358.

Von der Regierung Birkenfeld wurden die Kosten für die getrennte Haushaltsführung und Reisen vom 25. Juli bis 31. Dezember 1921 erstattet, diejenige für getrennte Haushaltsführung vom Januar bis April 1922 vom Staatsministerium, das auch den Möbelumzug und die Eisenbahnfahrkarte der Ehefrau von Kirn nach Oldenburg im August 1922 bezahlte.[21]

Am 13. Februar ernannte das Staatsministerium Zimmermann zum Ministerialrat im Ministerium des Innern mit Wirkung vom 1. April 1923 an.[22] Zu diesem Zeitpunkt war Theodor Tantzen jedoch nicht mehr im Amt. Nach einer Abstimmungsniederlage im Landtag am 28. März war die Regierung zurückgetreten, und damit war die Ära der sog. Weimarer Koalition (DDP, SPD und Zentrum) in Oldenburg beendet. Neuer Innenminister in dem am 17. April 1923 gewählten „Beamtenkabinett" v. Finckh wurde der parteilose Rudolf (Rudolph) Weber[23]. Ihm folgte 1925 der Zentrumspolitiker Dr. Franz Driver, der sich bis 1932 im Amt hielt.

Vom Dezember 1924 gibt es einen Geschäftsverteilungsplan der Ministerien des Innern, des Handels und des Verkehrs. Danach waren dem Ministerialrat Zimmermann nicht weniger als zwölf Referate bzw. Geschäftsbereiche zugeteilt, mehr als jedem anderen seiner Kollegen. Dazu gehörten, um nur die ersten sechs zu nennen, Hoheits- und Grenzsachen, Oberverwaltungsgericht, Reichs- und Landtagswahlen, Landessicherheit einschließlich Ordnungspolizei und Gendarmerie, Technische Nothilfe, Zwangsarbeitsanstalt, Verweisungen dahin, Stellung unter Polizeiaufsicht, Landesverweisungen. Seit 1924 nahm er auch weitere Aufgaben im Nebenamt wahr: Mitglied der Prüfungskommission für die mittleren Techniker; Stellvertreter bei der Rentenfeststellungskommission in Oldenburg; Stellvertreter bei der Polizeidirektion in Oldenburg.[24] Er selbst nannte 1946 als weitere Aufgabengebiete: *Ich war Landtagswahlkommissar*[25] *und verschiedentlich Beauftragter des Reichskommissars zur Ueberwachung der öffentlichen Ordnung und Mitglied des Prüfungsausschusses der großen juristischen Staatsprüfungskommission.*[26]

Der Eintritt in das von einem prominenten Politiker und Landesvorsitzenden der DDP (in den Akten ist in der Regel von der *demokratischen Partei* die Rede) geleitete Oldenburger Innenministerium (Tantzen) bot dem höheren Beamten Zimmermann

---

21 NLA OL, Best. 136 Nr. 265 Bl. 86-92.
22 NLA OL, Best. 136 Nr. 265 Bl. 93 und Nr. 263 Bl. 203; Staatsdienerverzeichnis (wie Anm. 10).
23 Zu den Vorgängen im Jahr 1923 vgl. u.a. Wolfgang Günther, Parlament und Regierung im Freistaat Oldenburg 1920-1932, in: Oldenburger Jahrbuch 83 (1983), S. 187-207, hier S. 196-198; Klaus Schaap, Oldenburgs Weg ins „Dritte Reich" (Quellen zur Regionalgeschichte Nordwest-Niedersachsens 1), Oldenburg 1983, S. 27 f.; Wolfgang Günther, Freistaat und Land Oldenburg, in: Eckhardt/Schmidt, Geschichte des Landes Oldenburg (wie Anm. 15), S. 403-489, hier S. 416 f.; Gerd Steinwascher, Politik und Gesellschaft in der Weimarer Republik, in: Geschichte Niedersachsens, Bd. 5 ... Hg. von Gerd Steinwascher in Zusammenarbeit mit Detlef Schmiechen-Ackermann und Karl-Heinz Schneider (Veröffentlichungen der Historischen Kommission für Niedersachsen und Bremen XXXVI, 5), Hannover 2010, S. 19-197, hier S. 117; Eckhardt/Wyrsch, Oldenburgischer Landtag (wie Anm. 9), S. 54-56; Benedikt Beckermann, Verfassungsrechtliche Kontinuitäten im Land Oldenburg. Entstehung, Strukturen und praktische Wirkungen der Verfassung des Freistaats Oldenburg vom 17. Juni 1919 (Schriften zum Landesverfassungsrecht 5), Baden-Baden 2016, S. 330-332.
24 NLA OL, Best. 136 Nr. 263 Bl. 305-312; Staatsdienerverzeichnis (wie Anm. 10). – Zu Zimmermanns Aufgaben gehörte z.B. auch die Organisation des Besuchs von Reichspräsident Paul von Hindenburg in Oldenburg am 7. und 8. Mai 1927 (NLA OL, Best. 136 Nr. 2835a).
25 Vgl. Oldenburgische Anzeigen 1923, S. 509; 1925, S. 365; 1928, S. 417 und 419; 1931, S. 433; 1932, S. 620.
26 HStAW, Bl. 15.

die Gelegenheit, sich auch weiterhin außerdienstlich parteipolitisch zu betätigen. Und das tat er, wie er in seiner Spruchkammerakte von 1946 immer wieder hervorhob und viele seiner moralischen Unterstützer in ihren Entlastungszeugnissen betonten, mit großem Engagement. Von 1923 bis 1933 war er erster Vorsitzender der Ortsgruppe Oldenburg der DDP und dann ihrer Nachfolgerin, der Deutschen Staatspartei. In dieser Eigenschaft leitete er zahlreiche Versammlungen und Kundgebungen, *auch die, in denen führende Politiker, wie der damalige Parteivorsitzende Reichsminister Dr. Koch* [Erich Koch-Weser], *der frühere Botschafter in den Vereinigten Staaten,* [Johann Heinrich] *Graf Bernstorff, Ministerpräsident Tantzen-Heering, der Mitarbeiter Friedrich Naumanns, Wilhelm Heile, die bekannte Frauenführerin Gertrud Bäumer und andere Persönlichkeiten gesprochen haben, mit denen ich zum Teil eng befreundet war.*
Er trat häufig als Redner in Versammlungen, auch im Reichstagswahlkreis Weser-Ems, zu dem der Landesteil Oldenburg gehörte, auf. *Mehrmals* war er „Ehrenkandidat" für die Oldenburger Landtagswahlen, d.h. er ließ sich in den Kandidatenlisten der DDP an aussichtsloser Position eintragen. Sogar bei sämtlichen Landtagswahlen von 1923 bis 1932 finden wir den Oldenburger Ministerialrat auf den Wahlvorschlägen der DDP bzw. seit 1931 ihrer Nachfolgerin, der Deutschen Staatspartei, für den 1. Wahlkreis (Landesteil Oldenburg): 1923 als Nr. 31 von 39 Bewerbern, 1925 als Nr. 28 von 42, 1928 an 26. und letzter Position, 1931 an 12. und letzter Stelle und bei der letzten Landtagswahl vor 1945 vom 29. Mai 1932 wieder als letzten von 12 Kandidaten.[27] Der Rückgang der Bewerber auf den Kandidatenlisten der DDP bzw. der DStP spiegelt sich auch in der Zahl der bei Landtagswahlen im gesamten Freistaat gewonnenen Mandate wider: Es waren 1923/24 9 von 48, 1925 5 von 40, 1928 5 von 48, 1931 1 von 48 und 1932 1 von 46.[28]
Zimmermann betonte in seiner Rechtfertigung 1946 sein gutes Verhältnis zu Vertretern anderer demokratischer Parteien: *Zentrumsabgeordnete, sozialdemokratische und auch kommunistische Abgeordnete haben jahrelang freundschaftlich mit mir verkehrt und mit mir in Briefwechsel gestanden. Sie waren Gäste in meinem Hause und es war mir immer ein Bedürfnis gewesen, mit Vertretern der Arbeiterschaft enge persönliche Fühlung zu halten.*[29]
Er gehörte auch zu den Mitgliedern der Casino-Gesellschaft in Oldenburg, in der „die gutbürgerlich-konservative obere Gesellschaftsschicht der Stadt unter sich" war. Zimmermann trat aber gleichzeitig mit dem ehemaligen Ministerpräsidenten Theodor Tantzen bereits 1924, wohl aus politischen Gründen, aus. Nicht von ungefähr wurden gleichzeitig zwei prominente Vertreter der DNVP bzw. des Stahlhelm neu aufgenommen.[30]
Nach dem Tod des parteilosen Ministerpräsidenten Eugen v. Finckh brachte die DDP (bzw. die Deutsche Staatspartei) 1930 Ministerialrat Zimmermann sogar als Minister

---

27 HStAW, Bl. 4, 15, 18, 38, 51, 53a, 55 u.ö. – Oldenburgische Anzeigen 1923, S. 508; 1925, S. 364; 1928, S. 418; 1931, S. 432; 1932, S. 620.
28 Vgl. zuletzt Eckhardt/Wyrsch, Oldenburgischer Landtag (wie Anm. 9), S. 56-64.
29 HStAW, Bl. 53a, vgl. 15.
30 Matthias Nistal, Vom Ende des Ersten Weltkrieges bis zum Beginn des Nationalsozialismus (1918–1932), in: Geschichte der Stadt Oldenburg Bd. 2, 1830–1995, hrsg. von der Stadt Oldenburg, Oldenburg 1996, S. 287-390.

ins Gespräch, ohne sich damit durchsetzen zu können. Die Landtagswahl vom Mai 1932, bei der, wie erwähnt, Zimmermann ein letztes Mal für die Deutsche Staatspartei kandidierte, wurde durch die von NSDAP und KPD initiierte Volksabstimmung erzwungen, bei der Zimmermann als Wahlkommissar fungiert hatte.[31]

Seine politischen Gegner standen rechts. 1946 schreibt Zimmermann: *Das Polizeireferat in den Ministerien der deutschen Länder war ein eminent politisches und daher für den betreffenden Sachbearbeiter mit persönlichen Schwierigkeiten verknüpft. So wurde ich auch von Rechtskreisen, wie dem Stahlhelm, und dann in zunehmendem Masse in der Nazipresse als angeblicher Parteibuch-Beamter in aller Oeffentlichkeit angegriffen und wurde daher auch 1932 (in Oldenburg kam die NSDAP ein Jahr früher zur Herrschaft) als einziger höherer Beamter des Staatsministeriums, der bei der demokratischen Partei organisiert war, meines Amtes als Ministerialrat enthoben.*[32]

Am 18. September 1923, also am selben Tag, an dem der von ihm konzipierte Ministererlass wegen der Lageberichte erging, und lange vor dem Hitlerputsch vom 8./9. November und dem nachfolgenden reichsweiten Verbot der NSDAP vom 23. November 1923 hatte Zimmermann in einem internen Bericht ein Verbot der Partei für den Landesteil Oldenburg vorgeschlagen: Sie *verfolgt in ihrem Programm, in ihrer Presse, in Versammlungen, Kundgebungen u. Flugblättern mit einer nicht zu überbietenden Hetze die Reichs- und Länderregierungen, die Verfassung, die einzelnen Minister, alle Parteien einschließlich der Deutschnationalen, Regierungsmaßnahmen u. die Juden. Die Beschimpfung namentlich der letzteren u. die Vernichtung ihrer durch die Verfassung gewährleisteten staatsbürgerlichen Rechte geschieht in Formen u. Ausdrücken u. in einer Häufung, die ihresgleichen suchen u. jede Spur von Gerechtigkeitsgefühl u. Anstand vermissen lassen.* [...] Dieses Verbot wurde ohne die Begründung zehn Tage später durch das Staatsministerium (Unterschrift: Innenminister Weber) ausgesprochen und am 30. September in den Oldenburgischen Anzeigen veröffentlicht.[33]

Im Januar 1926 teilte Zimmermann dem Vorsitzenden der Oldenburger NSDAP-Gruppe, Carl Röver, das vom Ministerium erlassene Redeverbot für Hitler (an dem er, der Ministerialrat, maßgeblich beteiligt war) mit und hielt in einem Aktenvermerk Rövers Äußerungen dazu fest.[34] Später wies er „auf die enge Verbindung" der Landvolkbewegung „mit dem wachsenden Rechtsradikalismus" hin.[35]

Zimmermann berichtete auch, dass er die Gedenkrede auf den 1925 gestorbenen ersten Reichspräsidenten Friedrich Ebert (SPD) gehalten habe. Es handelte sich dabei um eine Veranstaltung der DDP Oldenburg am 5. März.[36]

---

31 Klaus Schaap, Die Endphase der Weimarer Republik im Freistaat Oldenburg 1928-1933 (Beiträge zur Geschichte des Parlamentarismus und der politischen Parteien 61), Düsseldorf 1978, S. 128, 130, 225; Schaap, Oldenburgs Weg (wie Anm. 23) S. 37, Anm. 2, S. 100, 105; vgl. HStAW, Bl. 4, 53a (Ministerkandidat); Oldenburgische Anzeigen 1932, S. 467.
32 HStAW, Bl. 53.
33 Schaap, Oldenburgs Weg (wie Anm. 23), S. 62 mit Anm. 1, nach NLA OL, Best. 136 Nr. 2685. Bei Schaap auch ein Bild Zimmermanns, übernommen aus: 10 Jahre Ordnungspolizei für den Landesteil Oldenburg 1919, 14. Oktober 1929. Hg. vom Kommando der Ordnungspolizei für den Landesteil Oldenburg. Bearb. von Polizeihauptmann Dr. H. Lankenau, [Oldenburg 1929], S. 16.
34 NLA OL, Best. 136 Nr. 2858; Schaap, Endphase (wie Anm. 31), S. 178, Anm. 30, und Schaap, Oldenburgs Weg (wie Anm. 23), S. 85 f. (das dortige Zitat wirkt zu sehr aus dem Zusammenhang gerissen).
35 Schaap, Endphase (wie Anm. 31), S. 93, vgl. 91.
36 Nachrichten für Stadt und Land, 6.3.1925, 1. Beilage, S. 2.

Zimmermann hob zudem hervor, dass er zweimal der Redner bei der amtlichen Verfassungsfeier des Oldenburgischen Staatsministeriums gewesen sei.[37] Der Verfassungstag erinnerte an die Verabschiedung der Weimarer Reichsverfassung am 11. August 1919. Er wurde 1921 eingeführt, war aber auch 1922 noch kein gesetzlicher Feiertag im Sinne eines Nationalfeiertages. In Oldenburg wurde er offenbar erstmals 1923 amtlich begangen.[38] Über die Feier am 11. August 1923 im „alten" Schloss berichtete die Zeitung ausführlich. Nach der Begrüßung durch Ministerpräsident Eugen v. Finckh hielt Ministerialrat Zimmermann, *der über eine glänzende Rednergabe verfügt*, die Festrede. Diese sehr patriotische Rede ist von der Zeitung offenbar in voller Länge abgedruckt worden.[39]

Von da an fand die amtliche Verfassungsfeier jedes Jahr am 11. August im Schlosssaal statt. *Die Redner wählt man*, so die Zeitung, *alljährlich der Reihe nach aus den verschiedensten Behördengruppen*. Vor acht Jahren sei zum letzten Mal ein Vertreter des Staatsministeriums als Redner bestimmt worden, damals wie heute Ministerialrat Zimmermann. *Man weiß, daß er ein glänzender Redner ist. Die Sätze sind sofort scharf herausgemeißelt; er spricht mit Wärme, oft faszinierend*. Die Verfassungsfeier des Jahres 1931 war dem Freiherrn vom Stein gewidmet, der 1831, also hundert Jahre zuvor, gestorben war. Dementsprechend setzte sich Zimmermann in seiner langen, kenntnisreichen Rede mit dem Leben und Werk und der Bedeutung des preußischen Reformers für die jetzige Demokratie auseinander. Der in der Zeitung abgedruckte Vortrag ist als Manuskript in den Akten überliefert.[40]

Zimmermann war es später offenbar nicht mehr bewusst, dass er der erste und der letzte Redner auf dieser Veranstaltung war. Zwar hatte die Regierung Cassebohm auch für 1932 eine Verfassungsfeier geplant. Doch die neue, seit dem 16. Juni im Amt befindliche Regierung Röver, die erste rein nationalsozialistische Landesregierung im Deutschen Reichstag, lehnte solche Veranstaltungen ab. Am 13. Juli erklärte Staatsminister Heinz Spangemacher: Nach Entscheidung des Staatsministeriums werden Feiern des Verfassungstages von den Landesbehörden und Schulen nicht mehr abgehalten.[41] Für den demokratischen Politiker Zimmermann zeichnete sich sehr schnell das Ende seiner Karriere im Innenministerium unter einem NS-Innenminister und -Ministerpräsidenten Carl Röver, der auch noch Gauleiter des NSDAP-Gaus Weser-Ems war,[42] ab. Zimmermann wagte es, Anfang Juli 1932 den erst kurz im Amt befindlichen neuen Ministerpräsidenten mit rechtlichen Bedenken von einem Verbot gegen missliebige auswärtige Presse abzubringen, womit er, so Schaap, Röver verärgerte.[43] Aus-

---

37 HStAW, Bl. 4, 15, 53a.
38 NLA OL, Best. 132 Nr. 328 Bl. 2; vgl. auch Rogge, Archivalische Quellen (wie Anm. 2), Nr. 146, S. 142 und Nr. 315, S. 281.
39 Nachrichten für Stadt und Land, 12.8.1923, 1. Beilage, S. 1 f.; NLA OL, Best. 132 Nr. 143 Bl. 2, 382 (der Zeitungsartikel).
40 Nachrichten für Stadt und Land, 12.8.1931, 2. Beilage, S. 1 f.; NLA OL, Best. 132 Nr. 143 Bl. 223 ff., die Rede Zimmermanns Bl. 269-288. – 1925 erklärte ein für die Festrede Vorgesehener: *Die Rede am Verfassungstage ist eine Sache, zu der sich niemand drängt [...]*. (Schaap, Die Endphase [wie Anm. 31], S. 34, Anm. 91).
41 NLA OL, Best. 132 Nr. 143 Bl. 320.
42 Zu Röver s. zuletzt Eckhardt / Wyrsch, Oldenburgischer Landtag (wie Anm. 9), S. 441 f., mit ausführlichen Literaturnachweisen; vgl. auch Biographisches Handbuch (wie Anm. 9), S. 611-613.
43 Schaap, Endphase (wie Anm. 31), S. 206, 225 (nach NLA OL, Best. 136 Nr. 2873).

Abb. 3: Die am 16. Juni 1932 gewählte NS-Regierung in Oldenburg. Von links nach rechts: Ministerpräsident Carl Röver und die Staatsminister Heinz Spangemacher und Julius Pauly (Eckhardt/Wyrsch, Oldenburgischer Landtag [wie Anm. 9], S. 66)

löser war ein Artikel in der in Köln erscheinenden Westdeutschen Arbeiterzeitung vom 2. Juli 1932, in der in Hinblick auf die neue NS-Regierung in Oldenburg von *Parteibuchbeamten* und *Parteibonzen* die Rede war. In einer ersten Stellungnahme äußerte Zimmermann am 6. Juli Vorbehalte gegen ein Verbot einer auswärtigen Zeitung und schlug eine Beteiligung des Justizministeriums vor. Darauf schrieb Röver am Folgetag den von Schaap zitierten Vermerk für den Justizminister: *Es muß doch eine Möglichkeit bestehen, durch die Organe des Staates insofern einzugreifen, daß die Zeitungsexemplare schon auf der Post beschlagnahmt werden.* Zwei Referenten des Justizministeriums stimmten jedoch dem Polizeireferenten weitgehend zu. In einem zweiten Bericht regte Zimmermann am 8. Juli an, notfalls das preußische Innenministerium um Amtshilfe zu bitten. Auch diesmal erklärten die Beamten des Justizministeriums, Dr. Schwerdtfeger und Ministerialrat Christians, ihre Zustimmung. Ihren Bericht zeichneten zudem die Minister Spangemacher und Pauly, also Rövers Regierungskollegen, ab. Zimmermann leitete die Vermerke am 13. Juli an Röver weiter und

schrieb den ganzen Vorgang am 26. Juli z.d.A. Tage später formulierte er für Röver noch einen Erlass an die Regierungen, Ämter und Städte I. Klasse betr. Aufrechterhaltung der öffentlichen Sicherheit am Wahltag der Reichstagswahl (am 31.7.), der am 27. Juli abgesandt wurde.[44]
Ganz offensichtlich haben die Vorgänge im Innenministerium Anfang Juli keine entscheidende Rolle bei der Entlassung Zimmermanns gespielt. Der Betroffene hat auch in seinen späteren Erklärungen und Rechtfertigungen diese Angelegenheit nie erwähnt. Am 4. August 1932 berichteten die Oldenburger „Nachrichten für Stadt und Land" unter der Überschrift *Veränderungen in der Leitung der staatlichen Polizei*, dass das Polizeidezernat, das bisher von Ministerialrat Zimmermann mitverwaltet wurde, dem Sachbearbeiter in diesem Dezernat, Polizeihauptmann Dr. Lankenau, übertragen worden sei. Dieser solle Regierungsrat werden.[45] Wenn damit Zimmermann auch seine Kernaufgaben als Ministerialrat und speziell Polizeidezernent nicht mehr ausüben konnte, blieb er doch weiterhin Beamter und vermutlich im Innenministerium tätig. Jedenfalls zeigte er am 6. September 1932 an, dass er aus dem Urlaub mit einer schweren Erkrankung zurückgekehrt und bis zum 12. nicht dienstfähig sei. Und am 10. Januar 1933 berichtete er, er sei in einer Woche wieder dienstfähig.[46]
Zimmermann hat später, wie schon erwähnt, ausgesagt, er sei *als einziger höherer Beamter des Staatsministeriums, der bei der demokratischen Partei organisiert war, meines Amtes als Ministerialrat enthoben* worden. Ähnlich heißt es an anderer Stelle: *1932 wurde ich von der Nazi-Regierung wegen meiner führenden Stellung in der Demokratischen Partei meines Amtes als Ministerialrat enthoben.*
Der ehemalige Birkenfelder Regierungspräsident Walther Dörr schreibt 1946, sie *beide seien im Herbst 1932 von dem Oldenburgischen Nazi-Ministerium unserer Ämter enthoben* worden. Während er, Dörr, aber nach Inkrafttreten *des berüchtigten Gesetzes zur Wiederherstellung des Berufsbeamtentums [...] entlassen wurde, kam Herr Zimmerman wieder in ein Amt geringeren Ranges. Wie sich das zugetragen hat, entzieht sich meiner Beurteilung. Ich kann nur attestieren, dass ich nach meiner Kenntnis der Persönlichkeit davon überzeugt bin, dass schwerwiegende äussere Gründe mit im Spiele gewesen sein müssen. So ausgeprägt auch sein Patriotismus war, innerlich kann er nie mit einem Regime sympathisiert haben, dessen Gepräge „Gewalt ohne Recht und ohne Freiheit" war, also Barbarei. Seinem ruhigen, sich nirgends vordrängenden Wesen muss das Lärmprophettum[!] zuwider gewesen sein.*[47]
Rektor Gustav Lienemann in Oldenburg, altes DDP-Mitglied, 1924–1933 im Oldenburger Stadtrat bzw. Stadtmagistrat, jetzt Führer der Stadtratsfraktion der FDP und Mitglied des Hauptausschusses der Landes Oldenburg für die Entnazifizierung

---

44 NLA OL, Best. 136 Nr. 2873.
45 Nachrichten für Stadt und Land, 4.8.1932, 1. Beilage, S. 1. – Zu Heinrich Lankenau (1891–1983), der 1933–1935 zusätzlich Leiter der Gestapo und 1934–1935 der Schutzpolizei in Oldenburg wurde, s. u.a. Gestapo Oldenburg meldet. Berichte der Geheimen Staatspolizei und des Innenministers aus dem Freistaat und Land Oldenburg 1933–1936. Bearb. und eingeleitet von Albrecht E c k h a r d t und Katharina H o f f m a n n (Veröffentlichungen der Historischen Kommission für Niedersachsen und Bremen 209), Hannover 2002, S. 19-21, 42-47 u.ö.
46 NLA OL, Best. 136 Nr. 263 Bl. 214 f.
47 HStAW, Bl. 15, 53, 18 (Dörr). – Zu den Vorgängen um Walther Dörr vgl. S c h a a p , Endphase (wie Anm. 31), S. 227-229, 236; S c h a a p , Oldenburgs Weg (wie Anm. 23), S. 153 f.; H. Peter B r a n d t , Der Landesteil Birkenfeld, in: E c k h a r d t / S c h m i d t , Geschichte des Landes Oldenburg (wie Anm. 15), S. 591-636, hier S. 627 f. – Zu Dörr wie Anm. 9.

(1950–1954 Oberbürgermeister in Oldenburg), erklärte das im Juni 1946 so: *Allem reaktionären Kleinstadtgeist und Spießbürgertum unserer ehemaligen Residenzstadt zum Trotz hat er sich stets offen und frei zu seiner demokratischen Grundauffassung bekannt und – was noch mehr ist – nach ihr gelebt und gehandelt. [...] Seine reine, untadelige Gesinnung als Mensch, Beamter und führender demokratischer Politiker verlieh ihm weit über den engeren Kreis seiner Parteifreunde hinaus Achtung und Ansehen in der Bevölkerung. Auf diese allgemeine Achtung bei Freund und Feind ist es auch nur zurückzuführen, daß die Nazis es bei ihrem Regierungsantritt in Oldenburg im Sommer 1932 nicht wagten, Zimmermann trotz seiner stets offen betonten gegnerischen Einstellung gänzlich aus dem Amte zu entfernen.*[48]
In den ersten Monaten nach der Installierung der neuen NSDAP-Regierung wurde eine Reihe von höheren Beamten und Bürgermeistern zur Disposition gestellt oder in den Ruhestand versetzt.[49] Zimmermann befand sich also „in guter Gesellschaft". Aber er wurde, worauf schon die Zitate von Dörr und Lienemann, hindeuten, nicht völlig kaltgestellt, sondern in ein rangniedrigeres Amt versetzt.

Strafanstaltsdirektor in Vechta

In der schon erwähnten Ausgabe der „Nachrichten für Stadt und Land" vom 4. August 1932 heißt es u.a., der Major von der Hellen werde zum 1. Oktober den Polizeidienst verlassen und sei als Gefängnisdirektor in Vechta vorgesehen. Dieser Posten sei bisher von einem Juristen im Rang eines Amtsrichters versehen worden. Es sei aber die Besetzung der Stelle noch nicht entschieden worden.
Anlass zu diesen Spekulationen bot die Tatsache, dass der seit 1907 amtierende Direktor der Strafanstalten in Vechta zum 1. April 1933 in den Ruhestand ging. Am 26. Januar 1933 formulierte Ministerialrat Christians vom Oldenburgischen Justizministerium als der übergeordneten Behörde einen Aktenvermerk: Als Nachfolger von Roth sei Ministerialrat Zimmermann in Aussicht genommen. *Gegen seinen Willen könnte er nicht als Strafanstaltsdirektor nach Vechta versetzt werden, da dessen Stelle der Stelle eines Ministerialrats mit dem Gehalt eines Oberregierungsrats im Range wohl nicht gleichgestellt werden könnte, zumal auch das Gehalt eines Strafanstaltsdirektors niedriger festgesetzt worden ist, als das des Oberregierungsrats (dort Zulage 600-1200 RM, hier 1200 RM). Der Ministerialrat Zimmermann ist aber unter den obwaltenden Verhältnissen bereit, die Stelle des Strafanstaltsdirektors zu übernehmen. Damit er die seiner bisherigen Tätigkeit fernliegende Tätigkeit als Strafanstaltsdirektor ordnungsgemäß ausüben kann,* müsse er vor Dienstantritt in die Tätigkeit eingeführt werden. Christians schlug vor, Zimmermann im Februar der Direktion der Gefangenenanstalten in Vechta und im März (bis zum 25.) dem Strafvollzugsamt in Hamburg zuzuweisen. Eine diesbezügliche Rücksprache mit dem dortigen Präsidenten sei bereits erfolgt.
Der Bericht wurde mit einem *Einverstanden* der drei Kabinettsmitglieder Spangemacher, Pauly und Röver gebilligt. Mit Erlass vom 30. Januar 1933 wies Justizminister Spangemacher Zimmermann die Aufenthalte in Vechta und Hamburg *zur Einfüh-*

---
48 HStAW, Bl. 18.
49 Vgl. Günther, Freistaat (wie Anm. 23), S. 443; Eckhardt/Wyrsch, Oldenburgischer Landtag (wie Anm. 9), S. 69, mit Literaturnachweisen in Anm. 164 (S. 90).

rung in den Strafvollzugsdienst zu. Am 3. März meldete Zimmermann aus Hamburg den dortigen Dienstantritt am 1. März. Mit Erlass vom 30. Januar 1933 hatte Justizminister Spangemacher gegenüber Zimmermann bestimmt: *Sie werden zum 1. April d. Js. ohne Änderung Ihres Besoldungsdienstalters und unter Belassung Ihrer gegenwärtigen Amtsbezeichnung „Ministerialrat" zum Direktor der Gefangenanstalten in Vechta ernannt.* Die Dienstbezüge betrugen von diesem Zeitpunkt an jährlich 11.124 RM; nach Kürzungen um 2.825,76 RM blieben noch 8.298, 24 RM. Außerdem wurde Zimmermann die Dienstwohnung des Anstaltsdirektors zugewiesen. Die Miete belief sich auf 720 RM, mit einem Zuschlag von 10 % auf 792 RM jährlich.[50]

Als am 1. April 1933 Ministerialrat Zimmermann die Leitung der seit 1816 bestehenden Strafanstalten in Vechta übernahm, bestand der große Komplex aus vier an verschiedenen Stellen in der Stadt gelegenen Häusern: dem Männergefängnis (Haus I), dem Männerzuchthaus (Haus II, 1941 aufgelöst), dem Frauengefängnis (Haus III, 1931 aufgelöst, 1937 wiedereröffnet) und dem Männerarbeitshaus (Haus IV). „Alle 4 Häuser unterstanden dem Anstaltsleiter." Jedes wurde von einem Hausvorstand geleitet. Bis 1937 war Vechta auch noch Hinrichtungsstätte. „Dem neuen Strafanstaltsdirektor blieb kaum etwas anderes übrig, als die Entwicklung des Strafvollzugs im neuen Nazi-Regime abzuwarten." Er war „der letzte Anstaltsleiter von gewisser Dauer bis nach Kriegsende." Soweit die nüchterne Charakteristik von Trude Hauser.[51]

Durch das „2. Gesetz zur Überleitung der Rechtspflege auf das Reich" vom 5. Dezember 1934 gingen mit dessen Inkrafttreten am 1. Januar 1935 die „Zuständigkeiten der oberen Landesjustizbehörden auf den Reichsminister der Justiz" über. Mit dem 3. diesbezüglichen Gesetz vom 24. Januar 1935 wurden „sämtliche Justizbehörden der Länder zu Reichsbehörden umgewandelt". Damit war die schon in der Weimarer Republik geforderte „Verreichlichung der Justiz" verwirklicht.[52] Seit dem 1. Januar 1935 war Zimmermann also Reichsbeamter, sein direkter Vorgesetzter nicht mehr der Justizminister, sondern der Generalstaatsanwalt in Oldenburg.

Gustav Lienemann schrieb 1946: *Er selbst und seine Familie haben unter dieser Kränkung* [Versetzung in ein niedrigeres Amt] *schwer zu leiden gehabt, umsomehr, als ihn? die Eigenart seiner Stellung als Strafanstaltsleiter (die robuste Naturen erfordert) seelisch aufrieb. Hinzu kam der ständige Druck der Naziregierung, der ihn auf die Dauer so zermürbte, daß er schließlich im Interesse seine Familie der NSDAP beitrat.*

Dass Zimmermann am 1. Mai 1933 der NSDAP beigetreten war, spielte 1946 bei den Verhandlungen vor der Spruchkammer Bergstraße und in deren Urteil eine zentrale Rolle. Zimmermann äußerte sich dazu mehrmals, so z.B.: *Ich war verschiedentlich unter Druck gesetzt worden und ich hatte damit rechnen müssen, pensioniert zu werden und*

---

50 NLA OL, Best. 133 Nr. 313 Bl. 323, Best. 136 Nr. 263 Bl. 215-217; vgl. Schaap, Endphase (wie Anm. 31), S. 225 mit Anm. 53; Schaap, Oldenburgs Weg (wie Anm. 23), S. 151 mit Anm. 3 („Im April 1933 wurde Zimmermann zum Zuchthausdirektor von Vechta ‚degradiert'".).

51 Trude Hauser, Geschichte der Strafanstalten in Vechta, in: Beiträge zur Geschichte der Stadt Vechta. Redigiert von Wilhelm Hanisch und Franz Hellbernd, Bd. III,1, Vechta 1978, S. 367-408, das Zitat zu Zimmermann S. 394.

52 Reichsgesetzblatt 1934, Teil I, S. 1214 f.; Karl Eduard Claussen, in: Deutsche Verwaltungsgeschichte, hg. von Kurt G. A. Jeserich, Hans Pohl, Georg-Christoph von Unruh, Bd. 4, Stuttgart 1985, S. 1048-1050.

Abb. 4: August Wegmann (Biographisches Handbuch [wie Anm. 9], S. 784).

damit mit meiner Frau und vier unerwachsenen Kindern auf der Strasse zu sitzen. Ich musste ausserdem meine alte Mutter in Kirn vollständig unterhalten und habe zudem eine alte 85 jährige Tante und deren über 70 Jahre alte Stütze bei mir aufgenommen. Meine Frau hatte infolge des mir angetanen Unrechts schwere Herzaffektionen erlitten, die lange anhielten [...].

Ähnlich schrieb 1946 Oldenburgs Oberbürgermeister Max tom Dieck (DDP/FDP): *Es wurde doch hier besonders bei den oberen Ministerial-Verwaltungsbeamten von allen möglichen Parteistellen ein unerhörter Druck und Zwang auf alle ausgeübt, die für ihre Angehörigen zu sorgen hatten und leben mussten. Beispiele dafür sind in unzähligen Fällen anzuführen. Auszuweichen war in unseren engen Staatsverhältnissen nicht. Sie haben das zur Genüge kosten müssen.*[53]

In diesem Sinne äußerte sich auch der oldenburgische Innenminister August Wegmann (1888–1976). Der aus Dinklage gebürtige katholische Jurist war von 1923 bis zu seiner Entlassung durch die Nazis am 1. August 1933 Ministerialrat im Oldenburgischen Finanzministerium und von 1924 bis zum November 1933 Zentrumsabgeordneter im Reichstag. Nach dem Attentat auf Hitler war er 1944 längere Zeit in Gestapohaft. Im Mai 1945 zum Ministerialdirektor in der Innenabteilung ernannt, wurde das CDU-Mitglied am 3. April 1946 Innenminister und stellv. Ministerpräsident in der Regierung Tantzen. Er war kein Mitglied der NSDAP oder einer ihrer Gliederungen.

Am 9. Oktober 1946 schrieb Wegmann: Zimmerman sei ihm *seit 25 Jahren persönlich gut bekannt und befreundet [...] Z. ist, wie hier die Staatsbeamten fast ausnahmslos, Mai 1933 unter Druck und im Interesse seiner 7köpfigen Familie in die Partei eingetreten. Irgendwelche Aktivität hat er m.W. nicht entwickelt. Auf jeden Fall hat er seine demokratische Gesinnung und seine Ablehnung des Nationalsozialismus mir gegenüber niemals verleugnet. Ich übernehme die Gewähr dafür, dass er persönlich kein aktiver Nazi, sondern ein entschiedener Nazigegner war.*[54]

Alle Persönlichkeiten, die 1946 in Zimmermanns Spruchkammerverfahren für ihn schriftliche Zeugnisse ausstellten, betonten, dass er trotz seines frühen Parteieintritts kein aktiver Nazi und als alter Demokrat innerlich ein Gegner gewesen ist. Und sogar die Spruchkammer Bergstraße kam in ihrem Urteil vom 30. November 1946 zu dem Fazit: *Der Betroffene ist schon frühzeitig, am 1. Mai 1933, der Partei beigetreten. Ausserdem gehörte er noch 7 weiteren N.S. Organisationen an. Nach dem Befreiungsgesetz müsste er in Gruppe II eingereiht werden. [...] Es wird ihm jedoch von verschiedenen führenden Persönlichkeiten der heutigen Parteien und Staatsbeamten bescheinigt, dass er kein Nazi gewesen sein kann. Die Kammer erachtet diese Bescheinigungen als voll beweiskräftig und zweifelt*

---

53 HStAW, Bl. 15, 18 (Lienemann), 38 (tom Dieck). – Zu Gustav Lienemann bzw. Max tom Dieck s. Geschichte der Stadt Oldenburg, Bd. 2 (wie Anm. 30), S. 720 bzw. 718 (jeweils Register).
54 HStAW, Bl. 55. – Zu Wegmann s. u.a. Biographisches Handbuch (wie Anm. 9), S. 784-786; Herlemann, Biographisches Lexikon (wie Anm. 7), S. 383.

Abb. 5: Die Frauenvollzugsanstalt in Vechta, 1971 (Beiträge zur Geschichte der Stadt Vechta III.1 [wie Anm. 51], Bildtafel VIII)

deren Glaubwürdigkeit nicht an. [...] Der Betroffene selbst erklärt, dass er innerlich ein grosser Gegner zum Nationalsozialismus gewesen ist, er jedoch nach der bereits erfolgten Benachteiligung zum äusseren Widerstand keinen Mut hatte.[55]
In der öffentlichen Anhörung der Spruchkammer vom 30. November 1946 antwortete Zimmermann auf die Frage eines Beisitzers, ob er in Vechta auch politische Gefangene hatte und wenn Ja, ob er denen vielleicht geholfen habe: *Kurze Zeit waren auch politische Gefangene dort; ich war besonders human zu diesen.* Und auf die weitere Frage des Beisitzers: *Haben Sie diesen persönliche Erleichterungen verschafft?* antwortete Zimmermann mit ja und verwies auf das Zeugnis Lienemann, worin ihm *die besonders humane Behandlung der Gefangenen bestätigt* werde. Und im Urteil der Spruchkammer Bergstraße in Heppenheim 30. November 1946 heißt es: *In der Gefangenanstalt Vechta hat er die politischen Gefangenen sehr loyal und menschenwürdig behandelt, was ihm auch als gegnerische Einstellung zum Nationalsozialismus, jedoch nicht als Widerstand anerkannt werden kann.*[56]
Die Hinweise auf politische Gefangene in Vechta verlangen eine Erklärung. Gemeint ist eine Einrichtung innerhalb der Strafanstalten, die bis vor wenigen Jahren in der Forschung weitgehend unbekannt war und z.B. von Trude Hauser überhaupt nicht

---

55 HStAW, Bl. 65 f.
56 HStAW, Bl. 63c bzw. 65 f.

erwähnt wird. Gemeint ist das Konzentrationslager in dem zur damaligen Zeit leerstehenden Gebäude des Frauengefängnisses.[57]

Das KZ in Vechta bestand seit Juli 1933 und wurde zum 1. April 1935 aufgelöst. Es hatte zeitweise über 100 Insassen, durchweg politische Häftlinge, die meisten Kommunisten, vereinzelt auch Sozialdemokraten, Mitglieder des Zentrums oder andere „missliebige Personen". Hausvorstand war der Strafanstaltsoberwachtmeister Friedrich (Fritz) Fischer (1888–1965), der nach dem Krieg von ehemaligen Häftlingen als „überkorrekt" und sogar „pingelig" beurteilt wurde. Er hat auch die als Wachmannschaften beim Außendienst eingesetzten jungen SS-Leute wiederholt an Übergriffen gehindert. Viel weniger erfreulich waren die Verhörmethoden der von Oldenburg geschickten Gestapobeamten.

Das Konzentrationslager in Vechta unterstand zwar dem Innenminister, die Justizbeamten aber dem Anstaltsdirektor. Zimmermann hat nach allem, was wir wissen, stets hinter Fischer gestanden und ihm den Rücken gestärkt. Als sich das Ende des KZs abzeichnete, hat er ihm eine positive Beurteilung für seine Versetzung an das Untersuchungsgefängnis geschrieben: „Fischer habe sich *als Hausvorstand im K.Lager durchaus bewährt. Er ist besonders tüchtig, und ich würde es bedauern, wenn ich ihn hergeben müßte* […]". Einer der Zeitzeugen „erinnerte sich, daß nach dem Krieg ehemalige Kommunisten und KZ-Häftlinge wie er selbst Fischer aus Dankbarkeit zu einem Freispruch vor der Spruchkammer verholfen haben".[58]

Insofern sind die Aussagen Zimmermanns vor der Spruchkammer über sein „humanes" Verhalten gegenüber politischen Gefangenen durchaus glaubwürdig, was ja die Heppenheimer Spruchkammer auch anerkannte. Hierzu sei schließlich noch sein alter Parteikollege, der spätere Oldenburger Oberbürgermeister Lienemann, zitiert: *Hinzufügen möchte ich noch, daß ein politischer Häftling aus meiner Nachbarschaft mir gegenüber ausdrücklich die humane Behandlung gerühmt hat, die Zimmermann als Leiter der Strafanstalten in Vechta auch den politischen Gefangenen hat angedeihen lassen. Dasselbe hat mir der stellvertretende Oberbürgermeister der Stadt Oldenburg, Döpke, Mitglied der Kommunistischen Partei, bestätigt.*[59]

---

57 Albrecht Eckhardt, Das Konzentrationslager in Vechta (Oldenburg) 1933-1935, in: Klaus Oldenhage / Hermann Schreyer / Wolfram Werner (Hg.), Archiv und Geschichte. Festschrift für Friedrich P. Kahlenberg (Schriften des Bundesarchivs 57), Düsseldorf 2000, S. 700-726; Ders., Das KZ in Vechta 1933-1935, Kurzfassung, in: Geschichtsausschuss des Heimatbundes, Nationalsozialismus im Oldenburger Münsterland. Beiträge zum 2. Studientag des Geschichtsausschusses im Heimatbund für das Oldenburger Münsterland (Die „Blaue Reihe" 5), Cloppenburg 2000, S. 89-97 (danach Hubert Gelhaus, Das politisch-soziale Milieu in Südoldenburg von 1803-1936, Bd. 4, Oldenburg 2001, S. 261 f.); Albrecht Eckhardt, Das Konzentrationslager in Vechta, in: Wolfgang Benz / Barbara Distl (Hg.), Terror ohne System. Die ersten Konzentrationslager im Nationalsozialismus, Redaktion Angelika Königseder (Geschichte der Konzentrationslager 1933-1945 [1]), Berlin 2001 S. 211-221; Ders., [Konzentrationslager in] Vechta, in: Der Ort des Terrors. Geschichte der nationalsozialistischen Konzentrationslager, Bd. II: Frühe Lager, Dachau, Emslandlager. Hg. von Wolfgang Benz und Barbara Distel. Redaktion: Angelika Königseder, München 2005, S. 212-215 (Nachdruck mit dem Titel „Das Konzentrationslager in Vechta", in: Heimatblätter. Beilage der „Oldenburgischen Volkszeitung" Nr. 1, 85. Jg., [11.2.2006], S. 5); Ders., [Konzentrationslager] Vechta (englische Übersetzung), in: The United States Holocaust Memorial Museum Encyclopedia of Camps and Ghettos, 1933-1945, vol. 1: Early Camps, Youth Camps, and Concentration Camps and Subcamps under the SS-Business Administration Main Office (WVHA), Hg.: Geoffrey Megargee, Bloomington/Indiana, 2009, S. 170-172. – Eckhardt/Hoffmann, Gestapo Oldenburg meldet (wie Anm. 45), S. 62-65 (weitere Nachweise S. 303 [Sachindex, Konzentrationslager]).
58 Alle Zitate aus Eckhardt, Das Konzentrationslager (wie Anm. 57).
59 HStAW, Bl. 18.

Friedrich (Fritz) Döpke (1898–1966) gehörte zu den prominentesten Kommunisten in Oldenburg. Er war Mitglied des ernannten Oldenburgischen Landtags von 1946 und des Niedersächsischen Landtags von 1948 bis 1951, Stadtratsmitglied in Oldenburg von 1928 bis 1932, 1945/46 und 1947 bis 1952, stellvertretender Oberbürgermeister 1945 usw. Sein Aufenthalt im KZ Vechta ist belegt.[60]

Auf eine offizielle Anfrage der Spruchkammer in Heppenheim an den Bürgermeister in Vechta i.O. mit der Bitte *um ausführliche Beurteilung [Zimmermanns] in allgemeiner und politischer Hinsicht* antwortete Bürgermeister Anton Cromme (CDU) am 17. Juli 1946: Zimmermann *leitete die Anstalt, indem er gute Disziplin mit persönlicher Güte und menschlichem Wohlwollen zu verbinden wußte. Die Beamtenschaft der Anstalt, die zum großen Teil aus Parteigegnern bestand, achtete und schätzte ihn. Er hat keinen Beamten oder Angestellten wegen Nichtzugehörigkeit zur Partei oder Gegnerschaft gegen die Partei angezeigt, zurückgesetzt oder gar entlassen.* Apotheker Cromme (1901–1953) wurde von den Nazis als Stadtratsvorsitzender von Vechta abgesetzt. 1945 gehörte er zu den Mitbegründern der CDU im Kreis Vechta, war von 1945 bis 1948 ehrenamtlicher Bürgermeister der Stadt Vechta und von 1951 bis zu seinem Tod niedersächsischer Landtagsabgeordneter.[61]

Zimmermann hatte in Vechta bald auch andere Aufgaben zu übernehmen. So berichtete er am 23. September 1933 an das Justizministerium in Oldenburg, ihm sei die Organisierung des Winterhilfswerks für das Deutsche Volk[62] in der Stadt Vechta sowie die Organisierung der NS-Volkswohlfahrt übertragen worden. Außerdem sei er vom Präsidenten des Oldenburger Kriegerbundes zum Vorsitzenden des Kriegerbundes für den Amtsbezirk Vechta ernannt worden. Es ging dabei um zusätzliche Schreibarbeiten und die Benutzung einer Anstalts-Schreibmaschine. Die Direktion halte sich für verpflichtet, *sich mit Gaben an dem Winterhilfswerk zu beteiligen. Es wird gebeten, die Abgabe von 10 Fuder Torf und nach Ermessen der Direktion eine unseren Verhältnisse und der guten Ernte entsprechende Abgabe von Feldfrüchten genehmigen zu wollen.* Die Genehmigung wurde erteilt. Im Sommer 1935 erbat Zimmermann Sonderurlaub zur Teilnahme am Reichskriegertag in Kassel.[63]

Im Heppenheimer Spruchkammerverfahren musste sich Zimmermann auch für seine Zugehörigkeit zu verschiedenen NS-Organisationen[64] rechtfertigen, wobei er betonte, dass vier der insgesamt sieben Vereine, Verbände usw., deren Mitglied er war, schon vor 1933 bestanden hatten und von den Nazis ohne sein Zutun übergeleitet bzw. gleichgeschaltet worden waren. *Ich war vor der Uebernahme in den NS-Reichskriegerverband Mitglied des Kyffhäuserbundes. [...] Es dürfte bekannt sein, dass der Kyffhäuserbund*

---

60   Eckhardt/Wyrsch, Oldenburgischer Landtag (wie Anm. 9), S. 181 f., Nr. 130; Eckhardt, Das Konzentrationslager (wie Anm. 57), S. 716 f.
61   HStAW, Bl. 7. – CDU im Oldenburger Land 1945-1985. Chronik des CDU-Landesverbandes Oldenburg. Hg.: CDU-Landesverband Oldenburg, Redaktion und Schriftleitung: Werner Münch, S. 184 (mit Bild).
62   Zu dem im Sommer 1933 vom Leiter der NS-Volkswohlfahrt (NSV) gegründeten WHV s. z.B. Eckhardt/Hoffmann, Gestapo Oldenburg meldet (wie Anm. 45), S. 85, Anm. 16.
63   NLA OL, Best. 133 Nr. 313 Bl. 332.
64   HStAW, Bl. 53e-f. – Vgl. auch die einseitige Zusammenstellung von Michael Rademacher, Wer war wer im Gau Weser-Ems. Die Amtsträger der NSDAP und ihrer Organisationen in Oldenburg, Bremen, Ostfriesland sowie der Region Osnabrück-Emsland, Hamburg 2000. Überarbeitete Neuausgabe, Norderstedt 2005, S. 396: „Zimmermann, Ministerialrat in Vechta (Gerichtstr. 1), (28.6.1934) Ortswalter NSV Vechta, (9.10.1934) Führer des Unterverbandes Oldenburg-Süd der SA-Reserve 2 des Landesverbandes Nordsee."

seine Mitglieder bis weit in die Reihen der Sozialdemokratie erstreckte, dass z.B. an den Reichskriegertagen in Kassel die Militärattachés unserer früheren Gegner in Uniform und Abordnungen von Kriegskameradschaften unserer ehemaligen Feinde mit ihren Fahnen teilgenommen haben und dass die Kriegerverbände der grossen Nationen (einschliesslich Deutschland) mit die ersten waren, die Verständigung und Frieden auf ihre Fahnen geschrieben haben. [...] Der von mir geführte Reichskriegerverband Vechta hat lediglich friedlichen Zwecken gedient. Wie hätte das auch anders sein können bei einer Bevölkerung, die streng katholisch und durchaus nazigegnerisch eingestellt war und zur Diözese des kürzlich verstorbenen, mir persönlich bekannten Bischofs von Münster, Kardinal Grafen v. Galen gehörte.

Diese Einschätzung bestätigte Bürgermeister Cromme in seinem schon erwähnten Zeugnis: *Außerdienstlich betätigte sich Herr Zimmermann im Kyffhäuserbund und war zeitweilig Kreisführer des NS-Kriegerbundes. Der Kriegerbund war hier im Kreise das Sammelbecken vieler Bürger, die vom Nationalsozialismus nichts wissen wollten. – Irgendwelche öffentliche oder private Äußerungen Zimmermanns zu Gunsten des Nationalsozialismus sind mir nicht bekannt geworden.*

Die Angabe von Michael Rademacher zu Zimmermann: „(9.10.1934) Führer des Unterverbandes Oldenburg-Süd der SA-Reserve 2 des Landesverbandes Nordsee" bietet zumindest Anlass zu Missverständnissen. Zimmermann erklärt den Sachverhalt folgendermaßen: *Meiner Erinnerung nach sollte etwa 1934 der Kyffhäuserbund die Mitglieder für eine neu zu bildende S A Reserve 2 stellen. Organisationsmaßnahmen darüber waren im Gang, sind aber, so viel ich weiß, nicht zur Durchführung gelangt und nach wenigen Monaten im Sande verlaufen. Ich habe später nichts mehr davon gehört. An meinem damaligen Wohnsitz Vechta wurden weder Mitgliedskarten ausgegeben noch Beiträge gezahlt. Ich nehme an, daß die damaligen vorbereitenden Maßnahmen keine Mitgliedschaft zu der hier in Frage stehenden S A R.2 begründet haben.*[65]

Ähnlich verhielt es sich mit einer anderen Organisation: *Ich war vor der Machtübernahme Mitglied des Landesluftschutzverbandes, der rein zivile Zwecke verfolgte, und an dessen Gründung ich unter sehr wesentlicher Beteiligung von Linkskreisen massgeblich beteiligt war. Er hat nur friedliche Ziele verfolgt, was schon daraus hervorgehen mag, dass uns bei einer Veranstaltung 7 englische Flieger mit ihren Maschinen besuchten, die von mir offiziell begrüsst wurden. Ich bin dann später, wie auch die anderen Mitglieder des Landesluftschutzverbandes ohne mein Zutun und besondere Anmeldung als förderndes Mitglied der NSFK* [Nationalsozialistisches Fliegerkorps] *übernommen worden, habe mich aber nie in irgendeiner Veranstaltung dieser Organisation beteiligt.*[66]

Rademacher führt noch ein weiteres NS-Amt Zimmermanns an: „(28.6.1934) Ortswalter NSV Vechta". Von dem Betroffenen gibt es dazu eine ausführliche Rechtfertigung: *1933 wurde ich, lange bevor ich Mitglied der NSV. wurde, gebeten, in Vechta Sammlungen von Lebensmitteln, Bekleidungsstücken usw. für die Ruhrbevölkerung u. bedürftige Einwohner von Vechta zu organisieren. Ich habe das unter tätiger Mitwirkung des Karitasverbandes, der Inneren Mission, des Roten Kreuzes u. der beiderseitigen Geistlichen durchgeführt, wobei mir Vorarbeiten, wie Listen, von einem katholischen Geistlichen, der früher aus ähnlicher Veranlassung tätig war, übergeben wurden. Es wurden in größerem Umfang Kar-*

---

65 HStAW, Bl. 3; zu Rademacher s. die vorige Anm.
66 HStAW, Bl. 53e-f.

toffellieferungen u. die Sammlung von Wurst u. Räucherwaren, Nährmitteln, Wäsche- und Bekleidungsstücken zur Versorgung der notleidenden Ruhrbevölkerung u. regelmäßige[n] Abgaben an bedürftige Einwohner von Vechta durchgeführt. Es waren rein soziale Maßnahmen, die dann von der NSV. übernommen wurden. Nach einigen Monaten wurde ich auf meine Bitte wegen dienstlicher Arbeitsüberlastung von dieser Tätigkeit entbunden. NSV-Mitglied blieb Zimmermann bis 1945.[67]

Ausdrücklich betonte er dagegen, *dass ich trotz wiederholten Drängens nicht dem nationalsozialistischen Rechtswahrerbund beigetreten bin und an keiner seiner Versammlungen teilgenommen habe. Ich dürfte einer der ganz wenigen beamteten Juristen in Hessen sein, die dieser Organisation ferngeblieben sind.* Das erkannte auch die Spruchkammer in ihrem Urteil vom 30. November 1946 an: *Zu Gute kommt ihm ferner noch, dass er nicht Mitglied des NS-Rechtswahrerbundes geworden ist.*[68]

Zu Zimmermanns Zeit in Vechta gibt es noch ein weiteres Zeugnis: Am 16. Juli 1946 schrieb Verwaltungsamtmann Hölzen in Vechta: *Herr Zimmermann ist mir bekannt als ein religiös und kirchlich eingestellter Mann. Seine positive Einstellung zum Christentum war ihm ein wirkliches Bedürfnis. Er besuchte, soweit irgend möglich, regelmäßig den Gottesdienst, bekannte sich überall zu seinem christlichen Glauben und handelte auch danach. Von 1933 bis zu seiner Übersiedlung nach Darmstadt im Jahre 1938 war er stellvertretender Vorsitzender des evgl. Kirchenrates in Vechta. Mit der hiesigen kath. Geistlichkeit und der kath. Bevölkerung sowie kath. Institutionen wie St. Josephsheim, dem Dominikanerkloster, mit deren Patres er viel und freundschaftlich verkehrte, stand er auf bestem Fuße. Ein warmes und mitfühlendes Herz hatte er für jedermann, insbesondere aber für Notleidende und Unterdrückte, denen er, wo immer er konnte, hilfsbereit zur Seite stand. Soziales Gewissen und soziale Betätigung waren ihm nicht äußere Formen und Dinge, sondern wahres Lebensbedürfnis. In der hiesigen Bevölkerung, die überwiegend katholisch ist, wurde er wegen seiner großen Herzensgüte und seiner allgemeinen menschlichen Haltung geschätzt und verehrt. Dem Nationalsozialismus stand er innerlich streng ablehnend gegenüber. Seine Bindungen zur Partei waren ausgesprochen nomineller Art. Wiederholt hat er mir gegenüber in scharfen Worten die Bestrebungen des Nationalsozialismus verurteilt. Ich bin katholisch und war kein Parteimitglied.*

Hölzen erwähnt mit keinem Wort die Strafanstalt in Vechta, obwohl ihn doch gerade der dortige Dienst mit Zimmermann verband. Im März 1930 waren dem Strafanstaltsrendanten Hölzen zusätzlich die Geschäfte des Polizeiinspektors übertragen worden, im September desselben Jahres wurde er zum Strafanstaltsoberinspektor befördert. Er war Zimmermanns Vertreter.[69] Im Übrigen: Was Hölzens Äußerungen zur Kirchlichkeit und zur sozialen Einstellung Zimmermanns betrifft, so decken sie sich großenteils mit den erwähnten Bezeugungen des Presbyteriums der evangelischen Gemeinde in Kirn.

Zimmermann empfand seine neue Aufgabe in Vechta als Strafversetzung. Ihn habe die Stellung „zermürbt", schrieb er 1946, oder an anderen Stellen: *Diese mir widerwärtige*

---

67 HStAW, Bl. 2-4; Rademacher (wie Anm. 64).
68 HStAW, Bl. 53 f, 65-66.
69 HStAW, Bl. 19. – NLA OL, Best. 133 Nr. 313 Bl. 302, 310, 337; Staats-Handbuch des Freistaats Oldenburg 1934, S. 55: Direktion der Strafanstalt in Vechta, Strafanstaltsdirektor: Ministerialrat Zimmermann, Polizeiinspektor: Strafanstaltsoberinspektor Hölzen.

Stellung hat mich seelisch allmählich derart erschüttert, dass die Aerzte die sofortige Beendigung dieses Dienstes verlangten bzw. *dass die Aerzte, darunter der Amtsarzt, die sofortige Beendigung dieses Dienstes und eine andere Beschäftigung für unumgänglich notwendig hielten.* Schließlich: *Diese Stellung war mir im Innersten zuwider und hat mich seelisch derart aufgerieben, dass die Aerzte 1937 einen sofortigen mehrmonatigen Urlaub und eine andere Beschäftigung verlangten.*[70]

Staatsanwalt in Darmstadt

Zum 8. Februar 1938 wurde Zimmermann auf seinen Antrag hin nach Darmstadt versetzt und dort zum 1. Staatsanwalt bei der Generalstaatsanwaltschaft ernannt, d.h. er war auch weiterhin Reichsbeamter. *Auf meine 15 Jahre lang geführte Dienstbezeichnung als Ministerialrat mußte ich schriftlich verzichten. Es handelte sich bei der Stellung als Staatsanwalt nicht um einen von mir freigewählten Beruf. Ich war fast ausschließlich in der Inneren Verwaltung, in der Hauptsache im Innenministerium in Oldenburg beschäftigt und war als Staatsanwalt nie in einem Strafprozeß als Anklagevertreter tätig.*

An anderer Stelle schreibt er: *Aus eigener Entschließung hätte ich nie die staatsanwaltschaftliche Laufbahn eingeschlagen, ich war mit Leib und Seele bei der allgemeinen inneren Verwaltung, die ich mir als Lebensberuf gewählt habe. Ich war auch früher nach dem Assessorexamen keinen einzigen Tag im richterlichen und staatsanwaltlichen Dienst tätig. Ich möchte dabei hervorheben, dass ich in der neuen Stellung als I. Staatsanwalt in keinem einzigen Strafverfahren als Anklagevertreter tätig war. Ich war lediglich in der Verwaltung als Referent für das Strafvollzugswesen beschäftigt. Doch auch diese Tätigkeit hat mich seelisch sehr mitgenommen. Ich habe sie seit April 1943 wegen schwerer Erkrankung nicht mehr ausgeübt.*[71]

Über seine Tätigkeit als 1. Staatsanwalt in Darmstadt konnte bislang nichts ermittelt werden. Nach Auskunft des Hessischen Staatsarchivs Darmstadt lassen sich dort „keine Personalunterlagen zu Gustav Zimmermann finden. Das mag mit den Kriegsverlusten in den Gerichtsbehörden selbst zu erklären sein." Nach den Darmstädter Adressbüchern wohnte er 1939 und 1942 in der Osannstraße 8.[72] Über seine Familie, über seine Lebensverhältnisse in Darmstadt erfahren wir nichts. Er äußerte lediglich, er sei *nach 1938 auch in Darmstadt mit meiner Familie regelmäßig meinen kirchlichen Verpflichtungen nachgekommen*. Die zuständige Kirche war offensichtlich die Pauluskirche. Jedenfalls benannte Zimmermann 1946 als möglichen Entlastungszeugen *Pfarrer Wolff in Darmstadt, Paulusplatz*.[73]

Von Pfarrer Wolff gibt es allerdings kein Zeugnis – wie überhaupt die Darmstädter Zeit in dem ganzen Spruchkammerverfahren so gut wie keine Rolle spielt. Aussagen dazu existieren fast nur von Zimmermann selbst, womit es die Heppenheimer Spruchkammer auch bewenden ließ.

---

70 HStAW, Bl. 4, 15, 53.
71 HStAW, Bl. 4, 15.
72 Schreiben des Hessischen Landesarchivs, Hessisches Staatsarchiv Darmstadt vom 23.11.2018.
73 HStAW, Bl. 4, 15.

Abb. 6: Die Innenstadt von Darmstadt nach der Brandnacht vom 11./12. September 1944 (Klaus Schmidt, Die Brandnacht [wie Anm. 75], Bilder [S. 2])

In seinem Spruchkammerverfahren gab Zimmermann u.a. an, *dass ich bei dem Fliegerangriff auf Darmstadt am 12. September 1944 meine gesamte Habe, darunter unersetzliche, kulturell-wertvolle Sachen, wie zahlreiche Erinnerungen aus der Familie Goethe und meine ganze Lebensarbeit verloren habe.* Und anderer Stelle heißt es: *In Darmstadt verlor ich buchstäblich Alles!* Ende November 1946 gab Zimmermann zu Protokoll, persönlich habe er nichts. Sein gesamtes Vermögen bezifferte er auf 270 Reichsmark. Schließlich erklärte die Spruchkammer Bergstraße am 8. März 1947: *Der Betroffene hat bei dem Fliegerangriff auf Darmstadt seine vollständige Einrichtung verloren und ist seit März 1945 ausser Stellung.*[74]

Mit dem *Fliegerangriff auf Darmstadt* kommen wir zu der größten Katastrophe, die die südhessische Stadt mit ihren damals (1939) gut 110.000 Einwohnern – zum Vergleich: Im selben Jahr hatte Oldenburg etwa 78.000, Vechta rund 8.000 Einwohner – in ihrer jüngeren Geschichte erlebt hat: der sogenannten Brandnacht vom 11. auf den 12. September 1944. Die britische Royal Airforce probierte hier die neu entwickelte „Technik zum *Ausbrennen* [...] von Stadtzentren durch ein fächerartig angelegtes Flächenbombardement mit Spreng- und Brandbomben" aus. Durch die Zerstörungen und den ausgelösten Feuersturm wurden zwischen 11.000 und 12.000 Menschen getötet, fast die Hälfte aller Wohnungen in der Innenstadt zerstört und rund 70.000 Bewohner obdachlos. In Darmstadt sprach man später von einer Generalprobe für Dresden.[75]

Am 23. September 1944 kamen die Zimmermanns bei einer Familie Metz (offenbar Verwandtschaft der Ehefrau) im Teichweg unter; am 10. November meldeten sie sich nach Bensheim, Ernst-Ludwig-Straße 25 ab, wohin sie zwei Tage später verzogen.[76]

Bensheim – Entnazifizierung – Kirn

Laut Melderegister der Stadt Bensheim zog 1. Staatsanwalt Gustav Zimmermann mit seiner Frau und den drei Töchtern im Alter von 23, 21 und 16 Jahren am 21. November[!] 1944 in Bensheim, Ernst-Ludwig-Straße 25 zu „und verzog dann in die Roonstraße 20".[77]

Ende März 1945 besetzten amerikanische Truppen Südhessen. Der Krieg war hier zu Ende, wenn auch das offizielle Kriegsende erst am 8. Mai besiegelt wurde. Bereits am 1. April 1945 wurde Zimmermann als Parteimitglied vom 1. Mai 1933 durch die amerikanische Militärregierung *ohne Versorgungsbezüge aus dem Amt entlassen.*[78]

In seinem Spruchkammerverfahren erklärte Zimmermann 1946: *Nachdem ich hier* [in Bensheim] *eine Notwohnung gefunden hatte, musste ich diese nach Beschlagnahme durch die Besatzungsbehörde im letzten November wieder räumen und hause seitdem mit meiner 5 köpfigen Familie in einer schrägen Dachkammer, wobei eine meiner Töchter auf einer Matratze auf dem Speicher schlafen muss. Ich bin ohne Vermögen und muss mir mit meiner Familie durch Bastelarbeiten den notwendigsten Unterhalt verdienen.* Ende 1946 gibt er zu

---

74 HStAW, Bl. 15, 63c-d, 73 und 74.
75 Klaus Schmidt, Die Brandnacht. Dokumente von der Zerstörung Darmstadts am 11. September 1944. 2. Aufl., Darmstadt 1964; Eckhart G. Franz, Der Weg in den Untergang, in: Friedrich Battenberg, Jürgen Rainer Wolf, Eckhart G. Franz, Fritz Deppert, Darmstadts Geschichte. Fürstenresidenz und Bürgerstadt im Wandel der Jahrhunderte, Darmstadt 1980, S. 453-482, hier S. 476-479 (daraus das Zitat); David Irving, Die Generalprobe für den Fächer, in: Darmstädter Geschichte(n). Hg. von Fritz Deppert unter Mitarbeit von Karl-Eugen Schlapp, Darmstadt 1980, S. 370-374; Jakob Schütz, Die Nacht des Grauens, ebd., S. 374-382. – Hierzu eine persönliche Bemerkung: Meine aus Darmstadt stammende Frau hat als kleines Kind die „Brandnacht" miterlebt.
76 Stadtarchiv Darmstadt (im Hess. Staatsarchiv Darmstadt), Meldekartei. „Nach der Jüngeren Meldekartei des Stadtarchivs Darmstadt (Best. 23/12) ist Zimmermann am 29.1.1946 nach Bensheim (Roonstraße 20) verzogen" (Auskunft des Staatsarchivs Darmstadt, wie Anm. 72).
77 Auskunft des Stadtarchivs Bensheim vom 30.1.2018.
78 HStAW, Bl. 28.

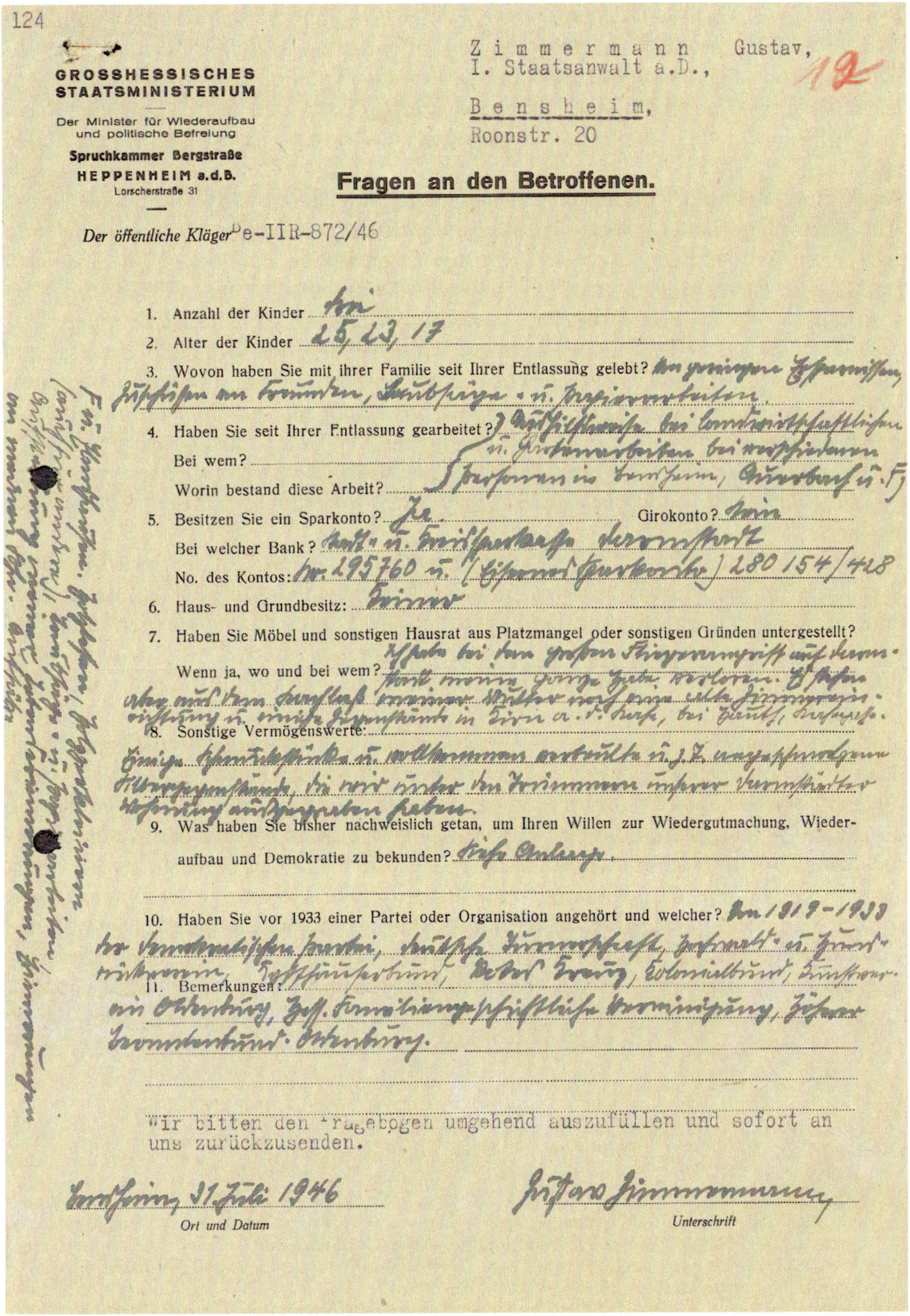

124

GROSSHESSISCHES STAATSMINISTERIUM

Der Minister für Wiederaufbau und politische Befreiung

Spruchkammer Bergstraße

HEPPENHEIM a.d.B.

Lorscherstraße 31

Z i m m e r m a n n Gustav,
I. Staatsanwalt a.D.,

B e n s h e i m,
Roonstr. 20

12

Fragen an den Betroffenen.

Der öffentliche Kläger Be-IIR-872/46

1. Anzahl der Kinder drei
2. Alter der Kinder 25, 23, 17
3. Wovon haben Sie mit ihrer Familie seit Ihrer Entlassung gelebt? [illegible]
4. Haben Sie seit Ihrer Entlassung gearbeitet? [illegible]
   Bei wem?
   Worin bestand diese Arbeit?
5. Besitzen Sie ein Sparkonto? Ja Girokonto? Nein
   Bei welcher Bank? [illegible]
   No. des Kontos: Nr. 29760 u. [illegible] 280 154/428
6. Haus- und Grundbesitz: Keinen
7. Haben Sie Möbel und sonstigen Hausrat aus Platzmangel oder sonstigen Gründen untergestellt?
   Wenn ja, wo und bei wem? [illegible]
8. Sonstige Vermögenswerte: [illegible]
9. Was haben Sie bisher nachweislich getan, um Ihren Willen zur Wiedergutmachung, Wiederaufbau und Demokratie zu bekunden? Siehe Anlage.
10. Haben Sie vor 1933 einer Partei oder Organisation angehört und welcher? Von 1919–1933 [illegible]
11. Bemerkungen: [illegible]

Wir bitten den Fragebogen umgehend auszufüllen und sofort an uns zurückzusenden.

Bensheim, 31. Juli 1946 — *Ort und Datum*

Gustav Zimmermann — *Unterschrift*

Abb. 7: Fragebogen Gustav Zimmermann vom 31. Juli 1946 (Hauptstaatsarchiv Wiesbaden, Abt. 520/02 Nr. 3228, Bl. 12)

Protokoll: *Meine beiden Töchter besuchen die Meisterschule des Handwerks.*[79] Die dritte Tochter erwähnt er nicht. Zu dem von dem öffentlichen Ankläger beantragten Sühnebetrag von 1.000 RM erklärte Zimmermann am 15. Oktober 1946, *dass ich seit 1 ½ Jahren ohne Einkommen bin und dass meine geringen Ersparnisse fast völlig aufgebraucht sind. Ich bin nicht mehr im Besitz eines Barbetrages oder eines Guthabens in der genannten Höhe.*[80]

Am 31. Juli 1946 hatte Zimmermann einen Fragebogen der Spruchkammer ausgefüllt. Auf die darin enthaltene Frage: *Wovon haben Sie mit Ihrer Familie seit Ihrer Entlassung gelebt?* schrieb der Betroffene: *Von geringen Ersparnissen, Zuschüssen von Freunden, Laubsäge- u. Papierarbeiten, aushilfsweise bei landwirtschaftlichen und Gartenarbeiten bei verschiedenen Personen in Bensheim, Auerbach und Elmshausen, Holzlesen, Holzzerkleinern (auch für andere)* […] Auf die Frage, wo er Möbel und sonstigen Hausrat aus Platzmangel untergestellt habe, verwies er auf den Totalverlust durch den Fliegerangriff. *Es stehen aber aus dem Nachlaß meiner Mutter noch eine alte Zimmereinrichtung u. einige Gegenstände in Kirn a.d. Nahe* […] Und auf die Frage nach sonstigen Vermögenswerten antwortete Zimmermann: *Einige Schmuckstücke u. vollkommen verbeulte u. z.T. angeschmolzene Silbergegenstände, die wir unter den Trümmern unserer Darmstädter Wohnung ausgegraben haben.*[81]

Nachdem im Verlauf dieses Beitrags immer wieder aus den Akten der Spruchkammer Bergstraße in Heppenheim zitiert worden ist, sei jetzt ein kurzer Blick auf das eigentliche Verfahren gegen Zimmermann geworfen. In den Ländern der amerikanischen Besatzungszone erfolgte es in drei Phasen. In der ersten von den Amerikanern selbst durchgeführten Phase wurden hohe Funktionäre der NSDAP und der ihr angegliederten Organisationen verhaftet und interniert, ein Großteil „der Parteimitglieder aus dem öffentlichen Dienst" entfernt usw. Zudem musste jeder erwachsene Deutsche einen ausführlichen Fragebogen ausfüllen. Die zweite Phase, in der das Verfahren an deutsche Behörden übertragen worden war, begann in Hessen mit dem für die ganze amerikanische Besatzungszone erlassenen „Gesetz zur Befreiung von Nationalsozialismus und Militarismus" vom 5. März 1946. Danach musste „jeder Deutsche über 18 Jahre einen Meldebogen ausfüllen […] Das Gesetz stufte die Betroffenen in fünf Kategorien ein: Hauptbeschuldigte, Aktivisten, Minderbelastete, Mitläufer und Entlastete. Für die Durchführung des Verfahrens zeichnete in Hessen das neugegründete Ministerium für Wiederaufbau und politische Befreiung verantwortlich. Unter seiner Oberaufsicht und unter ständiger Kontrolle amerikanischer Besatzungsbehörden nahmen in Hessen über hundert Spruchkammern ihre Arbeit auf."[82]

---

79 HStAW, Bl. 15, 63d.
80 HStAW, Bl. 53h.
81 HStAW, Bl. 12.
82 Karl E. Demandt, Geschichte des Landes Hessen, 2. Aufl., Kassel und Basel 1972, S. 611; Eugen Kogon, Wiederaufbau und Neuanfang nach 1945, in: Uwe Schultz (Hg.), Die Geschichte Hessens, Stuttgart 1983, S. 249-258, hier S. 253 f.; Helmut Berding, Gründung und Anfänge des Landes Hessen, in: Walter Heinemeyer (Hg.), Das Werden Hessens (Veröffentlichungen der Historischen Kommission für Hessen 50), Marburg 1986, S. 767-797, hier S. 794 f. – Vgl. u.a. auch Frank-Lothar Kroll, Hessen. Eine starke Geschichte. Hg. vom Hessischen Ministerpräsidenten Roland Koch, Darmstadt 2006, S. 192; Heiner Boehncke / Hans Sarkowicz, Die Geschichte Hessens. Von den Neandertalern bis zur schwarz-grünen Koalition, Wiesbaden 2017, S. 290. – Günter Püttner, Der öffentliche Dienst, in: Deutsche Verwaltungsgeschichte (wie Anm. 52), Bd. 5, Stuttgart 1987, S. 1124-1142, hier S. 1125 f.

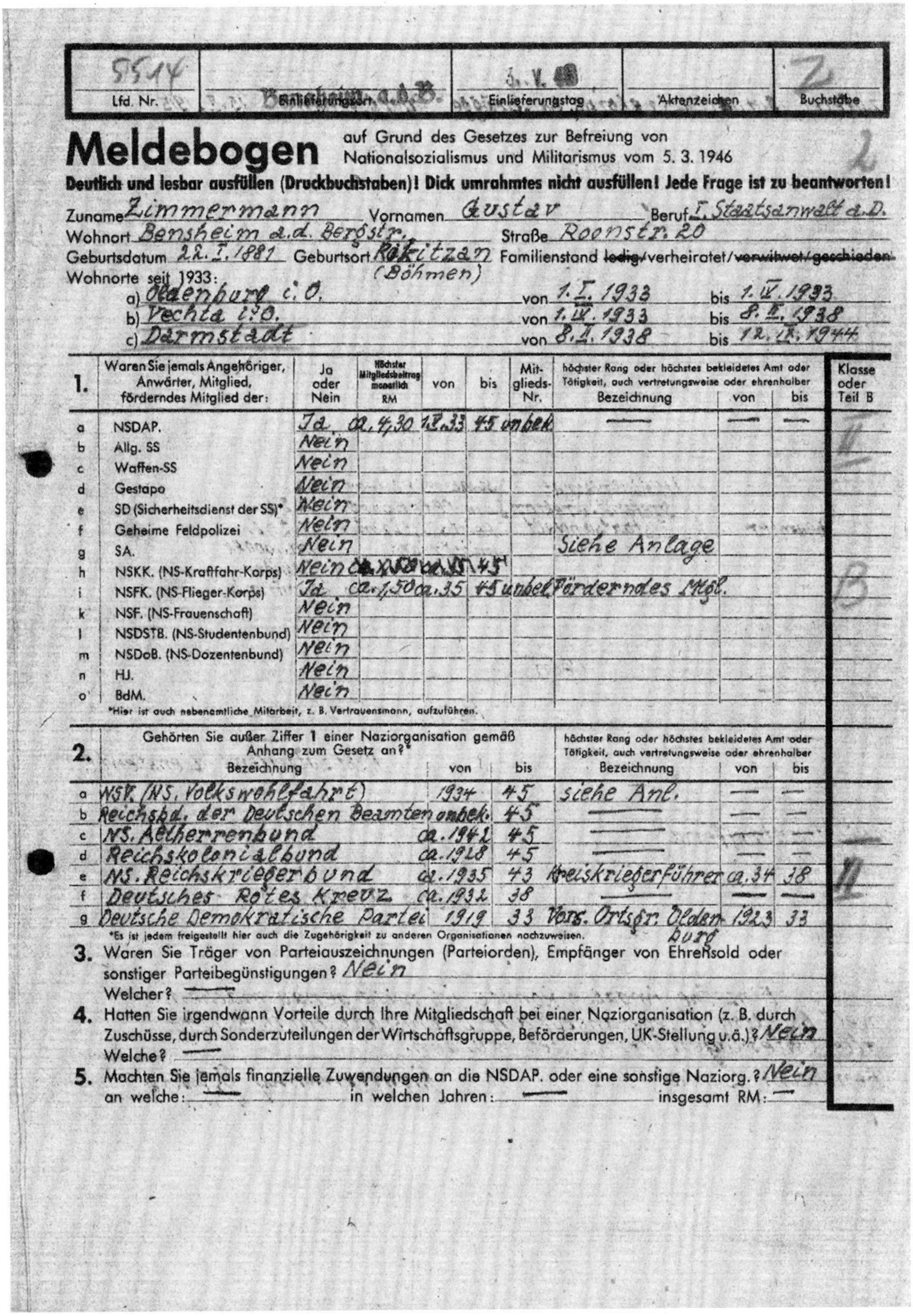

Lfd. Nr.	Einlieferungsort	Einlieferungstag	Aktenzeichen	Buchstabe
5514	Bensheim a.d.B.	3. V. 46		Z

Meldebogen auf Grund des Gesetzes zur Befreiung von Nationalsozialismus und Militarismus vom 5. 3. 1946

Deutlich und lesbar ausfüllen (Druckbuchstaben)! Dick umrahmtes nicht ausfüllen! Jede Frage ist zu beantworten!

Zuname Zimmermann Vornamen Gustav Beruf I. Staatsanwalt a.D.
Wohnort Bensheim a.d. Bergstr. Straße Roonstr. 20
Geburtsdatum 22. I. 1881 Geburtsort Rokitzan (Böhmen) Familienstand ~~ledig~~/verheiratet/~~verwitwet/geschieden~~
Wohnorte seit 1933:
a) Oldenburg i. O. von 1. I. 1933 bis 1. IV. 1933
b) Vechta i. O. von 1. IV. 1933 bis 8. I. 1938
c) Darmstadt von 8. I. 1938 bis 12. IX. 1944

1.	Waren Sie jemals Angehöriger, Anwärter, Mitglied, förderndes Mitglied der:	Ja oder Nein	Höchster Mitgliedsbeitrag monatlich RM	von	bis	Mitglieds-Nr.	höchster Rang oder höchstes bekleidetes Amt oder Tätigkeit, auch vertretungsweise oder ehrenhalber – Bezeichnung	von	bis	Klasse oder Teil B
a	NSDAP.	Ja	ca. 4,30	1.5.33	45	unbek.	—	—	—	
b	Allg. SS	Nein								
c	Waffen-SS	Nein								
d	Gestapo	Nein								
e	SD (Sicherheitsdienst der SS)*	Nein								
f	Geheime Feldpolizei	Nein								
g	SA.	Nein					siehe Anlage			
h	NSKK. (NS-Kraftfahr-Korps)	Nein ~~ca.~~		~~35~~	~~45~~					
i	NSFK. (NS-Flieger-Korps)	Ja	ca. 1,50	ca. 35	45	unbek.	Förderndes Mitgl.			
k	NSF. (NS-Frauenschaft)	Nein								
l	NSDSTB. (NS-Studentenbund)	Nein								
m	NSDoB. (NS-Dozentenbund)	Nein								
n	HJ.	Nein								
o	BdM.	Nein								

*Hier ist auch nebenamtliche Mitarbeit, z. B. Vertrauensmann, aufzuführen.

2.	Gehörten Sie außer Ziffer 1 einer Naziorganisation gemäß Anhang zum Gesetz an?* Bezeichnung	von	bis	höchster Rang oder höchstes bekleidetes Amt oder Tätigkeit, auch vertretungsweise oder ehrenhalber – Bezeichnung	von	bis
a	NSV. (NS. Volkswohlfahrt)	1934	45	siehe Anl.	—	—
b	Reichsbd. der Deutschen Beamten	unbek.	45	—	—	—
c	NS. Altherrenbund	ca. 1942	45	—	—	—
d	Reichskolonialbund	ca. 1928	45	—	—	—
e	NS. Reichskriegerbund	ca. 1935	43	Kreiskriegerführer	ca. 34	38
f	Deutsches Rotes Kreuz	ca. 1932	38	—	—	—
g	Deutsche Demokratische Partei	1919	33	Vors. Ortsgr. Oldenburg	1923	33

*Es ist jedem freigestellt hier auch die Zugehörigkeit zu anderen Organisationen nachzuweisen.

3. Waren Sie Träger von Parteiauszeichnungen (Parteiorden), Empfänger von Ehrensold oder sonstiger Parteibegünstigungen? Nein
Welcher? —

4. Hatten Sie irgendwann Vorteile durch Ihre Mitgliedschaft bei einer Naziorganisation (z. B. durch Zuschüsse, durch Sonderzuteilungen der Wirtschaftsgruppe, Beförderungen, UK-Stellung u.ä.)? Nein
Welche? —

5. Machten Sie jemals finanzielle Zuwendungen an die NSDAP. oder eine sonstige Naziorg.? Nein
an welche: — in welchen Jahren: — insgesamt RM: —

Abb. 8: Meldebogen Gustav Zimmermann vom 5. Mai 1946 (Hauptstaatsarchiv Wiesbaden, Abt. 520/02 Nr. 3228, Bl. 2)

Abschrift.

Ministerpräsident Tantzen   Oldenburg (Oldb),
       I 3874   den 5. März 1946.

Herrn
Dr. G e i l e r ,
Ministerpräsident in Grosshessen,
W i e s b a d e n .

Sehr geehrter Herr Dr. Geiler!

Gelegentlich unseres Zusammenseins in Bremen durfte ich Ihnen den Fall des früheren oldenburgischen Ministerialrats Zimmermann vortragen.

Z. war nach dem Kriege 1914/18 bei der Regierung in Birkenfeld beschäftigt, das damals noch zu Oldenburg gehörte. Wegen seiner nationalen Haltung wurde er 1921 von den Franzosen ausgewiesen und im oldenburgischen Ministerium beschäftigt (zuletzt als Ministerialrat - Polizeireferent -). Er gehörte der demokratischen Partei an und war viele Jahre Vorsitzender dieser Partei in der Stadt Oldenburg.

Als die Nationalsozialisten im Lande Oldenburg die Macht übernahmen, wurde Z. zum 1. 4. 1933 seines Postens im Ministerium enthoben und in das geringere Amt eines Strafanstaltdirektor in Vechta versetzt.

Mit dem Übergang der Justizverwaltung auf das Reich wurde Z. Reichsbeamter und 1938 als Erster Staatsanwalt nach Darmstadt versetzt, d. h. wiederum in eine schlechter besoldete Stellung.

Als Parteimitglied vom 1. Mai 1933 wurde Z. am 1. April 1945 von der amerikanischen Militärregierung ohne Versorgungsbezüge aus dem Amt entlassen.

Z. ist 65 Jahre alt. Es ist beabsichtigt, ihn hier beim "Neuen deutschen Roten Kreuz" zu beschäftigen. Das ist aber nur möglich, wenn das in Ihrem neuen Entnazifizierungs-Gesetz vorgesehene Prüfungsverfahren gegen Z. durchgeführt und seine Wiederbeschäftigung für zulässig erklärt worden ist.

Mit Rücksicht darauf, dass die Stellung hier beim "Neuen deutschen Roten-Kreuz" nicht allzu lange ungesetzt bleiben darf, wiederhole ich meine mündlich ausgesprochene Bitte, die Durchführung des Prüfungsverfahrens gegen den Ersten Staatsanwalt Zimmermann aus Darmstadt, jetzt wohnhaft in Bensheim a. d. Bergstrasse, Roonstr. 20, möglichst zu beschleunigen.

Indem ich Ihnen für Ihre Mühewaltung in dieser Angelegenheit verbindlichst danke, verbleibe ich mit dem Ausdruck vorzüglicher Hochachtung und mit freundlichen Grüssen
                 Ihr sehr ergebener
                               gez. Tantzen.

FdR d. Abschrift:

Abb. 9: Schreiben des oldenburgischen Ministerpräsidenten Theodor Tantzen vom 5. März 1946 an den großhessischen Ministerpräsidenten Karl Geiler, Abschrift (Hauptstaatsarchiv Wiesbaden, Abt. 520/02 Nr. 3228, Bl. 36)

Für Zimmermann begann das Entnazifizierungsverfahren mit dem Ausfüllen des obligatorischen Meldebogens am 5. Mai 1946.
Das eigentliche Verfahren lief Ende Juni an. Letztlich ausgelöst wurde es zu diesem Zeitpunkt durch ein Schreiben des oldenburgischen Ministerpräsidenten Theodor Tantzen vom 5. März 1946 an den von den Amerikanern im Oktober 1945 eingesetzten Ministerpräsidenten von Hessen (Groß-Hessen) in Wiesbaden, den ehemaligen Heidelberger Professor Dr. Karl Hermann Friedrich Geiler (1878-1953).[83] Darin schilderte Tantzen mit Hinweis auf ihr anlässlich einer Ministerkonferenz in Bremen geführtes Gespräch den beruflichen Werdegang Zimmermanns, dessen Zugehörigkeit zur demokratischen Partei und Mitgliedschaft in der NSDAP sowie die daraus erfolgte Amtsentlassung ohne Versorgungsbezüge durch die Amerikaner am 1. April 1945. *Z. ist 65 Jahre alt. Es ist beabsichtigt, ihn hier beim „Neuen deutschen Roten Kreuz" zu beschäftigen. Das ist aber nur möglich, wenn das in Ihrem neuen Entnazifizierungs-Gesetz vorgesehene Prüfungsverfahren gegen Z. durchgeführt und seine Wiederbeschäftigung für zulässig erklärt worden ist. Mit Rücksicht darauf, dass die Stellung hier beim „Neuen deutschen Roten Kreuz" nicht allzu lange unbesetzt bleiben darf, wiederhole ich meine mündlich ausgesprochene Bitte, die Durchführung des Prüfungsverfahrens gegen den Ersten Staatsanwalt Zimmermann aus Darmstadt, jetzt wohnhaft in Bensheim a.d. Bergstrasse, Roonstrasse 20, möglichst zu beschleunigen.*[84]
Am 20. Mai 1946 bedankt sich Zimmermann bei Tantzen für dessen Schreiben an den großhessischen Ministerpräsidenten, das ihm Minister Wegmann in Kopie geschickt hatte. Letzte Woche habe er auf Grund des neuen Entnazifizierungsgesetzes den Fragebogen abgegeben. Anschließend beschwert er sich über die Entnazifizierungs-Praxis.[85] *Im übrigen wissen Sie ja aus unserer Unterhaltung in Oldenburg, daß ich in der Frage der moralischen Schuld unseres ganzen Volkes mit Ihnen übereinstimme u. mich dem Standpunkt des Pastors Niemöller anschließen muß.*
Er sei mit der ganzen Familie immer noch aus ihrer Wohnung ausquartiert, *und wir hausen in einer Weise, an der man früher wahrscheinlich öffentlich Anstoß genommen hätte. Man proletarisiert allmählich. Ich bedauere vor allem meine Kinder um diese Jugend.* Zum Schluss lässt er Wegmann grüßen.[86]
Zimmermann ist auch zweimal in seinen Schriftsätzen auf diese Intervention Tantzens eingegangen. Es sei derselbe Ministerpräsident, der ihn 1921 in sein Ministerium geholt habe. Tantzen wollte ihn *in leitender Stellung des Roten Kreuzes in Oldenburg anstellen* und hatte ihn *schriftlich wissen lassen, dass alles geschehen soll, was möglich ist, um mir und meiner Familie zu helfen.* Und an anderer Stelle heißt es, das oldenburgische Staatsministerium habe ihn *vor einigen Monaten ersucht, zwecks Besprechung meiner Wiederbeschäftigung nach Oldenburg zu kommen. Für mich war der Posten eines Vizepräsidenten des Deutschen Roten Kreuzes für das Land Oldenburg vorgesehen.* Zimmermann

---

83 Zu ihm vgl. Otto Renkhoff, Nassauische Biographie. Kurzbiographien aus 13 Jahrhunderten (Veröffentlichungen der Historischen Kommission für Nassau 39), Wiesbaden 1992, S. 222; Kroll (wie Anm. 82), S. 47 f., 50 u.ö.; Boehncke/Sarkowicz (ebd.), S. 284, 295.
84 HStAW, Bl. 26, 28[!]a, 36.
85 Neumann, Theodor Tantzen (wie Anm. 20), S. 376-401, widmet der Einstellung Tantzens zur Entnazifizierung drei Kapitel.
86 NLA OL, Best. 136 Nr. 263 Bl. 408-410.

war daraufhin zehn Tage Gast bei Innenminister Wegmann *(früher Ministerialrat und Reichstagsabgeordneter des Zentrums)*, dabei auch Gast *des bekannten Ministerpräsidenten Tantzen-Heering (jahrzehntelang demokratischer Landtags- und auch Reichstagsabgeordneter)* gewesen, mit dem er mehrmals konferiert habe.[87]

Nach einer mündlichen Besprechung teilte das Hessische Ministerium für Wiederaufbau am 3. April der Staatskanzlei mit, dass es wohl noch einige Wochen dauern werde, bis die Spruchkammern ihre Arbeit aufnehmen könnten. Ob dann eine bevorzugte Prüfung des Falles möglich sein werde, hänge *von den noch zu erwartenden Ausführungsbestimmungen ab.* Am 30. April leitete die Hessische Staatskanzlei das Schreiben Tantzens an das Ministerium für Wiederaufbau mit der Bitte um beschleunigte Weiterbehandlung weiter, doch dann dauerte es bis zum Herbst, bis das Verfahren in Gang kam.[88]

Inzwischen bemühte sich Zimmermann um Entlastungszeugen und reichte eine Liste mit zehn Namen ein, darunter Tantzen, Wegmann und Dörr. Die Bescheinigungen gingen seit Ende April, die Mehrzahl im Juni/Juli, Nachzügler erst im Oktober ein. In seiner Klageschrift vom 24. September forderte der öffentliche Kläger der Spruchkammer Bergstraße in Heppenheim die Einstufung Zimmermanns in Gruppe III (Minderbelastete) und eine Sühnezahlung von 1.000 RM. In dem im Sitzungssaal des Amtsgerichts Bensheim durchgeführten öffentlichen Verfahren errang Zimmermann am 30. November 1946 einen Teilerfolg. Die Spruchkammer reihte ihn in Gruppe IV (Mitläufer) ein und verhängte in Anbetracht seiner Mittellosigkeit eine Sühnezahlung von 200 RM. Hinzu kamen die Verfahrenskosten in Höhe von 680,45 RM, die später auf 500 RM ermäßigt wurden. Von irgendwelchen Verboten war nicht die Rede.[89]

Die Entnazifizierungspraxis rief von vielen Seiten Kritik hervor. „Die Militärregierung warf den Spruchkammern vor, in großem Ausmaße die ehemaligen Nationalsozialisten ‚reinzuwaschen'" (Berding). „Das schematische Fragebogen-Verfahren entsprach im Endergebnis der Wirklichkeit des Lebens unter der Diktatur nur höchst unvollkommen. […] Eine erkleckliche Anzahl von ‚Ehemaligen' ist als angeblich nichtbetroffen oder als lediglich Mitläufer in maßgebliche gesellschaftliche und staatliche Positionen zurückgekehrt. […] Trotz allem ist in Hessen das Abenteuer der politischen ‚Säuberung' weniger schädlich verlaufen als in einigen anderen westdeutschen Bezirken" (Kogon). Bei der Entnazifizierung verfuhren die Besatzungsmächte „nicht immer einheitlich" […] „Vor allem kam es den Amerikanern zunächst darauf an, ehemalige Parteigenossen und sonstige Anhänger der NSDAP aus dem öffentlichen Dienst zu entfernen […]" (von Unruh).[90]

---

87 HStAW, Bl. 15-15a, 15g-h.
88 HStAW, Bl. 24-44.
89 HStAW, Bl. 46-91.
90 Berding (wie Anm. 82), S. 794; Kogon (ebd.), S. 254 (vgl. Boehncke/Sarkowicz [wie Anm. 82], S. 290); Georg-Christoph von Unruh, Die Lage der deutschen Verwaltung zwischen 1945 und 1949, in: Deutsche Verwaltungsgeschichte, Bd. 5 (ebd.), S. 70-86, hier S. 72. – Zur Entnazifizierungspraxis in der Britischen Zone, speziell in Oldenburg und Niedersachsen, s. Olaf Reichert, „wir müssen doch in die Zukunft sehen …". Die Entnazifizierung in der Stadt Oldenburg unter britischer Besatzungshoheit 1945-1947, Oldenburg 1998; Dietmar von Reeken, Die Gründung des Landes Niedersachsen und die Regierung Kopf (1945-1955), in: Geschichte Niedersachsens, Bd. 5 (wie Anm. 23), S. 627-724, hier S. 657-662; Neumann, Theodor Tantzen (wie Anm. 85). – Nicht mehr berücksichtigt werden konnte Hanne Leßau, Entnazifizierungsgeschichten. Die Auseinandersetzung mit der eigenen NS-Vergangenheit in der frühen Nachkriegszeit, Göttingen 2020.

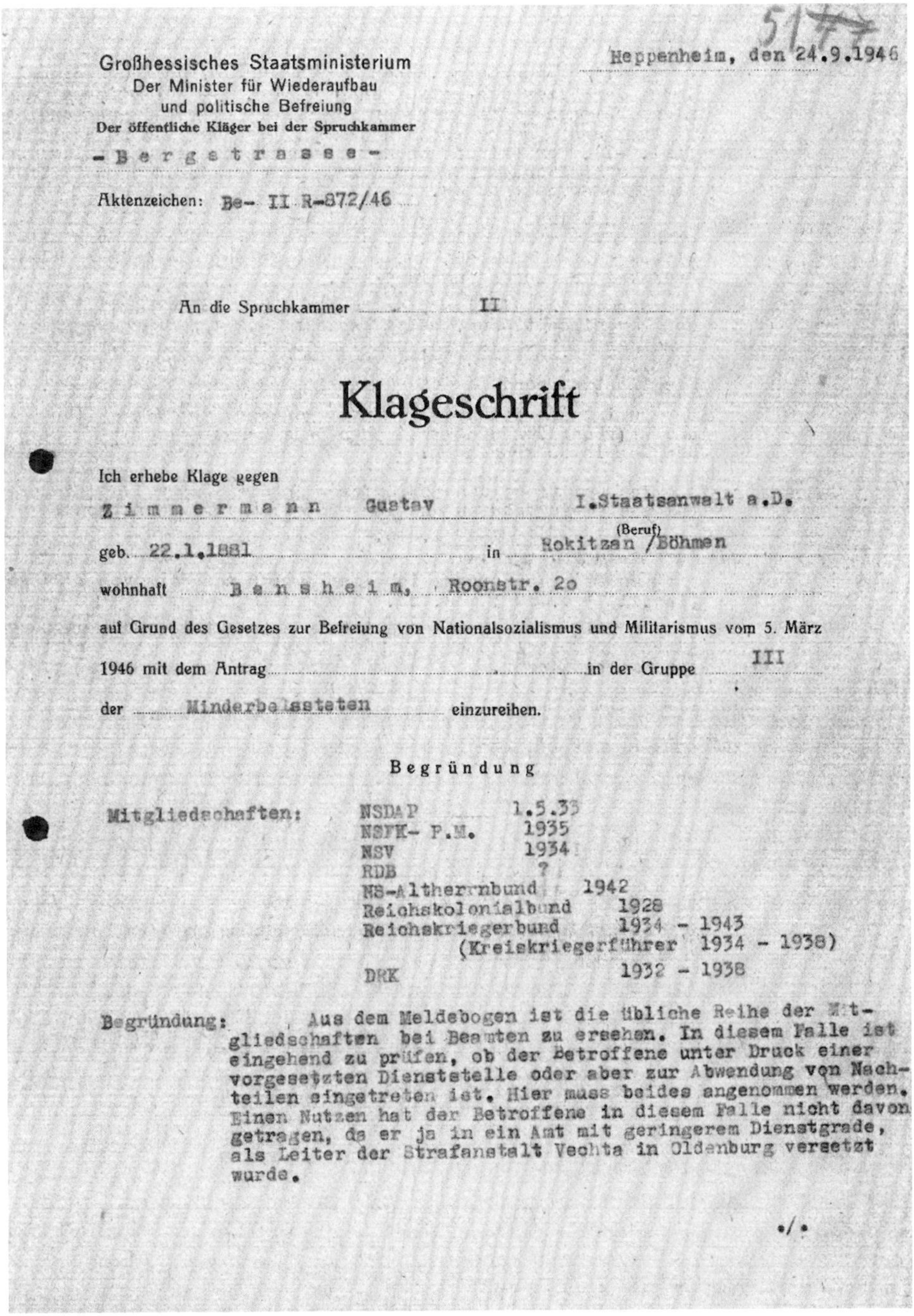

Großhessisches Staatsministerium
Der Minister für Wiederaufbau
und politische Befreiung
Der öffentliche Kläger bei der Spruchkammer
–Bergstrasse–

Heppenheim, den 24.9.1946

Aktenzeichen: Be- II R-872/46

An die Spruchkammer II

Klageschrift

Ich erhebe Klage gegen

Zimmermann Gustav   I. Staatsanwalt a.D.
(Beruf)

geb. 22.1.1881 in Rokitzan /Böhmen

wohnhaft Bensheim, Roonstr. 20

auf Grund des Gesetzes zur Befreiung von Nationalsozialismus und Militarismus vom 5. März 1946 mit dem Antrag in der Gruppe III

der Minderbelasteten einzureihen.

Begründung

Mitgliedschaften: NSDAP   1.5.33
                   NSFK- P.M.   1935
                   NSV   1934
                   RDB   ?
                   NS-Altherrnbund 1942
                   Reichskolonialbund 1928
                   Reichskriegerbund   1934 - 1943
                       (Kreiskriegerführer 1934 - 1938)
                   DRK   1932 - 1938

Begründung: Aus dem Meldebogen ist die übliche Reihe der Mitgliedschaften bei Beamten zu ersehen. In diesem Falle ist eingehend zu prüfen, ob der Betroffene unter Druck einer vorgesetzten Dienststelle oder aber zur Abwendung von Nachteilen eingetreten ist. Hier muss beides angenommen werden. Einen Nutzen hat der Betroffene in diesem Falle nicht davon getragen, da er ja in ein Amt mit geringerem Dienstgrade, als Leiter der Strafanstalt Vechta in Oldenburg versetzt wurde.

./.

Abb. 10: Klageschrift des öffentlichen Klägers bei der Spruchkammer Bergstraße in Heppenheim gegen Gustav Zimmermann vom 24. September 1946, S. 1 (Hauptstaatsarchiv Wiesbaden, Abt. 520/02 Nr. 3228, Bl. 51)

Abb. 11: Ministerpräsident Theodor Tantzen (Eckhardt/Wyrsch, Oldenburgischer Landtag [wie Anm. 9], S. 517)

Wenn man den Lebenslauf Zimmermanns und das Spruchkammerverfahren zusammen bewerten soll, wird man wohl kaum von „Reinwaschen" sprechen können, sondern anzuerkennen haben, dass Zimmermann zwar schon früh der NSDAP beigetreten ist, deswegen aber doch kein aktiver Nationalsozialist geworden ist. Von „Persilscheinen" zu sprechen, wäre daher nicht angemessen. Die Spruchkammer hat sich Mühe gegeben, den Fall objektiv zu beurteilen. Letztendlich wird Zimmermann wohl seine Pension gesichert haben, den Posten in Oldenburg hat er jedoch wegen der langen Verfahrensdauer nicht bekommen. Es war auch später keine Rede mehr davon.

Inwieweit er Zeit und Interesse hatte, die politischen Ereignisse und Veränderungen im fernen Oldenburg zu verfolgen, wissen wir nicht. Dass er Kontakt zu einigen führenden Politikern, vor allem in eigener Sache, hatte, ist in der Spruchkammerakte belegt. Dazu gehörten neben den Landespolitikern Tantzen, Wegmann und Heile auch Stadtoldenburger wie tom Dieck oder Lienemann sowie sein ehemaliger Birkenfelder Regierungschef Dörr, der als Pensionär im bayerischen Tutzing lebte.

Das Land Oldenburg gehörte zur Britischen Besatzungszone. Die Briten hatten schon im Mai 1945 Theodor Tantzen als Ministerpräsidenten eingesetzt und im März 1946 eine Landesregierung mit Tantzen als Ministerpräsidenten und drei Ministern, darunter August Wegmann als Innenminister, etabliert. Bereits am 30. Januar hatte sich der von der Besatzungsmacht ernannte Landtag in Oldenburg konstituiert. Tantzen und Wegmann versuchten vergeblich, die sich seit dem Sommer 1946 abzeichnende Länderneugliederung in der Britischen Zone im Sinne der Gründung eines Weser-Ems-Staates oder zumindest des Erhalts eines Landes Oldenburg zu beeinflussen. Mit der Verordnung Nr. 55 vom 8. November 1946 verfügte die britische Militärregierung rückwirkend zum 1. November die Gründung eines sich aus den bisherigen Ländern Hannover, Oldenburg, Braunschweig und Schaumburg-Lippe zusammensetzenden Landes Niedersachsen mit Hannover als Landeshauptstadt. Am 6. November tagte der Oldenburgische Landtag zum letzten Mal. Theodor Tantzen (FDP) trat als Verkehrsminister und stellvertretender Ministerpräsident in die neue Niedersächsische Landesregierung unter Hinrich Wilhelm Kopf (SPD) ein. August Wegmann (CDU) wurde der erste Präsident des neugeschaffenen Niedersächsischen Verwaltungsbezirks Oldenburg und war später, von 1955 bis 1959, niedersächsischer Innen-, dann Finanzminister. Als das Spruchkammerurteil gegen Gustav Zimmermann am 19. Januar 1947 Rechtskraft erlangte, war Theodor Tantzen bereits tot. Er starb am 11. Januar 1947 an seinem Schreibtisch im Ministerialgebäude (Staatsministerium) in Oldenburg.[91]

Für Zimmermann begann mit dem Abschluss des Spruchkammerverfahrens ein neuer Lebensabschnitt. Am 14. Dezember 1950 verließen die Eheleute Zimmermann Bensheim und verzogen mit der ältesten Tochter in ihre Heimatstadt Kirn, Meckenbacher Weg 13. Dort meldeten sie sich einen Tag später an. Die zweite Tochter kam im Oktober 1951 aus Bensheim nach. Die jüngste Tochter, deren Beruf mit Säuglingsschwester angegeben wird (die beiden älteren werden als Haustöchter bezeichnet), meldete sich 1954 nur für zwei Tage aus Mainz kommend an, um dann nach Heidelberg zu verziehen. Der 1. Staatsanwalt außer Dienst Gustav Karl Anton Zimmermann starb am 21. Oktober 1957 in seiner Wohnung Meckenbacher Weg 13 in Kirn. Seine Frau folgte ihm am 16. Juli 1970, die älteste, 1921 in Kirn geborene, unverheiratete Tochter am 18. August 1992. Auch sie hatte bis zuletzt in der Wohnung Meckenbacher Weg 13 gelebt.[92]

In Oldenburg war der Ministerialrat inzwischen offenbar weitgehend vergessen. Jedenfalls konnte in der Stadt seiner langjährigen Wirkungsstätte bislang kein Nachruf gefunden werden.[93]

---

91 Vgl. z.B. Günther, Freistaat (wie Anm. 23), S. 482-486; Albrecht Eckhardt, Oldenburg und Niedersachsen, in: Eckhardt/Schmidt, Geschichte des Landes Oldenburg (wie Anm. 15), S. 491-512, hier S. 495-502; Ders., Der Verwaltungsbezirk Oldenburg (1946-1978/87), in: ebd., S. 513-547; Neumann, Theodor Tantzen (wie Anm. 20), S. 363-412; Albrecht Eckhardt, Land und Verwaltungsbezirk Oldenburg vom Kriegsende bis in die fünfziger Jahre, in: Oldenburg um 1950. Eine nordwestdeutsche Region im ersten Nachkriegsjahrzehnt. Hg. von Albrecht Eckhardt im Auftrag der Oldenburgischen Industrie- und Handelskammer, der Handwerkskammer Oldenburg und der Landwirtschaftskammer Weser-Ems, Oldenburg 2000, S. 9-36; Eckhardt/Wyrsch, Oldenburgischer Landtag (wie Anm. 9), S. 79-82; Tim Möhlenbrock, Geschichte der Bezirksregierung Weser-Ems und ihrer Vorgängerbehörden: mittelinstanzliche Verwaltung im Raum Weser-Ems von 1815 bis heute (Oldenburger Studien 51), Oldenburg 2003, S. 58-62; Gerd Steinwascher, Verwaltungsreformen und historische Überlieferung – Vorgeschichte, Ergebnisse und Konsequenzen für das Oldenburger Land, in: Oldenburger Jahrbuch 107 (2007), S. 191-216; Albrecht Eckhardt, Das Land Oldenburg in der frühen Nachkriegszeit, in: Hans Ulrich Minke/Joachim Kuropka/Horst Milde (Hg.), „Fern vom Paradies – aber voller Hoffnung". Vertriebene werden neue Bürger im Oldenburger Land (Oldenburger Forschungen NF 26), Oldenburg 2009, S. 31-42; Ders., Vom Großherzogtum zum niedersächsischen Verwaltungsbezirk. Das Land Oldenburg 1918-1946, in: Geschichte des Oldenburger Landes. Herzogtum, Großherzogtum, Freistaat. Hg. von Jörg Michael Henneberg und Horst-Günter Lucke im Auftrag der Oldenburgischen Landschaft, Münster 2014, S. 189-216, hier S. 207-215; Romy Meyer, Oldenburg auf dem Weg nach Niedersachsen – die Kabinettsprotokolle des Oldenburgischen Staatsministeriums vom April bis November 1946, in: Oldenburger Jahrbuch 118 (2018), S. 141-181; jetzt auch: Andreas von Seggern, Ende und Anfang. Kriegsende 1945 und Nachkriegszeit im Oldenburger Land (Kataloge und Schriften des Schlossmuseums Jever 36), Oldenburg 2020.
92 Auskunft Stadtarchiv Bensheim vom 30.11.2018. – Auskünfte und Kopien der Stadtverwaltung Kirn, Standesamt vom 5.2. und 12.3.2019 aus den Standes- und den Melderegistern der Stadt.
93 Für Unterstützung zu danken habe ich Herrn Dr. Joachim Tautz (Oldenburg) sowie den Mitarbeiterinnen und Mitarbeitern der Landes- bzw. Staatsarchive Oldenburg, Darmstadt und Wiesbaden, der Stadtarchive Oldenburg und Bensheim und der Stadtverwaltung (Standesamt) Kirn.

Martin Schürrer

Beschlagnahmt – umkämpft – umstritten

Das Schicksal der jüdischen Archivalien Oldenburgs im Kontext (west-)deutscher Archivgeschichte

Noch in der Nacht des großen Novemberpogroms 1938 wies der Leiter des Reichssicherheitshauptamts, Reinhard Heydrich, die Brandstifter der Synagogen in einem Fernschreiben an, *jüdisches Archivmaterial polizeilich zu beschlagnahmen, damit es nicht im Zuge der Demonstrationen zerstört* werde.[1] So wie Geschäfte und Wohnungen jüdischer Bürger laut der Anweisung zwar verwüstet, aber nicht geplündert werden durften, sollten die Schriftstücke der jüdischen Gemeinden für zukünftige Auswertungen vor den Flammen gesichert werden. Doch nicht nur die Gestapo und weitere nationalsozialistische Sicherheitsdienste hatten ein lebhaftes Interesse daran, Judaica – handschriftliche oder gedruckte Dokumente – der jüdischen Gemeinden in ihre Hände zu bekommen. Staats- und Stadtarchive im Reichsgebiet bemühten sich vor und nach der Pogromnacht, Archive jüdischer Gemeinden in ihren Besitz zu ziehen.
Vorliegender Beitrag beleuchtet exemplarisch das Vorgehen des Oldenburger Archivdirektors Dr. Hermann Lübbing in der Beschaffung jüdischer Schriftstücke. Seine Handlungen und Strategien werden dabei mit den aktuell gut erforschten Beispielen des Stadtarchivs Worms sowie der Staatsarchive Hamburg und Königsberg verglichen, um Parallelen aufzuzeigen. Eng verwoben ist damit gleichfalls die Frage, welche Ziele die Archivare konkret mit diesen Schriftstücken verfolgten. In einem zweiten Schritt rücken die archivpolitischen Entwicklungen nach dem Zusammenbruch des Regimes und die Aktivitäten israelischer Archivare in den Fokus. Diese neuauftretenden Akteure ersannen eigene Methoden, um Judaica gegen Widerstände, auch von Seiten der deutschen Archivare, nach Jerusalem zu überführen. Das Oldenburger Beispiel wird hierbei ebenfalls in diese Prozesse eingebettet. Im abschließenden Fazit werden die großen Linien des Beitrags zusammengeführt und es wird ein Blick auf potentielle, weitergehende Fragestellungen geworfen.

---

1 Götz Aly u.a. (Hg.), Die Verfolgung und Ermordung der europäischen Juden durch das nationalsozialistische Deutschland 1933–1945. Bd. 2 Deutsches Reich 1938 – August 1939, München 2009, Blitz-Fernschreiben Reinhard Heydrichs an alle Staatspolizeileit- und Staatspolizeistellen sowie alle SD-Ober- und Unterabschnitte vom 10.11.1938 (01.20 Uhr), Dok. 126, S. 367-368, hier S. 368.

Anschrift des Verfassers: Dr. Martin Schürrer, Niedersächsisches Landesarchiv – Abt. Oldenburg, Damm 43, 26135 Oldenburg

Strategien und Ziele der deutschen Archivare

Abb. 1: Hermann Lübbing, NLA OL Slg 400 Nr. 226-A

Eine eng mit dem nationalsozialistischen Zeitgeist verbundene Methode der Aneignung jüdischer Archivalien ist die Anwendung von Zwang und auf vielerlei Ebenen ausgeübten Drucks. Der Oldenburger Archivdirektor Hermann Lübbing (Abb. 1) hatte keine Skrupel, seine Ziele mit eben diesen Mitteln zu erreichen. Geboren wurde er 1901 in Oldenburg und studierte in Kiel, Jena, Marburg und Leipzig Geschichte, Germanistik und Latein. Während seines Studiums war er ein Mitglied eines völkischen Studentenbundes.[2] Nach seiner Promotion in der mittelalterlichen Geschichte und dem Staatsexamen betätigte sich Lübbing zunächst ab 1927 als Lehrer in seiner Vaterstadt, mischte in der oldenburgischen und ostfriesischen Regionalgeschichte mit, setzte sich vehement für den Erhalt Oldenburgs gegen territoriale Reformpläne ein und wurde von der NS-Regierung unter Carl Röver in die „Kommission für den Raum Weser-Ems" berufen.[3] Bedingt durch den allgemeinen Stellenabbau und die Lohnkürzungen im öffentlichen Dienst wurde es für Lübbing in der Spätphase der Weimarer Republik immer schwieriger, sein Auskommen als Lehrer zu finden. Ein Ausweg aus dieser Misere bot sich ihm 1931, als er zunächst im unbezahlten Volontärdienst am Landesarchiv arbeitete und nach der Pensionierung des damaligen Archivleiters Hermann Goens im Oktober 1932 die Leitung des Oldenburger Landesarchivs übernahm. Diese Funktion übte er mit kleineren Unterbrechungen bis 1958 aus.[4] Mit seiner Sozialisation in der Weimarer Republik und seinem Berufsweg, der über den Nationalsozialismus schlussendlich in Niedersachsen bzw. der Bundesrepublik endete, zeigt er einen nicht untypischen Werdegang, vergleichbar dem vieler seiner Berufsgenossen, auf.[5]

---

2 Hans Friedl, Hermann Lübbing, in: Ders. u.a. (Hg.), Biographisches Handbuch zur Geschichte des Landes Oldenburg, Oldenburg 1992, S. 426-427; Werner Meiners, Jüdische Gemeindearchivalien nach dem Novemberpogrom 1938. Das Staatsarchiv Oldenburg, die Akten der Jüdischen Landesgemeinde Oldenburg und die NS-Judenforschung, in: Oldenburger Jahrbuch 109 (2009), S. 85-135, hier S. 90-92.
3 Vgl. zu Carl Röver u.a.: Wolfgang Günther, Carl Röver, in: Hans Friedl u.a. (Hg.), Biographisches Handbuch zur Geschichte des Landes Oldenburg, Oldenburg 1992, S. 611-613. Lübbing wurde am 13.05.1932 dem Ausschuss „Sammlung von Unterlagen, betreffend die Selbstständigkeit Oldenburgs" zugeteilt. Vgl. NLA OL Rep 400 Akz. 12 Nr. 63, Schreiben des Ministeriums der Kirchen und Schulen an das Evangelische Oberschulkollegium vom 13.05.1932.
4 Friedrich-Wilhelm Schaer, Geschichte des Niedersächsischen Staatsarchivs in Oldenburg vom 17. bis zur Mitte des 20. Jahrhunderts, Oldenburg 1996, S. 55-63. Bereits in den 1920er Jahren bemühte sich Lübbing um eine Anstellung im Archivdienst. 1928 hatte er sich auf einen Posten im Sächsischen Hauptstaatsarchiv beworben und eine Absage erhalten. Vgl. NLA OL Rep 420 Best. 210 Nr. 5955, Schreiben des Archivdirektors Beschorner an Lübbing vom 12.05.1928.
5 Vgl. dazu die beruflichen und biographischen Schicksale verschiedener Staatsarchivare bei: Philip Haas / Martin Schürrer, Was von Preußen blieb. Das Ringen um die Ausbildung und Organisation des archivarischen Berufsstandes nach 1945, Marburg 2020, S. 54-63; Astrid M. Eckert, „Im Fegefeuer der Entbräunung". Deutsche Archivare auf dem Weg in den Nachkrieg, in: Robert Kretzschmar u.a. (Hg.), Das deutsche Archivwesen und der Nationalsozialismus, Essen 2007, S. 426-456.

Das Schicksal der jüdischen Archivalien Oldenburgs ——————— 151

In der Rückschau werden Lübbing, der in seiner Amtszeit unter anderem den gewiss aufreibenden Umzug des Landesarchivs an seine heutige Wirkungsstätte sowie einen Magazinneubau zu organisieren hatte, Tatkraft und Engagement in seinem Arbeitswesen attestiert.[6] Nach 1945 musste sich Lübbing, Parteimitglied seit dem 1. Mai 1933, dem Entnazifizierungsverfahren stellen und kam aus diesem mit der Einstufung in der Kategorie V – unbelastet – heraus.[7] Dass dieses Ergebnis allerdings nicht im Entferntesten die Gesinnung und die Verstrickungen Lübbings innerhalb des NS-Systems widerspiegelt, ist Wasser auf die Mühlen derer, die dem gesamten Entnazifizierungsverfahren keinen bleibenden Effekt auf die Nachkriegsgesellschaft unterstellen.[8] Das Urteil Friedrich-Wilhelm Schaers sowie die Untersuchungen von Werner Meiners und Ingo Harms betonen, dass Lübbing ein völkisch, rassenbiologisch und antisemitisch geprägter, opportunistischer Mann gewesen sei.[9] Doch die Gesinnung des langjährigen Archivdirektors zeigt sich auch durch dessen Umgang mit den jüdischen Mitbürgern sowie ihren Dokumenten nach 1933.

Als immer mehr Verordnungen und Gesetze Juden die Teilhabe am gesellschaftlichen Leben verwehrten, wurden zunehmend auch die Archive in diese Ausgrenzungspolitik einbezogen. Ausgehend vom preußischen Ministerpräsidenten Hermann Göring wurden im Juni 1935 die preußischen Staatsarchive angewiesen, Akten zur jüdischen Geschichte nur in Ausnahmefällen zur Verfügung zu stellen. Diese Regelung wollte das dem Oldenburger Landesarchiv vorgesetzte Ministerium für Kirchen und Schulen gleichlautend umsetzen lassen.[10] Auf diese Anweisung hin konnte Lübbing allerdings an seine Vorgesetzen melden, dass *auf Anregung des Landesarchivs* dieses Vorgehen *bereits am 28. Okt[ober] 1933 angeordnet worden* ist.[11] Lübbing demonstrierte seinen vorauseilenden Gehorsam bei der Ausschließung von Bürgern jüdischen Glaubens von der Archivnutzung und hinderte bereits 1933 jüdische Nutzer an ihren Forschungen.[12] Dazu zeigte sich Lübbing in seinen schriftlichen Äußerungen vom NS-Geist durchdrungen. In einem an das Reichsinnenministerium adressierten Begleitschreiben zu einer Quellensammlung der jüdischen Geschichte Oldenburgs berichtet er vom *skrupellose(n) Geschäftsgebaren* der Juden und vom Abwehrkampf der Oldenburger bzw. ihrer *eigenen gegen die*

---

6 Schaer, Geschichte (wie Anm. 4), S. 54-56.
7 NLA OL Rep 980 Best. 351 Nr. 62189, Bescheid des Entnazifizierungshauptausschusses vom 22.01.1949. Lübbing führte als Entlastungsgrund an, mit der Gestapo über den Besitz des Freimaurerarchivs in Konflikt geraten zu sein. Vgl. zur Freimaurerloge in Oldenburg u.a.: Heike Düselder, Freimaurer in Oldenburg während der NS-Zeit, in: Freimaurer in Oldenburg. Die Loge „Zum Goldenen Hirsch" in der oldenburgischen Geschichte, Oldenburg 1990, S. 63-74.
8 Wirkmächtig erwies sich Niethammers Charakterisierung der Entnazifizierungsausschüsse als „Mitläuferfabriken". Vgl. Lutz Niethammer, Die Mitläuferfabrik. Die Entnazifizierung am Beispiel Bayerns, Bonn 1982; Klaus-Dietmar Henke / Hans Woller (Hg.), Politische Säuberung in Europa. Die Abrechnung mit Faschismus und Kollaboration nach dem Zweiten Weltkrieg, München 1991; Cornelia Rauh-Kühne, Die Entnazifizierung und die deutsche Gesellschaft, in: Archiv für Sozialgeschichte 35 (1995), S. 35-70.
9 Meiners, Jüdische Gemeindearchivalien (wie Anm. 2), S. 127; Ingo Harms, Die Sippenstelle im Staatsarchiv – Institution der NS-Rassenpolitik in Oldenburg, in: Oldenburger Jahrbuch 119 (2019), S. 99-108, hier S. 105; Schaer, Geschichte (wie Anm. 4), S. 54.
10 NLA OL Best. 134 Nr. 6214, Anordnung des Preußischen Ministerpräsidenten an die Preußischen Staatsarchive vom 15.06.1935.
11 Ebd., Nachricht Lübbings an den Minister für Kirchen und Schulen vom 30.06.1935.
12 Meiners, Jüdische Gemeindearchivalien (wie Anm. 2), S. 105.

fremde Rasse.¹³ Dazu fabuliert er in Gutachten zu „jüdisch-klingenden" Straßennamen der Stadt vom jüdischen Antlitz und dem *fremdrassigen Blutstropfen* des Dichters Julius Mosen.¹⁴ Diese Äußerungen könnten als reiner Verbalnationalsozialismus abgetan werden. Doch seine Taten sprechen eine andere Sprache: Lübbing benötigte nicht erst die Aufforderung von höherer Stelle, um jüdische Bürger auszugrenzen und Maßnahmen zu ergreifen, Judaica im Landesarchiv zu sammeln. Als der mächtige Leiter der preußischen Archivverwaltung, Ernst Zipfel, ein Parteikarrierist und vom Nationalsozialismus durchdrungener Mann,¹⁵ im Januar 1937 die Staatsarchive anwies, jüdische Personenstandsregister zu inventarisieren und nach Möglichkeit zu übernehmen,¹⁶ war Lübbing bereits wieder einen Schritt voraus. Schon im Herbst 1936 hatte er sich von dem erst kurz zuvor in Oldenburg angekommenen Rabbiner, Dr. Leo Trepp, Verzeichnisse über die jüdischen Personenstandsregister des Rabbinats zusenden lassen.¹⁷

Der 1913 geborene Leo Trepp gehört zweifelsohne zu den herausragenden jüdischen Persönlichkeiten des 20. Jahrhunderts.¹⁸ Der junge, studierte und promovierte Trepp übernahm 1936 das Amt des Landesrabbiners. Er stand bis nach dem Novemberpogrom von 1938 den zehn jüdischen Gemeinden im ehemaligen Großherzogtum vor.¹⁹ Seit Anfang des 19. Jahrhunderts existierte in Oldenburg eine Synagogenge-

---

13 NLA OL Best. 134 Nr. 6225, Lübbings Vorbemerkungen zur Übersicht der im Landesarchiv verwahrten „Quellen zur Geschichte der Juden" vom 16.09.1933. Der Bericht wurde an den Sachverständigen für Rasseforschung beim Reichsministerium des Inneren gesandt.

14 NLA OL Inventar Judaica OL VÖ Best. 210 Nr. Y 1-9, Gutachten Lübbings über „Jüdische Straßennamen" in Oldenburg vom 13.09.1938. So ganz sicher war sich Lübbing bei seiner Einschätzung über Julius Mosens Abstammung allerdings nicht, sodass er noch eine Anfrage beim Reichsinnenminister empfahl. Bei der Straße mit dem Namen „Abraham" war für Lübbing die Angelegenheit klarer: *unzweifelhaft jüdischen Klanges und jüdischer Herkunft. Es sei kein Grund vorhanden, diesen Namen beizubehalten*. Im Juni 1939 konnte Lübbing handschriftlich auf seinem Gutachten vermerken, dass die Reichsstelle für Sippenforschung die arische Abstammung Julius Mosens eindeutig festgestellt habe. Lübbing lavierte insbesondere bei der Einschätzung Mosens. Zwar schlug *ausgerechnet bei Julius Mosen das typische jüdische Gesicht* wieder durch, doch da dieser hervorragende, nationale Schöpfungen vorzuweisen habe und die Nürnberger Rassegesetze in diesem Falle nicht ausreichten, empfahl er noch im August 1938 den Namen „Julius Mosenplatz" beizubehalten. NLA OL Inventar Judaica OL VÖ Best. 210 Nr. Y 1-9, Vermerk Lübbings vom 22.08.1938.

15 Zu Ernst Zipfel vgl. u.a.: Sven Kriese, Albert Brackmann und Ernst Zipfel, Die Generaldirektoren im Vergleich, in: Ders. (Hg.), Archivarbeit im und für den Nationalsozialismus. Die preußischen Staatsarchive vor und nach dem Machtwechsel von 1933, Berlin 2015, S. 1-94; Thorsten Musial, Staatsarchive im Dritten Reich. Zur Geschichte des staatlichen Archivwesens in Deutschland 1933-1945, Potsdam 1996, S. 173; Johanna Weiser, Geschichte der Preußischen Archivverwaltung und ihrer Leiter. Von den Anfängen unter Staatskanzler Hardenberg bis zur Auflösung im Jahre 1945, Köln 2000, S. 144-212; Haas/Schürrer, Preußen (wie Anm. 5), S. 54-63.

16 Ernst Zipfel, Jüdische Familienregister (A.V. 1/37), in: Mitteilungsblatt der Preußischen Archivverwaltung 1 (1937), S. 1-2.

17 NLA OL Rep 420 Best. 210 Nr. 6318, Journal des Landesarchivs Oldenburg, Eintrag Nr. 1626 vom 15.10.1936.

18 Zu Leo Trepp vgl. u.a.: Gunda Trepp (Hg.), Der letzte Rabbiner. Das unorthodoxe Leben des Leo Trepp, Darmstadt 2018; Leo Trepp, Erlebnisbericht eines Landesrabbiners, in: Stadt Oldenburg (Hg.), Die Geschichte der Oldenburger Juden und ihre Vernichtung, Oldenburg 1988, S. 82-88.

19 Zur jüdischen Geschichte des Oldenburger Landes vgl. u.a.: Werner Meiners, Oldenburg, in: Herbert Obenaus u.a. (Hg.), Historisches Handbuch der jüdischen Gemeinden in Niedersachsen und Bremen. Bd. 2, Göttingen 2005, S. 1172-1196; Werner Meiners, Nordwestdeutsche Juden zwischen Umbruch und Beharrung. Judenpolitik und jüdisches Leben im Oldenburger Land bis 1827, Hannover 2001; Leo Trepp, Die Oldenburger Judenschaft. Bild und Vorbild jüdischen Seins und Werdens in Deutschland, Oldenburg 1973. Neben der Gemeinde in Oldenburg zählten die Gemeinden in Berne, Cloppenburg, Delmenhorst, Jever, Brake-Nordenham, Varel, Vechta, Wildeshausen und ab 1937 auch die jüdischen Gemeinden in Rüstringen und Wilhelmshaven zum Landesrabbinat.

Das Schicksal der jüdischen Archivalien Oldenburgs — 153

meinde, die mit der Grundsteinlegung durch den Großherzog Nikolaus Friedrich Peter 1854 ein neues Gotteshaus erhalten hatte, das 1905 erheblich um- und ausgebaut worden war. Wie so viele jüdische Gotteshäuser fiel auch diese Synagoge im Novemberpogrom 1938 den Flammen zum Opfer.[20] Mit der Schaffung des Landesrabbinats 1827 im Zuge der sog. Judenverordnung des Großherzogtums sollte ursprünglich eine bessere Organisation und staatliche Beaufsichtigung der jüdischen Gemeinden im Landesgebiet ermöglicht werden. Langfristig gewann diese Einrichtung allerdings eine wesentliche Rolle im Emanzipationsprozess der oldenburgischen Juden.[21] Zum Zeitpunkt der Machtergreifung lebten nach Angaben Enno Meyers ca. 370 Personen jüdischen Glaubens in Oldenburg, die zusammen mit ihren Glaubensbrüdern und -schwestern im Umland in den Fokus der Nationalsozialisten und ihrer menschenverachtenden Rassenideologie gerieten.[22]

Bei den immer radikaler werdenden Schritten der Ausgrenzung und Entrechtung, die schlussendlich in der systematischen Ermordung des Holocaust mündeten, entwickelten die Archive ein lebhaftes Interesse, Hand an wertvolles Schriftgut und Personenstandsregister der jüdischen Gemeinden zu legen. Im Oldenburger Fall des Archivdirektors Lübbing kann man von einer zweigleisigen Strategie zur Aneignung jüdischer Archivalien sprechen. Zum einen wandte er sich an sein vorgesetztes Ministerium, um es für seine Zwecke einzusetzen. Über den Minister der Kirchen und Schulen bemühte sich Lübbing im August 1938 mit scheinlegalen Argumenten, eine Abgabe jüdischer Register an das Archiv zu erwirken. Auf Grundlage eines NS-Gesetzes zu den Rechtsverhältnissen der jüdischen Kultusvereinigungen, die bei Veräußerungen von geschichtlich wertvollen Gegenständen zuvor die Behörden einschalten mussten, entwickelte Lübbing folgende Idee: *Vielleicht ist es angebracht, auch ohne Möglichkeit der Bezugnahme auf das oben angeführte Gesetz von dem Landesrabbinat die Ablieferung der als „schlecht erhalten" bezeichneten Standesregister an das Landesarchiv zu fordern.*[23] Das Gesetz reichte also nicht aus, das Landesrabbinat zu zwingen, aber mit Verweis auf den Erhaltungszustand könnten Gründe konstruiert werden, um die Abgabe herbeizuführen.[24] Ein offizielles Schreiben mit ministerialem

---

20 Vgl. u.a.: Enno Meyer, Synagoge und jüdischer Friedhof in Oldenburg, in: Stadt Oldenburg (Hg.), Die Geschichte der Oldenburger Juden und ihre Vernichtung, Oldenburg 1988, S. 56-60; Klaus Schaap, Der Novemberpogrom von 1938, in: ebd., S. 70-81; Dieter Goertz, Juden in Oldenburg 1930–1938. Struktur, Integration und Verfolgung, Oldenburg 1988.
21 Meiners, Oldenburg (wie Anm. 19), S. 1176. Vgl. auch: Enno Meyer, Das Oldenburger Landesrabbinat, in: Stadt Oldenburg (Hg.), (wie Anm. 20), S. 45-55.
22 Enno Meyer, Die im Jahr 1933 in der Stadt Oldenburg i. O. ansässigen jüdischen Familien, in: Oldenburger Jahrbuch 70 (1971), S. 31-78, hier S. 35. Meiners beziffert die jüdische Gemeinde auf 314 Bürger; vgl. Meiners, Oldenburg (wie Anm. 19), S. 1185; Jörg Paulsen, Erinnerungsbuch. Ein Verzeichnis der von den nationalsozialistischen Judenverfolgung betroffenen Einwohner der Stadt Oldenburg 1933–1945, Bremen 2001, S. 57-159.
23 NLA OL Rep 420 Best. 210 Nr. 5483, Schreiben Lübbings an den Minister für Kirchen und Schulen vom 30.08.1938.
24 Lübbing bezog sich mit dem Verweis auf den Erhaltungszustand der Dokumente auf das in den 1930er Jahren diskutierte „Archivschutzgesetz". Dieses sollte zusammen mit einem Bezug auf den schlechten Zustand privaten Archivguts (v.a. von Kommunen und Adelsgütern) als Hebel dienen, um Schriftgut in den Besitz der Staatsarchive zu überführen. Vgl. Entwurf „Gesetz zum Schutze von Archivgut" (VI A 7958/1891), in: Mitteilungsblatt der Preußischen Archivverwaltung 8 (1936), S. 41a-41d. Lübbing erhielt das preußische Mitteilungsblatt und war so über die aktuellen Entwicklungen in der größten und prägendsten deutschen Archivverwaltung informiert.

Briefkopf an das Landesrabbinat könnte in Lübbings Vorstellung schon hilfreich sein, das erstrebte Ziel zu erreichen. Im Verlauf der folgenden Monate erhöhte der Archivdirektor über sein Ministerium stetig den Druck auf Trepp und weitere Mitglieder der jüdischen Gemeinde. Da Trepp im September 1938 mitteilte, dass er nicht wisse, wo sich weitere Akten der Gemeinde befinden, kommentierte Lübbing dies mit den Worten: *Es erscheint sehr merkwürdig, daß im Landesrabbinat außer den Kirchenbüchern keinerlei Akten vorhanden sein sollen.*[25] Nachdem zunehmend Mitglieder der Synagogengemeinde nach dem großen Pogrom vom November 1938 ins Ausland flüchteten, verschärfte Lübbing sein Vorgehen: Nun sollte die Gestapo eingreifen. Mit der euphemistisch vom Archivdirektor als *Fortgang* bezeichneten Flucht vor den Nationalsozialisten *scheint mir ohne weiteres Verdunkelungsgefahr zu bestehen und sich dadurch die Inschutznahme des Schriftgutes des Landesrabbinats rechtfertigen zu lassen, wenn nicht an sich schon die Geheime Staatspolizei befugt ist, bei verdächtigen Fällen Akten zu beschlagnahmen, wie sie es auch mit den Freimaurerarchiven gemacht hat.*[26] Lübbing setzte sich dafür ein, dass mit Hilfe der Gestapo die Dokumente in „Schutzhaft" genommen werden sollten. Anfang 1939 war sein Vorgehen schließlich von Erfolg gekrönt. Die Gestapo wurde beim Landesrabbinat und den Privatwohnungen der verbliebenen Juden Oldenburgs vorstellig und konnte die wichtigen Personenstandsregister an das mittlerweile in Staatsarchiv umgetaufte Landesarchiv abliefern.[27]

Neben diesem über das Ministerium, also dem offiziellen Kanal, ausgeübten Druck wandte der Oldenburger Archivar auch die Methode der direkten Einschüchterung an. Da Leo Trepp die Ausreise nach London geglückt war, wurde seine Schwiegermutter, Anny de Haas, zu einem Gesprächstermin in das Staatsarchiv zitiert und bezüglich der Rabbinatsakten ausgefragt. Der von Lübbing im Nachgang angefertigte Vermerk erweckt allerdings eher den Eindruck eines vom Archivdirektor geführten Verhörs als den eines Gesprächs. So hielt Lübbing unumwunden fest, dass die Witwe Haas *über die Rabbinatsakten doch besser Bescheid wusste, als sie anfangs zugab.*[28] Auch dem aktuellen Geschäftsführer der jüdischen Gemeinde wurde von Lübbing im Befehlston schriftlich beschieden, sich zwecks weiterer Befragung *an einem der nächsten Vormittage persönlich beim Staatsarchiv ein(zu)finden.*[29] Lübbings Methoden waren erfolgreich, sodass er wenige Tage später notieren konnte, dass *2 Judenknaben* ein weiteres Register und eine Akte abgaben.[30] Interessant ist zudem, dass Lübbing weitere NS-Stellen in der Hoffnung kontaktierte, seine Sammlung jüdischer Archivalien

---

25 NLA OL Best. 134 Nr. 6214, Schreiben Lübbings an den Minister für Kirchen und Schulen vom 20.09.1938.
26 Ebd., Schreiben Lübbings an den Minister für Kirchen und Schulen vom 01.03.1939.
27 Vgl. NLA OL Best. 134 Nr. 6214, Gutachten im Ministerium für Kirchen und Schulen vom 10.02.1939. Die von der Gestapo beschlagnahmten Personenstandsregister, *deren Auswertung [...] auch im öffentlichen Interesse liegen dürfte [...] sind im Staatsarchiv zweifelsohne am besten aufgehoben.* Der Referent schließt seinen Vermerk mit dem Hinweis, dass die Einforderung der übrigen Dokumente des Landesrabbinats einer näheren Prüfung unterzogen werden sollte. Vgl. zur Gestapo Oldenburgs u.a.: Albrecht Eckhardt/Katharina Hoffmann, Gestapo Oldenburg meldet. Berichte der Geheimen Staatspolizei und des Innenministers aus dem Freistaat und Land Oldenburg 1933–1936, Hannover 2002.
28 NLA OL Rep 420 Best. 210 Nr. 5483, Vermerk Lübbings vom 23.02.1939.
29 Ebd., Schreiben Lübbings an den Geschäftsführer der Synagogengemeinde, Julius de Beer, vom 07.11.1939.
30 Ebd., Vermerk Lübbings vom 11.11.1939.

zu erweitern. Anlass war der Zufallsfund eines Arbeiters, der aus dem Schutt der Oldenburger Synagoge ein Aktenbündel zu Tage gefördert hatte und es an das Archiv übergab.[31] Lübbing verfasste daher eine Abfrage an die SS- und SA-Abteilungen, welche an der Brandstiftung der Synagoge und den gewalttätigen Ausschreitungen beteiligt gewesen waren, ob diese eventuell weitere Dokumente aus der sog. Reichskristallnacht mitgenommen hätten.[32] Keine noch so vage Spur sollte dementsprechend ausgelassen werden.

Doch nicht nur in Oldenburg entwickelten Archivare im Zuge der sich steigernden Ausgrenzungs-, Vertreibungs- und Vernichtungspolitik ein lebhaftes Interesse, in den Besitz des lokalen jüdischen Archivguts zu gelangen. Noch in der Nacht des Pogroms am 9. November 1938 (um 23.55 Uhr) erging ein Befehl der Gestapo aus Berlin an alle Staatspolizeistellen, Schriftgut der Synagogengemeinden *durch eine sofortige Massnahme sicherzustellen*. Keine 90 Minuten später präzisierte Reinhard Heydrich die *Massnahmen gegen Juden in der heutigen Nacht* und ordnete unter anderem an, dass *Archivmaterial [...] an die zuständigen SD-Dienststellen abzugeben* sei.[33] Lübbing hatte von diesem Befehl anscheinend keine Kenntnis und versuchte nach dem Zufallsfund der Bauarbeiter in den Trümmern sein Glück bei den regionalen NS-Stellen. In der Literatur wird die These vertreten, dass vielerorts der Befehl verspätet eintraf oder schlicht nicht ausgeführt worden sei,[34] mit dem Ergebnis, dass unschätzbares Kulturgut unwiederbringlich dem Rassenfuror der Nationalsozialisten erlag. In Worms hingegen, einer Stadt mit jüdischer Tradition, die bis ins 10. Jahrhundert zurückreicht, hielten sich die örtlichen Brandstifter an die Direktive und überführten große Teile des jüdischen Archivs in die Gestapozentrale nach Darmstadt.[35] Der Stadtarchivar von Worms, Friedrich Illert, hinterließ in der Nachkriegszeit einige Egodokumente, die seine Rolle bei der Wiederbeschaffung der Archivalien aus dem Besitz der Gestapo und der Rettung durch die Kriegswirren gleichermaßen erhellen wie verdunkeln. Sein persönlicher Einsatz und seine Motivation zur Rettung der historisch außerordentlich wertvollen stadthistorischen Dokumente wurde lange Zeit unreflektiert als Heldentat gefeiert, doch in jüngster Zeit kritisch hinterfragt.[36] Die genauen Hintergründe der Rückholung der Judaica aus dem Darmstädter Gestapogebäude, die Involvierung des nationalsozialistischen Oberbürgermeisters Heinrich

---

31 Ebd., Schreiben Lübbings an die 24. SS-Standarte vom 21.03.1939.
32 Ebd., Schreiben Lübbings an die SA-Brigade 63 vom 21.03.1939.
33 Aly, Verfolgung (wie Anm. 1), Dok. 125, S. 366, Fernschreiben des Geheimen Staatspolizeiamtes Berlin an alle Stapo- und Stapo-Leitstellen vom 09.11.1938 (23.55 Uhr); und Dok. 126, S. 368, Blitz-Fernschreiben Reinhard Heydrichs an alle Staatspolizeistellen sowie alle SD-Ober- und Unterabschnitte vom 10.11.1938 (01.20 Uhr). Vgl. dazu auch: Musial, Staatsarchive (wie Anm. 15), S. 43-49.
34 Denise Rein, Die Bestände der ehemaligen jüdischen Gemeinden Deutschlands in den „Central Archives for the History of the Jewish People" in Jerusalem, in: Der Archivar 55 (2002), S. 318-325, hier S. 323; Weiser, Archivverwaltung (wie Anm. 15), S. 163; Bernhard Brilling, Archivgut und Dokumentation der Judenverfolgung unter besonderer Berücksichtigung von Nordrhein-Westfalen, in: Der Archivar 13 (1969), S. 157-168.
35 Gerold Bönnen, Beschlagnahmt, geborgen, ausgeliefert. Zum Schicksal des Wormser jüdischen Gemeindearchivs 1938-1957, in: Robert Kretzschmar u.a. (Hg.), Das deutsche Archivwesen und der Nationalsozialismus, Essen 2007, S. 101-115, hier S. 108-112.
36 Vgl. Daniel Cohen, Das Archiv der Jüdischen Gemeinde Worms, in: Bulletin des Leo-Baeck-Instituts 1 (1957/58), S. 118-124, hier S. 120; Rein, Bestände (wie Anm. 34), S. 325. Gerold Bönnen deutet die Rolle Illerts differenzierter. Vgl. Bönnen, Beschlagnahmt (wie Anm. 35), S. 114.

Bartholomäus und die Rettung durch den Bombenkrieg sind aufgrund widerstreitender und unklarer Quellen bisher nicht aufzudecken. Repressionen, persönliche oder berufliche Nachteile sind Illert jedenfalls aus seinem Einsatz für die Dokumente nicht erwachsen, wie Gerold Bönnen festhalten kann.[37] Aus der besonderen Beziehung zwischen Friedrich Illert und den Archivalien leitete der Stadtarchivar auch ein besonderes Mitbestimmungsrecht über das Schicksal der Dokumente ab. In Worms führte somit nicht eine direkte Form der Drangsalierung durch den leitenden Archivar dazu, dass das Stadtarchiv in den Besitz der Judaica kam, sondern eine etwas unklare Verbindung des Archivars mit dem NS-Oberbürgermeister und den Gestapostellen seiner Region.

Mit den Beispielen aus Hamburg und Königsberg ist das Schlagwort der „freiwilligen" Deponierung von Judaica in Archiven verbunden. In Hamburg brannten wie überall im Reich im November 1938 die Synagogen der Hansestadt, die auf eine äußerst vielfältige, differenzierte und über 300 Jahre alte jüdische Tradition zurückblicken konnte.[38] Vergleichbar wie im Falle von Worms folgten ältere Forschungen den Aussagen der tätigen Archivare und der dem Hamburger Staatsarchiv verbundenen Personen in der Schilderung der Rettung der jüdischen Dokumente.[39] Neuere Untersuchungen zeichnen ein weitaus differenzierteres Bild, relativieren den Einsatz einzelner Akteure und betonen die enge Zusammenarbeit und das gute Einvernehmen des Archivs mit den dortigen NS-Stellen und der Gestapozentrale.[40] So konnte nachgewiesen werden, dass das Hamburger Staatsarchiv 1938 nicht durch eine freiwillige Ablieferung jüdische Archivalien erhielt, sondern durch eine Übergabe der Gestapo. Diese hatte gemäß der von Heydrich präzisierten Maßgaben zum Verhalten in der Pogromnacht zahlreiche Dokumente beschlagnahmt und lieferte diese im Dezember 1938 beim Staatsarchiv ab. Dort wurde die Annahme der Archivalien im Eingangsjournal mit dem Vermerk quittiert, dass dies *auf Wunsch des Religionsverbandes* geschehen sei.[41] Über die Gestapo konnte das Staatsarchiv insgesamt über acht Ablieferungen von Judaica aus verschiedenen Provenienzen jüdischen Lebens der Stadt verzeichnen, aber auch einige „freiwillige" Abgaben aus den Händen der jüdischen Gemeinden vermehrten bis 1943 die Bestände des Archivs.[42] Inwieweit man allerdings von einer „freiwilligen" Deponierung sprechen kann, erscheint im Zusammenhang mit der Verfolgung, Deportation und Ermordung der jüdischen Ge-

---

37 Vgl. Bönnen, Beschlagnahmt (wie Anm. 35), S. 111-112.
38 Vgl. aus der Fülle der Literatur zur jüdischen Geschichte Hamburgs stellvertretend die siebenbändige Reihe: Ina Lorenz/Jörg Berkemann, Die Hamburger Juden im NS-Staat 1933 bis 1938/39, Göttingen 2016.
39 Rein, Bestände (wie Anm. 34), S. 322; Peter Honigmann, Geschichte des jüdischen Archivwesens in Deutschland, in: Der Archivar 55 (2002), S. 223-230, hier S. 226; Jürgen Sielemann, Hamburger Gemeindeakten im Staatsarchiv Hamburg, in: Frank Bischoff/Peter Honigmann (Hg.), Jüdisches Archivwesen, Marburg 2007, S. 97-110, hier S. 99; Peter Freimark, Vom Hamburger Umgang mit der Geschichte einer Minderheit, in: Ders. u.a. (Hg.), Juden in Deutschland. Emanzipation, Integration, Verfolgung und Vernichtung, Hamburg 1991, S. 466-477, hier S. 467 f.
40 Sarah Schmidt, Das Staatsarchiv Hamburg im Nationalsozialismus, Hamburg 2016, S. 105. Die akribischen Forschungen Sielemanns in den Diensttakten des Staatsarchivs Hamburg führten dazu, dass er seine ältere Einschätzung revidierte. Vgl.: Jürgen Sielemann, Die personenkundliche Abteilung des Staatsarchivs Hamburg im NS-Staat und in der Nachkriegszeit. Von der Judenverfolgung bis zur „Wiedergutmachung", in: Rainer Hering/Dietmar Schenk (Hg.), Wie mächtig sind Archive? Perspektiven der Archivwissenschaft, Hamburg 2013, S. 141-163, hier S. 150-154.
41 Zitiert nach Lorenz/Berkemann, Hamburger Juden, Bd. 1 (wie Anm. 38), S. 40.
42 Schmidt, Staatsarchiv Hamburg (wie Anm. 40), S. 107-108; Lorenz/Berkemann, Hamburger Juden, Bd. 1 (wie Anm. 38), S. 40.

meinden doch zweifelhaft. Hierbei drängt sich der Vergleich zur „Raubkunst", zu den Zwangsverkäufen von Gemälden und anderer Kulturgüter auf, die durch die Provenienzforschung immer deutlicher zu fassen sind.[43]

In Königsberg suchten Vertreter der jüdischen Gemeinde, zeitweise mit über 4.000 Mitgliedern eine der größten des Reichs, bereits in einem frühen Stadium der Verfolgung durch das Regime und bedeutend früher als in Hamburg den Kontakt zum preußischen Staatsarchiv.[44] Zwar war diese Gemeinde im Vergleich zu anderen Städten recht jung – erst Anfang des 18. Jahrhunderts hatten die Preußen Menschen jüdischen Glaubens die Erlaubnis erteilt, hier zu leben – doch war diese Gemeinschaft prosperierend und mit der Geschichte der Stadt Königsberg eng verwoben. Bevor die jüdische Gemeinde ab 1933 sukzessive verfolgt, entrechtet und schlussendlich ermordet wurde, traf sie – so in der Rückschau des damals handelnden Archivars – Vorkehrungen zum Schutz ihres Archivguts. Vertreter der Königsberger Synagogengemeinde sollen im preußischen Staatsarchiv einen sicheren Hafen für ihr Kulturgut vor den Angriffen der Nationalsozialisten gesehen haben,[45] sodass es zwischen 1933 bis 1937 zur „freiwilligen" Abgabe des historisch wertvollsten Depositums im Staatsarchiv Königsberg kam.[46] In der Rückschau hielt der zuständige Archivar, Dr. Kurt Forstreuter, fest, dass die jüdische Gemeinde in *Zeiten der Bedrängnis* und aus *Sicherheitsgründen* diesen Schritt unternommen hätte[47]: eine recht nüchterne Umschreibung dafür, dass knapp 60 Juden aus Königsberg den Holocaust überlebten. Das Schicksal des Archivs der Synagogengemeinde war jedenfalls ab 1937 mit dem des preußischen Staatsarchivs verknüpft. Darüber hinaus konnten weitere Judaica in Königsberg zusammengezogen werden, wobei man bei diesen Beständen auf keinen Fall von einer freiwilligen Abgabe sprechen kann. Forstreuter unternahm nach Kriegsausbruch *Dienstreisen* – wie es nebulös in seinem Nachruf lautet – im besetzten Polen und Litauen und hatte den Auftrag, Bücher und Archivgut der jüdischen Gemeinden einzusammeln, deren Mitglieder kurz zuvor der Deportation oder Massenhinrichtung zum Opfer gefallen waren.[48] Das Königsberger Staatsarchiv avancierte somit zu der maßgeblichen Sammelstelle für jüdisches Archivgut Ostmitteleuropas.

---

43 Vgl. u.a.: Marcus Kenzler, Herkunft verpflichtet! Die Geschichte hinter den Werken. 101 Schlagworte zur Provenienzforschung, Oldenburg 2017; Wolfgang Stäbler (Hg.), Kulturgutverluste, Provenienzforschung, Restitution. Sammlungsgut mit belasteter Herkunft in Museen, Bibliotheken und Archiven, München 2007; Margarete Rosenbohm-Plate, Hollandmöbel – Auslandsmöbel – Judenmöbel, in: Oldenburger Jahrbuch 103 (2003), S. 169-176.

44 Martin Schürrer, Das „Synagogenarchiv Königsberg" im Staatlichen Archivlager Göttingen. Der Transfer jüdischen Archivguts von Ostpreußen über Niedersachsen nach Israel – 1933–1959, in: Niedersächsisches Jahrbuch für Landesgeschichte 90 (2018), S. 243-267.

45 NLA HA Nds. 50 Acc. 2018/70 Nr. 31, Schreiben Kurt Forstreuters an den Rabbiner Bernhard Brilling in Göttingen vom 29.02.1956. Forstreuter schildert in dem Brief an Brilling, wie Dr. Hugo Falkenheim, ein Mediziner und Dozent an der Albertus-Universität Königsberg, im Namen der Synagogengemeinde 1933 den Kontakt zum Staatsarchiv gesucht hätte. Auf dessen Betreiben hin soll das Depositum der Synagogengemeinde im Königsberger Staatsarchiv eingerichtet worden sein.

46 Schürrer, Synagogenarchiv (wie Anm. 44), S. 244.

47 Kurt Forstreuter, Das preußische Staatsarchiv in Königsberg. Ein geschichtlicher Rückblick mit einer Übersicht über seine Bestände, Göttingen 1955, S. 86.

48 Cordelia Hess, „Some Short Business Trips". Kurt Forstreuter and the Looting of Archives in Poland and Lithuania, 1939-1942, in: Yad Vashem Studies 42 (2014), S. 91-122; Cordelia Hess, The absent Jews. Kurt Forstreuter and the historiography of medieval Prussia, New York 2017. Vgl. dazu auch Karl Heinz Roth, Klios rabiate Hilfstruppen. Archivare und Archivpolitik im deutschen Faschismus, in: Archivmitteilungen 41 (1991), S. 1-10; Stefan Lehr, Ein fast vergessener „Osteinsatz". Deutsche Archivare im Generalgouvernement und im Reichskommissariat Ukraine, Düsseldorf 2007, S. 129.

Allerdings wurden diese Archivalien bei der Evakuierung des Staatsarchivs vor der vorrückenden Roten Armee zurückgelassen und verbrannten in den Kriegswirren.[49] Überlebt hatte aber das Archiv der Synagogengemeinde.

Verschiedene Strategien führten für Staats- wie Stadtarchivare zum gewünschten Erfolg, im Zuge der Zerschlagung des jüdischen Lebens Judaica für ihre Häuser zu gewinnen, obwohl zirkulierende Anweisungen eine Sammlung der Dokumente beim SD und der Gestapo vorschrieben. In diesem Kontext stellen sich allerdings die Fragen, was die Archivare mit diesen Dokumenten bezweckten und welches Interesse die Nationalsozialisten an ihnen hatten, da ihr Vorgehen doch widersprüchlich erscheint. Zum einen wohnt dem Nationalsozialismus das Ziel inne, das Judentum mitsamt seinen Symbolen und Kulturgütern zu vernichten. Zum anderen ist gleichzeitig aber auch ein Wettlauf zwischen verschiedenen NS-Stellen, mit und gegen die Archive, festzustellen, jüdische Dokumente in ihren Zugriff zu ziehen. Als handlungsleitende Motive betonten Archivare in der Rückschau nach 1945 die herausragende Bedeutung der jüdischen Akten für die jeweilige Stadtgeschichte. Hellhörig werden sollte man jedoch bei einer kurzen Notiz aus der Feder Kurt Forstreuters. Dieser brüstet sich nach dem Krieg damit, noch 1939, nachdem die Synagogengemeinde in Königsberg zerschlagen worden und von hier keine weiteren Archivabgaben zu erwarten gewesen waren, aus der Kirchenbuchstelle der Stadt Kopien der jüdischen Personenstandsregister erworben und dem Depositum zugeordnet zu haben.[50] Forstreuter verkaufte dies als große Tat für den Bestand und für die jüdische Forschung. Mit Hilfe dieser Dokumente, im zeitgenössischen Sprachgebrauch auch „Judenregister" genannt, ließen sich Geburten, Todesfälle und Heiraten in den jeweiligen jüdischen Gemeinden nachzeichnen. Damit avancierten sie wie ihre Pendants, die christlichen Kirchenbücher, sowie die standesamtlichen Personenstandsregister, zu Schriftstücken ersten Ranges, um mit ihnen die gepredigte Rassenideologie in die praktische Tat umzusetzen. Die Erstellung von „Ariernachweisen" sowie eine Überprüfung der Wertigkeit des Menschen gemäß den Nürnberger Rassegesetzen und ihre Einteilung in „arisch-jüdische Mischlinge" war mit solchen Quellen möglich. Welch hohen Stellenwert diesen Büchern beigemessen wurde, ist auch daran abzulesen, dass es eine der wichtigsten Aufgaben der im besetzten Polen plündernden deutschen Archivare war, eben jene jüdischen Personenstandsregister aufzuspüren.[51] Im Oldenburger Beispiel, im Falle Hermann Lübbings, kann eindeutig festgestellt werden, dass für den Archivar nicht unbedingt die historische Erforschung der jüdischen Geschichte im Vordergrund stand, sondern eine Quellengrundlage der Rassenuntersuchungen am Staatsarchiv Oldenburg zu schaffen.

Die jüdischen Personenstandsregister waren mehrfach Thema von Schreiben an sein vorgesetztes Ministerium und Lübbing betonte immer die enorme Wichtigkeit dieser

---

49 Schürrer, Synagogenarchiv (wie Anm. 44), S. 248; Hess, Business Trips (wie Anm. 48), S. 119.
50 NLA HA Nds. 50 Acc. 2018/70 Nr. 31, Schreiben Kurt Forstreuters an den Rabbiner Bernhard Brilling in Göttingen vom 29.02.1956.
51 Stefan Lehr, Deutsche Archivare und ihre Archivpolitik im „Generalgouvernement", in: Robert Kretzschmar u.a. (Hg.), Das deutsche Archivwesen (wie Anm. 5), S. 166–174, hier S. 170 und S. 173; Musial, Staatsarchive (wie Anm. 15), S. 126; Zuletzt auch Tobias Winter, Die deutsche Archivwissenschaft und das „Dritte Reich". Disziplingeschichtliche Betrachtungen von den 1920ern bis in die 1950er Jahre, Berlin 2018, S. 257–270.

Register,⁵² die er von der Gestapo eintreiben ließ. In der Hoffnung, noch weiteres Quellenmaterial zusammenzutragen, wandte sich Lübbing im August 1939 sogar an die Synagogengemeinde in Jever und teilte *der Ordnung halber [...] mit, daß sich die jüdischen Register aus den Gemeinden des Landes Oldenburg vor 1875 jetzt im Staatsarchiv Oldenburg befinden und daß von mir jetzt die Auszüge angefordert werden müssen.*⁵³ Sofern die Gemeinde in Jever noch ihre Registratur oder älteres Schriftgut habe, könne dies *zur sicheren Aufbewahrung dem Staatsarchiv überwiesen werden.* Gebühren fielen dafür nicht an, wie er noch mitteilt. Lübbing war ab 1939 zwar im Besitz der Personenstandsregister, doch stand er vor dem Problem, dass er insbesondere die teils bis ins 18. Jahrhundert zurückreichenden, in kurrentem Hebräisch geschriebenen Bücher nicht lesen konnte. An seinen ehemaligen Vorgesetzten und Leiter des Archivs, Hermann Goens, schrieb er daher, und bat ihn, die Schrift zu entziffern.⁵⁴ An verschiedene Personen adressierte Lübbing – je nach Empfänger mal mehr, mal weniger freundlich – solche Briefe bzw. erhob die Forderung, die Bücher für ihn zu übersetzen. Da auch im Oberkirchenrat keine Person für dieses Vorhaben gefunden werden konnte, richtete der Archivdirektor an den nunmehrigen Vorsteher der jüdischen Gemeinde, Leopold Liepmann, die wie einen Befehl zu lesende Aufforderung, *zu veranlassen, daß ein der hebräischen Schrift kundiger Lehrer sich demnächst hier einfindet und im Interesse der jüdischen Gemeinde die Übertragung der hebräischen Schrift in die deutsche vornimmt.*⁵⁵ In der Tat fand sich in dem Lehrer der jüdischen Schule in Oldenburg, Moses Katzenberg, eine fähige und kundige Person, die – wie Lübbing es schreibt – *im Interesse der jüdischen Gemeinde* die Register übersetzen konnte. Diese Formulierung ist eine groteske Verdrehung der Wirklichkeit, bedeutete eine Abstammungsüberprüfung, die Klärung des „Mischlingsgrades", doch nichts anderes als eine Gefahr für Leib und Leben. Das Hamburger Staatsarchiv, das allein 1934 rund 16.000 Auskünfte zu „arischer Abstammung" beantworten musste, leitete Anfragen an das Personalamt der Gauleitung der NSDAP weiter, wenn diese von *Menschen artfremder oder jüdischer Abstammung* kamen.⁵⁶ Nachdem Lübbing von diesem Vorgehen und der Aufstellung einer Kartei in Hamburg über *Juden und Judenmischlinge* aus den Recherchen zu den Ariernachweisen erfahren hatte, bekundete er Interesse, „seiner" Gauleitung Weser-Ems ebenfalls bei der Errichtung einer solchen Kartei zuzuarbeiten.⁵⁷ Archivare stellten sich wissentlich und bereitwillig dem Nationalsozialismus bei der Judenverfolgung zur Verfügung: *Es gibt aber keine praktische Rassenpolitik,*

---

52   Lübbing erhielt aufgrund der Tonlage seiner Berichte sogar einen Rüffel. Vgl. NLA OL Rep 400 Akz. 12 Nr. 63, Vermerk im Ministerium der Kirchen und Schulen vom 21.07.1936: *Die von dem Archivdirektor Dr. Lübbing verfassten Berichte des Landesarchivs sind häufig in gereiztem Tone gehalten und enthalten vielfach bewusste Uebertreibungen. Ich verweise diesbezüglich auf den Bericht des Landesarchivs vom 22. Juni 1936, betreffend Benutzung von Judenakten [...]. Dr. Lübbing wird einmal mündlich darauf hingewiesen werden sollen, dass seine Berichte in ruhigem, sachlichen Tone gehalten sein müssen.*
53   NLA OL Rep 420 Best. 210 Nr. 5484, Schreiben Lübbings an die Synagogengemeinde Jever vom 01.08.1939.
54   Ebd., Schreiben Lübbing an Goens vom 01.03.1939. Goens lehnte aufgrund seiner Grippeerkrankung und fehlender Lesefähigkeit der Kurrentschrift am 10.03.1939 ab.
55   Ebd., Schreiben Lübbings an Leopold Liepmann vom 08.03.1939.
56   Lorenz/Berkemann, Hamburger Juden, Bd. 1 (wie Anm. 38), S. 437-438.
57   NLA OL Inventar Judaica OL VÖ Best. 210 Nr. Y 1-9, Schreiben Lübbings an die Gauleitung Weser-Ems der NSDAP vom 08.03.1938.

ohne die Quellen nutzbar zu machen, welche uns von der Herkunft und dem Werdegang einer Rasse, eines Volkes Kunde geben. Mit anderen Worten, es gibt keine Rassenpolitik, es gibt auch keine Erbbiologie ohne Archive, ohne Archivare.[58] In aller Öffentlichkeit betonte Josef Franz Knöpfler, Generaldirektor der Staatlichen Archive Bayerns, in seinem Vortrag auf dem 26. Archivtag 1936 in Karlsruhe die enge Beziehung des Archivwesens zur Rassenpolitik.[59] Die Verbindung von staatlicher Repressions- und Verfolgungspolitik mit dem Archivwesen war allerdings kein Automatismus. Beispiele von der Ablehnung der Zusammenarbeit bis hin zu willfähriger Unterstützung, entweder aus Überzeugung, Opportunismus oder zum Zwecke des Bedeutungszuwachses für das jeweilige Archiv, lassen sich identifizieren.[60]

Wie im Staatsarchiv Hamburg, das mit der Ausstellung der Ariernachweise ausgelastet war und für diese Zwecke die jüdischen Register von der Gestapo beschaffte,[61] stellte sich auch Hermann Lübbing mit dem Oldenburger Staatsarchiv in den Dienst der NS-Rassenpolitik. Mit besonderen Einsatz – Lübbing hatte sich *die Bearbeitung der Judenfragen vorbehalten*[62] – übernahm er ab 1939 die Aufgabe, Auskünfte aus den jüdischen Registern zu erteilen und die verordnete Eintragung der zusätzlichen Vornamen „Sara" und „Israel" vorzunehmen.[63] Die Quellengrundlage für diese Tätigkeit hatte er in den Monaten und Jahren zuvor mit seiner Doppelstrategie selbst geschaffen. Um schneller und produktiver die anfallenden Anfragen erledigen zu können,

---

58 Josef Franz Knöpfler, Die deutschen Archive und die Familienforschung im neuen Reich, in: Blätter für deutsche Landesgeschichte 83 (1937), S. 180-195, hier S. 180 f. Knöpfler fährt in seiner vom Rassenwahn durchzogenen Rede fort und „rühmt" die bisherigen Leistungen der Archivare: *In wieviel tausend Fällen haben wir* [die Archivare] *über die Herkunft eines Volksgenossen erst den erschöpfenden urkundlichen Beweis erbracht, wenn die Kirchenbücher versagten, wie haben wir insbesondere der Frage der Zersetzung unseres Volkskörpers mit wesensfremden Elementen unsere Aufmerksamkeit gewidmet.*

59 Die bayerische Archivverwaltung verfolgte während des Nationalsozialismus eine zielgerichtete „Erwerbungspolitik", Judaica in Konkurrenz zu den örtlichen NS-Stellen in Besitz zu ziehen. Vergleichbar zu Lübbing war Knöpfler ebenfalls motiviert, in Bezug auf die „Rassenforschung" die Stellung der Archive im NS-System zu festigen. Vgl. dazu: Michael Unger, Zwischen Routine und Raub: Archivalienerwerb im Nationalsozialismus, in: Archivalische Zeitschrift 96 (2019), S. 425-446, hier S. 441.

60 Vgl. u.a.: Peter Pfister, Selbstbehauptung, Kooperation und Verweigerung. „Ariernachweise" und katholische Pfarrarchive in Bayern, in: Robert Kretzschmar u.a. (Hg.), Das deutsche Archivwesen (wie Anm. 5), S. 116-138, hier S. 134-138; Reimund Haas, „Zur restlosen Erfassung des deutschen Volkes werden insbesondere Kirchenbücher unter Schriftdenkmalschutz gestellt". Kirchenarchive im Spannungsfeld zwischen Kooperation und Enteignung 1933-1943, in: ebd., S. 139-152; Johann Peter Wurm, Die Mecklenburgische Sippenkanzlei. Kirchenbücher im Dienste der Ausgrenzung der jüdischen Bevölkerung, in: ebd., S. 153-165. Musial betont, dass durchaus Möglichkeiten bestanden, sich nicht vollends in den Dienst des NS-Regimes stellen zu lassen. Granden des deutschen Archivwesens, wie Albert Brackmann, erhofften sich jedoch eine Aufwertung und bessere Ausstattung der Archive durch die Erstellung der Ariernachweise. Vgl. Musial, Staatsarchive (wie Anm. 15), S. 32-34.

61 Schmidt, Staatsarchiv Hamburg (wie Anm. 40), S. 107-108.

62 NLA OL Inventar Judaica OL VÖ Best. 210 Nr. Y 1-9, Schreiben aus dem Landesarchiv Oldenburg an das Gaupersonalamt der NSDAP Groß-Hamburg vom 04.02.1938.

63 Werner Meiners, Familienforschung in Zeiten von „Abstammungsnachweis" und „Judenkartei". Zum Gedenken an den am 2. September 2010 verstorbenen ehemaligen oldenburgischen Landesrabbiner Leo Trepp, in: Oldenburgische Familienkunde 52 (2010), S. 89-125, hier S. 94-95. Vgl. hierzu die 2018 durch Frau Beate Kreienborg erschlossenen Anfragen jüdischer Bürger beim Staatsarchiv: Gliederungspunkt 6.1 „Anfragen jüdischer Staatsbürger" im Bestand Rep 420 „Niedersächsisches Landesarchiv – Abteilung Oldenburg". www.arcinsys.niedersachsen.de/ (letzter Zugriff: 24.03.2020). Zum Verfahren der „Namensergänzung" in den Staatsarchiven vgl. Hans Globke, Registrierung der Annahme zusätzlicher Vornamen durch Juden in den in staatlichen Archiven befindlichen Judenregistern aus der Zeit vor 1874, in: Mitteilungsblatt der Preußischen Archivverwaltung 2 (1939), S. 21-22.

legte Lübbing eine besondere „Judenkartei" an, die mit Informationen aus den jüdischen Personenstandsregistern befüllt wurde.[64] Zusätzlich wurde mit der „Sippenstelle" 1939 ein weiterer Akteur der „rassenbiologischen NS-Staatsdoktrin" am Staatsarchiv angesiedelt.[65] Hier verquickte sich die völkische Familienforschung mit der „Erbbestandsaufnahme" in der vom Landesfürsorgeverband (LFV) finanziell getragenen und im Staatsarchiv unter Lübbing integrierten Einrichtung. Die Sippenstelle pflegte unter anderem die „Erbgesundheitskartei" mit den „Sippentafeln" des Oldenburger Landes[66], förderte daneben aber auch durch Druckkostenzuschüsse die Sippenforschung[67] und fügt somit dem Bild des Staatsarchivs Oldenburg im Nationalsozialismus eine weitere Facette hinzu.

Die mit der Übernahme der jüdischen Personenstandsregister verbundenen neuen rassenpolitischen Aufgaben gingen mit einem Bedeutungszuwachs des Staatsarchivs einher. Diese neue Rolle war Lübbing nicht bereit im Wettstreit mit den anderen NS-Stellen wieder aufzugeben. Vehement verteidigte er daher die Register und Akten, die er aus jüdischer Provenienz hatte erbeuten können. Der typische NS-Wildwuchs an Behörden, Stellen, Institutionen und Parteiorganisationen, die parallel und gegeneinander an denselben Themen und Aufgaben arbeiteten, machte sich insbesondere auf dem Feld der sog. „Rassenforschung" bemerkbar.[68] Die „Staatsakademie für Rassen- und Gesundheitspflege" in Dresden, der „Sachverständige für Rasseforschung beim Reichsministerium des Innern", die „Forschungsabteilung Judenfrage des Reichsinstituts für Geschichte des neuen Deutschlands" sowie die „Stadt der Reichsparteitage" – das vormalige Nürnberg – verlangten vom Staatsarchiv Oldenburg Akteneinsicht oder Zusendung von jüdischen Dokumenten.[69] Die „Forschungsabteilung Judenfrage" befasste sich vor allem mit der Erfassung von „Mischehen" und „Judentaufen". Diese Abteilung richtete im November 1937 eine Anfrage an das Staatsarchiv und skizzierte kurz das geplante Vorgehen, um alle „Mischehen" reichsweit zu identifizieren. Lübbing antwortete rasch auf dieses Schreiben, dass

---

64 Meiners, Familienforschung (wie Anm. 63), S. 95.
65 Harms, Sippenstelle (wie Anm. 9), S. 99.
66 Die „Sippentafel" war ein dreiseitiger „Sippenbogen", in dem die Erkrankungen und Behinderungen einer Familie einzutragen waren. Diese Tafeln waren die Grundlage zur „Erforschung" der „Erbgesundheit" von Menschen, die gegebenenfalls zur Ermordung, Einweisung in Psychiatrien oder Zwangssterilisationen führten. Vgl. dazu u.a.: Harms, Sippenstelle (wie Anm. 9), S. 100; Martin Finschow, Denunziert, kriminalisiert, zwangssterilisiert. Opfer, die keiner sieht – Nationalsozialistische Zwangssterilisationen im Oldenburger Land, Oldenburg 2008; Ingo Harms, Medizinische Verbrechen und die Entnazifizierung der Ärzte im Land Oldenburg, in: Alfred Fleßner (Hg.), Forschungen zur Medizin im Nationalsozialismus. Vorgeschichte, Verbrechen, Nachwirkungen, Göttingen 2014, S. 78-111.
67 Harms, Sippenstelle (wie Anm. 9), S. 106-108. Vgl. dazu auch: NLA OL Best. 134 Nr. 3639.
68 Das Reichssippenamt war dabei nur ein neuer Gegenspieler des staatlichen Archivwesens. Der Reichsbauernführer, der Reichsarbeitsdienst, die Deutsche Arbeitsfront, die Gaue und die NSDAP bauten ihre eigenen Dokumentensammlungen auf und konkurrierten mit den Staatsarchiven um Archivgut. Vgl. u.a.: Robert Kretzschmar, Überlieferungsbildung im Nationalsozialismus und in der unmittelbaren Nachkriegszeit, in: Ders. u.a. (Hg.), Das deutsche Archivwesen (wie Anm. 5), S. 34-44, hier S. 38; Mathis Leibetseder, Konkurrenz als handlungsleitendes Moment. Zur Politik der Preußischen Archivverwaltung auf dem Gebiet der Archivpflege vor und nach 1933, in: Sven Kriese (Hg.), Archivarbeit im und für den Nationalsozialismus, Berlin 2015, S. 371-405, hier S. 393.
69 NLA OL Inventar Judaica Ol VÖ, Best. 210 Nr. Y 1-9, Staatsakademie für Rassen- und Gesundheitspflege 22.06.1936; Sachverständige für Rasseforschung beim Reichsministerium des Innern 17.08.1933; Forschungsabteilung Judenfrage des Reichsinstituts für Geschichte des neuen Deutschlands 06.01.1937; Stadt der Reichsparteitage 06.11.1937.

deren Quellenauswahl und Vorgehen so nicht zielführend sei: *Zu einer planmäßigen vollständigen Erfassung erscheint der von Ihnen vorgeschlagene Weg noch nicht ausreichend, da er sich auf Zufallsfunde zu sehr beschränkt*, und gab dann noch konkrete Verbesserungsvorschläge.[70] Ernsthafte Gefahr einer erzwungenen Abgabe drohte von diesen Stellen noch nicht, doch namhaftere NS-Größen wandten sich verstärkt den Archivbeständen zu. Im April 1939 befahl Reinhard Heydrich, der Leiter des Reichssicherheitshauptamts, dass sämtliches jüdisches Archiv- und Schriftgut ohne jede Veränderung an die Staatspolizei abzugeben sei.[71] Eine Anordnung, die in Oldenburg noch unterlaufen wurde, doch 1943 rückte das Staatsarchiv endgültig ins Visier des Reichssippenamts.[72] In den Jahren zuvor bemühte sich Lübbing, trotz der Kriegslage die „Rassenanfragen" aus dem Reichssippenamt schnell und zuverlässig zu beantworten,[73] doch den Umweg über das Oldenburger Staatsarchiv war diese „Behörde" bei ihren Untersuchungen nicht mehr bereit zu gehen. An das Oldenburgische Staatsministerium adressierte der Leiter des Reichssippenamts, Dr. Kurt Mayer, ein eindringliches Schreiben und verlangte zu wissen, wo die Oldenburger Register, speziell vor 1856, hingekommen seien, da *das Fehlen der jüdischen Personenstandsregister [...] sich beim Abstammungsnachweis und den gegen die Juden durchgeführten bevölkerungspolitischen Maßnahmen außerordentlich unangenehm bemerkbar* mache.[74] Diese müssten nun endgültig an das Reichssippenamt abgegeben werden! Lübbing schrieb daraufhin an den höchsten Archivar des Reiches, Ernst Zipfel, und erhoffte sich von diesem Rückendeckung.[75] Doch Zipfel forderte Lübbing unmissverständlich zur Kooperation auf. Die jüdischen Register wurden von Zipfel kurzerhand neu deklariert. Es handelte sich fortan nicht mehr um Archivgut, sondern wieder um aktives Verwaltungsschrifttum, das an die neue Behörde, das Reichssippenamt, abzuliefern sei.[76] Dass dieser Schritt nicht mehr erfolgte, liegt wohl darin begründet, dass Lübbing 1943 zur Wehrmacht eingezogen wurde und der Archivbetrieb in Oldenburg zum Erliegen kam.[77]

---

70 NLA OL Inventar Judaica Ol VÖ, Best. 210 Nr. Y 1-9, Antwort Lübbings vom 22.11.1937 auf die Anfrage der „Forschungsabteilung Judenfrage" vom 19.11.1937.
71 NLA OL Best. 134 Nr. 6214, Schreiben Reinhard Heydrichs an alle Regierungen und Innenministerien des Reichs vom 15.04.1939.
72 Vgl. u.a.: Diana Schulle, Das Reichssippenamt. Eine Institution nationalsozialistischer Rassenpolitik, Berlin 2001.
73 Vgl. u.a.: NLA OL Rep 420 Best. 210 Nr. 6472. Das Reichssippenamt fragte 1941 im Staatarchiv an, ob sich eine Eheschließung *in den Verzeichnissen der jüdischen Heiraten* findet, und noch am selben Tag (18.09.1941) sandte Lübbing einen wortgetreuen Registerauszug nach Berlin.
74 NLA OL Rep 420 Best. 210 Nr. 5483, Schreiben des Direktors des Reichssippenamtes Kurt Mayer an das Staatsministerium Oldenburg vom 19.02.1943.
75 Das Oldenburger Archiv war formell nicht der preußischen Archivverwaltung unterstellt, doch lehnte sich Lübbing an diese und an Zipfel persönlich an. Mit der Vereinigung der Leitung des Reichsarchivs, der preußischen Archivverwaltung und des Instituts für Archivwissenschaft war Zipfel zweifelsohne der mächtigste Archivar Deutschlands. In einem Glückwunschschreiben Lübbings an diesen betonte der Oldenburger, dass sich Zipfel *das Vertrauen der außerpreußischen Archivverwaltungen erworben* habe und dass dessen *Verfügungen und Anordnungen auch für das Oldenburgische Landesarchiv von großem Werte* seien. Vgl. Mitteilungsblatt der Preußischen Archivverwaltung 10 (1938), S. 167, Lübbings handschriftlicher Entwurf des Glückwunschschreibens an Zipfel vom 30.09.1938.
76 NLA OL Rep 420 Best. 210 Nr. 5483, Schreiben Zipfels an Lübbing vom 15.03.1943.
77 Schaer, Geschichte (wie Anm. 4), S. 58. Vgl. zu Lübbings Kriegsdienst NLA OL Rep 420 Best. 210 Nr. 5955. Nachdem Lübbing vom 28.08.1939 bis zum 28.08.1940 zunächst Wachdienst an der dänischen Grenze schob, wurde er ab dem 10.09.1943 bis Kriegsende in Griechenland, auf dem Balkan und in Ungarn eingesetzt.

Das Schicksal der jüdischen Archivalien Oldenburgs — 163

Gegen NS-Stellen konnte Lübbing die jüdischen Personenstandsregister und Akten noch erfolgreich verteidigen, doch nach dem Ende des 2. Weltkrieges tauchten aus der Warte des Archivdirektors alte Gegenspieler auf. Lübbing wurde, wie eingangs betont, schnell als politisch Unbelasteter entnazifiziert und führte die Geschäfte des Staatsarchivs ab dem Juli 1945 fort. Im Frühjahr 1948 suchten Vertreter der wiedererrichteten jüdischen Gemeinde für Stadt und Land Oldenburg den Kontakt zum Staatsarchiv und baten höflichst um die Herausgabe der *Kirchenbücher und sonstigen Aufzeichnungen*, um selbst Auskünfte aus ihnen geben zu können.[78] Lübbing benötigte für eine Antwort auf diese Bitte einen Monat. Obwohl das Landrabbinat nicht neu gegründet worden sei, er keine Informationen zur Rechtsform der neuen Gemeinde habe, glaube er doch, ihren Bedürfnissen ein Stück weit entgegenkommen zu müssen. Er überlasse der neuen Gemeinde vorläufig, leihweise, die Amtsbücher des Landesrabbinats – die vor 1875 geführten Kirchenbücher behalte er aber wegen ihres Erhaltungszustandes im Archiv.[79] Auskünfte über Geburten, Heiraten und Todesfälle mussten weiterhin, wie im Nationalsozialismus, vom Staatsarchiv erbeten werden. Der Widerwille des Oldenburger Archivdirektors ist aus jeder Zeile des Schreibens deutlich zu spüren. Um eine weitere Abgabe zu verhindern, war er bestrebt, die neuen politischen und archivischen Strukturen des Landes Niedersachsen für sich zu nutzen. Über die niedersächsische Archivverwaltung in der Staatskanzlei in Hannover, dem neuen archivpolitischen Schrittmacher für das Staatsarchiv Oldenburg, versuchte Lübbing die Dokumente für sein Archiv zu sichern. Sein Hebel sollte ausgerechnet das „Gesetz für die Rückerstattung von Vermögensgegenständen an die Opfer des Nationalsozialismus" sein. Das an die Archivverwaltung in der Staatskanzlei adressierte Schreiben ist es wert, ausführlicher betrachtet zu werden: Lübbing berichtet, *daß das Nds. Staatsarchiv Oldenburg jüdisches Archivgut verwahrt, das seinerzeit bei der Auflösung des Landesrabbinats Oldenburg bzw. der Synagogengemeinde Oldenburg in Verwahrung genommen wurde. Es ist nicht ausgeschlossen, daß damals auch in anderen Staatsarchiven ähnliches jüdisches Archivgut sichergestellt worden ist.*[80] Weiterhin führt er aus, dass *für die Erhaltung des jüdischen Archivguts die Gefahr des Verlorengehens bestehe, wenn es in private Hände überführt werden sollte. Im Interesse der Sicherung des seinerzeit übernommenen Archivguts scheint es daher zu liegen, wenn das Nds. Landesamt für die Beaufsichtigung gesperrten Vermögens zum Schutz des jüdischen Archivguts bis auf weiteres die zuständigen Staatsarchive mit der Verwahrung desselben beauftragt.* Dass die Umstände der Aneignung äußerst verzerrt und beschönigt werden, ist das eine, das andere ist die Intention Lübbings, über das Gesetz zur Rückerstattung an NS-Opfer das Archivgut im Staatsarchiv dingfest zu machen. Ob und wie trotz des zaghaften Neubeginns jüdischen Lebens in Oldenburg und in Deutschland in absehbarer Zeit wieder offizielle Strukturen jüdischen Gemeindelebens wiedererstehen sollten, war vor dem Hintergrund des Holocaust und der Auswanderung der Überlebenden nach Israel doch sehr zweifelhaft. Die 1945 neugegründete jüdische Gemeinde Oldenburgs kämpfte bereits drei Jahre später mit großen finanziellen Nöten um das Überleben

---

78 NLA OL Rep 420 Best. 210 Nr. 5483, Schreiben der Jüdischen Gemeinde für Stadt und Land Oldenburg an Lübbing vom 07.02.1948.
79 Ebd., Schreiben Lübbings an die Jüdische Gemeinde für Stadt und Land Oldenburg vom 08.03.1948.
80 Ebd., Schreiben Lübbings an die Nds. Archivverwaltung in der Staatskanzlei vom 02.07.1949.

und zählte lediglich 20 überwiegend ältere Mitglieder.[81] Die Gemeinde verzeichnete Ende der 1960er Jahre nur noch vier Mitglieder und löste sich 1971 schließlich auf.[82] Lübbings Ansinnen war hingegen von Erfolg gekrönt. Aus der Archivverwaltung bzw. der Staatskanzlei muss eine Zustimmung gekommen sein, sodass die älteren jüdischen Kirchenbücher und weiteres Aktenmaterial dem Staatsarchiv zur Beaufsichtigung übertragen wurden.[83] Eine Herausgabe war ohne Genehmigung des Nds. Landesamts für die Beaufsichtigung gesperrten Vermögens nicht gestattet. Durch die Hintertür schien Lübbing eine unfreiwillige Rückgabe der Judaica wie 1948 für die Zukunft unterbunden zu haben.

Methoden und Motive der israelischen Archivare

Nach dem Zusammenbruch des nationalsozialistischen Regimes nahmen die Archive, wenn auch unter materiell wie personell erschwerten Bedingungen, ihre Arbeit bald wieder auf. Wie Lübbing es in dem oben zitierten Schreiben korrekterweise festhielt, waren Stadt- und Staatsarchive auf unterschiedlichsten Wegen in den Besitz jüdischer Archivalien gelangt. In den ersten Nachkriegsjahren hatte es zwar zaghafte Versuche von überlebenden jüdischen Gemeindemitgliedern gegeben, die Herausgabe ihrer Dokumente in die Wege zu leiten, doch war dies in den seltensten Fällen von Erfolg gekrönt gewesen. In Oldenburg hatte Lübbing lediglich einige Bruchstücke aus dem Archivbesitz hergegeben und weitere Abgaben erst einmal verhindert. Doch ab 1949/50 nahmen die Bemühungen zur Herausgabe jüdischen Kulturguts strukturiertere Züge an. Das Ziel der neuauftretenden Akteure war es allerdings nicht, die Dokumente aus der Hand der Archive in die Obhut der wiederbelebten jüdischen Gemeinden in Deutschland zu übergeben. Im jungen Staate Israel wurde das Projekt *The Ingathering of the Exiles of our Past* mit dem Ziel ins Leben gerufen, in Jerusalem eine zentrale Stelle für die Erforschung jüdischen Lebens in der Diaspora zu schaffen, indem jüdische Archivbestände aus Deutschland und Österreich nach Israel überführt werden sollten.[84] Drei miteinander verschränkte Motive können als Beweggründe der israelischen Archivare identifiziert werden, die je nach Gesprächs- und Verhandlungspartner unterschiedlich betont wurden: Erstens sollten durch die Konzentration der Dokumente in Jerusalem optimale Voraussetzungen ihrer Erforschung

---

81 Thorsten Mack, Der Oldenburger Rechtsanwalt Ernst Löwenstein (1881-1974), in: Oldenburger Jahrbuch 95 (1995), S. 149-165, hier S. 159.
82 Meiners, Oldenburg (wie Anm. 18), S. 1191-1194. Erst 1992 wurde ein zweiter Versuch einer Wiederrichtung der Jüdischen Gemeinde zu Oldenburg (JGO) unternommen, die bis heute aktiv ist. Vgl. https://jg-ol.de/ (letzter Zugriff: 18.03.2020).
83 Das Zentralamt für Vermögensverwaltung in der britischen Zone bestätigte Lübbing am 21.11.1949 die Aufsicht über die jüdischen Archivalien. Am 13.04.1950 zog die Außenstelle Oldenburg des Niedersächsischen Landesamts für die Beaufsichtigung gesperrten Vermögens nach und übertrug dem Staatsarchiv Oldenburg die Kontrolle über die Dokumente, *die ohne Genehmigung des Landesamts weder veräusser(t), noch belaste(t), noch sonstwie in ihrem Wert oder gegenwärtigen Zustand verminder(t), umgestalte(t) oder beschädig(t) werden dürften.* Vgl. NLA OL Rep 420 Best. 210 Nr. 5483.
84 Zentralarchiv zur Erforschung der Geschichte der Juden in Deutschland Bestand B. 1 /7. Nr. 241, englischsprachiges Konzept eines für die Veröffentlichung in der Presse gedachten Artikels vom 18.02.1960. Nach der Beendigung des Projekts 1960 sollen Archivalien aus ca. 600 jüdischen Gemeinden Deutschlands und Österreichs nach Jerusalem überführt worden sein.

geschaffen werden. Zweitens wurde die Zusammenführung der Judaica in Zion als würdiges Denkmal für die vernichteten jüdischen Gemeinden angesehen.[85] Drittens spielten auch zionistische Überzeugungen eine Rolle, denen gemäß das jüdische Volk mitsamt seiner Geschichte und Archivgüter im vorherbestimmten Land endlich seine Heimstätte finden könne.[86] Vehikel der israelischen Ziele wurden verschiedene jüdische Organisationen, die den deutschen Stellen gegenüber als Verhandlungspartner auftraten: Das American Jewish Joint Distribution Committee (Joint) – eine Hilfsorganisation amerikanischer Juden mit Sitz in New York –, die Jewish Restitution Successor Organization (JRSO) – eine Organisation für die amerikanische Zone, der Kul- turarm wurde dann die Jewish Cultural Reconstruction (JCR) –, fernerhin die Jewish Trust Corporation (JTC) in der britischen Zone und das französische Pendant Jewish Trust

Abb. 2: Alex Bein (links) und Daniel Cohen (rechts), The Central Archives for the History of the Jewish People (CAHJP), Nr. 25208

Corporation Branche Française (JTC BF).[87] Interessant ist, dass es israelischen Vertretern gelang, diese Organisationen zu überzeugen, dass in Bezug auf jüdisches Archivgut einzig Jerusalem der richtige Aufbewahrungsort sein könne. Orchestriert und vorangetrieben wurde die Aufspürung eben jener jüdischen Archivbestände und die Verhandlungen zur Abgabe nach Israel vor allem durch zwei Personen: Dr. Alex Bein und Dr. Daniel Cohen (Abb. 2). Beide gehören sie zu der Gruppe der

---

85 Vgl. dazu Rein, Bestände (wie Anm. 34), S. 318.
86 Vgl. NLA HA Nds. 50 Acc. 2018/70 Nr. 31, Schreiben Beins an Grieser vom 19.12.1956.
87 Vgl. zu dem komplexen Thema der Restitution jüdischen Kulturguts und der Rolle der genannten Institutionen u.a.: Elisabeth Gallas, „Das Leichenhaus der Bücher". Kulturrestitution und jüdisches Geschichtsdenken nach 1945, Göttingen 2013; Constantin Goschler/Jürgen Lillteicher (Hg.), „Arisierung" und Restitution. Die Rückerstattung jüdischen Eigentums in Deutschland und Österreich nach 1945 und 1989, Göttingen 2002; Rein, Bestände (wie Anm. 34), S. 318.

aus Deutschland stammenden jüdischen Geisteswissenschaftler, die das Archivwesen im jungen Israel maßgeblich mitaufbauten und prägten.[88] Der 1903 in Bayern auf die Welt gekommene Alex Bein war ein Schüler des großen Historikers Friedrich Meinecke. Bis zum „Gesetz zur Wiederherstellung des Berufsbeamtentums" 1933 wirkte er im Reichsarchiv und stieg in Israel rasch die Karriereleiter hinauf.[89] Daniel Cohen war ein gutes Stück jünger als Bein. Er wurde 1921 in Hamburg geboren, promovierte bereits in Palästina und drückte seit den 1960er Jahren bis zu seinem frühen Tod 1989 dem israelischen Archivwesen in leitender Position seinen Stempel auf.[90] Gemeinsam und getrennt reisten sie in den 1950er Jahren durch Deutschland und Österreich, suchten, redeten und verhandelten auf Grundlage unterschiedlicher Strategien mit Archiven und Behörden.

Wie in Oldenburg meldete in Worms zunächst eine kleine, wiederrichtete jüdische Gemeinde Ansprüche auf das Archivgut an.[91] Das Ansinnen zur Herausgabe der Dokumente verlief allerdings auch durch mangelnden Enthusiasmus von Seiten des Stadtarchivs rasch im Sande. Als dann allerdings der französische Zweig der Jewish Trust Corporation (JTC BF) auf Grundlage der Restitutionsgesetze Ansprüche nicht nur auf das Vermögen und Kultgegenstände, sondern auch auf das Archivgut formulierte, war eine Konfrontation unausweichlich. Die Stadt Worms übernahm die Ansicht ihres Stadtarchivars Illert, der sich durch seine Taten vor 1945 persönlich mit den Dokumenten verbunden fühlte. Die Archivalien seien ein integraler Bestandteil der Stadtgeschichte und sollten im Stadtarchiv verbleiben, bis sich tatsächlich eine neue, lebensfähige jüdische Gemeinde gebildet hätte.[92] Da sich die JTC BF allerdings als legitime Rechtsnachfolgerin der vernichteten Gemeinden sah, kam es zum Prozess, der durch mehrere Instanzen getragen wurde. Jahrelang wurde vor Gericht gerungen, bis sich dieser Streit zu einem Politikum auswuchs. Die rheinland-pfälzische Landesregierung sowie das Bundeskanzleramt mischten sich ein und übten Druck auf die Stadt Worms aus. Die offiziellen Beziehungen zum Staate Israel waren in den 1950er Jahren äußerst delikat und sollten nicht zusätzlich belastet werden.[93] Die Ge-

---

88 Schürrer, Synagogenarchiv (wie Anm. 44), S. 257; Robert Jütte, Der Beitrag deutsch-jüdischer Einwanderer zum Aufbau eines Archivwesens in Israel, in: Der Archivar 43 (1990), Sp. 395-414; Robert Jütte, Die Emigration der deutschsprachigen „Wissenschaft des Judentums". Die Auswanderung jüdischer Historiker nach Palästina 1933–1945, Stuttgart 1991, S. 94.
89 Vgl. dazu auch Beins Autobiographie: Alex Bein, „Hier kannst Du nicht jeden grüßen". Erinnerungen und Betrachtungen, hg. v. Julius Schoeps, Hildesheim 1996, S. 195 ff.
90 Vgl. u.a.: Jütte, Einwanderer (wie Anm. 88), Sp. 404-410.
91 1955 lebten acht jüdische Bürger in Worms. Vgl. Rein, Bestände (wie Anm. 34), S. 325.
92 Hier wie auch im Folgenden: Bönnen, Beschlagnahmt (wie Anm. 35), S. 112-115.
93 Die Beziehungen zwischen der BRD und dem Staat Israel waren in den ersten Jahren ihres jeweiligen Bestehens schwer belastet. 1952 kam es in Luxemburg zum sogenannten „Wiedergutmachungsabkommen", das Entschädigungen für Opfer des Holocaust vorsah. Erst 1965 wurden volle diplomatische Beziehungen zwischen beiden Staaten aufgenommen. Vgl. u.a.: Carole Fink, West Germany and Israel. Foreign Relations, Domestic Politics, and the Cold War, 1965–1974, Cambridge 2019; Angelika Timm, Hammer, Zirkel, Davidstern. Das gestörte Verhältnis der DDR zu Zionismus und Staat Israel, Bonn 1997; Dan Diner, Rituelle Distanz. Israels deutsche Frage, Bonn 2015; Sven Olaf Berggötz, Nahostpolitik in der Ära Adenauer. Möglichkeiten und Grenzen 1949–1963, Düsseldorf 1998; Werner Kilian, Die Hallstein-Doktrin. Der diplomatische Krieg zwischen der BRD und der DDR 1955–1973, aus den Akten der beiden deutschen Außenministerien, Berlin 2001; Niels Hansen, Aus dem Schatten der Katastrophe. Die deutsch-israelischen Beziehungen in der Ära Konrad Adenauer und David Ben Gurion. Ein dokumentierter Bericht, Düsseldorf 2002.

richte entschieden schlussendlich im Sinne der JTC, sodass das Archivgut nach Jerusalem überführt werden konnte. Zum Ausgleich wurden die Dokumente vorher in Worms verfilmt.[94]

In Hamburg mussten Cohen und Bein ebenfalls harte Verhandlungen führen, die in einem Gewirr von Interessen zwischen den israelischen Archivaren, dem Hamburger Staatsarchiv, der JTC und der jüdischen Gemeinde Hamburgs schnell verkanteten.[95] Wie sehr diese Auseinandersetzungen die israelischen Archivare nicht nur rechtlich, sondern auch emotional belasteten, wird aus einem Bericht Cohens an den Zentralrat der Juden deutlich. Darin schilderte er, wie sehr es ihm missfiel, sich mit einem bestimmten deutschen Kollegen aus seiner Hamburger Heimatstadt auseinanderzusetzen, der *sich durch antisemitische Angriffe und Kriecherei vor den Nazis besonders auszeichnete – und mit so einem Mann musste man nun Verhandlungen führen!*[96] Wie in Worms beanspruchten auch in Hamburg einzelne Akteure ein besonderes Mitspracherecht über das Schicksal der jüdischen Archivalien, für die sie sich in irgendeiner Form während des Krieges verantwortlich gefühlt hatten.[97] Doch auch die neue jüdische Gemeinde in Hamburg war nicht unbedingt glücklich darüber, dass ihre israelischen Glaubensbrüder ihre Archivalien nach Jerusalem überführen wollten. Vielerorts entzündeten sich in der Bundesrepublik Konflikte über den richtigen Aufbewahrungsort der Judaica zwischen den fragmentierten, wiedererrichteten jüdischen Gemeinden, den israelischen Archivaren und den jüdischen Organisationen.[98] Weitere Detailuntersuchungen sind vonnöten, um jeweils zu ergründen, welche der drei oben skizzierten Argumente und mit welchem Entgegenkommen schlussendlich an die 600 Archive jüdischer Einrichtungen ihren Weg nach Jerusalem fanden.[99] In Hamburg kam es erst im Dezember 1959 zu einem komplexen Kompromiss, bei dem die Dokumente aufgeteilt wurden. So verblieben Originale in der Hansestadt, die in Kopie ihre Reise nach Jerusalem antraten, und andersherum gingen Akten nach Israel, die dadurch nur noch in Kopie in Hamburg einsehbar sind.[100]

Noch komplexer gestaltete sich die Situation um die Archivalien der Königsberger Synagogengemeinde. Die geraubten Judaica Ostmitteleuropas verbrannten im Kriegsgeschehen, die Archivalien des preußischen Staatsarchivs Königsberg, inklusive des Synagogenarchivs, und Bestände aus weiteren Archiven wurden dagegen in

---

94   Bönnen, Beschlagnahmt (wie Anm. 35), S. 114.
95   Sielemann, Gemeindeakten (wie Anm. 39), S. 100-105.
96   Zentralarchiv zur Erforschung der Geschichte der Juden in Deutschland Bestand B. 1 /7. Nr. 241, Schreiben Daniel Cohens an den Zentralrat der Juden vom 16.11.1958.
97   Sielemann, Gemeindeakten (wie Anm. 39), S. 101.
98   Vgl. zu diesem Themenkomplex: Jürgen Lillteicher, Raub, Recht und Restitution. Die Rückerstattung jüdischen Eigentums in der frühen Bundesrepublik, Göttingen 2007; Ayaka Takei, The „Gemeinde Problem". The Jewish Restitution Successor Organisation and the Postwar Jewish Communities in Germany 1947–1954, in: Holocaust and Genocide Studies 16 (2002), S. 266-288; Rein, Bestände (wie Anm. 34), S. 322; Meiners, Jüdische Gemeindearchivalien (wie Anm. 2), S. 124; Sielemann, Gemeindeakten (wie Anm. 39), S. 102-105.
99   Die Anzahl von 600 Archiven ist dem Konzept des Zeitungsartikels von 1960 entnommen. Vgl. FN 84. Die aktuellen Bestände des CAHJP sind online abrufbar: http://cahjp.nli.org.il/search-holdings/(letzter Zugriff: 18.03.2020).
100 Sielemann, Gemeindeakten (wie Anm. 39), S. 107.

einem Bergwerk in Niedersachsen in Sicherheit gebracht.[101] Durch den sich verfestigenden Systemkonflikt zwischen West und Ost gelang es der niedersächsischen Archivverwaltung, die Verfügungsgewalt über die in ihrem Bundesland gestrandeten wertvollen Archivgüter zu erlangen.[102] Diese Archivalien bildeten das Rückgrat des in Göttingen eingerichteten Staatlichen Archivlagers. Eine ganze Generation an Nachwuchswissenschaftlern verdiente sich an den hier verwahrten Akten aus Königsberg, vielerlei Stadtarchiven sowie Kirchen- und Adelsarchiven Mittel- und Osteuropas ihre ersten akademischen Sporen.[103] Allerdings waren dieses Sonderarchiv Göttingen bzw. seine Bestände hochgradig umstritten. Da hier durch die Wirren des Krieges Archive verwahrt wurden, die eigentlich Städten und Staatsarchiven auf der anderen Seite des Eisernen Vorhangs gehörten, entwickelten sich die Archivalien zu einem Politikum. Im Kalten Krieg wurde der Besitz der Archivgüter politisch und symbolisch aufgeladen, jede Abgabe mit dem *Odium der Auslieferung wertvollen deutschen Kulturgutes* an den „Klassenfeind" verbunden.[104] Daher kam es gar nicht gelegen, als Alex Bein in Göttingen bei dem nun in niedersächsischen Diensten stehenden Kurt Forstreuter vorstellig wurde.[105] In der Rückschau betrachtet, argumentierte Bein für die Herausgabe des Königsberger Synagogenarchivs äußerst geschickt. Er übernahm einfach wortgetreu die Begründung, die Forstreuter publiziert hatte, um das Königsberger Archiv in Niedersachsen zu behalten. Kurz gefasst heißt es bei Forstreuter, dass Menschen die Geschichte ihrer Heimat in sich tragen, und weil die Ostpreußen vertrieben wurden, hätten sie auch ihre Geschichte mitgenommen. Da sich die Geschichte in den Archivalien widerspiegle, gehörten sie nun nach (West-)Deutschland, genauer gesagt, nach Niedersachsen.[106] Bein konnte seinem Kollegen voll und ganz zustimmen. Schließlich sammelte sich nach dem Holocaust aus der Warte des israelischen Archivars das jüdische Volk endlich in seiner biblischen Heimstätte und in exakter Übernahme der Vorstellungen Forstreuters nähmen die Juden ihre Geschichte und somit auch ihre Akten mit.[107] Dagegen konnte Forstreuter schlecht argumentieren, ohne seine eigene Position der Lächerlichkeit preiszugeben und Restitutionsforderungen aus den ehemals deutschen Ostgebieten Tür und Tor zu öffnen. Er bemühte sich zwar, die Abgabe zu hintertreiben, doch da die niedersächsische Archivverwaltung aufgrund der besonderen Situation in Göttingen nicht wie in Worms und Hamburg großes Aufsehen erregen und die jungen Beziehungen zum Staat Israel

---

101 Vgl. zur Evakuierung von Archivgut im 2. Weltkrieg u. a.: Johannes Kistenich-Zerfaß, Auslagerung von Archivgut im Zweiten Weltkrieg. Selbsthilfe der Staatsarchive oder zentrale Steuerung durch den Kommissar für Archivschutz?, in: Sven Kriese (Hg.), Archivarbeit im und für den Nationalsozialismus, Berlin 2015, S. 407-476; Sven Felix Kellerhoff, Ab in die Mitte. Archivverlagerung im Zweiten Weltkrieg, in: Jahrbuch Preußischer Kulturbesitz 51 (2015), S. 327-337.
102 Schürrer, Synagogenarchiv (wie Anm. 44), S. 248-252; Michael Kruppe, Das Staatliche Archivlager in Göttingen (1953–1979). Seine Geschichte, seine Bedeutung, in: Preußenland 6 (2015), S. 126-162.
103 Schürrer, Synagogenarchiv (wie Anm. 44), S. 252.
104 NLA HA Nds. 50 Acc. 135 /96 Nr. 120, Aktenvermerk Carl Haases vom 14.01.1974.
105 NLA HA Nds. 50 Acc. 2018/70 Nr. 31, Schreiben Forstreuters an die Nds. Archivverwaltung in der Staatskanzlei vom 15.09.1956. Forstreuter hatte die Leitung des Göttinger Archivs übernommen.
106 Ahasver von Brandt, Schicksalsfragen deutscher Archive, in: Der Archivar 1 (1948), Sp. 133-140; Erich Weise, Historisch-archivalisches Gutachten, in: Akademie der Wissenschaften Göttingen (Hg.), Zwei Gutachten über die Archive des Deutschen Ordens sowie des altpreußischen Herzogtums, Göttingen 1949; Forstreuter, Staatsarchiv (wie Anm. 47), S. 95.
107 NLA HA Nds. 50 Acc. 2018/70 Nr. 31, Schreiben Beins an Grieser vom 19.12.1956.

nicht gefährden wollte, trat das Synagogenarchiv Königsberg 1956 seine Reise nach Jerusalem an.[108] Vorher wurde als Kompensation jedoch eine Auswahl an Archivalien verfilmt.

Auch in Oldenburg drängten sich die jüdischen Dokumente Anfang der 1950er Jahre wieder in das Bewusstsein Lübbings. Die Anfrage des Rechtsanwalts und Vorstehers der neugegründeten jüdischen Gemeinde, Ernst Löwenstein, ob das *jüd. Kirchenbuch 1851–1875 und sonstige Akten* vom Archiv auch ohne förmliches Verfahren vor dem Wiedergutmachungsamt herausgegeben werden könnten, beschied Lübbing noch eindeutig negativ.[109] Die Dokumente seien in den fachmännischen Händen des Staatsarchivs am besten verwahrt und die Anfragen daraus könnten ohne Probleme beantwortet werden. Er räumt zwar ein, dass die jüdische Gemeinde berechtigte Interessen hätte, doch sei den Gemeindemitgliedern mit dem skizzierten Vorgehen doch wohl *am besten gedient*. Die Situation änderte sich erst ein Jahr später, als die JTC in Gestalt von Dr. Ernst G. Lowenthal Kenntnis von der Existenz der Judaica im Staatsarchiv Oldenburg erhielt.[110] Nach einer Sichtung der Unterlagen im Archiv beantragte die JTC über das Landesamt für die Beaufsichtigung gesperrten Vermögens, welches das Staatsarchiv wenige Jahre zuvor mit der Verwahrung der jüdischen Archivalien beauftragt hatte, die Aushändigung der Judaica. Lübbings Versuch, das Archivgut mittels der externen Verfügungsgewalt des Landesamtes in Oldenburg zu halten, kehrte sich nun gegen ihn: Die Behörde wies Lübbing 1953 unmissverständlich an, die Akten und alle Personenstandsregister auszuhändigen.[111] Anders als in den beschriebenen Beispielen von Worms, Hamburg oder Königsberg erfolgte in Oldenburg keine Verfilmung der Dokumente. Während die Register auch an ihrem Zielort im Heiligen Land ankamen, verblieben die Akten aus einem unbekannten Grund in der Hauptzentrale der JTC in Hamburg, fielen dort der Vergessenheit anheim und wurden erst 2005 wiederentdeckt.[112] Werner Meiners erschloss diesen Bestand und seitdem ruhen sie in Heidelberg im Zentralarchiv zur Erforschung der Geschichte der Juden in Deutschland (Zentralarchiv).[113]

Die jüdischen Personenstandsregister verschwanden nach Jahren des Ringens zunächst aus dem Blickfeld des Oldenburger Staatsarchivs. Erst Ende der 1950er Jahre kam wieder etwas Bewegung in die Angelegenheit, als der herausragende Historiker, Archivar und Rabbiner, Dr. Bernhard Brilling,[114] eine Anfrage an das Staatsarchiv

---

108 Schürrer, Synagogenarchiv (wie Anm. 44), S. 265.
109 NLA OL Rep 420 Best. 210 Nr. 5483, Anfrage des Rechtsanwalts Löwenstein beim Staatsarchiv vom 13.07.1950 und Antwort Lübbings vom 17.07.1950. Zu Löwenstein vgl.: Mack, Löwenstein (wie Anm. 81).
110 Vgl. ebd., Nutzungsantrag Ernst G. Lowenthals vom 19.04.1951 und Schreiben Lowenthals im Namen der JTC an Lübbing vom 07.05.1951. Zu Lowenthal vgl.: Sabine Hering, „Die Arbeit, zu der ein Jude für Juden verpflichtet ist." Ernst Gottfried Lowenthal (1904–1994), in: Dies. (Hg.), Jüdische Wohlfahrt im Spiegel von Biographien, Frankfurt 2007, S. 288-295.
111 NLA OL Rep 420 Best. 210 Nr. 5483, Schreiben des Nds. Landesamts für die Beaufsichtigung gesperrten Vermögens an das Staatsarchiv Oldenburg vom 12.08.1953. Am 18.09.1953 wurden die Unterlagen ausgehändigt.
112 Meiners, Jüdische Gemeindearchivalien (wie Anm. 2), S. 130-131 und S. 133-135.
113 https://zentralarchiv-juden.de/ (letzter Zugriff: 24.03.2020).
114 Zu Brilling vgl. u.a.: Peter Honigmann, Das Projekt von Rabbiner Dr. Bernhard Brilling zur Errichtung eines jüdischen Zentralarchivs im Nachkriegsdeutschland, in: Klaus Hödl (Hg.), Historisches Bewußtsein im jüdischen Kontext. Strategien, Aspekte, Diskurse, Innsbruck 2004, S. 223-241; Peter Freimark/Helmut Richtering (Hg.), Gedenkschrift für Bernhard Brilling, Hamburg 1988.

Oldenburg stellte und nach dem Verbleib der Register fragte.[115] Lübbings Nachfolger Eberhard Crusius[116] musste allerdings eingestehen, dass er aus den Akten zwar ersehen könne, dass diese nach Israel abgegeben worden seien, der genaue Aufenthaltsort dem Oldenburger Staatsarchiv aber nicht bekannt sei. Glücklicherweise verfügte Brilling, der wie Alex Bein und Daniel Cohen vor den Nationalsozialisten nach Palästina geflohen war und dort das Stadtarchiv Tel Aviv mitaufgebaut hatte, nach seiner Rückkehr nach Deutschland immer noch über gute Kontakte zu israelischen Archivaren. Ihm gelang es, den Aufenthaltsort der Personenstandsregister ausfindig zu machen und er trug die Idee an Crusius heran, diese für den Oldenburger Gebrauch verfilmen zu lassen.[117] Mit diesen Informationen versorgt, wandte sich Crusius an Daniel Cohen in Jerusalem und lotete erste Möglichkeiten aus, Filmaufnahmen der Register zu erwerben.[118] Dieses erste Fotoprojekt scheiterte jedoch von oldenburgischer Seite an den Kosten von 164 DM. Erst die folgende niedersächsische Archivarsgeneration befasste sich wieder intensiver mit der Thematik. Daniel Cohen, mittlerweile zum Direktor des Zentralarchivs für die Geschichte der jüdischen Volkes in Jerusalem (CAHJP) aufgestiegen, hatte sich nach der Beendigung des Projekts *The Ingathering of the Exiles of our Past* zum Ziel gesetzt, weitere Quellen zur Geschichte der jüdischen Diaspora zusammenzutragen: *The Central Archives' main concern has always been to gather and save Jewish archives from all over the world – first from communities destroyed in the Holocaust, and afterwards from every place where they are in danger of disappearing.*[119] Soweit es ging, sollten Originalakten aus aller Herren Länder eingeworben werden oder eben Filmaufnahmen von Akten angefertigt werden, die sich mit jüdischen Themen befassen.[120] In Cohens Nachruf wurden diese reiseintensiven und gewiss anstrengenden Bemühungen als „Erkundungs- und Entdeckungsfahrten in Europa" bezeichnet, in die auch Oldenburg einbezogen wurde.[121] Mit dem Staatsarchiv kam zu Beginn der 1970er Jahre ein umfangreiches Austauschprojekt zustande. Cohen bestellte zahlreiche Aufnahmen aus den Rückgratbeständen des Hauses und als Gegenleistung wurden die nach Jerusalem verbrachten Oldenburger Register für die Niedersachsen verfilmt.[122] Der Austausch von Mikrofilmen be-

---

115 NLA OL Rep 420 Best. 210 Nr. 4762, Anfrage Brillings an das Staatsarchiv vom 08.10.1959.
116 Zu Crusius vgl. Schaer, Geschichte (wie Anm. 4), S. 63-66. Lübbing hatte sein Amt 1958 aufgrund seiner angeschlagenen Gesundheit vorzeitig niedergelegt.
117 NLA OL Rep 420 Best. 210 Nr. 4762, Schreiben Billings an Crusius vom 05.11.1959
118 NLA OL Rep 420 Best. 210 Nr. 5483, Schreiben Crusius' an Cohen vom 09.11.1959.
119 Daniel Cohen, Foreword, in: Hadassah Assouline (Hg.), Ginzei Am Olam. The Central Archives for the History of the Jewish People Jerusalem. Inventory No. 1: Judah Leib Magnes Papers 1890-1948, Jerusalem 1979, (ohne Seitenzählung). Vgl. dazu auch: Boaz Cohen, Setting the Agenda of Holocaust Research. Discord at Yad Vashem in the 1950s, in: David Bankier/Dan Michman (Hg.), Holocaust Historiography in Context. Emergence, Challenges, Polemics and Achievements, Jerusalem 2008, S. 255-292, hier S. 280-282.
120 In den 1970er Jahren sandte Cohen mit freundschaftlichen Begleitschreiben den Newsletter des Jerusalemer Zentralarchiv an das Staatsarchiv Oldenburg. Der Newsletter gibt Auskunft über die neuesten Erwerbungen und Publikationen des CAHJP. Aus den niedersächsischen Staatsarchiven konnten regelmäßig auf Mikrofilm gebannte Dokumente gewonnen werden. Vgl. u.a. The Central Archives for the History of the Jewish People, Newsletter 5 (1976), S. 7-10.
121 Ernst G. Lowenthal, Nachruf Daniel Cohen, in: Der Archivar 42 (1989), Sp. 641-642, hier Sp. 641.
122 Mikrofilme mit Kopien von Akten und Findbüchern der Bestände Best. 134, Best. 70, Best. 111, Best. 262, Best. 31 und Best. 96 gingen im Wert von mehreren hundert DM nach Israel. Vgl. NLA OL Rep 420 Best. 210 Nr. 4822. Am 27.10.1972 trafen die Mikrofilme mit den jüdischen Personenstandsregistern in Oldenburg ein. Vgl. NLA OL Rep 420 Best. 210 Nr. 5483, Schreiben des Staatsarchivs Oldenburg an Yad Vashem vom 02.11.1972.

schränkte sich dabei nicht nur auf das CAHJP. Auch aus Yad Vashem wurden ab den 1970er Jahren umfangreiche Mikrofilmbestellungen aufgegeben.[123] Die intensiven Kontakte zwischen Oldenburg und Jerusalem führten sogar zu freundschaftlichen Beziehungen, privaten Briefwechseln und gegenseitigen Besuchen, die im krassen Gegensatz zu den unmittelbaren Nachkriegsverhältnissen stehen.[124] In Oldenburg konnte somit über nachträglich hergestellte Filme wenigstens ein Bruchteil der Informationen wieder zugänglich gemacht werden. Der sich mit den Dokumenten der jüdischen Gemeinde Oldenburg befassende Forscher steht damit weiterhin vor der komplizierten Situation, dass gedruckte Filmaufnahmen in Oldenburg vorliegen, die Originale der Personenstandsregister in Jerusalem zur Nutzung bereit liegen und die in Hamburg wiederentdeckten Akten seit 2005 in Heidelberg im Zentralarchiv verwahrt werden. Eine durchaus komplexe Bestandsgeschichte.

Dass der Besitz an jüdischen Archivalien und die Frage nach dem „richtigen" Aufbewahrungsort weiterhin für Konflikte sorgt, ist sehr deutlich am Beispiel der Israelitischen Kultusgemeinde Wien zu ersehen. Auch hier wurden ab den 1950er Jahren auf Betreiben des skizzierten israelischen Projekts die durch den Krieg geretteten Archivbestände nach Jerusalem überführt. Mit dem Wachsen dieser Gemeinde erwachte Ende der 1990er Jahre ebenfalls wieder das Bewusstsein um ihre alte Geschichte und damit verbunden auch um die Archivalien. Auf Verhandlungswegen war allerdings kein Einvernehmen zwischen Jerusalem und Wien herzustellen. Es folgte eine juristische, archivische und emotional schwierige Auseinandersetzung, die 2011 in einem Prozess gipfelte, der bis zum Obersten Gericht Israels getragen wurde.[125] Auf Anfrage beim Archiv der Israelitischen Kultusgemeinde wurde mitgeteilt, dass das Gericht allerdings keine Entscheidung treffen wollte und beide Seiten zur Kooperation aufrief.[126]

Zusammenfassung

Dokumente der jüdischen Gemeinden Deutschlands rückten sehr bald nach 1933 in den Fokus der nationalsozialistischen Verfolgungs- und Vernichtungspolitik. Doch nicht nur Gestapo, SD, Reichssippenamt und weitere NS-Einrichtungen konkurrierten um den Zugriff auf jüdisches Schriftgut. Auch Staats- und Stadtarchivare suchten Judaica in ihre Magazine zu überführen. In Oldenburg verfolgte der Archivdirektor Hermann Lübbing eine Doppelstrategie. Zum einen übte er einen steten Druck über das Ministerium für Kirchen und Schulen auf die jüdischen Gemeindemitglieder aus, um Archivalienabgaben an sein Staatsarchiv zu erwirken. Parallel dazu scheute er nicht vor direkter Einschüchterung zurück, die in den von ihm initiierten Hausbesu-

---

123 Vgl. NLA OL Dienstakte „Jerusalem. Yad Vashem" Az: 56500.
124 Vgl. die freundschaftlichen Schreiben zwischen Cohen und dem stellvertretenden Archivleiter Dr. Harald Schieckel NLA OL Rep 420 Best. 210 Nr. 4822.
125 Alexia Weiss, Die Wiener Kultusgemeinde verklagt das israelische Zentralarchiv, in: Jüdische Allgemeine vom 17.05.2011, https://www.juedische-allgemeine.de/juedische-welt/632-meter-akten/ (letzter Zugriff: 18.03.2020).
126 Ich danke der Archivarin der Israelitischen Kultusgemeinde Wien, Frau Susanne Uslu-Pauer, für diese Auskunft. Bemühungen zur Rückholung der Dokumente aus Jerusalem bestehen weiterhin. Mit dem United States Holocaust Memorial Museum konnte ein Digitalisierungsprojekt initiiert werden, um dort lagerndes Archivgut in Wien zugänglich zu machen.

chen der Gestapo gipfelten. Eine zunehmende Eskalation und Radikalisierung ist in Lübbings Vorgehen durchaus festzustellen. Vor diesem Hintergrund sollte daher auch nicht von einer „Rettung" einiger jüdischer Dokumente im Staatsarchiv gesprochen werden.[127] Auffällig ist am Oldenburger Beispiel, dass es Lübbing im Kontrast zur einflussreichen preußischen Archivverwaltung gelang, in Bezug auf die Judaica Fakten zu schaffen. Während die preußische Archivverwaltung 1939 auf oberster politischer Ebene letztendlich erfolglos darum kämpfte, die Verfügungsgewalt über die erbeuteten jüdischen Dokumente offiziell übertragen zu bekommen,[128] hatte Lübbing mit seinem Vorgehen im Staatsarchiv das Fundament für eine rassenpolitische Forschungsstelle gelegt. In diesem konkreten Fall ist sogar das Einspannen der Gestapo für die Ziele des Archivs auszumachen. Weitere Detailuntersuchungen zu anderen Archiven im deutschsprachigen Raum könnten daher die von Bernhard Brilling 1969 aufgestellte und seither von der Literatur übernommene These, dass nur in den seltensten Fällen Judaica von der Gestapo an Archive ausgegeben worden seien,[129] modifiziert werden. So lässt sich dieses Vorgehen auch für das Hamburger Staatsarchiv sowie für das Stadtarchiv Worms dokumentieren. Daran schließt sich ebenfalls ein kritisches Hinterfragen der Nachkriegsnarrative der handelnden Archivare zur Motivation und zum Ablauf der Rettung jüdischer Dokumente an. Insbesondere im Hamburger und Wormser Fall konnten bereits ältere Einschätzungen dekonstruiert werden. Für Hermann Lübbing sowie seine Kollegen im Staatsarchiv Hamburg ist eindeutig festzuhalten, dass sie mit der Aneignung der Judaica, vor allem der Personenstandsregister, ihren Beitrag zur Überprüfung von Abstammungsverhältnissen leisten wollten. Ob dies nun aus ideologischen Gründen, Opportunismus, zur Bedeutungssteigerung des Archivs oder im Wettstreit zwischen den NS-Stellen geschah, ist vor dem Hintergrund der Folgen eine akademische Frage, die jedoch die Rolle des Archivwesens innerhalb des NS-Systems weiter erhellt.

Nachdem das deutsche Archivwesen im Anschluss an den Zusammenbruch des Nationalsozialismus in vielen Fällen mit denselben Archivaren wie vor 1945 die Arbeit wiederaufnahm, blieben die Judaica weiterhin umstrittenes Archivgut. Ob die Rückgabeforderungen der den Holocaust überlebenden jüdischen Gemeindemitglieder, wie in Oldenburg in Deutschland flächendeckend an den Archivmauern abprallten, kann nur durch Untersuchungen vor Ort beantwortet werden. Die Strategien der israelischen Archivare in dem Ringen um die Dokumente unterschieden sich fallbezogen. Das Einspannen von jüdischen Organisationen, die Durchführung persönlicher Verhandlungen und die Übernahme der Argumentationsmuster niedersächsischer Archivare, die Archivgut aus dem verlorenen Osten behalten wollten, lassen

---

127 Das Gros der Unterlagen dürfte zudem im Pogrom 1938 verbrannt sein.
128 Vgl. Musial, Staatsarchive (wie Anm. 15), S. 48-49. Am 27. Januar 1939 kam es im Reichsinnenministerium zu einer Sitzung zwischen Vertretern der preußischen Archivverwaltung, des SD, Gestapo, Reichssippenstelle, Partei sowie des Reichsinstituts für die Geschichte des neuen Deutschlands. Beschlossen wurde hierbei, dass die im Herbst 1938 beschlagnahmten jüdischen Dokumente bei der Gestapo und in einer im Reichssicherheitshauptamt einzurichtenden speziellen Sichtungsstelle verbleiben sollten. Nach dem Abschluss aller rassenpolitischen Auswertungen sollten die Judaica an die zuständigen Staatsarchive abgegeben werden.
129 Brilling, Archivgut (wie Anm. 8), S. 161. In dieser Form bei Weiser, Archivverwaltung (wie Anm. 15), S. 164 zu finden.

sich ebenso identifizieren wie das Anrufen von Gerichten und die Verfilmung von Beständen, um eine weitere Nutzung in Deutschland zu ermöglichen. Dass politische Implikationen in Gestalt des angespannten Verhältnisses zu Israel, des Ost-West-Gegensatzes und der deutschen Ostpolitik eine Rolle bei den Verhandlungen spielten, ist beim Wormser Beispiel und vor allem beim Umgang mit dem Synagogenarchiv Königsberg im Archivlager Göttingen plastisch zu greifen. Die Sammlung der Judaica in Jerusalem entsprach wohl nicht immer den Wünschen der kleinen wiedererrichteten jüdischen Gemeinden, doch scheinen sie in den Auseinandersetzungen zwischen deutschen und israelischen Archivaren sowie den jüdischen Institutionen die schwächste Position eingenommen zu haben. Ergebnis all dieser Entwicklungen ist, dass Archivgut deutschsprachiger Synagogengemeinden in Israel und selbst in Deutschland an verschiedenen Stellen zu finden ist.

Kurt Dröge

Trauscheine mit Bildschmuck

Zu einer Urkunde von Pastor Bultmann aus der Oldenburger Lambertikirche

Als 1875 im gesamten Deutschen Reich die Zivilehe obligatorisch wurde, reagierten manche Territorialkirchen damit, künstlerisch ausgestattete Trauscheine für alle Paare einzuführen, die sich auch weiterhin kirchlich trauen ließen: gedacht als Anreiz oder gar als „Belohnung". In anderen Kirchenprovinzen wurde zum Teil über mehrere Jahrzehnte hinweg über den Umgang mit Bildschmuck auf Trauscheinen diskutiert, nachdem diese Sitte sich auf Konfirmationsscheinen bereits früh etabliert hatte. Die druckgrafischen Trauungs-Blätter sollten die Trauung testieren, als Andenken an sie erinnern, zu einem christlichen Lebenswandel ermutigen und nach Möglichkeit zugleich als häuslicher Wandschmuck dienen. Als kurz darauf mehrere Verlage vorgedruckte Formulare mit verschiedenartiger bildlicher Ausschmückung anboten, ergab sich vielerorts eine unterschiedliche Praxis im Umgang mit den künstlerisch dekorierten Blättern.

Die Diskussionen und unterschiedlichen Einschätzungen betrafen die Sorge, die Zahl der kirchlichen Trauungen könne angesichts der staatlichen Vorgaben rasch erheblich zurückgehen. Mit Ausnahme von Berlin erwies sich diese Sorge in den nachfolgenden Jahrzehnten und noch über den Ersten Weltkrieg hinaus zwar als unbegründet, blieb aber als innerkirchliches Diskussionsthema bestehen mit der Konsequenz, dass auf landeskirchlicher und gemeindlicher Ebene differierende Entscheidungen zur künstlerisch-bildlichen Ausstattung von auszustellenden Trauscheinen fielen. Diese in ihrer Art neuen religiösen Kunstblätter wurden, in einem kleinen, überschaubaren Rahmen, damit durchaus auch zu Bestandteilen des theologisch umstrittenen „Bilderkampfes".

Im Oldenburgischen ging die Entwicklung insgesamt sehr zögerlich vonstatten. Ein, soweit bislang bekannt, erster Beleg für „Trauschein-Kunst" stammt aus der Oldenburger Lambertikirche.[1] Dort stellte 1904 Pastor Arthur Bultmann eine besondere *Erinnerung an den Tag der Trauung* aus. Nicht nur als Vater des berühmten Theologen

---

1 Privatbesitz.

Anschrift des Verfassers: Hon.-Prof. Dr. Kurt Dröge, Thorner Str. 21, 26122 Oldenburg, diekmann-droege@t-online.de

Rudolf Bultmann (1884–1976) ist er in Oldenburg und der Oldenburgischen Landeskirche kein Unbekannter – er selbst war als Gemeindepfarrer tätig und wurde später zum Kirchenrat ernannt.[2]

Bei der *Erinnerung* handelte sich um ein Trauschein-Formular, dessen Bildmotiv von dem evangelischen Künstler Carl Andreae (1823–1904) entworfen worden war, der unter anderem als sächsischer Hofmaler bekannt geworden ist. Die Druckgrafik war 1883 im Verlag Velhagen & Klasing in Bielefeld erschienen, ist in nicht geringen Auflagenhöhen produziert und vertrieben worden und avancierte über mehrere Jahrzehnte in manchen nordwestdeutschen, insbesondere westfälischen Kirchenregionen zu einem beliebten bildlichen Andenken an die kirchliche Trauung. Der Verlag führte eine vehemente überregionale Werbekampagne für diese seine *Prachtausgabe* durch, was auch in Oldenburg den Ankauf einer (allerdings unbekannten) Anzahl von Exemplaren nach sich zog.

Erstmals erhielt auf diesem Schein die kirchliche Trauurkunde, die zuvor durchweg schlicht und bis auf sparsame Bordüren schmucklos gewesen war, nicht nur einen opulenten Schmuckrahmen, sondern auch ein zentrales Abbildungsmotiv: Zu sehen ist Christus, der ein Brautpaar segnet und umgeben ist von einer größeren Gesellschaft aus Jüngern, Frauen, Alten und Kindern. Nur die vier Krüge am äußersten Bildrand rechts unten verweisen noch auf das ursprüngliche biblische Abbildungsmotiv: das Weinwunder auf der Hochzeit zu Kana.

Denn aus der Darstellung des Weinwunders ist hier, in einer tiefgreifenden ikonografischen Umdeutung und neuen Funktionalisierung, die allerhöchste Segnung des Brautpaares geworden. Zugrunde lagen einer solchen Darstellung inhaltliche, ikonografische und künstlerische Veränderungen, die im Verlauf des 19. Jahrhunderts Raum griffen. Die Verwandlung des Wassers zu Wein als Hauptmotiv rückte in vielen Abbildungen, etwa in Gemälden, aber auch didaktischen Darstellungen, immer mehr zur Seite oder in den Hintergrund. In den Fokus wurde immer häufiger und deutlicher die anlassgebende Hochzeit gestellt, mit Vorläufern in der frühneuzeitlichen Malerei, die dem Festbankett der Hochzeitsfeier bereits oft große visuelle Aufmerksamkeit geschenkt hatte.

Neu war und sich auszubreiten begann die künstlerische Auffassung, die Segnung des Brautpaares durch Christus in Bildern der Hochzeit zu Kana zum zentralen Bildmotiv zu machen und die Weinkrüge fast als Reminiszenz am Rande zu behandeln. Dabei kam in den meisten Fällen die bürgerliche Hochzeitsgesellschaft des 19. Jahrhunderts mit ihrem ausgeprägten Festgebaren ins Blickfeld. Indem solche Darstellungen, wie hier im Falle der Komposition von Andreae, als Abbildungsmotive für Trauscheine gewählt wurden, versuchte man, sie mit einem Identifikationsangebot zu füllen. Die „allerhöchste" Segnung nicht nur des Trauungsaktes, sondern auch des Hochzeitsfestes sollte von den Paaren, die dieses „kirchengemeindeoffizielle" Gedenkblatt geschenkt bekamen, bewusst übernommen und in Erinnerung behalten werden – in einer möglichst sichtbaren und alltäglichen Erinnerung, denn auch die-

---

2 Vgl. etwa die Personalakte von Arthur Bultmann: Nds. Landesarchiv, Abt. Oldenburg (NLA OL) Best. 250 OKR Oldenburg, Generalia A 29a – 250/XXIX, B 174. Die ebenfalls im Oldenburger Landesarchiv (Best. 297 D 87) verwahrte Stammbaum-Akte der Familie Ramsauer-Bultmann ist allerdings, auch für andere kirchengeschichtliche Zusammenhänge, von größerem Interesse.

Trauscheine mit Bildschmuck – Zu einer Urkunde von Pastor Bultmann — 177

Abb. 1: Künstlerisch dekorierter Trauschein aus der Oldenburger Lambertikirche, ausgestellt von Pfarrer Arthur Bultmann 1904 (Privatbesitz)

Abb. 2: Holzschnitt mit der Segnung des Brautpaares durch Christus (Hochzeit zu Kana) von Carl Andreae als zentrales Bildmotiv des Trauscheins (Ausschnitt)

ses konkrete Blatt ist, so wie viele andere, als Wandschmuck mit einem Bilderrahmen versehen worden.

Religiöse und alltagskulturelle Gehalte hat der Künstler Andreae miteinander verbunden, indem links von Christus seine biblische Gefolgschaft (mit Johannes) angedeutet ist und sich auf der rechten Seite eine bürgerliche Familie als Hochzeitsgesellschaft befindet. Man darf ikonografisch und motivisch hier wohl von einer Profanisierung des Weinwunders sprechen. Aus technischer Sicht handelt es sich um einen Holzschnitt, dem keine größere stilistische Eigenständigkeit zugesprochen werden sollte. Dessen traditionsbezogen-gemüthafte Wirkung, welcher im Rahmen der kaiserzeitlichen Kunst auch nationale Komponenten zugeschrieben werden können, korrespondiert mit der gewohnten protestantisch-einfarbigen Schlichtheit im Sinne zeitgenössischer Forderungen: „Hier tritt die altdeutsche Kunst neu verjüngt der Gegenwart nahe".[3]

Zugleich sind das spätnazarenisch-konservative Bildmotiv und die vorgedruckten und eingetragenen Texte aber auch von einem – gold-bunten – gedruckten Schmuckrahmen umgeben, dem die zeitgenössischen Kritiker ob seiner Attraktivität geradezu huldigten: „Zuerst die prächtige Umrahmung mit feiner Renaissancezier, weiß auf hellbraunem Grunde, in den Ecken und auf beiden Langseiten als Rundbilder die

---

[3] Christliches Kunstblatt 1859, Nr. 13, S. 100 f. u. a. über Carl Andreae.

vier Evangelistensymbole und einerseits ein Engel mit den Taufgefäßen, andrerseits ein gleicher mit Kelch und Hostie; ganz oben in der Breitseite das Lamm Gottes, unten das Kreuz, beide im Achtpass, auf blauem Grunde, mit welchem auch in den beiden Langseiten noch vier Quadrate mit weißer Filigranzier eingesetzt sind."[4]

In den Genuss dieses religiösen Blattes mit Urkundencharakter kam ausweislich des pastoralen handschriftlichen Eintrags am 6. Februar 1904 das Brautpaar Alfred Felix Arthur Schambach und Alma Johanne Christine Theilen. Den Eheleuten soll hier keine weitere Aufmerksamkeit gewidmet werden. Ihre kirchliche Vermählung wurde von Pastor Bultmann dokumentiert unter dem verlagsseitig vorgedruckten Bibelvers: *Siehe, ich bin bei euch alle Tage bis an der Welt Ende* (Matth. 28, 20) sowie mit dem handschriftlich eingetragenen Trauspruch: *Nun aber bleibt Glaube, Hoffnung, Liebe, diese drei* (1. Korinther 13, 13).

Der hier als Trau-Pastor agierende Arthur Kennedy Bultmann wurde 1854 in Kent in Sierra Leone/Westafrika als Sohn eines Missionars geboren und stammte mütterlicherseits von der Oldenburger Pfarrersippe Ramsauer ab. Er hatte zehn Geschwister und verstarb 1919 in Oldenburg. Als er im Jahre 1904 den Trauschein ausstellte, hatte sein Sohn Rudolf soeben, im Jahr zuvor, seine Gymnasialzeit in Oldenburg beendet und zu studieren begonnen.[5] Kurze Zeit später, bereits 1906, begehrte Rudolf Bultmann beim *Großherzoglichen evangelischen Oberkirchenrat zu Oldenburg* die Zulassung zur

Abb. 3: *Pastor Arthur Kennedy Bultmann mit seiner Frau Helene geb. Stern, um 1900 (UB Tübingen, Nachlass Rudolf Bultmann, Mn2)*

---

4 Christliches Kunstblatt 1883, Heft 4, S. 61.
5 Vgl. Konrad Hamman, Rudolf Bultmann. Eine Biographie, Tübingen 2009, S. 6 ff.

ersten theologischen Prüfung, war hernach, im Anschluss an das erfolgreich abgelegte Examen, ein Jahr lang an seiner früheren Schule, dem Großherzoglichen Gymnasium in Oldenburg, als Lehrer tätig und begann 1907 seine akademische Laufbahn.[6]

Derweil war sein Vater seit 1897 in der Kirchengemeinde Oldenburg an der Lambertikirche tätig, seit 1901 als „dritter Stadtpfarrer"[7], nachdem er zuvor in Neuenburg, Wiefelstede und Rastede Gemeindepastor gewesen war.[8] Arthur Bultmann hat diverse Chroniken angelegt und von ihm ist im Wiefelsteder Pfarrarchiv auch ein längerer Predigttext zum Erntedankfest 1888 erhalten geblieben. Diese Predigt ist als „ein eindrucksvolles Dokument der ursprünglichen biblizistisch geprägten theologischen Position"[9] des Pfarrers Arthur Bultmann bezeichnet worden, von der er sich später, während des Theologiestudiums seines Sohnes Rudolf, entfernte.

Im Rahmen der zum Teil heftigen theologischen Diskussionen, die zwischen Reichsgründung und Erstem Weltkrieg auch in allen Kreisen der Oldenburger Kirche geführt wurden, hat sich nicht zuletzt Arthur Bultmann engagiert. Wohl auch unter dem Einfluss seines Sohnes wurde er zu einem vehementen Vertreter des liberalen Protestantismus. Er trat 1904 dem Oldenburger evangelischen Predigerverein bei, in dem sich 1872, nach Krieg und Reichsgründung, die liberalen Theologen in Oldenburg zusammengeschlossen hatten in Gegenposition zu den bis dahin das kirchliche Leben bestimmenden Neulutheranern. Arthur Bultmann soll in den ersten Jahren gelegentlich seinen Sohn Rudolf zu den Vereinssitzungen als Gast mitgebracht haben.[10]

Als nach dem Ende des Ersten Weltkriegs dann reichsweit die Diskussionen um den obligatorischen Religionsunterricht an der Schule entbrannten und rasch auch in Oldenburg geführt wurden, schaltete sich der inzwischen, seit 1916, im Ruhestand befindliche Kirchenrat Arthur Bultmann mit einem Vortrag ein und bezog, abweichend von der offiziellen und Mehrheitsmeinung der evangelischen Kirche, in deutlich liberalerer Form Stellung. Die Druckfassung des Vortrags erschien 1919 im Oldenburgischen Schulblatt unter dem Titel *Staat – Kirche – Religion – Schule* und kam auch als Sonderdruck heraus. Im selben Jahr starb Bultmann.[11]

Bultmann votierte „klar für eine radikale Trennung von Staat und Kirche und damit für den Verzicht auf Privilegien. Seine Fragen an die mit Eifer engagierten kirchlichen Lobbyisten lauteten schlicht: [...] *Entspricht es dem Wesen einer wahrhaft christlichen Kirche, dass sie sich für ihre Zwecke der Zwangsjacke des Staates bedient?* Damit wurde im Kampf der Interessen zur Selbstbesinnung aufgerufen, die vermutete Beschneidung

---

6 Vgl. Reinhard Rittner (Hg.), Rudolf Bultmann und Oldenburg, Oldenburg 2002.
7 Die Prediger des Herzogtums Oldenburg seit der Reformation, Oldenburg o. J., S. 166.
8 Vgl. Hartwig Thyen, Bultmann, Rudolf Karl, in: Biographisches Handbuch zur Geschichte des Landes Oldenburg, Oldenburg 1992, S. 102.
9 Werner Zager, Unveröffentlichte Dokumente aus der Frühzeit Rudolf Bultmanns – Arthur und Rudolf Bultmann als liberale Theologen, in: Ders., Liberale Exegese des Neuen Testaments: David Friedrich Strauß – William Wrede – Albert Schweitzer – Rudolf Bultmann, Neukirchen-Vluyn 2004, S. 135-138, hier S. 135.
10 Vgl. hierzu und zum Folgenden Rolf Schäfer (Hg.), Oldenburgische Kirchengeschichte, Oldenburg 1999, S. 448-452 (Schäfer) sowie S. 666-670 (Rittner).
11 Nachruf in: Oldenburgisches Kirchenblatt 25 (1919), S. 99.

der Kirche im revolutionären Umbruch relativiert und vor einer Verwechslung von Institution und Religion gewarnt. Bultmanns schul- bzw. kirchenpolitisches Programm empfahl denn auch keinen *kirchliche(n) Konfessionsunterricht, sondern staatliche(n) Religionsunterricht*. Ihm lag am Herzen, dass jeder künftige Staatsbürger *zu eigner lebendiger Religion* komme, und zwar im freien Spiel der Kräfte. Dazu müssten alle Schüler Kenntnisse in Religion erhalten. [...] Daher sei auch eine konfessionelle Bindung unwesentlich, gerade in der Pluralität könnte die Schule zu Toleranz erziehen."[12] Allerdings stand Arthur Bultmann mit dieser Einstellung recht allein in der Pfarrerschaft Oldenburgs, die seine Haltung „auf das Entschiedenste" zurückwies. Vielleicht darf auch die Entscheidung Bultmanns, im Jahre 1904 einen bildlich dekorierten Trauschein zu verwenden, als Ausnahme und als Ausdruck einer gewissen nonkonformen Liberalität gesehen werden. Jedenfalls war es in der Oldenburger Landeskirche zu dieser Zeit offenbar wenig üblich, Trauungen auf diese Weise erinnernd und anschaulich gemahnend zu begleiten. Kirchenamtliche Vorschriften, Empfehlungen oder zumindest Diskussionen über den Gebrauch solcher konkreten Trauscheine könnten bei gezielter Suche vielleicht an dieser Stelle noch aufklärend weiterhelfen. Die Vergabepraxis hat sich jedenfalls sicherlich weitestgehend an tradierte Sitten gehalten, für welche die evangelische Bildlosigkeit wohl allererstes Gebot war und blieb. An dieser Stelle hatte der ja durchaus opulent wirkende Schein etwas Innovatives und Repräsentatives, das der Lambertikirche als Hauptkirche Oldenburgs möglicherweise gut zu Gesicht stand – zumindest nach der Auffassung eines ihrer Pfarrer.

Gut stützen lässt sich diese Interpretation durch die Aktenüberlieferung im Archiv der Kirchengemeinde Oldenburg. Denn mit dem Dienstantritt von Arthur Bultmann an der Oldenburger Kirche 1897 ist auch erstmals, im Rechnungsjahr 1897/98, der Ankauf von Trauscheinformularen bezeugt. Zuvor sind in Oldenburg ausweislich der Rechnungsbücher der Kirchengemeinde[13] jedenfalls keine aufwändigeren Trauscheine beschafft und wohl auch nicht ausgeteilt worden. Für „12 Reichsmark" wurden nun einige Blätter von der Oldenburger Buchhandlung Eschen & Fasting bezogen. Zu deren Inhabern gehörte Andreas Eschen, der über seine „Christliche Buchhandlung" Glaubensgespräche initiierte und 1908 den Vorsitz der *Vereinigung für Gemeinschaftspflege und Evangelisation* in Oldenburg übernahm, der Vorgängerin der *Landeskirchlichen Gemeinschaft*, die unter anderem missionarisch tätig war und Evangelisationen durchführte.[14]

Dieser erstmalige Bezug von Trauscheinen setzte sich in den Folgejahren, durchaus in Regelmäßigkeit, bis zu dem 1904 ausgestellten Schein und wohl auch noch darüber hinaus fort. In jedem Jahr wurde ein- bis dreimal eine jeweils unterschiedliche Menge an Trauscheinen bestellt und abgerechnet. Da es sich durchweg um kleine Mengen handelte, wurde ganz offenbar immer nur das geordert, was durch anstehende Trauungen erforderlich war. Und da es sich immer um dieselbe Buchhandlung und ver-

---

12 Reinhard Rittner in der Oldenburgischen Kirchengeschichte (wie Anm. 10).
13 Oldenburger Kirchenrechnungen für die Jahre 1889 ff., hier 1897/98 im Archiv der Kirchengemeinde Oldenburg. Für die kollegiale Hilfe sei Torben Koopmann und Ralph Hennings herzlich gedankt.
14 Vgl. Volker Burggräf, Strukturanalytische Untersuchung der freikirchlichen christlichen Gemeinden in Oldenburg, Magisterarbeit, Oldenburg 2002, S. 41 f.

gleichbare, in Relation zum Aufwand und zur Menge von Konfirmationsscheinen geringe Kosten gehandelt hat, wird man davon ausgehen dürfen, dass in allen Fällen ein und derselbe Trauschein von Velhagen & Klasing zur Anwendung kam – von welchem also höchstwahrscheinlich in den Jahren um die Jahrhundertwende etliche Exemplare an junge Ehepaare ausgestellt worden sein dürften.

Bei Eschen & Fasting sowie bei mehreren weiteren Oldenburger Buchhandlungen wurden für die Oldenburger Kirchengemeinde parallel in konstanter Stetigkeit unterschiedlichste Formulare für kirchliche und Verwaltungszwecke erworben; allein in den Jahren um 1900 waren als einschlägige Geschäftspartner zu verzeichnen: die Schulzesche Hofbuchhandlung (A. Schwartz), Buchdruckerei C. Meyer, Adolf Littmann, Bültmann & Gerriets, H. Hintzen, Oncken oder Fa. Drewes & Süßmann. Von der Druckerei Stalling wurden bereits 1890/91 Taufscheine bezogen, die wahrscheinlich keinen Bildschmuck aufwiesen, von denen freilich bisher kein Beleg aufgetaucht ist. Später folgten diverse Taufscheine anderer Lieferanten, 1902/03 etwa 1.000 „Taufbescheinigungen" von Littmann, die mit Sicherheit undekoriert waren. Da im gesamten deutschsprachigen Raum künstlerisch dekorierte Taufscheine selten sind und aus Oldenburg bisher kein Exemplar aus dieser frühen Zeit bekannt ist, wird es sich hier generell um weitgehend schmucklose Formulare gehandelt haben – der Begründungszusammenhang wie bei der Zivilehe existierte an dieser Stelle ja nicht.

An vorgefertigten Drucksachen benötigt wurden weiterhin etwa Beerdigungsscheine, sogenannte *Trostblätter*, von denen eine kleine Anzahl jährlich angeschafft wurde, Reservierungskarten für Konfirmationsgottesdienste, biblische Anschauungsbilder für das *Confirmanden-Zimmer* oder die obligaten Konfirmationsscheine – letztere in deutlich größter Anzahl und Regelmäßigkeit bei zugleich beträchtlicherem Kostenaufwand. Dass bereits seit mindestens 1889 in stetiger Form Bibeln als Geschenke zur feierlichen Begehung der Goldenen Hochzeit im örtlichen Buchhandel geordert wurden, kann durchaus überraschen – zudem gab es zu dieser Zeit bereits „Ehejubiläumsmedaillen" nicht nur zu Goldenen, sondern auch zu Diamantenen Hochzeiten.

Man kann bei der Betrachtung der bildgeschmückten *Erinnerung an den Tag der Trauung* von 1904 einen weiteren Fund hinzunehmen, einen Konfirmationsschein des Jahres 1877 aus Oldenburg. Er stammt ebenfalls aus dem evangelischen Verlag Velhagen & Klasing, und zwar aus einer Standardserie von einschlägigen Konfirmationsblättern, und zeigt den Segnenden Christus des Künstlers Carl Bertling. Durch Blätter wie dieses wird (neben der Neuerung, auch Trauscheine zur Verteilung zu bringen) zugleich eine Kontinuität sichtbar in der Beibehaltung von Stil und Ausrichtung von kirchlichen Schmuckblättern bei gleichzeitiger Weiterführung der Verlagswahl. Die religiösen, vor allem die Konfirmationsscheine des Verlages Velhagen & Klasing wurden demnach fast traditionell von der Oldenburger Gemeinde benutzt – wenngleich sicher nicht ausschließlich, denn etwa 1889 wurde laut Rechnungsbuch auch ein Konvolut Blankoformulare zur Konfirmation vom Verlag Bertelsmann, ebenfalls im Ravensbergischen, bezogen (wahrscheinlich ebenfalls mit dem Segnenden Christus als Motiv). Wie Velhagen & Klasing verfügte auch Bertelsmann, bei aus ikonografischer Sicht ähnlicher Anlage der produzierten Blätter, im Nordwesten über ein gut funktionierendes Vertriebsnetz und eine nicht unbeträchtliche, verlässliche Abnehmerschaft.

Später, im Verlauf des ersten Drittels des 20. Jahrhunderts, haben sich (die) Oldenburger Pfarrer ähnlich verhalten wie viele ihrer Amtsbrüder, indem sie nicht mehr biblische Motive, sondern die Heimatkirche auch bildlich auf Konfirmationsscheinen dokumentierten – entweder mit einer Außenansicht, mit einer zeichnerischen oder fotografischen Innenaufnahme oder mit einer mehrgliedrigen Kombination von Bildern. Hiervon kündet im Archiv der Kirchengemeinde auch eine originale Zeichnung der Oldenburger Lambertikirche „für einen Konfirmationsschein", die möglicherweise für den einschlägig tätigen Verlag Borkmann in Weimar gefertigt worden ist.[15]

Solche Formulare zur Konfirmation, die als deutlich veränderte Identifikationsangebote der heimatlichen Kirchengemeinde an ihre Angehörigen aufgefasst werden müssen und auch in der Umgebung Oldenburgs eine Zeitlang verbreitet waren, haben sich im Genre der Trauscheine für Oldenburg bislang nicht auffinden lassen – im Gegensatz zu anderen Kirchenregionen wie etwa Sachsen.

Von Pastor Bultmann werden sich sicherlich noch weitere Konfirmationsscheine aus der Lambertikirche nachweisen lassen, wie ein Exemplar von 1903, das sich in Privatbesitz befindet.[16] Der hier beschriebene, konkret vorliegende Trauschein bildet freilich das einzige ältere bisher aus Oldenburg bekannte und in gerahmter Form erhalten gebliebene Exemplar seiner Gattung. Nicht zuletzt in Verbindung mit dem ausstellenden Pfarrer Arthur Bultmann darf das gerahmte Blatt darum wohl als Seltenheit und Besonderheit betrachtet werden. Dies gilt umso mehr, als das Formularmotiv des Malers Carl Andreae auf eine besondere und vielleicht auch umstrittene Weise eine vielschichtige Bedürfnislage der evangelischen Kirchen gegen Ende des 19. Jahrhunderts befriedigt hat in einer Grundsituation verbreiteter Unsicherheit. Letztlich hat, nicht nur, aber auch in Oldenburg gerade dieses Blatt maßgeblich zur Etablierung und kulturellen Aufwertung, aber auch zur Kommerzialisierung der neuen druckgrafischen Bild-Gattung „Trauschein" beigetragen.[17]

---

15 Archiv der Kirchengemeinde Oldenburg, allg. Bestand, XIII, Nr. 13, „Bewegliche Sachen".
16 Mit einem Dank an Udo Elerd, der dieses Exemplar in einem Nachlass entdeckt hat. Es zeigt den mit einem Wanderstab versehenen „Anklopfenden Christus" und ist das entsprechende Formular der Agentur des Rauhen Hauses, Hamburg.
17 Zur Genese und Entwicklung der künstlerisch dekorierten Trauscheine über Oldenburg hinaus vgl. das Buch des Verfassers: Trauscheine als pfarramtliche Gebrauchskunst, Norderstedt 2020.

Ralph Hennings

Das Lutherbild der Christuskirche in Oldenburg

Im Gemeindesaal der Christuskirche in Oldenburg hängt ein Lutherbild. Der Raum stammt aus den achtziger Jahren, die Kirche ist in den fünfziger Jahren des 20. Jahrhunderts erbaut. Man würde nicht vermuten, dass hier ein Lutherbild hängt, das aus der Zeit unmittelbar nach Luthers Tod stammt. Doch am Ende der Recherchen zur Herkunft dieses Bildes steht eben dieses Ergebnis. Im folgenden Text wird der zeitliche, räumliche, politische, kirchliche und künstlerische Ursprung des Bildes beschrieben. Es ist also eine Art kirchengeschichtlicher Provenienzforschung.

Reaktionen auf Luthers Tod

Als Martin Luther am 18. Februar 1546 in Eisleben starb, erfuhr Philipp Melanchthon bereits am nächsten Tag in Wittenberg davon. Er war erschüttert und ihm war bewusst, welchen Verlust er persönlich, die Universität Wittenberg und die Reformationsbewegung erlitten hatten. Melanchthon verfasste daraufhin eine lateinische Leichenrede für Martin Luther, die er am 22. Februar in der Schlosskirche hielt. Während er daran arbeitete, tat er aber auch noch etwas Anderes. Melanchthon besaß eine der kleinen Zeichnungen, die Luthers *famulus* Wilhelm Reiffenstein 1545 angefertigt hatte. Er hatte sie auf die Innenseite des Rückendeckels in Melanchthons Ausgabe des Neuen Testaments hineingezeichnet. Dieses Buch schlug Melanchthon auf und versah das Luther-Porträt von eigener Hand mit kleinen Kreuzen, die den Reformator wie ein Sternenkranz umgeben, er trug das Sterbedatum und den Ort des Begräbnisses ein und über den Kopf Luthers setzte er einen Satz, der sich von nun an immer wieder mit Luther-Porträts verbunden hat: *Pestis eram vivus moriens ero mors tua Papa* (d.h. „Lebend war ich dir eine Pest, sterbend werde ich dein Tod sein, Papst!"). Unter Bild und Text setzte Melanchthon noch den lateinischen Hoffnungs- und Glaubenssatz: *Et mortuus – vivit* (d.h. „Ist er auch tot – er lebt!").[1]

---

1 Zu Luthers Tod und Melanchthons Erhalt des Sterbeberichtes am 19.2. vgl.: Armin Kohnle, Einleitung, in: Ders. (Hg.), Luthers Tod. Ereignis und Wirkung (Schriften der Stiftung Luthergedenkstätten in Sachsen-Anhalt 23), Leipzig 2019, S. 15-31, hier S. 22. Zu Melanchthons Umschrift um das Luther-Porträt vgl.: Oskar Thulin, Melanchthons Bildnis und Werk in der zeitgenössischen Kunst, in: Walter Elliger (Hg.), Philipp Melanchthon. Forschungsbeiträge zur vierhundersten Wiederkehr seines Todestages dargeboten in Wittenberg 1960, Göttingen 1961, S. 180-193, hier S. 189.

Anschrift des Verfassers: PD Pastor Dr. Ralph Hennings, Alexanderstr. 62A, 26121 Oldenburg, hennings@lambertikirche-oldenburg.de

Damit begann direkt mit Luthers Tod die Luther-Erinnerung.[2] Die Bedeutung des schon zu Lebzeiten in hohen Auflagen verbreiteten Luther-Porträts wandelte sich von der evangelischen Bildpropaganda zur evangelischen Erinnerungskultur. Zugleich wurde der von Luther selbst als „Epitaphium" – also als Gedenkspruch – bezeichnete Satz *Pestis eram vivus moriens ero mors tua Papa* als Prophezeiung verstanden, deren Erfüllung noch ausstand. So gewann dieser Satz den Charakter einer Verheißung über den Tod Luthers hinaus. Er wurde in der Zeit unmittelbar nach Luthers Tod häufig verwendet, nicht nur von Melanchthon, der ihn spontan als Ausdruck der Trauer nutzte für die nun zum Erinnerungsbild gewordene Zeichnung Luthers in seinem Neuen Testament.

Die politische Lage nach 1546

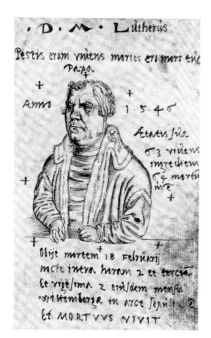

Abb. 1: Oskar Thulin, *Melanchthons Bildnis und Werk in der zeitgenössischen Kunst*, in: Walter Elliger [Hg.], *Philipp Melanchthon. Forschungsbeiträge zur vierhundersten Wiederkehr seines Todestages dargeboten in Wittenberg 1960*, Göttingen 1961, Tafel 13

Als Luther 1546 starb, musste er damit rechnen, dass nach seinem Tod die Bewegung der Reformation sich zersplittern und schließlich vom Kaiser überrollt würde. Und beinahe wäre es so gekommen. Denn nur ein Jahr nach Luthers Tod erlitten die evangelischen Fürsten im Kampf gegen Kaiser Karl V. eine empfindliche militärische Niederlage. Daraufhin wurde auch das Machtgefüge in Sachsen, dem Mutterland der Reformation, verändert. Die Kurfürstenwürde ging auf die albertinische Linie der sächsischen Herzöge über und damit gerieten auch Stadt und Universität Wittenberg in den Besitz dieses anderen Zweiges der sächsischen Herzöge, der Luther nicht wohlgesinnt war.[3] Damit war das reformatorische Bollwerk aus Luther, seiner Universität und seinem Herzog zerbrochen. Nun konnte der Kaiser 1548 das Augsburger Interim durchsetzen. Das bedeutete eine faktische Re-Katholisierung der evangelisch gewordenen Länder und Städte. In Wittenberg distanzierte sich auch noch Melanchthon, der engste Mitarbeiter Luthers, öffentlich von Luther und stimmte dem Augsburger Interim zu. Das war für die an Luther orientierten Zeitgenossen ein einschneidendes Erlebnis. Die schon lange kur-

---

2 Zu Melanchthons weiterer Beteiligung am Gedenken unmittelbar nach dem Tod Luthers vgl.: Christine Mundhenk, Abschied vom Wagenlenker. Melanchthons Schriften zu Luthers Tod, in: Kohnle (wie Anm. 1), 159-175. Die Autorin geht leider nicht auf die Bildquelle in Melanchthons Neuem Testament ein.
3 Zum Schmalkaldischen Krieg und seinen fatalen Folgen für die sächsischen Kurfürsten aus der Linie der Ernestiner, vgl. Günther Wartenberg, Die Schlacht bei Mühlberg in der Reichsgeschichte als Aus-

sierenden Ängste vor dem Untergang der Welt waren scheinbar Wirklichkeit geworden.
In dieser Situation wurde Luther furchtbar vermisst. Die Evangelischen brauchten ihn als Orientierungshilfe. So begannen einige Theologen, seine Werke zu sammeln und in dicken Folianten herauszugeben. Andere stellten Zitate aus Luther-Schriften zusammen und veröffentlichten sie als kleine Schriften, die mehr Menschen erwerben konnten. Daneben entstanden auch poetische Ehrungen bzw. Erinnerungen an den Reformator, zum Teil kombiniert mit Lutherbildern.[4] Bilder Luthers, die schon zu Lebzeiten viel verbreitet waren, wurden jetzt vermehrt aufgelegt. Ihr Charakter veränderte sich aber. Jetzt wurden Bilder angefertigt, einerseits, um Luther im Gedächtnis zu behalten, und andererseits, um die evangelischen Christen zu ermutigen.[5] Dabei nehmen die Lutherbilder in den Jahren nach seinem Tode das Thema der Endzeit auf. Luther erscheint jetzt als der wiedererschienene Prophet Elia, der das Ende der Zeiten angekündigt hat.[6] Man erinnert sich jetzt auch an Aussprüche Luthers, in denen er seinen Ängsten vor dem Untergang der Welt Ausdruck verliehen hat.

Das Lutherbild der Christuskirche in Oldenburg

In dieser von Ängsten und Unruhen geprägten Situation ist das Lutherbild entstanden, das in der Christuskirche in Oldenburg hängt. Es ist ein wertvolles Zeugnis aus dieser dramatischen Zeit, als der evangelischen Bewegung der Untergang drohte und man dringend die Vergewisserung brauchte, dass die „Lutherischen" nicht von Gott verlassen waren und immer noch der rechten Sache dienten. Zu diesem Zweck ist dies Bild geschaffen worden.

Das Relief

Das Bild zeigt Martin Luthers Gesicht als Halbrelief. Das Halbrelief wird vor allem in der Bildhauerei verwendet, hier ist es aber in einer Mischtechnik angewandt worden. Die Lutherfigur ist aus Papiermaché gearbeitet und auf einer Tafel befestigt worden, die übrige Fläche der Holztafel ist mit Ölfarben bemalt. Die Tafel wird eingefasst von einem hölzernen Rahmen mit einer schmalen Vergoldung auf der Innenseite. Die Außenmaße sind 62,5 x 75 cm.

einandersetzung zwischen protestantischen Fürsten und Kaiser Karl V., in: Archiv für Reformationsgeschichte 89 (1998), S. 167-177.
4 Zur allgemeinen Rolle der Bildpublizistik in der Reformationszeit vgl. Michael Schilling, Bildpublizistik der frühen Neuzeit. Aufgaben und Leistung des illustrierten Flugblatts in Deutschland bis um 1700, Tübingen 1990. Zur poetischen Memoria vgl.: Stefan Rhein, Poetischer Abschied von Luther, in: Kohnle (wie Anm. 1), S. 177-208.
5 Vgl. Doreen Zerbe, „Lutherus et alii". Porträts der Wittenberger Reformatoren als identitätsstiftendes Element im konfessionellen Zeitalter, in: Frank Günter / Maria Lucia Weigel (Hg.), Reformation und Bildnis. Bildpropaganda im Zeitalter der Glaubensstreitigkeiten (Kunst und Konfession in der frühen Neuzeit 3), Regensburg 2018, S. 15-30.
6 Vgl. Thomas Kaufmann, Das Ende der Reformation. Magdeburgs „Herrgotts Kanzlei" (1548-1551/2), (BhTh 123), Tübingen 2003, S. 374f.: „In dem Maße, in dem man Unheilsankündigungen Luthers als zutreffend erfuhr, wuchs auch die Überzeugung, daß seine Vorhersage eines Niedergangs des Papsttums eintreten würde. Das in der Zeit des Interims häufig zitierte Wort Luthers 'Pestis eram vivus, moriens ero mors tua, Papa' war ein evangelisches Hoffnungswort, dem man vertraute und von dem an glaubte, es sei eine 'prophecey', die wie andere Prophezeiungen des 3. Elia [sc. Luthers, R.H.], 'auch nit fehlen' werde.

Abb. 2: Lutherbild in der Christuskirche Oldenburg, Foto: Ralph Hennings

Die Darstellung Luthers folgt dem Bildtypus des „alten Luther" von Lucas Cranach d.J., der sich seit 1539 nachweisen lässt, sie ist allerdings in die Dreidimensionalität übersetzt worden. Luther ist barhäuptig im schwarzen Gelehrten-Talar dargestellt, dessen Kragenaufschlag am Hals zu erkennen ist, dazu trägt er eine rote hochgeschlossene Weste, darunter einen weißen Hemdkragen mit einer Schleife aus schwarzem Band.[7] Dies ist nach dem Tod Luthers der am weitesten verbreitete Bildtypus des Reformators.[8]

Das Lutherbild der Christuskirche in Oldenburg — 189

Abb. 3: Martin Luther, Gemälde von Lucas Cranach d.J. (1546), aus: Cranach, Luther und die Bildnisse. Thüringer Themenjahr „Bild und Botschaft", Ausst.-Kat. 2016, hg. v. Günter Schuchardt, Regensburg 2015, S. 117

---

7 Vgl. Günter Schuchardt, Privileg und Monopol. Die Lutherporträts der Cranach-Werkstatt, vor allem den Abschnitt: Lucas Cranach d.J. – Der gealterte Luther, Bildnisse ab 1539, in: Cranach, Luther und die Bildnisse. Thüringer Themenjahr „Bild und Botschaft", Ausst.-Kat., hg. v. Günter Schuchardt, Regensburg 2015, hier 45f.

8 Schuchardt (wie Anm. 7), S. 116: „Das Porträt des barhäuptigen alten Luthers setzt 1539 ein [...] Spätestens dieser Bildtypus weist auf den endgültigen Generationswechsel im Hause Cranach hin. Nach Hans Cranachs Tod 1537 übernahm Lucas Cranach d.J. dessen Aufgaben bei Werkstattorganisation und -leitung. Doch so häufig wie man vermuten könnte hat diese Charakterdarstellung Luthers zu dessen Lebzeiten die Cranach-Werkstatt gar nicht verlassen. Erst 1546 und in den folgenden Jahrzehnten nimmt die Zahl dieser Bilder zu".

Um sein Porträt ist ein erhabenes goldenes Schriftband gesetzt. Typischerweise erwartet man bei solchen Schriftbändern, dass der Name und die Lebensdaten darauf stehen. Das ist hier aber anders, denn die Lebensdaten Luthers stehen unten auf dem Bild in einem Schriftfeld, während im Schriftband ein Ausspruch Martin Luthers steht. Die verbleibende Fläche der Bildtafel ist mit Engelsköpfen geschmückt, die im Stil der Renaissance gearbeitet sind.

Das Schriftfeld

Im Schriftfeld am unteren Rand des Bildes stehen die Worte: *Anno Salutis nostrae MDXLVI Die XVIII Februaris obiit s.[anctus] doct.[or] Martinus Lutherus. Propheta Germaniae. Aetatis suae LXIII*, zu deutsch: „Im Jahr unsres Heils 1546, am 18. Tag des Monats Februar, starb der heilige Doktor Martin Luther, Prophet Deutschlands im Alter von 63 Jahren".

Damit sind zwei Aussagen über Luther getroffen, die uns heute so nicht mehr geläufig sind. Zum einen ist es die locker eingeflochtene Heiligsprechung Luthers mit dem kleinen Buchstaben „s." vor seinem Namen.[9] Zum anderen ist es die Bezeichnung „Prophet".

Die Heiligsprechung Luthers ist durchaus als Weiterführung der mittelalterlichen Heiligenverehrung zu verstehen, die aber nun in einem neuen, evangelischen Deutungshorizont erscheint. Luther wird in der bedrängenden Zeit nach 1548 wahrgenommen als exemplarische Figur eines Christen, der sich allein an Christus und allein an der Schrift orientiert, der allein auf die Gnade Gottes und auf den Glauben vertraut. Daran wollten sich die bedrängten Evangelischen weiterhin ausrichten und sie nahmen Martin Luther zum Vorbild. Er wurde ihr Heiliger – und in gewissem Sinne ist er es bis heute geblieben.

Luther als Heiliger und Prophet in den Jahren nach seinem Tod

Die Bezeichnung „Heiliger Martin Luther" erscheint aus heutiger Sicht befremdlich, denn war nicht das Abschaffen der Heiligenverehrung ein Anliegen der Reformationsbewegung? Bis heute dient der Unterschied in der Heiligenverehrung als konfessioneller Identitätsmarker. Aber es zählt zur Komplexität der frühen Neuzeit, dass die Reformation nicht nur Brüche hervorbrachte, sondern auch Fortführungen des mittelalterlichen Denkens in den evangelischen Territorien. In der kleinen Kirche in Kromsdorf (nahe Weimar) etwa gab es einen Flügelaltar, dessen Reste sich heute im Thüringer Museum in Eisenach befinden. Die Besonderheit eines der Altarflügel ist, dass nach 1546 eine Figur ersetzt wurde. Zwischen Augustinus und Nikolaus wurde in der oberen Reihe der Heiligen eine Figur von Martin Luther eingesetzt. Entweder ersetzte sie eine fehlende Figur, oder es wurde ein anderer Heiliger für Martin Luther

---

9 Wolfgang Runge, Kirchen im Oldenburger Land III, Oldenburg 1988, 155 deutet das „s." schamhaft in *sapiens* um. Er geht wohl davon aus, dass Luther nicht als „heilig" bezeichnet werden könnte. Das ist aber nicht so. Die Bezeichnung Luther als „heilig" findet sich in der Zeit unmittelbar nach seinem Tod häufiger. Vgl. Robert Kolb, For all the Saints. Changing Perceptions of Martyrdom and Sainthood in the Lutheran Reformation, Macon/GA (Mercer University Press) 1987, S. 103-138.

Das Lutherbild der Christuskirche in Oldenburg — 191

Abb. 4: Luther als Heiligenfigur im Altar von Kromsdorf bei Weimar (nach 1546) heute im Museum Eisenach, aus: Cranach, Luther und die Bildnisse. Thüringer Themenjahr „Bild und Botschaft", Ausst.-Kat. 2016, hg. v. Günter Schuchardt, Regensburg 2015, S. 122

entfernt. So wurde Luther in dieser Gemeinde in die Reihe der Heiligen aufgenommen. Die Darstellung der Lutherfigur von Kromsdorf entspricht dem oben beschriebenen Altersbild Cranachs.

Durch die Bezeichnung als „Heiliger" und als „Prophet der Deutschen" wird Luther „in die Heilsgeschichte eingefügt und mit ihr verwoben".[10] Damit übernehmen die Lutheraner ältere Traditionen der Deutung der nachbiblischen Geschichte als Heilsgeschichte. Sie fügen die überragende Gestalt Luthers nach seinem Tod in die Heilsgeschichte ein, indem sie ihn im Rückblick auf sein Leben und Werk zum Heiligen erheben.

Die Rolle als Prophet, die Luther schon zu Lebzeiten beanspruchte, wirkt nach seinem Tod weiter, sie verändert sich aber nun: Luther ist nicht mehr nur der vollmächtige prophetische Verkünder der Wahrheit des Evangeliums. Nach seinem Tod werden seine Worte als Prophezeiungen auf die Zukunft gelesen. Die Menschen hatten das Gefühl, dass Luther vieles von dem, was jetzt eingetreten war, vorhergesagt hatte. Seine Worte erschienen als echte Prophezeiungen, die sich erfüllten.

Das Schriftband

Eines dieser Worte setzte der Künstler dieses Lutherbildes in das Schriftband. Es ist der schon erwähnte Ausspruch Luthers *Pestis eram vivus, moriens ero mors tua, papa*. Dieser Vers lässt sich zum ersten Mal 1530 belegen. Luther beschreibt in diesem lateinischen Hexameter seine Rolle in der Welt – Gegenspieler des Papstes zu sein. Luther soll selbst gesagt haben, dass er sich diesen Satz als Epitaph, also als Gedenkspruch, gewünscht hat.[11]

Im Schriftband wird der Textfluss durch zwei dekorative Elemente unterbrochen. Eine größere Ranke auf der linken unteren Seite des Kreises markiert Anfang bzw. Ende des Verses. In der Mitte über Luthers Kopf findet sich eine Rose, die auf Luthers Siegel, die „Lutherrose", verweist.

Als Luther tot war, war das Papsttum noch nicht besiegt. Im Gegenteil, die Lage für die Evangelischen war kritisch. Wenn Luther wirklich ein Prophet war, dann gehörten die militärischen und politischen Ereignisse der ausgehenden 1540er Jahre zu den letzten Zuckungen des vermeintlich besiegten Papsttums. Sie wären demnach letzte Schlachten in einem endzeitlichen Kampf gewesen, der letztlich von der göttlichen Wahrheit, die die Reformation wieder ans Licht gebracht hatte, gewonnen werden würde.[12]

---

10 Susanne Wegmann, Der sichtbare Glaube. Das Bild in den lutherischen Kirchen des 16. Jahrhunderts (Spätmittelalter, Humanismus und Reformation 93), Tübingen 2016, S. 226.
11 Luther scheint den Gedanken sogar bereits 1522 formuliert zu haben, gegen die die altgläubigen Bischöfe gerichtet formulierte er: „lebe ich, so bin ich eure Pestilenz, sterbe ich, so bin ich euer Tod", vgl. Julius Köstlin, Gustav Kawerau, Martin Luther. Sein Leben und seine Schriften, 2 Bde., Berlin 1903, Bd. 2, 199. Die prägnantere lateinische Fassung hat er am 8. oder 9. Oktober 1530 in Altenburg im Hause Georg Spalatins gedichtet, sie formuliert den Gedanken nun in Bezug auf den Papst: „Pestis eram vivens, moriens voco mors tua, papa" (WA TR 1 Nr. 844), vgl. ebd., S. 244. Luther wiederholt am 26. Februar 1537 in Schmalkalden den Vers und bezeichnet ihn im Voraus als „Epitaph", also als Gedenkspruch: „Mein epitaphium sol war bleyben: Pestis eram vivens, moriens ero mors tua, papa" (WA TR III, Nr. 3543A).
12 Zur Apokalyptik der Gnesio-Lutheraner vgl.: Andreas Holzem, Christentum in Deutschland 1550-1580. Konfessionalisierung – Aufklärung – Pluralisierung, Bd. 1, Paderborn 2015, S. 265: „Die Deutung

Das prophetische Wort war durch Luther schon gesprochen, jetzt musste es sich nur noch erfüllen.

Deshalb nutzte Johannes Bugenhagen dieses Luther-Zitat schon in diesem Sinne als Schlusswort seiner Trauerpredigt bei Luthers Beerdigung: „wir sollen bitten Gott den Vater im namen des Sons, unsers Herrn Jhesu Christi, das er umb seines namens willen thun wolle, und erfüllen, und war machen das Epitaphium und Prophecey, welches ihm unser lieber Vater, D. Martinus, selbs gemacht hat: *Pestis eram vivus, moriens tua mors ero, Papa ...*“.[13]

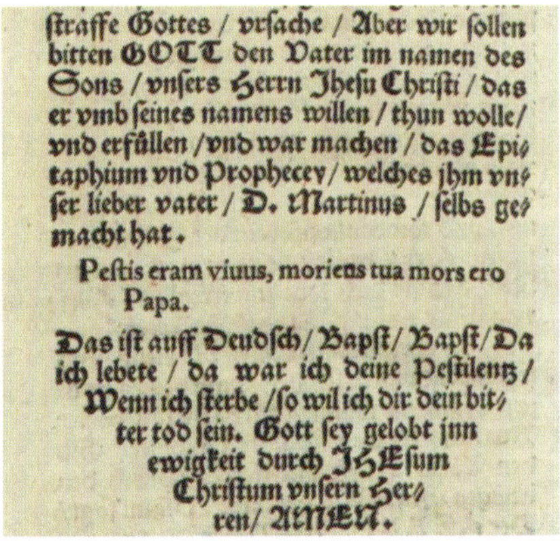
straffe Gottes / vrsache / Aber wir sollen
bitten GOTT den Vater im namen des
Sons / vnsers Herrn Jhesu Christi / das
er vmb seines namens willen / thun wolle/
vnd erfüllen /vnd war machen / das Epitaphium vnd Prophecey/ welches jhm vn-
ser lieber vater / D. Martinus / selbs gemacht hat.

Pestis eram viuus, moriens tua mors ero
Papa.

Das ist auff Deudsch/ Bapst/ Bapst/ Da
ich lebete / da war ich deine Pestilentz/
Wenn ich sterbe /so wil ich dir dein bit-
ter tod sein. Gott sey gelobt jnn
ewigkeit durch JHEsum
Christum vnsern Her-
ren/ AMEN.

Abb. 5: aus: Johannes Bugenhagen, Eine Christliche Predigt, 1546

Anders als Melanchthon, der sein privates Lutherbild unmittelbar nach Luthers Tod mit diesem Spruch verzierte, richtete Bugenhagens Predigt bereits den Blick über den Tod hinaus auf das weitere Schicksal der evangelischen Bewegung, der er die Erfüllung von Luthers prophetischem Satz wünschte.

Das Interim und der innerevangelische Streit

1546, unter dem unmittelbaren Einfluss von Luthers Tod und Beerdigung, konnten mit Bugenhagen und Melanchthon zwei der engsten Mitarbeiter Luthers die Situation mit dem Rückgriff auf Luthers Spruch deuten. Melanchthon schrieb ihn in sein Neues Testament, Bugenhagen benutzte ihn bei der Leichenpredigt. Wenn sich schon 1546 verschiedene Akzentsetzungen bei Melanchthon und bei Bugenhagen feststellen lassen, so verschärfen sich innerevangelische Dissense in der Folgezeit. Spätestens als Melanchthon dem Interim zustimmte, spaltete sich die lutherische Bewegung in einen radikalen Flügel, die sog. Gnesio-Lutheraner, und einen vermittelnden Flügel um Melanchthon in Wittenberg. Die radikalen Lutheraner fanden in der 1548 neugegründeten „Hohen Schule“ in Jena[14] und in Magdeburg[15] ihre Bastionen.

des Todes Luthers wurde hier [bei Matthias Flaccius und Nikolaus von Amsdorf, R.H.] zum ‚Dreh- und Angelpunkt‘ der Behauptung, die Reformation habe ihr Ende gefunden und sei nun als das wahre Erbe Luthers nur noch in diesen bedrängten Rückzugsräumen [Magdeburg und Jena] der konfessionellen Bedrohung zu finden.“

13 Johannes Bugenhagen, Eine Christliche Predigt vber der Leich vnd begrebnis des Ehrwirdigen D.Martini Luthers durch Ern Johan Bugenhagen Pomern Doctor vnd Pfarrher der Kirchen zu Wittemberg gethan, Wittenberg 1546, [28v], vgl. http://resolver.staatsbibliothek-berlin.de/SBB00016B9400000000. Der „Pestis“-Satz ist im Druck zusätzlich typographisch hervorgehoben.

14 Vgl. Thomas Kaufmann, Die Anfänge der Theologischen Fakultät Jena im Kontext der „innerlutherischen“ Kontroversen zwischen 1548 und 1561, in: Volker Leppin, Georg Schmidt, Sabine Wefers (Hg.), Johann Friedrich I. der lutherische Kurfürst (Schriften des Vereins für Reformationsgeschichte 204), Gütersloh 2006, S. 209-258.

15 Vgl. Maren Ballerstedt, Gabriele Köster, Cornelia Poenicke (Hg.), Magdeburg und die Reformation, 2 Bde., Halle 2016-2017 und Kaufmann (wie Anm. 6).

Das Lutherwort „*Pestis eram ...*" wurde weiterhin benutzt, um die Hoffnung aufrechtzuerhalten, dass sich Luthers Prophezeiung erfüllen und das Papsttum untergehen würde.[16] Was Melanchthon 1548 getan hatte, galt den Gnesio-Lutheranern als Abfall, ja als Verrat von Luthers Lehre. Deshalb setzten sie nun dieses Lutherwort gegen die „Philippisten" ein.[17] Die Verwendung des lutherschen Satzes „*Pestis eram ...*" ist also nach 1548 nicht mehr nur Teil des gemeinsamen Luthergedenkens, sondern bereits Teil der innerlutherischen Streits um die rechtmäßige Luther-Nachfolge, die ab 1548 zwischen den beiden sächsischen Herzogtümern ausgefochten wurde, dem ernestinischen und dem albertinischen Sachsen. Das Erstgenannte hatte im Schmalkaldischen Krieg 1547 die Kurwürde und einen Großteil seiner Besitzungen an die albertinische Linie verloren. Damit verlor es auch Wittenberg als Residenz- und Universitätsstadt. Der unterlegene Herzog Johann Friedrich gründete noch aus der Gefangenschaft heraus 1548 die „Hohe Schule" (ab 1558 Universität) Jena und förderte Gnesio-Lutheraner, die gegen den in Wittenberg verbliebenen Melanchthon polemisierten. Denn Wittenberg mit seiner Universität gehörte nun zum albertinischen Sachsen, das von Kurfürst Moritz regiert wurde.[18] Die Tatsache, dass Luthers Vers „*Pestis eram ...*" in den innerlutherischen Streitigkeiten eine Rolle spielte, sorgte dafür, dass er auch in den folgenden Jahren nicht in Vergessenheit geriet, sondern weiterhin im Kontext der Luthererinnerung verwendet wurde.

Die Herkunft des Oldenburger Bildes

Das Oldenburger Lutherbild gehörte ursprünglich nach Torgau.[19] Torgau war nicht nur eine der kurfürstlich-sächsischen Residenzen, sondern auch ein Ort, an dem die Luther-Tradition intensiv gepflegt wurde. In Torgau ist Katharina Luther im Dezember 1552 an den Folgen eines Unfalls gestorben. Auch wenn das Bild wenig später entstanden sein dürfte, ist es nicht im Zusammenhang mit dem Tod von Luthers Frau zu

---

16 Dieser Ausspruch Luthers taucht deshalb nach seinem Tod in den Magdeburger Florilegiensammlungen der Interimszeit häufiger auf. Vgl. Kaufmann (wie Anm. 6), S. 374.
17 Das tat zum Beispiel Erasmus Alber in einem Brief an Justus Jonas, einen weiteren der ehemals engsten Mitarbeiter Luthers, im November 1548. Alber fordert Jonas auf, sich tapfer zu erzeigen und an Luthers „bekanntes Verslein" zu gedenken: *Ubi est fortitudo vetus tua? Oblitusne es concionis tuae habitae ad funus sanctissimi viri dei Islebii? Putasne temere effusum versiculum Lutheri: Pestis eram vivus, moriens ero mors tua, Papa!?* Im weiteren Verlauf des Briefes beschimpft Alber Melanchthon und bezichtigt ihn und seine Mitstreiter explizit der Lüge. Denn sie haben dem Interim zugestimmt und damit in Albers Augen die wahre Lehre Luthers verraten. Wiederabgedruckt in: Dr. Johannes Bugenhagens Briefwechsel, hg. v. Otto Vogt, Hildesheim 1966, S. 703-707, hier S. 706.
18 Christian Winter, Moritz von Sachsen (1521–1553), in: Susan Richter, Armin Kohnle (Hg.), Herrschaft und Glaubenswechsel. Die Fürstenreformation im Reich und in Europa in 28 Biographien (Heidelberger Abhandlungen zur mittleren und neueren Geschichte 24), Heidelberg 2016, S. 231-249, hier S. 239: „In der Interimsfrage sollte sich für Moritz das Festhalten an Wittenberg als zweiter Landesuniversität und besonders die Integration der Wittenberger Theologen um Philipp Melanchthon (1487–1560) seit 1547 auszahlen, die zweifelsohne einen bedeutenden Erfolg seiner Politik darstellten."
19 Zu Torgau als sächsischer (ernestinischer) Residenzstadt vgl. die Arbeiten von Hansjochen Hancke, Matthias Müller und Martin Treu in: Uwe Niedersen (Hg.), Reformation in Kirche und Staat. Von den Anfängen bis zur Gegenwart, Berlin 2018.

sehen. Denn Katharina Luther ist in den Jahren nach Luthers und ihrem eigenen Tod auch von evangelischen Autoren nicht besonders positiv beurteilt worden.[20]

Die Information darüber, dass das Bild ursprünglich aus Torgau stammt, verdankt sich zwei Zetteln, die auf der Rückseite des Bildes aufgeklebt sind. Sie geben über die ursprüngliche Bestimmung und das weitere Schicksal des Bildes in Torgau einige Auskünfte:

1. „Dieses Lutherbild kommt nur noch einmal vor im Lutherhause zu Wittenberg. Es ist vielleicht bald nach seinem Tode gemacht, da nur sein Todestag angegeben ist, nicht sein Geburtstag. Das Bild wurde am 18. Februar 1846, bei der Gedächtnisfeier des Todestages D. Luthers von der Gotteskastenstube des Rathauses zu Torgau in die Sacristei der Marien- oder Stadtkirche daselbst versetzt. Als es beim Ausräumen der Sacristei vor deren Renovierung 1885 arg beschädigt war, besonders die Nase abgestoßen war, stand es gegen die Wand gekehrt in der hinteren Sacristei, bis ich es im August 1901 mit Gyps, Ölfarbe an einigen Stellen, schonend, so gut ich es konnte, restauriert, gründlich gereinigt und frisch vergoldet habe. Torgau 10. November 1901 A. Rühlmann, Superintendent."

2. „Das Relief dieses Bildes soll aus Papiermaché (Papiermasse) und nicht aus Gyps gemacht sein, daher fand ich viele abblätternde Risse vor. Die Engelköpfe traten an den Ecken erst nach der Reinigung wieder hervor."[21]

Das Lutherbild der Oldenburger Christuskirche hat in Torgau demnach zunächst in der Gotteskastenstube des Rathauses gehangen. Es stellt sich die Frage, welches Rathaus gemeint ist, denn das 1473 errichtete Gebäude wurde 1561 abgebrochen und dann ein neues Rathaus gebaut. Wenn die weiter unten erfolgende Zuschreibung zutrifft, müsste das Bild zunächst noch im älteren Bau gehangen haben. Einen Gotteskasten gab es in Torgau im Gefolge der Reformation seit 1525. Er befand sich von Anfang an unter der Verwaltung des Rates, der auch das Patronat über die St. Marien-Kirche übernommen hatte. Deshalb ist es wahrscheinlich, dass auch das alte Rathaus eine Gotteskastenstube hatte. Sicher belegt ist das aber erst für den jüngeren Bau. Die Gotteskastenstube, in der das Bild dann hing, befand sich im zweiten Obergeschoss des Neubaus.[22] Später wurde das Bild im Zusammenhang der Dreihundertjahrfeier von Luthers Todestag in die Stadtkirche St. Marien gebracht, dort ist es dann geblieben und wurde unterschiedlich gut behandelt. Das Bild lässt sich bis 1976 in der Marienkirche nachweisen.[23] Es kam schließlich in den Kunsthandel, wurde aus der DDR in den Westen gebracht und von engagierten Oldenburgern unter der Führung von Pastor Hinrichs 1984 gekauft und in der Christuskirche aufgehängt.

---

20 Zur Literatur über Katharina Luther vgl. Sabine Kramer, Katharina von Bora in den schriftlichen Zeugnissen ihrer Zeit (Leucorea-Studien zur Geschichte der Reformation und der Lutherischen Orthodoxie 21), Leipzig 2016.

21 Runge (wie Anm. 9), S. 155. Der Schreiber dieser Zettel, Superintendent Adolf Rühlmann lebte von 1839–1910 und hat in Torgau die Luther-Gedächtnisfeier 1883 maßgeblich mitgestaltet. Von ihm gibt es eine Veröffentlichung dazu: Adolf Rühlmann, Worte zu den 10., 11., 12. und 13. November 1884 unter Leitung des Malers L. Krause in Torgau dargestellten lebenden Bildern aus Dr. Martin Luthers Geschichte, Torgau 1884.

22 Die Denkmale der Stadt Torgau, bearb. v. Peter Findeisen, Heinrich Magirius, Leipzig 1976, 232.

23 Das Handbuch der deutschen Kunstdenkmäler, listet das Lutherbild 1914 unter den Torgauer Kunstwerken auf: *„Lutherporträt in Papiermasse 16. Jh.".* Georg Dehio, Handbuch der deutschen Kunstdenkmäler, Bd. 1, Mitteldeutschland, 2. Aufl. Berlin 1914, 393. Online abgerufen am 11.11.2018 unter

Der Entstehungszusammenhang

Möglicherweise gehört das aus Torgau stammende Bild in einen Zusammenhang mit zwei Lutherporträts in Halle, die sehr ähnlich gestaltet sind. In Halle gibt es zwei Kirchen, in denen nach der Reformation der Steinmetz und Werkmeister Nickel Hofman[24] tätig war. Sowohl die Marktkirche als auch die Moritzkirche sind von ihm mitgestaltet worden. Ab 1549 ist belegt, dass er am Einbau der Emporen der Marktkirche beteiligt war, danach war er an der Vollendung der Moritzkirche in Halle beteiligt. Davor war Hofman in Torgau am Bau des Schlosses Hartenfels beteiligt.[25]

An der Empore der Marktkirche in Halle ist an prominenter Stelle, gegenüber der Kanzel,[26] ein Luther-Porträt mit dem Spruch *„Pestis eram ..."* in einem umlaufenden Schriftband angebracht,[27] das in Anlage und Ausführung dem Lutherbild aus der Oldenburger Christuskirche sehr ähnlich ist. Das Hallenser Porträt kann Jobst Kammerer (auch „Kamerer" oder „Camerer") zugeschrieben werden. Seine Initialen „IK" stehen unter der Jahreszahl 1553. Das dürfte das Jahr sein, in dem Kammerer das Porträt-Relief für die Empore in Halle geschaffen hat.

Kammerer hat neben diesem Relief zwischen 1550 und 1553 mehrere punzierte Luther-Porträts mit demselben Spruch als vergoldete Kupferplatten angefertigt. Drei dieser Platten sind heute noch dokumentiert und erhalten.[28] Auf den Platten ist je-

---

https://www.pgdp.org/ols/tools/display.php?page=403.png&id=projectID 40d0b2969bd01. Bis 1976 lässt sich das Bild weiterhin in der Marienkirche nachweisen. Es wird in dem Band über die Denkmale der Stadt Torgau allerdings fälschlich ins 17. Jhdt. datiert: Denkmale Torgau (Anm. 23), 290: „36. Gedächtnisbild an Martin Luther. 1846 aus der Gotteskastenstube des Torgauer Rathauses in die Sakristei der Marienkirche übertragen. Holz und Papiermaché; 0,62m x 0,50 m. In der Mitte Reliefbildnis Martin Luthers im Cranachtyp. Umschrift: Pestis eram vivus. Moriens ero mors. Tua papa. In den Eckzwickeln Engelköpfe und Laubwerk. Unterschrift: Anno Salutis Nostrae M DXL VI die XVIII Februar obiit S. Doct. Martinus Lutherus Propheta Germaniae Aetatis Suae LXIII; 17. Jhdt.".

24 Zu Leben und Werk von Nickel Hofmann vgl. Werner Broda, Spurensuche. Nickel Hoffman ein Baumeister der ‚Deutschen Renaissance', Diss. Marburg 1998, http://archiv.ub.uni-marburg.de/diss/z2004/0528/.

25 Deutsche Inschriften online: DI 85, Halle/Saale, Nr. 152 (Franz Jäger), in: www.inschriften.net, urn: nbn: de: 0238-di085l004k0015202: „Die Vollendung der Marktkirche ist als Werk des führenden hallischen Renaissancebaumeisters Nickel Hofman inschriftlich bestätigt (M). Der zweite Bauabschnitt der Marktkirche begann 1542 und endete 1549; eine Emporenanlage war von Anfang an geplant. Die Mitwirkung Hofmans ist aber erst durch Inschrift B für das Jahr 1549 unmittelbar bezeugt und durch die Inschriften D, H, MA und RA eindeutig mit dem Einbau der Emporen verbunden. [...] Hofman war bis 1545 an Schloß Hartenfels in Torgau tätig [...] Als Steinmetz und Werkmeister hatte er in den folgenden Jahrzehnten wesentlichen Anteil an der renaissancehaften Umgestaltung des Stadtbildes. Seine Hauptschaffenszeit liegt in den 1550er und 1560er Jahren, als er nach der Marktkirche die Moritzkirche vollendete (s. Nr. 168)".

26 Marcel Nieden, Die Anfänge der Luthermemoria, in: Ders. (Hg.), Ketzer, Held und Prediger. Martin Luther im Gedächtnis der Deutschen, Darmstadt 2017, S. 9-38, hier S. 34. Wegmann (wie Anm. 10), S. 202, bezeichnet Luthers Porträt als „konfessionelles Erkennungszeichen im Kirchenraum". Sie bespricht gesamte die Emporenanlage in Halle ausführlich auf den Seiten 213-234.

27 Ebenda: „Zwei Inschriften umziehen getriebene und gefaßte Medaillons, die das Porträt Luthers mit den Initialen desselben, den Initialen des Stifters [d.i. J.K. für Jobst Camerer, das ist wahrscheinlich nicht der Stifter, sondern der Künstler, R.H.] und einer Jahreszahl (FC; D.: ca. 48 cm) bzw. das Wappen Nickel Hofmans (MB; D.: 22 cm) zeigen. Sie sind am Gesims zwischen FA und FB bzw. über MA angebracht. Ein in Stein ausgeführtes Reliefmedaillon (D.: ca. 34 cm) mit Darstellung des biblischen Jonaswunders und Initialen (OB) teilt die Inschrift OA. Bis auf die gemalten Inschriften A und B und die in Metall getriebenen Inschriften FC und MB sind alle Inschriften in Stein gehauen".

28 Vgl. Jens-Uwe Brinkmann, Ein Luther-Bildnis des Goldschmieds Jobst Camerer aus Halle/Saale, in: Aachener Kunstblätter 41 (1971), S. 236-242. Brinkmann stellt eine Platte aus Düsseldorfer Privatbesitz (von 1553) und zwei Platten aus Museen in Hildesheim und Coburg (jeweils von 1550) vor.

weils der Spruch „*Pestis eram ...*" mit dem Konterfei Luthers kombiniert, allerdings gibt es kein rundes Spruchband um das Haupt des Reformators. Die Bildunterschrift ist deutsch, bezeichnet Luther als Heiligen und verweist wie bei dem Oldenburger Bild auf das Todesdatum des Dargestellten.

Rathäuser als Ort der Luther-Memoria

Bei dem punzierten Bild ist zumindest ein ursprünglicher Kontext der Hängung bekannt, und er ist parallel zu dem Torgauer Lutherporträt. Es ist das Rathaus einer evangelischen Stadt, in diesem Fall Hildesheims. „Das Bildnis Luthers wurde zusammen mit zwei gleichartigen Bildnissen Herzog Johann Friedrichs des Großmütigen von Sachsen und Kaiser Karl V. aus dem Hildesheimer Rathaus in die heimatkundliche Abteilung des Hildesheimer Museums übernommen. Die drei Platten befanden sich ehemals in Rahmen, die Renaissance-Form zeigten, und hingen als Raumschmuck im Rathaus, befanden sich also ehemals wahrscheinlich im Besitz des Rates der Stadt".[29] Für das Rathaus der Stadt Jena ist mit hoher Wahrscheinlichkeit ein weiteres, inzwischen verlorenes, Ensemble von vier der von Kammerer geschaffenen Bilder zu belegen. Ab 1549 hing ein Luther-Porträt mit dem Spruch „*Pestis eram ...*" und der deutschen Inschrift zusammen mit den Porträts Kaiser Karls V., des Herzogs Johann Friedrich und Melanchthons im Rathaus.[30] Die Verbindung von städtischer Obrigkeit und Reformation wurde also an herausgehobenen Orten der städtischen Selbstverwaltung markant repräsentiert. Neben dem Kirchenraum (Halle) waren Rathäuser (Hildesheim, Jena, Torgau) ein weiterer Ort, an dem Luther-Porträts nur wenige Jahre nach seinem Tod aufgehängt worden sind.

Ein drittes Lutherporträt von Jobst Kammerer in der Moritzkirche in Halle

Nach der Fertigstellung der Marktkirche in Halle widmete sich Hofmann dort einem zweiten großen Kirchbauprojekt, der Fertigstellung der Moritzkirche. Hier wurde ebenfalls ein sehr ähnliches Lutherporträt angebracht, dieses Mal aus Stuck, wiederum mit dem bekannten Schriftband.[31] Dieses Relief befindet sich nicht mehr in der (nunmehr katholischen) Kirche, sondern seit 1994 im Salinenmuseum. Es stammt entweder ebenfalls von Jobst Kammerer oder ist nach dem Relief in der Marktkirche kopiert worden. Ähnlich wie in dem Oldenburger Bild sind um das Luther-Porträt herum Engel platziert. Die drei Reliefs mit den runden Schriftbändern weisen so große Ähnlichkeit auf, dass eine gemeinsame Herkunft wahrscheinlich ist.

---

29 Brinkmann (wie Anm. 28), S. 238.
30 Die Inschriften der Stadt Jena bis 1650, ges. u. bearb. v. Luise u. Klaus Hallof (Die Deutschen Inschriften 33), Berlin 1992, Nr. 65†: Gemälde mit den Bildnis Martin Luthers; Nr. 66†: Gemälde des Kurfürsten Johann Friedrich; Nr. 72†: Gemälde mit den Bildnis Kaiser Karls V.; Nr. 73†: Gemälde mit dem Bildnis Philipp Melanchthons. Alle vier Bilder hingen in der Rathauskapelle.
31 Nachweis und Bild bei Deutschen Inschriften online: DI 85, Halle/Saale, Nr. 265 (Franz Jäger), in: www.inschriften.net, urn: nbn: de: 0238-di085l004k0026504.

Auch die deutsche Inschrift auf der punzierten Platte Kammerers aus Hildesheim passt zum Oldenburger Bild, das den Inhalt der Inschrift zwar auf Latein wiedergibt, aber im Wesentlichen den gleichen Text bietet. Zum Vergleich auch noch die Inschrift an der Empore der Hallenser Marktkirche.

Deutscher Text Hildesheim 1550	Lateinischer Text Oldenburg	Lateinischer Text Halle, Marktkirche
Nach Christi unsers Lieben HERRN geburt 1546 jhar / den 18 des Hornungs / ist der heylige doctor Martinus Luther / eyn Prophet der Deutschen Landes / als er 63 jhar alt gewest zu Eisleben in Gott verscheiden	*Anno Salutis nostrae MDXLVI Die XVIII Februaris obiit s.[anctus] doct.[or] Martinus Lutherus. Propheta Germaniae. Aetatis suae LXIII*	SANCTVS · DOCTOR · MARTINVS // LVTHERVS · PROPHETA · GERMANIAE · DECESSIT · ANNO · 1546[32]

Der deutsche Text Kammerers gibt über den lateinischen Text hinaus den Sterbeort Eisleben an. Die charakteristischen Begriffe „heilig" und „Prophet der Deutschen" kommen in beiden Fassungen vor. Sie finden sich auch auf der monumentalen Inschrift, vor die das Luther-Medaillon in der Marktkirche platziert ist.

Vergleich der drei Porträt-Medaillons Jobst Kammerers

Wenn man die drei runden Medaillons mit dem Halbrelief Luthers und der Umschrift miteinander vergleicht, ergibt sich wiederum eine große Ähnlichkeit.

Halle, Marktkirche *Oldenburg (urspr. Torgau)* *Halle, Moritzkirche*

---

32 DI 85, Halle/Saale, Nr. 152 (Franz Jäger), in: www.inschriften.net, urn: nbn: de:0238-di085l004k0015202. Der Text der Inschrift ist nicht von Jobst Kammerer, er steht im Kontext der gesamten Emporenanlage mit ihren Textelementen, deren Auswahl dem Superintendenten Sebastian Boetius zugeschrieben werden, vgl: Hans-Joachim K r a u s e, Die Marktkirche zu Halle. Der Neubau und seine geschichtliche Bedeutung, in: Literatur, Musik und Kunst im Übergang vom Mittelalter zur Neuzeit. Bericht über Kolloquien der Kommission zur Erforschung der Kultur des Spätmittelalters 1989 bis 1992, Göttingen 1995, S. 391-458, hier 419.

Die Anordnung des Textes im Schriftband, die trennende Ranke und die Rose über dem Kopf Luthers sind gleich; ebenso ähnlich die Anordnung des Kopfes im Schriftband. In allen drei Fällen ragt der Kopf in das Schriftband hinein und unterbricht die Umrandung. Haartracht und Kleidung Luthers folgen dem Cranachbild und variieren in der Ausführung trotz der unterschiedlichen Materialien, aus denen sie modelliert sind, nur wenig. Kammerer hat wegen der verschiedenen Materialien keine Model benutzen können, die drei Medaillons sind also einzeln angefertigt worden.

Die zweifache Zusammenarbeit von Nickel Hofmann und Jobst Kammerer in Halle lassen es möglich erscheinen, dass Hofmann den Kontakt nach Torgau vermittelt hat, wo er sowohl am Schloss als auch in der Stadt zahlreiche Werke hinterlassen hat. Von Kammerer weiß man aber auch, dass er seine Werke zum Teil unverlangt an Städte gesandt hat.[33] Auf einem dieser Wege wird Kammerers Porträt nach Torgau gelangt sein.

Papiermaché als Material

Tafelbilder, Druckgraphik und Plastik sind die bevorzugten Medien der evangelischen Bildpropaganda und der Reformationserinnerung. Papiermaché fällt als Material aus dem Rahmen. Es wird in der Gegenwart wenig benutzt und seine Nutzung in der Reformationszeit ist weitgehend vergessen, weil nicht allzu viele Kunstwerke aus Papiermaché erhalten sind. Dass aber dieses Material im Kontext der Luther-Memoria des 16. Jahrhunderts häufiger eingesetzt wurde, belegt das inzwischen dokumentierte Werk des Lüneburger Künstlers Albert von Soest, der zwischen 1560 und 1571/80 einige Lutherporträts mit Hilfe von Modeln in Papiermaché geschaffen hat.[34]

Nicht nur Lutherbilder wurden in diesem Material gefertigt, sondern auch Bilder bzw. Halbreliefs anderer prominenter Personen aus der Reformationszeit; so gibt es zum Beispiel Porträts von Herzog Johann Friedrich I. von Sachsen aus der Zeit um 1580, die eine überraschende formale Ähnlichkeit mit den Lutherbildern Jobst Kammerers haben.[35]

Wie kam das Bild nach Oldenburg?

In der einzigen gedruckten Beschreibung des Lutherbildes der Christuskirche in Oldenburg heißt es lapidar: „Das Lutherbild wurde 1984 in Oldenburg aus dem Antiquitätenhandel mit hierfür gesammeltem Spendengeld erworben".[36]

---

33 Brinkmann (wie Anm. 28), S. 240: „Über Camerer gibt es nur wenige Nachrichten; bekannt ist, daß er ‚punzinierte' Bildnisse berühmter Männer an den Rat großer Städte sandte mit der Bitte, ihm die Stücke zu vergüten und ihm möglicherweise Aufträge zu verschaffen. Aus den städtischen Akten weiß man, daß Camerer 1552 dem Rat der Stadt Nürnberg ein ‚Kunststück' verehrte und dafür 15 Taler als Gegengeschenk bekam."
34 Bernhard Decker, Reformatoren – nicht von Pappe. Martin Luther und die Bildpropaganda des Albrecht von Soest in Papiermaché, in: Anzeiger des Germanischen Nationalmuseums 2011, S. 9-33.
35 Vgl.: Maria Zielke, Papiermaché – Untersuchung einer Serie von Reliefs mit der Darstellung von Johann Friedrich, Kurfürst von Sachsen, in: VDR-Beiträge zur Erhaltung von Kunst- und Kulturgut, Bonn 2014, S. 56-63.
36 Runge (wie Anm. 9), S. 155.

Abb. 8: Bernhard Decker, Reformatoren – nicht von Pappe. Martin Luther und die Bildpropaganda des Albrecht von Soest in Papiermaché, in: Anzeiger des Germanischen Nationalmuseums 2011, S. 10

Die DDR wickelte den Handel ab über die „Kunst und Antiquitäten GmbH" (KuA).[37] Diese Firma gehörte zum Bereich Kommerzielle Koordinierung und unterstand damit Alexander Schalck-Golodkowski im Ministerium für Staatssicherheit. Seit 1974 hatte die KuA das Monopol für Export und Import von Antiquitäten, Kunst und kulturellen Gebrauchtwaren. Um solche Gegenstände für den Export zu bekommen,

---

37 Die Akten der Kunst und Antiquitäten GmbH sind heute im Bundesarchiv zugänglich. Dazu ist 2017 ein eigenes Findbuch erschienen und es besteht eine Online-Recherchemöglichkeit über https://invenio.bundesarchiv.de.

sorgte das Unternehmen durch das MfS dafür, dass Museen unter Druck gesetzt sowie Sammler und Antiquitätenhändler gezielt kriminalisiert, verhaftet, verurteilt und enteignet wurden.[38]

Die Vertriebsstruktur in die Bundesrepublik Deutschland war so organisiert, dass die KuA vorwiegend Großhändler oder Auktionshäuser belieferte. Von dort aus wurde die Ware an weitere Händler oder Endkunden verkauft.[39] Bei der Recherche im Aktenbestand des Bundesarchivs ergab sich für den nordwestdeutschen Raum, dass vor allem die Fa. Sabatier in Verden sehr viel Ware der KuA aufkaufte. Im Jahr 1984, in dem das Lutherbild in Oldenburg angekauft worden sein soll, lässt sich aber auch eine Lieferung an das Bremer Auktionshaus Bolland & Marotz nachweisen.[40] Das Lutherbild aus Torgau wird mit Sicherheit über die KuA in den Westen gelangt sein. Pastor Hartwig Hinrichs, der damals an der Christuskirche Dienst tat, war an Antiquitäten interessiert.[41] Es ist sehr gut möglich, dass ihm das Lutherbild entweder direkt angeboten oder von ihm in einer Auktion in Bremen erworben wurde.[42]

Für wertvolle Anregungen und Hinweise bedanke ich mich herzlich bei Dr. Ruth Slenczka, Berlin.

---

38 Vgl. https://de.wikipedia.org/wiki/Kunst_und_Antiquitäten_GmbH (abgerufen am 21.10.2019).
39 Findbuch Betriebe des Bereichs Kommerzielle Koordinierung Teilbestand Kunst und Antiquitäten GmbH (1974-2002) Bestand DL 210, Berlin 2017, S. 17: „Der überwiegende Teil der KuA-Kunden waren Großhändler, die ihre Einkäufe vor allem an andere Händler weiterverkauften. [...] Neben Händlern belieferte die KuA auch Auktionshäuser, von denen einige die Ware kauften (so das Auktionshaus Bolland & Marotz in Bremen)". Das Findbuch ist zugänglich unter: https://www.bundesarchiv.de/DE/Content/Downloads/Meldungen/20180601-kua-findbucheinleitung.pdf?__blob=publicationFile.
40 Der Aktenbestand DL 210/1825 im Bundesarchiv weist für das Jahr 1984 unter den Nummern 41021-41022, 41030, 41032, 41034, die Fa. Bolland & Marotz in Bremen als Empfänger einer Lieferung aus. Ob das Lutherbild dabei war, ließ sich noch nicht feststellen.
41 Persönliche Auskunft seiner Witwe.
42 In Frage kommen die 36.-39. Auktion der Fa. Bolland & Marotz, die 1984 stattgefunden haben.

Oliver Glißmann

Die Schulung zur Linie.
Der Zeichner und Amtmann Eberhard von Schüttorf

Ein Beitrag zur Kunst in Oldenburg um 1800

Vor einiger Zeit wurde im Museum in Bückeburg ein Sammlungskonvolut wiederentdeckt, welches lange Jahre im Verborgenen schlummerte. Dabei handelt es sich um zahlreiche Zeichnungen und Aquarelle, die größtenteils mit dem Namen Eberhard von Schüttorf signiert sind. Obwohl nicht alle vom Künstler bezeichnet wurden, geben sie durch die gemeinsame Aufbewahrung in einer Sammelmappe des 19. Jahrhunderts und ihrer Stilistik den Hinweis, dass sie vorwiegend von einer Hand stammen. Die Arbeiten entstanden in einem Zeitraum von mehreren Jahren, welche von den ersten Versuchen 1793 bis zu den letzten Zeichnungen aus dem Jahre 1848 die erste Hälfte des 19. Jahrhunderts abdecken.
Auf den ersten Blick ist kein stringenter thematischer Zusammenhang zu erkennen. Kopien nach akademischen Lehrbüchern, italienischen Renaissance- und Barockkünstlern neben Anregungen durch englische Stecher und Carl Wilhelm Kolbe d. Ä. gehen mit eigenen Kompositionen einher, unter denen vor allem die Porträts herausragen. Ein deutliches Übergewicht bilden die Blätter, die auf eine akademische Schulung des Künstlers hinweisen, unter denen wiederum die Pferde- und Baumstudien sowie die Aktzeichnungen überwiegen. Es ist zu vermuten, dass Eberhard von Schüttorf eine künstlerische Karriere anstrebte.
Da es keine weiteren Anhaltspunkte über diesen Sammlungsbestand gibt und die diversen Kunstlexika keine Angaben bereithalten, sind die Zeichnungen mit einigen spärlichen Beschriftungen die erste Quelle, die Informationen über den Künstler liefern. Hier ergaben der Zusatz „Oldenburg", der auf den Blättern einige Male hinter seinem Namen auftaucht, sowie Oldenburger Motive einen wichtigen Rechercheansatz. Teilweise schrieb er auch die Namen seiner Zeichenlehrer auf die Blätter. Somit drängt sich die Frage auf, welchen Zusammenhang es zwischen Eberhard von Schüttorf, Oldenburg und Bückeburg gab.
Die wenigen bekannten schriftlichen Quellen zu seiner Person, die sich in den Landesarchiven von Oldenburg, Bückeburg und in Hannover finden,[1] sind vorwiegend

---

1 An dieser Stelle werden nur Archivalien aus Oldenburg und Hannover genannt, welche Aufschlüsse über die künstlerische Arbeit Schüttdorfs geben. Niedersächsisches Landesarchiv – Standort Oldenburg (künftig: NLA-OL), Best. 70, Nr. 62; NLA-OL, Dep. 50, Best. 6 D Nr. 833. Niedersächsisches Landesarchiv – Standort Hannover (künftig: NLA-HA). Dep. 1007 Nr. 572.

Anschrift des Verfassers: Dr. Oliver Glißmann, Weserblick 8, 32457 Porta Westfalica

Abb. 1: Eberhard von Schüttorf, Eiskeller am Wall in Oldenburg, 1796/97, Museum Bückeburg

amtliche Schreiben, die nur bedingt Rückschlüsse auf seine Person liefern. Desgleichen die wenige ihn streifende Literatur,[2] die erkennen lässt, dass Eberhard von Schüttorf den größten Teil seines Lebens als Beamter fungierte, auch wenn sich eine künstlerische Tätigkeit durch sein Leben zog.

Eberhard Cornelius Wilhelm von Schüttorf kam am 24. Juni 1783 als Sohn des Legationsrat Christian Friedrich Ferdinand von Schüttorf und dessen Frau Maria Wilhelmine, geborene von Schreeb, in Oldenburg zur Welt. Benannt wurde er nach seinem Großvater Eberhard von Schreeb, dem ein Haus am Marktplatz in Oldenburg gehörte. Hier wohnten nach ihrer Hochzeit 1782 auch die Eltern von Eberhard von Schüttorf. Vier Jahre nach der Eheschließung starb der Vater Christian Friedrich Ferdinand, 1788 der Großvater. Demnach blieb es an Maria Wilhelmine, ihre beiden Kinder alleine zu erziehen. Sie schien gute Kontakte zum regierenden Haus zu haben, da Eberhard von Schüttorf schon in jungen Jahren im Umkreis des Oldenburger Hofes zu finden ist. Hier war er der Spielgefährte des Herzogs Paul Friedrich August.

Da die ersten Blätter im Bückeburger Sammlungsbestand ab ca. 1793 datieren, also in einem Alter von ungefähr 10 Jahren entstanden sind, ist eine frühe Neigung des jungen Schüttorf zur Kunst zu erkennen. So entwarf er 1796/97 das Bild eines Eiskellers

---

2 Hier sind in erster Linie die Veröffentlichungen von Wolfgang M a r t e n s zu nennen, der durch seine Forschungen über die Familie von Schreeb zahlreiche Informationen über Eberhard von Schüttorf bringt. Wolfgang M a r t e n s, Graf Anton Günthers Güter und Mühlen in Dötlingen und Hatten, Oldenburg 1994. Wolfgang M a r t e n s, Heinrich Wilhelm Hayen (1791-1854). Der Lebensweg eines oldenburgischen Staatsdieners im Biedermeier, in: Oldenburgische Familienkunde, 47. Jg., H. 3, 2005, S. 283-380.

Der Zeichner und Amtmann Eberhard von Schüttorf ──────────── 205

Abb. 2: Callabert König/Eberhard von Schüttorf, Pferdestudie Cheval de Suede, 1794, Museum Bückeburg

am Wall in Oldenburg, welches naive Züge zeigt und gleichzeitig durch die angelegte Komposition auf eine Schulung hindeutet (Abb. 1). Es kann nicht unerwähnt bleiben, dass diese ersten Versuche während eines gemeinsamen Zeichenunterrichtes mit Paul Friedrich August, also im Umkreis des Oldenburger Hofes, entstanden sein könnten.

Einer seiner ersten Lehrer war Callabert König, dessen Name auf wenigen Blättern vermerkt ist und über den keine weiteren Quellen zu finden sind. Aufgrund der geringen Anzahl der Zeichnungen von ihm ist eine stilistische Einordnung kaum möglich, doch erinnern seine Bilder an barocke Kompositionen. Vorherrschend ist in diesem Fall die Linie, die kaum Binnenstrukturen aufweist (Abb. 2). Überliefert ist auch der Name des Lehrers Joh. Gerhard Schrimper, der heute weitestgehend in Vergessenheit geraten ist, dessen biographische Daten jedoch im Gegensatz zu denen Königs etwas näher eingegrenzt werden können. Ein Hinweis auf ihn findet sich auf der Handzeichnung eines Pferdes von 1795, auf die von Schüttorf schrieb: *Eigene Composition von mir, nachdem ich im Hannoverschen auf einen Dorfmarkte gewesen war, nach der Natur, zu einer Zeit, da ich Zeichen-Unterricht hatte bey dem Maler Schrimper welcher nachher zur Belehrung für mich, dieses einzelne Pferde [sic!] mit der Feder gezeichnet hat.*[3] Über Schrimper lassen sich Angaben aus einem teils kritischen Nachruf entnehmen, wo es heißt: *In Oldenburg starb den 17. Januar 1832 der Landschaftsmaler Joh. Gerhard Schrimper, 64 Jahre alt, dessen frühere Thierstücke und Kreidezeichnungen mehr werth*

---

3 Museum Bückeburg, Mappenkonvolut Schüttorf, o. Sig.

*Abb. 3: Joh. Gerhard Schrimper, Baumstudie,
Aquarell, um 1800, Museum Bückeburg*

hatten als seine bunten Landschaften, die zu maniriert und von zu grossem Colorit sind.[4]
Diese Aussage passt zu einer signierten Baumstudie Schrimpers in dem Konvolut, welche tatsächlich eine gewisse Manieriertheit in der Aststruktur sowie ihrer Farbigkeit zeigt, dadurch jedoch ihre ganz eigene Qualität entwickelt (Abb. 3).
Schüttorfs Zeichenunterricht, der ebenso wie an den Akademien das unbedingte Zeichnen auf Linie, insbesondere des klassizistischen Stiles, nach Vorlagenblättern beinhaltete, fand wohl am Gymnasium statt. Zuerst wurde mit dem Kopieren von Ornamenten und Pflanzen begonnen, worauf Teile des menschlichen Kopfes und Körpers bis zur ganzen Figur folgten. Hierfür wurden akademische Lehrwerke sowie dreidimensionale Modelle, bevorzugt antiker Skulpturen, genutzt. Deutlich wird dies an Studienblättern von Schüttorf aus den Jahren 1796-1798, welche klassische antike Figuren zeigen. So fertigte er eine Zeichnung an, welche die berühmte Büste Homers aus der Sammlung Farnese als Vorlage hat. Diese kannte er vermutlich von einer Kopie. „Moderne Kopien und auch recht freie Nachempfindungen entstanden vor allem im 18. Jahrhundert zahlreich. Nicht selten dienten sie als Ausstattungsstücke

---

4 Zeitung für die elegante Welt. Hg. von K. L. Methus. Müller, 32. Jg., Nr. 91, 1832, Sp. 727f.

Der Zeichner und Amtmann Eberhard von Schüttorf

Abb. 4: Eberhard von Schüttorf, Figurenstudie nach Johann Daniel Preissler, um 1800, Museum Bückeburg

Abb. 5: Eberhard von Schüttorf, Aktstudie, um 1796/98, Museum Bückeburg

für Bibliotheken."[5] Die Schulung durch entsprechende Lehrwerke wird durch einen eigenhändigen Vermerk Schüttorfs deutlich. So schrieb er auf einer Zeichnung, welche eine klassische Figur mit Stand- und Spielbein zeigt, dass diese *Bey Schrimper (nach Preisler) in Oldbg. vor 1800*[6] geschaffen wurde (Abb. 4 und 5).

Der Zusatz „Preisler" verweist auf den Künstler Johann Daniel Preissler, der ab 1721 die Schrift „Die durch Theorie erfundene Practic, Oder Gründlich-verfasste Reguln, derer man sich als einer Anleitung zu berühmter Künstlere Zeichen-Wercken bestens bedienen kan" herausgegeben hatte, welche große Verbreitung erfuhr. Zahlreiche Neuauflagen wurden noch bis weit in das 19. Jahrhundert hinein genutzt. Des Weiteren war Schüttorf mit Preisslers Werk „Gründliche Anleitung, welcher man sich im Nachzeichnen schöner Landschafften oder Prospecten bedienen kann, den Liebhabern der Zeichen-Kunst" vertraut. Einige detailreiche Baumdarstellungen von Schüttorf zeigen in ihrer Gestaltung mit Herden, ruhenden Hirten und ländlichem Volk, die malerisch dekorativ um den Stamm angeordnet sind, noch deutlich den

---

5 Ausst.-Kat. Sehnsucht nach dem Süden. Oldenburger Maler sehen Italien (= Kataloge des Landesmuseums Oldenburg, Bd. 16), Oldenburg 2000, Kat. 3.134, S. 143.
6 Museum Bückeburg (wie Anm. 3).

Abb. 6: Eberhard von Schüttorf, Gladiatore Caduto, Studie nach Antonio Maria Zanetti, 28. Februar 1796, Museum Bückeburg

über die Vorlage aufgenommenen Einfluss aus der Landschaftsdarstellung des Barock. Ein anderes Werk, an dem von Schüttorf geschult wurde, stammte von dem Italiener Antonio Maria Zanetti dem Älteren, der mit seinem Neffen ein Werk über griechische und römische Figuren herausgegeben hatte. 1743 erschien in Venedig der zweite Band seiner „Delle Antiche Statue Greche e Romane, Che Nell'Antisala Della Liberia di San Marco, e in altri luoghi publici di Venezia si trovano" und erlangte besonderen Ruhm. „Das Antikenwerk der beiden Zanetti gehört zu den qualitativ besten Werken dieser Art im 18. Jahrhundert"[7] und war bis in das 19. Jahrhundert ein wichtiges Vorlagenwerk für angehende Künstler. Unter den zahlreichen Abbildungen befindet sich ein Stich, welcher einen halb am Boden liegenden Gladiatoren zeigt und als Vorlage für Schüttorf diente. In seiner Zeichnung orientieren sich Haltung sowie das Gewand unverkennbar an der Vorlage, doch wirkt die Figur aufgrund fehlender Schraffuren wenig durchstrukturiert und flächig. Schüttorf vermerkte darunter *Gladiatore caduto* mit dem Entstehungsdatum *28. Februar 1796* (Abb. 6).

Die Begeisterung des jugendlichen Schüttorf für Helden fand weitere Anregungen durch die Literatur. So fertigte er vor 1800 eine Zeichnung von *Abällino, der große Bandit* an, die sich auf den damals recht beliebten Roman gleichen Namens von Heinrich Zschokke von 1793 gründete, der darin die Räuberromantik beschrieb. In diesen Zusammenhang gehört eine Zeichnung des spanischen Generals Tomás de Zumala-

---

7 Michael Matile, Ausst.-Kat. Della Grafica Veneziana. Das Zeitalter Anton Maria Zanettis (1680-1767), Graphische Sammlung ETH Zürich, Petersberg 2016, S. 138.

Abb. 7: Eberhard von Schüttorf, Studie der Ariadne bei Friedrich Wilhelm Eugen Döll, 1801, Museum Bückeburg

cárregui, der aufgrund seiner Kämpfe für Don Carlos und seine rote Baskenmütze am Anfang des 19. Jahrhunderts zu einiger Berühmtheit gelangte.

1800 scheint Schüttorf recht tastend gegenüber einer zukünftigen beruflichen Laufbahn als Künstler oder Jurist zu sein. Um seine Kenntnisse zu vertiefen und vermutlich um die Möglichkeiten einer künstlerischen Karriere auszuloten, ging er nach Gotha, wo er nachweislich am 24. Juni 1800[8] und im August 1801 anzutreffen ist.[9] Hier nahm er Unterricht bei dem berühmten Bildhauer Friedrich Wilhelm Eugen Döll, worauf eine handschriftliche Anmerkung auf einer seiner Zeichnungen hinweist: *Schul-Studio zu Gotha (Ariadne) bei Professor Döll.*[10] (Abb. 7) Wie genau der Unterricht

---

8 Sammlung von Gedichten der Hofdame C. von Marthille 1796-1840. Niedersächsisches Landesarchiv – Standort Bückeburg (künftig: NLA-BBG) FHB Cm 111.
9 Museum Bückeburg (wie Anm. 3).
10 Ebd., eine Ausbildung oder ein „Lernen" bei Dölls Sohn Friedrich Ludwig Theodor Döll, der als Porträtmaler tätig war, kommt aufgrund der biografischen Daten nicht in Betracht: Ulrich Thieme und Felix Becker, Allgemeines Lexikon der bildenden Künstler von der Antike bis zur Gegenwart, Bd. 9 (1913), Leipzig 1999, S. 365. Auch die Formulierung „Professor" weist auf Friedrich Wilhelm Eugen Döll hin.

hier aussah, muss aufgrund fehlender Quellen offen bleiben, doch ist davon auszugehen, dass er ähnlich wie oben beschrieben abgehalten wurde. Wenige Angaben berichten, dass er z. B. im Winter 1786 in drei Räumen von Schloss Friedenstein aufgenommen wurde.[11] Etwas genauer erwähnt dies eine Angabe im *Intelligenzblatt der allgemeinen Literatur-Zeitung,* wo berichtet wird, dass der Unterricht unter anderem nach lebenden Modellen stattfand: *Im Schlosse zu Gotha wird auf Herzogl. Unkosten zur Winterszeit Kunstakademie gehalten, wo Hr. Pr. Prof. Döll (…) mit seinen Schülern, wöchentlich dreymal, nach dem Leben zeichnen, und wozu sich auch die andern daselbst lebenden Künstler gesellen.*[12] Es ist davon auszugehen, dass auch von Schüttorf in Gotha vor lebenden Modellen geschult wurde. Vermutlich war es jedoch die Aussicht auf eine gesicherte berufliche Existenz, die von Schüttorf ein Jurastudium in Kiel aufnehmen ließ. Hier ist er ab Mai 1802[13] zu finden. Bekanntschaft schloss er dort mit dem späteren Politiker Magnus von Moltke, der an der Universität schon seit einem Jahr „Diplomatik"[14] studierte und den er in einer Zeichnung abbildete. In diesem Zusammenhang ist das Porträt des Herrn von Kaschelef zu nennen, der die Position des Russischen Gesandten am Dänischen Hof bekleidete[15] und wie das Porträt Moltkes zeigt, in welchem gesellschaftlichen Umfeld von Schüttorf sich während seines Aufenthaltes in Kiel bewegte. Die intensive zeichnerische Auseinandersetzung mit seiner unmittelbaren Umgebung sollte er fortan beibehalten. Zumeist sind seine Porträtstudien, die in den folgenden Jahren so zahlreich entstehen sollten, kleine Gelegenheitsarbeiten, worauf auch ihr geringes Format schließen lässt. Aufgrund ihrer schnellen Anfertigung ist der künstlerische Anspruch geringer.

Am 22. Oktober 1803 schrieb sich von Schüttorf als Student an der Universität Leipzig ein, wo er bis 1805 bleiben sollte.[16] Erwähnt wird dies in einem Gedicht seiner Schwester, in dem sie vom Ende seines Studiums schreibt: *Meinem Bruder zum Neujahr 1805 dem Jahre, in welchem er von seinen Universitäts=Studien zurückkehrte.*[17] Dass er während seines Studiums weiterhin zeichnete, wird an einem Blatt deutlich, welches Professor Christian Rau zeigt, der in Leipzig Rechtswissenschaften unterrichtete. Ebenfalls in diesem Zeitraum entstand ein Bildnis des Theologen Carl Christian Seltenreich.[18]

Trotz seines abgeschlossenen Jurastudiums schien von Schüttorf die Möglichkeit einer künstlerischen Laufbahn in Betracht zu ziehen, so dass er zum *Winter 1805/6 bey Prof. Michelis in Oldenburg*[19] anzutreffen ist, bei dem er privat Unterricht nahm. Bei

---

11 Petra Rau, Friedrich Wilhelm Doell (1750-1816). Leben und Werk, Phil. Diss., Cluij-Napoca 2002, S. 47.
12 Intelligenzblatt der allgem. Literatur-Zeitung vom Jahre 1789, Nr. 43, Sp. 680.
13 Franz Gundlach (Hg.), Das Album der Christian-Albrechts-Universität zu Kiel 1665-1865, Kiel 1915, S. 168, vgl. auch S. 580.
14 Ebd., S. 167. Da Moltke vor seinem Studium eine Schule in Gotha besuchte, könnte sich schon in dieser Zeit der Kontakt zu Schüttorf angebahnt haben. Zu Moltke vgl. https://de.wikipedia.org/wiki/Magnus_von_Moltke (abgerufen am 10. Dezember 2019).
15 H. M. Marcard, Reise durch die französische Schweiz und Italien, Hamburg 1799, S. 18.
16 Die jüngere Matrikel der Universität Leipzig, Georg Erler (Hg.), Die Immatrikulationen vom Wintersemester 1709 bis zum Sommersemester 1809, Bd. 3, Leipzig 1909, S. 381.
17 Marthille (wie Anm. 8).
18 Zu Rau siehe https://de.wikipedia.org/wiki/Christian_Rau (abgerufen am 13. März 2020). Zu Seltenreich siehe https://eliasfriedhof.de/carl-christian-seltenreich (abgerufen am 10. Dezember 2019).
19 Museum Bückeburg (wie Anm. 3).

Abb. 8: Franz Michelis, Personenstudie nach Franz Gareis, um 1800, Museum Bückeburg

diesem hatte er schon vor 1800 Zeichenunterricht und es scheint, dass Michelis die prägende künstlerische Autorität für Schüttorf war. Der Maler und Kupferstecher Johann Maria Franz Michelis galt als ein Könner der Schabkunst und bekleidete ein Jahr später eine Stelle am Oldenburger Gymnasium. Einige wenige Informationen über Michelis finden sich in den biografischen Angaben seines Sohnes Eduard: „Eduard Michelis wurde als der mittlere von neun Geschwistern am 6. Februar 1813 zu Münster in der Vorstadt St. Mauritz, geboren. Der Vater Franz M., aus katholischer Familie im Feste Recklinghausen stammend, war elterlicher Bestimmung gemäß als Offizier in das fürstbischöfliche Münster'sche Gardecorps eingetreten, hatte sich aber später, innern Drange folgend, der Kunst gewidmet, und namentlich als Kupferstecher in der sogenannten Schabmanier Bedeutendes geleistet."[20] Von Michelis sind vor allem Porträtstiche wie Bilder des Erbprinzen Paul Friedrich August sowie des Prinzen Peter Friedrich Georg überliefert. Ein weiteres Schabkunstblatt, nach Johann Friedrich August Tischbein, zeigt die Prinzessin Amalia Augusta von Anhalt-Dessau.

---

20 Eduard Michelis, Lieder aus Westphalen. Aus dem Nachlasse des Verstorbenen und mit einer Biographie desselben eingeleitet von F. Michelis, Luxemburg 1857, S. IV.

Vermutlich gab es, wie bei seinem Schüler, Verbindungen an den Oldenburger Hof, worauf die vielen Stiche bedeutender Persönlichkeiten des Hauses schließen lassen. Darüber hinaus fertigte er Stiche nach Landschaftsdarstellungen wie eine Ansicht der Ruinen von Hude oder schuf ein Blatt mit der Szenerie des Kuhfestes von Halem.[21]

Manche Blätter Schüttorfs weisen darauf hin, dass sie von Michelis mit einem korrigierenden Strich versehen wurden. Wohl zur Schulung schenkte Michelis seinem Schüler einige Blätter, die über ihn in den Sammlungsbestand des Bückeburger Museums gelangt sind. Nicht zu unterschätzen ist auch der Einfluss eines Wegbereiters der Romantik, Franz Gareis, der ein Vorbild für Michelis war (Abb. 8). Auffällig ist der lockere Strich, der sich insbesondere bei Schüttorfs Motiven findet, die ruhig lagernde Personen an einem Felsen zeigen, während sich im Bildhintergrund ein Ausblick bietet. Beides war auch bei Gareis ein beliebtes Gestaltungsmoment. Dieser hatte in Dresden bei Giovanni Battista Casanova gelernt, der als Professor an der Dresdener Akademie tätig war.[22] Dessen Tätigkeit war Michelis nicht unbekannt, steht doch auf einem Blatt Schüttorfs, dass dieses nach Casanova entstand. „Casanova, der an der Akademie als Zeichenlehrer, Maler und Kunsttheoretiker tätig war, legte großen Wert auf hervorragende zeichnerische Fähigkeiten, die er als grundlegend für die Entwicklung und Formulierung einer Bildidee ansah. (…) Dabei verstand er unter der Zeichnung die genaue Nachahmung aller Formen in der Art, wie sie sich unserem Gesicht darstellen, wobei sein Hauptaugenmerk auf den gründlichen Kenntnissen der menschlichen Anatomie ruhte. Zu Übungszwecken entwickelte er für seine Schüler Vorlagenblätter, nach denen an der Akademie noch im 19. Jahrhundert gezeichnet wurde."[23]

Der Verweis auf Casanova belegt, dass Schüttorf auch bei den Meistern der Renaissance und des Barock Anregungen fand. So rezipierte der Oldenburger Zeichner auch einen Kupferstich von Marcantonio Raimondi, der um 1515 nach einer Zeichnung von Raffael gefertigt wurde und den bethlehemitischen Kindermord zeigt. Hier waren es vor allem die ausdrucksstarken, emotional von Angst und Zorn verzehrten Gesichter, an denen sich Schüttorf versuchte.

Bekannt war Schüttorf auch ein Stich nach einem Bild des Italieners Domenichino, welches den Heiligen Sebastian kurz vor seinem Martyrium zeigt. In der Komposition befindet sich in der vorderen Bildebene ein knieender Mann, der sich an einem Bogen zu schaffen macht. Lediglich mit einem Tuch bekleidet, erinnert die Figur an antike Skulpturen, die von jeher Schüttorfs Interesse weckten, so dass er diese Figur für seine Zeichnung herausgriff. Erwähnenswert ist auch ein Bild Ludovico Caraccis,

---

21 Vgl. die Angabe bei Gerhard Wietek, 200 Jahre Malerei im Oldenburger Land, Oldenburg 1986, S. 265; Bildniskatalog des Oldenburger Stadtmuseums, 1. Teil: Graphische Sammlungen, Oldenburg 1961, S. 59, 102, 130ff.
22 Kai Wenzel, Franz Gareis in Dresden 1791–1801, in: Zum Maler geboren. Frans Gareis (1775-1803). Gemälde, Zeichnungen und Druckgrafik eines Wegbereiters der deutschen Romantik (= Schriftenreihe der Städtischen Sammlungen für Geschichte und Kultur Görlitz, N.F., Bd. 36), Görlitz 2003, S. 61. Vgl. Roland Kanz, Zur Genese von Giovanni Battista Casanova ‚Theorie der Malerei', in: Giovanni Battista Casanova. Theorie der Malerei (= Phantasos, Schriftenreihe für Kunst und Philosophie der Hochschule für Bildende Künste Dresden, Bd. 8), München 2008, S. 907-913.
23 Ebd., S. 63.

Der Zeichner und Amtmann Eberhard von Schüttorf —————————— 213

Abb. 9: Ludovico Caracci, Noli me tangere, undatiert, Fürstlich Schaumburg-Lippische Kunstsammlungen

welches eine *Noli me tangere*-Szene zeigt (Abb. 9) und in der Gemäldesammlung von Schloss Bückeburg aufbewahrt wird.[24] Schüttorf kopierte das Gemälde vorbildgetreu und zugleich skizzenhaft: Während die zwei Engel im Grab mit Schatten und Schraffuren durchstrukturiert wurden, ist an Jesus und Maria Magdalena fast nur die Umrisslinie zu erkennen. Unter dem Bild hielt Schüttorf die Farbgebung des Bildes fest, um sich der farblichen Komposition zu erinnern (Abb. 10). Es ist somit offensichtlich, dass er sich während seines Aufenthaltes in Bückeburg an der Sammlung im dortigen Schloss schulte. Gleichzeitig ist ein Fortschritt in der sicheren Wiedergabe von Personen zu erkennen, die nun wesentlich plastischer und räumlicher wirken.

Dass Schüttorf weitaus breiter unterrichtet wurde, zeigt sich an Zeichnungen, die auf Vorlagen aus der englischen Druckgraphik basieren. Diese war um 1800 vorherrschend auf dem europäischen und insbesondere dem deutschen Markt geworden, was an ihrer fortschrittlichen Technik lag. „Der große Erfolg englischer Graphiken auf

---

24 Das Bild wurde 1685 in Rom von Graf Friedrich Christian zu Schaumburg-Lippe gekauft. Demnach kann Schüttorf das Bild nur aus dem Bestand der Bückeburger Sammlung gekannt haben. Gemäldekatalog Schloss Bückeburg, Bd. 1, handschriftl., Bückeburg 1880, Nr. 209.

Abb. 10: Eberhard von Schüttorf, Studie nach Ludovico Caracci, Noli me tangere, nach 1805, Museum Bückeburg

dem europäischen Festland ist zum einen mit der Aura der kulturellen Liberalität Großbritanniens und seiner politischen Struktur zu erklären, die diesen Werken anhaftete und sie bei allen fortschrittlich Denkenden so beliebt machte. Darüber hinaus wurden die innovativen druckgraphischen Techniken bewundert – insbesondere die Verfeinerung des Mezzotinto sowie die Aquatinta, die Punktiermanier und der Farbdruck, welche es den britischen Graphikern erlaubte, unnachahmlich malerische Effekte in ihren Werken zu erzielen."[25] Schüttorfs Schulung zur Linie ist auf Zeichnungen nach zwei Stichen des Engländers R. Westall zu erkennen, die nach Vorlagen des Malers Christian Josi geschaffen wurden. Dass mit „Innocent Revenge" bezeichnete Blatt zeigt zwei Mädchen, von denen eines einen schlafenden Jungen mit einer Feder an der Nase kitzelt (Abb. 11). Das andere, welches „Innocent Mischief" betitelt ist, zeigt dieselben Kinder, einen Schmetterling betrachtend. Kleidung sowie die Verbindung von Landschaft und Architektur zeigen deutliche Anklänge an den Klassizismus.

25 William Vaughan, Kolbe und die englische Druckgraphik. Reaktionen und Verbindungen, in: Ausst.-Kat. Carl Wilhelm Kolbe d.Ä. Künstler, Philologe, Patriot (1759-1835), hg. v. Norbert Michels, Petersberg 2009, S. 97.

Der Zeichner und Amtmann Eberhard von Schüttorf ——————— 215

Abb. 11: Eberhard von Schüttorf, Innocent Revenge, Studie
nach R. Westall, um 1800, Museum Bückeburg

Während seines Aufenthaltes in Leipzig ab 1803 lernte von Schüttorf den etwa gleichaltrigen Erbprinzen Georg Wilhelm zu Schaumburg-Lippe kennen. Dieser besuchte von 1803 bis 1805 die Leipziger Universität, wo er „unter der Aufsicht des Medizin-Professors und Anthropologen Ernst Platner, eines Spätaufklärers"[26] stand.
„Ein Schwerpunkt lag auf dem Studium der Rechts- und Staatswissenschaften,"[27] die auch von Schüttorf studierte. Der Kontakt beider muss sich nach dieser Zeit noch intensiviert haben, da Schüttorf alsbald am Bückeburger Hof zu finden ist, was in Bezug auf seine eheliche Verbindung zu Christiane Auguste Wilhelmine von Becquer

---

26 Stefan Meyer, Georg Wilhelm. Fürst zu Schaumburg-Lippe (1784–1860) (= Schaumburger Studien, Bd. 65), Bielefeld 2007, S. 61ff.
27 Stefan Meyer, Georg Wilhelm, Schaumburger Profile, Bd. 1 (= Schaumburger Studien, Bd. 66), Bielefeld 2008, S. 268.

Erwähnung findet, die „den Oldenburgischen Hauptmann von Schüttorf zu Löningen, nachherigen Flügeladjutant beim Erbprinzen von Schaumburg-Lippe und Bückeburg"[28] heiratete.

Eine der engsten Bezugspersonen Georg Wilhelms war in dieser Zeit Ludwig Dionis Sigisbert Richer von Marthille. Durch diese Konstellation ergab sich eine Bekanntschaft von Schüttorfs Schwester Charlotte zu Richer von Marthille, den sie schließlich heiratete. Die Verbindungen der Schüttorfs zum Bückeburger Hof wurden dadurch enger und Charlotte zur Vertrauten der beiden Schwestern Georg Wilhelms, den Prinzessinnen Wilhelmine und Karoline.[29]

Die Prinzessin Karoline sollte fortan enge Kontakte mit der Familie von Schüttorf sowie deren Verwandtschaft, der Familie von Schreeb, pflegen. Da die finanziellen Mittel des Bruders von Marie Wilhelmine von Schüttorf, Leopold Heinrich von Schreeb, begrenzt waren, konnten seine Kinder „nicht mehr durch Privatlehrer" in Hatten unterrichtet werden. „Daher verbrachte die Mutter mit ihren ältesten Töchtern Marie und Heilwig die Winter 1819/20 und 1820/21 in Oldenburg, damit diese am Schulunterricht teilnehmen konnten. (…) Zunächst begab sich die älteste Tochter Marie und später auch deren Bruder Adolph nach Bückeburg, verblieben dort über längere Zeit und begleiteten die Verwandten auch zu den Hoffestlichkeiten. (…) Marie von Schreeb begleitete im Sommer 1824 die Prinzessin Caroline zu Schaumburg-Lippe, während eines längeren Badeaufenthaltes, auf die Nordseeinsel Wangerooge.[30]

Eberhard von Schüttorf war zu diesem Zeitpunkt nicht mehr in Bückeburg. Bezugspunkt war nun seine Schwester Charlotte. Des Weiteren ihre Mutter Maria Wilhelmine, die über Vermittlung ihres Sohnes um 1810 ein Haus aus herrschaftlichem Besitz in Bückeburg gekauft hatte und aus Oldenburg fortzog, um nahe bei der Tochter zu wohnen.[31]

Letztlich sollten sich die Aufenthalte der Familie von Schreeb in Bückeburg ausdehnen. Marie lebte im Haushalt von Charlotte von Marthille „um (…) die Arbeit in einem Beamtenhaushalt kennenzulernen".[32] Heilwig blieb „vom Herbst 1824 bis zum Jahresende 1827".[33]

---

28 Der Deutsche Herold. Zeitschrift für Heraldik, Sphragistik und Genealogie, 6. Jg., Nr. 4, Berlin 1875, S. 41. Aufgrund der Bezeichnung Georg Wilhelms als Erbprinzen kann diese Tätigkeit Schüttorfs nur vor dem 28.5.1807, also vor der offiziellen Regierungsübernahme stattgefunden haben. Meyer, Georg Wilhelm, Fürst (wie Anm. 26), S. 68ff. Vgl. auch Helge Bei der Wieden, Schaumburg-Lippische Genealogie. Stammtafeln der Grafen – später Fürsten – zu Schaumburg-Lippe bis zum Thronverzicht 1918 (= Schaumburger Studien, H. 25), Melle 1995, S. 39.
29 In dem Gedichtband von Charlotte von Marthille (wie Anm. 8) steht von anderer Hand, dass sie die *Erzieherin von Wilhelmine und Karoline zu Schaumburg-Lippe* war. Dies trifft nicht zu, war Wilhelmine doch ein Jahr älter und Karoline nur zwei Jahre jünger als Charlotte von Marthille. Erzieherin war die Schwiegermutter Charlotte von Schüttorfs gleichen Namens.
30 Die Familie von Schüttorf hielt sich zu Badekuren ebenfalls bevorzugt auf Wangerooge auf, schließlich gehörte die Insel seit 1818 zum Großherzogtum Oldenburg. Hier entstanden etliche Zeichnungen und Eberhard von Schüttorf hielt seine Frau ebenfalls zum Malen an. So schrieb er auf eine Mappe: *Hierin einige Blätter zur Erinnerung an Stunden der Erholung, in denen meine liebe (…) Christiane Auguste, zum Theil unter meiner Leitung sich übte im Zeichnen und Tuschen.* NLA-BBG, Dep. 11 I Nr. 14. Überliefert sind Stillleben und Landschaftsdarstellungen Christiane Auguste von Schüttorfs.
31 NLA-BBG, K2 H Nr. 23 und K2 H Nr. 24.
32 Martens, Heinrich Wilhelm Hayen (wie Anm. 2), S. 324.
33 Martens, Graf Anton Günthers Güter (wie Anm. 2), S. 329.

Der Zeichner und Amtmann Eberhard von Schüttorf

Da Eberhard von Schüttorfs Mutter nun in Bückeburg lebte, kam es seinerseits zu längeren Aufenthalten in der Bückeburger Residenz. Aufgrund seiner künstlerischen Begabung war der Zirkel um die Prinzessin Karoline für ihn von besonderem Interesse. „Kaum erwähnenswert war das übrige künstlerische Leben am Hof. Von einer gezielten Förderung der Künste, wie sie noch den Hof des Grafen Wilhelm wie auch der Fürstin Juliane charakterisiert hatte, konnte nicht die Rede sein."[34]

Eberhard von Schüttorf, der Bückeburg wegen seiner beruflichen Karriere inzwischen verlassen hatte, war von 1807 bis 1809 als Advokat in Oldenburg tätig. Die Heirat mit der siebzehnjährigen Christiane Auguste Wilhelmine von Becquer 1809 oder 1810 mag ein Grund gewesen sein, dass er schließlich einen Posten als Landgerichts-Assessor in Vechta übernahm. Über seine Frau erbten sie das Rittergut in Eystrup, das 1830 verkauft wurde. 1834 folgte auch der Verkauf mehrerer Güter in Petershagen. Ihre Benennung als von „Besselsche Güter"[35] weist daraufhin, dass Eberhard von Schüttorf den Beinamen „genannt von Bessel" bekam, war doch die Mutter seiner Frau eine geborene von Bessel.

Von 1814 bis 1827 war von Schüttorf „Amtmann in Steinfeld und wohnte auf Gut Hopen bei Lohne."[36] Trotz seiner Tätigkeit als Beamter fand er noch immer genügend Zeit, sich künstlerisch zu betätigen, wobei eine deutliche Weiterentwicklung zu erkennen ist. Im Gegensatz zu den jugendlichen Zeichnungen wirken seine Bilder weitaus plastischer und weniger der Linie verpflichtet. Bevorzugt entstanden in dieser Zeit Porträts wichtiger Persönlichkeiten, die – nun wesentlich sorgfältiger in der Komposition – etwas über seinen gesellschaftlichen Umgang erzählen. Beispielhaft sei das Porträt von *Ober-Amtmann Bütemeister*[37] erwähnt, bei dem sich durch den handschriftlichen Vermerk der Amtsbezeichnung die Entstehungszeit näher eingrenzen lässt. Da Bütemeister „am 20. April 1818 (…) zum Oberamtmann ernannt" wurde,[38] muss die Zeichnung zwischen 1818 und 1827 entstanden sein.

Auf das Jahr 1819 lässt sich eine Gouache datieren, die den *Hofmedicus* Burchard Andreas Rudolph Schmidt[39] zeigt. 1828 ging Schüttorf als Amtmann nach Löningen, wo er seine Tätigkeit bis 1856 ausübte.[40] 1833 wurde er hier zum Regierungsrat ernannt. Die Verbindungen nach Bückeburg waren indes nicht abgebrochen. Verbürgt sind Aufenthalte wie am 7. September 1845 oder im August 1847, als Eberhard von Schüttorf eine ausgiebige Wanderung auf dem Jacobsberg an der Porta Westfalica unternahm und die dortigen Sehenswürdigkeiten, wie die sogenannte Margaretenklus, zeichnete.

---

34 Meyer, Georg Wilhelm, Fürst (wie Anm. 26), S. 142f.
35 Landesarchiv NRW Abteilung Ostwestfalen-Lippe, M 9 Petershagen Nr. 334.
36 Martens, Graf Anton Günthers Güter (wie Anm. 2), S. 331.
37 Museum Bückeburg, IV. Maler/Zeichner, Ordner 1, Nr. 1-. In diesem sowie dem nachfolgenden Ordner Museum Bückeburg, I. Persönlichkeiten, Ordner 2, Nr. 140-284 sind mehrere von Schüttorf angefertigte Porträts gesammelt. Zu einem unbekannten Zeitpunkt wurden sie dem Konvolut entnommen und hier vereint. Da in den Ordnern einige Zeichnungen unsigniert sind und mit Zeichnungen anderer Künstler gemischt wurden, erschwert dies die Zuschreibung.
38 https://de.wikipedia.org/wiki/Hans_Ernst_Bütemeister (abgerufen am 10. Dezember 2019).
39 Museum Bückeburg, IV. Maler/Zeichner, Ordner 1, Nr. 1-, vgl. Königlich Großbritannisch-Hannoverscher Staats-Kalender auf das Jahr 1819, Lauenburg 1819, S. 139.
40 Für die entsprechenden Daten vgl. Grundriß zur deutschen Verwaltungsgeschichte 1815-1945, Reihe B, hg. v. Thomas Klein, Bd. 17: Hansestädte und Oldenburg, Marburg/Lahn 1978, S. 187, 200.

Aus der Ehe von Eberhard von Schüttorf mit Christiane Auguste Wilhelmine von Becquer gingen drei Töchter hervor.[41] Seine Tochter Auguste heiratete schließlich ihren Cousin Siegbert Richer von Marthille, wodurch die Verbindung nach Bückeburg noch enger geknüpft wurde, so dass Eberhard von Schüttorf als Pensionär in die Residenzstadt zog. In dieser Zeit entstand das einzige überlieferte Porträt Eberhard von Schüttorfs, welches ihn in seinem Wohnzimmer zeigt. In Bückeburg verstarb er 1870 im Alter von 87 Jahren.[42] Am 14. November 1897 verstarb auch seine unverheiratete Enkelin Therese[43] und ihre Schwester Marie von Eynatten wird als Erbin eingesetzt. Da sich in dem Besitz von Therese die Zeichnungen ihres Großvaters befanden, wurden diese von der Erbin dem Altertumsverein in Bückeburg überwiesen: *Zeichnungen aller Art, auch Portraits mit Namen, aus dem Nachlass des zu Bückebg. verstorbenen Obersten von Marthille. Geschenkt von Freifrau v. Eynatten, geb. v. Marthille, zu Düsseldorf. 1897* und ergänzend *Von Frau Obertlieut. von Einatten Düsseldorf. Aus dem Nachlaß von Frl. Therese v. Marthille hiers. Überreicht a. 2. XII 97 dem Alterth. Vereine Bückebg.*[44]

Das Besondere an seinen in Bückeburg überlieferten Zeichnungen ist nicht ihre Qualität, sondern der Umstand, dass sie eine fast lückenlose Dokumentation der unterschiedlichen Stationen einer akademischen Ausbildung am Anfang des 19. Jahrhunderts widerspiegeln. Darüber hinaus vermitteln sie Einblicke in die Militär- und Kulturgeschichte der Zeit. Durch die Verlagerung der Kunst in den privaten Bereich sind es vor allem die verwandtschaftlichen Verbindungen seiner Familie, denen von Schüttorf sich widmete. Trotzdem scheint es durch ihn am Bückeburger Hof des Fürsten Georg Wilhelm einige zaghafte künstlerische Impulse gegeben zu haben, denkt man an den pädagogischen Umkreis um Prinzessin Karoline. Schließlich stammt eines der schönsten Bildnisse der Prinzessin von seiner Hand. Die Bedeutung von Schüttorfs Werk liegt gerade in seinen Porträts, mit denen er sich als gesellschaftlicher Chronist seines Umfeldes erweist und bisher unbekannte Verbindungslinien zur Oldenburger Regionalgeschichte offenlegt.

---

41 Eberhard von Schüttorf listet in seinem Stammbaum noch die älteste Tochter Maria auf. NLA-BBG, Dep. 11 I Nr. 2. Da diese keine Erwähnung im Deutschen Herold findet, ist davon auszugehen, dass sie früh verstarb. Der Deutsche Herold (wie Anm. 28), S. 41.
42 Martens, Graf Anton Günthers Güter (wie Anm. 2), S. 331. Zum Porträt siehe Abb. 107, S. 155.
43 NLA-BBG, L 121 a Nr. 2631.
44 NLA-BBG, Dep. 11 I Nr. 14.

Detlef Roßmann

Maigret in Wilhelmshaven

Die Romanfigur Kommissar Maigret war noch nicht erfunden, als Georges Simenon (1903-1989) im März 1929 mit einem Kutter von Paris aus auf eine Reise ging, die ihn bis nach Wilhelmshaven führte. Es handelte sich um ein etwa 10 x 4 Meter großes Boot mit Segel und einem Motor: *Das Schiff nimmt Form an und, weil es die Rauheit unserer entfernten Vorfahren hat, taufe ich es auf den Namen 'Ostrogoth'. Es verfügt über Schlafkojen ohne Federn, einen Tisch mit Wasserhahn, der mit dem Trinkwasserbehälter verbunden ist, einem kleinen und robusten Kohleherd, auf dem Boule zwei Jahr lang kochen wird, und ich werde erst später wissen, dass jene zwei Jahre mein Leben ändern werden.*[1]

Mit an Bord waren Simenons Frau Régine Ranchon, genannt Tigy, die Köchin Boule und die dänische Dogge Olaf. Simenon hatte sich im Winter 1928/1929 die erforderlichen Kenntnisse für die Küstenschifffahrt angeeignet, ohne seine *Erzählungen und Unterhaltungsromane zu vernachlässigen*,[2] und ging mit der „Ostrogoth" (Ostgote) nach der Schiffstaufe in Paris auf die Reise, über Kanäle und die Maas, über Belgien und Lüttich, die Niederlande und Maastricht, Amsterdam und die Zuiderzee (das heutige Ijsselmeer) nach Emden.
Über den Verlauf der weiteren Reise gibt es hinsichtlich ihres zeitlichen Ablaufs unterschiedliche Versionen. Georges Simenon schreibt in seinen Erinnerungen, dass sie von der Zuiderzee aus zu dem kleinen Hafen Stavoren in Friesland gesegelt seien, wo sie den Winter verbracht hätten.[3] Dann habe sie die Reise weiter nach Delfzijl in der Emsmündung geführt und über einen kurzen Aufenthalt in Emden nach Wilhelmshaven. Von dort seien sie zurück nach Delfzijl gesegelt, und die „Ostrogoth" habe dort repariert werden müssen. Tigy Simenon erinnert sich ebenfalls an den winterlichen Aufenthalt in Stavoren. In ihren Erinnerungen erfolgt er aber im Winter 1929/1930 nach dem längeren Aufenthalt in Delfzijl.[4]
Diesen Reiseverlauf hält auch die Simenon-Forscherin Murielle Wenger[5] für wahrscheinlich, da er mit den Erscheinungsdaten von Simenons Büchern jener Jahre über-

---

1 Georges Simenon, Mémoires intimes, Paris 1982, S. 26. – Übersetzung D.R.
2 Ebd.
3 Ebd., S. 27.
4 Tigy Simenon, Souvenirs, Paris 2004, S. 53 f.
5 Murielle Wenger, Quels sont les textes rédigés par Simenon dans le port allemand?, in: http://www.simenon-simenon.com/2017/05/.

Anschrift des Verfassers: Detlef Roßmann, Hochhauser Str. 25, 26121 Oldenburg

einstimmt. Wenger folgert daraus, dass der Aufenthalt der „Ostrogoth" in Wilhelmshaven im Juni 1929 stattgefunden habe.

In den Biographien über Simenon und in der Forschung über die Entstehung der Figur des Kommissars Maigret spielt dieser zeitliche Ablauf eine wichtige Rolle. Simenon hatte von 1924 bis 1931 unter siebzehn Pseudonymen an die zweihundert Erzählungen und Romane in verschiedenen Zeitungen und Verlagen veröffentlicht. Als erster Roman mit Maigret in der Hauptrolle als Kommissar gilt allgemein „Maigret und Pietr der Lette". Georges Simenon selbst hat verschiedentlich bestätigt, dass dieser Roman in Delfzijl entstanden sei, während die „Ostrogoth" repariert (*neu kalfatert*) werden musste. Diese These wird auch gestützt durch die Errichtung des Maigret-Denkmals in Delfzijl im Jahr 1966, bei dessen Einweihung Simenon und viele Maigret-Darsteller aus Maigret-Filmen anwesend waren und die Entstehung der Romanfigur im Jahr 1929 in Delfzijl feierten.

Abb. 1: Maigret-Denkmal in Delfzijl, Foto: Roßmann

Mehrere Maigret-Forscher haben jedoch am Entstehungsort des Romans und seines berühmten Kommissars Zweifel angemeldet. Die Zweifel stützen sich auf Texte und Interviews Simenons und auf die Chronologie seiner Veröffentlichungen der Jahre 1929 bis 1933. Georges Simenon hat in mehreren biographischen Texten nämlich auch Wilhelmshaven als außergewöhnliche Zwischenstation seiner Reise mit der „Ostrogoth" beschrieben.
In Wilhelmshaven wurden nach dem Ersten Weltkrieg – dem Versailler Vertrag entsprechend – Torpedo- und U-Boote, Kriegs- und Handelsschiffe verschrottet. Insgesamt sollen hier über 300 Schiffe verschrottet worden sein, darunter auch Schiffe aus dem Ausland. Allerdings waren die Verschrottungen überwiegend in der ersten Hälfte der zwanziger Jahre durchgeführt worden und so lagen im Jahr 1929 wohl nur noch wenige dieser Schrottschiffe im Hafen.
In den 1981 verfassten „Mémoires intimes" beschreibt Simenon die Ereignisse in Wilhelmshaven sehr detailliert und erwähnt zunächst, dass er für das Magazin „Détective" bei dem Verleger Gallimard unter dem Titel „Les treize mystères" („Die dreizehn Geheimnisse") 13 Kriminalgeschichten schrieb, bei denen die Leser die Auflösung erraten mussten. Diese erschienen von März bis Juni 1929. Es folgten, mit schwierigeren Lösungen „Les treize énigmes" („Die dreizehn Rätsel"), die ab September 1929 ebenfalls in dem Wochenmagazin *Détective* erschienen.
Eines Tages bekommt die „Ostrogoth" Besuch eines Polizeiinspektors in Zivil, der über zwei Stunden lang Simenon verhört. Die Schreibmaschine erweckt Misstrauen und der Inspektor verlangt Einblick in Simenons Texte: *Ich wusste nicht, dass er Französisch verstand, aber er nahm mich mit in ein imposantes Gebäude mit dunklen Mauern, wo ich nach einer langen Wartezeit einem wohl sehr hochstehenden Beamten gegenübergestellt wurde.*[6]

In dem Rückblick „Escales nordiques" beschrieb Simenon die Ereignisse in Wilhelmshaven 1931 mit einem geringen zeitlichen Abstand:

> *Ich habe das Pech, zwei Tage später in Wilhelmshaven zu ankern, dem ehemaligen deutschen Kriegshafen, wo Hunderte von Torpedobooten, U-Booten und Kriegsschiffen aller Art nur noch ein Schrotthaufen sind.*
> *Ich habe einen Roman zu schreiben und richte mich für eine Woche ein, ohne an etwas Schlechtes zu denken. Meine Frau macht einige Skizzen. Am Strand bewundern wir – es ist April – eine alte Dame in einem Badeanzug der Vorkriegszeit, die eine halbe Stunde lang im zehn Grad kalten Wasser bleibt und entzückt ruft:*
> *Fein! ...Fein! ...*
> *Es gibt fortwährend Neugierige am Kai. Studenten stellen sich uns vor, plaudern auf der Brücke. Wir trinken. Der Fotograf knipst. Die Stimmung ist herzlich, als ein Herr mit igelartigem Schnauzbart meine Gäste anfährt.*
> *Ich befehle Ihnen, die französische Yacht unverzüglich zu verlassen.*
> *Die Studenten zucken mit den Schultern. Zornesrot entfernt sich der Herr, kommt bald zurück mit einem Fotografen.*

---

6 Simenon (wie Anm. 1), S. 28 – Übersetzung D.R.

> *Die Beweise werden allen Zeitungen der Stadt zugestellt, ebenso den akademischen Behörden!, kündigt er an.*
> *Da haben wir es! Dank dem Herrn mit dem Schnauzbart in der Form einer Nagelbürste, werden wir uns am Abend in den Kneipen raufen. Für oder gegen die französische Yacht!...*
> *Am nächsten Morgen fange ich an zu albern, als mein weiblicher Schiffsjunge beim Einkaufen von einem Unbekannten verfolgt wurde. Eine Stunde später runzele ich die Stirn, weil die ankommende Post offensichtlich geöffnet wurde – übrigens mit viel Geschick!*
> *Und nun werde ich verfolgt. Man verfolgt meine Frau. Zwei, drei Tage lang. Man verfolgt uns ins Badehaus, in die Stadt, ins Café!*
> *Schließlich kommt ein Agent der Spionageabwehr an Bord. Er spricht den Jargon von Belleville ebenso gut wie Französisch. Er ist gutmütig. Er scherzt.*
> *Sieh an!... Sie haben eine Schreibmaschine!... Sieh an! Ihre Frau ist Malerin!... Und Sie verkaufen nichts!... Sie betreiben kein Geschäft!... Sieh an! Das ist seltsam... Das Manuskript eines Romans...*
> *Er liest eine Stunde lang und versucht herauszufinden, dass es sich in Wahrheit um eine Geheimsprache handelt.*
> *Und Sie erhalten telegrafische Aufträge!... Aber ja!... Heute Morgen haben Sie einen in der Post abgeholt!... Und Sie verschicken Einschreiben!...*
> *Meine Romane!*
> *Natürlich!... Was für eine hässliche Stadt, nicht wahr?... Der Hafen ist traurig!... Die Straßen sind finster!... Was für eine Idee, hier zu verweilen!... Warum sind Sie nicht im Mittelmeer, wo es so schön sonnig ist!...*
> *Er sagt das alles in amüsiertem Tonfall. Er gibt es uns. Er macht Witze und sogar Kalauer. Er öffnet die Schubladen, untersucht meinen Revolver, meine Zahnbürste und meinen Sextanten.*
> *Eine Stunde später werde ich auf das Polizeipräsidium einbestellt. Polizisten in Unterhosen spielen Fußball auf einem Hof, der nur durch einen Zaun von der Straße getrennt ist.*
> *Aber ich werde nicht zum Fußballspiel eingeladen. Der Chef erwartet mich. Er ist sehr liebenswürdig.*
> *Wilhelmshaven ist wirklich nicht nett! Wiederholt er mit einem einnehmenden Lächeln. Da Sie nach Skandinavien wollen, fahren Sie doch sofort dahin!... Mit Ihrer Schreibmaschine, der Malausrüstung Ihrer Frau, und allem...*
> *Er reicht mir ein Papier: Das ist die Erlaubnis, noch 24 Stunden in deutschen Gewässern zu bleiben!*[7]

Das von Simenon erwähnte Polizeipräsidium liegt in der Virchowstraße 17 (ehemals Wallstraße/Hindenburgstraße) und hat die schweren Bombenschäden des Weltkriegs überstanden. Nach dem Krieg beherbergte das Gebäude von 1959 bis 2000 unter dem Namen Robert-Koch-Haus das Gesundheitsamt.

---

7 Georges Simenon, Mes apprentissages. Reportages 1931-1946, Lonrai 2016, S. 705f. – Übersetzung D.R.

Abb. 2: Ehemaliges Polizeipräsidium in Wilhelmshaven, Foto: Rossmann

Simenon wird dort einem längeren Verhör unterzogen. Schließlich wird ein kurzes Protokoll mit Schreibmaschine in mehreren Exemplaren aufgesetzt und Simenon zur Unterschrift vorgelegt. Der Beamte verkündet, dass Simenon bis zum Abend die deutschen Hoheitsgewässer zu verlassen habe. Simenon protestiert mit Verweis auf die erforderlichen Vorbereitungen. Der Beamte gewährt ihm schließlich einen Aufschub bis zum anderen Mittag und teilt ihm mit, dass die Hafenverwaltung informiert werde.

> *Und am nächsten Mittag wartete ich, dass sich die gewaltige Brücke hebe, auf der sich Straßenbahnen, Autos, Lastwagen und ein Schwarm von Fahrrädern fortschwemmten. Der Hauptteil der gigantischen Brücke hob sich schließlich und ich schlängelte mich demütig zwischen die Boote, die wie meins die Flut ausnutzten. Wohin fahren? Ich hatte kein Recht mehr, in deutschen Gewässern zu bleiben.*[8]

Die „Ostrogoth" verließ Wilhelmshaven mit Ziel Delfzijl, wo wahrscheinlich im September 1929 ein längerer Aufenthalt zwecks Überholung des Schiffs erfolgte.

---

8 Simenon (wie Anm. 1), S. 28. Übersetzung D.R.

Leider hat sich bislang kein Dokument über Simenons Ausweisung aus Wilhelmshaven auffinden lassen. Weder im ehemals preußischen Staatsarchiv in Aurich noch an den Standorten Oldenburg und Hannover des Niedersächsischen Landesarchivs oder im Stadtarchiv Wilhelmshaven. Auch in der Wilhelmshavener Tageszeitung des Jahrgangs 1929 fand sich kein Hinweis auf Simenons Aufenthalt.

Zu den möglichen Gründen der Ausweisung und zum zeithistorischen Hintergrund sind hingegen einige Erläuterungen möglich: Zunächst ist anzunehmen, dass es sich bei dem von Simenon beschriebenen Vernehmungsbeamten (in Zivil) um einen Beamten einer Ausländerbehörde der preußischen Polizeiverwaltung oder sogar der Spionageabwehr handelte. Das Misstrauen gegenüber einem französischen Boot im preußischen Kriegshafen war im Jahr 1929 aus mehreren Gründen ausgeprägt und nicht unbegründet. Zunächst jährte sich am 28. Juni 1929 zum zehnten Mal die Unterzeichnung des Versailler Vertrags. Die *„Wilhelmshavener Zeitung"* widmete dem kritischen Gedenken mehrere große Aufmacher, da die Stadt durch die Kriegsfolgen und die Bestimmungen des Vertrages besonders betroffen war. Zudem war Anfang Juni in Paris mit dem Young-Plan eine Neuregelung der Reparationszahlungen vereinbart worden, nach der das Deutsche Reich bis 1987 Jahresraten von zwei Mrd. Goldmark zu leisten hatte. Parallel wurde auf der Haager Konferenz über die Räumung des noch durch die Entente-Truppen besetzten Rheinlandes verhandelt.

In Wilhelmshaven wirkte auch die politische Auseinandersetzung über den ‚Panzerkreuzerbau' nach, mit dem die Reichsregierung die Bestimmungen des Versailler Vertrages umgehen wollte. Zeitgleich waren 1928 in der Wilhelmshavener Reichsmarinewerft vier neue Torpedoboote und der Kreuzer „Köln" fertig gestellt worden. Die geheime Aufrüstung betraf jedoch nicht nur die Marine. Seit einigen Jahren schon gab es eine vertrauliche Zusammenarbeit zwischen dem Deutschen Reich und der Sowjetunion. Zweck dieses Projekts war der Aufbau der deutschen Luftwaffe, die durch den Versailler Vertrag verboten war. Im März 1929 war in der von Carl von Ossietzky herausgegebenen *„Weltbühne"* der Artikel „Windiges aus der deutschen Luftfahrt" erschienen. Unter dem Pseudonym Heinz Jäger hatte der Luftfahrtexperte Walter Kreiser in dem umfangreichen Text angedeutet, dass die Reichswehr entgegen den Bestimmungen des Versailler Vertrages heimlich den Aufbau der Luftwaffe forcierte. Dieser Artikel führte schließlich – wie allgemein bekannt – zum Prozess gegen Ossietzky und zu seiner Inhaftierung.

Sicherlich wurden auch in Paris Nachrichten über eine militärische Aufrüstung in Deutschland Ende der 20er Jahre aufmerksam registriert. So kann nicht verwundern, dass unter diesen politischen Vorzeichen bei der preußischen Polizei in Wilhelmshaven die Alarmglocken läuteten, als ein belgischer Staatsbürger auf einem französischen Boot im Hafen Texte schrieb und nach Paris an die Zeitschrift *„Détective"* expedierte. Vordergründig war ein Spionageverdacht jedenfalls nicht von der Hand zu weisen.

Aber an welchen Texten hat Georges Simenon in Wilhelmshaven im Sommer 1929 tatsächlich geschrieben? Die Simenon-Experten Claude Menguy und Pierre Deligny[9] haben die Entstehungsgeschichte der Figur des Kommissars Maigret ausführlich re-

---

9   Claude Menguy und Pierre Deligny, Les vrais débuts du commissaire Maigret, www.trussel.com/maig/menguyf.htm.

cherchiert und sind dabei auf widersprüchliche Angaben Simenons gestoßen. Als erster Maigret-Roman wird „Maigret und Pietr der Lette" betrachtet. Simenon selbst hat seine Entstehung im Jahr 1966 im Vorwort zur Gesamtausgabe seiner Werke detailliert beschrieben. Unter dem Titel „La naissance de Maigret" schilderte er, wie er während der Reparatur der „Ostrogoth" in Delfzijl „Pietr-le-Letton" in wenigen Tagen niederschrieb. Menguy und Deligny vermuten hingegen, dass dieser erste Maigret-Roman erst im April oder Mai 1930 entstanden ist, da Simenon den Vertrag mit dem Verleger Fayard am 26. Mai 1930 geschlossen habe und das Buch erst im Mai 1931 in den Buchhandel gelangte. Sie vermuten, dass Simenon im Jahr 1929 sowohl an Kriminalgeschichten für *„Détective"* geschrieben habe als auch an Vorläufern der Maigret-Romane. Auch der Simenon-Experte Francis Lacassin[10] bezweifelt in seinem Buch „La vraie naissance de Maigret. Autopsie d'une légende" die Entstehungsgeschichte, wie sie von Simenon behauptet wurde. Vor „Maigret und Pietr der Lette" gab es nämlich vier Romane, in denen der berühmte Kommissar schon ermittelte: „Train de nuit", „La jeune fille aux perles", „La femme rousse" und „La maison de l'inquiétude". Lacassin vermutet, dass Georges Simenon deshalb auf „Maigret und Pietr der Lette" als erstem Maigret-Roman bestand, weil dies der erste Roman war, der unter seinem richtigen Namen veröffentlicht wurde, während die vier vorherigen Titel noch unter seinen Pseudonymen Christian Bulls bzw. Georges Sim erschienen waren.

Der Verleger Daniel Kampa schließt sich im Nachwort zur deutschen Erstausgabe von „Maigret im Haus der Unruhe" (Zürich 2019) den Zweiflern an der Maigret-Chronologie an. Für Kampa handelt es sich bei dem Roman, den Simenon in Delfzijl geschrieben hat, nicht um „Maigret und Pietr der Lette", sondern um „Maigret im Haus der Unruhe". Mit Lacassin nimmt Kampa an, dass „Simenon mit seinem Boot nach seinem erzwungenen Zwischenstopp in Delfzijl nach Wilhelmshaven weiterschipperte, wo er nach eigenen Angaben seinen zweiten Maigret schrieb (…), dessen Niederschrift von der deutschen Spionageabwehr gestört wurde".[11] Und dieser zweite sei „Maigret und Pietr der Lette" gewesen.

Auch diese Vermutung beruht auf dem chronologischen Ablauf der Reise mit der „Ostrogoth", wie sie von Georges Simenon überliefert wurde. Tatsächlich verlief die Reise anders, wie oben aus den Erinnerungen von Tigy Simenon zitiert und von der Simenon-Forscherin Murielle Wenger bestätigt. Da der Aufenthalt in Wilhelmshaven im Sommer 1929 zeitlich vor der Reparatur in Delfzijl erfolgte, müssten auch die ersten Maigret-Romane in der umgekehrten Reihenfolge entstanden sein. Tatsächlich wären dann „Maigret im Haus der Unruhe" in Wilhelmshaven und „Maigret und Pietr der Lette" in Delfzijl oder noch später geschrieben worden.

Simenon schrieb während der Reise auf der „Ostrogoth" jedoch nicht nur an Kriminalromanen mit seinem neuen Kommissar. Vor und neben Maigret gab es Kommissare mit anderen Namen, u.a. „G7". Ein weiterer Kommissar, der in mehreren Groschenromanen u.a. in der Zeitschrift *„Ric et Rac"* des Verlegers Fayard in den Jahren 1929 bis 1933 ermittelte, war der Inspektor „Jean-Joseph Sancette". Im Oktober 1932

---

10 Francis Lacassin, La vraie naissance de Maigret. Autopsie d'une légende, Monaco 1992.
11 Daniel Kampa, Die Legende von der einfachen Geburt. Wie Maigret wirklich zur Welt kam, in: Georges Simenon, Maigret im Haus der Unruhe, Nachwort, Zürich 2019, S. 217.

erschien bei Tallandier in der Reihe „Criminels et Policiers" der Roman „Matricule 12", zu Deutsch etwa „Matrikelnummer 12". Die darin erzählte Gangstergeschichte spielt zu einem großen Teil in Wilhelmshaven, wo Inspektor Sancette mit Unterstützung seiner Pariser Mitarbeiter Lucas und Torrence (sic!) gegen eine international tätige Gangsterbande ermittelt, die Einbrüche in Banken in London, New York, Berlin, Paris und Wien verübte. Bei den Polizeibehörden galt sie als „Bande von Wilhelmshaven", die vom „Mann von Wilhelmshaven" geleitet wurde, einem gewissen Ernst Ebner. „Matricule 12" ist eine abenteuerliche Geschichte, die Simenon zwischen Wilhelmshaven und Paris ansiedelt und seinen Kommissar Sancette in filmreife Ermittlungen führt: ins Gefängnis von Wilhelmshaven, seine Gefangenschaft durch die Gangster in einem verrosteten Torpedoboot, auf abenteuerliche Bahnreisen zwischen Wilhelmshaven, Le Havre und Paris, und in einen großen Show-Down bei einem angekündigten Bankeinbruch in die „Banque de Crédit" am Boulevard Haussmann in Paris:

> *Er war in der Friedrichstraße, einer ruhigen Straße ohne Geschäfte, die nur von drei Gaslaternen erleuchtet wurde.*
> *Auf der linken Seite war der Stadtpark und jenseits des Parks lag das belebte Zentrum.*
> *Der Mann ging nach rechts und gelangte zu den Quais des Hafenbeckens, dort, wo in der Folge des Versailler Vertrags ein Teil der deutschen Flotte vor sich hin rostete.*
> *Er konnte die geschwärzten Umrisse zweier großer Kreuzer wahrnehmen und die schmalen Flanken von etwa zwanzig Torpedobooten, alles unbeweglich in einer undurchdringlichen Finsternis.*
> *Fünfhundert Meter von dort entfernt begann der lebendigere Handelshafen: einige Frachter aus Deutschland, England, Holland, Dänemark...*[12] *(...)*
> *Sie saß am Steuer und drückte den Fuß auf das Gaspedal.*
> *Zum Friedhof, schnell!...*
> *Aber es handelte sich nicht um einen normalen Friedhof. Es handelte sich um den sogenannten Friedhof der Torpedoboote.*
> *Zwischen dem Hafen von Wilhelmshaven und dem Meer, oder besser der Bucht der Jade, gibt es einen langen ziemlich schmalen Erdstreifen, einen Deich, sogar mit einem Strand, wo eine Art Casino errichtet war.*
> *Von der Seite der Küste ist es eine Promenade, wo man mit Erstaunen einen Meter vor dem Wasser schöne Rasenflächen findet, auf denen sich im Sommer Badegäste tummeln, wie andernorts auf dem Sand.*
> *Aber auf der Hafenseite erstreckt sich ein unendlich düsterer, immer verlassener Kai.*
> *Am Kai entlang waren still gelegte Torpedoboote, Kreuzer, ehemalige Bauten der Kriegsmarine dem Vergammeln preisgegeben.*
> *Verfallene Gebäude dienten ehemals als Reparaturwerkstätten, als Militärbüros, als Wachgebäude.*
> *Man sieht noch Reste von Stacheldraht, die den Zugang versperren sollen. Aber man kann sie nicht mehr ernst nehmen. Sie sind verrostet, zerfallen.*

---

12 Simenon avant Simenon. Les exploits de l'inspecteur Sancette, Matricule 12, Lonrai 2008, S. 251.

Maigret in Wilhelmshaven

Und manchmal kommen Kinder zum Spielen inmitten dieses ganzen Schrotts mit den Masten, den Kanonen, den Stahlseilen, den Befehlsständen, den Booten, den Tauchglocken. Das alles ist der schönste Ort für Phantasien.
An eben diese Stelle lenkte die junge Frau ihr Auto. Zu dieser Stunde, und noch dazu im Winter, gab es keine Menschenseele von einem Ende des Kais bis zum anderen, das heißt über eine Länge von mehr als zwei Kilometern.[13]

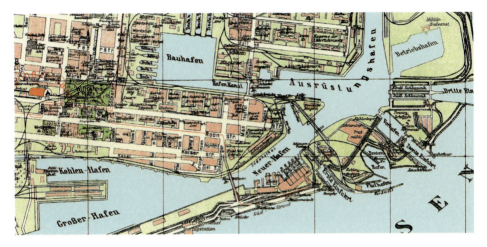

Abb. 3: Stadtplan von Wilhelmshaven, 1928

Die Beschreibungen Simenons zeugen von einer genauen Ortskenntnis Wilhelmshavens. Die erwähnte Friedrichstraße (heute Rheinstraße) führt vom Großen Hafen zur Königstraße (heute Ebertstraße), vom Hafen in Richtung Innenstadt. Die Strandhalle am Südstrand war im Mai 1927 eröffnet worden und die Anlagen dort im Juni 1928. Da Simenon zudem, wie auch an anderer Stelle, die Rasenflächen am Südstrand beschreibt, *auf denen sich im Sommer Badegäste tummeln, wie andernorts auf dem Sand*, können wir annehmen, dass Simenon dort das Badeleben beobachtet hat. Im Winter und Frühjahr 1929 herrschte in Europa eine ungewöhnliche lange Kälteperiode. Der April 1929 war der kälteste April des Jahrhunderts, aber ab Mai herrschten frühsommerliche Temperaturen.[14] Wenn Simenon also selbst Badegäste beobachtet hat, dann sicherlich nicht vor Mai 1929.

Francis Lacassin schrieb in Kenntnis zahlreicher Unterlagen und seiner Gespräche mit Simenon, dass dieser Ende der 1920er Jahre noch nicht entschieden hatte, welcher

---

13 Ebd., S. 291f.
14 Jürgen Heise und Georg Myrcik, Der April in der 100-jährigen Beobachtungsreihe von Berlin-Dahlem 1908 bis 2007, in: Beiträge des Instituts für Meteorologie der Freien Universität Berlin zur Wetterkarte Berlin, 30.5.2020 (http://www.met.fu-berlin.de/~manfred/april.pdf).

seiner Kommissare eine lange Karriere haben würde. Am Ende seiner Schiffsreise mit der „Ostrogoth" hatte Georges Simenon dann Maigret gewählt.[15]

Im Sommer 1931 bekam Simenon auf der „Ostrogoth" in Ouistreham (Normandie) nämlich Besuch vom Filmregisseur Jean Renoir, der die Filmrechte an „Maigrets Nacht an der Kreuzung" für die enorme Summe von 50.000 Franc kaufte. Die „Ostrogoth", das schwimmende Heim und Büro Simenons, hatte ausgedient und wurde im Herbst 1931 verkauft.

Die Rätsel um die Entstehung der Romane um Maigret können noch nicht vollständig gelöst werden. Aber Wilhelmshaven, die Stadt am Jadebusen, war wohl im Sommer 1929 ein Geburtsort des berühmten Kommissars.

---

15 Francis Lacassin, Sancette contre Maigret: un combat perdu au bénéfice de l'âge, in: Simenon avant Simenon (wie Anm. 12), S. 811ff.

Marcus Kenzler

Das „neue deutsche Kunstschaffen"
Die Gauausstellungen Weser-Ems
als Spiegel nationalsozialistischer Kunstpolitik

Mit der Machtübernahme der Nationalsozialisten im Januar 1933 fand die Vielfalt des kulturellen Lebens in Deutschland, die sich im Verlauf der 1920er Jahre unter den Vorzeichen demokratischer Freiheit entwickeln konnte, ihr Ende. Die von den neuen Machthabern als „dekadent", „artfremd" und „undeutsch" verachtete Avantgarde wurde verunglimpft und stattdessen eine „sittliche Staats- und Kulturidee" beschworen, die Adolf Hitler bereits 1924 in „Mein Kampf" formuliert hatte. Das „neue deutsche Kunstschaffen" sollte radikal „arisiert" werden und Ausdruck der von den Nationalsozialisten propagierten Einheit von „Führer, Volk und Reich" sowie der Überlegenheit des „arischen Herrenmenschen" sein. Als Richtschnur diente die Kunst der Heimatbewegung aus der Zeit des Kaiserreiches, also ein etwas biederer akademischer Realismus, wie er sich im späten 19. Jahrhundert großer Beliebtheit erfreute. Dem gegenüber stand die Diffamierung der modernen Kunst, insbesondere der Werke des Expressionismus, Dadaismus und Konstruktivismus, die als „entartet" verfemt und als „Verfallserscheinung" an den Pranger gestellt wurden. Bereits am 7. April 1933 wurden rund 35 progressive Museumsdirektoren wie Ernst Gosebruch vom Folkwang Museum Essen oder Max Sauerlandt vom Hamburger Museum für Kunst und Gewerbe mithilfe des „Gesetzes zur Wiederherstellung des Berufsbeamtentums" entlassen; noch am selben Tag eröffneten in verschiedenen Städten des Reichs sogenannte „Schreckenskammern", in denen Werke der Moderne diffamiert wurden.

Die bildende Kunst verlor in Deutschland ihre Autonomie – sie wurde als Mittel der Propaganda instrumentalisiert und sollte die nationalsozialistische Ideologie bzw. das Selbstverständnis und die Feindbilder des Regimes transportieren. Ziel war die Indoktrination, Manipulation, Kontrolle und Mobilisierung der Bevölkerung, die mithilfe künstlerischer Äußerungen gezielt beeinflusst werden sollte. Zentrales Steuerungsorgan für die Gleichschaltung und Überwachung des kulturellen Lebens war die im September 1933 gegründete und dem Reichsministerium für Volksaufklärung und Propaganda unterstellte Reichskulturkammer, die in sieben Abteilungen untergliedert war: Reichskammer der bildenden Künste, Reichsschrifttumskammer, Reichsmusikkammer, Reichstheaterkammer, Reichsfilmkammer, Reichsrundfunk-

---

Anschrift des Verfassers: Marcus Kenzler, Provenienzforschung, Landesmuseum für Kunst und Kulturgeschichte Oldenburg, Damm 1, 26135 Oldenburg

kammer und Reichspressekammer. Die Mitgliedschaft in der jeweiligen Kammer war für alle Kulturschaffenden verpflichtend – ein Ausschluss, der zumeist rassistische oder ideologische Gründe hatte, zog formal ein Berufs-, Ausstellungs- und Veröffentlichungsverbot nach sich. Allerdings konnte eine einheitliche kunst- und kulturpolitische Programmatik trotz anderslautender Propaganda in den ersten Jahren nationalsozialistischer Herrschaft nicht umgesetzt werden, woran nicht zuletzt einige Protagonisten des Führungsapparates entscheidenden Anteil hatten. So standen sich im Zuge des sogenannten „Expressionismus-Streits" der Reichsminister für Volksaufklärung und Propaganda, Joseph Goebbels (1897–1945), und Alfred Rosenberg (1893–1946), der bereits 1929 den „Kampfbund für deutsche Kultur" gegründet und als „Beauftragter des Führers für die Überwachung der gesamten geistigen und weltanschaulichen Schulung und Erziehung der NSDAP" großen Einfluss auf die Umsetzung völkisch-nationaler Inhalte hatte, in einer offen ausgetragenen Kontroverse gegenüber. Während Goebbels Sympathien für den Expressionismus als „nordische", „deutsche Kunst" hegte und insbesondere die Arbeiten Emil Noldes und Ernst Barlachs schätzte, teilte der reaktionäre Ideologe Rosenberg den Hass Hitlers auf die Avantgarde. Diese Uneinigkeit ermöglichte zunächst noch einen gewissen Stilpluralismus und einzelnen Kunstvereinen und privaten Galerien das Ausstellen moderner Künstler. Manche Museen konnten bis 1936 sogar noch Werke der Moderne erwerben, während sich andere gezwungenermaßen oder aus freien Stücken schon bald von Beständen trennten. Spätestens mit der Eröffnung der „Große[n] Deutsche Kunstausstellung" am 18. Juli 1937 im Münchner „Haus der Deutschen Kunst", auf der Hitler seine programmatische Rede zur NS-Kunstpolitik hielt, und der Ausstellung „Entartete Kunst", die einen Tag später in den nahegelegenen Hofgartenarkaden ihre Pforten öffnete, endeten die Debatten und Richtungsstreitigkeiten.

Unter den Vorzeichen propagandistischer Inanspruchnahme stellten Kunst und Kultur ein unverzichtbares Instrument zur Selbstinszenierung der politischen Gaue und ihrer Vertreter und Akteure dar. Die Einteilung des Deutschen Reichs in Gaue (in Analogie zum lateinischen Begriff „pagus") hatte die NSDAP bereits im Zuge ihrer Neugründung am 26. Februar 1925 und des organisatorischen Ausbaus der Parteistrukturen vorgenommen. Unabhängig von existierenden Ländergrenzen waren dabei parteiliche Verwaltungsgebiete entstanden, wobei kleinere Länder mit benachbarten Regionen zu einem Gau zusammengefasst wurden – in Norddeutschland entstanden so beispielsweise die Gaue Weser-Ems und Südhannover-Braunschweig. Nach der Machtübernahme der Nationalsozialisten existierten 42 deutsche Gaue, die wiederum in Kreise und Ortsgruppen unterteilt waren und als staatliche Verwaltungsebenen zwischen Kreisleitung und Reichsleitung fungierten. Im Verlauf der 1930er Jahre gewannen die Gaue gegenüber den Ländern zunehmend an Bedeutung, wobei der machtpolitische Einfluss der Gauleiter, die oftmals auch staatliche Ämter wie das des Reichsstatthalters oder des Regierungspräsidenten innehatten, von Adolf Hitler persönlich ernannt bzw. entlassen wurden und die politischen Direktiven Hitlers und der NSDAP auf Landesebene umzusetzen hatten, kontinuierlich wuchs.[1]

---

1 Vgl. Marcus Kenzler (Hg.): *Herkunft verpflichtet! Die Geschichte hinter den Werken*, Begleitpublikation zur gleichnamigen Ausstellung, Landesmuseum für Kunst und Kulturgeschichte Oldenburg, Oldenburg 2017, S. 28f. sowie https://www.dhm.de/lemo/kapitel/ns-regime/innenpolitik/gaue.html; https://www.historisches-lexikon-bayerns.de/Lexikon/Gau_(NSDAP).

Kunst und Kultur im „Nordsee-Gau"

Der Gau Weser-Ems, im Dritten Reich ideologisch romantisiert auch „Nordsee-Gau" genannt, wurde im Zuge von Umstrukturierungen der NS-Parteibezirke am 1. Oktober 1928 ins Leben gerufen und umfasste das Oldenburger Land, die Freie Hansestadt Bremen sowie die Regierungsbezirke Osnabrück und Aurich. Die Gauleitung hatte von 1928 bis 1942 der aus der Wesermarsch stammende Carl Röver inne, der Oldenburg zur Gau-Hauptstadt erhob und seinen Amtssitz im „Adolf-Hitler-Haus" in der Ratsherr-Schulze-Straße ansiedelte. Wie alle Gauleiter legte auch Röver großen Wert auf den Kontakt zu Kulturschaffenden und wusste sich mithilfe der Kunst in Szene zu setzen.

Alljährlicher Höhepunkt der Zurschaustellung nationalsozialistischer Kunst-, Kultur- und Weltanschauung waren die Gaukulturtage und Gaukulturwochen, die in allen Gauen des Reichs abgehalten und als nach innen gerichtete Propaganda-Events von der Gaupropagandaleitung aufwendig inszeniert wurden. Die mehrtägigen Veranstaltungen zielten einerseits darauf, den Nationalsozialismus in quasi-

Abb. 1: Carl Hickmann: Gauleiter Carl Röver, 1933, Fotografie, Landesmuseum für Kunst und Kulturgeschichte Oldenburg

religiösen Zeremonien als alternativloses Heilsversprechen zu vermarkten, die Bevölkerung auf die Ziele und Intentionen der Machthaber einzuschwören und das Bewusstsein als Schicksalsgemeinschaft zu wecken bzw. zu schärfen. Andererseits dienten volksfestartige Attraktionen der Belustigung und Zerstreuung der Menschen – dieser Aspekt gewann in Kriegszeiten zunehmend an Bedeutung. So waren in den Programmen der Gaukulturtage und -wochen politische Kundgebungen und Versammlungen wie die „Führertagungen des Gaus" mit prominenten Rednern der Reichsführung, Tagungen der Ortsgruppen- und Kreisleitungen sowie Sondertagungen der Ämter wie Gau-Schulungsamt, Gau-Propagandaamt oder NS-Frauenschaft ebenso zu finden wie auf Massenwirkung zielende Aufmärsche, Fanfarenzüge und Generalappelle, Konzerte, Theateraufführungen und Kunstausstellungen. Ab 1942 wurde jährlich der Kunstpreis des Gaues Weser-Ems vergeben, der vom Gauleiter gestiftet und als höchste kulturelle Auszeichnung des Gaues mit großem propagandistischem Aufwand an regimetreue Kunstschaffende aus allen künstlerischen Disziplinen verliehen wurde. Begleitet wurden die Kulturtage und -wochen von Trachtenschauen, Sportvorführungen, Leistungsschauen sowie Schaubuden, Belustigungsgeschäften und Gastronomieangeboten.

„Deutsche Kunst –
aus der Seele des deutschen Menschen heraus erlebt!"[2]

Im Gau Weser-Ems warteten die Gaukulturtage und -wochen mit jährlich stattfindenden Kunstausstellungen auf, die in erster Linie im Augusteum der Gau-Hauptstadt Oldenburg gezeigt wurden und als repräsentative Verkaufsschauen „Höchstleistungen" des nordwestdeutschen Kunstschaffens versprachen. Höhepunkte stellten die vier propagandistisch aufwendig inszenierten „Großen Gauausstellungen Weser-Ems" der Jahre 1933, 1938, 1941 und 1944 dar, die neben Oldenburg oft noch eine zweite Station hatten und in gewisser Weise das regionale Äquivalent zu den „Großen Deutschen Kunstausstellungen" bildeten, die von 1937 bis 1944 jährlich im Münchner „Haus der Deutschen Kunst" zu sehen waren. Die „Großen Gauausstellungen" wurden jeweils durch einen Katalog begleitet, der in der Regel die Gattungen Malerei, Grafik, Plastik und Kunsthandwerk umfasste.

Dass die Prestigeschauen nationalsozialistischer Kunstauffassung von dem im Augusteum beheimateten Oldenburger Kunstverein (OKV) ausgerichtet wurden, ist nicht erstaunlich. Im Gegenteil: Bereits 1921 kritisierte der Oldenburger Jurist und Kunstsammler Ernst Beyersdorff (1885–1952) in einer flammenden Rede vor den Vereinsmitgliedern die konservative und rückwärtsgewandte Ausstellungspraxis des OKV. „Der Verein stagniert, er ist stehen geblieben und darum zurückgeschritten",[3] so Beyersdorff. „Überall neues Leben. Ein Drängen und Gären, ein Blühen und Reifen, daß es einen bei all der sonstigen Not der Zeit mit Freude und neuer Hoffnung erfüllen kann. Hier aber ist alles tot." Als der Arzt Curt Brand (1892–1971), überzeugter Nationalsozialist der ersten Stunde und SS-Standartenführer, am 19. Mai 1933 den Vorsitz des Kunstvereins übernahm,[4] wurde zwar der Fokus auf die gegenständliche Heimatkunst der Region nochmals verengt, eine wesentliche Kurskorrektur erfolgte jedoch nicht.

Bereits am 24. September 1933 eröffnete der Kunstverein anlässlich seines 90-jährigen Bestehens unter der Schirmherrschaft von Gauleiter und Reichsstatthalter Röver die Ausstellung „Die Kunst im Gau Weser-Ems. Große Kunstausstellung",[5] die bis Oktober zu sehen war und anschließend vom 12. November bis 3. Dezember in der Kunsthalle Bremen präsentiert wurde.[6] Neben der Zurschaustellung nationalsozialistischer Kunstauffassung sollte mit der „Großen Kunstausstellung" das Ziel verfolgt werden, den Oldenburger und Bremer Künstlerbund miteinander zu vereinigen, um somit dem Gau Weser-Ems auch kunstpolitische Tragkraft zu verleihen.[7]

---

2 Flugblatt der „Gaubeamtenabteilung der NSDAP" anlässlich der Ausstellung „Die Kunst im Gau Weser-Ems", die vom 24. September bis zum Oktober 1933 im Augusteum in Oldenburg gezeigt wurde. In: Gerhard Wietek: *200 Jahre Malerei im Oldenburger Land*, herausgegeben von der Landessparkasse zu Oldenburg aus Anlass des 200jährigen Jubiläums, Oldenburg 1986, S. 34.
3 Ernst Beyersdorff: *Meine Rede im Old. Kunstverein am 24.2.1921*, Landesmuseum für Kunst und Kulturgeschichte Oldenburg, Archiv, LMO-VfjK 74/1.
4 Vgl. Oldenburger Kunstverein (Hg.): *125 Jahre Oldenburger Kunstverein*, Beiträge zu seiner Geschichte von Jürgen Weichardt, Oldenburg 1968, S. 28.
5 Vgl. *Die Kunst im Gau Weser-Ems*, Ausstellungskatalog, Oldenburger Kunstverein, Oldenburg 1933.
6 Vgl. Ausstellungsbuch der Kunsthalle Bremen, Oktober 1930 bis März 1936, „November-Ausstellung. Die Kunst im Gau Weser-Ems".
7 Vgl. https://www.oldenburger-kunstverein.de/der-kunstverein/geschichte/, verifiziert am 3.7.2020.

Das „neue deutsche Kunstschaffen" ———————————————————— 233

Abb. 2: August Schmietenknop: Große Ausstellung. Die Kunst im Gau Weser-Ems, Plakat, Farblithographie, Oldenburger Kunstverein

Insgesamt 120 Künstlerinnen und Künstler aus Oldenburg, Bremen und Ostfriesland waren mit rund 250 Arbeiten in der Ausstellung vertreten.[8] Mit Gerhard Bakenhus und Bernhard Winter befanden sich zwei namhafte Protagonisten der nordwestdeutschen Heimatmalerei unter den 30 Oldenburger Kunstschaffenden.[9] Winter war mit seinem Gemälde „Die Webstube (in Nordermoor)" von 1896 vertreten, das bereits auf der „Großen Berliner Kunst-Ausstellung" im Herbst 1898 mit der „Kleinen Goldmedaille" ausgezeichnet worden war und die Karriere des Künstlers entscheidend befördert hatte.[10]

Dass sich bereits mit der ersten „Großen Kunstausstellung" im Gau Weser-Ems hohe Erwartungen hinsichtlich des gewünschten propagandistischen Effekts verbanden, ist an dem hohen Werbeaufwand ablesbar, der mit der Kunstschau einherging. Der

---

8 Vgl. Wietek (wie Anm. 2), S. 36.
9 Vgl. ebd.
10 Vgl. Katalog der Ausstellung: http://digi.ub.uni-heidelberg.de/diglit/gbk1898/0104/image?sid=0d1 ac252a8e8be49c5a0ef37610d5658, verifiziert 3.7.2020. Nur kurze Zeit später, am 21. Februar 1934, erwarb das Landesmuseum für Kunst und Kulturgeschichte Oldenburg das Gemälde von der jüdischen Oldenburgerin Cäcilie Steinthal für den Preis von 500 Reichsmark. Heute ist „Die Webstube" Gegenstand der Provenienzforschung am Landesmuseum.

Oldenburger Gebrauchsgrafiker und Schriftkünstler August Schmietenknop (1897–1948) entwarf das Plakat als farbigen Litho-Druck, das den Titel der Ausstellung als stilisierte Fahne in den Reichsfarben Schwarz, Weiß und Rot zeigt.[11] Gerhard Wietek verweist darauf, dass Schmietenknop als Nicht-Parteimitglied darauf verzichtete, das Hakenkreuz als omnipräsentes Symbol der neuen Machthaber in seinen Entwurf zu integrieren.[12] Dies muss aber nicht notwendigerweise als Ausdruck einer widerständischen Haltung gedeutet werden, gestaltete er doch im selben Jahr die Ehrenbürgerurkunden der Stadt Jever für Adolf Hitler und Reichspräsident Paul von Hindenburg; 1937 folgten die Ehrenbürgerurkunden der Stadt Oldenburg für Hitler und Röver, die Ende des Jahres Gegenstand einer kleinen Präsentation im Oldenburger Schloss waren.[13] Parallel zu der Plakatierung brachte die Gau-Beamtenabteilung der NSDAP Flugblätter in Umlauf, die den propagandistischen Hintergrund der Ausstellung betonten: Es solle „gezeigt werden, daß im Gau Weser-Ems noch eine gesunde bodenständige Kunst lebt. Deutsche Kunst – aus der Seele des deutschen Menschen heraus erlebt! Für diese Kunst soll das Volk bis in die tiefsten Schichten aufnahmefähig gemacht werden."[14] Aller Rhetorik zum Trotz demonstrierten die in dieser ersten „Großen Kunstausstellung" ausgestellten Werke, dass eine einheitliche kunstpolitische Programmatik noch in weiterer Ferne lag.

In den Folgejahren präsentierten auch kleinere und weniger beworbene Ausstellungen das „Kunstschaffen im Gau Weser-Ems", für die keine Begleitkataloge herausgegeben wurden und deren Besucherzahlen sicherlich nicht an die der großen Kunstausstellungen heranreichten. Trotzdem sollten auch sie wegweisenden Charakter für den kunstpolitischen Kurs und die Ankaufspolitik der lokalen Museen haben. Entsprechend erwarb das Landesmuseum für Kunst und Kulturgeschichte Oldenburg im Januar 1935 fünf Arbeiten regionaler Künstlerinnen und Künstler vom Oldenburger Kunstverein, die vermutlich aus der Gauausstellung des Jahres 1934 stammten: Das Inventarbuch des Museums nennt Otto Georg Meyers Gemälde „Maitag" (1932), die Gemälde „Porträt Otto Georg Meyer" (1934) von Wilhelm Kempin und „Häuser am Sportplatz in Donnerschwee" (1934) von Otto Wohlfahrt sowie die ebenfalls 1934 entstandenen Zeichnungen „Stall bei Vadder Röbken" von Marie Meyer-Glaeseker und „Torfgräberhütte auf dem Hochmoor" von Franz Francksen.

Als die Reichskulturkammer 1935 Landesleiter für die Sektionen bildende Kunst, Musik, Theater, Schrifttum und Rundfunk in den Gauen einsetzte, löste der frisch berufene Landesleiter der Reichskammer der bildenden Künste im Gau Weser-Ems, Hans Martin Fricke (1906–1994), Curt Brand als Vorsitzenden des Oldenburger Kunstvereins ab.[15] Als eine seiner ersten Amtshandlungen eröffnete er am 1. Dezember die Jahresausstellung „Werke bildender Künstler des Gaus Weser-Ems" im Au-

---

11 Vgl. Wietek (wie Anm. 2), S. 34.
12 Vgl. ebd.
13 Vgl. u.a. Lioba Meyer (Hg.): *August Schmietenknop. Vom Schriftsetzer zum Schriftkünstler*, Ausst.-Kat., Stadtmuseum Oldenburg, Oldenburg 2017, S. 8ff.
14 Zitiert nach: Wietek (wie Anm. 2), S. 34ff.
15 Vgl. Rainer Stamm, Gloria Köpnick: *Fricke, Hans Martin (11.11.1906 – 6.12.1994). Landesleiter der Reichskammer der bildenden Künste* und Joachim Tautz: *Reichskammer der bildenden Künste und der Gau Weser-Ems*, in: Kenzler (wie Anm. 1), S. 27f., 70.

gusteum. Unter demselben Titel wurde auch im November des Jahres 1936 eine Ausstellung im Rahmen der Gaukulturwoche gezeigt. Die Eröffnungsrede hielt Curt Brand, der weiterhin im Vorstand des Kunstvereins wirkte, mittlerweile den Vorsitz im Oldenburger Stadtrat innehatte und zum SS-Oberführer befördert worden war. Den Befund, dass im Gau Weser-Ems nur wenige Künstler tätig seien, verkehrte er ins vermeintlich Positive und folgerte, dass dies der Beleg für das Entstehen eines neuen kulturellen Zentrums im Nordwesten sei.[16]

Anlässlich des Gautages 1937, der am 29. und 30. Mai in Oldenburg begangen wurde,[17] kam es zur Wiederaufnahme des plattdeutschen Theaterstücks „De Stedinge" (Die Stedinger), das 1934 von dem Oldenburger Heimatdichter August Hinrichs (1879–1956) verfasst worden war und auf der eigens dafür errichteten „Freilichtbühne Stedingsehre", einem als Kulisse dienenden Fachwerkdorf, am Bookholzberg im Landkreis Oldenburg aufgeführt wurde. Nachgestellt wurde die „Schlacht von Altenesch" vom 27. Mai 1234 und die Rebellion der Stedinger Bauern gegen den Bremer Erzbischof Gerhard II. und dessen Kreuzritterheer. Die nationalsozialistische Propaganda bediente sich des Stücks und stilisierte die Stedinger zu einem Sinnbild eines aufbegehrenden und nach Freiheit strebenden Germanentums.[18] Das „Spieldorf" diente als Thingstätte der NSDAP, welche die Idee der Volksgemeinschaft und der Heimatverbundenheit transportieren sollte. Nachdem bereits 1935 eine Reihe von Aufführungen auf der noch nicht gänzlich fertiggestellten Freilichtbühne gezeigt worden war, begann mit dem Gautag 1937 eine Spielzeit mit insgesamt zwölf Aufführungen vor vollendeter Kulisse. Zum „Tag der Einweihung der niederdeutschen Gedenkstätte Stedingsehre" am 30. Mai erschienen als Ehrengäste der Stellvertreter Hitlers, Reichsminister Rudolf Heß (1894–1987), Reichsleiter Alfred Rosenberg und Reichsinnenminister Wilhelm Frick (1877–1946).[19] Für das Jahr 1937 finden sich zwar keine Hinweise auf eine Jahres-Gauausstellung, der Oldenburger Kunstverein zeigte im Oktober aber die Schau „Woche des Deutschen Buches 1937", die in Zusammenarbeit mit der Landesleitung der Reichsschrifttumskammer, die August Hinrichs innehatte, und der NS-Gemeinschaft „Kraft durch Freude", Volksbildungsstätte Oldenburg konzipiert wurde. Am 12. Dezember eröffnete der OKV zudem die Kunstausstellung „Oldenburger und Ostfriesen", mit der die jährliche Bestandsaufnahme des Kunstschaffens im Gau Weser-Ems fortgeführt wurde.

---

16 Vgl. Joachim Tautz: *Franz Radziwill und die NS-Kulturpolitik im Gau Weser-Ems*, in: Birgit Neumann-Dietzsch, Viola Weigel (Hg.): „Der Maler Franz Radziwill in der Zeit des Nationalsozialismus", Ausst.-Kat. Franz Radziwill Gesellschaft e.V. und Kunsthalle Wilhelmshaven, Bielefeld, Leipzig, Berlin 2011, S. 33f.

17 Vgl. Gaupropagandaleitung Weser-Ems der NSDAP, Hauptstelle Kultur (Hg.): *Gautag des Gaues Weser-Ems am 29. und 30. Mai 1937*, Oldenburg 1937 sowie Niedersächsisches Landesarchiv, Abteilung Hannover, NLA HA ZGS 2/1 Nr. 155.

18 Vgl. Marcus Kenzler: *Stiftung Stedingsehre*, in: Kenzler (wie Anm. 1), S. 80.

19 Vgl. Jessica Holzhausen: *Der Mythos Stedinger im Wandel der Zeit. Instrumentalisierung, Politisierung oder regionale Identifikationsfigur?* Diss., Carl von Ossietzky Universität Oldenburg, Oldenburg 2019, S. 410.

Die zweite „Große Gauausstellung" und das Jubiläum des Landesmuseums

Im Rahmen der „Gaukulturwoche Weser-Ems" 1938, die vom 27. November bis 4. Dezember unter der Schirmherrschaft Rövers stattfand, wurden zwei Ereignisse besonders hervorgehoben: das 15-jährige Bestehen des Landesmuseums und die Eröffnung der zweiten „Großen Gauausstellung" im Augusteum. Beide Anlässe wurden öffentlichkeitswirksam und mit großem propagandistischem Aufwand begangen. Dass die jüdische Bevölkerung nur wenige Tage zuvor in der Pogromnacht vom 9. auf den 10. November die bis dahin massivsten antisemitischen Ausschreitungen mit ausufernder Gewalt, Plünderungen und exzessiven Zerstörungen gegen sich erleben musste, spielte keine Rolle.

Am 29. November, der im Programm der Gaukulturwoche als „Tag der Bildenden Kunst" angekündigt war, wurde zum Festakt in den Schlosssaal des Landesmuseums geladen. Eine Sonderbeilage der „*Oldenburgischen Staatszeitung*" rühmte, dass die Jubiläumsfeier „mit vollem Recht in die Tage der Gaukulturwoche gelegt" worden sei, denn, „wie Museumsdirektor Dr. Müller-Wulckow sich einmal äußerte, ‚in den Museen als Stätten der Besinnung und Belehrung, der Ehrfurcht und des Stolzes finden wir das Ehrwürdig-Alte. Dort wird uns und späteren Geschlechtern der Weg veranschaulicht, den unser Volk durchmessen hat.'"[20] Im Anschluss an den Festakt begaben sich die Gäste ins Augusteum, wo im ersten Obergeschoss die „Große Gauausstellung. Kunstschaffen im Gau Weser-Ems" eröffnet wurde, die Bilder und Plastiken von Künstlerinnen und Künstlern aus Oldenburg, Bremen, Osnabrück, Emden, Wilhelmshaven, Fischerhude und Worpswede vorstellte. Wie schon 1933 gab es auch in diesem Jahr eine Bremer Ausstellung mit identischem Titel, die aber mit eigenem Programm parallel zur Oldenburger Schau gezeigt wurde und zeitgleich im Künstlerhaus eröffnet wurde.[21] Ein gemeinsamer Katalog bot Überblick über 142 Werke von 71 Kunstschaffenden in Oldenburg und 107 Arbeiten von 54 Künstlerinnen und Künstlern in Bremen.[22] Das an beiden Standorten vorherrschende Motiv war die Landschaft, was Gauschulungsleiter Heinrich Buscher (1911–1954) in seiner Rede anlässlich der Oldenburger Eröffnung offen kritisierte: „Wo bleibt die Darstellung bäuerlicher Lebenswelt in ihrem unverbrauchten Humor, […] wo finden wir die Erdhaftigkeit und das Verbundensein zwischen Bauer und Scholle, zwischen Schiffer und Meer […]? […] Wo findet man weiterhin einen Anklang an die Geschehnisse unserer Zeit, an das herrliche Siegeslied der Arbeit wie es der Arbeitsdienst allein schon durch seine Existenz verkörpert, wo ist das Brauchtum einer betrieblichen Morgenfeier, eines NS-Schulungslagers zu finden?"[23]

20 *Das Jubiläum des Landesmuseums*, in: Gau-Kulturwoche 1938 im Raum Weser-Ems, 2. Beilage zu Nr. 325 der „Oldenburgischen Staatszeitung", 30. November 1938, Landesmuseum für Kunst und Kulturgeschichte Oldenburg, Archiv, LMO-A 1175.
21 *Bremer Ausstellung „Kunstschaffen im Gau Weser-Ems"*, in: Gau-Kulturwoche 1938 im Raum Weser-Ems, 2. Beilage zu Nr. 325 der „Oldenburgischen Staatszeitung", 30. November 1938, Landesmuseum für Kunst und Kulturgeschichte Oldenburg, Archiv, LMO-A 1175.
22 Vgl. *Kunstschaffen im Gau Weser-Ems. Bilder und Plastiken der Ausstellungen in Bremen und Oldenburg. Gaukulturwoche Weser-Ems 1938*, Ausstellungskatalog, Oldenburger Kunstverein, Oldenburg 1938.
23 *„Kunstschaffen im Gau Weser-Ems"*, in: Gau-Kulturwoche 1938 im Raum Weser-Ems, 2. Beilage zu Nr. 325 der „Oldenburgischen Staatszeitung", 30. November 1938, Landesmuseum für Kunst und Kulturgeschichte Oldenburg, Archiv, LMO-A 1175.

Das „neue deutsche Kunstschaffen"

Abb. 3: Die Gaukulturwoche 1938, Programmbeilage, Oldenburger Nachrichten für Stadt und Land, 23. November 1938, Landesmuseum für Kunst und Kulturgeschichte Oldenburg, Archiv

Bemerkenswert an der Bremer Konzeption war die Teilnahme von Franz Radziwill, der mit den Gemälden „Zwei Brötchen", „Fort am Deich" und „Das grüne Boot" prominent vertreten war. Der in der Wesermarsch geborene und in Bremen aufgewachsene Radziwill zählte zwar zu den bekannteren Künstlern der Region, doch wurde der Maler, der 1933 euphorisch in die NSDAP eingetreten und dann zum Pro-

Abb. 4: Wilhelm Wieger: Damenbildnis, 1937, Öl auf Leinwand, Landesmuseum für Kunst und Kulturgeschichte Oldenburg

fessor an die Kunstakademie Düsseldorf berufen worden war, im Zuge der Aktion „Entartete Kunst" als „Kunstbolschewist" diffamiert und seine als „Verfallskunst" verunglimpften Arbeiten wurden in deutschen Museen beschlagnahmt.[24] Allein aus den Sammlungen des Landesmuseums fielen zwei Gemälde und vier Aquarelle der Beschlagnahmeaktion zum Opfer. Obgleich die in Oldenburg gezeigte Bandbreite wesentlich größer war, fehlte Radziwill im Augusteum. Auch die altgedienten Vertreter der Heimatkunst Gerhard Bakenhus und Bernhard Winter, die 1933 noch ehrfurchtsvoll in Szene gesetzt worden waren, wurden 1938 weder in Bremen noch in Oldenburg ausgestellt.

Das Landesmuseum erwarb aus der Oldenburger Ausstellung zwei Gemälde: die „Winterlandschaft" (1936) des Bremer Malers Helmut Vinnen und das recht biedere „Damenbildnis" (1937) des Bremer Malers und Grafikers Wilhelm Wieger. Beide Er-

---

24 Vgl. Birgit Neumann-Dietzsch: *Franz Radziwill im Nationalsozialismus*, in: Neumann-Dietzsch, Weigel (wie Anm. 16), S. 9f.

werbungen lassen sich auch anhand der Annotationen in dem persönlichen Exemplar des Ausstellungskataloges von Walter Müller-Wulckow, Direktor des Landesmuseums, nachvollziehen.

Kunst zur Erziehung des Menschen in Oldenburg und Groningen

Nachdem in den Jahren 1939 und 1940 zwei weitere Ausstellungen unter dem Titel „Kunstschaffen im Gau Weser-Ems" im Augusteum gezeigt worden waren, eröffnete der Oldenburger Kunstverein am 14. Dezember 1941 die dritte „Große Gauausstellung Weser-Ems", die bis zum 11. Januar 1942 insgesamt 188 Arbeiten aus den Kategorien Malerei, Grafik, Plastik und Kunsthandwerk von 78 Künstlerinnen und Künstlern aus der nordwestdeutschen Region präsentierte. Der begleitende Katalog und das Ausstellungsplakat wurden erneut von August Schmietenknop, der selbst mit sechs Exlibris-Entwürfen in der Ausstellung vertreten war, entworfen und gedruckt.[25] Große Beachtung fanden ein Portrait des 1939 verstorbenen Gerhard Bakenhus, das 1935 von Paul Schütte gefertigt worden war, und fünf Gemälde von Wilhelm Kempin, der bereits im Juli 1941 als einziger Oldenburger zu den 750 Künstlerinnen und Künstlern zählte, deren Werke in der „Großen Deutschen Kunstausstellung" im Haus der Deutschen Kunst in München gezeigt wurden.[26] Diese überregionale Beachtung trug vermutlich dazu bei, dass Kempins großformatiges Gemälde „Hille im Garten (Hille un Blomen)" von 1941 mit 6.000 Reichsmark zu den teuersten Bildern der Gauausstellung zählte.[27] Lediglich Franz Radziwills Gemälde „Der U-Boot-Krieg/Der totale Krieg/Verlorene Erde" von 1939 wurde zum selben Preis angeboten. Dass Radziwill erneut an einer „Großen Gauausstellung" teilnehmen konnte, mag zunächst erstaunen, allerdings wurde das fast zwei Meter breite Gemälde, das eigentlich der politischen Rehabilitation Radziwills dienen sollte, noch vor Ende der Ausstellung wieder abgehängt.[28] Motivisch dominierten Portraits, lokale Landschaftsdarstellungen und harmlos anmutende Blumenstillleben das Gesamtbild der Ausstellung. Eine Besonderheit lag darin, dass die Ausstellung im Anschluss an die Oldenburger Station Anfang 1942 im besetzten Groningen gezeigt wurde. Erklärbar wird dieser propagandistische Schachzug durch die nationalsozialistische Rassenideologie, nach der Niederländer, Norweger und Dänen zu den „arischen Völkern" zählten, die im Zuge der deutschen Westoffensive nicht unterworfen bzw. „vernichtet", sondern lediglich zur Kooperation „bewegt" werden sollten. Voraussetzung hierfür war eine entsprechende Umerziehung, die nach dem Überfall der deutschen Wehrmacht auf die bis dahin neutralen Niederlande unter Reichskommissar Arthur Seyss-Inquart zu erfolgen hatte. Landesleiter Hans Martin Fricke,

---

25 Vgl. *Große Gauausstellung Weser-Ems 1941. Malerei/Graphik/Plastik/Kunsthandwerk*, Ausstellungskatalog, Oldenburger Kunstverein, Oldenburg 1941, sowie Meyer (wie Anm. 13).
26 Kempin war mit seinem großformatigen Ölbild „Der Apfelbaum (De Appelboom)" von 1941 vertreten, das durch die „Stiftung Stedingsehre" angekauft worden war und sich seit 1946 in der Gemäldesammlung des Landesmuseums Oldenburg befindet. Vgl. *Große Deutsche Kunstausstellung 1941 im Haus der Deutschen Kunst zu München*, Ausst.-Kat. München 1941, Kat. 537, S. 46.
27 Vgl. Wietek (wie Anm. 2), S. 36.
28 Vgl. Neumann-Dietzsch, Weigel (wie Anm. 15), S. 96f.

der beide Stationen der „Großen Gauausstellung" verantwortete, betonte im Vorwort des Groninger Kataloges, dass die „Menschen des Gaues Weser-Ems [...] denen der benachbarten Provinzen der Niederlande stammesgleich" seien. „Sie entstammen einer völkischen Wurzel, die auch ihre Sprache formte. Die Sprache der Kunst offenbart ebenso die gleiche Wesensart."[29]

Bereits einen Monat vor der „Großen Gauausstellung Weser-Ems" war am 16. November 1941 die Ausstellung „Niederländische Kunst der Gegenwart"[30] im Augusteum eröffnet worden, die „im Rahmen des deutsch-niederländischen Kulturaustausches in Verbindung mit der Niederländisch-Deutschen Kulturgemeinschaft, dem Oberbürgermeister der Gauhauptstadt Oldenburg und der Deutsch-Niederländischen Gesellschaft, Arbeitskreis Weser-Ems" realisiert und vom Oldenburger Kunstverein und dem „Niederländischen Ministerium für Volksaufklärung und Künste" veranstaltet wurde.[31] Im Rahmen der Eröffnungsfeier sprachen Landesleiter Fricke, der niederländische Präsident der Niederländisch-Deutschen Kulturgemeinschaft, Henri Catharinus van Maasdijk (1904–1985), und der Leiter der Abteilung Bildende Künste im niederländischen Ministerium, Eduard Gerdes (1887–1945).

Das Landesmuseum Oldenburg verwahrt in seinen Sammlungen Bildender Kunst insgesamt zehn Arbeiten, die in der „Großen Gauausstellung Weser-Ems" zu sehen waren. Unmittelbar erworben wurden Marie Meyer-Glaesekers „Selbstbildnis" (1941) und ihr zuvor entstandenes Stillleben „Blühende Calla mit rotem Stuhl" sowie Julian Klein von Diepolds bereits 1922/23 entstandenes Bild „Alte Burg (Försterei) bei Berum", das aufgrund seines fast expressionistischen Duktus aus dem Gesamtbild der Ausstellung herausstach und kaum dem propagierten Formenkanon entsprach.[32] Sechs weitere Werke gelangten über einen Umweg in die Sammlungen des Landesmuseums und wurden kurz nach Ende des Zweiten Weltkriegs in das Inventar des Hauses aufgenommen: Paul Schüttes Gemälde „Gerhard Bakenhus im Atelier" und „Alte Frau" (jeweils 1940), Wilhelm Kempins „Hille im Garten" (Hille un Blomen), Marie Meyer-Glaesekers „Geranien" (1941), Carl Horns „Damenbildnis" (1938) und Heinrich Emminghaus' Pastell „BDM-Mädchen Gerlinde" (1940) wurden zunächst von der „Stiftung Stedingsehre" erworben, die als Träger der „Freilichtbühne Stedingsehre" fungierte und im Auftrag des Gauleiters Röver den Aufbau einer Kunstsammlung finanzierte, welche die Eigenständigkeit der niederdeutschen Kultur im Gau Weser-Ems widerspiegeln sollte. Die Kunstwerke wurden regionalen Kultureinrichtungen und NS-Dienststellen als Leihgaben zur Verfügung gestellt. Nach Ende des Zweiten Weltkriegs wurde die Stiftung aufgelöst und die Kunstsammlung dem Landesmuseum Oldenburg übergeben. Das mit dieser Überweisung aufgenommene

---

29 Stamm, Köpnick, in: Kenzler (wie Anm. 1), S. 27f.
30 Oldenburger Kunstverein (Hg.): *Niederländische Kunst der Gegenwart. Malerei / Graphik / Plastik / Architektur. Im Augusteum zu Oldenburg. 16. November bis 7. Dezember 1941*, Ausst.-Kat. Oldenburg 1941.
31 Vgl. Einladung zur Ausstellung, in: Oldenburger Kunstverein (Hg.): *Niederländische Kunst der Gegenwart. Malerei / Graphik / Plastik / Architektur. Im Augusteum zu Oldenburg. 16. November bis 7. Dezember 1941*, Ausst.-Kat. Oldenburg 1941, Landesmuseum für Kunst und Kulturgeschichte Oldenburg, Archiv.
32 Julian Klein von Diepolds „Alte Burg (Försterei) bei Berum" wurde für den Erlös des zuvor an Hildebrand Gurlitt verkauften „Reiter am Strand" von Max Liebermann erworben. Vgl. Marcus Kenzler: *Der Weg des Reiters – die Geschichte eines verlorenen Bildes*, in: Oldenburger Landesverein für Geschichte, Natur- und Heimatkunde e.V. (Hg.): Oldenburger Jahrbuch, Bd. 116, Oldenburg 2016, S. 231-239.

Abb. 5: Wilhelm Kempin: Hille im Garten, 1941, Öl auf Holz, Landesmuseum für Kunst und Kulturgeschichte Oldenburg

Pastell „BDM-Mädchen Gerlinde" stellt eines der wenigen Werke in den Sammlungen des Landesmuseums dar, in denen sich konkrete Hinweise auf die nationalsozialistische Diktatur finden. Dies trifft auch auf ein Portrait des Heimatdichters August Hinrichs zu, der das NSDAP-Parteiabzeichen am Revers seines Sakkos trägt, eine 1937 erworbene Hitlerbüste von NSDAP-Mitglied Günther Martin, Elsa Oeltjen-Kasimirs Eisengussstatuette „Der Führer, grüßend mit erhobener Hand beim Einzug in Wien", die noch im Januar 1945 angekauft wurde sowie auf zwei große Hitlerbüsten, die nach Kriegsende im Landesmuseum eingelagert wurden.
Marie Meyer-Glaesekers um 1940 entstandenes „Stillleben mit Messinggeräten", das ebenfalls Teil der „Großen Gauausstellung" von 1941 war, wurde erst 1969 als Überweisung des Landes Niedersachsen in die Sammlungen des Landesmuseums aufgenommen.
Anlässlich der „Gaukulturtage Weser-Ems" 1943, die vom 23. bis zum 30. Mai in Oldenburg und Bremen stattfanden, wurde zwar keine größere Gauausstellung ausgerichtet, dafür eröffneten am 23. Mai zwei Kabinettausstellungen, die in Zusammen-

Abb. 6: Carl Horn: Damenbildnis, 1938, Öl auf Leinwand, Landesmuseum für Kunst und Kulturgeschichte Oldenburg

Abb. 7: Kabinettausstellung Kunst zwischen 1933 und 1945, *2020, Raumansicht, Landesmuseum für Kunst und Kulturgeschichte Oldenburg*

Das „neue deutsche Kunstschaffen" ——————————————— 243

arbeit mit der Gauleitung Weser-Ems konzipiert worden waren und den Auftakt der Gaukulturtage bildeten: „Schrifttum des Gaues Weser-Ems" im Oldenburger Schloss und „Gebrauchsgraphik im Gau Weser-Ems" im Augusteum. Die Begrüßungsansprache im Rahmen eines gemeinsamen Festaktes hielt Landeskulturwalter und Leiter des Reichspropagandaamtes Weser-Ems Georg Seiffe, einführende Worte sprach der Leiter der „Abteilung Schrifttum" im Reichsministerium für Volksaufklärung und Propaganda Ministerialdirigent, Wilhelm Haegert (1907–1994).[33] Das Nichtzustandekommen einer „Großen Gauausstellung" begründete die „*Oldenburgische Staatszeitung*" am Tag darauf mit den Begleiterscheinungen des Krieges: „Der Gau Weser-Ems hat von jeher sein Bestreben daran gesetzt, auf kulturellem Gebiet ein wichtiges Wort mitzureden, und darum war es ursprünglich die Absicht gewesen, die Kulturtage des Gaues als eine groß angelegte Leistungsschau durchzuführen, die auch im Reich den großen Widerhall hätte finden sollen. Der Krieg jedoch verbot eine solche Schau […]."[34] Vom 24. bis zum 30 Mai war darüber hinaus die Ausstellung „Künstlerinnen des Gaues Weser-Ems" im Schloss zu sehen, die von der NS-Frauenschaft ausgerichtet wurde. Dass der Oldenburger Kunstverein in diesem Jahr sein 100-jähriges Jubiläum beging, spielte bei der Planung der Gaukulturtage offensichtlich keine Rolle. Den künftigen kunst- und kulturpolitischen Kurs verkündete der neu ins Amt berufene Gauleiter und Reichsstatthalter Paul Wegener (1908–1993) – sein Vorgänger Röver war am 15. Mai 1942 unter ungeklärten Umständen verstorben – im Rahmen der „Kulturkundgebung", die am 27. Mai im großen Saal des Bremer Konzerthauses „Die Glocke" zelebriert wurde. Höhepunkt der Veranstaltung war die Verleihung des Kunstpreises des Gaues Weser-Ems durch den Gauleiter, der 1943 an gleich drei Preisträger vergeben wurde: Im Bereich der bildenden Kunst wurde Bernhard Winter ausgezeichnet, der Preis für Literatur ging an den Heimatdichter August Hinrichs und der für Musik an den Osnabrücker Komponisten Karl-Heinz Schäfer.

Kultur als „kriegsentscheidende Aufgabe"

Die letzten Gaukulturtage im Gau Weser-Ems fanden vom 7. bis zum 14. Mai 1944 statt.[35] Im Anschluss an den Auftakt im großen Saal der Bremer „Glocke", in dessen Rahmen der Bremer Violinist und Musikprofessor Georg Kulenkampff mit dem Gaukunstpreis ausgezeichnet wurde,[36] eröffnete die „Kunstausstellung Gaukulturtage Weser-Ems 1944" im Oldenburger Augusteum.[37] Veranstalter waren die Landeslei-

---

33 Vgl. Gaupropagandaleitung Weser-Ems, Hauptstelle Kultur (Hg.): *Gaukulturtage Weser-Ems 1943. 23. bis 30. Mai. Programm*, verantwortlich Obergemeinschaftsleiter Friedrich Grolle, Oldenburg 1943.
34 „*Auch mit dem Geist hilft die Heimat der Front!*", in: „Oldenburgische Staatszeitung", 24. Mai 1943, Nr. 139, Landesmuseum für Kunst und Kulturgeschichte Oldenburg, Archiv, LMO-A 118.
35 Vgl. Gaupropagandaleitung Weser-Ems der NSDAP, Hauptstelle Kultur (Hg.): *Die Güldenkammer. Beiträge und Bilder zu den Gaukulturtagen Weser-Ems, 7. bis 14. Mai 1944*, Oldenburg 1944 sowie Gaupropagandaleitung Weser-Ems der NSDAP, Hauptstelle Kultur (Hg.): *Kulturtage des Gaues Weser-Ems der NSDAP und des Gebietes Nordsee der Hitlerjugend. 7. bis 14. Mai 1944*, verantwortlich Obergemeinschaftsleiter Friedrich Grolle, Oldenburg 1944.
36 Vgl. „*Neue Form des kulturellen Lebens im Nordseegau*", in: „Oldenburgische Staatszeitung", 16. Jg., v. 8. Mai 1944, Landesmuseum für Kunst und Kulturgeschichte Oldenburg, Archiv, LMO-A 118.
37 Parallel zu der „Kunstausstellung Gaukulturtage Weser-Ems 1944" im Augusteum wurde im Oldenburger Schloss die Ausstellung „Junges Schaffen" des Gebietes Nordsee der Hitler-Jugend eröffnet, die ebenfalls zum Programm der Gaukulturtage 1944 zählte und von der Gauleitung Weser-Ems veranstaltet wurde.

Abb. 8: *Oldenburgische Staatszeitung, Titelseite, 8. Mai 1944, Landesmuseum für Kunst und Kulturgeschichte Oldenburg, Archiv*

tung der Reichskammer der bildenden Künste, der Künstlerbund Bremen und der Oldenburger Kunstverein.[38] Die künstlerische Ausstellungsleitung war dem Bremer Maler Richard Flegel übertragen worden, der als Vorsitzender des Künstlerbundes Bremen und Referent des Landesleiters der Reichskammer der bildenden Künste agierte und selbst mit drei Arbeiten in der Ausstellung vertreten war. Auffallend ist, dass es 1944 offensichtlich nur in Oldenburg eine Ausstellung gab. Eine zweite Station gab es – im Gegensatz zu den Ausstellungsjahren 1933, 1938 und 1941 – nicht. Es ist davon auszugehen, dass die schweren Luftangriffe der Alliierten auf Bremen, insbesondere die britischen Flächenbombardements bei Nacht, eine Ausstellungsstation in der Hansestadt unmöglich machten. Daher war im Titel wohl lediglich von einer „Kunstausstellung" die Rede, obgleich die Schau angesichts ihrer Größe und des umfangreichen Kataloges die Kriterien einer „Großen Gauausstellung" erfüllte. So zeigten 83 nordwestdeutsche Künstlerinnen und Künstler 200 Arbeiten aus den Kategorien Gemälde, Grafik und Plastik, was eine deutliche Steigerung zum Jahr

---

38 Vgl. *Kunstausstellung Gaukulturtage Weser-Ems 1944*, Ausst.-Kat., Landesleitung der Reichskammer der bildenden Künste im Gau Weser-Ems, Künstlerbund Bremen, Oldenburger Kunstverein, Oldenburg 1944.

1941 darstellte. Größtes Gewicht hatte erneut der Oldenburger Wilhelm Kempin, der mit zwölf Werken vertreten war. Auffällig in Erscheinung trat auch das Ehepaar Marie Meyer-Glaeseker, die fünf Gemälde und eine Studie ausstellte, und Otto Georg Meyer, der fünf seiner Kriegslandschaften beisteuerte. Mit „Roter Tod", „Flammenwerfer", „Morgennebel", „Nächtlicher Brand" und „Zyklus, Weltkrieg" thematisierte er die Schrecken und Verwüstungen des Krieges. Meyers oft wuchtige Bildkompositionen spiegeln die traumatischen Erlebnisse des Malers an der Westfront des Ersten Weltkriegs wider, die ihn zeitlebens quälten und sein künstlerisches Schaffen prägten. Den desaströsen Folgen des Zweiten Weltkriegs konnten sich jedoch auch die Repräsentanten des nationalsozialistischen Regimes nicht gänzlich entziehen. So schrieb Landeskulturwalter Seiffe im Ausstellungskatalog: „Wohl sind erhabene Werke der deutschen Kultur vom Feindterror vernichtet. Das erfüllt uns mit Schmerz. Die schöpferischen Kräfte im Volke aber sind unzerstörbar."[39] Und die *Oldenburgische Staatszeitung* schrieb anlässlich der Eröffnung der Gaukulturtage: „Kulturarbeit ist gerade jetzt, angesichts weltweiter und geschichtlicher Entscheidungen eine politische und kriegsentscheidende Aufgabe ersten Ranges."[40]

Das Landesmuseum Oldenburg erwarb mit dem Ölbild „Sommertag in Ditzum" von Poppe Folkerts und der Zinkgussskulptur „Hockende" von Hans Laubner auch auf dieser letzten Gauausstellung Werke für die eigenen Sammlungen. Im Zuge der Überweisung der Kunstsammlung der „Stiftung Stedingsehre" kam 1946 noch Otto Georg Meyers „Wetterwolke, Zyklus Weltkriegslandschaft, Werk 45" hinzu.

NS- oder Heimatkunst?

Die Entscheidung des Landesmuseums Oldenburg, sich 2020 in einer Kabinettschau dem Thema „Kunst zwischen 1933 und 1945"[41] und damit der Ankaufpolitik des Hauses zur Zeit des Nationalsozialismus zu widmen, hat Fragen nach der Geschichte der Gauausstellungen Weser-Ems aufgeworfen. Wenige verfügbare Quellen, nur vereinzelt auffindbare Ausstellungskataloge und das Fehlen darüber hinaus gehender wissenschaftlicher Literatur verdeutlichen, dass es sich bei diesem Thema bislang um ein Desiderat handelte. Als Gau-Hauptstadt war Oldenburg primärer Austragungsort für die jährlichen Ausstellungen im sogenannten „Nordseegau" – das wesentlich größere Bremen diente hinsichtlich der großen Kunstausstellungen im Gau Weser-Ems „nur" als zweite Station. Diese besondere Rolle der Huntestadt war unter anderem darauf zurückzuführen, dass der Freistaat Oldenburg nach den Landtagswahlen im Mai 1932, bei denen die NSDAP die absolute Mehrheit erzielte, die erste nationalsozialistische Alleinregierung auf Landesebene im Deutschen Reich stellte. So etablierte sich Oldenburg nicht nur als Hauptsitz der nationalsozialistischen Ad-

---

39 Ebd., S. 7.
40 „Kultur gegen Terror. Zur Eröffnung der Gaukulturtage Weser-Ems 1944", in: „Oldenburgische Staatszeitung", 16. Jg., v. 6. Mai 1944, Landesmuseum für Kunst und Kulturgeschichte Oldenburg, Archiv, LMO-A 118.
41 „Kunst zwischen 1933 und 1945", 19.2. – 4.10.2020, Landesmuseum für Kunst und Kulturgeschichte Oldenburg.

ministration im Nordwesten, es avancierte auch zum Zentrum der regionalen NS-Kunst- und Kulturpolitik. Für diese war die regelmäßige Ausrichtung von propagandistisch inszenierten Kunstausstellungen ein wichtiges Instrument zur Manipulation und Mobilisierung der Bevölkerung. Die Autopsie der Überlieferung zu den Gauausstellungen offenbart allerdings, dass über die Jahre nicht ideologisierende und agitatorische Werke mit NS-Symbolen und Protagonisten, sondern Landschaftsdarstellungen und Portraits dominierten. Dieser Befund spiegelt sich auch in den vom Landesmuseum zwischen 1933 und 1945 angekauften Kunstwerken, die in großen Teilen ein Anknüpfen der Künstlerinnen und Künstler an die Heimatkunstbewegung der Jahrhundertwende verdeutlichen. So transportieren zahlreiche betont naturalistische Landschaftsschilderungen das Gefühl von Heimatverbundenheit und Antimodernismus, ohne dezidiert auf das omnipräsente politische System einzugehen. Auch scheinbar harmlose, bieder daherkommende Stillleben, Historien- und Bauernbilder, Familienidyllen und Aktdarstellungen müssen nicht zwingend als affirmative NS-Kunst verstanden werden. Anlass zur Absolution bietet diese Diagnose freilich nicht, bedienten doch die sogenannten Heimatkünstler den Wertekanon der braunen Machthaber. Mit einer thematischen und motivischen Annäherung an die Blut- und Bodenideologie stützten sie das Regime und sicherten sich selbst ihre wirtschaftliche Zukunft.

Die Kataloge der „Großen Gauausstellungen Weser-Ems" der Jahre 1938, 1941 und 1944 sowie der Katalog der Ausstellung „Niederländische Kunst der Gegenwart" von 1941 sind in den Digitalen Sammlungen der Landesbibliothek Oldenburg einsehbar:

https://digital.lb-oldenburg.de/ihd/content/titleinfo/1284911
https://digital.lb-oldenburg.de/ihd/content/titleinfo/1284892
https://digital.lb-oldenburg.de/ihd/content/titleinfo/1284931
https://digital.lb-oldenburg.de/ihd/content/titleinfo/1285010

Bücherschau

Einzelbesprechungen

Oliver Auge / Nina Gallion / Thomas Steensen (Hgg.): *Fürstliche Witwen und Witwensitze in Schleswig-Holstein*. Husum: Matthiesen 2019, ISBN 978-3-7868-5701-3, 319 S., zahlr. Abb., kart. (= Quellen und Forschungen zur Geschichte Schleswig-Holsteins, Bd. 127), 24,- €.

Seit einigen Jahren widmet sich die Forschung verstärkt der Frauen- und Geschlechtergeschichte. Den fürstlichen Witwen kommt dabei eine besondere Bedeutung zu, da sich besonders in dieser Rolle für Frauen ein sonst nicht möglicher Gestaltungsspielraum eröffnen konnte, etwa am stärksten als Regentin bei Unmündigkeit des Erben. Für Schleswig-Holstein fehlte es bisher an einem Gesamtüberblick zum Thema (S. 21). Der Band will dem abhelfen und fasst die Ergebnisse einer Tagung im Schloss vor Husum aus dem Jahre 2017 zusammen und ist noch um drei weitere Beiträge ergänzt, die dort nicht vorgestellt wurden. Allerdings nehmen die Einzelbeiträge nicht nur die Personen, sondern gleichgewichtig auch die Residenzorte der Witwen, die so genannten Witwensitze, in den Blick. Nachdem Oliver Auge und Nina Gallion einen Problemaufriss geliefert haben (S. 17-27), befassen sich neun Beiträge unterschiedlicher Autorinnen und Autoren mit den Witwen der verschiedenen fürstlichen Linien und ihren Wohnsitzen. Ein letzter Beitrag zu einer nichtfürstlichen Witwenschaft schließt den Band ab. Melanie Greinert behandelt die beiden Witwen aus der Gottorfer Hauptlinie, die sie jüngst auch im Rahmen ihrer Dissertation über die Gottorfer Fürstinnen behandelt hat (siehe dazu die Rezension von Gerd Steinwascher in diesem Jahrbuch) und deren Witwensitz das Husumer Schloss war. Der Ort der Tagung von 2017 war also passend gewählt! Ergänzend dazu betrachtet Albert Panten deren öffentliches Wirken in direktem Kontakt zu den Untertanen. Beide Frauen zeigen sich hier in einer sehr aktiven gestaltenden Rolle. Jens Martin Neumann analysiert vorrangig kunsthistorisch die Baulichkeiten des Kieler Schlosses, eines Witwensitzes, der für eine fürstliche Witwe erbaut, aber gar nicht dauerhaft bewohnt wurde. Neumann entschlüsselt die symbolischen Aussagen des Baues als Teil der bewussten Witweninszenierung und als Abbild der dynastischen Ordnung schlechthin. Auch bei Antje Wendts Betrachtung des Schlosses Reinbek, das drei Gottorfer Fürstinnen als Leibgedinge zugewiesen war und nur kurzfristigen Aufenthalten und dem Ausbrechen vom Hofzeremoniell diente, stehen die baulichen und gartengestalterischen Entwicklungen im Vordergrund. Einer ganzen Reihe Plöner Herzogswitwen widmet sich Silke Hunzinger – teilweise belasteten zwei gleichzeitig zu versorgende Witwen die Finanzen des kleinen Herzogtums, die in Ahrensbök und Reinfeld unterkamen. Anke Scharrenberg betrachtet die Witwen der Eutiner Fürstbischöfe mit ihren Witwensitzen in Mönchneversdorf, Hamburg und Eutin. Vor dem Erwerb des Eutiner Rathauses, das bis 1787 als erster fest zur Verfügung stehender Witwensitz der Linie umgebaut (aber nie genutzt) wurde, hatte es jeweils Einzellösungen der Unterbringung gegeben. Eine Rolle hierbei spielte die Sonderstellung des Territoriums als Bistum, das sich für die Witwen seiner Bischöfe nicht verantwortlich fühlte, so dass private Lösungen gefunden werden mussten. Carsten Porskrog Rasmussens Thema sind fünf Witwen, die auf Alsen lebten oder Besitzrechte wahrnahmen.

Königinwitwe Dorothea lebte erst in Kolding, dann später in Sonderburg und beanspruchte eine mindestens partielle Landeshoheit in ihrem Wittum im Herzogtum Schleswig, was der Autor als Auslöser dafür ansieht, dass künftig nie wieder einer dänischen Königin ein Leibgedinge in den Herzogtümern zugestanden wurde. Rasmussen richtet auch den Blick zurück, wie dänische Königswitwen in der Zeit davor – seit dem 15. Jahrhundert – versorgt wurden; eine interessante Frage, da die dänischen Könige über mehrere Reiche zugleich herrschten und es mehr Spielräume für die Verteilung der Lasten einer Witwenversorgung gab. Die Größe des Leibgedinges von Königinwitwen konnte enorm sein und betrug in einem Fall mehr als das doppelte der Größe des Gesamtherrschaftsbereichs der eignen Herkunftsfamilie (S. 181, Herzogtum Lauenburg). Die Lage der Sonderburger und Norburger Herzogswitwen war dagegen eine ganz andere, ihr Unterkommen auf Alsen in Gammelgaard und Osterholm entsprach nur bedingt fürstlichen Residenzansprüchen, doch war Osterholm immerhin „das bedeutendste fürstliche Haus im kleinen Herzogtum nach dem Hauptschloss" (S. 194). Trotz der Kleinheit der Wittümer – oder gerade wegen? – wurde Herrschaft gegenüber den Untertanen der Gebiete bewusst inszeniert. Mit Königin Christine wendet sich Mirja Piorr einer weiteren dänischen Königswitwe zu, die kurz nach 1500 in Odense ihren Sitz nahm. Der Beginn ihrer eigenen Hofhaltung reicht jedoch schon in die Lebzeiten ihres Mannes zurück; sie agierte dort fast ganz unabhängig von ihm. Die Autorin geht insbesondere auf die von der Witwe und ihrem Hof ausgehenden nachweisbaren Wirtschaftsbeziehungen ein, zu welchem Thema sie eine Dissertation bearbeitet. Eine hohe Anzahl an Witwen im Herzogtum Lauenburg untersuchte Franziska Hormuth. Ihr zeitlicher Horizont geht als einziger – Porskrog Rasmussen ausgenommen – bis in das Spätmittelalter zurück. Ihre auch statistisch ausgerichtete Analyse wirft einen Fokus darauf, dass die Dynastie als Ganzes in der Person des Regenten Verantwortung für die Versorgung aller ihrer Mitglieder übernahm. Bei den Lauenburger Witwen sehen wir auch die Option einer Wiederverheiratung im Ausnahmefall – wie sie auch bei einer jungen Plöner Witwe einmal stattfand – oder die Strategie der bewussten Heirat mit einer Witwe zur Sicherung des Auskommens nachgeborener Söhne. Thematisch etwas aus dem Rahmen fällt schließlich der letzte Beitrag des Bandes von Detlev Kraack über eine wohlhabende Kaufmannswitwe in Flensburg. Die Herausgeber können in der Einleitung auch nur einen sehr allgemeinen Bezug herstellen, indem der Beitrag zeige, „dass Witwenschaft […] auch nichtadlige Gesellschaftsgruppen wie eben die Kaufleute betraf" (S. 24f.). Kraack beleuchtet den Anteil der ökonomisch potenten Kaufmannsfrau an zahlreichen Stiftungen und sieht das Kräfteverhältnis schon in ihren beiden Ehen stark zugunsten des weiblichen Parts verschoben. Selbstbewusstes und unabhängiges Auftreten von Oberschichtenfrauen sieht der Autor als offenbar allgemein akzeptiert an, da sich weitere Beispiele ihrer Art vor Ort finden. Für die oldenburgische Geschichte relevante Bezüge ergeben sich nicht nur in dem Beitrag zu den Eutiner Bischofswitwen. 1603 war Graf Anton Günther (S. 93 Fn. 23) anlässlich der Huldigung der Stadt Hamburg für König und Herzog Gast auf Schloss Reinbek – generell ein Treffpunkt für Angehörige verwandter und verschwägerter Fürstenhöfe. Anna von Oldenburg (-Delmenhorst) tritt als Witwe eines Sonderburger Herzogs in Gammelgaard in Erscheinung (S. 189). Den Wohnsitz Schloss Plön teilte die letzte Herzoginwitwe der inzwischen erloschenen Plöner Herzogslinie, Christine Armgard († 1779), mit dem geisteskranken Oldenburger Herzog Peter Friedrich Wilhelm († 1823), vor dessen sexuellen Fantasien sich die weiblichen Schlossbewohner in Acht nehmen mussten (S. 138). Sein Vater Fürstbischof Friedrich August, der erste Oldenburger Herzog, nahm 1763 seine verwaisten, unmündigen Neffen Peter Friedrich Ludwig und Wilhelm August in Eutin auf (S. 164f.). Als er tot war, erwog seine Witwe durchaus auch eine Umsiedlung nach Oldenburg in die Nähe ihres Neffen Peter Friedrich Ludwig, zu der es aber nicht kam (S. 166). Mit fast durchgängig farbigen Abbildungen, vor allem den Porträts der überwiegenden Mehrzahl der behandelten Frauen, mit Karten, Grundrissen, Tabellen und Stammtafeln sowie Abbildungen aller Witwensitze ist der Band hervorragend ausgestattet und mit einem Orts- und Personenregister am Schluss abgerundet. Verzeichnisse der Quellen und Literatur befinden sich am Ende eines jeden Einzelbeitrags. Die überaus gelungene Gesamtdarstellung macht deutlich, dass die Rolle der Fürstenwitwe kein einheitliches Bild bietet, das man generalisieren könnte. Das Schicksal der

Witwen schwankte zwischen hoher politischer Mitbestimmung und Wohlvermögenheit einer- und Abgeschobensein in ärmlichen Verhältnissen andererseits. Und nicht nur für die Plöner Witwen gilt, wie immer wieder deutlich wurde, dass die Witwenrolle kein „Zustand stiller Abgeschiedenheit und weltabgewandter Einkehr" (S. 140) war. Mit dem Thema wurde Neuland betreten, das in diesem Band sicher noch nicht erschöpfend ausgeleuchtet werden konnte. Er wird aber mit Sicherheit wichtige Impulse für weitere Forschungsanstrengungen liefern.

Oldenburg   Sven Mahmens

Oliver Auge / Katja Hillebrand (Hgg.): *Klosterbuch Schleswig-Holstein und Hamburg. Klöster, Stifte und Konvente von den Anfängen bis zur Reformation*. Regensburg: Schnell & Steiner 2019, 2 Bde., ISBN 978-3-7954-2896-9, 1599 S., 781 Farb-, 307 s/w-Abb., geb., 120,- €.

Klosterbücher haben seit einigen Jahren Konjunktur. Nach und nach, Bundesland für Bundesland oder Region für Region, erschienen die mit der Bezeichnung „Klosterbücher" versehenen handbuchartigen Verzeichnisse, die nach einem einheitlichen Schema allerlei grundlegende Informationen zu den jemals in der jeweiligen Region existierenden Klöstern, Stiften und Konventen zusammentragen. Das macht sie zu Grundlagenwerken für die weitere Beschäftigung mit diesen geistlichen Institutionen, zumal auch die noch existenten Archivalien und Realien sowie die bereits erschienene Literatur möglichst vollständig erfasst werden. Seit 2007 dauerte die Arbeit an dem schleswig-holsteinisch-hamburgischen Klosterbuch, das also zwei Bundesländer umfasst. Dabei ist an der Grenze der heutigen Bundesländer nicht Halt gemacht worden, sondern es wurden – weil eigentlich die historischen weltlichen Territorien zugrunde liegen – auch Orte erfasst, die heute zu Dänemark gehören. Zuletzt war über mehrere Jahre hinweg bereits das baldige Erscheinen vom Verlag angekündigt worden – es dauerte dann aber noch bis 2019, bis die zwei voluminösen Bände erscheinen konnten, die zusammen fast 7 kg auf die Waage bringen. Doch was lange währt, wird endlich gut: das Ergebnis, auf hohem wissenschaftlichen Niveau und in attraktiver Ausstattung, lässt sich wirklich sehen! Die Finanzierung und die Koordinierung der Autoren waren sicher nur zwei der vielen Herausforderungen, die bewältigt sein wollten. 64 Autorinnen und Autoren verschiedener Disziplinen mussten unter einen Hut gebracht werden. Nun ist auch der Norden Deutschlands, eine der letzten „weißen Flecken" auf der Karte der Klosterbücher mit einem beeindruckenden Ergebnis abgedeckt. 59 Klöster, Stifte und Konvente, Domkapitel, Beginenhäuser sowie Konvente von Schwestern vom gemeinsamen Leben zwischen Elbe und Königsau sind erfasst und in Einzelartikeln beschrieben, darunter auch ganz kurzlebige, über die nur wenige Quellen Auskunft geben. Koordiniert und redigiert wurden die Beiträge von Oliver Auge, dem Kieler Lehrstuhlinhaber für Landesgeschichte und seiner Mitarbeiterin Katja Hillebrand, die beide auch als Herausgeber der Bände fungieren. Die einzelnen Beiträge zu den Institutionen gliedern sich, in fünf Kapiteln, in eine Übersicht zur ersten Orientierung – eine Art „Steckbrief" – mit grundlegenden Informationen etwa zu Lage, Ordenszugehörigkeiten und zum zeitlichen Rahmen der Existenz (Kapitel 1). Dann folgen genauere geschichtliche Exkurse zur Entwicklung im Gesamtablauf zwischen Gründung und Aufhebung, zur inneren Verfassung, zu Besitzungen, ausgeübter Grundherrschaft und Ökonomie, zum religiösen Leben und zur Schultätigkeit, zum Personal mitsamt Listen der Institutsvorstände (alles in Kapitel 2), danach eine Bestandsaufnahme der Bauten und Sachgüter (Kapitel 3 Archäologie, Bau- und Kunstgeschichte). Ein eigenes Kapitel gilt den Siegeln (Kapitel 4). Das letzte Kapitel beschreibt die Situation vorhandener Archivalien und Literatur. Sechs einführende Aufsätze gehen dem Lexikonteil voraus und bieten ein facettenreiches Gesamtbild. Ein Überblick zur Klosterhistoriographie und -forschung (S. 21-53, Auge/Hillebrand), einer über die Entwicklung der Klosterlandschaft im Norden (S. 55-71, Auge), ein Essay über die monastische Musikkultur (S. 73-83, Linda M. Koldau) und einer über die bau- und kunstgeschichtliche Entwicklung (S. 85-119, Hillebrand). Die letzten beiden Beiträge widmen sich dem

Ende und dem Nachleben des Stift- und Klosterwesens, deren jahrhundertealte Entwicklung mit der Reformation zumeist abrupt endete; allein vier Klöster blieben als ritterschaftliche Damenstifte in Schleswig-Holstein bestehen (S. 121-141, Auge). Andere Klosterbücher gehen in ihrer Konzeption zeitlich bis zum Ende des Alten Reiches, hiesiges endet mit der Reformation. Informationen zu späteren Zeiten finden sich trotzdem in manchen Fällen in den Artikeln. Das einzige heute bestehende wirkliche Kloster in Nütschau wird übrigens nicht behandelt, da es eine nachreformatorische Neugründung (1951) ist. Knapp unter 30 Seiten fallen auf das Säkularkanonikerstift Eutin (Bd. 1 S. 299-325), das als einziges der Institute einen Bezug zur Oldenburger Geschichte aufweist. Das reiche Kulturerbe der Klöster und anderer religiöser Gemeinschaften aus über 500 Jahren bildet sich in den einzelnen Artikeln in systematischer Aufbereitung ab. Dabei erleichtert die gleichartige Struktur der Beschreibungen zukünftig Vergleiche untereinander. Die Einzelbeiträge referieren nicht allein den aktuellen Forschungsstand, sondern gehen durch im Laufe der interdisziplinären Zusammenarbeit der Bearbeiter gewonnene neue Erkenntnisse vielfach darüber hinaus. Das Werk bietet nicht nur dem Wissenschaftler fundierte und kompakte Information, sondern richtet sich auch an den interessierten Laien, der allgemeinverständliche Auskünfte erhält. Sollte einmal die Bedeutung eines Begriffs nicht klar sein, bietet das Glossar mit Begriffserläuterungen ganz am Ende schnelle Abhilfe. Zahlreiche Karten zur Verteilung der grundherrlichen Besitzungen wurden eigens neu hergestellt (hier sei eine kleine Korrektur angemerkt: Auf der Karte S. 771 ist Kembs falsch lokalisiert). Hervorzuheben ist auch die ausgezeichnete Bebilderung mit mehr als 1000 hochwertigen Fotos, die meisten davon von Katja Hillebrand erstellt. Die Wahl der Abbildungen erfolgte nicht wahllos, sondern beruht auf einem ausgearbeiteten Plan, der etwa vorsieht, jeweils die Siegel, eine wichtige Urkunde, historische Karten oder Pläne sowie Bauten und Ausstattungsgegenstände im Bilde wiederzugeben. Ein Gesamtregister für Orte oder Personen ist dagegen bedauerlicherweise nicht erstellt worden, was die Benutzbarkeit etwas erschwert. Doch wer sich künftig mit geistlichen Einrichtungen in Schleswig-Holstein oder Hamburg beschäftigt, kann an diesem beeindruckenden Grundlagenwerk nicht vorbeigehen, das die Herausgeber selbst nicht zu Unrecht als „umfassendes und schönes Werk" (Bd. 1 S. 10) bezeichnen. Einzig der hohe Preis wird manche von der Anschaffung für den eigenen Bücherschrank abschrecken.

Oldenburg   Sven Mahmens

Verein der Freunde, Förderer und Ehemaligen des Gymnasium Antonianum e.V. (Hg.): *Festschrift 300 Jahre Gymnasium Antonianum Vechta*. Gesamtredaktion: Inge Wenzel, Vechta: Selbstverlag 2019, ohne ISBN, 399 S., zahlr. Abb., 15,- € (erhältlich im Sekretariat des Gymnasiums).

Durchaus gewichtig (1,5 kg) ist sie geworden, diese Festschrift zum gewichtigen Jubiläum einer zentralen schulischen Einrichtung des Oldenburger Münsterlandes mit heute über 900 Schülerinnen und Schülern. 300 Jahre Gymnasium waren Anlass, nicht bloß eine biedere Schulchronik, sondern im Gegenteil ein buntes und facettenreiches Erinnerungsbuch vorzulegen, eben eine „Festschrift" für die Schule und für die mit ihr verbundenen Menschen. In ihr stellt sich das GAV einerseits als traditionsbewusste, lebendige und zukunftsorientierte schulische Einrichtung vor, die sich heute als „Europaschule" bezeichnen und viele zusätzliche schulische und außerschulische Angebote machen kann. Andererseits dokumentieren v.a. viele Beiträge Ehemaliger deren Verbundenheit mit dem GAV. (Schul-)historische Beiträge im engeren Sinn gibt es daher kaum, was angesichts der bisher zu den Jubiläen erschienenen Festschriften durchaus Sinn ergibt. Förmlich ‚versteckt' befindet sich allerdings erst ab S. 225 – von 265 Textseiten, der Rest von 399 Seiten ist v.a. Bildern und Namen vorbehalten – ein kurzer Beitrag des Geschichtslehrers Olaf Bröcker zum kuriosesten Thema des Jubiläums: „Oh Schreck, wir sind 5 Jahre jünger!" Denn wenige Schulen dürften es erleben, dass drei Jubiläen zu einem „falschen" Datum gefeiert wurden und dann ein Jubiläum, wie es in Vechta für 2014 geplant war, kurz vor seiner Durchführung verschoben werden musste, ein Schicksal, das die Schule und ihre Förderer aber am Ende sehr gelassen hinnahmen. Denn wahr blieb und bleibt: „Und das Antonianum ist immer noch das älteste Gymnasium des Oldenburger Münsterlandes!" Der Hintergrund der Verlegung: Im Schularchiv, das seit einigen Jahren in Oldenburg im Landesarchiv sicher bewahrt wird und dort (vom Rez.) erschlossen wurde, liegt auch ein Schriftstück, das seit 1896 als Basis für die Jubiläen 1914, 1964 und 1989 diente. Seine korrekte Lesung aber verweist eindeutig auf „1719" als Jahr der Erhebung der im 17. Jahrhundert gegründeten Lateinschule zum Gymnasium. Der ehemalige Geschichtslehrer des Antonianum Markus Instinsky konnte 2013, als schon erste Planungen liefen, auch inhaltlich nachweisen, dass „1714" nicht korrekt sein konnte. Da er dies an anderer Stelle (OV) dargelegt hat, bietet Instinsky unter dem Titel „Das Gymnasium Antonianum Vechta im Jahre 1914" einen sehr lesenswerten Beitrag über die Schule, die ihr geplantes Jubiläum damals aus viel dramatischeren Gründen, nämlich wegen des Ausbruchs des Ersten Weltkriegs, am Ende absagen (und auf 1930 verlegen) musste. Was die Ereignisse von 1914 für die Schule und ihre Schüler kurz- und langfristig bedeuteten, präsentiert er sehr anschaulich anhand der Überlieferung im Schularchiv (S. 204-216). Gegliedert ist die Festschrift in acht größere Abschnitte: Nach dem Vorwort der aktuellen Schulleiterin und diversen Grußworten folgt als dritter Abschnitt eine Selbstdarstellung der Schule in kurzen Beiträgen (1-3 Seiten) der Schulleiterin, diverser Fachleiter/innen, Arbeitsgemeinschaften, Partnerschulen und Gremien. Vollständigkeit wurde hier nicht angestrebt, da z.B. die Naturwissenschaften ganz außen vor blieben, dafür einige Kooperationsprojekte vorgestellt werden (S. 25-97). Nicht weniger als 35 (Kurz-)Beiträge spiegeln schulisches Leben der letzten sieben Jahrzehnte in den Erinnerungen ehemaliger Schülerinnen und Schüler, Schulgeschichte der etwas anderen Art, ein wenig impressionistisch, oft anekdotisch, gelegentlich auch zum Schmunzeln einladend. Auf eine z.B. chronologische Anordnung (nach Abiturjahrgängen) wurde verzichtet. Eröffnet wird hier der Reigen von mehreren Beiträgen des Abiturjahrgangs 1964, als die Schule ihr 250-jähriges Jubiläum feierte, das GAV erstmals Mädchen aufnahm – und das deutsche Bildungswesen allmählich in einen seiner größten Umbrüche („Bildungsexplosion") geriet. Der letzte Beitrag dieses Abschnitts, eine schöne kleine biographischen Studie von Hermann Rasche über den Dichter Rolf Brinkmann, fällt hier fast ein wenig aus dem Rahmen (S. 99-201). Im Abschnitt V („Schulgeschichte") befinden sich nicht nur die anfangs erwähnten Beiträge, sondern z.B. auch Erinnerungen der Schulleiter Zapfe (1981-2008) und Rörsch (2008-2016) und der Schulleiterin Wenzel (seit 2016). Rörsch spricht u.a. die vorteilhaften Aspekte des Umzugs des Schularchivs an, der der Schule anfangs alles andere als leichtfiel. „Das Antonianum im Jubiläumsjahr" (VI) bietet vor allem aktuelle Gruppen-Fotografien, Abschnitt VII die Namen der Abiturienten von 1928 bis 2019 und der Lehrer/innen seit 1945. Die Festschrift endet mit dem Verzeichnis der Festschriftautor/inn/en (VIII), das nicht weniger als 78 Personen aufweist, leider ohne nähere persönlichen Angaben. Abschließend sei angemerkt, dass eine allerletzte Durchsicht vor dem Imprimatur vielleicht noch eine ganze Reihe ungewollter Beiträge des Druckfehlerteufels gelöscht hätte.

Oldenburg   Wolfgang Henninger

Gunilla B u d d e (Hg.): *Feldpost für Elsbeth. Eine Familie im Ersten Weltkrieg*. Göttingen: Wallstein 2019, ISBN 978-3-8353-3526-4, 576 S., zahlr. Abb., geb., 24,90 €.

„Morgen mehr", so lauten die im Sommer 1915 aus Polen an seine Familie in Herford geschriebenen Zeilen von Ernst Budde. Es sind die letzten überlieferten Worte, bevor einige Tage später die Nachricht vom Tod des ältesten Sohnes die Eltern und den jüngeren Bruder Gerhard ereilt. Die Historikerin Gunilla Budde hat die Geschichte der ostwestfälischen Arztfamilie (und zugleich ihrer eigenen Familie) in dem Buch „Feldpost für Elsbeth. Eine Familie im Ersten Weltkrieg" verarbeitet. Sie konnte dabei auf eine Überlieferung von ca. 550 Briefen zurückgreifen, die zwischen der Mutter Elsbeth und den beiden an der Front stehenden Söhnen Ernst und Georg ausgetauscht wurden und die jahrelang unentdeckt im Familienbesitz lagerten. Für die Publikation wurden überdies auch Briefe von Verwandten, die ebenfalls zum Familienverband gerechnet werden, und nahestehender Personen verwendet. Die Autorin beginnt ihre Ausführungen mit einer Einführung zum weiteren und engeren historischen Kontext, in welchem die Familie Budde bei Ausbruch des Ersten Weltkrieges agierte. Der anschließende Hauptteil des Buches besteht aus zwei Abschnitten: Im ersten (S. 29-235) geht es um die Korrespondenz zwischen der Mutter Elsbeth und dem Sohn Ernst, der gleich bei Ausbruch des Krieges als Freiwilliger Fahnenjunker zur Ausbildung nach Lüneburg kommt und nach kurzer Zeit über Belgien nach Frankreich in das Kriegsgeschehen gelangt. Bereits nach wenigen Monaten geht es für ihn weiter an die Front nach Polen, wo er bis zu seinem Tod bleiben sollte. Der zweite Teil (S. 237-561) befasst sich mit dem jüngeren Sohn Gerhard (dem Großvater der Autorin), der nur wenige Monate nach dem Tod seines Bruders ebenfalls als Freiwilliger in den Kriegsdienst tritt. Seine Ausbildung führt ihn zunächst nach Oldenburg, Munster und Döberitz, bevor er im Spätherbst 1916 schließlich auch an die Front in Osteuropa verlegt wird. Schon bald erhält er das Eiserne Kreuz, das jedoch mit einem bitteren Beigeschmack versehen ist: eine schwere Verwundung, erlitten durch einen Gesichtsschuss. Die Verletzung ist so schwer, dass er zur Behandlung in ein Lazarett nach Hannover kommt. Es dauert fast ein halbes Jahr, begleitet von Besuchen der Verwandtschaft, bis er wieder in das Kriegsgeschehen zurückkehren muss. Im Herbst 1917, zurück in Oldenburg, besucht er trotz seiner Zugehörigkeit zum Militär mit Hinblick auf die Nachkriegszeit die Schule. Bis Kriegsende wird Gerhard nicht wieder an die Front abkommandiert werden. Das Buch endet mit einem Ausblick auf den weiteren Lebensweg von Gerhard und Elsbeth Budde. Die Briefe zeigen ein breites Panorama an Emotionen, die sich aus den persönlichen Umständen an der Front und daheim, an Erfolgen und Misserfolgen, an der politischen Situation und an den alltäglichen Banalitäten entzünden; alles in allem eine „bizarre Mischung aus Profanem und Tragischem" (S. 550). Die Briefe zeichnen das Bild einer „typischen" bürgerlichen Familie im Kaiserreich, die durch den Ersten Weltkrieg persönlich aber auch globalpolitisch wie nie zuvor herausgefordert worden ist. Der Großteil des Buches besteht aus den für sich sprechenden Briefen, begleitet nur von kurzen Einordnungen und ergänzenden Kommentierungen. Das ist eine gute Entscheidung, denn es lässt die Leserschaft beinahe ungefiltert in die Lebenswelt der Familie Budde eintauchen. Trotzdem sind die ergänzenden Texte hilfreich; dem Rezensenten ist es nicht nur einmal aufgefallen, dass beim Lesen aufkommende Fragen direkt im Anschluss durch eine kurze Erklärung beantworten wurden. Für die historische Einbettung selbst von Details hat Gunilla Budde akribisch recherchiert und neben dem Stadtarchiv in Herford auch weitere Archive im ganzen Land konsultiert. Man muss sicher nicht jeder Interpretation der Autorin zwingend folgen, was dem Lesevergnügen im Gesamten aber keinen Abbruch tut. Die beinahe sämtlichen Briefe aus der Zeit des Ersten Weltkriegs enthaltende Korrespondenz zwischen Elsbeth Budde und ihren beiden Söhnen ist in dieser Form eine außergewöhnliche und wertvolle Quelle für die Geschichtswissenschaft. Es ist aber darüber hinaus eine lesenswerte und berührende Lektüre, nicht nur für Historiker.

Oldenburg   Helmut Henschel

Jörg D e u t e r: *Zweimal Prager Frühling [1912 † 1968]. Über eine Ausstellung, die nicht sein durfte, und über Bohumil Kubišta und die Maler der „Brücke"*. Buchholz: Verlag Uwe Laugwitz 2019, ISBN 978-3-933077-60-8, 140 S., 38 Abb., 13,- €.

Mitte August 1968 reiste der Hamburger Museumsdirektor Prof. Dr. Gerhard Wietek mit gemalten Postkarten der „Brücke"-Künstler im Koffer mit dem Auto nach Prag. Er hatte 1967 eine Vereinbarung getroffen, die Postkarten dort auszustellen. Die Ausstellung wurde am 18.8. eröffnet; am nächsten Tag reiste Wietek zurück; in der Nacht hörte er vom Überfall der Truppen einiger Warschauer Pakt-Mächte auf die CSSR. Was er in den folgenden Wochen nicht in Erfahrung bringen konnte, war das Ergehen dieser Ausstellung von kunsthistorisch unschätzbarem Wert. Tatsächlich wurde sie nur wenige Tage nach dem Überfall abgenommen und verschwand, bis gegen Ende des Jahres plötzlich jemand vor der Wohnungstür Wieteks in Hamburg stand und die Postkarten zurückgab. Wietek hatte nie erfahren, wer der Bote war, der sich Josef nannte und den weiten Weg von Prag nach Hamburg auf sich genommen hatte. Diese spannende Geschichte hatte Gerhard Wietek (1923–2012) dem jungen Kunsthistoriker Jörg Deuter 2011 erzählt. Dieser sah sich verpflichtet, sie der Nachwelt zu überliefern, nicht zuletzt, weil in der Geschichte neben dem Abenteuerlichen auch eine bedeutsame kunsthistorische Essenz steckt, die Jörg Deuter als „ersten Prager Frühling" bezeichnet. Im Frühjahr 1911 hatte es schon einmal eine „Brücke"-Ausstellung zusammen mit tschechischen Künstlern in Prag gegeben, die auf einen engeren Kontakt zwischen beiden Künstlergruppen schließen lässt. Verbindende Persönlichkeit war der Prager Maler Bohumil Kubista (1884–1918). Er malte 1911 eine Postkarte „Dame mit Hut", und drei Freunde unterzeichneten sie mit ihm – Ernst Ludwig Kirchner, Maschka, die Ehefrau von Otto Mueller, und der Maler Willi Nowak. Adressat war Erich Heckel. Gerhard Wietek erwarb diese Postkarte für das Altonaer Museum aus Heckels Besitz. Dieses kleine Ereignis war wie ein Steinwurf ins Wasser, und wie die Wellen in alle Richtungen verlaufen, untersucht Jörg Deuter von Kubista ausgehend alle Verbindungen dieses Künstlers nach Paris und Berlin mit dem Ziel, die besondere Rolle der Prager Expressionisten gegenüber dem Kubisten Picasso und den „Brücke-Malern" herauszustellen und zugleich deren Interesse an der Kunst der Prager Kollegen zu dokumentieren. Kubista hat an mehreren Ausstellungen der deutschen Expressionisten teilgenommen, er war zuvor in Paris gewesen und hatte auch miterlebt, wie der Prager Sammler Vincenc Kramár wichtige Werke Picassos erworben hatte, was vermutlich den böhmischen Expressionisten zu einem kubistischen Anstoß verholfen hatte. Jörg Deuter sind diese Verbindungen wichtig als Beleg, wie sehr die Künstler inmitten aufgeheizter nationaler Stimmungen schon 1911 international offen waren. Die Entdeckung, dass in Kubistas geometrischer Grundordnung seiner Bilder Elemente von Einsteins Relativitätstheorie zu vermuten sind, die dem böhmischen Maler über französische Freunde Einsteins vermittelt worden waren, könnte Folgerungen haben, denn jüngere tschechische Künstler wie Milan Grygar, Stanislav Kolibal und der Slowake Rudolf Sikora haben auch mit Geometrie und Zeit in ihren Werken gearbeitet und fanden international Resonanz – auch in Oldenburg. Gerhard Wieteks Postkarten-Ausstellung erschien angesichts unerwarteter sowjetischer Panzer riskant, die Vorgeschichte und kunsthistorischen Hintergründe werden von Jörg Deuter umfassend und fachkundig dargestellt.

Oldenburg   Jürgen Weichardt

Sebastian Dohe: Der *Briefwechsel von J. H. W. Tischbein und Herzog Peter Friedrich Ludwig nach den Oldenburger Quellen 1801–1824*. Oldenburg: Isensee 2018, ISBN 978-3-7308-1425-3, 144 S., zahlr. Abb., brosch. (= Oldenburger Studien, Bd. 86), 16,- €.

Dr. Sebastian Dohe ist ein ausgewiesener Kenner der Oldenburger Gemäldegalerie, deren Bestand auf Herzog Peter Friedrich Ludwig und dessen Eutiner Galerieinspektor J. H. W. Tischbein zurückgeht. Dohe hat nun eine kommentierte Edition des Briefwechsels zwischen J. H. W. Tischbein und Herzog Peter Friedrich Ludwig vorgelegt. In der Einführung schildert er knapp den historischen Kontext der Briefe und ihrer Verfasser und setzt sich mit der bis dahin einzigen Briefedition zu Tischbein von Friedrich Kurt von Alten von 1872 kritisch auseinander. Der Oldenburger Quellenbestand im Landesarchiv Niedersachsen – Abteilung Oldenburg, und im Landesmuseum für Kunst und Kultur in Oldenburg wird zusammenfassend vorgestellt, insgesamt sind es 52 Aktenstücke. Es folgt die minutiöse Transkription der in Oldenburg überlieferten Briefe und Briefentwürfe in der Abfolge von Originaltext, Bibliographie und Kommentar. Die sehr sorgfältigen Transkripte folgen der Originalsprache mit allen ihren Besonderheiten und Fehlern. Im Anhang finden sich das Verzeichnis der Quellen mit ihrem Standort und der Konkordanz der beiden Editionen sowie ein Literaturverzeichnis und ein Index der vorkommenden Personen. Die vorliegende Edition erlaubt neue Einblicke in das künstlerische Selbstverständnis von Tischbein und in den Hintergrund seiner Werke, insbesondere in sein Schaffen für die Ausstattung des Oldenburger Schlosses, aber auch anderer Werke aus der zweiten Lebenshälfte Tischbeins. Seine Lebensverhältnisse werden sichtbar, bisweilen auch seine finanzielle Lage. Die künstlerischen Absichten Tischbeins, aber auch sein Bemühen um weitere Aufträge treten zu Tage, ebenso auch Tischbeins Bewertung des herzoglichen Einflusses auf ihn. Bei all dem wird die künstlerische und persönliche Entwicklung Tischbeins über die rund 20 Jahre der Verbindung mit seinem Landesherrn deutlich. Dagegen bleibt Herzog Peter Friedrich Ludwig mit seinem sehr viel geringeren Briefumfang vergleichsweise blass. Seine Rolle beschränkt sich im Wesentlichen auf die Auftragserteilung, das Einbringen der Gemälde in die Räume des Oldenburger Schlosses und auf die stets wohlwollende Anerkennung für „seinen" Künstler. Der Briefstil der beiden miteinander entspricht den zeitgemäßen Regeln erlesener Höflichkeit und ist bisweilen sogar herzlich. Immer wieder setzt sich Dohe mit der Briefedition v. Altens auseinander, gerade die Konkordanz im Anhang erweist sich dabei als sehr hilfreich. Besonders hervorzuheben ist die umsichtige Auswahl der beigefügten Abbildungen, die sowohl dem Laien wie dem Fachmann das Verständnis der Texte und der Kommentare sehr erleichtert. Auch der gründliche Vergleich von Briefentwurf und Brief, wo immer möglich, wirkt erhellend für das Verständnis des Lesers. Die knappen Kommentare Dohes beleuchten bedeutsame Passagen in den Texten, ohne den Leser zu bevormunden. Der Verfasser wird von seiner kunsthistorischen Perspektive getragen. Das ermöglicht vielfältige Einordnungen der Werke Tischbeins in die Welt der zeitgenössischen und vorangegangenen bildenden Kunst. Die historischen Zusammenhänge bleiben dahinter etwas zurück. Eine Zeittafel der wesentlichen Begebenheiten im Leben Tischbeins und des Herzogs, evtl. sogar eine knappe Lebensskizze des Künstlers würden diese Lücke schließen. Der Schreibstil Dohes ist angenehm lesbar. Insgesamt ist diese Edition ein bedeutsamer und verdienstvoller Baustein für das künstlerische Verständnis von J. H. W. Tischbein, das damit eine solide Basis erhält, welche die klar herausgearbeiteten Mängel der Edition v. Altens überwindet, ohne deren Verdienste zu schmälern. Damit ist auch der Oldenburger Aktenbestand des Briefwechsels gründlich und plausibel aufgearbeitet. Der kunsthistorische Fachmann wird diese Edition mit großem Nutzen zur Hand nehmen, der interessierte Laie findet darin eine anregende Einführung sowohl in die zeitgenössische Malerei im Nordwesten Deutschlands als auch in die Lebensverhältnisse Tischbeins.

Oldenburg   Bernd Müller

Alfred Fleßner: *Die Volkskrankheit. Tuberkulosebekämpfung in der NS- und in der Besatzungszeit im Bezirk Oldenburg-Bremen*. Bielefeld: transcript 2017, ISBN 978-3-8376-4062-5, 178 S., kart. (= Histoire, Bd. 123), 29,99 €.

Bei dem Begriff „Volkskrankheit" dürfte die überwiegende Mehrheit der Bevölkerung heutzutage wohl eher an „Rückenleiden" oder „Depressionen" denken. Dass die Tuberkulose ebenfalls so bezeichnet wurde – beziehungsweise eine solche bis in die 1950er Jahre hinein war, ist demgegenüber eher in Vergessenheit geraten. Unter dem Eindruck von Covid-19 haben Seuchen und deren historische Rolle Konjunktur. Dennoch gehört die Tuberkulose nach wie vor zu den verbreitetsten Todesursachen und Infektionskrankheiten in weiten Teilen der Welt, während die Erinnerung an Röntgenreihenuntersuchungen, welche in Deutschland noch bis in die 1980er Jahre hinein durchgeführt wurden, immer mehr verblasst. Der selbstständige Historiker und Politologe Alfred Fleßner hat bereits eine ganze Reihe von Untersuchungen überwiegend zur Medizin im Nationalsozialismus publiziert. Die vorliegende, mit Mitteln des Forschungsnetzwerkes Alterssicherung der Deutschen Rentenversicherung geförderte Studie vertieft und erweitert diesen Schwerpunkt in regionaler Perspektive. Im Bewusstsein, dass das Jahr 1945 keine eindeutige Zäsur bei der Betreuung und Pflege von Erkrankten und bei Krankheitsbekämpfungsmaßnahmen war, nimmt Fleßner das Vorgehen gegen die Tuberkulose in der NS- und anschließenden Besatzungszeit im Bezirk Oldenburg Bremen in den Blick. Konkret konzentriert sich der Autor auf sechs Tuberkuloseheilstätten und -krankenhäuser, die von der Landesversicherungsanstalt (LVA) Oldenburg-Bremen zwischen 1939/1944 und 1955 unterhalten wurden. Diese Einrichtungen in Wildeshausen, Sannum, Bad Essen, Bredbeck bei Osterholz-Scharmbeck, Kloster Blankenburg sowie Huntlosen-Hosüne lagen alle in den ländlich strukturierten Gebieten des LVA-Bezirks. Ergänzend wurde wegen ihrer historischen Bedeutung als siebte Einrichtung eine Krankenhausanlage in Hahn-Lehmden in die Untersuchung einbezogen (S. 21-22). Die Ausgangspunkte für die Arbeit waren zum einen ein Aktenfund in den Räumlichkeiten der LVA Oldenburg-Bremen und zum anderen Hinweise darauf, dass in deren Einrichtungen während der Zeit des Nationalsozialismus Krankenmorde durchgeführt worden sein könnten (S. 19-20). Die 2012 entdeckten Verwaltungs- und Patientenunterlagen von 1933 bis 1971, die Tuberkulosebehandlungen in den Heilstätten und Krankenhäusern der LVA dokumentieren, bilden einen Teil des ausgewerteten Quellenmaterials. Es wurde durch weitere Bestände aus dem Niedersächsischen Landesarchiv – Abteilung Oldenburg und dem Bundesarchiv in Berlin sowie Zeitzeugenaussagen ergänzt. Die Auswertung des umfangreichen Quellenmaterials stieß jedoch immer wieder an Grenzen. Im Zuge der Untersuchung zeigte sich der Fund von 2012 als sehr lückenhaft, unvollständig und hinsichtlich der angewandten quantitativen Analysen als nicht „ausreichend verwertbar" (S. 22, S. 59-64). Diese grundlegenden Probleme werden deutlich benannt und darauf hingewiesen, dass es weitere Auswertungsmöglichkeiten gäbe, die aber bedauerlicherweise im Rahmen der Studie nicht realisiert werden konnten (S. 64). Als Leser bleibt man daher mit dem Eindruck zurück, dass der Hauptquellenbestand, an den offenbar hohe Erwartungen hinsichtlich der Beantwortung der fokussierten Forschungsfragen geknüpft waren, für diese Absicht nur bedingt geeignet war. Einführend geht Fleßner auf die Erkrankung Tuberkulose sowie deren Vorkommen ein und gibt eine präzise Übersicht zu den gängigen Behandlungsmethoden sowie der staatlichen Organisation beim Vorgehen gegen diese Krankheit in dem Untersuchungszeitraum. Neben der Beschreibung der herangezogenen Quellen und deren kritischer Einbettung wäre eine Bemerkung über den recht guten Forschungsstand zur Tuberkulose und deren Bekämpfung hilfreich gewesen. Im zweiten Kapitel werden gesundheitsstatistische Daten ausgewertet. Vorbildlich werden dabei die Schwächen und Problematiken zeitgenössischer Statistiken und deren Erhebung diskutiert sowie die beobachtete „Diskrepanz zwischen Tuberkulose-Mortalität und Tuberkulose-Morbidität" kritisch eingeordnet. Der Hauptteil (Kapitel 3) ist der Organisation der stationären Unterbringung und Versorgung Tuberkulosekranker gewidmet. Die Heilverfahren sowie das Vorgehen bei der Asylierung und Zwangsasylierung werden dargestellt. Kriegsbedingt erfolgte eine Einengung der Kriterien für eine Heilbehandlung, so dass im Wesentlichen nur noch diejenigen für eine solche in Frage kamen, bei denen eine Wiederherstellung der Arbeitskraft sowie eine gute Prognose in Aussicht standen. Präventive Behandlungen oder diejenigen von Kindern, Frauen und Schwerkranken wurden hingegen kaum noch durchgeführt. Ebenso zeigte sich eine Ausdifferenzierung der Asylierungsfälle, indem Schwerkranke in Allgemeinkrankenhäuser abgeschoben wurden. Im Falle von angeordneten Zwangsasylierungen nutzte die LVA Oldenburg-Bremen auswärtige Anstalten (S. 125). Beachtung verdient das Teilkapitel über den Ausschluss tuberkulosekranker Zwangsarbeiter, die man ohne ausreichende medizinische Versorgung ließ und die daher erst nach 1945 in zwei der untersuchten Einrichtungen betreut wurden. In Kapitel 4 wird der Krankenversorgung in der Einrichtung Huntlosen nachgegangen. Die Einrichtung diente erst nach Mai 1945 als Tuberkulosekrankenhaus. Patiententötungen in der Zeit bis Ende April 1945 konnten jedoch nicht belegt werden. Im Fazit resümiert Fleßner, dass der Krieg zu einem Mangel an Behandlungskapazitäten für Tuberkulosekranke geführt habe. Die Krankenversorgung richtete sich demnach an den Erfordernissen der Kriegswirtschaft aus, so dass schwerere Erkrankungen nicht mehr behandelt wurden und infolgedessen die Sterblichkeit anstieg. Das im Nationalsozialismus herausgebildete System der Differenzierung blieb mit struktureller Kontinuität bis in die Besatzungszeit hinein bestehen. Allerdings wurde dann die Versorgung für ehemalige Zwangsarbeiter und Displaced Persons durchgesetzt. Die Ärzte in den Heilstätten „agierten als Teil eines gut organisierten Systems", wobei sie „nicht mit unmittelbar drängenden Entscheidungszwängen konfrontiert" gewesen seien (S. 160). Eine systematische Mangelversorgung, mit Ausnahme von tuberkulosekranken Ausländern, konnte Fleßner nicht feststellen. Ebenso wenig zielte die Asylierung von Betroffenen, nach den vorliegenden Befunden, auf die Tötung von Patienten ab. Etwas missverständlich wirkt streng genommen der Hinweis auf dem Klappentext, wonach der Alltag von Tuberkulosekranken im NS durch „staatliche Überwachung und Zwangsmaßnahmen bis hin zu Krankenmordaktionen bestimmt" gewesen sei. Denn eines der zentralen Ergebnisse der Arbeit ist, dass sich der Verdacht, dass in den Einrichtungen der LVA Oldenburg-Bremen, konkret im ehemaligen Kloster Blankenburg, Patientenmorde während der NS-Zeit stattgefunden haben, ausgehend vom hier ausgewerteten Quellenmaterial nicht bestätigen lässt (S. 26). Allerdings sei nach Fleßner die Nichtversorgung besonders der ausländischen Zwangsarbeiter durchaus als Krankenmord zu verstehen. So kommt der Autor zu dem ambivalenten Schluss, dass die meisten deutschen Tuberkulosekranken stigmatisiert, staatlich kontrolliert und harten Repressionen ausgesetzt waren und dass infolge des „Systems der Ausdifferenzierung" Betroffene „Opfer eines Verdrängungsprozesses" wurden, der zwar nicht mit Krankenmordaktionen gleichzusetzen sei, aber eine soziale Ausgrenzung und Benachteiligung mit fatalen Folgen bedeutet habe (S. 161-162). Damit entlarvt diese wichtige lokale Studie dennoch die Unbarmherzigkeit und Radikalität des NS-Systems gegenüber Kranken, indem der Ausschluss aus der Heilstättenbehandlung vielfach den Tod bedeutete, weil die ärztliche Grundversorgung nicht ausreiche und langfristige Pflege und Behandlung verweigert wurden.

Stuttgart   Marion Baschin

Karin Förster: *Das reformatorische Täufertum in Oldenburg und Umgebung (1535-1540). Unter der besonderen Berücksichtigung des Täufertheologen David Joris.* Berlin: LIT 2019, ISBN 978-3-643-14231-3, 259 S., brosch., 39,90 €.

Die „Manier der Wiedertäufer" sei als die „seligste in der ganzen Welt" zu preisen, „wofern dieselben guten Leut mit andern falschen und der allgemeinen christlichen Kirchen widerwärtigen ketzerischen Meinung nicht wären verwickelt und vertieft". Diese Einschätzung des Simplicius Simplicissimus in Grimmelshausens berühmten Roman aus dem Jahre 1668 (Buch 5 Kap. 19) bringt pointiert die ambivalente Faszination zum Ausdruck, welche damals wie heute die Wahrnehmung der Täufer charakterisiert. Sie prägt folglich auch das vorliegende Werk nicht unmaßgeblich. Bei der von Karin Förster veröffentlichten Studie handelt es sich um die Dissertationsschrift der Verfasserin. Das Buch ist Frucht eines „Seniorenstudiums" nach einer Laufbahn als Lehrerin für Evangelischen Religionsunterricht, Deutsch und Kunst, einer Familienphase und offenbar weiteren beruflichen Tätigkeiten. Die Zielsetzung des Werkes ist nicht ganz einfach zu greifen. Im Sinne der Neueren Kulturgeschichte wird beabsichtigt, „die täuferische Bewegung [...] als Kommunikationsprozess" darzustellen, was am Beispiel des Täufertheologen David Joris und dessen Beziehungen zu Täufern in Oldenburg sowie deren Verbindungen zu verschiedenen Regionen, insbesondere Ostfriesland, den Niederlanden und Münster geschehen soll (S. 5). Weitere Einzelfragen werden mit dieser intendierten Kommunikations- und Netzwerkanalyse verknüpft, etwa zur Bedeutung des untergegangenen Täuferreichs von Münster für die betrachteten Ereignisse, zur Rolle der frühneuzeitlichen Historiografie für die Perzeption der Täufer, zur theologischen Positionierung von David Joris oder zur Rolle weiterer Täufertheologen. Das Untersuchungsziel oszilliert folglich zwischen einem landesgeschichtlichen Interesse, die Rolle der Täufer innerhalb der Grafschaft Oldenburg darzustellen, der Absicht, eine Biografie des Täufertheologen David Joris zu verfassen sowie dem Willen, ein umfassendes Bild der Täuferbewegung während der Jahre 1535 bis 1540 – also sozusagen ‚nach Münster' – zu skizzieren. In diesem weitgreifenden Fragehorizont liegt gleichermaßen die Stärke wie die Schwäche der vorliegenden Studie. Einerseits ist Försters Ansatz plausibel, das Untersuchungsthema als großen Konnex aufzufassen und einzelne Entwicklungen oder Personen nicht isoliert zu betrachten. Andererseits verhindert dies einen erkennbaren Fokus sowie eine klare Struktur des Werkes und trägt massiv dazu bei, die Lektüre des Buches zu erschweren. Während das Inhaltsverzeichnis neun Kapitel auflistet, wird innerhalb der Einleitung eine Dreiteilung der Untersuchung aufgeführt (S. 6-7). Der erste Teil (Kap. 1-4, S. 9-91) dient der Kontextualisierung: Kapitel 1 legt dar, wie der lutherische Kirchenhistoriograf Hermann Hamelmann (1525-1595) in tendenziöser Weise die Täufer in Oldenburg diffamiert habe – mit Folgen bis in die Gegenwart. Die anschließenden Kapitel schildern die Reformation in Oldenburg und innerhalb des regierenden Grafenhauses sowie die Entwicklung der Täuferbewegung dort und in anderen Regionen. Eine zeitweise chronologische Gliederung überschneidet sich mit zahlreichen biografischen Exkursen (etwa S. 9ff., 52ff., 68ff.) und Sprüngen zwischen den verschiedenen Regionen und Themenkreisen. Dabei räumt die Verfasserin ein, dass gerade für Oldenburg die Quellenlage sehr dünn ist und „aufgrund mangelnder Spuren" (S. 51) vieles Spekulation bleiben muss. Die Quellenproblematik drückt auch dem Hauptteil der Untersuchung (Kap. 5-7) ihren Stempel auf. Karin Förster untersucht hier im Wesentlichen die Schriften – oftmals Briefe – des David Joris und geht dessen Reisen zwecks Religionsgesprächen mit anderen Täufertheologen im Untersuchungszeitraum nach. Hierbei stellt sich „das Problem der Identifizierung und Beurteilung" (S. 106) von Joris' Schriften, die aufgrund drohender Verfolgung für den Verfasser und den Drucker oftmals anonym erscheinen mussten und sich deshalb kaum authentifizieren lassen. Eine große Stärke des Buches liegt darin, dass die Verfasserin die Originalquellen in zahlreichen Archiven und Bibliotheken konsultiert hat und auf dieser profunden Grundlage eng am Text, unter Einbezug der Forschungsliteratur, das vorhandene Textkorpus plausibel ausdeutet. Hierdurch entsteht ein plastisches Bild von Joris' Denken und Handeln, seiner unermüdlichen Kommunikationsbereitschaft in Form zahlloser Briefe und Reisen sowie von der nach dem Untergang des Münsteraner Reiches gespaltenen Täuferbewegung. Im letzten Teil der Untersuchung (Kap. 8) werden vor allem anhand der Schrift „Vant Gelooff" Joris theologische und ekklesiologische Annahmen dargelegt, wobei bereits im Hauptteil immer wieder dessen Lehren behandelt wurden. Der Verfasserin gelingt es insgesamt, einen interessanten Einblick in Joris' Theologie zu vermitteln, wobei Denken und Handeln des Theologen eng miteinander verbunden waren. Als „überzeugter Verfechter der Gewaltlosigkeit" (S. 146) trat er dem „revolutionär-apokalyptischen Konzept" des Heinrich Krechting in Oldenburg entgegen, „eine Stadt wie Amsterdam zu einem zweiten Münster werden zu lassen" (S. 141). An seinem Beispiel und dem seiner Kontrahenten innerhalb der Täuferbewegung illustriert Förster die Vielgestaltigkeit dieser heterogenen Glaubensbewegung und weist nach, dass deren Anhänger und Vertreter mitnichten in Gänze als apokalyptische Schwärmer abzutun sind. Die Kehrseite dieses Narrativs liegt in der apologetischen Tendenz, Joris in geradezu befremdlicher Weise zu überhöhen, ihn unkritisch als Projektionsfläche gegenwärtiger theologischer Fragestellungen zu vereinnahmen oder sich sogar mit ihm zu identifizieren: „Man kann durch David Joris die Stimme eines frühneuzeitlich-täuferischen ‚Ökumenikers' vernehmen" (S. 231), oder: „Der Wagemut von David Joris, den er für das reformatorische Täufertum in Oldenburg in Gang gesetzt hat, war für meine Forschungsarbeit beispielhaft und beeindruckend" (Vorwort). Dies erweckt beim Lesen ein gewisses Misstrauen, ob nicht Aspekte von Joris' Leben und Wirken eher ausgeblendet wurden, die nicht in dieses Bild passen, beispielsweise seine Lehren und Taten als Polygamist. Alles in allem legt Karin Förster ein lesenswertes Buch über die Täufer in den Jahren nach Münster vor, mit geografischem Schwerpunkt auf Oldenburg und einem Akzent auf der Person des David Joris. Ein strikterer Bezug – etwa auf Oldenburg oder auf Joris –, von welchem dann konsequent die sonstigen Verbindungen und Verweise abgeleitet würden, hätte der Monografie gutgetan. Gleichwohl lässt die Verfasserin aus den Quellen ein Panorama der Täuferbewegung in einer bewegten Zeit aufsteigen, das sich zu betrachten lohnt.

Wolfenbüttel   Philip Haas

Melanie G r e i n e r t: *Zwischen Unterordnung und Selbstbehauptung. Handlungsspielräume Gottorfer Fürstinnen (1564–1721)*. Kiel/Hamburg: Wachholtz Murmann Publishers 2018, ISBN 978-3-529-03601-9, 448 S., geb. (= Kieler Schriften zur Regionalgeschichte, Bd. 1), 39,90 €.

Die Bedeutung fürstlicher Ehefrauen, auch wenn sie nicht selbst Regentinnen waren oder als Witwen bzw. in Vormundschaftsregierungen Einfluss ausübten wie Maria Theresia oder Katharina II. von Russland, ist zweifellos ein Manko der historischen Forschung. Für fünf Fürstinnen, die zwischen 1543 und 1708 lebten und in das Haus Holstein-Gottorf einheirateten, wird in der Kieler Dissertation, die Oliver Auge und Olaf Mörke betreuten, Abhilfe geschaffen: Christine aus dem hessischen Landgrafenhaus, Augusta aus dem dänischen Königshaus, Maria Elisabeth, eine Wettinerin, Frederike Amalia aus dem dänischen Königshaus und Hedwig Sophie, eine Wittelsbacherin. Sie heirateten in ein Fürstengeschlecht, das – als Nebenlinie des dänischen Königshauses in Schleswig und Holstein begütert – zwar kein großes Territorium vorweisen konnte, aber politisch insbesondere dann im 18. Jahrhundert zu den bedeutendsten Herzogshäusern Nordeuropas zu zählen ist. Es verwundert bei der Fragestellung nicht, dass für die Autorin ein Politikbegriff zählt, der einer kulturgeschichtlichen Dimension unterworfen ist. Für die Frage, wie Fürstinnen Einfluss ausüben konnten, ist die Frage nach Spielräumen entscheidend. Entsprechende methodologische Vorüberlegungen befinden sich im einleitenden Kapitel. Spielräume werden hier nicht nur als physische Räume verstanden: „Sie sind kulturell und sozial konstituierte und historisch wandelbare Phänomene und konstruierte Kategorien, die durch Individuen und deren Agieren entstehen und auf diese zurückwirken können." (S. 16) Bestimmt waren diese Handlungsspielräume nicht zuletzt von den Herkunftsfamilien und der aufnehmenden Familie; die Fürstinnen verfügten über verwandtschaftliche Netzwerke, in der Tat ihr wertvollstes soziales Kapital, das sie und gegebenenfalls auch die aufnehmende Familie nutzen konnten. Greinert nutzt den Kapitalbegriff von Bourdieu, unterscheidet also zwischen ökonomischem, dem erwähnten sozialen und dem kulturellen Kapital (u.a. Ausbildung), will aber auch individuelle Wahrnehmungen und Fähigkeiten herausarbeiten, die für die Nutzung von Handlungsspielräumen wichtig waren bzw. diese selbst wieder veränderten. Um dies bewerkstelligen zu können, muss die schriftliche Überlieferung gut genug sein. Dies wird für die ausgesuchten fünf Fürstinnen bejaht. Der Rechercheaufwand in den Archiven war aber auch enorm. Die meisten Archivalien fanden sich im Landesarchiv in Schleswig, aufgesucht werden mussten aber auch die Archive der abgebenden Höfe, also die Archive in Kopenhagen, Stockholm, Marburg/Darmstadt und Dresden. Ein Besuch galt auch dem Archiv des Ursprungs der Dynastie in Oldenburg. Die Gliederung der Darstellung ist nachvollziehbar. Es werden nicht die fünf Fürstinnen nacheinander abgehandelt, sondern die in der Einleitung benannten Fragen zu beantworten versucht: Die Untersuchung beginnt mit der Herkunft, der Erziehung und den Eheschließungen der Fürstinnen, dann folgt die Analyse der physischen und sozialen Lebensräume und daran anschließend die der Handlungsrollen als Ehefrauen, Mütter, Witwen und Landesherrinnen. Ein fünfter Abschnitt behandelt die familiären und dynastischen Verflechtungen. Die Autorin arbeitet mit ausführlichen Quellenzitaten, die z.T. in die Fußnoten verlagert sind. Nicht immer geben die Quellen wirklich viel her: so etwa über die Erziehung der Fürstinnen. Wenig überraschend ist die unterschiedliche Höhe der Ehegelder. Etwas unterbelichtet ist die Schilderung der politischen Dimension der einzelnen Eheschließungen – hier wird beim Leser viel Kenntnis unterstellt. Ebenso vermisst man die Darstellung der Hochzeitsinszenierung. Ausführlich beschrieben werden die – schon von der Zahl her beeindruckenden – Schlösser als Handlungsräume. Fürstinnen waren als Gattinnen wie Witwen nicht auf eine Residenz fixiert, u.a. auch deswegen, weil Gottorf immer wieder gefährdet bzw. von den Dänen besetzt war. Neben den Räumlichkeiten interessiert die personelle Besetzung des persönlichen Hofstaates, z.T. konnte dieser – vorübergehend oder dauerhaft – aus heimatlichen Gefilden mitgebracht werden. Besondere Bedeutung kam den Hofpredigern zu (u.a. den Predigern Fabricius), wobei sich Herzogin Augusta auch gegen den calvinistischen Gatten stellte und lutherisch blieb. Verständlicherweise konnten die Herzoginnen insbesondere ihre Witwensitze selbst ausgestalten. In der Forschung gerne übersehen wird die bedeutende Rolle, die Fürstinnen im Hintergrund der politischen Sphäre spielen konnten, allerdings ist dies meist quellenmäßig kaum zu fassen. Offensichtlich war die Bedeutung der dänischen Königstochter Friederike Amalie für ihren im Hamburger Exil schmorenden Gemahl Christian Albrecht, der von ihrem Bruder, König Christian V., aus Gottorf vertrieben worden war. Dass die Fürstinnen eigenständig mit Geld umgingen und damit Investitionen tätigten, kann belegt werden. Auch für die Beurteilung der Handlungsrollen der Fürstinnen sind die Quellen nicht immer aussagekräftig. So war nicht zu ermitteln, ob die Fürstinnen bei der Auswahl des Personals zur Betreuung und Erziehung der Kinder Einfluss hatten. Dass sie bei der Erziehung mitwirkten, kann dagegen nachgewiesen werden, ebenso bei der Finanzierung der Ausstattung der Kinder. Besser nachzuweisen ist ihre Bedeutung bei der Verheiratung ihrer Kinder; bei den Eheverträgen findet man ihre Unterschriften, wenn sie Witwen waren. Überhaupt stieg ihre Bedeutung mit ihrem Witwentum, als Vormund für Kinder wie als vormundschaftliche Regentin. Untersucht wird das Auftreten der Fürstinnen in der ‚frühneuzeitlichen Öffentlichkeit', in karitativer Funktion; insbesondere in den Kriegszeiten oder bei der Weiterleitung von Suppliken inszenierten sich die Fürstinnen als ‚Landesmutter'. Dies galt ebenso für ihre Religiosität wie für ihr Mäzenatentum. Insbesondere für Herzogin Maria Elisabeth kann der Beitrag der Fürstinnen für die bedeutenden Sammlungen und das kulturelle Leben am Gottorfer Hof herausgestellt werden. Hier sind Rechnungen und entsprechende Belege eine aussagekräftige Quelle. Im letzten Abschnitt wird die Bedeutung der verwandtschaftlichen Netzwerke der Fürstinnen für deren Agieren behandelt. Auf den ersten Blick erstaunlich ist, dass die in eine oldenburgische Linie einheiratenden Frauen in eben der Oldenburger Dynastie das größte Netzwerk besaßen. Der zum Teil umfangreiche Briefwechsel der Fürstinnen wird für drei, für die er wohl weitgehend erhalten ist, eher statistisch bezüglich der familiären Briefpartner, nicht aber auf Form und Inhalt ausgewertet. Offenbar war das Briefzeremoniell noch dominant, dennoch wäre zu fragen, ob die Witwen als Vormünderinnen bzw. vormundschaftliche Regentinnen nicht auch außerhalb der eigenen Dynastien aktiv wurden. Die durchaus bemerkenswerte Reisetätigkeit galt ebenfalls vor allem der Familie bzw. der Gesamtdynastie; auch Oldenburg konnte hier zum Ziel werden. Hin und wieder klingt bei der Autorin selbst an, dass tiefer gehende Untersuchungen nicht zu leisten waren (so S. 320 zur Frage des Kulturaustausches). Hätte es also Sinn gemacht, sich auf eine, gut überlieferte Fürstin zu beschränken? Insgesamt kann die Autorin aber – und dies beweist nochmals die kompakte Zusammenfassung – nicht nur für die Gottorfer Geschichte eine Forschungslücke schließen, ihre Arbeit reiht sich ein in die zunehmende Erforschung des Einflusses, den die Gemahlinnen der ansonsten im Vordergrund der Forschung stehenden Fürsten spielen konnten oder mussten. Für die Oldenburger Linie der Dynastie hat dies jüngst Herta Hoffmann mit ihrer Arbeit über Sibylla Elisabeth von Delmenhorst geleistet. Deutlich wird aber auch, dass die Quellen nicht immer das hergeben, was an Ansprüchen an die Forschung leicht formuliert ist. Dies sollte nicht davon abhalten, weiter an diesem Thema zu arbeiten. Auch diese schöne Dissertation zeigt, dass es lohnt!

Oldenburg   Gerd Steinwascher

Anna Heinze (Hg.): *Mythologische Malerei im Barock und von Michael Ramsauer*. Petersberg: Michael Imhof 2019, ISBN 978-3-7319-0899-9, 160 S., 109 Abb., geb., 24,95 €.

In zeitlicher Nähe zu bemerkenswerten Barock-Ausstellungen in Museen in Paris, Potsdam und München hat das Landesmuseum für Kunst und Kulturgeschichte Oldenburg seine Sammlung barocker Kunst im Augusteum vorgestellt und mit Leihgaben aus anderen Museen erweitert. Darüber hinaus hatte die Ausstellung „Götter und Helden" zwei besondere auf die Gegenwart bezogene Aspekte: Zum einen zeigte der zeitgenössische Oldenburger Künstler Michael Ramsauer Bilder seiner Auseinandersetzung mit Malerei und Motiven des Barocks aus der einstigen großherzoglichen Kollektion. Zum anderen wurde die Problematik der Restaurierung eines Prometheus-Bildes, das der Rubens-Werkstatt zugeschrieben wird, demonstriert. Rainer Stamm betont im Vorwort, dass zwar die Gestalten der Mythologie dem Zeitgenossen fern gerückt seien, dennoch aktuell dem Barock größere Aufmerksamkeit geschenkt werde, nicht nur, weil es die letzte kunstgeschichtliche Periode einer einheitlichen Stilauffassung gewesen sei, auch, weil der Gegenwart Pathos, Ausdruckskraft und Farbintensität entgegenkomme. Der Text wurde vor der Virus-Krise geschrieben. Aber auch ihre katastrophale Bedrohlichkeit auf Leben und Tod spiegelt barocke Züge. Im Grußwort von Irmtraud Rippel-Manß, der Vorsitzenden der Museumsgesellschaft, werden die Arbeiten von Michael Ramsauer als Brechung klassischer mythologischer Themen in aggressiver Farbwahl und Malgestik verstanden. Eingeleitet wird die umfangreiche Bilderfolge der Ausstellung von drei Aufsätzen, die jeder eigene Aspekte der Rezeption der Kunst des Barocks und der Antike behandeln. Nils Büttner beschreibt, ehe er darstellt, wie Barock-Maler mit den Themen der Mythologie umgegangen sind, welche Rolle Kunstwerke für den fürstlichen Hof gespielt haben. Er zitiert das Schreiben Herzog Peter Friedrich Ludwigs an Maria Fjodorowna, die Witwe des Zaren Paul I., in welchem von einer bezaubernden Freizeitbeschäftigung während der permanenten Isolation im eigenen Schloss erzählt wird. Kunst vom Gemälde bis zum Tafelgeschirr wurde nicht mehr primär wegen seines Inhalts, sondern fast wie heute wegen seiner autonomen, keinem Zweck unterworfenen Ästhetik geschätzt. Das Lehrhafte eines Bildes wurde nicht vergessen, aber gegenüber vorausgegangenen Zeiten mit Vergnügen und klaren Regeln zu einer inneren Vollkommenheit in der Ästhetik verbunden. Nils Büttner skizziert dann die Entwicklung der Überlieferung mythologischer Ereignisse seit Homer, Vergil und Ovid, wobei er darauf verweist, dass diese Autoren ihren Stoff auch nicht aus ihrer Gegenwartszeit und nahen Vergangenheit gewonnen haben, sondern aus Epochen mehrerer Jahrhunderte früher. Für die heutige Situation sei ebenso typisch, dass uns im Augenblick neben der mythologischen Epoche auch das Barock nahestehe, während die Kenntnisse über die Zwischenphasen eher verblassen. Zudem wechselte die Vermittlung mythologischer Inhalte: War zunächst primär die Sprache Vermittler der mythologischen Geschichten, so übernahmen um 1500 Malerei und Graphik diese Funktion. Sie sorgten für eine größere Verbreitung der Erzählungen von Homer, Vergil und Ovid. Schließlich zitiert Nils Büttner Karl Marx, der mit dem Aufkommen des industriellen Zeitalters das Ende der Bedeutung der Mythologie prophezeite – zu Unrecht, wie nicht nur das Interesse am Barock zeigt. Der Frage, wie im zwanzigsten Jahrhundert, also nach Karl Marx die Mythologie rezipiert wurde, geht Marcus Becker nach, indem er durch drei unterschiedliche barocke Brillen auf die Götter- und Heldenzeit schaut. Mit der ersten betrachtet der Autor die Filmgeschichte: Der älteste erhaltene Film mit einem antiken Thema ist Georges Hatots *Néron essayant des poisons sur des esclaves* von 1896, gedreht ein Jahr nach der ersten Präsentation des Cinématographen der Gebrüder Lumière. Gegenüber der historischen Quelle ist die Erzählung vom Giftversuch an einem Sklaven eine Vergröberung gewesen, denn Sueton berichtet lediglich von Bock und Ferkel, während der barocke Autor Jean Racine in seiner Tragödie Britannicus einen Sklaven das Gift trinken lässt. Von da an wurde es bei Filmen historischer Thematik zur Gewohnheit, die Pracht antiker Höfe mit dem Prunk des Barock auszustatten. Marcus Becker nennt weitere Beispiele. Die größte Verwandlung erfährt das antike Thema allerdings in der Gegenwart, etwa in dem Film *Troy: Fall of a City*. Die Rollen von Achilles und Zeus wurden mit David Gyasi und Hakeem Kae-Kazim besetzt. Erstmals wurden zwei Schauspieler afrikanischer Herkunft für die herausragendsten Figuren der Troja-Sage engagiert, was dazu führte, dass die bisherigen Vorstellungen von einem westlichen Altertum in ein globales Rennen um kulturelle Identitätsklärung geworfen wurden. Mit der zweiten Brille betrachtet der Autor die Wandlungen in der Stadt Skopje während des Streits um die Autonomie der ehemals griechischen Provinz, die 1991 selbstständiger Staat Nord-Mazedonien geworden war. Nun galt es, das Erbe Alexanders des Großen mit Hilfe von Denkmälern und gewaltigen Architekturen gegenüber den Nachbarn zu wahren. Dass dabei weniger auf ursprüngliche antike Vorbilder, vielmehr auf spätere im Barock entstandene Monumente zurückgegriffen wurde, weist Marcus Becker an mehreren Beispielen einleuchtend nach. Im Fokus der dritten Brille steht Ian Hamilton Finlay, auch in Deutschland bekannt durch mehrere Gartenkunstprojekte und seine Beteiligung an der documenta 1987 mit einer Guillotinen-Reihe. Für den englischen Ort Luton hatte Finlay 1985 ein Gartenprojekt entwickelt, das auf antike Motive wie Ruinen zurückgreift. Das Vorbild ist eigentlich ein Motiv von Claude Lorrain, das der englische Grafiker Richard Earlom überliefert und das Finlay übernommen hat. Die entscheidende Änderung sind acht Tafeln an einer Mauer, auf denen auf sieben Fehler in Ovids Mythen-Wiedergabe verwiesen wird, auf Verwandlungen von Menschen zu Pflanzen zum Beispiel *for Daphne read Laurel*. Jede Tafel wird zur Anregung für Zeitgenossen, über Zusammenhänge des jeweiligen Motivs nachzudenken. Michael Ramsauers Sichtweise auf die Kunst des Barocks wird von Anna Heinze, der Kuratorin der Ausstellung, dargestellt. Sie betont die besondere Aufgabe eines Künstlers, der entgegen dem Zeitempfinden auf die Kunstproduktion von 2000 Jahren zurückzugreifen gewillt war, ohne die eigene stilistische Entwicklung zu verleugnen. Ramsauers Malerei sei ein Zusammenspiel von neoexpressionistischer Malweise, tradierten Bildformen und klassischen Bildthemen. Seine Figurationen stehen und agieren vor einem oft weiträumigen Hintergrund. Da die Figur im Wesentlichen durch Kontur und freie Pinselführung geformt wird, entwickelt sich eine enge Bindung von Untergrund und durchsichtiger Figurenform. Der Künstler wendet durchaus Prinzipien an, die der klassischen Kunsttheorie entsprechen, aber er macht auch die Spannungen zwischen freiem Gestaltungswillen und bindendem Inhalt der Überlieferung sichtbar, besonders in Bildern, wo er von vorgegebenen Kompositionen abweicht und zu eigenen Lösungen findet wie bei seiner Prometheus-Version und bei seinem Amor und Psyche-Bild. Der Abbildungsteil des Katalogs ist in mehrere Kapitel gegliedert, in deren Einleitungstexten Anna Heinze über Einzelthemen wie Macht und Politik, Schicksal, Rache und Tod in der Malerei des Barock berichtet, während Maren Janka Hopp mit dem Kapitel Liebe und der Druckgrafik im Barock den Themenkreis der Ausstellung abschließt. Die Qualität der Bilddrucke ist hervorragend. Es mag überraschen, dass die Arbeiten von Michael Ramsauer nicht gesondert in einem eigenen Kapitel aufgeführt, sondern in die Folge barocker Werke integriert wurden. Das erleichtert Vergleiche und stärkt den barocken Aspekt dieses Künstlers. Die Restaurierung des Gefesselten Prometheus aus der Rubens-Werkstatt ermöglicht, einen Blick auf diesen äußerst diffizilen Prozess zu werfen und zugleich das Werk im aktuellen Zustand zu betrachten. Darüber haben Eveliina Juntunen eine Geschichte des Motivs und Lisa Heinz einen Bericht zum Stand der Restaurierung verfasst. Schon Ovid verstand es, mehr noch als Vergil und Homer, das lehrhaft Exemplarische antiker Mythen mit Liebreiz und Schönheit zu umhüllen, ohne den jähen Absturz – Rache und Tod – zu verschweigen. Die Künstler des Barock haben diese Spannungen so sehr gesteigert, dass ihnen auch dreihundert Jahre später nicht nur Bewunderung, auch Missverständnis und Misstrauen begegnet. Aber ist das nicht verdienter Lohn für gelungene autonom ästhetische Werke?

Oldenburg Jürgen Weichardt

Christina Hemken / Karl-Heinz Ziessow: *1942/1943 – Der lokale Horizont von Entrechtung und Vernichtung*, hg. im Auftrag der Stiftung Museumsdorf Cloppenburg – Niedersächsisches Freilichtmuseum, Cloppenburg: Museumsdorf Cloppenburg 2017, ISBN 978-3-938061-39-8, 80 S., zahlr. Abb., kart. (= Kataloge und Schriften des Museumsdorfs Cloppenburg, H. 34), 9,80 €.

Die im Titel des Buches genannten Begriffe „Entrechtung und Vernichtung" verdeutlichen nur im Ansatz die Verbrechen, die darin zur Sprache kommen. Denn Enteignung, Verschleppung und Plünderung nahmen in der Zeit des Nationalsozialismus ein erschreckendes Ausmaß in Europa, Deutschland und auch der Region des Oldenburger Münsterlandes an. Dies machte auch vor kulturellen Einrichtungen nicht Halt, weshalb sich das Museumsdorf Cloppenburg, eines der ältesten Freilichtmuseen Deutschlands, in einem dreijährigen Forschungsprojekt mit seiner Vergangenheit während der NS-Diktatur auseinandergesetzt hat. Von 2015 bis 2018 untersuchten die Ethnologin Christina Hemken und der Historiker Karl-Heinz Ziessow die Entwicklung von Museum und dessen Sammlungen während der NS-Zeit. Die Recherchen waren vor allem im Rahmen der seit einigen Jahren immer stärker wachsenden Provenienzforschung eingebettet. Ergebnis war nicht nur eine Ausstellung, die im Dezember 2017 und Januar 2018 im Museumsdorf gezeigt worden ist, sondern auch zwei Publikationen: Der vorliegende, knappe Ausstellungskatalog und die schließlich 2018 erschienene, umfangreiche wissenschaftliche Darstellung der Forschungsergebnisse belegen die akribische Arbeit der Autoren, die weit über die Provenienzforschung zum Sammlungsgut des Freilichtmuseums hinausging. Vielmehr setzten sie dessen Entwicklung in einen größeren historischen Kontext, was auch der ehemalige Museumsleiter Uwe Meiners in den einleitenden Worten des Ausstellungskatalogs gewürdigt hat. Auch spricht er dem Deutschen Zentrum Kulturgutverluste in Magdeburg seinen Dank für die Unterstützung des Forschungsprojekts aus. Gegliedert ist die Publikation in sieben Abschnitte, die sich auf verschiedene Aspekte der Geschehnisse während des Nationalsozialismus und insbesondere der Kriegsjahre beziehen. Der Fokus liegt dabei auf dem unter den Nationalsozialisten praktizierten System aus Gewalt, Raub, Entrechtung und Vernichtung, Unterdrückung und Zwang, das sich auch im Umfeld des Museumsdorfs nachweisen lässt. So wird gleich zu Beginn in Abschnitt I die Genese des 1936 eröffneten Freilichtmuseums thematisiert. Dabei wird betont, dass „das Handeln des Museums […] in seiner Gründungsphase in jeder Hinsicht zwangsläufig eng mit den politischen Gegebenheiten seiner Zeit und deren Repräsentanten verwoben" war. Das belegen auch die in diesen Abschnitt eingeflossenen Zitate aus den Tagebuchaufzeichnungen Heinrich Ottenjanns, des Gründers des Museumsdorfes. Dieser stand seinerzeit neben der zeitintensiven Sammlungstätigkeit und Akquise auch in regem Kontakt mit den politischen Größen der Region, um sich bietende, günstige Gelegenheiten im Sinne des Ausbaus des Museums zu nutzen. Zudem klingt an, dass die Einrichtung des Freilichtmuseums durch den Kriegsbeginn und die damit fehlenden Arbeitskräfte ins Stocken geriet. Allenfalls kleinere Projekte, v.a. bei zuvor vereinbarten Abbauarbeiten von Gebäuden, konnten während der Kriegsjahre noch durch den Einsatz von Zwangsarbeitern und Kriegsgefangenen weitergeführt werden. Diese Arbeitsformen der Kriegswirtschaft werden in späteren Kapiteln genauer thematisiert, jedoch ohne konkrete Bezüge zum Museumsdorf. In weiteren Abschnitten werden unter „Invasion und Besetzung" die Pläne zur Erweiterung des Reichs sowie unter „Verfolgung und Vernichtung" die rassenideologisch begründeten Verfolgungen von Juden und Sinti und Roma umrissen. Dies geschieht zum Teil anhand von Schilderungen und persönlichen Schicksalen aus der Gegend des Oldenburger Münsterlandes und bietet damit den Rahmen zum Verständnis der Entwicklungen im Umfeld des Museums. Konkreter auf die Sammlungstätigkeit der Institution beziehen sich wiederum die Abschnitte zu „Raub und Plünderung" sowie zur „Provenienzforschung", die über die Untersuchung einzelner, besonderer Kulturgüter hinausgeht und auch weniger bedeutsame, kulturgeschichtliche Gegenstände in den Blick nimmt. An dieser Stelle wird deutlich, dass sich Erwerb und Herkunft der musealen Gegenstände nachträglich vielfach nur schwer rekonstruieren lassen, da es sich im Museumsdorf hauptsächlich um „[…] Alltagsgegenstände handelt, die in der Regel in großer Zahl hergestellt wurden, keinem Urheber zuzuordnen sind und nicht in den Katalogen des Kunst- oder Antiquitätenhandels oder in der einschlägigen Fachliteratur zu finden sind." Widersprüche in den Inventarlisten, Eingangsbüchern und sonstigen Unterlagen des Museumsdorfs werden thematisiert und auch die Feststellung getroffen, dass weitere Quellenrecherchen notwendig sind, ohne freilich über alles Gewissheit erlangen zu können. Der übersichtlich gestaltete und farbig bebilderte Ausstellungskatalog verdeutlicht neben der exemplarisch angerissenen Schilderung der Verbrechen des Nationalsozialismus die Verflechtung des Museumsdorfs mit zeitgeschichtlichen Entwicklungen und legt einen wichtigen Grundstein für die Auseinandersetzung mit der eigenen Geschichte.

Wardenburg

Romy Meyer

Michael Hirschfeld (Hg.): *Im Einsatz für die Heimat. 100 Jahre Heimatbund für das Oldenburger Münsterland 1919-2019.* Dinklage: Druckerei B. Heimann 2019, ISBN 978-3-941073-27-2, 287 S., kart., 17,50 €.

Passend zum 100jährigen Jubiläum des Heimatbundes für das Oldenburger Münsterland legt dieser unter der Herausgeberschaft Michael Hirschfelds einen Sammelband vor, der in 14 Beiträgen die Gründung, Entwicklung, Arbeitsschwerpunkte und Persönlichkeiten des Heimatbundes untersucht. Die versammelten Aufsätze beruhen auf Vorträgen zweier Tagungen, die im Vorfeld des Jubiläums stattfanden, die für die Drucklegung überarbeitet worden und – so viel sei schon vorweggenommen – allesamt von hoher Qualität sind. Den Auftakt bildet Michael Hirschfeld, der die Gründung und Neugründung des Heimatbundes im Zeitalter der Weltkriege (1919–1949) untersucht. In seiner umfassenden Abhandlung legt Hirschfeld die verschiedenen Strömungen, unter anderem Heimatliebe, Heimatschutz und Nationalismus, dar, die sich nach dem verlorenen 1. Weltkrieg verquickten und in der Gründung des Heimatbundes mündeten. Gleichzeitig werden Schlaglichter auf die verschiedenen Ausschüsse, das Veröffentlichungsorgan und die Sozialstruktur der Vereinsmitglieder, die hauptsächlich aus den ländlichen Eliten kamen, geworfen. Die Neugründung nach dem 2. Weltkrieg fand 1949 unter einer Rückbesinnung auf die ursprünglichen Vereinsziele und mit personellen Kontinuitäten aus der nationalsozialistischen Zeit statt. Diese werden dann allerdings nur kurz gestreift, da sich hier der folgende Beitrag von Joachim Kuropka anschließt, der den Heimatbund in der NS-Zeit untersucht. Insbesondere dieses Thema war lange Zeit ein Desiderat der Forschung. Trotz der niedrigen Wahlerfolge der NSDAP im katholischen Oldenburger Münsterland erfuhr das Museumsdorf Cloppenburg eine Förderung durch die Nationalsozialisten. Der Heimatbund und das Museumsdorf boten aus der Warte der nationalsozialistischen Machthaber Anknüpfungspunkte zu ihrer Blut- und Bodenideologie. Der Name Dr. Heinrich Ottenjann fällt in diesem Kontext immer wieder, der den Gauleiter Carl Röver für das Projekt Museumsdorf Cloppenburg gewinnen konnte. Über die Frage nach Nähe und Distanz Ottenjanns zu Röver und den Nationalsozialisten setzten schon nach 1945 Diskussionen ein. In gleich zwei Artikeln greift Uwe Meiners das Museumsdorf und mit diesem die Person Ottenjanns als Themen auf. Der ehemalige Leiter des Freilichtmuseums schildert gekonnt die Entstehungsgeschichte dieses besonderen Museums und fällt ein differenziertes Urteil über dessen „Gründungsvater" Heinrich Ottenjann. Sein zweiter Beitrag befasst sich anschließend mit den engen Beziehungen zwischen dem Heimatbund für das Oldenburger Münsterland und dem Museumsdorf Cloppenburg in den 1950er Jahren. Der im Januar 2020 leider verstorbene Alwin Hanschmidt bereichert den Sammelband noch mit einer Abhandlung über das Studium, die wissenschaftliche Sozialisation und Ausbildung Prof. Dr. Georg Reinkes, des Schöpfers der „Wanderungen durch das Oldenburger Münsterland". Diese Konturierung des Lebensweges Reinkes ist hoch einzuschätzen, da sich das Wissen um die Biographie des Mitbegründers des Heimatbundes bisher größtenteils auf Nachrufe stützte, wie Michael Hirschfeld in seinem folgenden Artikel über Reinkes Rolle in der Gründung des Heimatbundes 1919 ausführt. Die durch eine erzwungene „Wanderschaft" geprägte Geschichte der Heimatbibliothek des Heimatbundes weiß Andreas Kathe akribisch nachzuzeichnen. Offiziell ist diese besondere Bibliothek, die nun hoffentlich eine feste Bleibe in Vechta am Karmeliterweg finden wird, zwar jünger als der Heimatbund, doch kann Kathe nachweisen, dass die Idee zur Einrichtung dieses Wissensspeichers schon in der Zeit vor dem 1. Weltkrieg verfolgt wurde. Die eher unterrepräsentierte Rolle der Frauen im Heimatbund beleuchtet Maria Anna Zumholz. Sie untersucht den Beitrag der selbstbewussten und zu den Gründungsmitgliedern gehörenden Elisabeth Reinke bei der Entwicklung des Heimatbundes. In seinem dritten Aufsatz in diesem Sammelband berichtet Hirschfeld über die Arbeit des 1972 wiederbegründeten Geschichtsausschusses. Eine Professionalisierung der Arbeit in Form von Publikationen in der „Roten" und „Blauen" Reihe kennzeichnet die Entwicklung des Ausschusses genauso wie die „Erfolgsserie" (S. 207) der auf ein breites Publikum zielenden und seit 1972 durchgeführten „Historischen Nachmittage". Heimatgeschichtliches Wissen wird so auf unterschiedlichen Kanälen in die Breite transportiert. Eng angelehnt an den Geschichtsausschuss ist der Familienkundliche Arbeitskreis, der seit 1974 wichtige Grundlagenarbeit für genalogische Forschung leistet. Josef Mählmann präsentiert in seinem Bericht die Tätigkeiten des Arbeitskreises, der enge Kontakte zur Oldenburgischen Gesellschaft für Familienforschung (OGF) pflegt und mit seinen Veröffentlichungen in der „Roten Reihe" wichtige Nachschlagewerke für die Familienforschung publiziert. (Vgl. dazu die Besprechung zu Jürgen Vortmann: Auswanderer aus dem alten Amt Cloppenburg). Äußerst lebendig schildert Alfred Kuhlmann die Aktivitäten des Ausschusses für plattdeutsche Sprache „Dei Plattdütsche Kring". Hierbei verweben sich die Geschichte dieses Ausschusses, dessen Wurzeln Kuhlmann bereits 1920 ausmacht, mit aktuellen und geplanten Projekten zur Pflege der Heimatsprache. Die folgenden zwei Artikel von Heinz Kosanke und Franz Hericks ergänzen sich in ihrer Betrachtung der Ausschüsse für Umweltschutz und Landschaftspflege sowie für Naturkunde. Der Erhalt und die Untersuchung der Landschaft des Oldenburger Münsterlandes ist ein zentrales Element des Heimatbundes und bereits in der Gründungsphase der Kultureinrichtung zu greifen. Im finalen Artikel beschreibt Benno Dräger die Zusammenarbeit zwischen dem Heimatbund und den Heimatvereinen vor Ort am Beispiel des Heimatvereins Lohne. Die Verbindungen zwischen den Einrichtungen sind dabei vielfältig und beide Seiten profitieren davon. Dräger behält hierbei allerdings einen kritischen Blick und schreibt den lokalen Heimatvereinen im Oldenburger Münsterland ins Pflichtenheft, dringend eine Internetpräsenz aufzubauen. Beschlossen wird der Band mit einem Nachschlagewerk über die Termine und Orte aller Generalversammlungen bzw. Münsterlandtage, Wanderfahrten und Namen der Funktionsträger des Heimatbundes. Auch wenn einige Beiträge den Bogen bis in die unmittelbare Gegenwart schlagen, liegt der Schwerpunkt doch eindeutig auf den ersten drei Jahrzehnten der Geschichte des Heimatbundes. Dies muss auch Hirschfeld in seiner Einleitung kritisch einräumen. Eine künftige Historikergeneration vermag dann vielleicht mit einem gewissen Abstand die Arbeit fortzuführen und den Heimatbund für das Oldenburger Münsterland weiter zu untersuchen.

Oldenburg   Martin Schürrer

Andreas K a t h e / Martin P i l l e (Hg): *Oldenburger Münsterland. Eine kleine Landeskunde.* Dinklage: Druckerei B. Heimann 2019, ISBN 978-3-88441-274-9, 304 S., zahlr. Abb., brosch., 17,90 €.

Die vorliegende kleine Landeskunde über das Oldenburger Münsterland ist ein Werk, das viele Väter hat. Neben der federführenden Redaktion durch Andreas Kathe und Martin Pille waren an dieser facettenreichen Landeskunde der Heimatbund für das Oldenburger Münsterland, die Oldenburgische Volkszeitung wie auch die Münsterländische Tageszeitung beteiligt. In neun thematischen Blöcken wird dem geneigten Leser in Wort und Bild die Vielfalt der Gebiete und der Menschen nähergebracht, die den südoldenburgischen Raum ausmachen. Der einleitende Essay aus der Feder von Heinrich Dickerhoff legt mit seinen Ausführungen über Heimat, Wurzeln und den Lebensqualitäten in der „Provinz" thematische Leitplanken für die folgenden Kapitel. Den Auftakt bilden Steckbriefe der beiden Landkreise Vechta und Cloppenburg sowie der in diesen zu findenden Städte und Gemeinden. Neben der obligatorischen Ersterwähnung und einem kurzen geschichtlichen Abriss werden die wichtigsten lokalen Feste sowie die flächenmäßige Ausdehnung samt der Einwohnerstatistik und der konfessionellen Verteilung aufgeführt. Wichtiger als alle Statistiken sind jedoch die Menschen, die hier leben und dem Oldenburger Münsterland ein Gesicht geben. Im Themenblock „Menschen unserer Region" kommen zahlreichen Personen zu Wort, die von ihren Lebensschicksalen und aus ihrer Vita berichten. Das Ergebnis sind einfühlsame, persönliche Einblicke, aus denen ein Mosaik eines bunten und integrativen Oldenburger Münsterlandes entsteht. Großen Raum nimmt das Kapitel „Geschichte" ein, das in vielen kleinen Abhandlungen den historischen Abriss der Region von der Christianisierung bis in unsere Tage schildert. Den Auftakt bildet ein archäologischer Blick auf das Oldenburger Münsterland samt seiner „Hotspots" wie den spannenden Grabungen der letzten Jahre, vor allem in Vechta und Visbek. Herausgekommen sind sehr lesenswerte Kurzberichte, die sich in einer allgemeinverständlichen Sprache an ein breites Publikum wenden. Lobend ist in diesem Kontext herauszuheben, dass hier auch Schülerarbeiten veröffentlicht sind. Das folgende, nicht minder kleine Kapitel „Kultur, Bildung, Sport" führt dem Heimischen wie Zugezogenen plastisch vor Augen, wie umfangreich das kulturelle Angebot des Oldenburger Münsterlandes aufgestellt ist. Bei aller Leidenschaft für den eigenen Untersuchungsgegenstand behalten die beteiligten Redakteure allerdings einen klaren Blick. So wird beispielsweise betont, dass unter den Schriftstellern der Region keiner mit kanonischer Größe zu finden ist, ohne dabei jedoch die heimischen Literaten in den Kurzporträts abzuwerten. Ein Spagat, der gemeistert wird. Erfreulich ist, dass bei aller positiver Beschreibung des Kulturangebots, das über Kunstvereine, Theater, Musikschulen, ein ausgeprägtes Sportangebot, Volksfeste und Museen wie das weitbekannte Museumsdorf Cloppenburg reicht, die ehrliche Einschätzung zu lesen ist, dass auf dem Feld der Archive noch immer dringender Handlungsbedarf herrscht (S. 153). Der Artikel zum Erhalt des Niederdeutschen (Plattdeutsch) und des Saterfriesischen ist zusammen in einer hochdeutschen Übersetzung in gleich drei Sprachen zu lesen und zeugt von den Bemühungen, die im Oldenburger Münsterland zum Fortbestand dieser schrumpfenden Sprachinseln geleistet werden. Wie sich Natur und Landschaft veränderten und von Menschenhand geformt werden, verdeutlichen die Beiträge des gleichlautenden Kapitels. Ausführlich werden hier die früher dominierenden Landschaftsformen der Moore und Heide thematisiert und wie sie langsam verschwinden. Auch hier wird ein kritischer Blick auf die Landwirtschaft sowie auf die einhergehende Gülleproblematik einer Massentierhaltung geworfen. Daran anschließend wird die „Arbeitswelt im Wandel" und der enorme wirtschaftliche Aufschwung in den beiden Kreisen Vechta und Cloppenburg beleuchtet. Ausführlich – eventuell schon eine Spur zu umfassend – rücken interkommunale Gewerbegebiete, Industrie, Mittelstand, Handwerk und Gewerbe in den Fokus. Die Landwirtschaft ist zwar immer noch eine wichtige Säule der heimischen Industrie, doch längst tragen weitere Sparten dazu bei, dass die Wirtschaft breit aufgestellt ist. Mit einem Blick in die Zukunft soll im folgenden Kapitel ein Ausblick auf die kommenden Jahrzehnte sowie der innewohnenden Herausforderungen gewagt werden. Wie gestalten sich zukünftig die Arbeitswelten, das Wohnen und Einkaufen im Oldenburger Münsterland, wie werden Migration und Integration das Bild verändern und wie könnte im Fortschreiten der Digitalisierung alle Lebensbereiche verändern? Im finalen Beitrag zum 100jährigen Bestehen des Oldenburger Heimatbundes untersucht Michael Hirschfeld die in der Satzung hinterlegten Ziele der Erweckung von Heimatliebe und Heimatsinn und skizziert in Kürze die Entwicklung dieser für das Oldenburger Münsterland so prägenden Kulturinstitution. Interviews mit den beiden amtierenden Landräten der Kreise Vechta und Cloppenburg sowie mit dem Präsidenten des Heimatbundes beschließen den Band, den ein ausführliches Orts- und Personenregister abrunden. Die kleine Landeskunde versteht sich selbst als eine Liebeserklärung an die Region und ihre Menschen, ohne dabei aber in Kitsch abzugleiten!

Oldenburg   Martin Schürrer

Rosemarie K r ä m e r / Heinz H o f f e r / Günter G. A. M a r k l e i n: *Zwischen Sturmflut und Oberwasser. Aus der Geschichte des I. Oldenburgischen Deichbandes.* Hg. vom I. Oldenburgischen Deichband, Brake, Oldenburg: Isensee 2019, ISBN 978-3-7308-1611-0, 689 S., zahlr. Abb., 3 Karten, 49,- €.

Der Titel des Buches zeigt die doppelte Bedrohung des Gebietes des Weser-Hunte-Dreiecks und Stedingens auf, welche im Zuständigkeitsbereich des Ersten Oldenburgischen Deichbandes liegen. Bei schweren Sturmfluten drücken die Wassermassen der Nordsee das Wasser der Weser zurück und verursachen schwere Überschwemmungen. Tauwetter, schwere Regenfälle und Eisgang erzeugen ebenfalls hohe Flusspegel mit der Gefahr einer Überflutung. Der vorliegende, in zweiter Auflage vom Ersten Oldenburgischen Deichband herausgegebenen Band enthält gegenüber der Erstauflage von 1991 einige Ergänzungen zur neueren Geschichte des Deichbandes. Die doppelte Bedrohung des Weser-Hunte-Dreiecks und des Stedingerlandes durch die Fluten der Weser prägte die Geschichte der schon in der Jungsteinzeit besiedelten Landschaft. Dieser Bedrohung mussten sich die hier siedelnden Menschen anpassen. Rosemarie Krämer arbeitet in ihrem Beitrag detailliert heraus, wie die Landesbewohner der Bedrohung entgegenarbeiteten. Zunächst geschah dies durch Wurten, und ab dem 11./12. Jahrhundert setzte der Deichbau ein. Der Bau der Deiche wiederum bedingte eine Besiedelung und ein Wirtschaftssystem, das die Ressourcen für die Durchführung zur Verfügung stellen konnte. Krämer beschreibt die Besiedlungsgeschichte des Deichbandgebietes und sieht Bevölkerungswachstum und intensivierte Landwirtschaft als Motor für den Aufbau eines Deichsystems und einer funktionierenden Entwässerung. Mit dem Bau der ersten Deiche entstanden Genossenschaften, die ihre Unterhaltung und Instandsetzung organisierten. Wie in den meisten Flussmarschen Norddeutschlands herrschte im Gebiet des Ersten Oldenburgischen Deichbandes die Pfandbedeichung vor. In diesem System war jeder Landbesitzer nach der Proportion seines Besitzes für die Unterhaltung einer Deichstrecke, „Pfand", verantwortlich. Gemäß den Bestimmungen des Spatenrechts verlor der Bauer seinen Hof, wenn er seine Deichstrecke nicht mehr unterhalten konnte. In der frühen Neuzeit griff die erstarkende Landesherrschaft in das Deichrecht ein. Die vom letzten einheimischen oldenburgischen Grafen Anton Günther 1658 für die gesamte Grafschaft erlassene allgemeine Deichordnung definierte einheitliche Regelungen der Deichunterhaltung. Die Deichgenossenschaften wurden zu Instrumenten der Landesherrschaft. Gleichwohl verloren sie ihre Autonomie nicht völlig. Die dänische Landesherrschaft setzte die Politik des ausgestorbenen Grafenhauses fort. Sie sah die Deiche als gesamtterritoriale Aufgabe und begann die dafür notwendige Arbeit für die gesamte Grafschaft zu organisieren. Ein Element der Mobilisierung des Gesamtterritoriums für den Deichbau und die Unterhaltung bildete eine Verteilung und Rekrutierung von Arbeitskräften. Rosemarie Krämer deutet dieses Element an, geht aber nicht ausführlich auf das in der Grafschaft Oldenburg seit dem Ende des 17. Jahrhunderts sich entwickelnde System der Zwangsrekrutierung zur Deicharbeit ein. Dieses System erlaubte den Einsatz der Landesbewohner auch außerhalb ihres angestammten Deichbezirks. Der zweite Hauptteil des vorliegenden Buches geht auf die neuere Geschichte des Ersten Oldenburgischen Deichbandes ein. Eine Zäsur bildet dabei die schwere Sturmflut vom 16./17.2.1962 („Hamburg-Flut"). Die schweren Schäden lösten ein umfangreiches Projekt zur Erhöhung und Verstärkung der See- und Flussdeiche in Niedersachsen aus. Heinz Hoffer und Günter G.A. Marklein als Bearbeiter des zweiten Hauptteils analysieren dieses bis zur Gegenwart fortgesetzte Programm ausführlich. Sie schildern die wachsende Herausforderung an das Deichsystem durch die Klimaerwärmung und den ansteigenden Meeresspiegel. Die Industrialisierung des Unterwesergebiets stellt den Deichbau und den Hochwasserschutz vor weitere Aufgaben. Zu berücksichtigen sind dabei auch die Belange des Naturschutzes. Das vorliegende Werk ist eine gelungene Darstellung der Geschichte des Ersten Oldenburgischen Deichbandes. Sie basiert auf einer umfangreichen Überlieferung zum Deichsystem der Grafschaft und des späteren Großherzogtums Oldenburg im Niedersächsischen Landesarchiv – Abteilung Oldenburg. Auch aus dem Schriftgut des Ersten Oldenburgischen Deichbandes konnten die Bearbeiter des Werkes reichlich schöpfen. So ist die Geschichte des I. Oldenburgischen Deichbandes ein wertvoller Beitrag zur Forschung im Bereich des historischen Deichbaus und der ihm zugrundeliegenden Wirtschafts- und Sozialstrukturen.

Emden   Rolf Uphoff

Konrad Küster: *Arp Schnitger. Orgelbauer – Klangarchitekt – Vordenker 1648–1719*. Kiel: Ludwig 2019, ISBN 978-3-86935-358-6, 232 S., zahlr. Abb., brosch., 24,90 €.

Pünktlich zum Schnitgerjahr 2019 erschien dieses bemerkenswerte Buch des Freiburger Musikwissenschaftlers Konrad Küster. Küster teilt seine Ausführungen zu Schnitgers Leben und Wirken in fünf Kapitel: 1. Herkunft und Hintergrund – 2. Kreise um Stade und Hamburg: Frühe Selbständigkeit – 3. In der Provinz Groningen – 4. Internationales Wirken und 5. Schnitgers Spätwerk. Ein weiteres Kapitel beschäftigt sich mit der Musik an Schnitgers Orgeln, wobei der Autor besonders auch auf die musiktheologischen Konzepte eingeht, die Schnitger vor allem in den lutherischen Gegenden Norddeutschlands vorfand – und die ihm im Übrigen schon aus seiner Heimatkirche Golzwarden bekannt waren. Auf das abschließende siebte Kapitel, das sich mit der Wiederentdeckung von Schnitgers Œuvre und der Problematik der durch den steigenden Meeresspiegel gefährdeten norddeutschen Kulturlandschaft befasst, folgt ein ausführlicher Anhang mit Verzeichnissen und Registern sowie einer Karte. Die Kapitel lassen sich sehr gut einzeln und unabhängig voneinander lesen, zudem sind alle Texte, die sich mit technischen Fragen beschäftigen, im Druck grau hinterlegt. Küster, der in den letzten Jahrzehnten schon mit zahlreichen Veröffentlichungen hervorgetreten ist, die die norddeutsche Musik- und Orgelszene in ganz neuem und so manches Mal erstaunlichen Licht erscheinen lassen, wählt auch für seine Würdigung des bedeutenden, aus der Oldenburgischen Wesermarsch stammenden Orgelmachers einen gegenüber bisherigen Publikationen neuen Ansatz. Das 1853/54 veröffentlichte Werkverzeichnis von Siwert Meijer, die grundlegenden Forschungsarbeiten Paul Rubardts (1927), die Orgeltopographien Walter Kaufmanns für das alte Herzogtum Oldenburg (1962) und Ostfriesland (1968), das Schnitgerbuch Gustav Focks (1974), das 2013 in zweiter Auflage erschienene Buch „Arp Schnitger und sein Werk" von Cornelius H. Edskes und Harald Vogel, zahlreiche im Zuge von Restaurierungen erschienene Publikationen sowie eigene Forschungen nutzt Küster als Datengrundlage. Der Zweck seines Buches – so Küster – sei, zwischen den verfügbaren Daten „die inneren Zusammenhänge [...] herauszuarbeiten". Und dabei geht es ihm keineswegs nur um technische und klangliche Details, sondern Küster verweist auch auf die Bedeutung geschichtlicher Ereignisse, geopolitischer Umstände, Herrschaftsgebiete und Grenzverläufe. Exemplarisch zeigt sich diese Vorgehensweise des Autors bei der Schilderung der Arbeitsabläufe in den Jahren 1697 und 1698: Mindestens vierzehn große und kleine Orgelprojekte zwischen Groningen, Magdeburg und Stettin – darunter die Domorgeln von Lübeck und Bremen – hatten der Orgelbauer und seine zum großen Teil selbständig agierenden Mitarbeiter in diesen Jahren „unter der Hand". Wer die Ausführungen Küsters zu diesem Zeitraum liest, dem werden schnell eventuell vorhandene romantische Vorstellungen von dem in seiner Werkstatt agierenden und von seinen Schülern umgebenen Meister ausgetrieben. Schnitger legte in kurzer Zeit große Strecken zurück, überwachte Arbeiten in den Kirchen und in den „Regionalwerkstätten", orderte Material aus ganz Europa und darüber hinaus, entwickelte und optimierte Klangkonzepte, schloss Kontrakte, hielt Kontakte zur geistlichen und weltlichen Obrigkeit sowie zu in der Orgelszene wichtigen Personen, nahm an Feierlichkeiten bei Orgelabnahmen teil und vieles andere mehr. Interessant auch Küsters Ausführungen zum in anderen Publikationen häufig stiefmütterlich behandelten Spätwerk des Orgelbauers, auch wenn er damit im Einzelnen – wie auch mit anderen Schlussfolgerungen seines Buches – in Fachkreisen Widerspruch erregen mag. Wie auch immer: An dieser fulminanten Arbeit kommt niemand vorbei, der sich näher mit Leben und Werk Arp Schnitgers befassen will. Dem geneigten Leser wird dabei möglicherweise so manche liebgewordene Vorstellung abhandenkommen. So etwa, die, die Instrumente Schnitgers alle über einen Kamm scheren zu können. Nein, es gibt sie nicht, die Schnitgerorgel. Sehr hilfreich auch, dass Küster deutlich macht, wie Schnitger in eine schon jahrhundertealte Orgelbautradition an der Nordsee hinein- und über sie hinauswuchs. Der eine oder andere Leser mag größere oder gar ganzseitige Orgelfotos sowie Dispositionen vermissen, aber Küsters Monographie ist bewusst kein Bilderbuch: Für Fotos und Dispositionsaufstellungen sei auf das schon oben erwähnte Buch von Edskes und Vogel verwiesen – oder auf die Internetseite von NOMINE, den auch von der Oldenburgischen Landschaft mitgetragenen Verein „Norddeutsche Orgelkultur in Niedersachsen und Europa".

Oldenburg   Peter Golon

Margarethe P a u l y (Hg.): *Die Lebenserinnerungen des Hofgärtners Gottlieb Bosse (1799-1885)*, Oldenburg: Isensee 2019, ISBN 978-3-7308-1527-4, 135 S., zahlr. Abb., kart. (= Oldenburger Forschungen, N.F. Bd. 33), 12,80 €.

Die Familie Bosse kann man wohl als eine Art niedersächsische Gärtnerdynastie bezeichnen, denn männliche Mitglieder waren im 18. und 19. Jahrhundert über mehrere Generationen oft in diesem Beruf tätig. Als der für Landschaftsgärten begeisterte Peter Friedrich Ludwig ab 1777 dazu ausersehen war, die Herrschaft im Herzogtum Oldenburg zu übernehmen, und er sich in Rastede mit seiner Familie niederließ, wanderten auch zwei aus dem Braunschweigischen stammende Mitglieder der Familie in unseren Nordwesten (Carl Ferdinand und Christian Ludwig). Sie gestalteten Naturlandschaften, zeichneten Gartenpläne und veröffentlichten auch – wie im Fall des Oldenburger Hofgärtners Julius Bosse aus der zweiten Generation – Werke zur Gartenkunst und Botanik, einer, Gottliebs Vater, machte sich auch als Handelsgärtner selbständig. Die „Erinnerungen aus meinem Leben" dieses Sohnes von Christian Ludwig (und Vetters bzw. Halbbruders des Hofgärtners Julius Bosse) bieten zunächst interessante, wenn auch mit großem zeitlichem Abstand (1876) zu Papier gebrachte Angaben zu den Oldenburger Bosses und zu verwandten Familien (Bardewyck, Tappenbeck, Walther usw., auch im hinteren Teil). Vor allem dokumentieren sie jedoch ab S. 42 die Ausbildung und den weiteren beruflichen Werdegang Gottliebs, den es aus dem Oldenburgischen nach Böhmen (Skalitz) verschlug, wo er einen Garten gestaltete, der dort heute Teil eines Nationalen Kultur- und Naturdenkmals ist. Insofern zeugen diese Erinnerungen nicht zuletzt auch von der Migration der Gartenfachleute, die gärtnerische Netzwerke schufen und deren Hauptkunden ursprünglich zwar aus dem adligen Milieu stammten, immer mehr aber auch bürgerlicher Herkunft (z.B. in Hamburg) waren. Und es wird beiläufig erkennbar, welch große Leidenschaft für Landschaftsgärten, für Pflanzensammlungen usw., beginnend Ende des 18. Jahrhunderts, auch im 19. Jahrhundert überall in Deutschland und Österreich verbreitet war – so auch in Rastede und Oldenburg. Liebevoll und dankbar geht Gottlieb Bosse auf seine Rasteder Jugendjahre ein, die Nöte und Verdienste seiner Mutter, die als Witwe von Carl Ferdinand 1794 ihren Schwager Christian Ludwig heiratete, mit die Verantwortung für die neben den Aufgaben im herzoglichen Garten errichtete Handelsgärtnerei (Samenhandel usw.) übernahm und insgesamt neun Kinder gebar. Gottliebs Vater, der u.a. die Bremer Wälle neu gestaltete und zu Beginn des 19. Jahrhunderts „der einzige namhafte Handelsgärtner" im Oldenburgischen war, erschloss ab 1805 Heideland südlich von Rastede und richtete dort – in Neusüdende – eine eigene Baumschule ein, ab den Jahren der französischen Besetzung neuer Hauptwohnort der Familie, da er auf eine Wiederanstellung beim Herzog 1813 verzichtete. Auch schon damals war die Berufswahl keine leichte. Die Eltern ermöglichten aber den Söhnen Julius und Gottlieb – statt eines möglichen Studiums und trotz begrenzter finanzieller Möglichkeiten – eine solide Ausbildung, verbunden mit der Möglichkeit, bekannte Gärten zu besuchen und teilweise in ihnen zu lernen. Anstatt in Neusüdende Nachfolger des Vaters zu werden, dessen Lebensumstände nach 1820 immer problematischer wurden, zog es Gottlieb nach auswärts, nach seiner Lehre in Herrenhausen bei den bekannten Botanikern Wendland Vater und Sohn zunächst nach Weimar, wo er im Garten der großherzoglichen Residenz Belvedere fast täglich Besuch vom Großherzog und dessen „Freund Göthe" erhielt. Auf die dortigen Mitglieder der Gärtnerdynastie Sckell war Bosse allerdings nicht gut zu sprechen, weshalb die Wanderschaft nach einigen Monaten weiter durch Thüringen, Sachsen und Böhmen nach Wien ging. Überall wurden Gärten inspiziert und fachmännisch bewertet. Endlich fand er in Bruck an der Leitha, 40 km südöstlich von Wien, bei den Grafen Harrach in „einem der berühmtesten Parks an der äußersten Grenze Deutschlands" eine neue Arbeitsstelle (1821–1825). Über die knapp vier Jahre dort schwärmte er noch Jahre später. 1825, d.h. mit 26 Jahren, fand er seine Lebensstellung als Hofgärtner der Fürstin von Sagan (später des Fürsten Georg Wilhelm von Schaumburg-Lippe) auf Schloss Ratiborice bei Skalitz in Böhmen, wo er einen schottischen Gärtner ablöste. Bosse lässt bei dieser Gelegenheit eine interessante Bemerkung einfließen: Dass schöne ‚englische Gärten' in Deutschland, so auch in Ratiborice, nicht von Engländern, sondern von Deutschen gestaltet würden, sei vor allem in der Ausbildung begründet; Engländer seien nur „Teilgärtner", Deutsche hingegen in der Gartenkunst umfassend ausgebildet. Bosse gestaltete den Garten in Ratiborice und erwanderte sich die Region; mit gartenbegeisterten Adligen bereiste er andere Gärten, so z.B. 1837 den des Fürsten Pückler in Muskau (eigener Bericht S. 103 ff.). In groben Zügen geht er auch auf seine diversen Gartenaufträge in Österreich ein. 1840 besuchte er noch einmal seine alte Oldenburger Heimat, aus der ihm gelegentlich sein Bruder Julius Lehrlinge schickte. Ausführlich berichtet er über Geschwister und Geschwisterkinder, von denen einige auch in die USA auswanderten bzw. auswandern mussten. Kurze Ergänzungen betreffen „Die ‚Oldenburger Colonie' in Böhmen, vor allem nach dort ausgewanderte Oldenburgerinnen (S. 97-102), die Reise nach Muskau 1837 (S. 103-117) sowie eine kurze Trauerrede zum Tod von Vater Christian Ludwig von 1832. Auszüge dieser im lebendigen, oft humorvollen Ton verfassten Erinnerungen, die ursprünglich nur für die Familie gedacht waren, hat Pauly bereits 1992/1993 in ihrem „Rasteder Archivboten" veröffentlicht. Über die Herkunft und den heutigen Aufbewahrungsort des handschriftlichen Manuskripts, von dem im Rasteder Gemeindearchiv Fotokopien bewahrt werden, schweigt sie sich auch in dieser vollständigen Fassung aus. Inhaltlich unbekannt waren die „Erinnerungen" nicht, da zwei maschinenschriftliche Abschriften seit längerem im Landesarchiv liegen (Dep 153 Familie Tappenbeck) wie auch eine kleine Anzahl von Unterlagen zu Gottlieb Bosse, die vielleicht auch noch hätten berücksichtigt werden können (u.a. ein Reisebericht). Es ist in jedem Fall Paulys Verdienst, die Erinnerungen, aus denen in der Vergangenheit immer wieder mal zitiert wurde und die anschaulich die Lebensverhältnisse der Familie Bosse in Rastede beschreiben, nun komplett ediert zugänglich gemacht zu haben. 50 Abbildungen lockern den Text auf und vier Stammtafeln am Ende erleichtern den Überblick über die diversen Verwandtschaftsverhältnisse. Unerwartet wurden Bosses „Lebenserinnerungen" auch das letzte Werk der langjährigen und bekannten Rasteder Ortshistorikerin Pauly, die kurz vor dem Erscheinen des Buches im Frühjahr 2019 verstarb.

Oldenburg   Wolfgang Henninger

Antje S a n d e r: *Die Zeit der Häuptlinge. Ein Lese- und Bilderbuch*. Oldenburg: Isensee 2019, ISBN 978-3-7308-1558-8, 61 S., 35 Abb. (= Kataloge und Schriften des Schlossmuseums Jever, Heft 35), 8,50 €.

Passend zur Ausstellung „Die Zeit der Häuptlinge" im Schlossmuseum Jever (16. Juni 2019 bis 31. Januar 2020) erschien 2019 unter demselben Titel ein Lese- und Bilderbuch von Antje Sander zu der Thematik der politischen Entwicklung und dem Aufstieg der Häuptlinge in Friesland. Im Mittelalter gab es in Friesland keine zentrale Herrschaft. Erst mit der zunehmenden Machtetablierung und Machtrepräsentation nach der Mitte des 14. Jahrhunderts setzten sich die sogenannten *Hovetlinge* – Häuptlinge – als Oberhäupter im friesischen Gebiet durch. Hierbei spielte die Eigeninszenierung und die damit verbundene Abgrenzung von den ‚einfachen' Friesen eine besondere Rolle: Durch ihre repräsentative Kleidung, ihren neuartigen Wohnstil und durch ihre an das mittelalterliche Europa angepasste Lebensart setzten sich die Häuptlinge von den „als *ingeseten* bezeichneten Einwohnern" (S. 9) ab. Sie verknüpften sich immer mehr mit dem Netz der europäischen Heiratspolitik, ließen ihre Kinder an fremden Höfen unterrichten und versuchten dadurch, ihr Gebiet und ihren Machtanspruch über ihre Grenzen hinweg zu erweitern. Jedoch übten sie sich auch in Abgrenzung nach außen – zum spätmittelalterlichen Europa. Die damit verbundene Darstellung der Homogenität im Inneren unter den friesischen Häuptlingen mag zunächst wie eine fabelhafte Vorstellung klingen, doch auch unter den verschiedenen Landesgemeinden des Frieslandes war das 14. und 15. Jahrhundert von Fehden und Konflikten geprägt. „So war man sich lange nicht einig, ob man sie zum Adel zählen soll oder nicht", fasst Antje Sander die Forschungsproblematik der Ausstellung knapp zusammen (NWZ, 15.06.2019). Mit dem Lese- und Bilderbuch reiht sich die Autorin damit hervorragend in eines der umstrittensten Themen der mittelalterlichen Sozial- und Verfassungsgeschichte ein: die Entstehung des Adels im Frühmittelalter, seine Entwicklung und die damit verbundene Herrschaftsausübung. Das Lese- und Bilderbuch flankiert mit 30 kleinen Kapiteln, wobei sich jeweils ein Kapitel über etwa eine Doppelseite erstreckt, sowie etlichen Abbildungen, Karten und Fotografien von Exponaten die museale Aufbereitung der Herrschaftsentwicklung der Häuptlinge in Friesland – „Stoff für Geschichten von Krieg und Liebe, Macht und Pracht" (S. 9). Die ersten fünf Kapitel sind so konzipiert, dass sie die breite Masse erreichen und den Lesern die Geschichte des Handels, des Rechts und der Konflikte Frieslands im Spätmittelalter näherbringen. Die folgenden Kapitel drehen sich rund um die Thematik des Burgenbaus und dessen Signifikanz für den Ausbau der Herrschaft der Häuptlinge. Hierbei ist erfreulich, dass immer wieder Bezüge zum Schloss zu Jever (in dem die Ausstellung präsentiert wurde) und weiteren, heute noch bestehenden Bauten in Friesland gezogen werden, so dass der Leser ein lebendiges Bild vor Augen bekommt, wie die Region einmal ausgesehen haben kann. In den darauffolgenden Kapiteln geht Antje Sander auf verschiedenste Sachverhalte ein, durch die sich die Häuptlinge von den restlichen angrenzenden Herrschaftsgebieten lossagen wollten, sich diesen jedoch im Laufe des 14. und 15. Jahrhunderts annäherten. Hier sei besonders das Kapitel „Vom Feindbild zum Vorbild" (S. 35) hervorgehoben, in dem die Annäherung der Häuptlingsgeschlechter an die Symbolfigur des gerüsteten Ritters erläutert wird, welcher zuvor als „Symbolfigur des auswärtigen Feindes" (S. 35) stilisiert wurde. Während die erste Hälfte des Buchs in einzelnen thematischen Schwerpunkten die Zeit bis zum 16. Jahrhundert darstellt, so konzentrieren sich die letzten acht Kapitel auf die späte Zeit der Häuptlinge im 16. Jahrhundert. So wird besonders die weltoffene Herrschaft Fräulein Marias von Jever (1500–1575) und die damit verbundenen Änderungen des Kleidungs- und Wohnstils hervorgehoben. Eine drastische Folge dieser Änderungen sollte wohl das Schicksal des Jeverlandes nach Fräulein Marias Tod sein. Zu Lebzeiten hatte sie testamentarisch festgehalten, dass Jever an die Grafschaft Oldenburg fallen sollte, vermutlich um zu verhindern, dass das Jeverland ostfriesisch werden könnte. Die Autorin verknüpft in den 30 Kapiteln auf geschickte Weise die Geschichte der Häuptlinge mit Abbildungen und jeweiliger Quellenauszügen, sofern solche vorhanden sind. Zeitgenössische Quellen im Einklang mit dargestellten Ausstellungsexponaten bieten ein zu lobendes Bild für die Leserschaft. Hierbei ist zu beachten, dass die Texte auch für ein breiteres Publikum verfasst und dementsprechend allgemeinverständlich formuliert sind. In diesem Zusammenhang wären jedoch vielleicht einige Verweise oder Fußnoten – gerade da auf den meisten Seiten noch etwas Platz ist – wünschenswert gewesen. Auch um das Lese- und Bilderbuch besser in seiner Funktion und seinen Platz in der Forschung einordnen zu können, wären eine Einleitung und eine Zusammenfassung hilfreich gewesen. Doch auch ohne diese zusätzlichen Kapitel sind die historischen Ereignisse rund um die Häuptlinge Frieslands verständlich. Positiv ist noch der Literaturapparat am Ende des Buches zu nennen, in dem jeder fündig werden sollte, der sich vertiefend mit den Häuptlingen und ihrer Herrschaftsausübung in Friesland im Mittelalter beschäftigen möchte. Insgesamt beweist Antje Sander, die sich bereits zuvor mit entsprechenden Thematiken befasst hat (insbesondere mit der Herrschaft Fräulein Marias und dem friesischen Adel), auf den 60 Seiten wundervoll, wie eine Ausstellung auch als Buch weiter fortbestehen kann. Es gelingt ihr durch viele kleine thematische Schwerpunkte, kombiniert mit den jeweiligen Abbildungen von Exponaten der Ausstellung, Bildern und Karten sowie an passenden Stellen auch Quellenzitaten, das große Thema der Häuptlinge des Frieslandes darzustellen und diese auf anschauliche Weise einer breiten Leserschaft zugänglich zu machen.

Wildeshausen   Nadine Rüdiger

Robert de Taube: *Das offene Versteck. Bericht eines jüdischen Landwirts aus Ostfriesland, der in Berlin im Versteck der Menge den Deportationen nach Auschwitz entkam*, hg. und eingeleitet von Hartmut Peters. Bremen: Fuego 2019, ISBN 978-3-86287-967-0, 216 S., 40 Abb., brosch., 14,99 €.

Das Buch schildert den bemerkenswerten Lebensweg eines sympathisch wirkenden Mannes aus dem Nordwesten Deutschlands. Schon das Cover, auf dem der Protagonist Robert de Taube dem Leser freundlich entgegenblickt, weckt Interesse an der niedergeschriebenen Geschichte des jüdischen Landwirts. Die Veröffentlichung dieser autobiografischen Erzählung des am 16. November 1896 in Neustadtgödens geborenen Robert de Taube ist durch viel Glück und die Unterstützung seiner Familie ermöglicht worden, denn erst 2018 wurden in den USA drei unscheinbare Audiokassetten aufgefunden. Auf ihnen ist ein Gespräch von de Taube mit seinem Neffen Walter John Pohl aufgezeichnet. Es hatte bereits 1971, bei einem Besuch Pohls auf dem Hof seines Onkels in Ostfriesland, stattgefunden. Nach diesem „Zufallsfund" – die Umstände bleiben recht unklar – wurde dieses Beispiel für Oral History von dem ehemaligen Lehrer und in der Region bekannten, engagierten Regionalhistoriker Hartmut Peters ediert und kommentiert. In einer Einleitung skizziert er dabei die Lebensgeschichte von Robert de Taube. Zunächst umreißt er die Familiengeschichte der in Wilhelmshaven und dem Umland beheimateten Familie des Viehhändlers Samuel de Taube und bindet sie in die örtlichen Ereignisse nach der Machtergreifung der Nationalsozialisten ein. Schon die Vorfahren von Robert de Taube waren zu Wohlstand gekommen und residierten unter anderem im Offiziersviertel der schnell wachsenden, noch jungen preußischen Hafenstadt Wilhelmshaven. 1918 erwarb Robert de Taubes Vater schließlich das Horster Grashaus. Dieser nahe Neustadtgödens, südlich von Wilhelmshaven, gelegene Gutshof hatte eine lange Tradition und war einer der größten in der Region. Heute gehört das weiterhin als Hof bewirtschaftete Horster Grashaus zur Gemeinde Friedeburg im Landkreis Wittmund. Verkauft hat Robert de Taube sein Anwesen erst 1973, nachdem er das Gut über viele Jahre verwaltet hatte. Es ist deshalb auch ein zentraler Punkt in seiner Lebensgeschichte. Im Zentrum der edierten Audioaufzeichnung stehen allerdings seine Erlebnisse während der NS-Zeit, insbesondere sein Überlebenskampf während des Krieges. Schon in den 1930er Jahren waren die Repressalien, denen die Familie de Taube wegen ihres jüdischen Glaubens ausgesetzt war, deutlich zu spüren. Sie gipfelten in der Festnahme der Familie gemeinsam mit anderen Juden aus Neustadtgödens und Umgebung während der Pogromnacht im November 1938. Für Robert de Taube und weitere Familienmitglieder folgte eine 4-wöchige Inhaftierung im Konzentrationslager Sachsenhausen. Das Horster Grashaus, das Robert de Taube seit etwa 1920 mit seinem Bruder Ernst erfolgreich bewirtschaftet hatte, wurde beschlagnahmt und musste unter Zwang an die Hannoversche Siedlungsgesellschaft (HSG) abgetreten werden, die es dann dem örtlichen Kreisbauernführer zum Kauf anbot. Einige Familienmitglieder schafften es rechtzeitig ins Exil, wie auch die Eltern Samuel und Rosa de Taube. Ein Teil der Geschwister kam mit ihren Familien in den Konzentrationslagern der Nationalsozialisten ums Leben. Für Robert de Taube begann mit Kriegsausbruch eine Odyssee: Er musste Wilhelmshaven verlassen und flüchtete im Frühjahr 1940 nach Berlin. Dort bemühte er sich zunächst noch um eine Ausreise nach Südamerika, was jedoch scheiterte. Auf Geheiß der Gestapo leistete er Zwangsarbeit in einer Fabrik in Kreuzberg und entschloss sich letztlich, nach der Deportation seines Bruders Ernst mit Ehefrau nach Auschwitz, unterzutauchen. Um seine Identität zu verschleiern, nutzte er unterschiedlichste Strategien und berichtete von abenteuerlichen Erlebnissen. Hartmut Peters fasst diese Irrwege so zusammen: „Er handelte mit Gemüse, Obst und Kleidungsstücken, arbeitete als Gärtner und Hausmeister und lebte nacheinander und manchmal gleichzeitig unter einem Dutzend Berliner Adressen" (S. 48). Der Plan von einem „offenen Versteck" glückte: Robert de Taube überlebte den Krieg. Doch sein unermüdliches Ringen um Gerechtigkeit und eine gesicherte Existenz hatten kein Ende. Schon bei seiner Rückkehr nach Wilhelmshaven im September 1945 legt er Zwischenstation beim Oberfinanzpräsidenten in Bremen ein, um sich über die Vermögensverhältnisse der Familie de Taube zu informieren. Doch es dauerte noch Jahre, bis die angestrebten Gerichtsverfahren die Eigentumsverhältnisse wiederherstellten. Erst gegen Ende der 1960er Jahre waren sie abgeschlossen.

Nach dem Verkauf des Horster Grashauses zog Robert de Taube in den Ort Horsten und starb nach einem bewegten Leben am 26. August 1982. – Die Edition der Lebenserinnerungen von Robert de Taube ermöglicht einen spannenden Einblick in ein Leben, um dass sich laut Aussage des Herausgebers viele Jahre Legenden rankten – denn man vermutete ausführliche Informationen zu den Tätern während der NS-Zeit in seinem Testament. Die nun publizierten Lebenserinnerungen bringen eine erfrischend nüchterne, bisweilen heiter-trockene Schilderung eines jüdischen Landwirts, der nur durch viel Glück und Geschick schwerste Zeiten überlebt hat, ans Tageslicht. Auch wenn sich Robert de Taube viele Jahre mit Hartnäckigkeit für Gerechtigkeit und Wiedergutmachung eingesetzt hat, verlor er nicht seinen pragmatischen Blick auf Leben und Alltag. Auch wenn der Ursprungsnachweis der in der Einleitung verarbeiteten Informationen und verwendeten Quellen sowie die Anmerkungen präziser sein könnten, ist ein Buch entstanden, das sich leicht lesen lässt und trotz der tragischen Zeitumstände unterhaltsam ist. Fotografien und Zitate ergänzen das Geschriebene und lassen die Schilderung lebendig werden. Vorsichtige Angleichungen des Erzählten sowie die Gliederung in Kapitel schaffen eine sinnvolle Struktur der in Textform gebrachten Quelle, was als Verdienst dem Herausgeber anzurechnen ist.

Wardenburg   Romy Meyer

Jürgen Vortmann: *Auswanderer aus dem alten Amt Cloppenburg*. Cloppenburg: Heimatbund für das Oldenburger Münsterland 2018, ISBN 978-3-941073-24-1, 392 S., zahlr. Abb., kart. (= Die Rote Reihe, Bd. 20), 26,- €.

Jürgen Vortmann legt mit dem 20. Band der „Roten Reihe" des Heimatbundes für das Oldenburger Münsterland ein wichtiges Buch zur Auswanderung aus dem alten Amt Cloppenburg vor. Untergliedert in fünf große Kapitel nähert sich Vortmann dem nicht nur für Genealogen interessanten Thema der Migration von Cloppenburgern im 19. Jahrhundert. Nach einer Darlegung der Quellengrundlage und dem methodischen Vorgehen wirft Vortmann einen detaillierteren Blick auf die Beweggründe, die zahlreiche Menschen zu einem Aufbruch aus ihrer Heimat veranlassten. Ein Bündel an Ursachen kann für die Ausreise aus dem Oldenburger Münsterland festgemacht werden. So führte unter anderem eine Bevölkerungszunahme verbunden mit Missernten, ein Niedergang des Leinenhandels und ein Rückgang aus den Einnahmen aus der Hollandgängerei – verschiedenste Erwerbsdienste in den Niederlanden – zu einer Auswanderungswelle, die ab 1830 rasant zunahm und erst um 1870 wieder deutlich abebbte. Aber auch eine Flucht vor dem Militärdienst und ein Leben als Seemann zogen Cloppenburger in die Ferne. Insbesondere aus den Kirchspielen Steinfeld und Lohne fanden sich trotz der ländlichen Umgebung und der relativ großen Entfernung zur Nordsee etliche Seefahrer. Tausende Menschen verließen die Ämter Vechta und Cloppenburg, unter denen sich hauptsächlich Heuerleute, Ackerknechte, Tagelöhner und Handwerker befanden. Dass Akademiker, wie beispielsweise Apotheker, die Auswanderung wagten, kam selten vor, wie Vortmann festhält. Das dritte Kapitel ist dem Aufbruch in die neue Welt, hauptsächlich den Vorbereitungen und den Abläufen der Reisen gewidmet. Dabei wird die Rolle der Auswandereragenten beleuchtet und die einzelnen Schritte werden thematisiert, die zu einer offiziellen Entlassung aus dem Untertanenverband führten. Die Anmeldung eines Auswanderungswunsches bei der Obrigkeit und die Überprüfung, ob die betreffende Person eventuell noch Schulden zu begleichen hätte, zeigen nicht nur die Funktionsweisen der Verwaltung im 19. Jahrhundert auf. Die in diesem Kontext erstellten Dokumente sind zudem auch eine zentrale Quelle für Genealogen und die Auswanderforschung. Die legalen Routen in die neue Heimat führten in der Regel über Bremerhaven, Rotterdam und das französische Le Havre. Hamburg war vor allem für die illegal Auswandernden kein geeigneter Fluchtpunkt, da hier die Kontrollen engmaschig gewesen sein sollen. Mit aussagekräftigen Quellenbelegen zeichnet Vortmann die Reiseverläufe von Cloppenburg zu Fuß oder auf dem Pferdewagen bis nach Bremerhaven sowie der Schiffsreise an den Bestimmungsort nach. Die Strapazen und Einzelschicksale werden so plastisch greifbar. Ein Exkurs auf die Ansiedlungspolitik in den USA rundet dabei das Bild ab. Aufschlussreich sind die Ausführungen im vierten Kapitel, die die Zielorte der Wanderungsbewegungen untersuchen. Die Auswanderungsziele waren dabei so vielfältig wie exotisch. Darunter befanden sich verschiedenste Orte in den Niederlanden, die in Relation zu den Zielen Australien und Neuseeland gefahrloser zu erreichen waren. Doch Auswanderer aus dem Amt Cloppenburg zog es auch nach Ostasien, Osteuropa, Südamerika und England. Die meisten Auswanderer lockten prozentual gesehen allerdings die USA an, doch verdeutlichen die anderen Ziele, dass die Cloppenburger im 19. Jahrhundert weltweit ihr Glück suchten. Vortmann listet die von ihm identifizierten Migranten mit kurzen Lebensbeschreibungen in den amerikanischen Städten auf, unter denen Maria Stein in Ohio, Oldenburg in Indiana und Germantown sowie Teutopolis in Illinois ihre „deutschen Wurzeln" deutlich im Namen tragen. Beim folgenden fünften Kapitel, das fälschlicherweise als Kapitel 7 bezeichnet wird – ein sechstes Kapitel liegt nicht vor – handelt es sich um ein Verzeichnis, das die Auswanderer aus den Kirchspielen Cloppenburg, Bethen, Vahren, Stapelfeld, Cappeln, Emstek und Molbergen auflistet. Insbesondere dieser Teil der Monographie dürfte für Familienforscher eine unschätzbare Quelle darstellen, da hier neben den Namen, Geburtsdaten und -orten auch die Auswanderungsziele und sogar die Transportschiffe zu finden sind. Zahlreiche Abbildungen, Fotografien und Porträtfotos von Auswanderern illustrieren den Text. Zwei kleine Wermutstropfen bleiben am Ende der Lektüre allerdings stehen: zum einen die Feststellung, dass die Quellenzitate aus der Sekundärliteratur und nicht nach den Archivalien zitiert werden. Zum anderen irritieren die Formatierungsfehler (Kapitel 7 statt Kapitel 5) und Überschriftenfragmente in der Kopfzeile (S. 79). Doch trüben sie mitnichten den positiven Gesamteindruck des Bandes.

Oldenburg   Martin Schürrer

Christian Wiegand: *Kulturlandschaftsräume und historische Kulturlandschaften landesweiter Bedeutung in Niedersachsen. Landesweite Erfassung, Darstellung und Bewertung.* Hannover: NLWKN 2019, ISSN 09 33-12 47, 338 S., zahlr. Abb., geb. (= Schriftenreihe Naturschutz und Landschaftspflege in Niedersachsen des NLWKN, Heft 49), 19,- €.

Es ist ein großes Verdienst des Niedersächsischen Landesbetriebes für Wasserwirtschaft, Küsten- und Naturschutz (NLWKN) sowie des Mitherausgebers, des Niedersächsischen Heimatbundes (NHB), endlich das Themenfeld *Kulturlandschaften* in Niedersachsen aufgegriffen und mit dieser Studie der Öffentlichkeit zugänglich gemacht zu haben. Einschlägige gesetzliche Aufträge sind seit langem nicht nur im Naturschutz-, sondern auch im Raumordnungs- und Denkmalrecht verankert – jedoch: Das Thema führte bisher ein eher verborgenes Nischendasein. Die reiche Bebilderung des Gutachtens macht auch dem interessierten Laien Lust auf einen Lesestreifzug durch die 42 flächendeckend identifizierten Kulturlandschaftsräume Niedersachsens. Die 71 ausgewählten historischen Kulturlandschaften vermitteln einen erfreulichen Eindruck von der Vielfalt des kulturlandschaftlichen Erbes in diesem Bundesland, das damit seinen Bürger/-innen aus neuem Blickwinkel nähergebracht wird. Jedem Kulturlandschaftsraum werden vier, jeder historischen Kulturlandschaft zwei Seiten gewidmet, so dass eine gut lesbare Überblicksdarstellung entstanden ist. Die kurzen und prägnanten Texte sind einheitlich gegliedert. Sie umfassen bei den Kulturlandschaftsräumen die Aspekte Morphologie, Geologie, Böden, ferner Gewässer, Klima sowie die Besiedlungs- und Nutzungsgeschichte, bei der historisch bis in die Jungsteinzeit weit zurückgegriffen wird. Die aktuelle Raumnutzung wird in Text und Grafik dargelegt und typische historische Kulturlandschaftselemente und -strukturen wie Wallhecken, Plaggenesche oder Handtorfstiche werden kurz aufgelistet. Die historischen Kulturlandschaften sind jeweils einem Kulturlandschaftsraum zugeordnet und werden unter den Aspekten Größe und Lage des Gebietes, Beschreibung des Raumes und Bedeutung charakterisiert. Quellenangaben ergänzen die einzelnen Beschreibungen. Mit seiner Fachgruppe Kulturlandschaft – der Autor ist einer der beiden Vorsitzenden – hatte sich der NHB bereits seit über 20 Jahren in mehreren Projekten den historischen Kulturlandschaften bzw. Kulturlandschaftselementen und -strukturen gewidmet. Das dabei angesammelte Wissen ist merkbar eingeflossen. Die Grundlagen für die vorliegende Studie haben zwei Planungsbüros – darunter das Büro des Autors – in einem Gutachten im Auftrag des NLWKN erarbeitet. Anlass war die im Jahr 2014 beschlossene Aufstellung eines neuen Landschaftsprogramms, dessen Entwurf seit 2018 vorliegt. – Die Studie umschließt zwei Betrachtungsebenen: eine flächendeckende Raumgliederung Niedersachsens unter dem Leitbegriff „Kulturlandschaft" und eine (ausdrücklich nicht abschließende) Erfassung kleinräumiger (Mindestgröße 25 ha) Kulturlandschaften, die als historisch bezeichnet werden können und denen eine „landesweite Bedeutung" beigemessen wird. Die beiden Ebenen sind auf den ersten Blick einleuchtend, aber bei näherer Betrachtung offenbart sich deren inhaltliche Verknüpfung nur schwer. Sie wirken eher additiv: Die zugeordneten historischen Kulturlandschaften spiegeln oft weniger die Eigenarten des Kulturlandschaftsraumes wider als vielmehr den Typus wie etwa: Wallheckenlandschaft, Fischteichanlage, Moorsiedlungen. Nur indirekt kann der Leser erkennen, dass die Studie primär auf die so notwendige Erfassung *historischer* Kulturlandschaften abzielt. Hier wäre ein anderes Vorgehen denkbar und vielleicht auch effizienter gewesen. Eine Liste aller in Niedersachsen vorkommenden Typen historischer Kulturlandschaften hätte man sich zumindest als Ergebnis des Erarbeitungsprozesses in einem Anhang gewünscht. Sie könnte für die weitere Vertiefung ein hilfreiches inhaltliches Suchraster bieten. Allzu kurz erläutert der Autor einleitend das methodische Vorgehen. Dies ist insofern bedauerlich, als die Raumabgrenzungen für die 42 Kulturlandschaftsräume, die Texte und die Auswahlkriterien für die 71 historischen Kulturlandschaften manche Frage offenlassen, deren Beantwortung für eine gute Nachvollziehbarkeit und Akzeptanz notwendig wäre. So erläutert der Autor zwar, dass sich ein Kulturlandschaftsraum neben den naturräumlichen Grundlagen und der Flächennutzung aus weiteren kulturellen Wirkgrößen ergibt: aus der Territorialgeschichte mit ihrer Identitätsbildung, aus den Konfessionen, den Bauweisen und Siedlungsstrukturen sowie den Sprachgrenzen. „Mensch und Landschaft haben sich wechselseitig geprägt." Letztendlich wird das Zustandekommen der kulturlandschaftlichen Raumgliederung aber nur teilweise transparent, obwohl die Ergebnisse in vielen Fällen durchaus plausibel wirken. Aber häufig wäre eine andere Abgrenzung gut gerechtfertigt gewesen. Der Grund für diese mögliche Variabilität liegt nicht nur in der gewiss großen fachlichen Herausforderung der Aufgabenstellung, sondern in der Ausgestaltung des Erarbeitungsprozesses unter Beteiligung eines Expertenkreises. Die Liste der beteiligten Personen ist abgedruckt, es handelt sich überwiegend um Fachleute aus dem behördlichen Naturschutz. Das Oldenburger Land und dessen Landkreise waren mit keiner Person vertreten. Vor diesen Hintergründen wäre es wünschenswert gewesen, die Raumgliederung nicht als ein abschließendes Arbeitsergebnis von Experten zu präsentieren, sondern als Diskussionsvorschlag zu deklarieren. Zumal die Beteiligten der Überzeugung sind, dass die Befassung mit Kulturlandschaften „identitätsstiftend" wirkt und eine „Basis für Verbundenheit und Heimatgefühl" bildet. Das gelingt mit Vorgaben durch Experten selten. Dass man im Expertenkreis stets von einem *Entwurf* ausgegangen sei und dass man dies in der Publikation hätte deutlicher machen müssen, räumt der Autor auf Nachfrage ein. Offen bleibt jedoch, wie der Entwurf weiterentwickelt werden soll, und welche Relevanz er für ein neues Landschaftsprogramm hat. Die Notwendigkeit einer vertiefenden und breiteren Debatte wird in Bezug auf das Oldenburger Land deutlich. Dessen territoriale Grenzen sind in den acht Kulturlandschaftsräumen, an denen das Oldenburger Land einen flächenmäßigen Anteil hat, nur selten wiederzuerkennen. Lediglich in der Abgrenzung der Kulturlandschaftsräume „Oldenburger Münsterland" und „Saterland" haben sie einen eindeutigen Niederschlag gefunden. Befremdlich ist, dass die Stadt Oldenburg in einem Kulturlandschaftsraum „Oldenburger Geest mit Ammerland" aufgeht. Andere methodische Wege im Umgang mit Städten wären möglich gewesen. Lediglich Hannover und Braunschweig bilden eigenständige Kulturlandschaftsräume.

Nicht nur hinsichtlich des Umgangs mit Städten vermisst man beim vertiefenden Lesen eine bessere Begriffsklärung. *Kulturlandschaft* wird leider nur indirekt über einzelne Kriterien konstituiert und vor allem nicht gegen den etablierten Begriff *Landschaft* abgegrenzt. Auch bleibt offen, warum manchen Facetten einer offenbar als Ganzheit gedachten Kultur (z.B. Sprache) eine entscheidende landschaftsbildende Kraft zugesprochen wird, wie im Kulturlandschaftsraum „Saterland". Gibt es eine Kausalität zwischen Sprache und Landschaft? Die scheinbar weitgehend fehlende Bedeutung der Territorialgeschichte des Oldenburger Landes für die Bildung von Kulturlandschaftsräumen mag zutreffen, wird aber in den entsprechenden Texten leider nicht erläutert. In diesem Zusammenhang verwundert, dass ein Kulturlandschaftsraum „Schaumburg" abgegrenzt wird – wegen dessen „eigenständiger Territorialgeschichte und stark ausgeprägten schaumburger [sic!] Identität". Möglicherweise wirkt die im Inneren viel beschworene regionale Identität Oldenburgs von außen eher wie ein kulturelles Konstrukt. Oder ist „Hannover" eben doch zu weit weg, wie gerne kolportiert wird? Wahrscheinlich kann das Lebensgefühl einer Identifikation letztlich nur durch Befragen der Bevölkerung festgestellt werden. – Begrifflich deutlich klarer orientiert sich die Studie bei den „historischen Kulturlandschaften" an der im Jahr 2001 von der Vereinigung der Landesdenkmalpfleger in der Bundesrepublik Deutschland veröffentlichten Definition. Die Herausgeber betonen, dass die hier vorgestellte Auswahl „historischer Kulturlandschaften von landesweiter Bedeutung" nicht abschließend sei. Vielmehr sei es Aufgabe der Stadt- und Landkreise, im Zuge der Fortschreibungen der Landschaftsrahmenpläne hier vertiefend anzuschließen. Zur Unterstützung hat das NLWKN vor kurzem eine Arbeitshilfe herausgegeben (Informationsdienst Naturschutz Niedersachsen 4/2019). Eine regionale Fortführung ist sehr zu begrüßen, impliziert aber eine Wertung. Denn die Etikettierung der selektierten historischen Kulturlandschaften als „landesweit bedeutsam" ist von hoher Relevanz. Derart bewertete Gebiete fließen mit deutlich stärkerem Gewicht in raumplanerische Abwägungen ein, werden in der Regel bei Förderprogrammen prioritär bedacht und genießen eine höhere politische Aufmerksamkeit. Viele historische Kulturlandschaften waren im Erarbeitungsprozess von den Unteren Naturschutzbehörden benannt worden, eine erfreulich partizipative Vorgehensweise. Gerne würde man erfahren, welche Landkreise keine Meldungen gemacht haben. Den wichtigen – weil wertenden – Auswahlvorgang würde der Leser gern in einer Übersichtstabelle nachvollziehen können, die für alle untersuchten (auch nicht als „landesweit bedeutsam" eingestuften) Gebiete die Beurteilungen aufzeigt nach den verwendeten Kriterien („Ausmaß der historischen Prägung", „Bedeutung", „Repräsentanz"). Die Studie hätte damit deutlich an Gewicht und Aussagekraft gewonnen. So bleibt z.B. offen, warum die „Meißendorfer Teiche" mit einer seit 1960 bereits aufgegebenen Fischwirtschaft eine landesweit bedeutsame historische Kulturlandschaft darstellen, nicht jedoch die Ahlhorner Fischteiche. Dort wird die historische Nutzung heute noch landschaftsbildend betrieben und die Herausgeber betonen, dass es gerade nicht um „den musealen Erhalt" solcher Gebiete geht. Fraglich ist auch, warum sich weder in der ehemaligen Residenzstadt noch im zugeordneten Ammerland eine historische Kulturlandschaft von landesweiter Bedeutung befindet. Ohnehin fällt die Ausstattung des Oldenburger Landes mit historischen Kulturlandschaften bei insgesamt sechs Gebieten auffallend mager aus: „Moorriem", „Pestruper Gräberfeld", „Elisabethfehn", „Heide an der Thülsfelder Talsperre", „Burgwald Dinklage", „Visbecker Mühlen- und Geestlandschaft". – Die instrumentelle Verknüpfung der Studie mit der Aufstellung eines neuen Landschaftsprogramms dürfte der aktuellen Ressortierung geschuldet sein. Eine dauerhafte Anbindung allein an den amtlichen Naturschutz ist aber nicht zwingend und kann sogar Chancen für die sehr wünschenswerte Etablierung dieser Thematik versperren. Kulturlandschaften – auch historische – sind Lebensräume der Menschen, prägen ihren Alltag und bedürfen einer deutlich stärkeren Partizipation bei ihrer Weiterentwicklung. Ob und wie schnell sich die Unteren Naturschutzbehörden mit einer Vertiefung und vor allem mit Maßnahmen befassen werden, ist letztlich dem politischen Engagement in der Region anheimgestellt. Eine Verortung der historischen Kulturlandschaften im Landschaftsprogramm und in den Landschaftsrahmenplänen und damit im Naturschutz nimmt der ganzheitlichen Raumordnung zudem die Verpflichtung, sich eigenständig der Aufgabe zu widmen. Instrumente der aktiven Regionalentwicklung könnten dem Anliegen eine bessere Akzeptanz und einen höheren Stellenwert geben. Ein entsprechendes ausblickendes Kapitel hätte man sich in der Studie gewünscht. Auch hätte das offenbar umfassende Kulturverständnis aller Beteiligten eine viel breiter angelegte transdisziplinäre Zusammenarbeit nahegelegt. Diese Überlegungen und die offenkundigen Notwendigkeiten, die Thematik für das Oldenburger Land weiter zu bearbeiten, geben den Impuls dafür, dass sich eine regionale Kulturinstitution dieser Aufgabe widmet. Hier wäre die Oldenburgische Landschaft ein geeigneter Träger, der in Zusammenarbeit mit interessierten Stadt- und Landkreisen sowie weiteren Organisationen wertvolle Akzente setzen könnte. Die Studie liefert dafür – trotz der hier geäußerten Kritik – eine gut geeignete Vorlage.

Wardenburg   Carola Becker

Daniela Nordholz

Feuer, Müll und ein Hausgrundriss: Ausgrabungen am Rand von Großenkneten

In einem bereits angelegten und teilbebauten Gewerbegebiet am südöstlichen Rand Großenknetens sollte 2019 ein weiteres Grundstück bebaut werden, mit einem Autohaus. Direkt südwestlich angrenzend an die Fläche waren bereits sog. „Celtic fields" bekannt, rechteckige Feldfluren aus der Bronze- bis römischen Kaiserzeit, deren Randwälle zum Teil bis heute erhalten sind. Weitere archäologische Fundstellen aus der näheren Umgebung kamen hinzu. Deshalb legte die Denkmalschutzbehörde des Landkreises Oldenburg fest, dass vor dem Bau eine Voruntersuchung stattzufinden habe. Solche Prospektionen genannten Stichproben werden im Oldenburger Land fast immer mittels Bagger durchgeführt. Der rückwärtsfahrende Bagger zieht dabei in gleichmäßig verteilten, 2 m breiten Streifen den Mutterboden ab, unter dem die archäologischen Befunde, so denn welche vorhanden sind, sichtbar werden (Abb. 1). Sie werden von einer archäologischen Fachkraft, die das Abziehen ständig begleitet und den Bagger einweist, unmittelbar markiert und dokumentiert. Auf diese Art werden mindestens 10 % der überplanten Fläche geöffnet. Aus den in den Streifen angetroffenen Strukturen kann dann ausreichend sicher ermitteln werden, ob ein Fundplatz vorhanden ist und in welchem Umfang eine Ausgrabung erforderlich ist.

Die Prospektion in Großenkneten führte im Mai 2019 die Grabungsfirma denkmal3d aus Vechta aus; die untersuchte Fläche war 4793 m^2 groß. In den drei dabei angelegten südwestlich-nordöstlich ausgerichteten Baggerstreifen wurden lediglich sechs Befunde – Spuren menschlicher Eingriffe in den Boden – entdeckt. Damit war zwar eine archäologische Fundstelle belegt, sie schien aber so klein und wenig bedeutend, dass nur eine kurze, teilweise Ausgrabung der Fläche nötig erschien. Diese wurde im Juni 2019 von der Bremer Grabungsfirma ArchaeNord übernommen und sollte auf ca. 2.700 m^2 stattfinden (Abb. 2). Da auch hiervon noch ein Anteil ohne archäologische Befunde war, wurden letztlich nur noch 2200 m^2 untersucht – mit überraschenden Ergebnissen, die zeigen, dass auch kleine Fundstellen wichtige Informationen ergeben können.

Im nordwestlichen Bereich der Grabungsfläche wurde ein nordwest-südöstlich ausgerichteter Graben festgestellt, der leider keine Funde enthielt und deshalb nicht datiert werden konnten. Sein Aussehen sprach allerdings gegen eine moderne Ent-

---

Anschrift der Verfasserin: Dr. Daniela Nordholz, ArchaeNord, Speicherhof 4, 28217 Bremen

Abb. 1: Suchgraben, nordsüdlich ausgerichtet

stehung. Hinzu kamen hier mehrere Gruben, deren Bedeutung nicht klar ist. Hier lag auch – direkt östlich des Grabens – eine Feuerstelle, charakterisiert durch Aschereste und eine gezielt angelegte Steinlage.
Am nordwestlichen Rand der Grabungsfläche wurde eine Befundkonzentration festgestellt, die aus zahlreichen Pfosten und einigen anderen Gruben bestand. Betrachtet man die Lage der Pfosten im Zusammenhang, so ergibt sich deutlich ein Hausgrundriss (Abb. 3). Dieser ist allerdings durch den Bau der Straße „Am Anger" und durch die Gruben gestört, die nach Aufgabe des Hauses angelegt wurden. Nur die südliche Pfostenreihe des Gebäudes ist komplett nachvollziehbar. Deren Pfosten hatten einen Abstand von ca. 2,3 m zueinander. Unter einer der später angelegten Gruben konnte im Profil ein weiterer Pfostenrest dokumentiert werden. Dessen Abstand zu seinem Pendant in der südlichen Pfostenreihe beträgt etwa 5 m; es ist anzunehmen, dass dieser Pfosten zur nördlichen Pfostenreihe des fragmentarischen Hausgrundrisses gehörte. Die zwei Pfosten im Inneren des Hauses könnten eine Mittelpfostenreihe andeuten, so dass das Haus als zweischiffig anzusprechen wäre.
Im Inneren des Hauses, etwas nördlich der genannten Pfostenreihe, wurden insgesamt elf Gruben festgestellt, von denen sechs größere auffallend viele Keramikscherben und eine kleinere Anzahl Steine enthielten. Holzkohlebröckchen und rötliche Verfärbungen der Grubenwände durch Feuer weisen darauf hin, dass in diesen Gru-

Ausgrabungen am Rand von Großenkneten

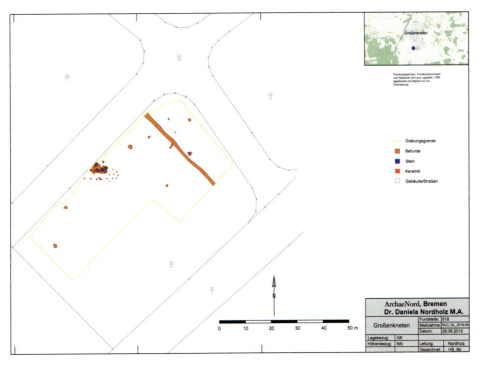

Abb.2: Großenkneten, Ldkr. Oldenburg „Am Anger", Gesamtplan der Ausgrabung

ben Keramik gebrannt wurde. Über einen großen Teil der Vorgeschichte hinweg erfolgte dies nicht in Brennöfen, sondern in simplen „Feldbrandgruben", vermutlich mit einer Mischung aus Holz und Holzkohle. Eine weitere solche Feldbrandgrube fand sich zwischen dem Hausgrundriss und dem Graben. Nach dem Brand wurden diese Gruben gern zur Abfallbeseitigung genutzt. Ein Teil der oder sogar die gesamte Füllung einer Feldbrandgrube konnte beim Brand allerdings auch zerbrechen oder sich verformen. Solche „Fehlbrände" ließ man oft direkt in der Brenngrube zurück.

Eine andere Grube mit Brandspuren im Bereich des Hausgrundrisses enthielt sehr viel Holzkohle und sah entsprechend schwarz aus. Höchstwahrscheinlich handelt es sich um den Rest eines Meilers für die Herstellung von Holzkohle. Eine weitere mutmaßliche Meilergrube lag im Westen der Grabungsfläche. Es liegt nahe, zu vermuten, dass die Holzkohle für den Feldgrubenbrand hier direkt vor Ort hergestellt wurde. Hinzu kamen im Bereich des Hausgrundrisses einige Befunde, die nur allgemein als Siedlungsgruben angesprochen werden können.

Die Überlagerung der Feldbrand- und der Meilergrube mit dem Hausgrundriss belegt, dass hier zwei Nutzungsphasen erfasst wurden. Die Überscheidung mit der benachbarten Straße verdeutlichen zudem, dass der Fundplatz bereits zum Teil undokumentiert vernichtet wurde. Es lässt sich damit heute nicht mehr feststellen, welche anderen Gebäude gleichzeitig mit dem Haus bestanden. Anzunehmen ist mindestens eine Hofanlage mit Hauptgebäude und mehren Schuppen/Ställen sowie Vor-

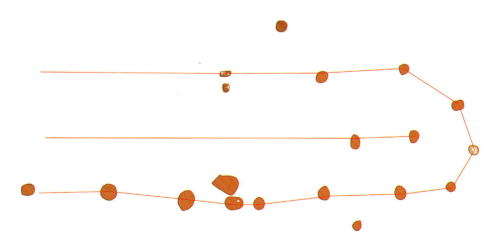

Abb. 3: Hausgrundriss mit Ausrichtung Ost-West, Bild ist genordet

ratsgebäuden. Eine weitere Prospektion auf der anderen Seite der Straße am „Anger" im Oktober 2019 ergab allerdings keine Befunde.

Den Hauptanteil an Funden aus der Grabung machen Keramikscherben aus (Abb. 4). Trotz ihrer beträchtlichen Zahl weisen insgesamt nur 15 Scherben Verzierungen auf, darunter Randdellen bzw. Fingertupfen, Rillen, Ritzungen und Stempelverzierung. Diese Verzierungen liefern leider keine genaue Eingrenzung der Datierung des untersuchten Areals, da sie von der Bronzezeit über die Vorrömischen Eisenzeit bis mindestens in das 5. Jahrhundert n. Chr. reichen und somit die komplette römische Kaiserzeit abdecken. Diese große Zeitspanne passt zu der Tatsache, dass der Feldbrandgrubenkomplex den Hausgrundriss überlagert, dieser (Rand-) Bereich der Siedlung also mindestens zweiphasig ist.

An sonstigen Funden sind vor allem Feuersteinfragmente und Feldsteine zu nennen. Bei den Feuersteinfragmenten handelt es vor allem um Abschläge. Vollständige Werkzeuge (z. B. Klingen, Kratzer oder Schaber) wurden nicht identifiziert. Bei den Steinen sind zwei Mahlsteine dokumentiert sowie ein Läufer, also der Unterlieger und der bewegliche Oberteil einer Handmahleinrichtung.

Insgesamt ergibt sich durch die Grabung am Rand Großenknetens ein kleiner, aber interessanter Puzzlestein aus dem großen Bild der Vorgeschichte, der zusammen mit anderen zukünftig unser Wissen über die Vergangenheit bereichern wird.

Literatur

Busch-Hellweg, S.: Ein Siedlungsplatz der jüngeren Kaiserzeit in Backemoor, Ldkr. Leer. Beiträge zur Archäologie in Niedersachsen Band 13, Rahden/Westf. 2007.

Lehmann, T.: Brill, Lkr. Wittmund. Ein Siedlungsplatz der Römischen Kaiserzeit am ostfriesischen Geestrand. Beiträge zur Archäologie in Niedersachsen 2, Rahden/Westf. 2002.

Ausgrabungen am Rand von Großenkneten ——————————— 281

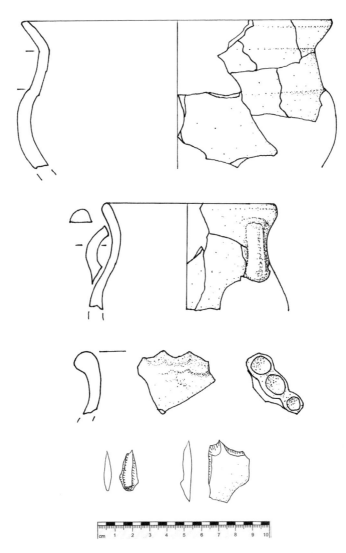

Abb. 4: Funde aus Großenkneten „Am Anger" (von oben nach unten): Kumpf, Kumpf mit Henkel, Wandscherbe mit Fingertupfenverzierung, Silexklinge und Silexschaber

Abbildungsnachweis

Fotos: J. Duchange, ArchaeNord
Grafiken: H. Blumenstein, ArchaeNord
Zeichnungen: P. Lambertus, ArchaeNord

Annette Siegmüller

Prospektionen auf der Wurt Isens in Nordbutjadingen: landschaftsarchäologische Untersuchungen

Das nördliche Butjadingen ist noch heute geprägt durch seine Wurtensiedlungen. Diese von Menschen aufgeschütteten Wohnhügel reihen sich in Bögen in etwa küstenparallel aneinander und sind überwiegend im Verlauf des ersten nachchristlichen Jahrtausends entstanden (Abb. 1). Diese systematisch wirkende Anordnung ist durch den Untergrund der Dörfer zu erklären. Am Anfang der Römischen Kaiserzeit war eine neue und besiedelbare Landfläche ausgebildet worden, deren Küste noch wesentlich weiter südlich lag, als es heute der Fall ist. Durch das Nachlassen der Transportkraft des Wassers in dem Moment, in dem es auf die Landmasse der Küste trifft, sackten nach und nach genau an dieser Stelle die schwersten und damit meist auch die gröbsten Partikel an den Grund ab, die das Wasser mit sich getragen hatte. So bildete sich ein Strand- oder Uferwall, dessen Substrat weniger feinkörnig ist als das der Umgebung. Dadurch war das Areal als Siedlungsland besonders geeignet, lag es doch nicht nur deutlich höher als die Umgebung, sondern war zudem auch besser drainiert. Am Beginn der Römischen Kaiserzeit waren die ersten, südlichen Uferwälle bereits ausgebildet und wurden um Christi Geburt in einer ruhigen Phase des Meeresspiegelgeschehens besiedelt.[1] Sturmfluten waren in dieser Zeit selten, so dass zunächst zu ebener Erde sogenannte Flachsiedlungen angelegt wurden. Diese Situation hielt aber nur kurze Zeit an. Nach wenigen Generationen wurden die Siedlungsareale zu Wurten aufgehöht, vermutlich um sich vor den verstärkt auftretenden Überschwemmungen zu schützen. Diese Aufhöhungen können teils erstaunliche Ausmaße annehmen. So ist auf der Wurt Sillens eine Aufschüttung von 3 m im ersten nachchristlichen Jahrhundert nachgewiesen worden.[2] Im weiter östlich gelegenen Grebswarden wurde im gleichen Zeitraum um ca. 1,80 m aufgehöht.[3] Durch die Lage

---

1 Johannes Ey, Ergebnisse siedlungsarchäologischer Grabungen in der nördlichen Wesermarsch. In: Bodenfunde aus der Wesermarsch. Archäologische Mitteilungen aus Nordwestdeutschland Beiheft 5. Oldenburg 1991, 80; Peter Schmid: Siedlungsarchäologische Ergebnisse zur Vor- und Frühgeschichte. In: Wolfgang Günther u. a. (Hrsg.), Nordenham. Die Geschichte einer Stadt. Oldenburgische Monographien. Oldenburg 1993, 25f.
2 Ey a. a. O. 81.
3 Ebd. 82; Schmid 1993 a. a. O. 32.

Anschrift der Verfasserin: Dr. Annette Siegmüller, Niedersächsisches Institut für Historische Küstenforschung, Viktoriastraße 26/28, 26382 Wilhelmshaven, siegmueller@nihk.de

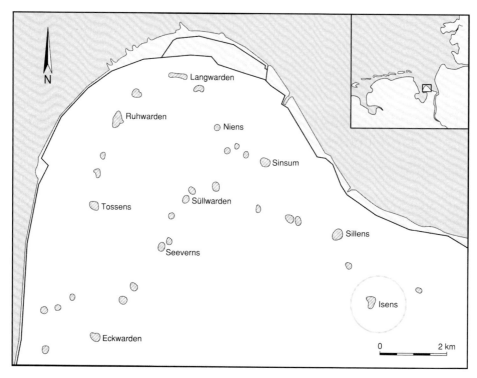

Abb. 1: Lage der Wurtenketten im nördlichen Butjadingen mit der Wurt Isens am östlichen Rand des Bildausschnitts

der Region an der Wesermündung schritt die Landbildung dennoch weiter fort und es bildeten sich im Verlauf der Römischen Kaiserzeit weitere, zunehmend nördlich verlaufende Uferwälle, auf denen ebenfalls Siedlungen gegründet wurden.[4]
Eine der Siedlungen auf den Uferwällen war auch die Doppelwurt Isens, die sich aus zwei aneinanderhängenden Wurten zusammensetzt, sodass sich eine fast achtförmige Struktur ergibt, die sich ungefähr in nordsüdlicher Richtung erstreckt (Abb. 2). Auf dem nördlichen Wurtenkörper liegt das heutige Dorf Isens mit seiner Bebauung aus drei einzelnen, auseinanderliegenden Hofstellen und zwei zusätzlichen kleineren Häusern. Die nördlichste der Hofstellen wurde dabei auf einer abgesonderten Einzelwurt errichtet und gehört somit nicht zur ursprünglichen Dorfwurt von Isens. Diese Bebauungsstruktur ist in gleicher Form bereits auf der Oldenburgischen Vogteikarte von 1790 (Blatt 1790 Stollhamm) verzeichnet und hat sich demnach weitestgehend unverändert erhalten. Die abgesonderte Lage der nördlichen Hofstelle ist zudem auch auf der Karte von Westfalen von le Coq (Blatt 2 Jever) von 1806 zu erkennen. Die Bebauung der Hauptwurt ordnet sich am nördlichen Hang der Aufhöhung

---

4 Schmid 1993 a. a. O., 26.

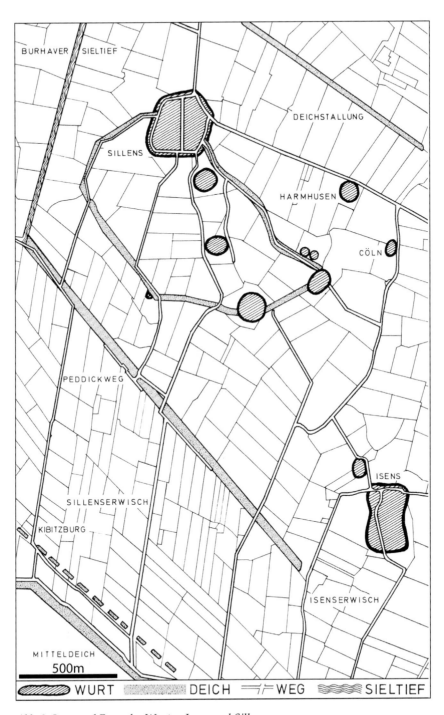

Abb. 2: Lage und Form der Wurten Isens und Sillens

an. Hier treffen drei Straßen aufeinander, deren gebogene Linienführung sich an dem Hang der Wurt orientiert, ohne dabei den heute unbebauten höchsten Punkt der Aufschüttung miteinzubeziehen. Auch diese Straßen sind bereits in der genannten Oldenburgischen Vogteikarte verzeichnet. Der südliche Wurtenkörper ist heute eine unbebaute landwirtschaftliche Fläche und wird lediglich durch einen Straßenzug angeschnitten. Dadurch ist die einer „8" ähnelnde Form in den aktuellen Geländemodellen nicht mehr so deutlich erkennbar. Dieser Straßenzug wird „Hoher Weg" genannt und schneidet die westliche Flanke der Wurten, obgleich er leicht bogenförmig deren Form nachvollzieht. Zu beiden Seiten dieser Straße liegt zudem noch ein Entwässerungsgraben. Über die südliche Wurt führt eine Hochspannungsleitung. Keiner der Masten stört jedoch unmittelbar die Wurt. Lediglich ein Mast liegt am Wurtenfuß. Isens liegt heute mit einer Entfernung von 2,5 km zur Küste relativ weit im Inland. Ursprünglich gab es sogar Phasen, in denen diese Strecke bis zur Wasserlinie noch erheblich größer war, denn Teile der unmittelbar nördlich liegenden Küste sind bei sehr viel späteren Sturmflutkatastrophen wieder erodiert worden und wurden nicht erneut eingedeicht.[5] Diese Landverluste verkürzten die Strecke vermutlich um etwa 2 km. Zu Beginn der Besiedlung in Isens war die Küste jedoch noch nah und es konnte höchstwahrscheinlich auch in diesem Bereich zu ebener Erde gesiedelt werden. Näheres ist nicht bekannt, denn bislang fehlen entsprechende Bohrungen und Aufschlüsse aus dem Wurtenbereich. Auch über die ursprüngliche Bebauung der Siedlung liegen keine Erkenntnisse aus archäologischen Grabungen vor. Dennoch darf aufgrund vereinzelter in die Römische Kaiserzeit datierender Oberflächenfunde davon ausgegangen werden, dass sie Teil der Siedlungslandschaft der ersten Hälfte des ersten Jahrtausends nach Christus in Nordbutjadingen war. Keine der römisch-kaiserzeitlichen Wurten Butjadingens ist in so großem Umfang ausgegraben worden, dass belastbare Aussagen zu ihrer Baustruktur getroffen werden können. Stratigraphische Informationen hingegen liegen von mehreren Wohnplätzen vor, so dass die Entwicklung der Siedlungslandschaft zumindest in großen Zügen bekannt ist.[6] Allerdings sind Oberflächenfunde aus verschiedenen Metalldetektorbegehungen durch den ehrenamtlichen Beauftragten des Landkreises Wesermarsch für die archäologische Denkmalpflege, Uwe Märtens, bekannt. Sein großes Engagement seit den 1990er Jahren erbrachte ein umfassendes Metallfundensemble, durch das die Kenntnis der Siedlungsentwicklung Butjadingens erheblich erweitert wurde. So zeigte sich beispielsweise, dass nicht nur die Verarbeitung von Buntmetallen sehr viel verbreiteter auf den Wurten war als vermutet, sondern auch sehr viel mehr Fremdgüter provinzialrömischer Provenienz in der Region vorhanden waren, als ursprünglich angenommen worden war.[7]

---

5   Karl-Ernst Behre, Ostfriesland. Die Geschichte seiner Landschaft und ihrer Besiedlung. Wilhelmshaven 2014, 220, Abb. 263.
6   Peter Schmid : Die mittelalterliche Neubesiedelung der niedersächsischen Marsch. In: Mette Bierma, Willem van Zeist, Otta Harsema (Hrsg.): Archeologie en Landschap. Festschrift für H.T. Waterbolk. Groningen 1988,145ff.; Ey a. a. O. 79-86; Schmid 1993 a. a. O. 13-50.
7   Annette Siegmüller, Kai Mückenberger: Structure and Function of Landing Places and Riverside Markets along the Lower Weser in the Roman Iron Age. In: Sarah Semple, Celia Orsini, Sian Mui (Hrsg.), Life on the Edge: Social, Religious and Political Frontiers in Early Medieval Europe, Neue Studien zur Sachsenforschung 6, Braunschweig 2017, 273-283.

Abb. 3: Im Zuge der Begehungen geborgene römische Münzen von der Wurt Isens

Metalldetektorbegehungen auf der Wurt Isens

Seit 1997 führt U. Märtens regelmäßig Metalldetektorbegehungen auf der Wurt Isens durch. Die dabei entdeckten Metallfunde geben einen wichtigen Hinweis auf ihre Datierung. Zudem wurden Keramikfragmente von der Oberfläche gesammelt, die die anhand der Metallobjekte mögliche chronologische Einordnung der Fundstelle noch ergänzten. Die Funde der Begehungen stammen vom südlichen Wurtenkern. Es handelt sich um insgesamt sechs römische Münzen und dazu verschiedene weitere Metallfragmente, die überwiegend als Produktionsreste und Abfälle anzusprechen und deshalb chronologisch sehr unspezifisch sind. Darunter lassen sich Schmelz- und Gußreste aus Buntmetallen und Blei (12 Fragmente) ausgliedern, durch die die Metallverarbeitung vor Ort belegt, jedoch nicht datiert ist. Zu diesem Fundspektrum passen auch zwei kleine Barrenreste aus Bronze sowie ein Blechstück mit aufgenie- teter Flickung, das möglicherweise zur Wiederverwertung als Altmetall bereitlag. Ein abgebrochener bronzener Grapenfuß hingegen ist sicherlich einer spätmittelal- terlichen Siedlungsphase zuzuordnen. Die Münzen wurden durch Dr. Frank Berger, Münzkabinett Museum Frankfurt, bestimmt. Es handelte sich um zwei Aes etwa aus der Zeit zwischen 350 und 400 n. Chr., ein halbiertes As aus dem 2. Jahrhundert und zwei Denare (Abb. 3). Davon stammt einer aus der frühen Regierungszeit des Marc Aurel (161) und einer von dem Beginn der Regierung des Commodus (182-183). Für einen dritten Denar liegt noch keine abschließende Bestimmung vor. Es ist demnach auf der Wurt nach jetzigem Kenntnisstand anhand der Münzdatierungen eine Be-

siedlung mindestens bis in das ausgehende 4. Jahrhundert anzunehmen. Das keramische Fundmaterial von der Oberfläche stützt diese Datierung.
Die Zusammensetzung dieses Fundmaterials ermöglicht nur wenige Aussagen zur Wirtschaftsweise auf der Wurt. Lediglich die bereits erwähnte Buntmetallverarbeitung ist nachgewiesen. Die römischen Münzen bezeugen zudem den Zugang zu solchen Fremdgütern. Über den Weg, auf dem sie nach Isens gekommen sind, kann nur spekuliert werden. Ebenso über ihre Bedeutung für die Besitzer. Waren sie tatsächlich Zahlungsmittel, Schmuckstück oder einfach nur Altmetall zur Wiederverwertung?

Geomagnetische Prospektion

Im Rahmen des durch die Deutsche Forschungsgesellschaft (DFG) finanzierten „Landeplatzprojektes" wurden an verschiedenen Siedlungsplätzen der Römischen Kaiserzeit geomagnetische Messungen zur Prospektion durchgeführt. Dabei fanden vor allem Fundplätze Berücksichtigung, die durch ihre paläotopographische Lage und/oder das Vorkommen von Fremdgütern römischer Provenienz vermuten ließen, dass sie Teil eines überregionalen Kommunikations- und Warentauschnetzwerks gewesen sein könnten.[8] Aufgrund der Neufunde an römischen Münzen durch die Metalldetektorbegehungen wurden auch in Isens im August 2010 entsprechende Messungen durchgeführt, die in Kooperation mit der Römisch-Germanischen Kommission Frankfurt stattfanden. Zum Einsatz kam dabei ein 16-Sonden Messarray der Firma Sensys, das mit einem Geländewagen gezogen werden konnte. Der Messabstand der Sonden betrug dabei 25 cm. Der gemessene Bereich deckte Teile beider Wurten ab und lag dabei ausschließlich östlich des Straßenzugs „Hoher Weg".
Das so generierte Messbild ist geprägt durch eine Vielzahl von Strukturen und Anomalien, die sich unterschiedlichsten Zeitstellungen zuordnen lassen (Abb. 4). Im südlichen Teil fällt eine große, etwa 30 m im Durchmesser betragende Anomalie mit sehr starkem Dipol auf, die durch den dort stehenden metallenen Strommast erzeugt wurde. Eine ungefähr Nord-Süd verlaufende Reihe von deutlichen punktförmigen Anomalien mit Dipolen (sie zeigen sich im Messbild als enges Miteinander von schwarz und weiß) unmittelbar östlich der Strommasten ist mit Sicherheit als Rest eines Zauns aus den letzten Jahrzehnten anzusprechen.
Insgesamt gesehen ist das Messbild deutlich zweigeteilt. Im Norden und Westen sind unregelmäßige Strukturen und zahlreiche Anomalien sichtbar, wohingegen sich das Bild im Süden und südöstlichen Teil sehr viel homogener zeigt. Dieser ruhige Bereich ist geprägt durch wenige punktuelle Anomalien, überwiegend mit Dipolen, bei denen es sich mit hoher Wahrscheinlichkeit um kleinere Metallobjekte handelt, die überwiegend im Zuge der landwirtschaftlichen Nutzung auf die Fläche gelangt sein dürften. Solche ruhigen Messbilder haben sich als typisch für natürlich sedimentierte

---

8 Zusammenfassend: Annette Siegmüller, Hauke Jöns, Aktuelle Forschungen zu Weser und Hunte als Wege der Kommunikation und des Austauschs während des 1. Jahrtausends nach Chr. Nachrichten aus Niedersachsens Urgeschichte 80, 2011, 97-115; Annette Siegmüller, Siedlung – Verkehrsweg – Landschaft. Römisch-kaiserzeitliche Landeplatzstrukturen im Unterweserraum. Siedlungs- und Küstenforschung im südlichen Nordseegebiet im südlichen Nordseegebiet 38, 2015, 173-190.

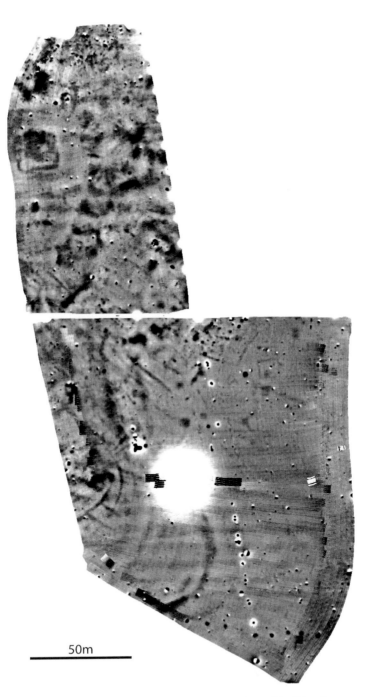

Abb. 4: Ergebnis der geomagnetischen Prospektion auf der Wurt Isens. Darstellung bei 5 nT

Marschen des jüngeren Holozäns erwiesen. Die Homogenität dieses Materials führt zu dem gleichmäßigen Erscheinungsbild in den Messungen. Dies bleibt solange erhalten, bis die Dynamik des im Boden enthaltenen Eisens so starke bodenchemische Veränderungen verursacht, dass stärkere Ausfällungen und Verlagerungen zu Eisenverbindungen führen, die sich im Messbild niederschlagen.[9] So entsteht ein unruhigerer Habitus, der als charakteristisch für viele alte, bereits vollständig entkalkte Kleibereiche gelten kann. Es ist demnach mit aller Vorsicht zu vermuten, dass dieser ruhige Messbereich ein Beleg dafür ist, dass hier im Zuge von Überflutungen noch im zweiten nachchristlichen Jahrtausend marine Sedimente abgelagert wurden. Für diese Vermutung spricht auch die unmittelbar an den gemessenen Bereich in der Bodenkarte von Niedersachsen Maßstab 1:50000 verzeichnete Kalkmarsch, die die jüngsten Marschensedimente symbolisiert.[10]

Die Grenze zwischen dem ruhigen und dem unruhigen Messbildbereich entspricht dem Fuß der Wurt. Der anthropogen aufgeworfene Wurtenboden ist geprägt durch zahlreiche, teils sehr große Anomalien. Am unmittelbaren Wurtenfuß sind verschiedentlich lineare, sich teilweise ungefähr rechtwinklig kreuzende Strukturen erkennbar. Sie bilden in leicht gebogener Form den Rand der Wurt nach, wobei sie auch als parallele Doppellinien vorliegen. Die kreuzenden Strukturen hingegen führen direkt von der Wurt hangabwärts. Ähnliche Strukturen sind auch von anderen Prospektionen auf Wurten bekannt. Ein besonders markantes Beispiel hierfür ist die in unmittelbarer Nähe liegende Wurt Sillens „Dunkhase 1", die direkt südlich der Dorfwurt Sillens liegt. Bei ihr treten entsprechende sich kreuzende lineare Anomalien annährend umlaufend am Wurtenfuß auf (Abb. 5). Am Ostrand der Wurt „Dunkhase 1" sind diese Strukturen dabei deutlich massiver als am Westrand, wo sie stellenweise nur noch zu erahnen sind. Es steht zu vermuten, dass dies mit dem schräg am Nordostrand der Wurt verlaufenden römisch-kaiserzeitlichen Uferwall zusammenhängt, der die Küstenlinie am Beginn der ältesten Besiedlung markiert, weshalb der am nächsten gelegene Wurtenhang durch Erosion sehr viel gefährdeter war, als die gegenüber liegenden westlichen Bereiche. Nach dieser Beobachtung ist anzunehmen, dass diese Strukturen mit Einbauten zur Stabilisierung des Wurtenfußes aus Holz oder Sodenlagen zusammenhängen. In Isens (Abb. 4) scheinen diese Strukturen an einer Stelle in Richtung Wurt abzubiegen. Hier führt auch eine breite Anomalie aus zwei parallel verlaufenden Strukturen in das Wurteninnere hinein. Die Struktur wirkt kanalartig, wie ein künstlicher Einlass in den Wurtenbereich. In diesem Bereich zeichnen sich jedoch auch Hausgrundrisse als Anomalien ab. Verschiedene Strukturen scheinen sich hier zu überschneiden und unterschiedliche zeitliche Abschnitte abzubilden. Die chronologische Tiefe kann sich dabei über lange Zeiträume erstrecken.

---

9   Ingo Eichfeld, Stephan Schwank, Hauke Jöns, Tina Wunderlich, Untersuchungen zur Organisation von Warentransport und Infrastruktur entlang der südlichen Nordseeküste: die Fallstudie „Groothusen in der Krummhörn". In: Häfen im 1. Millenium AD: bauliche Konzepte, herrschaftliche und religiöse Einflüsse. Häfen von der Römischen Kaiserzeit bis zum Mittelalter 22. Regensburg 2015, 247-264; Stephan Schwank, Bodenkundliche Untersuchungen zur Entwicklung der Paläogeographie im Umfeld der Dorfwurt Groothusen (Ostfriesland). Siedlungs- und Küstenforschung im südlichen Nordseegebiet 38, 2015, 297-312.
10 NIBIS®Kartenserver, Landesamt für Bergbau, Energie und Geologie (LBEG), Hannover; Abfrage vom 23.06.2020.

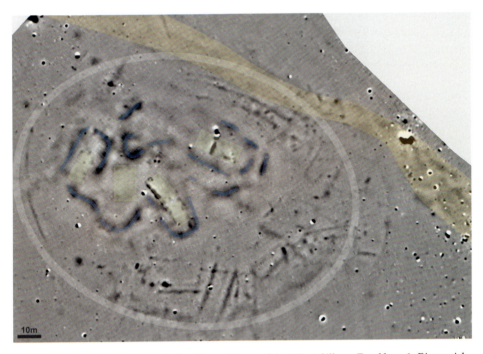

Abb. 5: Ergebnis der geomagnetischen Prospektion auf der Wurt Sillens, Dunkhase 1. Eingezeichnet ist ein Interpretationsvorschlag. Orangenes Band: Flanke des Uferwalles. Graues Oval: Rand der Wurt. Gelbe Rechtecke: vermutete Hausgrundrisse. Blaue Linien: Umfassungsgräben der Hofstellen

Nähere Informationen zu dieser Struktur lassen sich nur über zusätzliche Geländeprospektionen gewinnen.

Der nördliche Teil des Messbildes wird dominiert durch eine doppelte quadratische Struktur, bei der es sich um eine frühneuzeitliche Burganlage handelt. Das innere, etwa 20x20 m große Quadrat spiegelt die Bebauung, die sich vermutlich in der umlaufenden stärkeren Anomalie und einer deutlich breiteren, annähernd runden Form im der Nordostecke derselben zu erkennen gibt. Um dieses innere Quadrat herum verläuft eine ruhige Zone in einem etwa 12 m breiten Streifen, die lediglich an der Westseite nicht vollständig von den Messungen erfasst wurde. Hierbei handelt es sich um einen mit jüngerem Sediment gefüllten Wassergraben, der ein ähnlich homogenes Messbild zeigt wie es auch im Südosten des prospektierten Gebietes zu sehen ist. Durch diese 37x44 m große Burganlage dürfte der überwiegende Teil älter datierender Befunde überbaut bzw. zerstört worden sein und ist zumindest im Messbild nicht mehr erkennbar.

Anders sieht es in dem Abschnitt des Messbildes aus, der den Wurtauftrag unterhalb der Befestigung abdeckt. Dieser etwa 100 m breite Streifen zeigt eine Fülle von unterschiedlich starken Anomalien, die sich teils über große Strecken ausdehnen. Insgesamt zeigen sich mehrfach lineare Strukturen, die sich überwiegend von Nord-

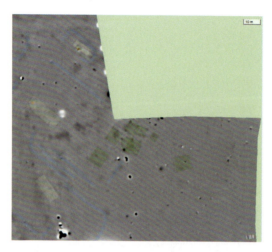

Abb. 6: Ausschnitt aus dem geomagnetischen Messbild aus der Prospektion auf der Wurt Isens bei 15 nT. Eingezeichnet ist ein Interpretationsvorschlag. Gelbe Rechtecke: vermutete Hausgrundrisse. Blaue Linien: Umfassungsgräben der Hofstellen. Orangene Punkte: vermutete Feuerstellen. Grüne Rechtecke: Strukturen unbekannter Funktion, eventuell Werkplätze

westen nach Südosten erstrecken. Dieser Richtung folgen auch weitere Formen, in denen sich Hausgrundrisse von für das erste nachchristliche Jahrtausend typische dreischiffige Wohnstallhäusern, die aus einem Wohnteil mit Feuerstelle und einem Stallteil bestehen, vermuten lassen (Abb. 6). Auch die Größen mit einer relativ einheitlichen Breite von 6 m und variierenden Längen um 16-20 m, die allerdings deutlich schwerer erkennbar und deshalb weniger aussagekräftig sind, stützen diese Interpretation, da sie den gängigen Hausgrößen auf Wurten entsprechen.[11] In mindestens zwei Fällen sind diese so deutlich, dass Konstruktionsdetails wie Außen- und Innenpfosten erkennbar sind und die Dreischiffigkeit der Häuser so belegbar ist (Abb. 6). Hier lässt sich ablesen, dass die Wohnteile der Gebäude zum Zentrum der Wurt hin ausgerichtet sind, während die Stallteile leicht hangabwärts liegen. Diese Beobachtung konnte bereits vielfach an Wurten des ersten nachchristlichen Jahrtausends wie beispielsweise der Feddersen Wierde, Ldkr. Cuxhaven und der Wurt Hessens, Stadt Wilhelmshaven gemacht werden und entspricht somit der bekannten Baustruktur dieses Siedlungstyps.[12] Im Falle des am weitesten östlich gele-

---

11   Werner Haarnagel, Die Grabung Feddersen Wierde. Methode, Hausbau, Siedlungs- und Wirtschaftsformen sowie Sozialstruktur, Wiesbaden 1979; Harm Tjalling Waterbolk, Getimmerd verleden : sporen van voor- en vroeghistorische houtbouw op de zand- en kleironden tussen Eems en Ijssel. Groningen archaeological studies 10. Groningen 2009; Hans-Jörg Nüsse, Haus, Gehöft und Siedlung im Norden und Westen der Germania magna. Berliner archäologische Forschungen 13. Rahden, Westf. 2014.
12   Haarnagel a. a. O.; Annette Siegmüller, Die Ausgrabungen auf der frühmittelalterlichen Wurt Hessens in Wilhelmshaven. Siedlungs- und Wirtschaftsweise in der Marsch. Studien zur Landschafts- und Siedlungsgeschichte im südlichen Nordseegebiet 1. Rahden/Westf. 2010; Klaus Bokelmann: Wurten und Flachsiedlungen der römischen Kaiserzeit. Ergebnisse einer Prospektion in Norderdithmarschen und Eiderstedt. In: Michael Müller-Wille (Hrsg.), Norderhever-Projekt 1: Landschaftsentwicklung und Siedlungsgeschichte im Einzugsgebiet der Norderhever (Nordfriesland). Offa-Bücher 66. Neumünster 1988, 149-162.

Abb. 7: Ergebnisse der geomagnetischen Prospektion auf der Wurt Isens mit eingetragenen Interpretationsversuchen großer Strukturen und den im Umfeld vermuteten Prielverläufen in maximaler Ausdehnung

genen Hausgrundrisses, der sich relativ deutlich abzeichnet, liegt im vermuteten Wohnteil eine starke Anomalie mit einem Durchmesser von etwa einem Meter, bei der es sich nach Habitus und Lage sehr gut um eine Feuerstelle handeln könnte (Abb. 6). Die als Häuser zu interpretierenden Anomalien laufen parallel zu den beschriebenen linearen Strukturen, bei denen es sich um Umfassungsgräben der Hofstellen handeln dürfte. Auch eine genauere Analyse des geomagnetischen Messbildes der nahe Isens gelegenen Wurt Sillens zeigt Strukturen, die sich als Wohnstallhäuser mit umlaufende Begrenzungsgräben der einzelnen Hofstellen interpretieren lassen. Mindestens drei dieser Wohnplätze sind erkennbar, zwei weitere zeichnen sich weniger deutlich ab, sind jedoch wahrscheinlich. Dass sich diese Formationen in geomagnetischen Messbildern von Wurten abzeichnen können, wurde bereits am Beispiel der Wurt Fallward, Ldkr. Cuxhaven, beschrieben, auf der sich vielfache Hofstellen mit Hausgrundrissen und umlaufenden Gräben zeigten, wodurch die radiale Anlage der Hofeinteilungen deutlich wurde.[13] In Isens ist der geomagnetisch vermessene Teil

---

13 Iris Aufderhaar, Imke Brandt, Stephan Schwank, Annette Siegmüller, Aktuelle Untersuchungen im Umfeld der Wurt Fallward, Ldkr. Cuxhaven. Nachrichten des Marschenrates 50, 2013, 41-44; Siegmüller, Mückenberger a. a. O., vgl. auch Abb. 5.

der Wurt, in dem sich zudem ungestörte Baustrukturen erhalten haben, die potentiell in das erste nachchristliche Jahrtausend datieren, zu klein, um belastbare Aussagen hinsichtlich einer möglichen radialen Anlage zu treffen, sie lässt sie jedoch vermuten. Im Südosten liegen am Wurtenfuß verschiedene punktförmige, kräftige Anomalien mit dazwischenliegenden linearen Strukturen, die jedoch deutlich kürzer sind als auf der Wurtaufhöhung. In einigen Bereichen lassen sich schwach erkennbare quadratische Formen unterschiedlicher Größe (zwischen 4x4 und 8x8 m) aus den linearen Anomalien erahnen (Abb. 6). Falls es sich hierbei, wie angenommen, um Befunde aus dem ersten nachchristlichen Jahrtausend handelt und nicht um deutlich jüngere Formationen, so ist von einem intensiv genutzten Areal auszugehen. Denkbar wären beispielsweise Werkstätten mit Feuerstellen, die teilweise mit leichten Überdachungen versehen waren. Die kräftigen punktförmigen Anomalien entsprechen sicherlich in ihrem Habitus lehmverkleideten Herdplätzen, aber auch eine Deutung als größere Metallgefäße oder ähnliches ist nicht auszuschließen. Auch ein Bestattungsplatz an dieser Stelle wäre deshalb zu diskutieren.

Eine Ost-West-verlaufende Reihe aus acht kräftigen Anomalien am untersten Rand des Messbildes besitzt keine Dipole und ist demnach als möglicher Befund anzusprechen (Abb. 7). Da die Reihe entlang eines ehemaligen Uferverlaufs führt, wäre für diese lineare Anordnung punktueller Anomalien eine Funktion als Uferrandbefestigung oder andere Einbauten denkbar. Eine zeitliche Einordnung ist jedoch nicht möglich.

Auswertung des Oberflächenmodells aus den Kotenpausen

Kotenpausen werden die Blätter der flächigen behördlichen Vermessung und Kartierung („Landesvermessung") genannt, in denen auch die aufgenommenen Höhendaten verzeichnet sind. Sie liegen überwiegend in analoger Form noch in den Katasterämtern vor und enthalten eine Fülle von Höhendaten, die zum größten Teil nicht ausgewertet wurden. Die Höhen wurden ab den 1960er Jahren händisch im Gelände nivelliert. Dabei ging man nicht nach einem systematischen Raster vor, sondern orientierte sich an den sichtbaren Geländestrukturen, von denen jeweils die Extremwerte und -zwischenpunkte vermessen wurden. So bilden diese Daten trotz einer verglichen mit modernen Geländemodellen relativ geringen Zahl an Messpunkten dennoch die Oberflächenstrukturen gut ab.[14] Diese Daten werden am Niedersächsischen Institut für historische Küstenforschung aktuell händisch mit Hilfe eines GIS-Programms digitalisiert und im Anschluss werden daraus Geländemodelle generiert. Aufgrund des unregelmäßigen Punktrasters zeigen sich dabei zwar einzelne Formen nur ungenau, so werden etwa große lineare Strukturen, wie beispielsweise Deiche, als Linie einzelner punktueller Spitzenwerte abgebildet, aber in der Gesamtheit ergibt sich ein detailliertes und gut auszuwertendes Geländemodell (Abb. 8). Hinzu kommt das bereits relativ hohe Alter der Höhendaten, das einen Zustand der Geländeober-

---

14 Manfred Spohr; Interpolation von Höhenkoten aus der Landesvermessung. http://www.landesarchaeologen.de/fileadmin/Dokumente/Dokumente_Kommissionen/Dokumente_Grabungstechniker/Grabungstechnikerhandbuch/26_4_Interpolation_von_Hoehenkoten_aus_der_Landesvermess.pdf.

Prospektionen auf der Wurt Isens in Nordbutjadingen ─────── 295

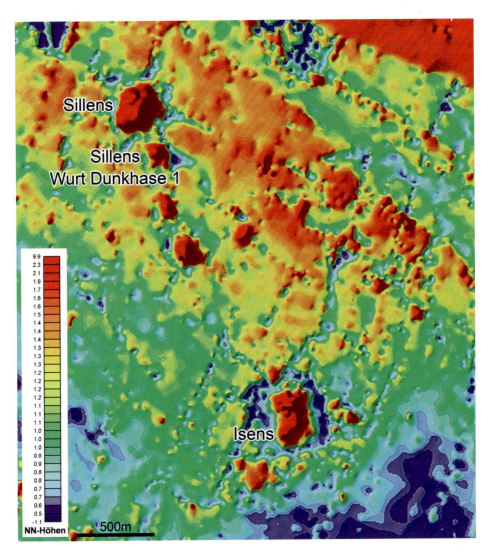

Abb. 8: Geländemodell der Wurt Isens und ihres Umfeldes generiert aus den Höhendaten auf den sogenannten Kotenpausen. Interpolation mit Minimum Curvature-Verfahren, Grid Cell Size 10, Color Shaded, Vertical Scale 20, Inclination 60, Declination 300.

fläche abbildet, der heute vielfach durch große Straßenbauten, Substratentnahmen oder Flurbereinigungen und andere anthropogene Eingriffe in das Relief nicht mehr vorliegt. Das Geländemodell aus den Kotenpausen zeigt also ein Oberflächenrelief, das noch weniger menschliche Beeinflussung zeigt, als es bei aktuell erstellen Scans der Fall ist. Das Blatt der Kotenpausen 2416/12 Isens enthält 2173 Punkte; das Datum der Aufnahme ist nicht vermerkt. Die umliegenden Blätter stammen jedoch überwiegend aus dem Jahr 1964, so dass auch für das Blatt Isens eine Vermessung um das Jahr 1964 herum anzunehmen ist. Im Bereich der Wurt Isens liegen die Punkte so verteilt, dass der Verlauf der Straße „Hoher Weg", die die südliche Wurt kreuzt und tief in die Aufhöhung einschneidet, nicht sichtbar ist (Abb. 7 u. 8). Stattdessen wird eine ungestörte Wurtoberfläche suggeriert, obgleich der Weg zum Zeitpunkt der Vermessung bereits vorhanden war und auch in der Oldenburgischen Vogteikarte von 1790 (Blatt 2416 Stollhamm) verzeichnet ist. Dies zeigt, wie grob das Raster ist und welche Probleme dadurch entstehen können. Großflächige Strukturen wie die allgemeine Form der beiden aneinanderhängenden Wurten, die durch einen sattelartigen Steg verbunden sind, und auch die um die Aufhöhung verlaufende deutliche Senke sind zu erkennen. Ähnliche Senken sind häufig im Umfeld von Wurten zu beobachten. Die Entstehung dieser Rinnen am Wurtenfuß ist dabei jedoch in den meisten Fällen aufgrund fehlender Untersuchungen unbekannt. An mehreren Wurten im Land Wursten auf der anderen Weserseite gelang der Nachweis, dass es sich um die Relikte von an die Wurten heranführenden Prielen handelt, deren Verfüllungen durch Kompaktionsprozesse, die auch durch die Entwässerung nach dem Deichbau ausgelöst wurden, heute eine tiefer liegende Oberfläche haben als die angrenzenden Marschenflächen.[15] Auch für Isens ist anzunehmen, dass die um die Wurten führende Senke den Verlauf fossiler Wasserläufe markiert, über deren Datierung und Verlandung keine Informationen vorliegen. In der Bodenkarte 1:50000 ist in dem Senkenbereich eine tiefe Kalkmarsch verzeichnet.[16] Dies spricht dafür, dass hier deutlich jüngere Sedimente abgelagert wurden als im weiteren Umfeld der Wurt, in dem Kleimarschen dominieren. Bei der benachbarten Wurt Sillens hingegen ist auch die umlaufende Vertiefung mit Kleimarschen gefüllt; hier gibt es keinen Unterschied im Bodentyp zwischen der Senke und der angrenzenden Marschfläche. Im Randbereich von Isens dürfte deshalb noch länger als im höher gelegenen Bereich um Sillens ein angrenzender Wasserlauf aktiv gewesen sein, durch den kalkhaltige Sedimente abgelagert wurden.

Im Geländemodell aus den Kotenpausen zeigt sich auch deutlich, dass sich nach Norden hin an die Wurt Isens ein höherer Geländebereich anschließt, der von Nordwest nach Südost schräg verläuft mit einem klaren Absatz nach Nordosten hin. Dieses Geländemerkmal wird als Uferwall interpretiert, der eine ehemalige Küstenlinie markiert, die wahrscheinlich in die Römische Kaiserzeit zu datieren ist. Dabei liegt Isens am östlichsten Ende dieser Erhebung. In den älteren Auswertungen der Siedlungslandschaft in der Region wird der Bereich um Isens schon nicht mehr zum Abschnitt des Uferwalls gerechnet.[17] Im Geländemodell auf der Basis der Kotenpausen lässt sich jedoch erahnen, dass Isens am untersten südöstlichen Hang des Uferwalles liegt und somit eine Art Abschluss desselben bildet. Diese Lage ist ungewöhnlich, da die Siedlung so nicht am höchsten Punkt der Landschaft angelegt wurde. Die mögli-

---

15 Aufderhaar a. a. O.; Juliane Scheder, Max Engel, Friederike Bungenstock, Anna Pint, Annette Siegmüller, Stephan Schwank, Helmut Brückner, Fossil bog soils (´dwog horizons´) and their relation to Holocene coastal changes in the Jade Weser region, southern North Sea, Germany. Journal of Coastal Conservation 22, 2018, 51-69.
16 NIBIS Kartenserver, LBEG Hannover, Abfrage vom 08.07.2020.
17 Schmid 1988 a. a. O., 147 Abb. 7.

Prospektionen auf der Wurt Isens in Nordbutjadingen

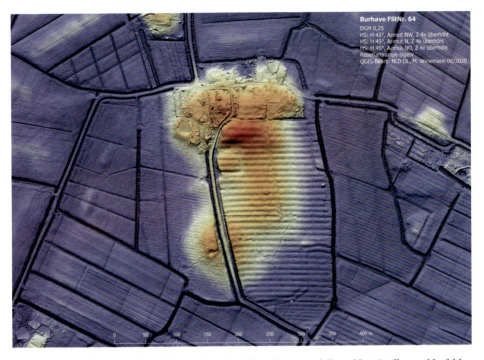

Abb. 9: Darstellung des Oberflächenreliefs der Wurt Isens und ihres Unmittelbaren Umfeldes errechnet aus den Daten des LiDAR-Scans

cherweise hinter dieser Entscheidung stehen Gründe sind heute nicht mehr rekonstruierbar; es ist jedoch zu vermuten, dass dabei topographische Faktoren wie der Anschluss an Wasserläufe und verfügbares Wirtschaftsland eine Rolle spielten. Insbesondere die unmittelbare Nähe zu einem Wasserlauf war mit hoher Wahrscheinlichkeit gegeben und ergab zusammen mit der Lage am Ende des besiedelten Uferwalls eine günstige verkehrstopographische Situation.

LiDAR

Das Geländemodell aus den LiDAR-Daten wird aus deutlich mehr dreidimensionalen Geländedaten errechnet. Bei LiDAR (light detection and ranging) handelt es sich um einen Scanner, der die Oberfläche mittels Laserstrahlen abtastet. Auf Grund verschiedener Reflektionen ist es bei diesen Daten möglich, Bewuchs wie Bäume herauszurechnen und ein bereinigtes Geländemodell zu erzeugen.
Das so generierte Modell umfasst aufgrund dieser deutlich höheren Datendichte sehr viel mehr Details als das Geländemodell aus den Kotenpausen (Abb. 9). So ist hier sehr klar zu sehen, dass es sich um zwei Wurtenkerne handelt, die durch einen flacheren Sattel verbunden sind. Dabei ist die nördliche Wurt höher als die südliche, die

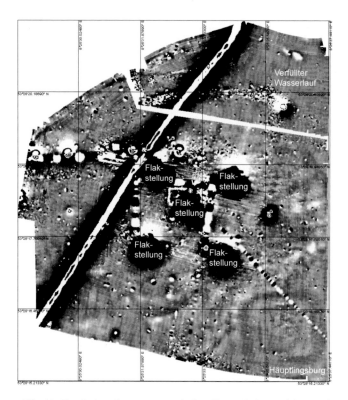

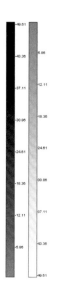

Abb. 10: Ergebnisse der geomagnetischen Prospektion auf der Hoskenwurt bei Enjebuhr

etwas nach Südwesten versetzt liegt. Dadurch entsteht ein leicht bohnenförmiger Eindruck.

Am Südhang der nördlichen Wurt ist die große, rechteckige Struktur gut zu erkennen, die sich bereits in der Geomagnetik klar abzeichnete und bei der es sich mit hoher Wahrscheinlichkeit um eine frühneuzeitliche Burganlage mit umlaufendem Wassergraben handelte. Dieser Wassergraben ist wohl auch der Grund dafür, dass als Bauplatz nicht der höchste Punkt der bereits vorhandenen Kuppe gewählt wurde. Eine gut vergleichbare Lage weißt eine ähnliche Burg auf der Hoskenwurt bei Enjebuhr auf (Abb. 10), deren historische Zuordnung zu dem Häuptling Husseke Hayen gesichert ist.[18] Die Burg wurde 1384 nach einem Feldzug von Edo Wiemken abgebrannt, Husseke Hayen in Jever öffentlich hingerichtet. Auch hier liegt die Burg neben der Wurt und schmiegt sich an deren Flanke. Sicherlich wäre es auf dem höchsten Punkt problematisch gewesen den fortifikatorisch nötigen Wassergraben gefüllt zu halten.

18 Günter Müller, 293 Burgen im Raum Oldenburg-Ostfriesland, Oldenburg 1977, 37f.

Über den größten Teil der beiden Wurten zieht sich ein Ost-West-verlaufendes Wölbackersystem. Südöstlich der Wurt ist auf dem Flurstück eine z-förmig verlaufende deutliche Grenze zu erkennen, bei der es sich um einen flachen Wall mit beidseitig verlaufendem Graben handelte, wie er für Wallheckenstrukturen in den Geestgebieten üblich war.[19] Wahrscheinlich handelte es sich um einen Weg, der mithilfe der beidseitigen Gräben trocken gehalten wurde. In seiner Verlängerung liegen noch heute an beiden Enden weiterführende Gräben, die den ursprünglichen Verlauf markieren. Am östlichen Ende zeigt sich entlang dieses Grabens noch eine schwache wallartige Erhöhung, die sicherlich ein Relikt des ehemals vorhandenen Weges oder der Wallstruktur ist.

Die südliche Wurt weist im Geländemodell aus den LiDAR-Daten eine deutliche Zickzacklinie auf. Bei dieser typischen Form handelt es sich um Schützengräben aus dem zweiten Weltkrieg, die bevorzugt auf Wurten als bereits vorhandenen erhöhten Geländeelementen angelegt wurden. Deutliche Senken im Verlauf dieser Linie, vor allem auf der Kuppe der südlichen Wurt, sind vermutlich Relikte von in diese Linie integrierten Unterständen. Für sie mussten größere Erdmassen ausgehoben werden, weshalb sich nach dem Verfüllen großflächigere Sackungen herausbilden konnten. Die nächste bekannte Schützengrabenstruktur liegt im Bereich der nur 1,2 km nordwestlich gelegenen Wurt Burhave 26. Diese unmittelbare Nähe zeigt, wie dicht das Netz dieser Strukturen in dieser Region war, die im Einzugs- und Einfluggebiet wichtiger Häfen wie Nordenham, Bremerhaven und Wilhelmshaven lag. Erstaunlich ist jedoch, dass sich die Schützengräben nicht im geomagnetischen Messbild abzeichnen. Im Bereich anderer Wurten wie beispielsweise der Fallward im Land Wursten auf der gegenüberliegenden Weserseite ist dies anders.[20]

Ein sich im Sattelbereich zwischen den einzelnen Wurtenkernen abzeichnendes rundes Plateau kann derzeit keiner Funktion zugeordnet werden. Die noch sehr scharfe Kontur deutet darauf hin, dass die Struktur jüngeren Datums ist. Möglicherweise ist auch sie ein Relikt aus dem zweiten Weltkrieg, eine Plattform für ein Maschinengewehr oder Ähnliches. Im geomagnetischen Messbild liegt an dieser Stelle eine deutliche Anomalie ohne Dipol. Dies spricht gegen größere Einbauten unter der Verwendung von Beton, wie es von größeren Plattformen, wie sie beispielsweise auf der weiter südlich liegenden Hoskenwurt bei Enjebuhr geomagnetisch vermessen wurden (Abb. 10), bekannt ist. Auf der Hoskenwurt zeigen sich mächtige Dipole und ein insgesamt durch die massiven Betonstrukturen und die durch den Rückbau entstandenen Schuttreste unruhiges Messbild.

Durch die ausgeprägten Wölbackerstrukturen sind keine weiteren Details der ursprünglichen Wurtenbebauung oder Nutzung erkennbar. Wie fein die dargestellten Höhenunterschiede jedoch tatsächlich aufgelöst sind zeigen die durch den Bau von Masten für Hochspannungsleitungen entstandenen kleinen kreisförmigen Geländemerkmale.

---

19 Behre a. a. O. 101ff.
20 Aufderhaar a. a. O.; Annette Siegmüller: Die römisch-kaiserzeitlichen Wurten Barward und Fallward im Land Wursten (Ldkr. Cuxhaven). Aktuelle Auswertungen und struktureller Vergleich mit der Feddersen Wierde. In: Berit Valentin Eriksen u. a. (Hrsg.), Interaktion ohne Grenzen. Beispiele archäologischer Forschungen am Beginn des 21. Jahrhunderts 1. Festschrift für C. von Carnap-Bornheim zum 60., Schleswig 2017, 169-179.

Fazit

Auf der Wurt Isens wurden verschiedene Prospektionsformen miteinander kombiniert, ohne über Bodeneingriffe Teile des erhaltenen Bodendenkmals zu stören. Durch die Kombination von Metalldetektorbegehungen, geomagnetischer Prospektion und der Auswertung verschiedener Geländemodelle konnte ein gutes Bild der Fundstelle, ihrer Datierung und ihres Erhaltungszustands erzielt werden. So zeigte sich, dass auf der nördlichen Wurt im unbebauten Teil eine quadratische Anlage mit umlaufendem Graben bestanden hat, bei der es sich mit hoher Wahrscheinlichkeit um eine frühneuzeitliche Burg handelt. Diese Befestigung ist sowohl im geomagnetischen Messbild als auch im Geländemodell des LiDAR-Scans erkennbar. Ältere Baustrukturen dürften durch den tiefen Bodeneingriff beim Bau des Wassergrabens zerstört worden sein. Im ungestörten Bereich sind im geomagnetischen Messbild jedoch einzelne Strukturen vorhanden, in denen Wohnstallhäuser mit umlaufenden Begrenzungen erkannt werden können. Teile der ursprünglichen Bebauung aus dem ersten nachchristlichen Jahrtausend sind also noch im Boden vorhanden. Durch die Detektorbegehungen wurden verschiedene metallene Fundobjekte gefunden, durch die erste Datierungen möglich sind. Am sichersten sind dabei die Münzdatierungen, durch die eine Besiedlung im 2.-4. Jahrhundert wahrscheinlich gemacht werden konnte. Es ist jedoch nicht auszuschließen, dass der Platz bereits in der älteren Römischen Kaiserzeit in Nutzung war.

Insgesamt konnte nicht nur die Nutzung verschiedener Zeitphasen und die dazugehörigen baulichen Maßnahmen erfasst, sondern auch die angrenzende Topographie rekonstruiert werden. Aus der Gesamtheit der Prospektionsergebnisse ergibt sich ein zerstörungsfreier Einblick in die Geschichte der Wurt Isens und die Erhaltung der noch im Boden vorhandenen Strukturen.

Abbildungsnachweis

Abb. 1: nach K. Brandt, Die mittelalterlichen Wurten Niens und Sievertsborch (Kreis Wesermarsch). Probleme der Küstenforschung im südlichen Nordseegebiet 18, 1991, 89-140, Abb. 1, verändert C. Peek und A. Siegmüller, NIhK.

Abb. 2: Peter Schmid, Die mittelalterliche Neubesiedelung der niedersächsischen Marsch. In: Mette Bierma, Willem v. Zeist, Otta H. Harsema (Hrsg.): Archeologie en Landschap. Festschrift für H.T. Waterbolk. Groningen 1988, 133-164, Abb. 2, verändert A. Siegmüller, NIhK.

Abb. 3: Foto: R. Kiepe, NIhK.

Abb. 4: Grafik: M. Mennenga, NIhK.

Abb. 5: Annette Siegmüller, Hauke Jöns, Ufermärkte, Wurten, Geestrandburgen – Herausbildung differenter Siedlungstypen im Küstengebiet in Abhängigkeit von der Paläotopographie im 1. Jahrtausend. Archäologisches Korrespondenzblatt 42/4, 2012, 579, Abb. 4. Verändert A. Siegmüller, NIhK.

Abb. 6: Grafik: M. Mennenga und A. Siegmüller, NIhK.

Abb. 7: Grafik: A. Siegmüller, NIhK. Kartengrundlage: Luftbild aus dem NIBIS-Kartenserver, Abfrage vom 14.07.2020, LBEG Hannover.

Abb. 8: Grafik: M. Spohr und A. Siegmüller, NIhK.

Abb. 9: Grafik: M. Wesemann, NLD.

Abb. 10: Annette Siegmüller u. Hauke Jöns, Aktuelle Forschungen zu Weser und Hunte als Wege der Kommunikation und des Austauschs während des 1. Jahrtausends nach Chr. Nachrichten aus Niedersachsens Urgeschichte 80, 2011, 97-115, Abb. 9.

Klaus Steinkamp

Vom Stadttor bis zur Ratskapelle:
Cloppenburger Siedlungsgeschichte im archäologischen Befund

Der hier gewährte Blick in die Stadtgeschichte der heute als Mittelzentrum firmierenden Kreisstadt Cloppenburg stellt einige ausgewählte Ergebnisse der seit 2011 zahlreich erfolgten archäologischen Prospektionen, Baubegleitungen und Ausgrabungen in den Mittelpunkt der Betrachtung – und zwar aus Sicht eines ehrenamtlich Tätigen.

Mit zunehmender Bautätigkeit zu Beginn der 2010er Jahre (Stichwort: Betongold) wurden innerstädtische Lagen zunehmend knapper. Grundstücke gerieten ins Blickfeld von Bauträgern und Investoren, die lange Jahre unbeachtet abseits der hochfrequentierten Fußgängerzone am Rande der heutigen City lagen. Die Erkenntnis, dass sich dort über Jahrhunderte der eigentliche Mittelpunkt der historischen Burgstadt Cloppenburg befand, hat sich erst langsam wieder durchgesetzt. Es ist wenig verwunderlich, dass, sobald in diesen Bereichen Bodenarbeiten stattfinden, materielle Hinterlassenschaften aus der Vergangenheit auftauchen, die wiederum Anlass zu archäologischen Untersuchungen geben.

Die Bandbreite der Funde und Befunde reicht dabei von sich überlagernden Grubenhäusern aus dem Frühmittelalter, Pfostenbauten des 13. Jahrhunderts, Fundamente Cloppenburger Sakral- und Profanbauten aus dem 15. bis 17. Jahrhundert bis hin zu zeitgeschichtlichen Überresten vom Ende des II. Weltkrieges.[1]

Als im Jahr 1293 die Tecklenburger Landesherren am Kreuzungspunkt zweier überregionaler Wege, der von Flandern nach Lübeck verlaufenden flämischen Heer- und Handelsstraße und der friesischen Handelsstraße, eine Niederungsburg zur territorialen Absicherung im Flusstal der Soeste errichteten, bestand der benachbarte Flecken Krapendorf bereits knapp ein halbes Jahrtausend. Dort, auf einer Geestkuppe, überragt heute die Pfarrkirche St. Andreas, die 1729 als barocker Wandpfeilerbau fertiggestellt wurde, die Stadt Cloppenburg. Die Pfarrei selbst geht zurück auf eine

---

1 Vgl. Pressemitteilung des Landkreises Cloppenburg vom 22.07.2020, „Bauarbeiten an Gymnasium fördern Relikte aus dem Zweiten Weltkrieg zu Tage. Gefährdung für die Öffentlichkeit ausgeschlossen".

Anschrift des Verfassers: Klaus Steinkamp, Bahnhofstraße 37, 49661 Cloppenburg, klaus.steinkamp@t-online.de

Abb. 1: Cloppenburg im illuminierten Kupferstich von Merian 1647. Links im Bild Teilansicht von Krapendorf und der Andreaskirche mit hohem gotischem Chor; Mitte und rechts im Bild Ortsansicht von Cloppenburg mit Befestigungsgraben, Krapendorfer Stadttor und der zum Schloss ausgebauten Burg

Gründung des frühen 9. Jahrhunderts durch die Missionszelle Visbek[2] – so das gängige Geschichtsbild bis heute.

Spätestens seit der schriftlichen Veröffentlichung[3] eines Vortrages (2014 gehalten in der Kath. Akademie in Cloppenburg-Stapelfeld) des Bonner Diplomatikers Theo Kölzer kann jedoch als gesichert gelten: Die Urkunde Kaiser Ludwigs des Frommen für Visbek, ausgestellt im Jahr 819, ist eine Ganzfälschung des ausgehenden 10. Jahrhunderts. Ein Forschungsergebnis mit Folgen auch für die als unterstellt eingestuften Kirchen, darunter Krapendorf. Denn zusammen mit der urkundlichen Erstbezeugung Visbeks gerät insgesamt die sicher geglaubte chronologische Abfolge der Christianisierung des Oldenburger Münsterlandes ins Rutschen.[4]

Der Ausfall dieser ältesten Schriftquelle konnte zumindest im Hinblick auf die Siedlungsgeschichte in Krapendorf durch die Ergebnisse einer archäologischen Ausgrabung aufgefangen werden. Im Jahr 2013 wurde durch die Untere Denkmalschutzbehörde der Stadt Cloppenburg unter denkmalfachlicher Beratung durch das Landesamt für Denkmalpflege am Stützpunkt Oldenburg eine Prospektion im Vorfeld von Baumaßnahmen angeordnet. Dieser Voruntersuchung auf der Hofstelle eines Halberbenhofes[5] in weniger als 100 m Entfernung vom ehemaligen Meyer- und

---

2   Vgl. dazu Stadt Cloppenburg. Online unter: https://cloppenburg.de/unsere-stadt/geschichte.php (letzter Zugriff: 24.07.2020).
3   Theo Kölzer, Ludwigs des Frommen Urkunde für Visbek (819?) und die Etablierung kirchlicher Strukturen im Sächsischen. Jahrbuch Oldenburger Münsterland 65, 2016, 24 ff.
4   Ebd. 28.
5   Clemens Pagenstert, Die ehemaligen Kammergüter in den Ämtern Cloppenburg und Friesoythe Vechta 1912, 26.

Cloppenburger Siedlungsgeschichte im archäologischen Befund —————— 303

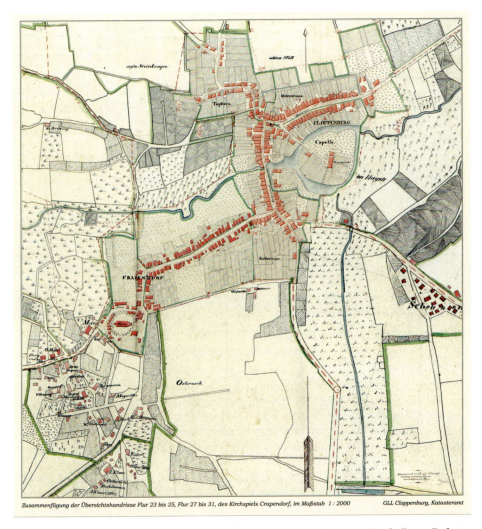

Abb. 2: Übersicht 1837. Die wohl erst im 17. Jahrhundert besiedelte Lange Straße (heute Fußgängerzone) verbindet die Burgstadt Cloppenburg im Nordosten mit der Pfarrkirche St. Andreas und dem Flecken Krapendorf im Südwesten.

Kirchhof folgte eine umfangreiche archäologische Ausgrabung auf insgesamt vier Baufeldern mit zahlreichen relevanten Funden und Befunden.
Von mehreren Hundert untersuchten Bodeneingriffen auf den ersten zwei Baufeldern hatten ca. 90 % archäologische Relevanz[6] und konnten in das frühe bis hohe Mittelalter datiert werden. Die Pfostengruben von mindestens vier Hauptgebäuden

---

6 Freundliche Mitteilung Dirk Dödtmann, Büro für Archäologie- und Bauforschung.

Abb. 3: Im Planum 6 des Befundkomplexes 230 wurden nach über 1.000 Jahren die Grundrisse zweier Grubenhäuser samt Pfostenstellungen und Wandgräbchen wieder sichtbar.

konnten durch die Baufeldbegrenzung zwar nicht vollständig erfasst werden, deuten aber auf eine frühmittelalterliche Entstehung hin. Ein Langhaus mit Brunnen datiert vermutlich in das 10. Jahrhundert. Daneben wurden zwei Nebengebäude über ihre Pfostengruben vollständig erfasst. Vier weitere Brunnen, wovon zwei in Holzkastenbauweise entstanden und einer als Baumstammbrunnen, runden das Bild dieses vermutlich durchgehend bis in die Neuzeit besiedelten Areals ab.

Dem richtigen Gespür und der beruflichen Erfahrung des Grabungsleiters ist es zu verdanken, dass gegen Ende der Ausgrabung erstmalig im historischen Kern von Cloppenburg-Krapendorf der Nachweis zweier Grubenhäuser gelang. Ganz am Rande der Untersuchungsfläche verbargen sie sich unter einer anfänglich als Störung angesprochenen unspezifischen Verfärbung.

Dank ehrenamtlicher Unterstützung (neben dem Verfasser ist hier Heinz Fennen aus Cloppenburg zu nennen) und nur durch großes persönliches Engagement aller Beteiligten konnte eine detaillierte Untersuchung des Grubenhauskomplexes durchgeführt werden. Dazu musste die Grabungsfläche entsprechend erweitert werden und innerhalb einer Woche wurden mindestens 35 Tonnen zusätzliches Erdreich händisch abgetragen. Durch sieben künstliche Plana und einen Kreuzschnitt mit acht Profilen wurden die freigelegten Grubenhäuser dokumentiert.

Das größere der beiden Häuser maß ca. 4,00 m x 3,50 m. Es bestand aus sechs Pfosten und wurde über einem älteren, kleineren und leicht verschobenen Grubenhaus errichtet, dem ebenfalls sechs Pfosten zugeordnet werden konnten. Neben zahlreichen Bruchstücken gebrannten Lehms stammen ein Stein mit planer Oberfläche, einige

Eisenobjekte, ein Metallring sowie Gefäßfragmente aus Keramik aus dem Grubenhauskomplex. Diese Rand-, Wand- und Bodenscherben können überwiegend Kugeltöpfen des Frühmittelalters zugeschrieben werden. Die ebenfalls aufgefundenen Bruchstücke ringförmiger Webgewichte lassen auf eine mindestens zeitweilige Verwendung eines Webstuhls im Grubenhaus schließen.

Auch wenn sich der (indirekte) urkundliche Nachweis einer von Visbek abgepfarrten Kirche in Krapendorf zu Beginn des 9. Jahrhunderts erledigt hat, so kann doch durch die im Boden verborgenen und durch die Archäologen gewonnenen Informationen hinsichtlich des Vorhandenseins von Siedlungtätigkeit in unmittelbarer Nähe der Kirche der Nachweis geführt werden, dass an dieser Stelle im 9. Jahrhundert bereits Menschen lebten und arbeiteten – und für den Bau einer Kirche in Frage kamen.

Nach den Grafen von Tecklenburg herrschten ab 1400 für mehr als 400 Jahre die Bischöfe von Münster als Landesherren über Cloppenburg, bis das Amt des Niederstifts 1803 in Folge des Reichsdeputationshauptschlusses an den Herzog von Oldenburg überging. Eine wechselvolle Zeit, deren Spuren sich als *endliches Bodenarchiv* im Untergrund unter vielen älteren Häusern und Straßen erhalten haben.

Tatsächlich bestand das historische Cloppenburg (Wigboldsrecht 1411, Stadtrecht 1435[7]) bis zum Zusammenschluss mit dem benachbarten Flecken Krapendorf im Jahr

Abb. 4: Typischer Blick auf eine größere Stadtkerngrabung in der heutigen Altstadt von Cloppenburg. Ab 2013 wurde hier ein großes Wohn- und Geschäftshaus samt Tiefgarage errichtet. Zuvor wurden in Handarbeit hunderte Befunde freigelegt.

---

7 Vgl. dazu Albrecht Eckhardt, Die Entstehung der Stadt Cloppenburg. Jahrbuch für das Oldenburger Münsterland 62, 2013, 44 ff.

1855 neben der namensgebenden Niederungsburg nur aus drei Straßen: der im Norden parallel zum Soestetal in Ostwest-Richtung verlaufenden Osterstraße und der davon rechtwinklig abbiegenden heutigen Mühlenstraße mit dem als „Mittelstraße" bezeichneten Teil nördlich der Soeste und dem als „Klingenhagen" bezeichneten Abschnitt südlich der Soestenbrücke. Jedem dieser drei Straßenabschnitte war wiederum eine aus den Anwohnern gebildete Laischaft samt stadtauswärts liegendem Stadttor zugeordnet. Der Marktplatz mit Stadtkapelle und Ratsstube im Obergeschoss, dem Pranger und dem Zollbrett, mithin die eigentliche Stadtmitte, lag im Schnittpunkt der Oster- und heutigen Mühlenstraße.[8]

Den Mittelpunkt des historischen Marktplatzes bildete bis 1892 die freistehende Ratskapelle, die einen abgebrannten Vorgängerbau seit 1665 ersetzte und 1669 durch den Fürstbischof Christoph Bernhard von Galen eingeweiht wurde. Im Untergeschoss befand sich die Stadtkapelle, die durch den mittleren Eingang erreicht werden konnte. Hinter der rechten Tür führte eine Treppe über einen Zwischenboden der Kapelle zur Ratsstube. Hier tagte der Magistrat der Stadt und fasste seine Beschlüsse. 1829/30 wurde die kleine Stube auf 25 qm vergrößert[9]. Im Sommer 2014 wurden bei der Erneuerung der Osterstraße baubegleitend die Fundamente der Ratskapelle durch eine Grabungsfirma freigelegt. Trotz großflächiger Störungen durch zahlreiche Rohr- und Leitungsgräben konnte das Fundament der nördlichen Längswand ausgegraben und dokumentiert werden. Auf parallel eingerammten Holzpfosten aus Buche lagerten große Findlinge als Basis für das aufgehende Ziegelmauerwerk. Bereits hier zeigte sich im Profilschnitt, dass unter dem Gebäude ein mit feinem Ziegelschutt verfüllter Hohlraum oder Keller vorhanden gewesen sein musste.

Abb. 5: Zeichnung der Stadtkapelle (Blickrichtung nach Süden)

Um die neue Erkenntnis zu überprüfen, wurde mit rein ehrenamtlichen Kräften im Bereich des Bürgersteiges zusätzlich ein zwei Meter langer Profilschnitt angelegt.

---

8 1892 erfolgte ein Rathaus-Neubau an der nach Krapendorf führenden Lange Straße, wodurch sich die „gefühlte" Stadtmitte dorthin verlagerte. Durch Abriss und Straßenerweiterung wurde Mitte der 1950er Jahre der platzähnliche Charakter vollständig aufgelöst, die historische Stadtmitte an der Ecke Oster- und Mühlenstraße verschwand aus dem Bewusstsein der Bevölkerung.

9 Vgl. Hans Hochgartz, Bilder und Dokumente zur Geschichte der alten Cloppenburger Straßen. In: Beiträge zur Geschichte der Stadt Cloppenburg, Cloppenburg 1985, 167.

Cloppenburger Siedlungsgeschichte im archäologischen Befund

Abb. 6: In der Bildmitte: Doppelpfosten-Fundament der Ratskapelle von 1665. Rechts unterhalb konnte die hölzerne Substruktion des Vorgängerbaus freigelegt werden.

Dass sich die Mühe lohnte, zeigt ein Blick auf Abb. 6. Leicht versetzt unterhalb des Fundamentgrabens der Ratskapelle von 1665 mit den parallelen Pfostensetzungen konnte die Substruktion eines Vorgängerbaus in Form von eingerammten Eichenpfosten und horizontal aufliegenden, zweitverwendeten Fachwerkbalken freigelegt werden. Auch hier zeigte sich der Hohlraum innerhalb des Gebäudes, der ebenfalls mit Ziegelschutt verfüllt und mit Plaggen übersandet wurde. Erstmals konnte damit der Nachweis erbracht werden, dass die Kapelle von 1665 tatsächlich auf einem Vorgängerbau errichtet wurde. Aufgrund der exponierten Lage auf dem historischen Marktplatz der Stadt liegt zudem die Vermutung nahe, dass dieser Vorgängerbau ebenfalls als Stadtkapelle und/oder Ratsstube diente. Die Holzprobe eines geborgenen Eichenpfostens ist noch nicht ausgewertet. Auf das Ergebnis der dendrochronologischen Untersuchung darf man allerdings gespannt sein.

Ausgangs der Osterstraße wurden bereits ein Jahr zuvor die Fundamentreste eines Stadttores freigelegt. Da in diesem Bereich die Trasse für die neue Oberflächenentwässerung verlaufen sollte, musste das gesamte Fundament der Bremer Pforte archäologisch freigelegt und dokumentiert werden. Trotz zahlreicher Eingriffe durch historische Hohlräume, neuzeitliche Gas- und Wasserleitungen und Kanalschächte hatte das mit Muschelkalk gemauerte Streifenfundament die Jahrhunderte überdauert – bis 2013, als es nach der Dokumentation von der Straßenbaufirma vollständig ausgebaggert und entsorgt wurde. Zumindest konnte das Gegenstück, das auf der anderen Straßenseite liegende Streifenfundament der Bremer Pforte, im Boden verbleiben.

Das Ende dieses Tores durch Verkauf zum Abriss an einen Cloppenburger Bürger gegen ein Höchstgebot von 15 Talern ist durch Schriftquellen aus dem Frühjahr 1806 belegt. Allerdings wurde die Lage im Straßenverlauf bislang falsch angenommen. Das auch als Bether Pforte bekannte Tor mit einer Durchfahrtstiefe von knapp 8 Metern stand stadteinwärts in etwa 25 Metern Entfernung von dem unter der Hagenstraße nachgewiesenen äußeren Wassergraben der Stadtbefestigung und nicht direkt an dessen Kante.

Vorgreiflich einer noch ausstehenden Auswertung aller Grabungsberichte in diesem Bereich hat sich aber bereits 2017 gezeigt, dass für das Umfeld der Toranlage mindestens drei Umbauphasen belegbar sind. Dabei wurde der Wassergraben stadtauswärts um eine Hausparzelle in Richtung Bethen verlegt; kein stichhaltiger Grund für

Abb. 7: Die Fundamente des Bremer Tores

Cloppenburger Siedlungsgeschichte im archäologischen Befund — 309

eine Stadterweiterung. Eher wahrscheinlich ist, dass die Archäologen hier auf die im 16. Jahrhundert erwähnte Nachrüstung der Stadtbefestigung durch sog. Zwinger gestoßen sind.

In direkter Beziehung zur Häufigkeit von Parzellengrabungen steigt der Erkenntnisgewinn über die Behausungen der Cloppenburger Ackerbürger und deren Möglichkeiten zur Trinkwasserversorgung. Während aus der Zeit bis 2011 lediglich ein Bericht über einen Brunnenfund in den 1950er Jahren bekannt ist, sind seit den behördlich angeordneten Grabungstätigkeiten Hausbrunnenfunde auf jeder Parzelle nachgewiesen worden – oft auch mehrere.
Den häufigsten Bautyp stellt der Holzkastenbrunnen mit 15 freigelegten Exemplaren dar. Darüber hinaus fanden sich vier neuzeitliche Brunnen aus trapezförmigen Ziegelsteinen und drei Baumstammbrunnen, wie sie bereits aus vorgeschichtlichen Epochen bekannt sind. Von zwei vollständig aus Findlingssteinen aufgesetzten Brunnen ist ein Exemplar unter der historischen Schildwirtschaft „Goldener Hirsch" im alten Flecken Krapendorf noch erhalten. Und entgegen der Hoffnung jedes Ausgräbers enthielten die Cloppenburger Brunnen bislang so gut wie keine Funde, was wahrscheinlich an der regelmäßigen Reinigung der lebenswichtigen Trinkwasserspender lag.

Vermutlich vor der Verleihung des Wigboldsrechts an Cloppenburg im Jahr 1411 wurde mit der Errichtung von Gebäuden und spätestens ab 1435 mit dem Bau einer Stadtbefestigung begonnen. Die Stadt bestand im Wesentlichen aus den drei besie-

Abb. 8: Freigelegter Baumstammbrunnen samt Baugrube hinter dem Stadtarmenhaus an der Osterstraße. Die Spaltsegmente eines ausgehöhlten Eichenstamms wurden vor Ort zusammengefügt und mit Holznägeln verzapft.

Abb. 9: Stress pur bei einer archäologischen Baubegleitung – Während im Vordergrund bereits die Bodenplatte einer Tiefgarage betoniert wird, läuft parallel die Bergung des Baustammbrunnens an, der seinerzeit am Rand des aufgegebenen Stadtgrabens abgeteuft war (vgl. Abb. 8).

delten Straßen mit den drei Stadttoren, die wiederum in einen umlaufenden Erdwall eingebettet waren und von einem staufähigen Wassergraben mit bis zu 15 m Breite umschlossen wurden. Die viereckige Gesamtanlage bot neben der Haupt- und einer Vorburg (heute Standort der Stadthalle) Platz für nicht mehr als 90 Hausparzellen. Von wenigen Burgmannshöfen abgesehen maß jede von ihnen durchschnittlich 8 bis 12 Meter in der Breite und wurde hinter den Ackerbürgerhäusern durch das Wall-Graben-System begrenzt.

Eine Besonderheit stellt die Feuchtbodenerhaltung innerhalb der ehemaligen Wassergräben dar. Durch Einbettung in eiszeitlichen Geschiebelehm sammelt sich noch heute Schichtenwasser und aufstauendes Sickerwasser in den humosen Grabensedimenten. Die darin entsorgten und verlorenen Gegenstände[10] überdauerten unter besten Erhaltungsbedingungen. Vom Gebrauchsgegenstand aus Holz, über Knochen, Leder bis hin zu Metall sind viele Funde erstaunlich gut erhalten. Sie erlauben einen Blick in die Ausstattung und Lebensweise der ersten Ansiedler im Schatten der Burg und berichten von den zahlreichen Stadtbränden und kriegerischen Auseinandersetzungen um die Burgstadt.

---

10 Zu den hervorzuhebenden, mittelalterlichen Funden zählt ein gedrechselter, farblich gefasster Holzpokal, eine kleine Knochenflöte, Holzschalen und Holzlöffel, Armbrustbolzen und Kanonenkugeln, ein Apostellöffel mit vermutlich Königsberger Punze, Silberpfennige um 1400, ein kleine Goldschließe, Keramikgefäße aus Grauware, Steinzeug und Rotirdenware.

Cloppenburger Siedlungsgeschichte im archäologischen Befund

Der Aufbau der Behausungen war an einen typischen Grundriss gebunden, das Hallenhaus. In der Mitte lag hinter einem breiten Einfahrtstor die Diele aus gestampftem Lehm. Rechts und links davon waren tiefer liegende Tierställe angeordnet, die sich bis zur seitlichen Erweiterung der Diele am Herdfeuer, dem sog. Fleet, hinzogen. Hinter der offenen Herdfeuerstelle endete das Haus in älteren Zeiten hin und wieder lediglich mit der Herdwand, die gleichzeitig die Rückwand des Hauses bildete. Das anschließende Kammerfach mit seinen zwei bis drei Räumen war nicht immer vorhanden.

Im Jahr 2014 konnte im Bereich der ehemaligen Mittelstraße, der heutigen Mühlenstraße, ein idealtypischer Hausgrundriss freigelegt werden. Kennzeichnend war eine zentrale Herdfeuerstelle, die trotz einiger moderner Störungen noch immer einen wohlgestalteten Eindruck vermittelte, und das, obwohl seinerzeit ausschließlich Bauschutt zur Herstellung verwendet wurde (vgl. Abb. 10). Bei der Anlage eines Profilschnitts zeigte sich, dass unter dem jüngsten Herdfeuer noch drei weitere Lehmstampfdielen mit dazwischen geschalteten Sandauffüllungen erhalten waren. Die beiden unteren Lehmdielen endeten mit der Giebelwand hinter der Herdfeuerstelle, womit hier Häuser noch ohne Kammerfach errichtet worden waren, während die oberen erst im dahinter liegenden Kammerfach endeten. Es zeigte sich im Verlauf der Grabung, dass unter dem zuoberst freigelegten Herdfeuer alle drei weiteren Lehmdielen an gleicher Stelle im Hausgrundriss über ein Herdfeuer verfügten und so auf eine hohe Parzellenkontinuität hinwiesen. Von der Erstbebauung um 1470 bis

Abb. 10: *Ästhetisch ansprechende Herdfeuerstelle aus zweitverwendeten Dachziegelresten und Ziegelstein-Bruchstücken (u.a. Klosterformate) – durch Ehrenamtsarbeit am Wochenende wurde die Feuerstelle für das Foto besonders herausgeputzt.*

zum Abriss der rezenten Bebauung im Jahr 2013 hatte sich die Parzelle in der Breite nicht verändert.

Als etwas älter stellten sich zwei nacheinander errichtete Gebäude heraus, die an der Osterstraße mit dem Rücken zur damaligen Niederungsburg standen. Unter mehreren Lehmdielen tauchten Holzpfosten auf, die entweder zu einem Pfostenbau gehörten oder als Substruktion für nicht mehr vorhandene Findlinge dienten. Die dendrochronologische Auswertung zeigte über die Wachstumsbreiten der Jahrringe der geborgenen Holzpfosten, dass das erste Gebäude um 1400, das zweite im 15. Jahrhundert errichtet worden sein muss.

In der Innenstadt und der Fußgängerzone bleiben Bauarbeiten nicht lange unbemerkt. Nach dem Abriss älterer Geschäftshäuser ist das Interesse groß und wird größer, wenn kein sichtbarer Baufortschritt stattfindet. Spätestens nachdem die örtliche Presse die ersten Berichte über archäologische Ausgrabungen veröffentlicht, steigt die Wissbegierde noch einmal. Die häufigste Frage, die dann den Stadtkernarchäologen und Mitarbeitern über den Bauzaun hinweg gestellt wird, ist die nach bereits gefundenem Gold.

Durch den Hinweis, dass die gewonnenen Erkenntnisse aus dem nun für immer verlorenen Bodenarchiv deutlich wertvoller seien, ist vielfach eine einsetzende Nachdenklichkeit festzustellen. Dies insbesondere dann, wenn die freiliegenden Funde und Befunde erklärt und in einen stadtgeschichtlichen Zusammenhang gestellt werden können. Eine solche Öffentlichkeitsarbeit kann selbstredend von den beauftragten Archäologen nur sehr eingeschränkt geleistet werden. So ist es von Vorteil, wenn bei gewerblichen Ausgrabungen ehrenamtliche Grabungshelfer mit entsprechenden stadtgeschichtlichen Kenntnissen beteiligt werden, die diesen Bürgerservice z.B. auch bei Baustellenführungen übernehmen. Dadurch und durch zahlreiche Vorträge bei verschiedensten Bildungsträgern konnte der Verfasser in den letzten Jahren mehrere Tausend Bürgerinnen und Bürger mit dem Thema Archäologie, ihrer Notwendigkeit und den Ergebnissen in Cloppenburg vertraut machen. Über hundert Artikel erschienen gleichzeitig in der regionalen Presse, die über die aktuellen Tätigkeiten der Denkmalschutzbehörden und der archäologischen Grabungsfirmen berichteten. Neben den eigentlichen Funden und Befunden interessiert die Journalisten häufig auch deren stadtgeschichtlicher Kontext, den ortsfremde Archäologen nicht schnell und in der Tiefe liefern können.

Neben einer deutlich feststellbaren Zunahme der Akzeptanz innerhalb der Bevölkerung bleiben Kritik und Vorurteile allerdings auch nicht aus. Die größten Vorbehalte gelten dem Umstand, dass neben dem Zeitaufwand die Kosten der Archäologie von dem jeweiligen Verursacher getragen werden müssen.

Tatsächlich werden für die Ausgrabung einer Stadtparzelle entgegen weit verbreiteter Vorstellungen häufig nur wenige Wochen benötigt. Durch die Erfahrungen der letzten Jahre hat das Thema „Ausgrabung" als notwendig durchzuführende Maßnahme längst Eingang in die Planungen der Architekten gefunden. Es kann auch beobachtet werden, dass Grundstücke als Brache zum Teil jahrelang unbebaut bleiben. Eine mehrwöchige Grabungsmaßnahme zur Baufeldfreimachung in der Innenstadt fällt bei richtiger Planung – zumindest zeitlich – häufig nicht mehr ins Gewicht.

Cloppenburger Siedlungsgeschichte im archäologischen Befund

Anders sieht es bei den Kosten für die archäologischen Voruntersuchungen und Ausgrabungen aus. Durch die Novelle des Niedersächsischen Denkmalschutzgesetzes (NDSchG) mit der Umsetzung der *„Europäischen Konvention zum Schutz archäologischen Erbes"* in Landesrecht wird seit 2011 der Veranlasser einer Zerstörung für die Kosten der Archäologie herangezogen.

Wichtig ist dabei zu wissen, dass das Gesetz nur bei der Zerstörung eines Kulturdenkmals Anwendung findet, wonach dann der Veranlasser im Rahmen des Zumutbaren zur fachgerechten Untersuchung, Bergung und Dokumentation des Kulturdenkmals gemäß § 6 Abs. 3 NDSchG verpflichtet ist. Bleibt das Kultur- oder Bodendenkmal im Untergrund erhalten, dann wird auch nicht gegraben. Und eigentlich gilt der Grundsatz, dass Kulturdenkmale erhalten bleiben müssen. Bei sichtbaren Baudenkmalen ist dem kundigen Betrachter klar, dass diese nicht einfach abgerissen werden dürfen. Dasselbe gilt für Bodendenkmale, die unsichtbar im Untergrund die Zeiten überdauert haben. Wenn sie für eine „leergeräumte" Baugrube im Zuge von Baumaßnahmen weichen müssen, ist der Preis für den Kulturverlust die fachgerechte Ausgrabung und Dokumentation.

Heutzutage kann nicht auf den Trümmern der vorherigen Bebauung gegründet werden, im Gegensatz zu früher. Damals war jeder Bauherr froh, wenn bereits eine stabile Bodenplatte als Basis vorhanden war und der Neubau z.B. nach einem Brand einfach darauf gebaut werden konnte. Dieses Aufwachsen von Städten in die Höhe findet so nicht mehr statt. Bei der Baureifmachung eines Grundstücks wird bis auf den tragfähigen Boden ausgekoffert. Die gesamte Siedlungsgeschichte in Form des Bodenarchivs muss dabei weichen und wird dadurch unwiederbringlich zerstört, auch wenn dieser Abriss durch die Archäologie dokumentiert wird.

Das Ganze ist innerhalb einer begrenzten Altstadt – wie der von Cloppenburg – eine endliche Angelegenheit. Von den etwa 90 historischen Hausparzellen, die seinerzeit zwischen den drei Stadttoren Platz fanden, wurden seit dem Einsatz von Baggern etwa 60 Grundstücke vollständig ausgekoffert. Auf mindestens 13 weiteren Parzellen in der Mühlen- und Osterstraße sind Neubauten in den nächsten fünf Jahren zu erwarten. Hinzu kommt der Ausbau der Mühlenstraße und eines Platzes unweit der damaligen Pforte nach Friesoythe. Es steht zu befürchten, dass binnen einer weiteren Generation das gesamte historische Erbe, welches schichtweise als Bodenarchiv und Geschichtsressource seit Jahrhunderten im Untergrund überdauert hat, verschwunden sein wird.

Umso wichtiger ist es, die eigene Stadtgeschichte auch anhand der archäologischen Erkenntnisse aus den Ausgrabungen für die Bürger vor Ort erlebbar zu machen. Eine stadtgeschichtliche Dauerausstellung mit der Präsentation musealer Funde sowie wichtiger Befunde und Grabungsergebnisse wird von dem Verfasser dieses Aufsatzes seit Jahren angeregt.

Die Gemeinde Visbek hat mit dem ArchäoVisbek im Jahr 2018 eine beispielgebende Einrichtung geschaffen. Cloppenburg als Wiege und Standort des großen und ältesten deutschen Freilichtmuseums, des Museumsdorfs Cloppenburg, sollte sich als Kreisstadt und Mittelzentrum daneben auch auf seine eigene Stadtgeschichte besinnen. Mag dieser Aufsatz ein weiterer Denkanstoß sein, denn wie Konrad Lorenz treffend formulierte: *„Man liebt nur, was man kennt, und man schützt nur, was man liebt"*.

Abbildungsnachweise

Abb. 1: Merian 1647, Kupferstich „Kloppenburg" (Sammlung K. Steinkamp).
Abb. 2: GLL Cloppenburg (freigegeben: Katasteramt Cloppenburg, Lt. Dir. H. Taubenrauch, Mai 2020).
Abb. 3, 4, 7: Foto Dirk Dödtmann, Büro für Archäologie- und Bauforschung, Dinklage 2013.
Abb. 5: Undatierter Nachdruck einer Zeichnung von R. Rux, 1935 (Sammlung K. Steinkamp).
Abb. 6, 8-10: Foto Klaus Steinkamp 2012-2014.

Anke Haase, Maria Will

Mehr als trockene Blümchen:

Ein Blumenalbum aus dem Besitz von Großherzogin Cäcilie im Fokus der Forschung in Oldenburg

Memorabilia: Pflanzen aus einem fremden Land

Sammlungen, egal ob wissenschaftlich motiviert oder aus ästhetischen und sentimentalen Gründen zusammengetragen, sind Archive und Informationsquellen für Forschungsarbeiten. Sie dokumentieren Interessen, Geschmack und das Wissen in einer bestimmten Region und in der entsprechenden Zeit, in der die Objekte gesammelt und archiviert wurden. Der Blick auf eine historische naturkundliche Sammlung aus der Perspektive unterschiedlicher Forschungsbereiche, wie im Fall der Autorinnen, zeigt, welch spannende Synergien eine transdisziplinäre objektbasierte Arbeit bietet. So kann ein „Bündel" getrockneter Pflanzen, wenn man sie denn mal nicht nur mit den Augen des Botanikers / der Botanikerin betrachtet, zu einem Fenster in die Vergangenheit und in die Ferne werden.

Im Landesmuseum Natur und Mensch Oldenburg (LMNM) befindet sich u.a. ein ungewöhnliches und besonders ästhetisches Herbarium aus der Zeit des 19. Jahrhunderts (Abb. 1). Da es zu solchen Pflanzensammlungen, die nicht aus wissenschaftlichen Motiven heraus angelegt wurden, und speziell zu dem Herbarium aus großherzoglichem Besitz bisher keine Untersuchungen gab, rückte im Sommersemester 2019 diese Sammlung getrockneter Pflanzen in den Fokus eines studentischen Forschungsprojektes an der Carl von Ossietzky (CvO) Universität Oldenburg.

Der Begriff Herbarium (Plural Herbarien) enthält das lateinische Wort *herba* für Kraut und bezieht sich auf Sammlungen von Pflanzen. Dabei wird der Begriff nicht nur für eine Sammlung getrockneter, meist gepresster Pflanzen (sog. Herbarbelege) verwendet. Auch eine Kollektion mehrerer Herbarbelege, die von einem / einer Sammler / -in zusammengetragen wurden, oder der Raum, in dem sich die Belege physisch befinden, und auch die Institution, in der selbige verwahrt sind, werden so bezeichnet.

Anschrift der Verfasserinnen: Anke Haase, Giesenweg 30, 26133 Oldenburg, anke.haase @uni-oldenburg.de; Dr. Maria Will, Institut für Biologie und Umweltwissenschaften (IBU), Carl von Ossietzky Universität Oldenburg, maria.will@uol.de

Abb. 1: Die Sammlung von Pflanzen aus der Gegend von Jerusalem. In einem Faszikel (zwei Deckel aus stabiler Pappe, die seitlich mit zwei Stoffbändern geschlossen werden) und einigen ausgewählten Beispielen (Foto: A. Haase)

Auch zu den Naturkundlichen Sammlungen des LMNM gehört seit Gründung des großherzoglichen Museums im Jahr 1836 ein umfangreiches Herbarium (Akronym LMO), in dem die unterschiedlichsten botanischen Objekte zusammengetragen wurden. Neben Samen und Früchten, Pilzen oder Holzproben (Xylotheken) macht den Großteil dieser Sammlungen „Flachware" aus, d.h. gepresste, getrocknete und auf Papier montierte Pflanzen. Neben wissenschaftlich gesammelten und dokumentierten Belegen finden sich auch Objekte, die man durchaus als *„Exotica"* bezeichnen kann. Darunter fällt auch das o.g. Herbarium, das auf den ersten Blick so gar nicht in die Sammlung des Museums zu passen scheint und eher in den Bereich Andenken oder Souvenir fallen mag (Abb. 1).

Schätze der großherzoglichen Sammlung: Naturkunde *meets* Ästhetik

Seit einer ersten groben Erfassung (Metzing und Strauch 2010) haben verschiedene Forschungsprojekte bereits interessante Sammlungen (wieder-)entdeckt und bearbeitet (Will 2015, 2016, 2018, 2019a, b; Charzinski et al. 2019; Breuer und Heydemann 2020; Charzinski und Halfter 2020; Dick 2020a, b; Großkopf 2020; Haase 2020; Kaluza 2020; Kaluza und Will 2020). Dass eine Aufarbeitung auch im Rahmen von studentischen Projekt- oder Abschlussarbeiten zu realisieren ist, zeigt eine Arbeit, die im

Ein Blumenalbum aus dem Besitz von Großherzogin Cäcilie

Abb. 2: Flora Alpina aus dem LMO. (Foto: M. Will)

Sommersemester 2018 entstand (Charzinski et al. 2019). Die Autorinnen haben die *Flora Alpina* (Abb. 2), eine ungewöhnlich kleinformatige Sammlung des LMO, näher unter die Lupe genommen, um Umfang, Zusammensetzung und Herkunft zu klären. Neben der fachwissenschaftlichen Aufarbeitung (Nachbestimmung, Erfassung der Metadaten und Digitalisierung) ging es auch um eine genauere Einordnung des Konvolutes in die Sammlungen des LMO. Überraschenderweise hat ausgerechnet die aktuelle Recherche an den *Pflanzen aus der Gegend von Jerusalem* Hinweise auf die Herkunft der *Flora Alpina* in Oldenburg erbracht.

Die erneute Auswertung von Archivalien lieferte nun folgende interessante Spur: Im Jahr 1877 wurde unter der Rubrik *Geschenke* der Eingang einer Sammlung von Gebirgspflanzen, d.h. alpinen Arten, vermerkt. Diese wurden dem Museum als *„Eine Collection Gebirgsarten […] von Ihrer K.[öniglichen] H.[oheit] der Frau Großherzogin"* geschenkt (Nds LA OL Rep 751 Akz. 2010/054 Nr. 214) (Abb. 3).

Es ist mehr als wahrscheinlich, dass es sich dabei um das kleine Herbarium handelt, das Charzinski et al. (2019) untersucht haben. Dadurch käme dem Konvolut neben einem materiellen Wert auch eine Bedeutung als Beleg für das naturkundliche Interesse der großherzoglichen Familie zu. Entweder stammt dieses Herbarium ebenfalls aus dem Besitz der Großherzogin Cäcilie (22.06.1807–27.01.1844), wurde deutlich nach deren Tod an das Museum übereignet oder es gehörte einer Nachfolgerin von Cäcilie. Noch bleibt allerdings unklar, wann und wie es in ihren Besitz gelangte und ob sie sich möglicherweise selber mit der Botanik befasst hat.

Abb. 3: Dokumentation eines Geschenkes im Zugangsbuch der großherzoglichen Sammlungen in Oldenburg (Rep. 751 Akz. 2010/054 Nr. 412; Nds LA OL) (Bild: J. Tadge)

Blumenalben aus dem Heiligen Land: Erinnerung, Geschenke oder Kuriositäten?

Was die Kollektion der *Pflanzen aus der Gegend von Jerusalem* betrifft, weisen bereits Metzing und Strauch (2010) auf den kulturhistorischen Wert dieser Oldenburger Sammlung hin. Überraschenderweise gibt es aber bisher kaum wissenschaftliche Arbeiten zu sog. Blumenalben aus Jerusalem. Vergleichbare Objekte werden zwar gelegentlich als „Kuriosum" in Sonderausstellungen gezeigt, wurden aber bisher nicht bzw. kaum systematisch beforscht. Dies liegt vermutlich daran, dass solche Herbarien bisher nicht als wissenschaftliche Sammlungen wahrgenommen wurden bzw. werden. Das ist aus Sicht eines wissenschaftlich aktiven Herbariums mit Forschungsschwerpunkten in den Bereichen Biodiversität oder molekulargenetischer Verwandtschaftsanalysen durchaus verständlich, da die botanischen Belege ihren Wert hauptsächlich durch eine gute Dokumentation der Aufsammlungsumstände (Sammler/-in, Ort, Datum usw.) erhalten.
Ungeachtet dessen bieten Blumenalben und vergleichbare Objekte „[...] als Artefakte einer Wahrnehmungsgeschichte [...]" (Mörike 2018, S. 280) ein Fenster in die Vergangenheit. Sie ermöglichen einen Blick auf den jeweiligen Bildungsstand und die Bildungsansprüche oder auf die Politik, wie z.B. die Wahrnehmung Palästinas oder die Politik, die sich in Geschenken von Blumenalben ausdrückt. Thematisch lassen sich sogar Aspekte wie der beginnende (Massen-)Tourismus im Heiligen Land oder die möglicherweise nicht nachhaltige „Ernte" der benötigten Pflanzen im Gelände an den Blumenalben thematisieren.
Mörike (2018) befasst sich auf ästhetischer und kulturgeschichtlicher Ebene mit Blumenalben als sog. Geomemorabilia (lat. *memorabilis* für denkwürdig) und charakterisiert sie als *„Kleine Alben mit gepressten Pflanzen [...] für Pilger und Touristen zwischen*

1888 und 1950 ein beliebtes Souvenir aus Jerusalem." (Mörike, S. 279). Entsprechend dieser historischen Verortung war Cäcilie ihrer Zeit offenbar weit voraus. Dies spiegelt sich auch darin wider, dass „ihr" Album stark individualisiert erscheint und damit in seiner Gestaltung und seinem Format deutlich von den bekannten, kommerziell vertriebenen Exemplaren abweicht. Letztere enthalten oft Bilder (Zeichnungen bzw. Fotos) und Ortsangaben von religiös bedeutenden Plätzen, die in bis zu vier Sprachen auf den Seiten vermerkt sind. Mörike (2018) versteht die getrockneten und gepressten Blumen als Symbole, die auf die Landschaft verweisen und somit zu Abbildern einer imaginären Geographie werden. Doch die Arrangements verbergen vermutlich noch viel mehr spannende Facetten des Sammelns.

Cäcilies Blumenalbum als Ausgangspunkt für transdisziplinäre Forschungsfragen

Basierend auf der nun erstmals vorliegenden Untersuchung der Verbindung zwischen Cäcilie von Oldenburg und den *Pflanzen aus der Gegend von Jerusalem* sollen in einem weiteren studentischen Forschungsprojekt nun die Blumen aus Sicht der Botanik näher in den Fokus rücken. Welche Arten sind im Herbarium enthalten? Sind die Arrangements auf den 38 miniaturisierten Einzelblättern ästhetisch motiviert oder wurden die Pflanzen entsprechend einer (christlichen) Symbolik verwendet? Haben die Arten einen inhärenten Symbolcharakter oder entsteht der Verweis auf Orte bzw. den christlichen Glauben erst durch das Arrangement der verwendeten Pflanzen(teile)? Aber auch scheinbar triviale Fragen gilt es zu beantworten: Welche Arten sind die beliebtesten und welche kommen eher selten vor? Der Fragenkatalog ist schier unendlich! Und möglicherweise lassen sich einige der Fragen auch erst durch den direkten Vergleich mit weiteren Blumenalben beantworten.

Eine Blumenwiese auf engstem Raum – konserviert für die Ewigkeit

Die Pflanzen aus der Gegend von Jerusalem werden in einem kleinen braunen Faszikel mit den folgenden Abmessungen aufbewahrt: 16,2cm x 12,5cm x 2,5cm (Länge, Breite, Höhe) (Abb. 1). Die beiden Pappdeckel sind leicht marmoriert und haben an ihren vier Ecken jeweils eine schwarze Verstärkung. Im Inneren wurden am hinteren Deckel jeweils am oberen und unteren Ende Stoffstreifen angebracht. Diese verhindern, dass die enthaltenen Bögen aus dem Faszikel rutschen, der nur am rechten Rand durch braune Stoffbänder verschlossen wird. Da diese durch Schlitze durch beide Pappdeckel geführt werden, ist es möglich die Mappe entsprechend straff zu verschließen sogar, wenn sich der Umfang der enthaltenen Sammlung verändert, z.B. durch das Zufügen neuer Belege.
Das Herbarium umfasst drei separate Konvolute von „Pflanzenbildern" (Abb. 1). Dazu wurden gefaltete Papierbögen in Form eines Heftes arrangiert, welches an seiner Rückseite mit weißen Fäden geheftet wurde. Dadurch ergeben sich voneinander getrennt Einlegeflächen, in denen die Herbarbelege außerdem geschützt sind. Im

ersten „Heft" befinden sich 16 Bögen. Das zweite „Heft" beinhaltet 15 Bögen. Aus konservatorischer Sicht ist zu erwähnen, dass beim letzten Beleg in diesem Heft nicht mehr alle Pflanzen fest auf dem Bogen montiert waren und daher mit besonderer Vorsicht behandelt werden mussten. Im dritten „Heft" waren noch einmal sieben Pflanzenbilder auf Papierbögen montiert. Die Abmessungen der Belege variieren stark und scheinen nicht optimal an die Größe der Hefte angepasst zu sein, da die Herbarbögen z.T. sogar überstehen. Auf jedem dieser insgesamt 38 Bögen befindet sich unterhalb der Pflanzen ein handschriftlicher Vermerk mit einer Ortsangabe. Welchen Bezug hatte die Vorbesitzerin zu dieser Sammlung? Und welche Bedeutung hatte ein Blumenalbum im 19. Jahrhundert allgemein? Ausgehend von der Sammlung soll im Folgenden auf diese Fragen näher eingegangen werden.

Annährung an das Wesen einer Großherzogin: Cäcilie Großherzogin von Oldenburg

Der Versuch, sich ein Bild von der Persönlichkeit der Großherzogin (Abb. 4) zu machen, erfolgt unter erschwerten Bedingungen. Grund dafür ist, dass sie verfügte, dass nach ihrem Tod alle persönlichen Dokumente wie Briefe und Tagebücher vernichtet werden sollten. Aus den wenigen erhaltenen Schriftstücken und der biografischen Arbeit von Niemöller (1997) lässt sich folgendes Bild von ihr rekonstruieren. Es gibt diverse Portraits der Herzogin, die allerdings voneinander abweichen und schon bei Cäcilies Zeitgenossen für Diskussion sorgten. Während der Hofbiograph Wilhelm von Eisendecher beispielsweise ihre braunen Augen beschreibt, spricht der Hofrat und Kabinettssekretär Ludwig Starklof von *weichem Schiefergrau* (Niemöller 1997; S. 26). Dabei ist zu beachten, dass die beiden Herren Konkurrenten am Hof waren und Starklof der Herzogin persönlich zugetan war. Ein Urteil kann man sich im Nachhinein nicht mehr bilden. Abgebildet ist jedoch immer eine dunkelhaarige Frau, gekleidet im Stil des Biedermeier (Abb. 4).

Cäcilie wurde am 22.6.1807 in Stockholm, Schweden geboren. Sie war das vierte und jüngste Kind des Königs Gustav IV. Adolfs von Schweden und seiner Frau Friederike Dorothee Wilhelmine. Der König wurde 1809 zur Abdankung gezwungen. Drei Jahre später ließen sich die Eltern von Cäcilie scheiden. Zusammen mit ihren Geschwistern und ihrer Mutter lebte Cäcilie fortan in Bruchsal bei ihrer Großmutter mütterlicherseits, der verwitweten Markgräfin Amalie Friederike von Baden. Am 5.5.1831 heiratete sie den Großherzog von Oldenburg, Friedrich August. Ihr Gatte war bereits zweimal verwitwet, brachte drei Kinder mit in die Ehe und war 24 Jahre älter als Cäcilie. Cäcilie brachte in der Ehe selbst drei Söhne zur Welt, wobei die ersten beiden Jungen, Gustav und August, nur etwa ein Jahr alt wurden. Cäcilie erlitt außerdem zwei Fehlgeburten. Kurz nach der Geburt ihres dritten Sohnes (Günther Friedrich Elimar 1844-1895) verstarb Cäcilie am 27. Januar 1844 in Oldenburg.

Nach ihr benannt sind heute in Oldenburg die Cäcilienschule und die Cäcilienbrücke. Cäcilie engagierte sich im sozialen Bereich und schrieb das Lied *„Heil Dir O Oldenburg"*.[1]

---

1 Vgl.: Landesbibliothek Oldenburg, https://www.lb-oldenburg.de/nordwest/biohb.htm, Zugriff: 04.06.2019.

Empfindsamkeit & Pflichtbewusstsein:
Ereignisse, die das Wesen von Cäcilie prägten

Cäcilie galt als Kind eher schwach und kränkelnd. Als ihre Mutter 1829 qualvoll an Brustwassersucht (medizinisch: Hydrothorax, üblicherweise als Folge einer Herzinsuffizienz) starb, nahm dieses Ereignis Cäcilie sehr mit und sie war auf die mentale Unterstützung ihrer Schwester Amalie angewiesen. Die Erziehung der Mutter war stets auf die spätere Ehe ihrer Tochter ausgerichtet. Friederike Dorothee Wilhelmine

Abb. 4²: *Cäcilie um 1840. Zeitgenössische Darstellung von Franz Seraph Hanfstaengl nach Heinrich Willers (aus Niemöller 1997; Bild mit freundlicher Genehmigung; Stadtmuseum Oldenburg StSt326)*

2 Kunst- und Kulturkreis Rastede e.V., https://www.kkr-rastede.de/event/frauenleben-in-ostfriesland-caecilie-grossherzogin-von-oldenburg/, Zugriff: 16.04.2019.

wurde von ihren Töchtern streng mit Handkuss begrüßt. Dennoch war es der Mutter auch wichtig, dass ihre Töchter „[...]heitere Erinnerungen aus dem Hause der Mutter mitnehmen [...] Wer weiß, welche Prüfungen sie später erwarten." (Niemöller 1997, S. 18) Nach dem Tod der Mutter folgte ein eintöniges Leben bei der Großmutter, bis 1830 Paul Friedrich August von Oldenburg Station in Bruchsal machte. Schon nach 60 Minuten gaben sich die beiden das Eheversprechen. Cäcilie hatte ihrer Großmutter versprochen, solch eine Gelegenheit nicht auszuschlagen (Niemöller 1997, S. 18). Es zeigt sich also früh ein ausgeprägtes Pflichtbewusstsein und das Einfügen in ihre vorbestimmte Rolle als Ehefrau und Mutter. Es folgte ein reger Briefwechsel zwischen den künftigen Eheleuten. Daraus wuchs tatsächlich eine innige Liebe der beiden zueinander. Später kristallisiert sich heraus, dass Cäcilie sehr auf ihren Mann fixiert war. Des Öfteren wird sie auf Anraten ihres Arztes zu Kuraufenthalten geschickt, um ihre Gesundheit zu erhalten, besonders in Hinblick auf ihre Zukunft als Mutter eigener Kinder. Cäcilie ist darüber wenig erfreut, ganz im Gegenteil: Sie leidet unter dem Trennungsschmerz von ihrem Mann. Dass ihr Arzt zusätzlich den Kontakt zu ihrem Mann einschränkt, dürfte die Situation nicht verbessert haben. Ihr Zustand wird von ihrem Leibarzt Bach (genaue Angaben zu den Lebensdaten konnten nicht recherchiert werden) als labil und aufgewühlt beschrieben. Als sie 1839 eine Badekur in Frankreich absolvieren soll, wünscht sie sich als Belohnung eine Reise nach Paris. Hier stellt sie zum ersten Mal eine Art Forderung zu ihrem eigenen Wohl. Mitte der 1830er Jahre verliert sie dann ihre beiden Söhne und die extreme psychische Belastung setzt sich fort. Es folgen zwei Fehlgeburten. Diese Situationen erlebt sie auch in ihrem direkten sozialen Umfeld, da immer wieder Kind und/oder Mutter bei der Geburt versterben. Dieses Risiko für Leib und Leben ist also ein ständiger Begleiter, aber nicht zu umgehen in ihrer vorgegebenen Rolle. Andere Möglichkeiten der Lebensgestaltung stehen ihr nicht offen. Gefahr und Angst offenbaren sich auch in folgender Situation: Während einer schnellen Kutschfahrt bittet Cäcilie darum, langsamer zu fahren. Ihr Mann nimmt sie zunächst nicht ernst und ihre Furcht soll sich sogar in „*ein krampfhaftes Weinen*" (Niemöller 1997; S. 38) gesteigert haben. Erst jetzt erkannte der Großherzog den Ernst der Lage und ordnete an, vorsichtiger zu fahren. Cäcilie hatte die ganze Zeit ihr Leid beinahe still ertragen. Den Preis dieser Unterordnung beschreibt Eisendecher: „*Die innere Spannung war aber doch so groß gewesen, daß die Großherzogin, als man das Ziel der ersten Tagereise erreichte, bei Aussteigen aus dem Wagen in eine tiefe Ohnmacht fiel*" (Niemöller 1997, S. 39). Laut Niemöller (1997) steckt hinter diesen Ängsten möglicherweise ein Kutschunfall aus der Kindheit.

Auch das weitere Leben in ihrer neuen Heimat Oldenburg gestaltet sich teilweise nicht unproblematisch: Durch ein Missverständnis bei der Terminregelung lernt sie bei ihrer Ankunft in Oldenburg das Volk nicht kennen und dieser Umstand wird sich auch kaum ändern, da sie selten andere Landesteile bereist. Ludwig Starklof (28.7.1789–11.12.1850) sieht hier ihren Mann in der Schuld, der sich wenig interessiert daran zeigt, seine Frau mit der Umgebung vertraut zu machen, geschweige denn mit Regierungsgeschäften. Auch wenn bzw. weil dieser seine Frau aufrichtig geliebt hat, lag es möglicherweise an ihrer Instabilität, die ihn dazu veranlasste, Cäcilie von allem fernzuhalten. Diese erzwungene Distanz bzw. Isolation dürfte Cäcilies Situation nicht verbessert haben. Der Großherzog war hier offenbar ein Kind seiner Zeit, was folgende Quelle zu berichten weiß: *„Wie er über die Frauen dachte, das ergibt sich aus den Worten, die er einmal seinem Vater schrieb: Mit Damen liebe ich keine Diskussionen in Sachen des kalten Verstandes, sondern Gegenstände der Unterhaltung, an denen das Herz teil hat. Ihre wahre Bestimmung ist, das Leben zu verschönern"* (Niemöller 1997, S. 37). Zudem achtet ihre Hofdame auf die königliche Contenance, also ein streng höfisches Verhalten bei Cäcilie, was im ländlichen Oldenburg zur Zeit des Biedermeier wenig angebracht erscheint.

Cäcilies Rolle in der Familie

Raumeinnehmend in ihrem Leben ist die Mutterschaft, wobei sich ein gutes Verhältnis zu ihren Stiefkindern abzeichnet. Weiteres Vergnügen bereitet ihr das Reiten. Energie zieht sie aus den wenigen Reisen, welche sie unternehmen darf. Ihr Biograf Eisendecher vermerkt zu ihrem Besuch in London: *„[...]seine Wirkungen auf Geist, Gemüth, Stimmung und Ansichten der Großherzogin waren bedeutend und nachhaltig. [...] Das Reisen gehörte zu ihren liebsten Erheiterungen, und hätte Sie ihre Wünsche allein befragt, so würde Sie sehr viel gereis't sein"* (Niemöller 1997, S. 32).
Cäcilie selber äußert sich gegenüber ihrer Stieftochter Friederike in einem Brief wie folgt: *„So lange ich lebe werde ich mich mit Freude und Dank gegen den lieben Papa an unseren so überaus angenehmen Aufenthalt in dem prächtigen London erinnern. Ich habe mich dort sowohl geistig als körperlich so sehr erholt daß ich mich wie neugeboren fühle!"* (Niemöller 1997, S. 32). Allerdings sind ihr solche Reisen nicht oft vergönnt, mit Ausnahme der „vorgeschriebenen" Besuche bei Verwandten. Sie selbst ergreift auch nicht die Initiative, ihren Mann darum zu bitten. Sie sieht sich vielmehr *als die erste seiner Unterthanen* (Niemöller 1997, S. 37). Auffällig ist nicht nur der sich bessernde Gesundheitszustand (am Hofe litt sie häufig unter Kopfschmerzen und anderen psychosomatischen Beschwerden), sondern auch, dass sie gern auf Erinnerungen an die Reise mithilfe eines Tagebuches zurückgreift. *„Die Großherzogin fand so viel Freude an dieser kleinen Production, daß Sie das Buch immer in Ihrer Nähe hatte, und es selbst jedes Mal mit nach Rastede nahm, um, wie Sie Sich ausdrückte, jener angenehmen Vergangenheit näher zu bleiben."* (Niemöller 1997, S. 33, zitiert nach Eisendecher).
In Kontakt mit fernen Ländern kam sie auch über die emanzipierte Reise- und Romanschriftstellerin Gräfin Ida Hahn-Hahn (22.6.1805–12.1.1880). Cäcilie zeigte sich begeistert von der Gräfin und ihren Berichten. Weiteren Kontakt mit einer starken und unabhängigen Frau hatte sie durch einen Besuch der Pianistin Clara Schumann (13.9.1819–20.5.1896). Auch bzw. obwohl sie durch diese Persönlichkeiten Einblicke in gänzlich andere Lebensstile hatte, brach sie aus ihrer Rolle als Ehefrau, Hausfrau und Mutter nicht aus, sondern kam aufopfernd ihren Pflichten nach. Einen harten Blick für die Realität zeigte sie, als sie 1843 erneut schwanger wird, daraufhin ihr Testament macht und ihrem Mann einen Abschiedsbrief schreibt. Und tatsächlich stirbt sie kurz nach der Geburt ihres dritten Kindes in Oldenburg, einer Stadt, in der sie nie heimisch wurde.
Aus heutiger Sicht kann man Cäcilie durchaus als psychisch labil bezeichnen. Sie durchlebte häufig Angstzustände und war nahezu krampfhaft auf ihren Mann fixiert. Worin ihre Ängste begründet waren, konnte nicht geklärt werden. Sie scheint ein

eher unterwürfiger Mensch gewesen zu sein, der, bis auf wenige Ausnahmen vermutlich ohne Rücksicht auf die eigenen Bedürfnisse nach den Konventionen jener Zeit lebte. Dennoch scheint sie eine weltoffene Frau gewesen zu sein, die sich allerdings nie frei entfalten konnte und immer die Fassung wahrte. Vielleicht hätte ihr Leben in einem anderen Umfeld, das freier im Denken gewesen wäre und mit Nachdruck auf Cäcilie eingewirkt hätte, eine andere Wendung genommen. Doch in dieser Hinsicht waren auch die kurzen Begegnungen mit emanzipierten Frauen nicht ausreichend.

Was wäre, wenn? Ein Herbarium als Ausdruck von Fernweh, Wissensdurst und Individualität?

Cäcilie klammert sich förmlich an ihr Reisetagebuch und ist auch den Reiseberichten der Gräfin von Hahn-Hahn sehr zugetan. Deshalb kann davon ausgegangen werden, dass die Großherzogin ihrem Herbarium eine große Bedeutung beigemessen hat. Möglicherweise hat sie es nicht nur aus rein ästhetischen Gründen aufbewahrt. Vielmehr könnte es eine Art Fenster zum fernen Jerusalem gewesen sein. Die Sammlung könnte auch ein Stück persönliche Freiheit dargestellt haben, eine Möglichkeit zur Flucht oder zur Beschäftigung mit Religion, Weltgeschichte oder anderen Kulturen. Möglicherweise hat das Sammeln von Herbarbelegen Raum für Individualität in einer streng geordneten Welt geboten. Zwar sind die einzelnen Belege ähnlich gestaltet und beschriftet, doch kann zum jetzigen Zeitpunkt nicht ausgeschlossen werden, dass sie über einen längeren Zeitraum erworben wurden und dann vom Besitzer oder der Besitzerin beschriftet wurden oder aber auf Wunsch angefertigt bzw. zusammengestellt wurden.

Aus heutiger Sicht stellen Blumenalben aus Jerusalem eine Art Souvenir dar, entweder gedacht als Erinnerung an eigene Reisen, ihre Entbehrungen und Strapazen oder als Gesprächsanlass für diejenigen, die nicht selber reisen konnten. Eine vom Objekt ausgehende Möglichkeit, gedanklich in fremde Länder zu reisen. Bedenkt man, welche Aura entsprechende Souvenirs auf Grund ihrer Authentizität und ggf. ihrer Exotik hatten, kann man ahnen, welche Bedeutung es im 19. Jahrhundert gehabt haben mag, ein solches Objekt in den Händen zu halten, zu träumen und kurz aus dem streng reglementierten Leben auszubrechen. Folgende These von Gisela Niemöller untermauert diese Theorie: *„Die Spekulation sei erlaubt, daß jene angeblich zahlreichen privaten Aufzeichnungen, die Cäcilie vernichten ließ, ein Ventil geboten haben für diese dauernd ausgeübte seelische und körperliche Contenance, und sie die darin zu Tage kommende Seite ihrer Persönlichkeit niemand sehen lassen wollte"* (Niemöller 1997, S. 39). Im Hinblick auf ihre streng höfische Haltung in Verbindung mit der Reiselust und dem Fernweh der Großherzogin wäre der Besitz des Herbariums als Memorabilia durchaus passend.

Jeder Beleg ein bunter Blumenstrauß: Warum die wundervoll arrangierten Blumenbilder Wissenschaftler*innen in die Verzweiflung treiben können...

Neben der Biografie der Vorbesitzerin und ihrer Beziehung zum Herbarium sollen vor allem auch Fragen zu den gepressten Pflanzen beantwortet werden. Aufgrund der ästhetischen Gestaltung, die weder den Ansprüchen an ein wissenschaftliches Herbarium im 19. Jahrhundert noch in der heutigen Zeit gerecht werden, nimmt dieser Teil der Forschung viel Zeit in Anspruch und wird Gegenstand einer weiteren Projektarbeit. Im Sommersemester 2020 befasst sich daher eine weitere Forschungsarbeit mit dem Vergleich von Blumenalben aus Jerusalem. Hierbei sollen Erkenntnisse gewonnen werden, inwiefern sich das Blumenalbum von Cäcilie von vergleichbaren Herbarien in der Gestaltung und im Hinblick auf die enthaltenen Pflanzenarten unterscheidet.

Die Bestimmung der einzelnen Arten im Oldenburger Blumenalbum wird vor allem dadurch erschwert, dass kleine Arrangements montiert wurden, die einem Blumenstrauß ähneln. Hierfür wurden Teile der Pflanzen scheinbar beliebig angeordnet. Einzelne Bereiche überlagern sich, (Grund-)Blätter der Pflanzen wurden entfernt, nur kleine Teile der ganzen Pflanze sind verwendet worden, die Farben sind verblasst und wichtige Blütenmerkmale sind nicht (mehr) zu erkennen. Daher gleicht die Nachbestimmung und botanische Forschung dann eher der Detektivarbeit. Neben optischen Geräten zur Vergrößerung der Strukturen (Binokular) werden vielleicht sogar gentechnische Methoden nötig werden, um zu klären, welche Arten wirklich in den kleinen bunten Blumenarrangements stecken.

Als Grundlage der Bestimmung wurden regionale Floren (z.B. Flora von Israel online) und Literatur zu den in der Bibel erwähnten Pflanzenarten genutzt (Danin und Avigad 1977, Zohary 1995, Impelluso 2005).

Im Hinblick auf die möglichen Sammelorte, zumindest aber auf Orte, auf die die Blumenarrangements Bezug nehmen sollen, zeigt sich, dass alle Belege auf jeweils einen von insgesamt acht Orten verweisen (Abb. 5). Die meisten Bezüge lassen sich zu Bethlehem finden. Das Herbarium beinhaltet insgesamt 13 Herbarbelege mit Verweis auf die Stadt. Sie liegt acht Kilometer südlich von Jerusalem. Der Name bedeutet im Hebräischen (*bethlehem*) *Haus des Brotes*, aber möglicherweise auch *Haus des Kampfes* bzw. *Haus des Gottes Lahamu*. Die arabische Übersetzung (*beit lahm*) steht für *Haus des Fleisches* (Bowker et al. 2012). Die Stadt ist die Geburtsstätte Jesu und gleichzeitig die Heimatstadt des Königs David aus der Bibel (Bowker et al. 2012). Somit kommt ihr eine besondere Bedeutung im christlichen Glauben zu, der in der überdurchschnittlich häufigen Nennung des Ortes auf den Blumenbildern Ausdruck findet. Heute ist die Stadt mit ihren 25.000 Einwohnern ein beliebtes Ausflugsziel für *christliche Israeltouristen*.[3] Im Norden der Stadt liegt ein weiterer jüdischer Pilgerort: das Grab der Rahel (Bowker et al. 2012). Auch dieser Ort ist auf den Belegen vermerkt (Abb. 6), wenn auch deutlich seltener (2 Belege). Rahel, aus dem Buch Genesis, ist

---

3 Valier, Chaya: Bethlehem in: i-Travel Jerusalem. The official Jerusalem travel site: https://www.itravel-jerusalem.com/de/article/bethlehem/, 13.09.2016, Zugriff: 01.08.2019.

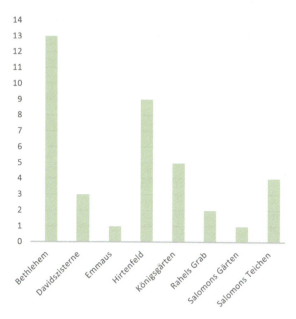

Abb. 5: Häufigkeit der Ortsangaben auf den Belegen (alphabetische Reihenfolge).

Abb. 6: Beispiel zweier Herbarbögen mit Farbkarte und Größenvergleich. (jedes graue Kästchen ist 1cm x 1cm). Auf den kleinformatigen Belegen befinden sich verschiedene Blütenpflanzen in Form eines Blumenstraußes. Unter dem Arrangement findet sich jeweils handschriftlich mit schwarzer Tinte eine Ortsangabe (links: Königs Gärten, *rechts:* Rahels Grab*). Diese Informationen müssen nicht zwingend den Sammelort angeben, sondern können auch einen symbolhaften Bezug zu einer Landschaft oder einem Ereignis haben. Der schwarze Pfeil markiert die Blüte, der in Jerusalem natürlich verbreiteten Gattung* Cyclamen, *die in Deutschland als Alpenveilchen im Handel erhältlich ist. (Foto: A. Haase)*

eine der Frauen von Jakob und die Mutter von Josef und Benjamin.[4] Ihr Grab, ein einfacher Kuppelbau, ist ein Pilgerort für Juden (Bowker et al. 2012). Die genaue Verortung ihres Grabes ist heute allerdings umstritten, da im 1. Buch Samuel eine Lokalität beschrieben wird, welche nördlich von Jerusalem liegt.

Ebenfalls häufig ist ein Gebiet östlich von Jerusalem genannt: das Hirtenfeld (Abb. 5). Ähnlich wie bei Betlehem lässt sich eine enge Beziehung zwischen dem Ort und dem christlichen Glauben aufzeigen, da auf diesen Feldern den Hirten die Geburt Christi verkündet worden sein soll (Bowker et al. 2012). Als drittes Beispiel für den Verweis auf Orte mit Symbolkraft seien die Königsgärten erwähnt. Der König als Gärtner demonstrierte durch *die sich in den Gärten widerspiegelnde Ordnung und Kultivierung der Welt*[5], Verantwortung und Weisheit.[6]

Cäcilies Herbarium enthält insgesamt fünf Belege mit dieser Aufschrift (Abb. 5 und 6).

Sag's durch die Blume:
Religiöse Symbolik der getrockneten Pflanzen aus Jerusalem

Dass es trotz fehlender Verfügbarkeit von Metadaten zu Standort, Blütenfarben oder Sammel- und somit Blühzeitpunkt durchaus möglich sein wird, einzelne Arten zu benennen, soll im folgenden Absatz an drei Beispielen illustriert werden. Die exakte Artbestimmung ist dringend erforderlich, wenn es um Fragen der Symbolik der Pflanzen im christlichen Glauben oder in der Gesellschaft geht. Auch hier gibt es bisher keine Forschungsansätze, die sich damit befassen, die Blumenalben aus Jerusalem dahingehend zu untersuchen.

Seit jeher haben Pflanzen eine elementare Bedeutung in der Welt der Menschen, sei es als Nahrungsmittel, Heilmittel oder Symbol auf den unterschiedlichsten Ebenen. Das bekannteste Beispiel ist hier wohl die Rose als Zeichen für die Liebe. Im Folgenden werden einige Pflanzen aus dem Herbarium näher auf eine mögliche religiöse Bedeutung sowie die Blumensprache hin betrachtet.

Deine Schönheit ist beneidenswert! (Zerling 2007, S. 15)
Das Alpenveilchen: *Cyclamen* (Primulaceae I Primelgewächse)

Entsprechend der Flora von Israel (online; *Cyclamen*) kommen lediglich zwei Arten der Gattung *Cyclamen* in der Region vor. Eine davon, *Cyclamen persicum* Mill., ist weit verbreitet. Im Gegensatz dazu ist die zweite Art, *C. coum* Mill., sehr selten und auf den Norden des Landes (Golan und Oberes Galiläa) beschränkt. Aus diesem Grund ist der Handel heute durch Artenschutzabkommen geregelt und unterliegt einer sehr

---

4 Klein, Andrea: Rahel, in: das Bibellexikon: https://www.bibelwissenschaft.de/wibilex/das-bibellexikon/lexikon/sachwort/anzeigen/details/rahel/ch/88bc6c84f53c258a6aee6681790d46ec/#h6, März 2009, Zugriff: 08.08.2019.
5 Ebd.: Zugriff: 08.08.2019.
6 Ebd.: Zugriff: 08.08.2019.

strengen Kontrolle. Es ist also auch anhand der vorhandenen Informationen auf den Herbarbögen (Abb. 6) sehr wahrscheinlich, dass die Sammlung von Cäcilie die weit verbreitete Art C. *persicum* enthält. Insgesamt wurden die lang gestielten Blüten auf vier der 38 kleinen Herbarbögen verwendet, was im Vergleich zu anderen Arten überdurchschnittlich häufig ist.

Bereits der römische Geschichtsschreiber und Naturwissenschaftler Plinius der Ältere berichtet, dass das Alpenveilchen zum Schutz vor negativen Zaubersprüchen und Zaubertränken Verwendung findet. Die Pflanze wird deshalb auch mit der Zaubergöttin Hekate in Verbindung gebracht, die Kontakte zum Jenseits pflegte. Im Christentum symbolisiert das Alpenveilchen hingegen den Schmerz Marias, der Mutter Jesu. Diese Bedeutung wird von roten Punkten abgeleitet, die sich manchmal im Inneren der Blüte befinden (Impelluso 2005). Zu den Grundbedeutungen in der Symbolik steht das Alpenveilchen für den Schutz der Geburt der Frau, aber auch für Schmerz, Reinigung, Bescheidenheit, Zartheit (Zerling 2007).

Ich mach' nicht gern viele Worte. (Zerling 2007, S. 77)

Farnen haftete lange Zeit ein mystisches, eher negatives Image an. Die Unklarheit, welche Bedeutung der feinkörnige braun-goldene Staub an der Unterseite der Blätter (Wedel) hatte, löste bei den Betrachtern Spekulationen über rätselhafte Schätze aus. So suchte man beispielsweise nach den Farnblüten, die als Glückssymbol galten. Da es sich bei Farnen um Sporenpflanzen handelt, die niemals blühen, war die Suche natürlich aussichtslos. Der Irr- bzw. Aberglaube endete erst, als im 19. Jahrhundert nachgewiesen wurde, dass dieses „Pulver" (Sporen) der Vermehrung dient.

Symbolisch werden dem Farn daher Macht und Geheimnis, aber auch Demut und stille Hilfe sowie Schutz zugeschrieben (Zerling 2007). Darauf weist auch der Römer Plinius hin, denn er empfiehlt den Samen [sic! gemeint sind Sporen] des Farns *„zur Atmosphärenreinigung an verdächtigen Orten auszustreuen"* (Zerling 2007, S. 78). In der christlichen Symbolik steht ein Farn hingegen für Maria als Herrin der Heilkräfte und als unfreiwillige Erbin antiker Göttinnen der Liebe (Zerling 2007). In Cäcilies Sammlung findet sich beispielsweise auf einem Herbarbogen mit der Ortsbezeichnung *Salomons Teichen* ein Frauenhaarfarn *Adiantum* sp. (Pteridiaceae dt.: Saumfarngewächse). Diese filigrane Art lässt sich leicht an den schwarzen Mittelrippen der Wedel erkennen und den fischflossenähnlichen Fiederchen (Abb. 7A).

Es handelt sich bei der verwendeten Pflanze vermutlich um *Adiantum capillus-vernus* L., eine Art, die bereits Linné bekannt war und die er 1753 benannte. Im untersuchten Herbarium ist der Farn nur auf einem einzigen Beleg montiert worden. Obwohl die Gattung *Adiantum* weltweit verbreitet ist und insgesamt 200 Arten umfasst (Mabberley 2008), kommt nur eine einzige Art in Israel vor (Flora von Israel online, *Adiantum*). Es handelt sich dabei um eine kosmopolitische und nicht etwa um eine im Nahen Osten oder Israel endemische Art, die kultiviert und kommerziell genutzt wird.

Der Vergleich der Angaben auf dem Beleg (*Salomons Teichen*) und dem aktuellen Verbreitungsgebiet in der Flora von Israel zeigt, dass es sehr wahrscheinlich ist, dass die Pflanze nicht nur symbolisch einen Bezug zu dem Ort hat. Salomons Teiche sind drei alte Wasserreservoirs im Westjordanland in der Nähe von Betlehem. In den Regionen

Ein Blumenalbum aus dem Besitz von Großherzogin Cäcilie

Abb. 7: Belege aus dem Herbarium. A (Beleg Nr. 20; Salomons Teichen): Im unteren Bereich ist der zarte Wedel des Frauenhaarfarnes zu erkennen (schwarzer Pfeil), dessen dünne dunkelbraune bis schwarze Mittelrippe sich klar von den Fiederchen absetzt; B (Beleg Nr. 14; Königsgärten) und C (Beleg Nr. 7; Hirtenfeld): Hahnenfußgewächse im Zentrum der Arrangements. (Fotos: A. Haase)

westlich davon, in den Judäischen Bergen und der Judäischen Wüste, wird der Frauenhaarfarn heute als eine häufige Art verzeichnet. Es ist also durchaus möglich, dass neben dem symbolhaften Verweis auf die Region auch der Bezug zum Standort bzw. der Fundort gegeben ist.

Hahnenfuß oder Anemone?

Das dritte Beispiel, das nähere Einblicke in die möglicherweise nicht ganz zufällige, sondern eher inhärente Symbolhaftigkeit der verwendeten Pflanzen bietet, ist ein Hahnenfußgewächs. Die Familie der Hahnenfußgewächse (Ranunculaceae) ist auch in der heimischen Flora zu finden und kann daher selbst im 19. Jahrhundert nicht als exotisch gelten. Ohne ausführliche Bearbeitung und Nachbestimmung lassen sich bereits drei rotblühende Arten benennen, die hier möglicherweise „verarbeitet" wurden: *Anemone coronaria* L. (Kronen-Anemone), *Adonis microcarpa* DC. (Kleinfrüchtiges Fasanenauge oder Rote Kamille) und *Ranunculus asiaticus* L. (Asiatischer Hahnenfuß). Alle drei Arten sind krautige Pflanzen mit einer sehr attraktiv rot gefärbten Blütenhülle und zahlreichen, sich davon dunkel absetzenden Staubblättern. Aufgrund erster Ergebnisse scheinen sowohl die Kronen-Anemone als auch der Hahnenfuß verwendet worden zu sein (Abb. 7B und C). Hier sind allerdings noch genauere morphometrische Untersuchungen, d.h. Vermessungen, der Blüten nötig, um zu klären, welche der Arten häufiger auf den Herbarbelegen zu finden ist. Trotz einer großen Ähnlichkeit auf den ersten Blick, unterscheiden sich beide Arten deutlich in der Ausbildung ihrer roten Blütenhülle. Die einzelnen Elemente („Blütenblätter") zeigen einerseits eine unterschiedliche Zähligkeit (sechs *versus* fünf), Form (rund-oval *versus* länglich) und unterscheiden sich auch darin, dass sie sich beispielsweise seitlich überlappen (Abb. 7B; hier vermutlich die Kronen-Anemone), während die deutlich längeren und leicht zugespitzten Blütenhüllblätter der Pflanze vom Hirtenfeld (Abb. 7C) frei sind. Auch diese beiden Arten finden Erwähnung in der christlichen Symbolik und zwar wie folgt:

Ich ergehe mich in Geduld! (Zerling 2007, S. 17)

Die Anemonen (*Anemone*) gehören zu den Frühlingsblühern und stehen daher in der Grundbedeutung für ein neues Leben, für Hoffnung, aber auch für Vergänglichkeit (Zerling 2007). Entsprechend antiker Überlieferungen soll die Anemone aus einem Blutstropfen des Adonis entstanden sein. Dieser wurde vom eifersüchtigen Gott Ares getötet, der sich in einen Eber verwandelt hatte. In der christlichen Welt symbolisiert die Anemone Maria als Mutter des Schmerzes und Jesus während seiner Passion (Zerling 2007, S. 17).

Du bist sehr veränderlich! (Zerling 2007, S. 108)

Auch der Hahnenfuß (*Ranunculus*) ist ein Bote des Frühlings und symbolisiert Neugeburt, Glück und Wachstum. Nach Zerling (2007) wird die Gattung Maria als behütende Mutter und Herrin des Frühlings zugeschrieben.
Insgesamt finden sich bei ca. einem Viertel der Bögen entsprechend attraktive rot blühende Hahnenfußgewächse im Zentrum der Blumenarrangements. Dies könnte ein Verweis auf die besondere Symbolik der entsprechenden Arten sein. Unabhängig davon sind die Blüten vor allem durch ihre bloße Größe, ihre auffällige Färbung und einen besonderen Farbkontrast zwischen Blütenhülle (rot) und Staublättern im Zentrum (schwarz) gekennzeichnet. Es ist möglich, dass zusätzlich auch ästhetische Aspekte eine Rolle gespielt haben.

Fragen, Fragen, noch mehr Fragen...

Nach einem Semester zeigt sich, wie viele unerwartete Fragen diese kleine Sammlung noch immer birgt. Von der Schwierigkeit der Bestimmung der Arten über eine Recherche zu Vergleichssammlungen bis hin zu Interpretationen der Interessen bzw. des Gemütszustandes der Großherzogin mit Hilfe eines Experten zog die Arbeit immer weitere Kreise. Längst nicht alle Fragen konnten beantwortet werden, doch die Arbeit bildet eine verbesserte Grundlage für weitere spannende Untersuchungen, bei denen Studierende Einblicke in die Forschung bekommen können. Dazu gehört die Frage, wie das Herbarium in den Besitz der Großherzogin Cäcilie gelangte. Hier sind noch viele Stunden Recherche in Archiven nötig und, wie bisher bei der Arbeit im LMO, ein Quäntchen Glück bei der Recherche.

Literaturverzeichnis

Avigad, B. & Danin, A. (1977): Flowers of Jerusalem – Fleurs de Jérusalem. Jerusalem: Steimatzky's Agency.
Bowker, J., Halliday, S., Knox, B. & Haupt, M. (2012): Das Heilige Land aus der Luft. Atlas der historischen Stätten, Darmstadt: Primus in Wissenschaftliche Buchgesellschaft.
Breuer, E.M. & Heydemann, K. (2020): Blumige Aussichten. Beitrag zum Poster Slam für studentische Projekte Oldenburg (30.1.2020).
Charzinski, N., Halfter, A. & Will, M. (2019): Die *Flora Alpina*: Von pflanzlichen Zwergen und fehlenden Sammeldaten. Museumsjournal Natur und Mensch 10, 7-22.
Charzinski, N. & Halfter, A. (2020): „Zwergenforschung". Beitrag zum Poster Slam für studentische Projekte Oldenburg (30.1.2020).
Dick, C. (2020): Die Mauch'sche Apotheke. Ein Herbarium aus Süddeutschland und seine Spuren in Oldenburg (Bachelorarbeit).
Dick, C. (2020): *Wirk*sam oder *würg*sam? Ein Apothekerherbarium und seine Spuren in Oldenburg. Beitrag zum Poster Slam für studentische Projekte Oldenburg (30.1.2020).
Großkopf, D. (2020): Musikalisch! Schick! Gefährlich! Beitrag zum Poster Slam für studentische Projekte Oldenburg (30.1.2020).
Haase, A. (2020): Flower Power im Großherzogtum Oldenburg: mehr als vertrocknete Blümchen! Beitrag zum Poster Slam für studentische Projekte Oldenburg (30.1.2020).
Impelluso, L. (2005): Die Natur und ihre Symbole. Pflanzen, Tiere und Fabelwesen. Bildlexikon der Kunst Band 7, Berlin: Parthas Verlag.
Kaluza C. & Will, M. (2020). Bäume, Bücher, Bellermann: Eine Xylothek aus dem 18. Jahrhundert im Fokus studentischer Forschung. Natur im Museum 10, 54-56.
Kaluza, C. (2020): Bellermann's verschollene Xylotheken. Beitrag zum Poster Slam für studentische Projekte Oldenburg (30.1.2020).
Mabberley, D.J. (2008): Mabberley`s plant book. A portable dictionary of plants, their classification and uses. Cambridge University Press.
Metzing, D. & Strauch, L. (2010): Das Herbarium im Landesmuseum Natur und Mensch Oldenburg – Inventarisierung und Aufarbeitung. Museumsjournal Natur und Mensch 6, 239-247.
Mörike, T. (2018): Herbarien als Geomemorabilia. Blumenalben aus Jerusalem. Annals of the History and Philosophy of Biology 22, 279-288.
Niemöller, G. (1997): Die Engelinnen im Schloss. Eine Annäherung an Cäcilie, Amalie und Friederike von Oldenburg. Oldenburg: IsenseeVerlag.
Will, M. (2015): Ein Hauch Wilder Westen im Herbarium des Landesmuseums Natur und Mensch Oldenburg. Die Sammlung texanischer Pflanzen von Charles Vinzent. Oldenburger Jahrbuch 115, 255-278.
Will, M. (2016): Vom Weihnachtsbaum und seinen Verwandten: Ausgewählte wissenschaftliche Sammlungen im Landesmuseum Natur und Mensch Oldenburg und ihre Bedeutung für die Volks- und Schulbildung seit dem 19. Jahrhundert. Oldenburger Jahrbuch 115, 285-300.
Will, M. (2018): Historische Obstkabinette: Dokumente wissenschaftlicher Erfassung, handwerklicher Perfektion und Ausdruck ästhetischen Empfindens im 19. Jahrhundert. Annals of the History and Philosophy of Biology 22, 199-211.
Will, M. (2019a): Aktenzeichen XY ungelöst – Eine mykologische Spurensuche wirft Fragen auf. Mitteilungen der Fachgruppe Naturwissenschaftliche Museen im Deutschen Museumsbund. Natur im Museum 9, 93-95.

Will, M. (2019b): Arnoldis Obstcabinet: Ein Nachtrag zur Oldenburger Sammlung. Museumsjournal Natur und Mensch 10, 65-80.
Zerling, C. (2007): Lexikon der Pflanzensymbolik, Baden und München: AT Verlag.
Zohary, M. (1995): Pflanzen der Bibel. 3. Aufl., Calwer Verlag GmbH.

Weitere Quellen

Das Bibellexikon: https://www.bibelwissenschaft.de (Zugriff: 1.8. & 8.8.2019)
Flora von Israel online: https://flora.org.il/en/plants/systematics (Zugriff: 14.8.2019)
Landesbibliothek OL: https://www.lb-oldenburg.de/nordwest/biohb.htm (Zugriff: 4.6.2019)
Valier, C.: https://www.itraveljerusalem.com/de/article/bethlehem/ (Zugriff: 1.8. & 13.9.2019)

Anmerkung der Seniorautorin

Weitere Ergebnisse studentischer Forschungsarbeiten wurden am 30.1.2020 bei einem studentischen Poster Slam in der Landesbibliothek Oldenburg präsentiert. Sie sind das Ergebnis einer Kooperation zwischen der CvO Universität Oldenburg (Institut für Biologie und Umweltwissenschaften, AG Biodiversität und Evolution der Pflanzen) und dem LMNM Oldenburg, die es Studierenden ermöglicht, sammlungsbezogene Forschungsfragen zu bearbeiten und das Museum bei der Erschließung seiner Sammlungen zu unterstützen. Beispiele der Posterbeiträge finden Sie auf der Homepage der Kustodien der Universität Oldenburg: https://uol.de/kustodien/poster-slam-vermittlungsobjekte

Danksagung

Ganz herzlich möchten wir uns bei den folgenden Personen und Institutionen bedanken, die uns unsere Forschungsarbeit überhaupt erst möglich gemacht haben: dem LMNM für die Möglichkeit, das Herbarium zu untersuchen, Jennifer Tadge, M.A. (LMNM), die uns bei der Recherche zu Archivalien und der Provenienzforschung hilfreiche Tipps gegeben hat, Annika Peter (Biologiestudentin an der CvO Universität OL), die uns bei der Einordnung der Pflanzenarten in Familien und Gattungen unterstützt hat sowie Diplom-Psychologen Christoph Frenken (Schortens), der die Interpretationen bezüglich des Charakters und der psychologischen Verfassung der Großherzogin Cäcilie fachlich unterstützt hat.

Eva Maria Breuer, Maria Will

Carl Ludwig Ritter von Blume –
Leben und Wirken eines deutsch-niederländischen Botanikers im 19. Jahrhundert

Die Forschung zum Leben und Wirken des bekannten Arztes und Botanikers CARL LUDWIG BLUME ist nicht nur relevant für Oldenburg, weil sich hier ein Teil seines wissenschaftlichen Erbes am Landesmuseum Natur und Mensch Oldenburg (LMNM) befindet. Vielmehr bietet diese Sammlung den Ausgangspunkt für die vorliegende Arbeit und für zukünftige (internationale) Kooperationsprojekte der Carl von Ossietzky Universität mit dem LMNM oder für gemeinsame Forschungsanträge. Obwohl die kritische Auseinandersetzung mit Objekten kolonialen Ursprungs (Provenienzforschung) am LMNM im Bereich der Ethnologie bereits gut etabliert ist (Tadge 2017, 2019), kann die Sammlung BLUME als erste Auseinandersetzung mit dem Thema koloniales Erbe in den botanischen Sammlungen am LMNM betrachtet werden. Fragen zu diesem Schwerpunkt haben sich erst im Rahmen der Recherche der studentischen Arbeit ergeben und sind so zunehmend in den Fokus der Betrachtung gerückt, insbesondere bei der Auswertung verschiedener Quellen[1]. Nicht nur das wissenschaftsgeschichtliche und politische Interesse an diesen Themen nimmt aktuell zu. Auch das persönliche Interesse der Seniorautorin für diesen bisher von Botaniker/-innen vernachlässigten Aspekt der Sammlungsarbeit, wurde durch die Auseinandersetzung mit der Sammlung BLUME geweckt. Aus Sicht der Botanik ist allein die (Wieder-)Entdeckung und Aufarbeitung einer historisch äußerst wertvollen Sammlung in den Beständen des LMNM einen Beitrag mit fachwissenschaftlichen Informationen wert. Da sich Museen heute als identitätsstiftende Einrichtungen mit Bildungsauftrag sehen, welche verschiedenen Zielgruppen die Teilhabe an Wissen bzw. Wissensproduktion bieten, ist die Forschung an historischen Beständen eine Möglichkeit, den Bürger/-innen einen Zugang zur Geschichte des „eigenen Museums" zu ermöglichen. Dies auch oder insbesondere, wenn es sich um exotische Zeug-

---

1 Die Anregungen von Kolleg/-innen aus anderen Fachbereichen wie Ethnologie und Geschichte sowie der Austausch mit Fachkolleg/-innen aus dem Bereich Naturkunde hat eine wichtige Rolle gespielt, das BLUME-Herbarium auch unter dem Aspekt der Aufarbeitung kolonialer Sammlungen zu betrachten. Dies vor allem unter dem Gesichtspunkt, dass es bisher keine oder nur sehr wenige Publikationen dazu gibt.

Anschrift der Verfasserinnen: Dr. Maria Will, Institut für Biologie und Umweltwissenschaften (IBU), Carl von Ossietzky Universität Oldenburg, maria.will@uol.de

nisse aus Übersee handelt. Denn sowohl der Erwerb als auch die Präsentation entsprechender naturkundlicher Objekte können einen Einblick geben, welche Themen zu Kolonialzeiten in Oldenburg für relevant erachtet wurden, welchen Bildungsauftrag das damalige Großherzogliche Naturalienkabinett verfolgte und welche Sammlungsobjekte erworben wurden. Letzteres kann Auskunft darüber geben, welcher wissenschaftliche, ideelle, politische oder repräsentative Wert den Objekten möglicherweise zugeschrieben wurde.

Die Politik fordert explizit all jene Einrichtungen in Deutschland auf, die Sammlungsgut aus kolonialen Kontexten bewahren, diese Bestände zu erforschen – und zwar proaktiv. Entsprechend der *Veröffentlichung zum Umgang mit Sammlungsgut aus kolonialen Kontexten* (2019, Onlinequelle) werden außerdem verschiedene Verpflichtungen formuliert, die sich heute aus dem Besitz von Objekten aus ehemaligen Kolonialgebieten ergeben. Dabei ist es Konsens, dass die Aufarbeitung der deutschen Kolonialgeschichte als Teil einer gemeinsamen gesellschaftlichen Erinnerungskultur zu verstehen ist. Diese Aufarbeitung setzt aber voraus, dass Objekte dokumentiert (Inventarisierung und Digitalisierung) und Ergebnisse veröffentlicht werden. Nur so lässt sich ein offener und öffentlicher Diskurs anregen und führen. Hierbei sind nicht nur Herkunftsländer der untersuchten Objekte (Ethnografica, naturkundliche Objekte oder Schriftgut) zu betrachten. Vielmehr sollten sich auch Bürger/-innen dieser gesamtgesellschaftlichen Verantwortung und Herausforderung stellen, was ohne Informationen aus den Institutionen mit entsprechenden Sammlungen natürlich nicht realisierbar ist. Mit dem multiperspektivischen Forschungsansatz können Anknüpfungspunkte für unterschiedliche Interessensgruppen geschaffen werden, so dass die Themen auf vielfältige Weise gesellschaftliche Relevanz und Aufmerksamkeit erhalten. Dabei geht die Forschung über die reine Betrachtung der naturkundlichen Objekte hinaus. Es stehen nicht mehr nur Fragen im Raum wie: *Welche Art ist das? Woher kommt sie? Ist dieses Objekt ein Belegexemplar für die Artbeschreibung (Typus)? Welche genetischen und/oder morphometrischen Untersuchungen könnte man daran vornehmen?* Es geht vielmehr um Gedanken zur Wissensproduktion (indigenes Wissen *versus* eurozentrische Auslegung und ggf. Deutungshoheit) oder Fragen zum Aneignungsprozess (gewaltsam und ethisch-moralisch verwerflich *versus* Geschenke oder legale Ankäufe). Und natürlich geht es auch in der Naturkunde um die sich aus den Erkenntnissen ergebende Konsequenzen (ggf. Rückgabeansprüche: Zappi et al. 2006). Im Hinblick auf mögliche rechtliche Ansprüche der Ursprungsländer wird z.B. die Auffindbarkeit von potenziell betroffenen naturkundlichen Objekten erst durch die Publikation möglich. Hier schließt ein weiterer wichtiger Punkt an: Das Oldenburger Jahrbuch ist ein hervorragendes Medium, um die Ergebnisse studentischer Forschungsarbeit sichtbar zu machen und Studierenden die Chance zu geben, erste Erfahrungen als Nachwuchswissenschaftler/-innen zu sammeln[2].

Die vorliegende Arbeit zeigt am Beispiel einer naturkundlichen Sammlung aus der Kolonialzeit, wie ein interdisziplinärer Forschungsansatz zu Synergien führen kann. Dieses Selbstverständnis, sich der eigenen Geschichte zu stellen und sie transparent im Spannungsfeld des aktuellen Diskurses zum unrechtmäßigen Erwerb von Kul-

---

2 z.B. das Verfassen populärwissenschaftlicher Publikationen, den Prozess des Publizierens eines Beitrags; eine Möglichkeit, die Studierende in der Regel nicht vor dem Abschluss einer qualifizierenden Abschlussarbeit (Bachelor, Master, Promotion) bekommen

Abb. 1: Teilnehmer/-innen der Lehrveranstaltung Flora Vertiefung *im Sommersemester 2018 im Herbarium des LMNM (LMO). Links: Montage von Pflanzen auf Papierbögen, rechts: Einblicke in die Vielfalt der botanischen Sammlungsobjekte des Museums (Foto: J. Tadge/LMNM)*

turgut auszuarbeiten, ist bei naturkundlichen Museen[3] bisher nur sehr vereinzelt zu finden. Aufgrund des Umfangs der Sammlungen ist hier sowohl in der Ethnologie als auch in der Naturkunde noch ein langer Weg zu gehen, aber für die botanischen Objekte am LMNM ist ein erster Schritt mit dem vorliegenden Projekt bereits getan, auch dank des Engagements von Studentinnen der Universität Oldenburg.

Seit dem Sommersemester 2018 profitieren Studierende der *Arbeitsgruppe Biodiversität und Evolution der Pflanzen* am Institut für Biologie und Umweltwissenschaften der Carl von Ossietzky Universität Oldenburg (CvO) sowie Teilnehmer/-innen transdiziplinärer Lehrveranstaltungen von der Kooperation mit dem LMNM. Unter Leitung von Maria Will wurden nicht nur unterschiedliche Lehrveranstaltungen[4] im Museum durchgeführt, sondern auch verschiedene sammlungsbezogene Forschungs- und Projektarbeiten erfolgreich abgeschlossen (für eine vollständige Auflistung siehe Haase & Will 2020 in diesem Band und darin zitierte Literatur). Viele Studierende, die sich auf dieses Abenteuer einlassen, wurden durch das Seminar *Lernen an Dingen*, einer transdisziplinären Lehrveranstaltung der Fakultäten III (Sprach- & Kulturwissenschaften) und V (Mathematik & Naturwissenschaften) der CvO, auf die Möglichkeit zur eigenen Forschung an musealen Sammlungen aufmerksam. Aber auch andere Lehrveranstaltungen, die im Museum oder im Niedersächsischen Landesarchiv Oldenburg stattfinden, wecken regelmäßig das Interesse an der Arbeit z.B. mit historischen naturwissenschaftlichen Objekten (Abb. 1).

Ein Projekt, welches sich als viel umfangreicher und zeitaufwändiger erwies als ursprünglich gedacht, befasst sich mit einer exotischen Pflanzensammlung im Herba-

---

3 Diese Aussage bezieht sich auf eine Recherche zu aktuellen Veröffentlichungen oder Tagungen zu Provenienzforschungsprojekten und/oder Aufarbeitungen kolonialer naturkundlicher Sammlungsgegenständen in naturkundlichen Sammlungen unabhängig davon, ob es sich um Universitäten, Naturkundemuseen oder Mehrspartenhäuser handelt.

4 u.a. das Seminar *Lernen an Dingen* (zum Sammeln als kulturelle Praktik, Wissenschaftsgeschichtliche Bedeutung von Universitätssammlungen, Provenienzforschung, Forschungsfragen an wissenschaftliche Sammlungen), welches an der CvO Universität im Rahmen eines Zertifikatsprogrammes *Kustodische Praxis an Universitätssammlungen* belegt werden kann; darüber hinaus Kurse wie *FLORA Vertiefung* sowie LV im Professionalisierungsbereich wie *Forschung im Herbarium*

rium des LMNM (LMO). Dieses Konvolut stammt passenderweise von einem Herrn namens CARL LUDWIG VON BLUME (09.06.1796 – 03.02.1862).

Die über 400 Belege getrockneter, gepresster und sorgfältig montierter Pflanzen stammen aus fernen Ländern wie Java, Sumatra und Borneo (Indonesien). Eine Digitalisierung und Erfassung aller Metadaten (d.h. Artnamen, Fundorte, Hinweise auf den/die Sammler und das Sammeldatum oder Besonderheiten der Präparation) sind dabei ein wichtiger Schritt zur wissenschaftlichen Aufarbeitung der Sammlung. Dass diese Arbeit den Rahmen einer studentischen Projekt-, Bachelor- oder Masterarbeit bei weitem sprengt, ist daher keine Überraschung.

Auf den ersten Blick scheint es keinen direkten Bezug zu Oldenburg oder der Region zu geben. Erst bei der Recherche zum Sammler und der Geschichte der Objekte (Provenienzforschung) wird deutlich, dass es durchaus interessante Vernetzungen bzw. Anknüpfungspunkte in Nordwestdeutschland gibt. Hier spielen vor allem bisher vollkommen unbekannte und somit auch unerschlossene Korrespondenzen des unter Botanikern bekannten CARL LUDWIG BLUME eine Rolle, welche die Studentin Eva Maria Breuer im Archiv der Staats- und Universitätsbibliothek Bremen (SuUB) ausfindig gemacht hat (Abb. 2 & 3).

Abb. 2: *Brief von* BLUME *an seine Pflegeeltern.* BLUME *nummerierte seine Briefe aus Angst, die Korrespondenzen können auf der langen Reise verloren gehen und bittet in einem Brief seine Mutter, dies ebenfalls zu tun; hier: Brief Nr. 9 (oben rechts), Brief vom 05.01.1815; die Briefe umfassen jeweils eine bis vier Seiten, sind in Deutsch verfasst, enthalten aber auch niederländische, französische oder englische Begriffe. (Quelle/Urheberrechte: SuUB Aut. XXIV,9)*

Carl Ludwig Ritter von Blume

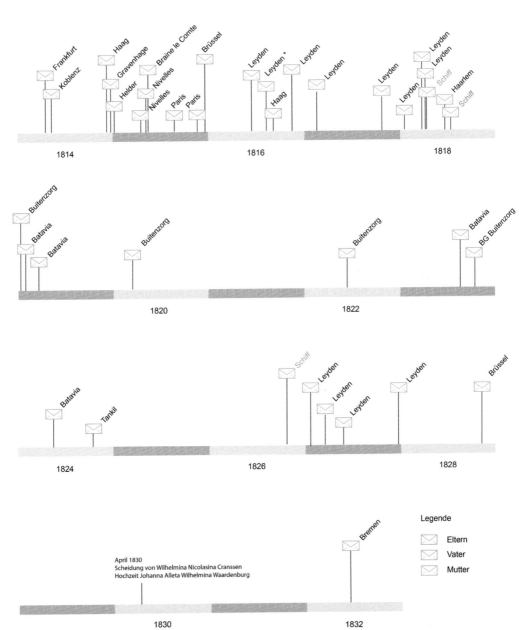

Abb. 3: Chronologie bisher unbekannter Briefe von BLUME an seine Adoptiveltern im Zeitraum von 18 Jahren. Drei Briefe sind explizit an den Pflegevater gerichtet, sieben an die Pflegemutter und 30 an beide Pflegeelternteile. Von den insgesamt 40 Briefen ist einer nicht mit Ort und Datum versehen, sodass er für diese Abbildung nicht berücksichtigt wurde. Die Farbe der Briefe zeigt, an wen BLUME sich im Anschreiben richtet; graue Balken stehen für die Jahre, die durch weiße Striche in die Monate eingeteilt werden; * = Brief, bei dem das Datum nicht eindeutig angegeben wurde, Zuordnung erfolgte anhand der Nummer. (Grafik: M. Will)

Van Steenis kritisierte bereits 1990, dass eine Biografie für diesen bedeutenden Wissenschaftler unverständlicherweise bis zu diesem Zeitpunkt fehlte. Zwar zitiert der Autor zahlreiche Korrespondenzen BLUMES, hebt aber hervor, dass die bereits ausgewerteten Schreiben an Kollegen gewesen seien und daher eher wissenschaftlichen Inhalts wären. Persönliche Dokumente, die einen Blick auf BLUMES Hoffnungen, Wünsche, Ängste oder ähnliche Belange erlauben, stehen nun also erstmals in größerem Umfang zur Verfügung, nämlich in Form von 40 Briefen mit ca. 90, z.T. eng beschriebenen Seiten. Sie untermauern die von van Steenis (1990) geforderte „Rehabilitierung" BLUMES, der bisher eher als ein unsympathischer Mensch und skrupelloser wissenschaftlicher Kollege dargestellt wird und dessen Leistungen, sowohl in der Medizin als auch in der Naturwissenschaft, (zu) wenig Würdigung erfahren haben.

Neben einem kurzen Einblick in das Wirken von BLUME und seinen Beiträgen für die Botanik, soll in dieser Arbeit vor allem ein persönliches Bild des Forschers gezeichnet werden. Insgesamt 40 Briefe an seine Pflegeeltern in Braunschweig, die im Zeitraum von April 1814 bis Juni 1832 verfasst wurden (Abb. 3), bestätigen z.T. bekannte Stationen seines Lebens (Tab. 1). Zusätzlich bewahrheitet sich, dass die mitunter despektierliche Beurteilung BLUMES durch Zeitgenossen oft unbegründet war (van Steenis 1990).

Wer war Carl (Karl) Ludwig Ritter von Blume?
... ein paar biografische Eckdaten

CARL LUDWIG BLUME (Abb. 4) wurde am 09.06.1796 in Braunschweig (Niedersachsen) geboren. Seine leiblichen Eltern waren CHRISTIAN NICHOLAS LUDWIG BLUME (geb. unbekannt, gest. 1795) und MELUSINE CAROLINE SOPHIE geb. DRECHSLER (geb. unbekannt, gest. 1801). Der Vater, ein Händler und Spediteur (Hildt 1790), starb vor BLUMES Geburt und die leibliche Mutter verlor Carl bereits im Alter von 5 Jahren (van Steenis 1990).

Über seine Kindheit gibt es bislang keine Informationen, ebenso wenig zu potenziellen Geschwistern oder weiteren Angehörigen. Diese Lücke kann durch die Sichtung und Auswertung der persönlichen Korrespondenzen und anderen Archivalien zumindest teilweise gefüllt werden. So erwähnte BLUME im Zusammenhang mit einem Todesfall und einer Erbschaftsangelegenheit beispielsweise (s)einen *„rechten Bruder"*, welcher älter wäre als er selbst (Brief im Januar 1815; Datum unleserlich, vermutlich 05. oder 25.01.). In diesem Brief wird allerdings auch deutlich, dass die Beziehung zu seiner leiblichen Familie äußerst distanziert war und BLUME den Kontakt zu ihr mied, weil er sich allein gelassen fühlte.

Die Recherche zu weiteren biografischen Daten seiner Familienmitglieder ist zum jetzigen Zeitpunkt noch nicht abgeschlossen. Erste Ergebnisse zeigen aber, wie wenig über die Persönlichkeit und das Leben des Wissenschaftlers bisher bekannt ist. Dasselbe gilt bisher auch für BLUMES Pflegeeltern. Die Transkription der Briefe ermöglicht nun eine neue Perspektive und zeigt einen fürsorglichen, ehrgeizigen und bescheidenen jungen Mann, der Freunde/Bekannte in aller Welt hatte. Einen Mann, der den Respekt seiner Pflegeeltern gewinnen will und auf deren Ratschläge vertraut, der gleichzeitig von den Eindrücken und Stationen seiner Reisen berichtet

(Abb. 3) und so die für ihn enorm wichtige Verbindung zu Freunden und zur Familie aufrechterhält.

Der Pflegevater, JOH. G. FR. HOFFMANN, arbeitete als Lehrer[5] am Braunschweiger Gymnasium St. Martini (Abb. 2), welches heute, nach der Zusammenlegung mit einem weiteren Gymnasium, den Namen Martino-Katharineum Braunschweig trägt.

Abb. 4: Portrait von CARL LUDWIG BLUME umrahmt von der Flora Javas mit Kannenpflanzen (Nepenthes), Rafflesia, Rhizanthes, Orchideen und einer Rattan-Palme. (Quelle: Rumphia 3 (1847); wikipedia, public domain)

---

5 Diese Information geht aus der Anrede einiger an den Vater adressierten Briefe hervor.

Während sein Geburtsdatum weiterhin unklar bleibt, lässt sich das Sterbedatum von Herrn HOFFMANN, anhand der Korrespondenzen, auf einen Zeitraum zwischen 1824 und 1826 eingrenzen. *„[…] Aber wie freudig der Gedanke, mich bald in der Nähe meiner treuen Mutter zu befinden, mein Herz klopfen lässt, dieses kann ich Dir nicht beschreiben; ganze Stunden lang kann dieser einzige Gedanke mich täglich beschäftigen, und er wird nur getrübt, durch die schmerzliche Versicherung, dass ich den Zirkel meiner guten Pflege-Eltern nicht so wiederfinden werde, als ich denselben vor ungefähr zehn Jahren verliess. Damals war mein [füllenster] Gedanke, um durch Thaten mir einen Eurer Liebe würdigen Namen zu erringen, und um dann in Eure Arme zurükk zu eilen um Euch sagen zu können, dass mein Glück nur durch Euch begründet sei! Doch jetzt, kann diese freudige Voraussicht nur teilweise erfüllt werden, denn er den ich so unaussprechlich liebte, dein braver Mann, er ist auch mir entrissen! – und so wird unser Wiedersehen mit einem […] neuen herben Schmerzens verbunden sein."* (Brief vom Schiff; 24.10.1924)

Die Briefe, die BLUME an seine Pflegemutter adressierte, geben den Hinweis, dass sie eine geborene STERNBERG war und BLUME sie und ihren Mann als seine wahren Eltern ansah. Leider sind auch die Lebensdaten der Pflegemutter bisher unbekannt. Insgesamt war das Verhältnis zu den Pflegeeltern und den Mitgliedern der Pflegefamilie (Geschwister) sehr liebevoll und von Respekt geprägt. Letzteres zeigt sich u.a. darin, dass BLUME den Pflegevater siezte und sich für dessen Ratschläge bedankte, die er zu befolgen gedachte. Auch äußert er in fast jedem seiner Briefe den Wunsch eines baldigen Wiedersehens, insbesondere mit der Mutter.

Allein durch diese neuen Einblicken in die familiären Verhältnisse kommt den im Rahmen dieser Arbeit transkribierten und ausgewerteten Briefen eine besondere Bedeutung zu, da sie (1) bislang unbekannte Daten wichtiger Personen im Leben des CARL LUDWIG BLUME beinhalten, (2) die Beziehung zu seinen Pflegeeltern zeigen, (3) einen sehr persönlichen Einblick in sein Leben geben, seine Ansichten und seine Sorgen widerspiegeln, (4) ermöglichen, seine Forschungsreisen und Ideen aus erster Hand zu erfahren und (5) eine persönliche Seite von Blume entdecken lassen, die einen fürsorglichen Sohn, Bruder, Freund und auch engagierten Arzt aufleben lassen, eine Persönlichkeit, die im Widerspruch zu der autokratischen, dominanten, unsympathischen Person steht, die Zeitgenossen offenbar in ihm gesehen haben (van Steenis 1990).

Wie van Steenis (1990) bereits feststellt, berücksichtigen Biographen oft nicht die Persönlichkeit und den Charakter der entsprechenden Protagonist/-innen. Vielmehr werden bei Wissenschaftler/-innen die Publikationen und Entdeckungen in den Vordergrund gestellt, so dass sich in der Retrospektive ein unvollständiges, mitunter auch falsches Bild der jeweiligen Person ergeben kann. Dies gilt insbesondere, wenn es wenige zeitgenössische Quellen gibt. Letztere sind aber in Verbindung mit der intensiven Sammlungsarbeit dringend erforderlich, nicht nur um koloniales Erbe aufzuarbeiten, sondern auch, um einen Mehrwert für die Wissenschaft zu generieren. Als aktuelles Beispiel sei die Auswertung der Reisetagebücher des Botanikers CARL HAUSSKNECHT genannt (Victor 2013).

Tab. 1: Chronologische Zusammenfassung von BLUMES *Leben mit einschneidenden Ereignissen im Privatleben und dem beruflichen Werdegang. Die Daten stützen sich auf eine anonyme Quelle (Anonym 1863), Spehr (1875), van Steenis (1990) sowie die bisher ausgewerteten Briefe des Wissenschaftlers an die Familie. Informationen zu Namen und Geburtsdaten der Kinder stammen aus dem OpenArchive der Niederlande (https://www.openarch.nl/). Abkürzungen: B = Belgien; Dtl = Deutschland; NL = Niederlande.*

BLUME als Privatperson	Zeit	berufliche Stationen seines Lebens
Geburt in Braunschweig (Dtl)	1796	
Tod der leiblichen Mutter MELUSINE CAROLINE SOPHIE geb. DRECHSLER	1801	
	1813	Eintritt in das LÜTZOW'sche Freikorps
	1814	Anstellung als Militärapotheker der 2. Klasse bei der niederländischen Streitmacht
	1815	Schlacht bei Waterloo (Teil der zweiten Division zur medizinischen Betreuung), Rückführung naturhistorischer Sammlungen von Paris in die NL (mit SEBALD J. BRUGMANS[6])
	1817	Abschluss des Medizinstudiums in Leiden
	1819	Abreise nach Java
	1822	Direktor des Botanischen Garten in Buitenzorg (heute Bogor) und *Inspecteur de Vaccine*
	1823	erste große Expedition auf Java
Tod des Pflegevaters JOH. G. FR. HOFFMANN (zw. 1824 und 1826)	1824	*Directeur der Batavischen Societät von Künsten und Wissenschaft, Comissar über den medizinischen Dienst der ganzen Kolonie*
	1826	Rückkehr nach Europa mit anschließender Ritteradelung durch den ORDEN DES NIEDERLÄNDISCHEN LÖWEN (Datum unbekannt)
	1828	Chef des öffentlichen Gesundheitswesens in Leiden (NL)
	1829	Direktor des Rijksherbarium in Brüssel (B)
Scheidung von WILHELMINA NICOLASINA CRANSSEN & zweite Hochzeit mit JOHANNA ALETTA WAARDENBURG	1830	Verlegung Rijksherbarium nach Leiden (NL)
Geburt Sohn Karel Lodewyk	1833	
Geburt Sohn Hendrik August	1835	
Geburt Tochter Maria Aletta	1837	
Geburt Tochter Anna Elisabeth	1839	
Tod Sohn Herman Everhard (geb. unbekannt)	1849	
Tod in Leiden (NL)	1862	

---

6 in seinen Briefen verwendet BLUME auch die Schreibweise BRUGMANNS

Blumes Sammlung aus der Kolonie: Interdisziplinäre Forschung als Grundlage für eine Bewertung botanischer Objekte am LMNM Oldenburg

Während für den Großteil der Belege aus Südostasien noch nicht ganz sicher ist, wann und wie sie ans LMO gekommen sind, lässt sich der Eingang einer speziellen Teilsammlung des Herbariums klar belegen. Eine besonders ansprechend gestaltete großformatige grüne Pappschachtel (L 55 cm x B 37,5 cm x H 7,5 cm) mit insgesamt 11 Belegen der Gattung *Nepenthes* L. (Kannenpflanzen) ist offenbar die berühmte Nadel im Heuhaufen (Abb. 5 & 6). Attraktive Kannen sind beispielsweise in Blumes Portrait (Abb. 4) auf der linken Seite deutlich zu erkennen.

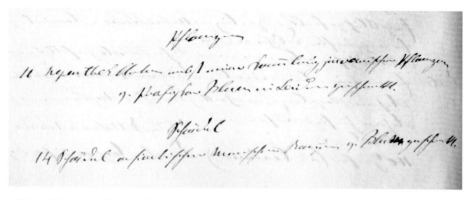

Abb. 5: Eintrag im Zugangsbuch des Großherzoglichen Naturalienkabinetts (Quelle: NLA-OL Rep. 751 Akz. 2010/054 Nr.76) (Bild: M. Will)

Nur für dieses eine besonders prächtige Konvolut von konservierten Pflanzen ist in den Zugangsbüchern des ehemaligen Großherzoglichen Naturalienkabinetts ein eindeutiger Eintrag zu finden (Abb. 5). Er datiert den Eingang dieser Sammlung auf das Jahr 1853 und weist das Teilherbarium als Geschenk an die Oldenburger Sammlung aus:

„Pflanzen
11 Nepenthes Arten nebst einer Sammlung javanischer Pflanzen
v. Professor Blum[e] in Leiden geschenkt"

Dass Blume nicht nur im Bereich der Botanik aktiv war, sondern auch aus heutiger Sicht höchst brisante Sammlungsobjekte von Übersee nach Europa und somit auch nach Oldenburg brachte, wird ebenfalls in Abbildung 5 deutlich. Direkt unter den Kannenpflanzen ist folgender Eingang vermerkt: *„Schädel 14 Schädel asiatischer Menschen Racsen* [sic] *von Blume geschenkt"*. Daran wird deutlich, dass es im 19. Jahrhundert ein vollkommen anderes Verständnis zum Umgang mit menschlichen Gebeinen (engl. human remains) gab. Auch zeigt sich, dass Naturkundler diese offenbar mit der gleichen Selbstverständlichkeit sammelten, tauschten und verschenkten, wie sie

Abb. 6: Nepenthes-Teilherbarium von BLUME. A: leicht beschädigte Schachtel mit Kannenpflanzen, B: goldgeprägter Aufdruck, C: Etikett (Pflanzen aus dem Indischen Archipel C.L. Blume 13.), D: Blick in die Schachtel mit dem Beleg einer Nepenthes-Art (Bilder: M. Will)

es mit anderen naturkundlichen Objekten taten. Im Rahmen der Bearbeitung von Teilen der ethnologischen Sammlung des LMNM (Tadge 2017, 2019) und speziell durch das vom Deutschen Zentrum Kulturgutverluste geförderte Projekt „*Provenienzforschung zur anthropologischen Schädelsammlung im Landesmuseum Natur und Mensch*" wird dieses koloniale Erbe nun wissenschaftlich, aber auch unter ethisch-moralischen Gesichtspunkten aufgearbeitet. Ein besseres Verständnis der Person BLUME als Sammler und die aus seinen Briefen abzuleitenden Wertvorstellungen oder Gedanken könnte also auch fächerübergreifend dem Museum zugutekommen. Dahingehend ist es in diesem Zusammenhang sehr überraschend, dass BLUME anscheinend einen sehr freundschaftlichen Umgang mit der Bevölkerung Indonesiens hatte, der offenbar von Respekt geprägt war. Aus BLUMES Briefen wird deutlich, dass er sich als Arzt den Menschen unabhängig ihrer Herkunft verpflichtet fühlte und ihre Not zu lindern suchte. Die beiden Briefe vom 10.06.1822 und 14.05.1824 scheinen diese These, die van Steenis in seiner Biografie bereits 1990 aufstellte, zu untermauern.

In diesem Zusammenhang muss auch eine Kritik von BLUMES Kollegen FRANZ WILHELM JUNGHUHN (26.10.1809 – 24.04.1864) gesehen werden. Dieser warf BLUME vor, dass er bei der Namensgebung einer neu beschriebenen Pflanzengattung den Namen eines Indigenen verwendet hat. Dazu muss man wissen, dass Benennungen neu entdeckter Tier- oder Pflanzenarten, besonders zu dieser Zeit, den Fachkollegen und/oder Freunden gewidmet wurden, die dadurch „unsterblich" wurden. JUNGHUHN soll empört gewesen sein, dass der Sundanese BAPA SANTIR, der BLUME auf einer Exkursion zum Mt. Salak begleitete und den BLUME als gebildeten, pflanzenkundigen Mann schätzte, Namenspate für die Gattung *Santiria* wurde (van Steenis 1990). BLUME publizierte 1850 diesen heute noch gültigen Namen für eine Gattung der tropischen Familie der Burseraceae (Balsambaumgewächse) (Blume 1850). JUNGHUHN hat es offenbar als Affront gegenüber den *„großen Botanikern"* (van Steenis 1990, S. 15) empfunden, die seiner Meinung nach die einzigen Personen wären, denen diese Ehre zustünde. Auch äußerte er sich sehr geringschätzig über SANTIR, der für ihn *„nur ein einfacher Träger"* (van Steenis 1990, S. 15) war. Demgegenüber steht BLUMES Verhalten, der einen fachlichen Austausch mit der indigenen Bevölkerung suchte und sich bewusst darüber war, von den entsprechenden Fachleuten lernen zu können, wie in der folgenden Aussage deutlich wird: *„… genau sind sie mit den geografischen Verhältnissen desselben bekannt; und für alles was sie umgiebt haben sie passende Benennungen, und kennen so z.b. die meisten Eigenschaften der Gewächse auf das genaueste!…."* (Batavia, 14.05.1824).

Ohne BLUMES Rolle als Kolonialbeamter im Dienst der niederländischen Krone zu verklären, scheint er durchaus wertschätzende, kollegiale und freundschaftliche Beziehungen zu einzelnen indigenen Personen gepflegt zu haben. BLUMES Darstellungen in seinen Briefen sind dabei jedoch quellenkritisch zu betrachten, sind sie doch primär Selbstzeugnisse und transportieren ein Bild, dass er selbst von sich hatte oder so zu vermitteln suchte, ggf. auch, um sein Gewissen oder seine Familie nicht mit kritischen Informationen zu belasten. Gerade in Bezug auf die kolonialen Kontexte, in denen er sich befand, geprägt von dem extremen Machtgefälle zwischen Herrschenden und Beherrschten, wäre es daher wünschenswert, durch weitere zeitgenössische lokale Quellen das Wirken BLUMES mehrdimensional betrachten zu können. Ein mögliches Spannungsfeld ist in der respektvollen Behandlung der indigenen Bevölkerung bei gleichzeitigem „Erwerb" von menschlichen Gebeinen für europäische Sammlungs- und Forschungsbedarfe unter bisher unklaren Umständen zu sehen. Das damalige Selbstbild des respektvollen und umsichtigen Kolonialbeamten weist so unter heutigen Gesichts- und Betrachtungspunkten deutliche Diskrepanzen auf.

BLUME & die Blümchen: Ein deutsch-niederländischer Botaniker und seine Spuren in der Gegenwart

Herbarbelege und Referenzpflanzen für die Beschreibung neuer Arten (Typusmaterial) von BLUME sind heute sehr wertvoll und werden in Herbarien weltweit als besondere Teilsammlungen bzw. Objekte betrachtet. Bohn et al. (1986) listen insgesamt nur drei Institutionen auf, in denen nachweislich die wissenschaftlichen Belege von BLUME zu finden sind: (1) das Herbarium *Naturalis Netherlands* in Leiden (L), (2) das *Reseach Centre for Biology in Cibinog*, Indonesia (BO) und (3) das *Muséum National d'Histoire Naturelle France* in Paris (P). Die Arbeit von van Steenis-Kruseman (1950) erwähnt weitere Sammlungen, darunter das Herbarium Berlin (B), welches Dubletten aus Leiden haben soll, die in den Jahren 1823-26 gesammelt wurden. Tatsächlich scheint die Berliner Sammlung im II. Weltkrieg verloren gegangen zu sein (Lack 1978).

Bei der Recherche stellte sich heraus, dass auch das Herbarium in Stuttgart (STU) einen „[...] *Fascikel mit* Nepenthes *aus Borneo und Sumatra, von Prof. v.* BLUME *gesammelt, als Geschenk unseres Königs* [...]" erhielt (Engelhardt & Seybold 2009, S. 5). Diese Referenzsammlung ist heute allerdings nicht mehr am Staatlichen Museum für Naturkunde in Stuttgart. „[...] *Eine* Nepenthes-*Sammlung von Blume, die früher vorhanden war, existiert wohl schon lange nicht mehr.*" (Engelhardt & Seybold 2009, S. 20). In das Herbarium von Stuttgart gingen durch BLUME nachweislich auch Früchte aus Java als Geschenk ein (Engelhardt & Seybold 2009). Dass dies durchaus auch in Oldenburg der Fall gewesen sein könnte, ist noch nicht abschließend geklärt. Eine studentische Arbeit zur Samen- und Fruchtsammlung am LMNM (Großkopf 2020) deutet allerdings darauf hin und wird Gegenstand weiterer Forschung sein.

Die Bearbeitung der Oldenburger Sammlung könnte also zusätzliche und neue Informationen hervorbringen zur Vernetzung zwischen den Sammlern und den sammelnden Institutionen. Mit der wissenschaftlichen Bedeutung der *Nepenthes*-Belege im LMO befasst sich momentan eine weitere studentische Projektarbeit (Heydemann et al. 2020). Aufgrund der schieren Menge an Herbarbelegen, dem enormen Zeitaufwand für die hochauflösende Digitalisierung und für die Recherche sowie Transkription vorhandener Dokumente wird die Erschließung und Bewertung der Sammlung sicher noch einige Zeit in Anspruch nehmen. Aus Sicht einer Botanikerin mit einer Vorliebe für plattgedrückte, trockene und leicht vergilbte Pflanzen ist dies eine lohnenswerte Aufgabe.

Waterloo, Wissen und eine geheime Wohltäterin – ein Blick durch BLUMES Augen

Durch seine Briefe gewährt der Wissenschaftler einen sehr persönlichen Einblick in sein Leben, seinen beruflichen Werdegang, die Gefahren der damaligen Zeit, seine Sorgen und Ängste, in die Liebe zur Botanik, zu seiner Familie und zu seinen beiden Ehefrauen. Insbesondere die Korrespondenzen aus seiner Zeit bei dem LÜTZOW'schen Freikorps (Tab. 1) spiegeln seine intensiven Erfahrungen und seine Angst, den Krieg nicht zu überleben, sehr eindrucksvoll wider. So beschreibt er seine Gefühle, nachdem er in der Nähe von Braine-Le-Comte wenige Tage vor der Schlacht um Waterloo gefangen genommen wurde, schließlich aber fliehen konnte, mit den Worten: „*... Jetzt wollte ich mich rächen, und die Folge wird ihnen beweisen, wie gross meine Rache war ...*" (Paris, Brief vom 26.08.1815).

Aus seinen Briefen geht zudem hervor, dass BLUME zumindest seiner Pflegefamilie gegenüber sehr dankbar und großzügig gewesen ist. So unterstütze er sie mehrfach finanziell, insbesondere nach dem Tod des Pflegevaters. In einem Brief vom 20.01.1827, der in Leiden (Niederlande) abgefasst wurde, schreibt er: „*.... Wie sollte ich denn nicht gerne alles mit Euch theilen wollen, was ich besitze, um so mehr meine Einkünfte so bedeutend sind, dass ich dieselben ohne mich an Verschwendung übergeben zu wollen, nicht verzehren kann! ...*". Auch ein Brief vom 20.01.1827 zeigt, dass BLUME sich selbst in Zeiten, als sein Einkommen nicht sehr hoch war, um die Familie gekümmert hat und zwar im Geheimen. „*... Dieses alles unter uns liebe Mutter, mit der Bitte, gegen niemanden, davon zu erwähnen! ...*". Auch ist hervorzuheben, dass er u.a. finanzielle Mittel aufgewendet hat, um die Bildung seiner Pflegeschwester BETTY zu finanzieren oder das Angebot unterbreitete, für das Studium von seinem Pflegebruder AUGUST aufzukommen. Dies ist eine überraschende Information, denn van Steenis (1990) weist darauf hin, dass Blume durchaus wenig finanzielle Unterstützung hatte, beispielsweise für Personal, welches ihm im Herbarium zur Hand gehen konnte oder auch für die Kosten für seine wissenschaftlichen Publikationen. BLUME selbst äußert sich in Briefen u.a. darüber, dass er sehr hohe Ausgaben für Bücher und chirurgische sowie physikalische Instrumente hätte, die er nicht vollständig über seine eigenen Mittel bestreiten könne.

An dieser Stelle kommt eine geheimnisvolle Herzogin[7] ins Spiel, die gleichzeitig einen Bezug in den Nordwestdeutschen Raum herstellt. Bereits van Steenis (1990) erwähnt die Unterstützung durch die damalige *Duchess of Braunschweig*. Tatsächlich gab es aber weder Informationen zur Art der Hilfe, noch dazu, wer diese ominöse Herzogin gewesen sein soll. Nach ausgiebiger Recherche wurden wir auf einen Beitrag aufmerksam, der die Eheschließungszeremonie zwischen dem Braunschweiger Erbprinzen CARL GEORG AUGUST und der PRINZESSIN FRIEDERIKA WILHELMINE LOUISE VON NASSAU-ORANIEN betrifft (Anonym 1790). Da das Paar keinen Thronfolger zeugen konnte, wurde die Prinzessin jedoch nie offiziell als Herzogin aufgeführt (Sbrensy 2015). FRIEDERIKA WILHELMINE LOUISE kehrte 1813, nach der Befreiung der Niederlande, zu ihren Wurzeln zurück. Braunschweig verließ sie bereits 1808, als sie ihrer Mutter ins Exil

---

7 Herzogin bezieht sich auf den Titel, den BLUME in seinen Briefen verwendet

nach England folgte. Nach ihrer Rückkehr in die Niederlande lebte FRIEDERIKA WIL-
HELMINE LOUISE bis zu ihrem Tod im Jahr 1819 im Schloss ihres Bruders WILHELM I
(Hauptresidenzen in Den Haag und Helder), des ersten Königs der Niederlande.
In einem Brief an seine Eltern im Jahre 1815 berichtet BLUME von einer *„Abschieds-Au-
dienz"* bei jener Prinzessin. Bei dieser Gelegenheit wurde ihm ein bescheidenes Früh-
stück angeboten. BLUME lebte bereits zwei Jahre in den Niederlanden und er beschrieb die Zeit des Wartens auf die Herzogin bei gedecktem Tisch wie folgt: *„…wie
lüstete mir das deutsche Brod von allem, sonst nichts, und wenn ich nicht befürchtet hätte,
dass ohnerwartet die Prinzessin eintreten würde, und ich dann übel mit einem Butterbrodde
in der Hand mich [aufnehmen] würde, sicher hätte ich dann ein gutes Stück abgenommen.
…"* (Brief aus Helder vom 05.01.1815). Im Rahmen dieses ersten Treffens wurde der
Grundstein einer wertschätzenden Beziehung gelegt. Die Prinzessin veranlasste,
BLUME umgehend 40 holländische Gulden zur Sofortunterstützung zukommen zu
lassen. Auch unterstützte sie BLUME bei der Anschaffung von Fachliteratur, die er für
die Reise nach Indonesien benötigte, sich aber selbst nicht leisten konnte. Seine wiederholten wohlwollenden Erwähnungen der Herzogin in den Briefen an die Familie
lassen darauf schließen, dass BLUME sich stets seiner einfachen Herkunft bewusst
war, und auch, dass er ohne die vielseitige Unterstützung wohl nie seinen Weg in dieser Form hätte gehen können. Daher schien es ihm ein Anliegen, sich würdig zu er-
weisen und soweit möglich, die erfahrene Unterstützung zurückzugeben, ggf. auch
an Personen, die nicht seinem direkten Umfeld angehörten. So formulierte er 1820 in
einem Brief an seine Pflegeeltern die Bitte, sie mögen sich im Braunschweiger Wai-
senhaus umhören, ob sich dort ein junger Mensch finden ließe, der nach Batavia reisen würde, um dort für ihn und geplante Publikationen naturhistorische Zeichnungen anzufertigen. Die Bezahlung, die BLUME dafür bot, war für damalige Verhältnisse sehr hoch. Erwähnenswert ist, dass BLUME dafür offenbar bereit war, die Kosten
aus eigener Tasche zu zahlen, wenn sich nur ein geeigneter Kandidat fände, *„… der
als naturhistorischer Zeichner auftreten kann, doch nicht allein getreulich, sondern auch
schnell seine Kunst betreibt […] …"* (Brief vom 25.03.1820).
BLUME publizierte seine Reiseberichte alle zeitnah. Aus heutiger Sicht stellt sich die
Frage, ob diese Veröffentlichungen mit den Berichten an die Familie übereinstim-
men. Ein spannender Aspekt könnte hier der Vergleich der offiziellen und privaten
Quellen sein. Weichen persönliche Eindrücke, die er den Eltern schilderte, von denen
ab, die er der Regierung oder Fachkollegen schrieb? Wenn ja, inwiefern?

Unausstehlich oder bloß unverstanden?

*„Ohne Zweifel […] war Blume in der Welt der botanischen Taxonomie auf dem Niveau der
führenden Wissenschaftler des letzten Jahrhunderts. In den Augen seiner engen Kollegen
war er eine autokratische, dominante, unsympathische Person. Dieser Eindruck bleibt verbunden mit seinem Namen und überschattet den einzigartigen Wert seiner Arbeit."* (van
Steenis 1990, S. 7; Übersetzung aus dem Englischen) So beschreibt der Biograf in seiner Widmung und Ehrung von BLUME den Botaniker. Gleichzeitig bemängelt er, dass
bis zu diesem Zeitpunkt keine ausführliche Biografie existierte. Und tatsächlich zeigt
sich in den Briefen eine bisher wenig bekannte Seite BLUMES. Eine Seite, die ihn, wis-

senschaftlich und medizinisch betrachtet, zu einem fortschrittlichen Denker seiner Zeit machte. So schlug er beispielsweise vor, Wasser vor dem Verzehr abzukochen, um die Zahl der Choleraerkrankten zu reduzieren. Leider wurde er für diesen vollkommen richtigen Vorschlag von medizinischen Kollegen lediglich verspottet.
Entgegen dem Bild des unfreundlichen Zeitgenossen zeigen die Briefe einen z.T. deprimierten, tieftraurigen oder melancholischen, zerrissenen und sozial isolierten jungen Mann. *„... Ich habe keinen Freund, der aus Herzen mir gleich ist, an den ich mich halten kann – Keinen mit dem ich meine Unterkunft theilen kann der mit mir Freud [...], und Schmerzen zu lindern weiss, und diese Entbehrung überwiegt alles, und im Schwindel königlicher Pracht müssten so Euren Karl Tränenströhme entfliessen, doch eigene Schuld ruhet auf meinem Herzen, denn ich habe mich fortgerissen, wo ich ungestört häusliches Glück konnte geniessen ..."* (Brief vom 16.03.1819 aus Batavia). Solche Stimmungslagen wechseln mit Phasen der Euphorie und der Freude an der Pflanzenvielfalt, an der Möglichkeit, Kranken zu helfen und ihr Leid zu lindern oder am Erhalt von Briefen seiner Freunde und Familie. *„Es ist nicht [...] dieses, sondern hauptsächlich die Überzeugung, dass durch mich nun schon so viele Menschenleben gerettet sind, wodurch mein mühsames Ambt [sic!] versüsst wird, und meine Stimmung heiter bleibt. Denn wir haben die verflossenen Jahre eine höchst traurige Epoche durchstehen müssen; 190 Tausend Einwohner sind darin das Opfer einer der furchtbarsten Krankheiten, von der Cholera oder Gallenruhr geworden. In sieben Wochen wurden in einer einzigen Residenzie die von Tagal, durch mich und unter Aufsicht von mir über 17 Tausend dieser Kranken behandelt. Zeit des Schrekkens! Ich habe darin manche Träne der [Bekümmerten] getroknet, und bin ohne allen Genuss von Vortheilen, der Retter und Trost geworden von einem ausgebreiteten Landstriche."* (Brief vom 10.06.1822 aus Buitenzorg)
Der erste Eindruck, der sich aus den transkribierten Korrespondenzen und den wenigen zeitgenössischen Quellen ergibt, zeigt einen Menschen mit deutlichen Ecken und Kanten, der nicht gefallen wollte und offenbar recht fortschrittlich dachte. Die eigene Scheidung, eine gute Ausbildung für die Schwester, die Artbenennung zu Ehren seines indigenen Begleiters und das scheinbar aufrichte Mitgefühl für die an Cholera erkrankte Bevölkerung, egal ob Regierungsbeamte oder indigene Bevölkerung, zeigen dabei nur einige Facetten seiner Persönlichkeit. Auch 200 Jahre nachdem BLUME sich erstmals auf den Weg nach Java machte, scheint es noch viele unbekannte Aspekte in Bezug auf seine Person, aber auch Haltung zu geben.

Ein Herbarium, 40 Briefe & 1000 Fragen: Stoff für weitere Forschungsprojekte ...

Die Suche nach einer Signatur bzw. Schriftprobe von BLUME verfolgte ursprünglich das Ziel, die handschriftlichen Anmerkungen zu überprüfen, die auf den Herbarbögen (Abb. 5) zu finden sind. Dass auf diesem Weg ein solcher Schatz an Informationen und Zeitzeugnissen auftaucht, ließ sich in keiner Weise erahnen. Allerdings stellen sich auch nach der ersten Auswertung viele neue Fragen, die sich bisher z.T. nur schwer beantworten lassen (Breuer & Heydemann 2020). Wieso befinden sich die Briefe beispielsweise in Bremen, obwohl BLUME dort nie seinen Lebensmittelpunkt hatte? Wer bewahrte sie auf und wie gelangten sie schließlich ins Archiv?

Eine „heiße Spur" ist in diesem Zusammenhang der Bruder der Pflegemutter, AUGUST. Er lebte in Bremen, so dass die Vermutung nahe liegt, dass er die gesammelten Briefe von Frau HOFFMANN, geb. STERNBERG, erhielt. Eine Hypothese, die näherer Recherche bedarf. Die interdisziplinäre Forschung in Oldenburg, bei der historische Herbarien und die Auswertung von Zeitzeugnissen (Korrespondenzen, zeitgenössische Erwähnungen, Biografien u.ä.) im Fokus stehen, fügt sich in eine Reihe aktueller wissenschaftsgeschichtlich-botanischer Forschungsprojekte ein und zeigt, welchen Mehrwert der inter- oder transdisziplinäre Ansatz für die Forschung haben kann (z.B. Haase & Will 2020; Haas et al. 2019; Uhl 2019; Victor 2013). Die Bearbeitung und enge Verknüpfung der Erkenntnisse zu BLUMES Leben und den botanischen Sammlungen, steht nun im Zentrum laufender Forschung in der Arbeitsgruppe Biodiversität und Evolution der Pflanzen in Oldenburg.

Danksagung

Ganz herzlich möchten wir uns bei den folgenden Personen und Institutionen bedanken, die uns bei der Arbeit unterstützt haben: dem LMNM und damit der Direktorin Dr. Ursula Warnke für die Möglichkeit, das BLUME-Herbarium zu untersuchen, den Mitarbeiter/-innen der SuUB Bremen, insbesondere Dr. Maria Hermes-Wladarsch, für die schnelle und freundliche Bearbeitung unserer Anfrage, sowie Kira Heydemann (Uni Oldenburg), die sich im Rahmen des Projektes mit der Bearbeitung der *Nepenthes*-Sammlung befasst. Bei der Beschaffung von Literatur haben uns Dr. Christian Uhink (Johannes Gutenberg Universität Mainz), Dr. Nathalie Schmalz (Mainz) sowie Levent Can, M.A. (CvO) unterstützt. Informationen zur aktuellen Forschung am LMNM zur Humanschädelsammlung verdanken wir Jennifer Tadge, M.A. (CvO & LMNM) und Dr. Ivonne Kaiser (LMNM). Für konstruktive Anmerkungen zum Manuskript gilt unser Dank Jennifer Tadge, M.A. (LMNM).

Literatur

Anonym (1790): Braunschweigs Jubel am 10ten November 1790: Bey der feyerlichen Einholung des Erbprinzen Carl Georg August und Seiner Frau Gemahlin der Prinzessin von Nassau-Oranien Friederika Wilhelmine Louise. Meyersche Buchhandlung, Braunschweig.

Anonym (1863): Botanical News. The Journal of Botany, British and Foreign. Seeman, B. (Hg.). Vol I, S. 64.

Blume, C.L. (1850): Museum Botanicum Lugduno-Batavum sive stirpium exoticarum, novarum vel minus cognitarum ex vivis aut siccis brevis expositio et descriptio. Leiden.

Bohn N.N., Scheltema, N.N. & Holkema, N.N. (1986): Blume, Carl (Karl) Ludwig. In: Stafleu, F.A. & Cowan, R.S. Taxonomic literature: a selective guide to botanical publications and collections with dates, commentaries and types. Vol. I: A-G, 2. Auflage; Utrecht/Antwerpen. S. 234-241.

Breuer, E.M. & Heydemann, K. (2020): Blumige Aussichten. Beitrag zum Poster Slam für studentische Projekte Oldenburg (30.01.2020).

Engelhardt, M. & Seybold, S. (2009): Die Sammler von Farn- und Blütenpflanzen des Herbariums des Staatlichen Museums für Naturkunde in Stuttgart (STU), S. 1-94.

Großkopf, D. (2020): Musikalisch! Schick! Gefährlich! Beitrag über die aktuelle Erschließung der Diasporensammlung im Herbarium des LMNM zum Poster Slam für studentische Projekte Oldenburg (30.01.2020).

Haas, E., Andel, T. & Offerhaus, A. (2019): The Zierikzee Herbarium: An analysis of the specimens and origins of an enigmatic herbarium (MA Thesis).

Haase, A. & Will, M. (2020): Mehr als trockene Blümchen: Ein Blumenalbum aus dem Besitz von Großherzogin Cäcilie in Oldenburg im Fokus der Forschung. Oldenburger Jahrbuch 120, vorliegender Band.

Heydemann, K., Breuer, E.M. & Will, M. (2020): Typisch, Typus, toller Typ? Ein exklusives botanisches Geschenk von Karl Ludwig Blume und dessen Wiederentdeckung. Beitrag zur Herbsttagung der Fachgruppe Naturwissenschaftliche Museen im DMB, 24.-28.9.2020, Osnabrück.

Hildt, J.A. (Hg.) (1790): Handel und Manufakturwesen der Stadt Braunschweig. Handlungszeitung oder wöchentliche Nachrichten von Handel, Manufakturwesen, Künsten und neuen Erfindungen 8, S. 105-112.

Lack, W. (1978): Das Herbar C. Koch. Willdenowia 8, S. 431-438.

Sbrensy, U. (2015): Die glücklose Erbprinzessin. Der Loewe – Das Portal der Braunschweigischen Stiftungen, Beitrag vom 11.08.2015 (https://www.der-loewe.info/?s=gl%C3%BCcklos&x=0&y=0, Zugriff am 10.08.2020 um 11:54Uhr)

Spehr, F. (1875): Karl Ludwig von Blume. Allgemeine Deutsche Biographie (ADB). Band 2, Duncker & Humblot, Leipzig 1875, S. 746-747.

Tadge, J. (2017): Reine Kopfsache? Die Geschichte zweier Humanschädel in den Beständen des Landesmuseums Natur und Mensch Oldenburg. Oldenburger Jahrbuch 117, S. 149-158.

Tadge, J. (2019): Beginn des PAESE-Projekts zur Erforschung kolonialer Sammlungsbestände. Museumjournal Natur und Mensch 2017 I 10, S. 43-46.

Uhl, A. (2019): Das Herbarium: Objekt und Zeugnis der Forschung. Tagungsbericht „Junges Forum", Humboldt-Universität zu Berlin, Band 2, S. 100-108.

van Steenis, C.G.G.J. (1990): Dedication. Flora Malesiana I: 10, S. 7-41.

van Steenis-Kruseman, M.J. (1950): Flora Malesiana. Malaysian plant collections and collections being a cyclopedia of botanical exploration in Malaysia and a guide to the concerned literature to the year 1950. Vol. I, C.G.G.J. van Steenis (Hg.), Djakarta: Noordhoff-Kolff.

Victor, K. (2013): Carl Haussknecht: ein Leben für die Botanik. Beiträge aus den Sammlungen der Universität Jena, Band 2; Friedrich-Schiller-Universität: Jena.

Zappi, D.C., Lughadha, E.N., Nunes, T.S., Miranda, E., Machado, M., Hind, N., Lewis, G.P., Mayo, S., Vasconcelos Barbosa, M.R., Juchum, F. & César, E.A. (2006): Repatriating data from Kew Herbarium to the Northeast Brazil. In: Paganucci de Queiroz, L., Rapini, A. & Giulietti, A.M. (Hrsg.): Towards greater knowledge of the Brazilian semi-arid biodiversity. Ministério da Ciência e Tecnologia, Brasília (Brasilien), S. 41-44.

Onlinequelle:

Veröffentlichung zum Umgang mit Sammlungsgut aus kolonialen Kontexten vom 13.03.2019 (online verfügbar: https://www.auswaertiges-amt.de/de; Zugriff 11.08.2020 um 17:14 Uhr)

Bibliographie

Die „Oldenburgische Bibliographie" wird seit einigen Jahren in digitaler Form vorgelegt:

www.lb-oldenburg.de/nordwest/olbib.htm

Oldenburger Forschungen

Neue Folge

Herausgegeben im Auftrag des Oldenburger Landesvereins für Geschichte, Natur- und Heimatkunde e.V. von A. Eckhardt, M. Fansa (bis Bd. 26), E. Koolman, U. Beichle (bis Bd. 8), C. Ritzau (Bd. 9 bis Bd. 27) und P.-R. Becker (ab Bd. 28), Koordination (ab Bd. 19): R. Rittner, (ab Bd. 30) J. Herold

2 Heinz A. Pieken
Deichrecht und Deichmauern in den Bilderhandschriften des Sachsenspiegels und in anderen Quellen
116 Seiten, 6 farbige, 6 s/w Abb., 1997, brosch., 10,90 €

3 Michael Reinbold
„Der Unterthanen liebster Vater"
104 Seiten, 14 farbige, 27 s/w Abb., 1997, brosch., 10,90 €

4 Wilhelm Janßen
Der Ellenser Damm und seine Befestigungen
96 Seiten, 56 s/w Abb., 1997, brosch., 9,90 €

6 Matthias Weber
Delmenhorst im 17. Jahrhundert
140 Seiten, 5 s/w Abb., 1998, brosch., 11,90 €

7 Hermann Böning
Plattdeutsches Wörterbuch für das Oldenburger Land
192 Seiten, 1 s/w Abb., 1998, brosch., 14,90 €

9 Christiane Morsbach
Die Genrebilder von Wolfgang Heimbach (um 1613 – nach 1678)
290 Seiten, 55 farbige, 55 s/w Abb., 2000, brosch., 14,90 €

10 Walter Barton
Oldenburgische Geschichte im Spiegel der frühen Presse
288 Seiten, 46 s/w Abb., 2000, brosch., 13,90 €

12 Franz Bairlein und Hans Rudolf Henneberg
Der Weißstorch *(Ciconia ciconia)* **im Oldenburger Land**
91 Seiten, 13 farbige, 44 s/w Abb., 2000, brosch., 11,90 €

14 Gerhard Anton Gramberg
„Leben und wirken Sie noch lange für Wahrheit, Wissenschaft und Geschmack!"
140 Seiten, 15 s/w Abb., 2001, brosch., 12,90 €

15 Paul Wilhelm Glöckner
Delmenhorst unter dem Hakenkreuz 1933 bis 1945
145 Seiten, 36 s/w Abb., 2001, brosch., 12,- €

17 Udo Elerd (Hg.)
Ein Diener seines Herrn
120 Seiten, 46 s/w Abb., 2003, brosch., 9,80 €

18 Antje Koolman
Die Bentincks
212 Seiten, 14 farbige, 50 s/w Abb., 2003, brosch., 12,- €

19 Almuth Salomon
Führungsschichten im Jeverland
Wandlungen im Laufe des Mittelalters
136 Seiten, 9 farbige, 17 s/w Abb., 2004, brosch., 9,80 €

20 Eugenie Berg
Die Kultivierung der nordwestdeutschen Hochmoore
202 Seiten, 2 farbige, 80 s/w Abb., 2004, brosch., 12,- €

 ISENSEE VERLAG OLDENBURG   Band 1, 5, 8, 11, 13 und 16 sind leider vergriffen.

21 Karl-Ernst Behre
Das Moor von Sehestedt – Landschaftsgeschichte am östlichen Jadebusen
148 Seiten, 91 farbige, 11 s/w Abb., 2005, brosch., 12,80 €

22 Harald Schieckel und Egbert Koolman (Hg.)
50 Jahre am Oldenburger Hof
286 Seiten, 5 farbige, 38 s/w Abb., 2006, brosch., 16,- €

23 Meike Lücke
Geschichte des Naturschutzes im Land Oldenburg 1880-1934
176 S., 74 s/w Abb., 2007, brosch., 14,- €

24 Rolf Schäfer (Hg.)
Die Erinnerungen von Johannes Ramsauer
Evangelische Kirchenpolitik in Oldenburg im 19. Jahrhundert
160 S., 24 s/w Abb., 2007, brosch., 12,- €

25 Margarethe Pauly
Friederike von Washington Herzogin von Oldenburg (1820-1891) und ihre Familie
mit einem Beitrag von Michael Reinbold zu den Innenansichten des Oldenburger Schlosses um 1850
120 Seiten, 7 farbige, 53 s/w Abb., 2008, brosch., 12,- €

26 Hans-Ulrich Minke, Joachim Kuropka und Horst Milde (Hg.)
„Fern vom Paradies – aber voller Hoffnung"
Vertriebene werden neue Bürger im Oldenburger Land
424 Seiten, 21 farbige, 90 s/w Abb., 2009, brosch., 19,80 €

27 Ida Becker, Matthias Büttner, Astrid Claßen (Hg.)
Der römische Münzschatz von Jever
Die Region Friesland und das Römische Reich im Spiegel antiken Geldes
116 S., 39 s/w Abb., 2012, brosch., 9,80 €

28 Reinhard Rittner
Christen – Pastoren – Bischöfe in der evangelischen Kirche Oldenburgs im 20. Jahrhundert
312 S., 103 s/w Abb., 2013, brosch., 19,80 €

29 Peter Sieve
Dr. Franz Joseph Jacobi Ein Amstmedicus jüdischer Herkunft im Fürstenbistum Münster
Zugleich ein Beitrag zur Medizingeschichte des Amtes Vechta
160 Seiten, 8 farbige und 27 s/w Abb., 2014, brosch., 16,- €

30 Jana Esther Fries
Auf Spurensuche mit Bagger und Pinsel
Archäologische Ausgrabungen in Oldenburg
150 Seiten, 8 farbige und 36 s/w Abb., 2015, brosch., 12,90 €

31 Bernd Müller
Erbprinz Paul Friedrich August von Holstein-Oldenburg in Russland 1812–1816
Exil und Aufhebung der Leibeigenschaft in Estland
90 Seiten, 10 farbige und 4 s/w Abb., 2017, brosch., 12,80 €

32 Albrecht Eckhardt
Von der sozialistischen Revolution zur praktischen Tagespolitik und Staatsverwaltung
Das Direktorium des Freistaats Oldenburg in seinen Protokollen 1918/19
160 Seiten, 23 Abb., 2017, brosch., 12,80 €

33 Margarethe Pauly
Die Lebenserinnerungen des Hofgärtners Gottlieb Bosse (1799-1885)
136 Seiten, 29 farbige und 21 s/w Abb., 2019, brosch., 12,80 €

34 Peter Janiesch
Wilhelm Meyer (1867–1953) und der Botanische Garten zu Oldenburg
Naturkunde und Naturschutz als Lebensaufgabe
198 Seiten, 82 farbige und 36 s/w Abb., 2020, brosch., 16,- €

35 Detlef Haberland (Hg.)
Der Orientreisende Ulrich Jasper Seetzen und die Wissenschaften
500 Seiten, 7 farbige und 23 s/w Abb., 2019, brosch., 38,- €